林彪的忠與逆

9/13事件重探

翁衍慶——著

▲林彪於文革時期

▲林彪著共軍元帥服（1907.12.05-1971.09-13）

▲文強（1907-2001），毛澤東表弟，林彪黃埔四期同學，抗日戰爭期間，加入軍統，官拜中將，疑為軍統與林彪間之秘密聯繫人。

▲陶鑄（1908-1969），黃埔五期畢業，與林彪私誼甚篤，1966年11月疑與林彪聯名密與國府聯繫輸誠。

▲林彪全家福（左起：林立衡（女）、林彪、林立果（子）、葉群（妻））

▲延安時期，毛澤東與林彪

◀文革時期，毛澤東與林彪

四大金剛

吳法憲（1915-2004）	黃永勝（1910-1983）
邱會作（1914-2002）	李作鵬（1914-2009）

▼林彪與「四大金剛」，1970年9月。（左起：李作鵬、吳法憲、林彪、黃永勝、邱會作）

◀1974年1月起，毛澤東發動「批林（林彪）批孔（孔子）運動」。

◀一九八〇年大審，出庭應詢的四人幫（右起：江青、姚文元、王洪文、張春橋）

◀「九・一三」事件中，林彪搭乘的256號三叉戟飛機殘骸

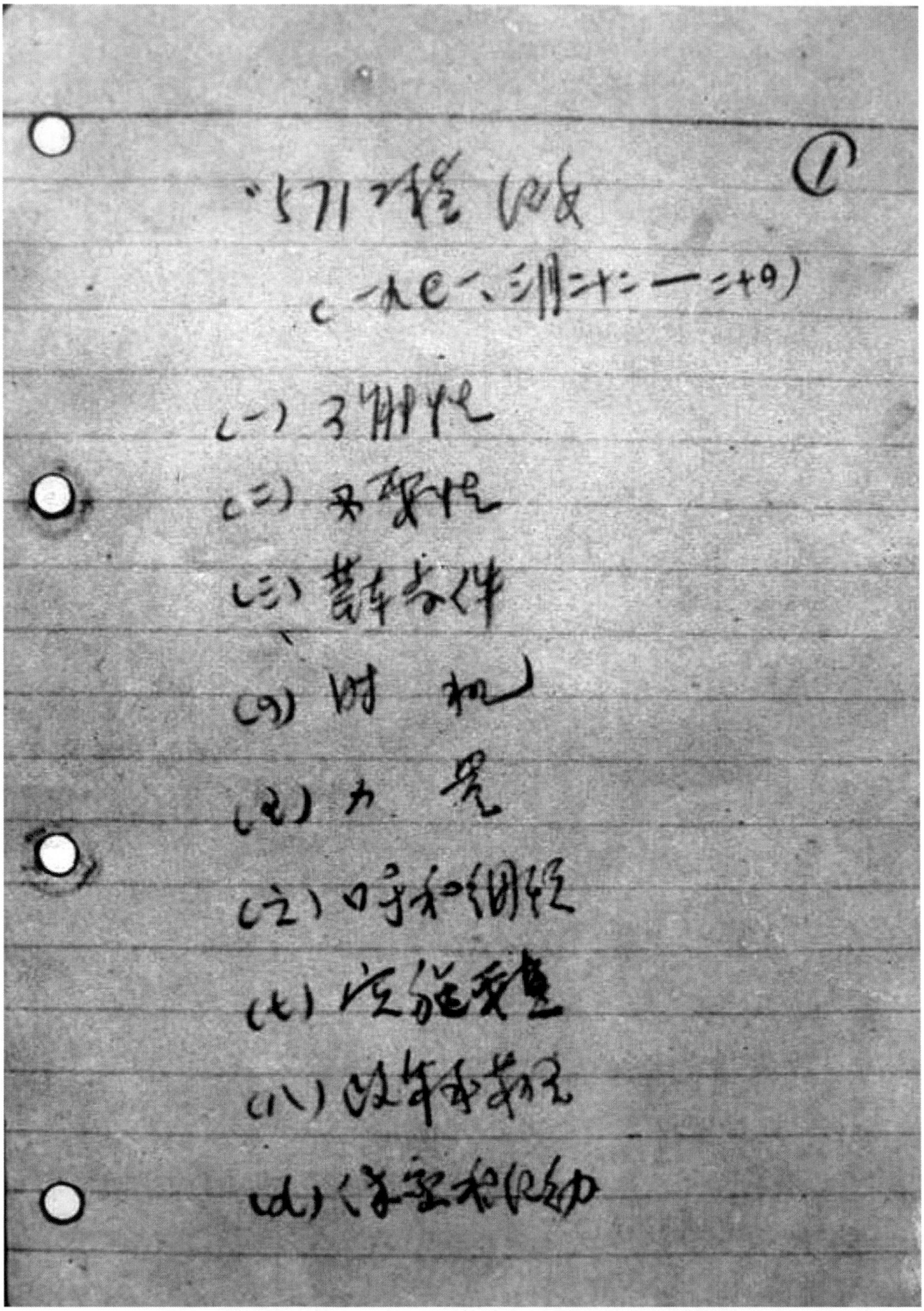

▲「五七一工程紀要」目錄

林彪（字尤勇）及陶鑄，早年均為黃埔軍官學校第四期學生，曾受教於 蔣總統—蔣總統當時為校長—

一九六六年 毛共發起"文化大革命"，在"打倒走資本主義路線的當權派"的口號之下，人人自危。林、陶在此情況下思慮再三，認為只有與台灣 蔣總統取得連繫，為唯一途徑。乃於一九六六年十月，密派黃埔四期同學蕭正儀持函赴港，密晤留港四期同學周遊（字鐵梅），因周曾任國軍補給區司令，當能與台灣取得連繫。其密函內容如左：

「鐵兄：久未通信至念，回憶當年共硯黃埔，恍如隔世，兄天姿明敏，本應為國家效力，乃退閒蟄處，殊為可惜，前因文灼兄南行之便，特修寸楮致候，祈加指示。吾人處危疑之局，遇多疑猜忌之主，朝榮夕枯，詭變莫測，因思

▲林彪、陶鑄來往函件（張式琦將軍手抄原件影本，頁1）

校長愛護學生無微不至，苟有自拔之機，或不責已往之錯，肺腑之言唯乞代陳為感，此頌

道安

學弟 尤
鑄 同啟

十月一日

蕭××抵港後，數度密晤周遊，時已至年底，此時陶鑄已經表示內疚，在大陸被鬥，蕭由於不明內情，急待歸去，於是周依允潢指示之原則：①嘉許其來速，但不宜貿然行事，②擇國現有地位，待機而動，③允潢願予充份支援，遜印發一函，使蕭帶回面交林彪。該函內容如左：（尤需進一步研究。）

尤鑄兩兄如面：別四十年矣，處境各殊，徒勞想念，正儀兄遠訪，承頒手示，且喜且驚！猶憶黃埔分袂時，與 尤兄合攝一影，由弟就操場上寧題十六字曰：

二.

▲林彪、陶鑄來往函件（張式琦將軍手抄原件原件影本，頁2）

〝瞻太平洋，極崑崙頂，既渺且高，其斯人影〞，影雖落佚，語則未忘！今尤兄已按字去做，弟則偏處海隅，真有愧見同硯之感！

時局瞬息萬變，無從捉摸，姑無論局外人如此，即局中人亦不例外。所示原則，實可办到，前途且無任嘉許，只以弟之處境特殊，而尊處根深蒂固，恐不能輕易發動，遂不敢貿然承諾，延滯至今，實緣慎之又慎，非敢復之又復，或不重視，由衷之言，端祈鑒諒也。

今局勢演變，頗符理想，敬請急起直追，對人類國家有所貢獻，最好　正儀兄能面領機宜，再遣來港，俾獲接其律之指示，庶劍及履及，獲致機先，萬分企盼！餘情特請　毅兄代陳不具，現據報載，兩兄處境，容有小歧，則請酌而行之，幸不膠柱鼓瑟，

百拜百拜，此頌

戎祺

弟　佚梅手啟　月十二日

3.

▲林彪、陶鑄來往函件（張式琦將軍手抄原件影本，頁3）

蕭××返抵上海後，即再去周遊，其函內容：

鐵兄如面：返國之行，花穗花漢均有逗留，握轉逾月，始抵滬濱，稍事摒擋，方克修書道意，乞恕無可避免之稽遲為幸。刻經多方設法聯繫，始獲尤、鑄兩兄誠懇表示，無改初衷。祇以鑄峰芒太露，處境較艱，其實人人如此，朝不保夕，睡不安枕。清算時之來，亦可逆料之事，幸尤更存發揚蹈厲，欲抱樂觀，雖屬特殊驕子，但亦非常審慎，免蹈覆轍，滬事至要，需弟料理，惟北上謁尤、鑄南陳西商，更為重要，刻正請示進止，必有以報雅命，弟不知貴方反應如何？殊存惴惴，此何等事？非具大無畏之毅力，則不足為談，高明以謂然否？又此信未知能否得達，必要時，如時間環境許可，願再赴港面陳緬縷也，春寒尚厲，珍重萬千，手此敬頌

新禧

弟 子儀 手上 二月 日

4.

▲林彪、陶鑄來往函件（張式琦將軍手抄原件影本，頁4）

惜周逝已於一九六八年因心臟病逝世，而華子儀到上海來信後亦失連絡，自此與林彪之連繫遂告中斷。但從林彪於一九六七年以後之作為判斷，似並未改初衷，

1. 林彪鞏固其地位，爭取到接班人的地位。

2. 由林立果"五七一工程紀要"判斷，林彪反毛不僅是意識型態反毛，而更圖謀殺毛。

3. 林如計劃在廣州另立中央，而與蘇俄取得連繫，可能改變歷史。

5.

▲林彪、陶鑄來往函件（張式琦將軍手抄原件影本，頁5）

自序

一九九四年夏，曾任國府國防部前情報局局長張式琦將軍電召筆者前往其官邸，謂有個人保管文件相贈。張將軍為國軍著名儒將，具有極豐富的軍事與情報素養，尤擅地緣政治之研究，受知於層峰。張將軍退役後，應聘台北淡江大學，創辦國際戰略研究所，出任首任所長，培育國內戰略英才無數，素為軍界和學界所敬重。筆者有幸曾追隨將軍多年，承受教誨極多，且屢受提攜，銘感五內。故將軍有召，欣然前往，獲贈張將軍前任國防部特種軍事情報室主任時，親筆謄抄之三封重要函件，以及與該三封信相關的新聞報導。

這三封信，正是外界傳聞已久的中共前副主席、毛澤東的接班人林彪，和時任中共核心領導排名第四的陶鑄二人於一九六六年十一月一日聯名密函，透過居港國軍退役將領周遊與蔣介石總統聯繫輸誠；和國府請周遊將軍回函，以及居間傳信人蕭正儀（黃埔同學錄為「誼」）回大陸後來信。張將軍特別面囑：妥慎保管，作為將來國共關係史料研究。

筆者因工作關係，長期接觸中共事務，對中共問題研究，素具興趣。看過這三封信後，初時不敢置信，甫在一九六六年八月中共八屆十一中全會上，林彪獲得毛澤東欽定為親密戰友和接班人，陶鑄亦剛於五月自廣東省委書記調升中共中央，出任中央書記處書記兼中宣部部長，不到三個月，也在此次全會中，經毛澤東提名當選中央政治局委員，排名在毛、林、周（恩來）之後，位居第四號人物。林、陶二人地位正處巔峰，前程似錦之際，離開全會不過兩個多月，即背棄毛澤東，密向國府聯繫投誠，似乎是不可能的事。

但是，隨著時日遷移，中共內部密而不宣的有關「林彪事件」資料不斷洩露出來，原先認為不可能的事，反而變成有可能了。

筆者發現林彪長期以來，內心就對毛澤東不滿。從「林彪事件」後，中共透露的「林彪工作手冊」，和二〇〇六年洩漏出來的一九六四年至一九七一年林彪「工作札記」，都大量記載了林彪對毛澤東鬥爭陰謀的不齒，和對毛殘酷鬥爭手段之恐懼。

在一九六四年，他就發現毛澤東要利用他鬥爭劉少奇，感覺到毛「突然發炮，搞政治襲擊，比赫魯曉夫對死人（指史大林）搞政治襲擊，來得更狠心。」一九六五年，他又說毛「要整人，要搞垮人了。」一九六六年五月，毛澤東正式發動「文化大革命」，林彪「工作札記」說：「老毛施陽謀外出（南巡），由劉（少奇）主持中央會議，經劉除『彭（真）、羅（瑞卿）、陸（定一）、楊（尚昆）』作第一步，再通過毛的政治鬥爭綱領文件（指「五．一六」通知——發動文革的文件）鏟除劉、周、鄧（小平），這是毛的陰謀。」

所以，八月中共召開八屆十一中全會時，林彪稱病躲到大連，不願參加會議，被毛澤東以林彪不到不開會的「休會」方式，硬逼林彪到會，並強令林彪擔任接班人，林彪當面請辭，又提書面辭呈，毛澤東均不讓步，硬把林彪綁鴨子上架，逼上接班人位子。會後，林彪回到家中，怒將毛寫給他要他當接班人的字條撕碎丟進痰盂。在在顯示：林彪不想擔任接班人，更不想步劉少奇後塵被鬥。

林彪兒子林立果謀反的「五七一工程紀要」就說：「從幾十年歷史看，究竟有哪一個開始被他（指毛澤東）捧起來的人，到後來不曾被判處政治上的死刑？」「他為數不多的親密戰友和身邊親信，也被他送進大牢。」「他是一個懷疑狂、虐待狂，他整人的哲學是一不做、二不休，他每整一個人都要把這個人置於死地而方休，一旦得罪就得罪到底，而且把全部壞事嫁禍於人。」林彪對毛澤東的瞭解當然比乃子更透澈，深知伴君如伴虎，這與他與陶鑄來信所說：「吾人處危疑之局，遇多疑猜忌之主，朝榮夕枯，詭變莫測。」頗為吻合。

林彪在抗日期間，因曾受槍傷，未能好好治療，健康不佳，怕光、怕風、怕水、怕汗，身體遠不如毛澤東，也未必活得過毛澤東，故深知毛澤東要他當接班人，不是出於真心誠意，而是利用他擔任國防部長，和在軍隊中的威望，為毛澤東掌握軍隊，防堵因鬥爭劉少奇而可能發生的軍變。在林彪當上接班人後，事實也證明毛澤東授與他的權力十分小，既不能與劉少奇過去所擁有的權力相比，也不如周恩來，甚至「中央文革小組」江青等「文革幫」（「四人幫」是林彪死後，王洪文自上海調入中央後才形成）也不把他看在眼裡，極盡手段插手軍隊，企圖奪取軍權。

林彪和陶鑄二人，私交甚篤。二人不但是黃埔軍校前後期（四、五兩期）同學，一同參加「南昌起義（暴動）」，而且陶鑄自一九四五年，林彪擔任東北人民自治軍司令起，即長期追隨林彪，深受林彪的信任與重用。平津戰役時，林彪曾派陶鑄進入北平與國軍華北剿總傅作義談判，達成和平「解放」北平協議。後來並擔任林彪的中南軍區政治部主任。一九五〇年，林彪奪取海南島後，陶鑄先後出任廣西、廣東兩省之黨政領導人，並兼任廣州軍區第一政委，都與林彪的拔擢有關，足見兩人私誼之深。陶鑄是能夠不經事先安排，可以自由進出林彪官邸的唯二朋友之一（另一人為粟裕）。林妻葉群與陶妻曾志二人在延安時，曾是室友，所以兩家關係良好。文革結束後，鄧小平復出，奪得政權後，曾志曾向鄧小平建議給予林彪平反。

陶鑄自一九六六年五月從地方調入中央後，即因派「工作組」進入大專院校，領導學生推動文革一事，得罪了毛澤東。當時毛以他初入中央，而未計較。但陶在八月升任中央第四號領導人後，毛澤東、江青希望陶鑄能配合鬥爭劉少奇、鄧小平。陶鑄卻以劉、鄧所犯錯誤，屬於「內部矛盾」，在黨內進行批判即可，不必惡化為你死我活的「敵我矛盾」鬥爭，引起毛大大的不悅。

陶鑄未警覺到已身處險境，而在「新華社」事先送審預定這年「十．一國慶」當天發表的國家領導人照片中，發現沒有劉、鄧照片，他認為劉少奇至少還是國家主席，鄧小平仍是中共中央總書記，因此指示「新華社」補上毛、劉合照照片一張，和以合成方式將鄧小平頭像插入中央領導群照片上，於十・一在各報刊登出。嚴重觸犯了毛澤東決心向外界公開與劉、鄧鬥爭之大忌，旋即被「文革幫」江青一夥圍剿，地位岌岌可危。

陶鑄長期在地方工作，對毛澤東的鬥爭性，瞭解雖不如林彪。但是陶鑄絕對已知道他被鬥噩運，迫在眉睫，所以在十月間，他與林彪極有可能對彼此的處境，有過深入討論，結論可想而知是：陶鑄即將被鬥；林彪有可能會被牽連，或在被利用完後，也將會被鬥爭打倒。二人在這種情形之下，為謀自救，決定聯名寫信密與蔣介石老校長取得聯繫，尋求退路，不無可能。而且選擇的兩位轉信中間人蕭正儀和周遊均是林彪黃埔四期同學，不但可寄予信任，並能確保秘密。

因此，二人來信如果屬實，應是林彪主動。來信目的：消極面，林彪的想法，可能想藉陶鑄原任廣州軍區（多屬林彪前「四野」力量）政委及廣東省委書記之關係，安排陶鑄先行南下廣州避禍，再經港來台，逃過被鬥命運，並為林彪爾後處境艱難時，預舖一條必要時的退路；積極面，林彪的想法，更有可能是：來信如與國府順利聯繫成功，獲得允諾支援，二人擇機南下，踞廣州軍區，與國府互成犄角，與北京的毛澤東對抗。

可惜，林、陶二人來信，輾轉到台之中間，已耽誤多時，國府透過周遊將軍回信之時，陶鑄已被打倒。中間傳信人蕭正儀回到大陸，僅在一九六七年二月一日來過一信，此後即失去聯絡。因此，林彪有無看到回信，無法查證，但這時林彪已孤掌難鳴，即使看到回信，恐怕也只有作罷。

「懼毛成疾」是毛澤東統治時期所有中共領導階層共有的通病。朱德如果不是在井崗山時期與毛澤東齊名，併稱「朱毛」，文革時毛澤東考慮到「沒有朱，那有毛」，才放過朱德，只給予「半打倒」的優遇，但剝奪了朱德軍權。劉少奇雖貴為國家主席，知道毛澤東要鬥爭他後，也怕到認錯，請辭國家主席，求毛澤東允許他偕家人到延安或回家鄉種田，毛澤東依然不放過他，非置之死地不可。周恩來職務在二萬五千里長竄抵延安前，一直是毛澤東的上級，但對毛之畏懼，私毫不輸劉少奇，然而周恩來善於察言觀色，只要毛澤東一發怒或堅持己見，周恩來馬上見風轉舵臣服毛威，所以毛澤東想在鬥爭劉少奇時，一併打倒周恩來，卻無著力之處，直到林彪死後，毛決心批鬥周恩來時，二人已日薄西山，周又先毛而亡，毛也無從鬥周了。

林彪於一九七一年九月十三日，在外蒙溫都爾汗墜機身亡，中共安在林彪頭上的罪名是「叛國投敵」，這個「敵」指的蘇聯。在歷史上，林彪曾經兩次赴蘇聯療傷，第一次是一九三九年到一九四一年，第二次一九五〇年到一九五一年，所以中共很自然想到林彪與蘇聯的關係，為了製造林彪投蘇證據，中共曾一度捏造一個莫須有的人，說是林彪與蘇聯間的秘密聯絡者，但未能成功。中共又以條件交換，誘導林彪侍衛長李文普編造假口供的「孤證」，作為林彪投「敵」的罪證。事實上，林彪從未對蘇聯有過好印象，在他出走前，他強調他是個民族主義者，且其出逃專機，飛抵蒙蘇邊境時，又折返北京飛，說明他無逃蘇之意願。

這一事實，說明林彪在出走時，可能確有南下廣州之打算，當時葉群也說是去廣州，甚至說「去香港也行」，這也旁證一九六六年十一月一日，林彪、陶鑄二人為何會試圖與國府聯繫，雖然仍是投「敵」，至少不是叛「國」。

如果質疑林彪是為中共奪得政權最重要功臣之一，他從東北一直打到海南，國軍失敗的三大戰役，他就打了兩個（即遼瀋和平津兩戰役，未參加的是淮海戰役，我方稱為遼西、平津、徐蚌會戰），把國府徹底攆出大陸，退據海島一隅，是台灣人民恨之入骨的主要敵人之一，林彪為何仍敢寫信向老校長蔣介石總統輸誠呢？這一謎底，可在一九四二、三年間，林彪兩度與國府接觸過程中找到答案。

一九四二年一月，林彪從蘇聯療傷返國，自迪化（今烏魯木齊）返延安途中，時任國府委員長的蔣介石下令沿途黨政軍一律不得留難，並極力加以影響。同時指示軍統局長戴笠「以禮相待，護送延安。」林彪途經西安時，毛澤東也特別指示林彪暫停留該地，從事對國軍統戰，再返延安。據林彪四期同學文強侄子文先生（要求隱匿其名）告訴筆者，林彪在西安期間，經其伯父文強安排，林彪和戴笠曾經秘密接觸會談，在座者還有其父，即文強胞弟文子瞻，林彪親口承諾戴笠，留在中共黨內，為國府工作。二月中旬，林彪返回延安後，文強即由軍統派駐西安。一九四五年，林彪為毛澤東派任東北人民自治軍司令後，文強也隨即由戴笠改派東北，極可能負責與林彪之間的秘密聯絡任務。

據英文《亞洲周刊》一九九四年二月二日報導：澳洲記者韓培德訪據淡江大學李子弋教授稱：蔣介石總統秘書陶希聖曾向其透露，林彪在抗戰後曾被毛澤東派赴重慶見蔣委員長，林彪向蔣表示：「毛這個人疑心太重」，「我儘管身在共產黨內，將來校長一定曉得我能為國家做什麼事。」蔣因此指示戴笠副手鄭介民與林彪詳談。

經筆者查證，林彪不是在日本投降後赴重慶見蔣委員長，而是抗戰末期，於一九四二年十月，以毛澤東個人代表身分赴重慶，曾於當年十月十三日、十二月十六日，和次（一九四三）年六月七日，三次面見蔣委員長。第一次談話時林彪有這樣兩段話，紀錄在「中華民國重要史料初編」中，他說：「我個人的經歷也可說明，激於愛國之熱忱，本於救國之一念，投身黃埔，加入國民黨。至今在我腦海中，猶存校長當日之教誨。後來認識到共產黨也屬救國，就加入了。」又說：「凡屬中共黨員，皆未讀過很多的共產主義書籍，只是目擊中國現狀之不堪，激於義憤，心切雪恥救國才加入的。」林彪似是在說明他不是共產主義者，而是基於愛國與救國情操，才加入中共。

林彪在蘇療傷期間，曾大量閱讀馬列書籍，是否因而醒悟，不得而知。但是林彪自幼熟讀四書五經，十分崇儒，因儒家思想與共產主義相衝突，從這個角度看林彪的內心，不難瞭解他為何有這種說法。林彪在重慶期間，與軍統戴笠、鄭介民均有公開見面，接受戴、鄭之宴請，但周恩來均在座。周也會監視林彪在重慶的活動，回報延安，因此陶希聖說林在重慶與鄭介民有過密談，可能性不高。

林彪在抗戰末期，是否確曾向蔣介石，或戴笠作過某種承諾，筆者未能找到直接證據，除前述文先生證明外，陶希聖也說，蔣介石在獲知林彪墜機而亡後，曾經流淚。這是蔣介石唯一一次為他在中共黨內的諸多學生死亡流淚，或可作為一個旁證。

既然林彪有可能對蔣、戴曾有所承諾，那為何他會率軍從東北打到東南，背信毀諾呢？筆者分析原因可能有二：

林彪認為蔣介石不相信他，國府前國防部長高魁元（林彪同學）亦證實此點，在蔣介石的日記中即批評林彪「無智低能」。所以林彪在東北，特意將蔣最親信學生之一的杜聿明徹底打敗，以證明他的才能與作戰能力。而蔣介石曾飛東北指導作戰，也可能引起林彪猜疑，蔣要消滅他和他的部隊，激起了他的鬥志。

戴笠於一九四六年三月十七日空難死亡，林彪與蔣介石間的聯繫中斷，文強並無管道直通層峰。而且戴笠死後，文強在軍統內未獲重視，而脫離軍統。其次，在東北國共兩軍對峙作戰時，林彪與文強間的聯繫，也恐難維持暢通。林彪因此成了過河卒子，只有回到效忠毛澤東一途了，他是在戴笠死後半年餘，才於當年十月在東北反守為攻，擊潰杜聿明。

中共建政後，林彪完全變了一個人，表現出淡泊名志，「不爭官、不爭位、不爭名、不爭權」的政治傾向，也不多與人交往。但是毛澤東在歷次發動的政治鬥爭運動中，都會先爭取林彪，站在與毛同一立場，助毛激烈鬥爭異己，如鬥彭德懷、劉少奇、鄧小平等人，因此，中共軍委的老帥老將，多對林彪鬥爭同儕頗有不滿。但林彪私下則認為彭、劉、鄧和其他被打倒的黨、政、軍幹都沒有犯錯，並批評毛澤東搞陰謀詭計、「愛玩權術」、「言行不一」。

在毛澤東發動「三面紅旗」的大躍進期間，造成全國飢荒，民不聊生，劉少奇為此召開「七千人大會」，檢討大躍進政策，全國與會各級幹部批評矛頭全指向毛澤東，毛被迫作了自我檢討，唯獨林彪一人站出來為毛辯護，讓毛感激不已。背後，林彪卻說毛澤東的大躍進「全憑幻想」。毛澤東不知林彪對他也是「表裡不一」，以為林彪對他死忠，所以利用林彪打倒彭德懷，就由林彪接任彭之國防部長；利用林彪打倒劉少奇，就由林彪接任接班人。

毛澤東發動「文化大革命」，還有一個目的，就是利用群眾的盲目，鼓動武鬥和全面奪權，一舉打倒參加「七千人大會」的全國幹部。毛澤東是個有仇必報的暴君，林彪在這中間都起了助紂為虐的作用。但在文革期間，他與「文革幫」明爭暗鬥，支持軍委會之老帥老將批評「文革幫」，他的過度吹捧毛澤東，也似乎有高高舉起，讓毛重重摔下之意。令人懷疑，他是否在實踐對蔣介石的承諾：「將來校長一定曉得我能為國家做什麼事」。而蔣介石亦能體會，在林彪墜機死後，因而流淚？

毛澤東熟讀中國帝王學，他一生最欣賞的歷史人物是秦始皇、劉邦、朱元璋、曹操等人。毛澤東在取得政權後，為鞏固他的「帝」位，凡對他權位構成威脅，或在歷史上曾得罪過他的人，無一能夠逃過他的鬥爭。

林彪在延安時期，已見識過毛澤東對威脅到他領導地位的王明、張國燾鬥爭的殘酷無情，早已判斷毛澤東在建政後，也將步上「誅殺功臣」之路。中共取得政權後，他曾請求毛澤東派他到地方上當一個小官，脫離政治核心，毛未答應。所以他婉拒出任「抗美援朝志願軍」司令，遠赴蘇聯養病。返國後，特意保持低調，表現無政治野心，不爭名位，內心就是不想步上歷代建國功臣被殺之後塵。但歷史偏要開他的玩笑，他越不爭名位，越想脫離政治圈，毛澤東越要利用他鬥爭異己，越要給予他名位。

林彪為求自保，在軍中在社會上發起各種吹捧毛澤東的活動，極盡諂媚能事，最後甚至發展到「造神」運動。在出任接班人後，他對於公務採取「大撒手」作法，中央政治局工作，全讓周恩來主持，軍委會委由葉劍英負責，除非不得已，他不與會，甚至毛澤東主持的會議，能不參加就不參加，他有個「三不三要」政策，「林彪工作手冊」寫道：「三不是：(一)、不干擾人之決心(免己負責，免爭領導之嫌)(不建言)；(二)、不批評；(三)、不報壞消息(去影射之嫌)。三要：要回應、要表揚、要報好消息。」他不過問公事，但在任何他必須出席的政治會議上，他一定大樹特樹毛澤東的威望，在他講話中，「毛澤東」幾乎是前無古人，後無來者的偉人、聖人。而私下，在林彪的「工作手冊」與「札記」中，對毛的批評，真是入木三分，赤裸裸地揭露了毛的詭詐陰險。

毛澤東在打倒劉少奇之前，需要林彪的吹捧，重塑「七千人大會」後失去的威望，並支持他鬥爭劉少奇，和打倒全國各級幹部。但是等到打倒劉少奇，和在全國利用紅衛兵奪取各級機構權力後，毛澤東開始對林彪的諂媚感到厭煩，他對林彪吹捧他的「四個偉大」(偉大的導師、偉大的領袖、偉大的統帥、偉大的舵手)，突然表示：「誰封我四個官啊！」又說：「四個偉大，討人嫌！」原因是他認為天下是他領導打下來的，我的偉大豈是你林彪授與的。毛澤東的這種心態，在一九五五年授與十大元帥和十大將時已表現出來，當時大家建議授與毛澤東大元帥頭銜，為毛拒絕，理由很簡單，在毛心裡只有「自稱為帝」，絕無「被封為王」的道理。

毛澤東對林彪的不滿，也隨著文革發展日益升高，尤其對任何聚會，在三呼「毛主席萬歲」後，必喊的「祝林副主席身體健康，永遠健康！」表示「什麼永遠健康，難道還有不死的人嗎？」嚇得林彪寫信給各級機構要求不要再祝他身體健康了。

毛、林的分歧與鬥爭，在鬥爭劉、鄧後，註定遲早要來的。主要原因是毛澤東本就無意交班給林彪，他屬意的是「文革幫」的張春橋。其次是毛澤東無意結束文革，而故意製造一個假象，讓林彪以為毛澤東預定一九六九年「九大」時結束文革，因此林彪在毛澤東指示下召集陳伯達撰寫「九大」政治報告時，就把重點放在「促生產」上，希望能夠將文革所造成的社會動亂，恢復正常，並讓被破壞的工業、農業能夠回復生產，改善人民生計。但是毛澤東卻背著林彪指示張春橋、姚文元撰寫「繼續革命論」，作為「九大」政治報告，並由林彪報告。林彪心中雖有不滿，但強忍下來，毛澤東未能抓到把柄鬥爭林彪。

「九大」後，毛澤東對劉少奇被打倒遺留的「國家主席」一職，三易其指示，第一次說國家應該要設「主席」；第二次說：「不設國家主席，要設你們設」；第三次則堅持「不設國家主席」。周恩來主張要設「國家主席」，「文革幫」照毛澤東指示在會議上反對設置。周恩來請與會之葉群徵詢林彪意見，林彪經過二十多天慎思考慮後建議應設「國家主席」，並請毛澤東兼任該職，副主席可設可不設，可多設可少設，並表示他個人不宜擔任這些職務。在當時毛澤東的高壓肅殺氛圍下，林彪必須要如此表態，否則毛一翻臉，林彪就要背負「反毛」的政治罪名。毛仍堅持不設國家主席後，林彪即未再發表意見。但九屆二中全會後，毛澤東南巡部署鬥爭林彪時，就變成林彪「急於想當國家主席」。「九・一三」之後，「設國家主席」又成為林彪的「反黨政治綱領」的證據。

一九七〇年七月下旬，周恩來主持中央政治局會議，討論「八一建軍節」社論，陳伯達與張春橋對「偉大領袖毛主席親自締造和領導的、『毛主席和』林彪副主席直接指揮的中國人民解放軍」文字中的「毛主席和」四字發生爭執，陳伯達認為與前文重複，主張刪除，張春橋堅持保留。爭議送到毛澤東處，毛同意刪除。然而毛南巡時，卻將不滿算在林彪頭上，他說：「人民解放軍是我締造和領導的，林彪親自指揮的，締造就不能指揮嗎？」。林彪的罪名又加上了陰謀篡奪毛之軍權。

中共九屆二中全會前，張春橋和吳法憲（空軍司令員，林彪的四大將之一）在「修改憲章起草小組」會議上，對草稿中有關毛澤東的「天才論」提法發生激烈爭執。所謂「天才論」是林彪媚毛提出的「毛主席天才地、創造性地、全面地發展馬列主義」，毛澤東曾誇獎有加，這時卻變成了錯誤，毛說這是對他的「諷刺」。張春橋堅持刪掉這段文字。吳法憲反對，說：「要防止有人利用毛主席的偉大謙虛貶低毛澤東思想」。由於林彪素來不滿張春橋作為，於在會前徵得毛澤東同意可以批判「反天才論」，「但不要點張春橋的名字」。林彪在會上照毛指示未指名張春橋，強烈批判了「反天才論」。與會代表很快知道矛頭指向張春橋，引起了共鳴，紛紛要求「把人揪出來」。江青、張春橋情急，哭求毛澤東。毛也眼看會議失控，有再度面臨「七千人大會」情況，於是找林彪安撫說：「張春橋這個人再看他兩年」，「兩年後我就不幹了，把班交給你」，到時張「交給你處理」。然後即在會上揪鬥陳伯達，發起「批陳整風運動」，矛頭指向林彪。會後毛說：「名為反張春橋，實為反我」。

九屆二中全會後，毛澤東決定打倒林彪，先在北京採取「甩石頭、摻沙子、挖牆腳」（毛用語）三種手段，削弱林彪在軍委「辦事組」和北京軍區之力量。毛並逼林彪檢討，林彪不肯認錯，但多次要求見毛澤東解釋，均未獲回應。在毛節節進逼下，林彪心灰意冷，於一九七〇年十二月寫信給毛澤東請辭「接班人」位置，毛批示：「此議不妥。黨章的規定、黨的決定，我不能違反。」暗示了下一次黨的全會，就是鬥爭林彪之時。

中共九屆三中全會預定在一九七一年十月一日前後召開，毛澤東於八月十五日在不告知林彪情形下，突然南巡，與鬥爭劉少奇前夕南巡一樣，毛澤東在各地召見各地方諸侯，點名批判林彪，表示「廬山這件事（指九屆二中全會林彪的發言）還沒有解決，還沒有總結。」栽在林彪頭上的罪名是「急於想當國家主席，要分裂黨，急於奪權，這次廬山會議是兩個司令部的鬥爭。」因此鬥爭林彪已上升到「敵我矛盾」，將置林彪於死地不可。毛澤東一方面要求他的談話內容保密，一方面又故意設法洩漏給林彪知悉，目的在「打草驚蛇」，逼林彪「狗急跳牆」，作出不智行動，以利徹底打倒林彪。

林彪在九月初，既已獲知毛澤東講話內容，他知道難逃被鬥噩運，也自知鬥不過毛澤東，因此表示：「一是坐牢，二是從容就義。」又說：「反正活不多久了」。

但是林彪兒子林立果不甘心乃父即將被鬥，他說：「與其等死，不如孤注一擲，做一次拼搏」。於是隱瞞著林彪，秘密召集他在空軍所組織的「聯合艦隊」成員，策劃在毛澤東停留滬杭期間，謀殺毛澤東，但是孺子太嫩，討論了數日，絲毫提不出任何行動方案，等毛澤東突然自杭州迅速返北京，只得放棄。九月十二日，毛澤東返抵北京，林立果又改變計劃，準備「南下廣州，另立中央」，擬議安排林彪，和「軍委辦」四大將（總參黃永勝，空軍吳法憲，海軍李作鵬，總後邱會作）搭機南下，但四大將根本不知情，林立果卻連調派飛機權力都沒有，完全屬於空想，他還向林彪抱怨：「到這時候，你還不把黃、吳、李、邱都交給我。」林立果魯莽行動，一般都認為可能獲得他母親葉群的支持。

在九月十二日當天，林彪女兒林立衡感覺情況詭異，認為葉群、林立果母子意圖「綁架」林彪逃亡廣州，或香港。林立衡與母親關係不好，反對弟弟林立果受母親的操縱，她為保護乃父，竟向中共中央檢舉葉群母子，請中央阻止林彪登機。

約在晚間二十一時後，林立果自北京回到北戴河，林彪被告知林立果陰謀殺毛澤東，因毛已返北京未執行，現又企圖「南下廣州，另立中央」等實情。後者顯然被林彪拒絕，謀殺毛部份，林彪或許以為未曝光，尚無急迫感，仍於晚二十三時許服安眠藥後就寢。稍後，葉群應該是接獲中共中央有人電話示警，得知林立衡告密情事。葉群遂藉口林彪次日要乘專機「動一動」，與周恩來通話，確定周恩來已有所警覺，頓感恐慌，緊急叫起林彪。林彪雖久經沙場，統率過百萬大軍，但因懼毛成疾，倉促間不查，誤認林立衡檢舉是：林立果謀殺毛澤東不成，擬南下廣州另立中央等情，想到這是唯一死罪，慌忙間不及深思，決定鋌而走險，即刻出逃，冀求能有一線逃生機會，並痛心被親生女兒出賣，盛怒之下，也棄之不顧。

林彪出走前，葉群說去廣州。飛機起飛後，確曾一度有朝南飛跡象。可能因林彪在機上，安眠藥力發作昏睡，且飛機油料不足，和逃蘇路線最近，葉群母子擅改行程北逃蘇聯。等飛機進入外蒙境內後不久，約在九月十三日凌晨二時前後，林彪甦醒，不同意飛往蘇聯，指示飛機折返中國，這時他或許抱有寧被鬥被殺，也不願背負「叛國投蘇」罪名，終在折返途中，飛機迫降外蒙溫都爾汗地區失敗，機毀人亡，留下千古之謎。

林彪「九・一三事件」發生後近一個月的十月七日，中共「始」查獲林立果所擬「五七一（武裝起義諧音）工程紀要」，中共指為林彪的「反革命政變計劃」。但在「林案」被牽連所有活著的中共幹部中，除在逃亡途中畏死不敢自殺投降的李偉信表示僅聽過有此計劃，但未曾看過內容外，包括四大將和「聯合艦隊」其他成員在內，竟無一人聽過有這一份「紀要」，因此迄今有不少學者專家懷疑係中共偽造，加罪於林彪的假證據。

毛澤東在「九・一三」之後，不放棄鞭屍林彪，他將「批陳整風」運動，調整為「批陳批林」，再發展為「批林批孔」運動，這個「孔」指的是孔夫子。孔子與林彪有什麼關連，毛澤東恨林彪，何以連累到孔聖人呢？許多學者認為是毛澤東要摧毀中華文化，這也許是毛澤東久藏內心的一個想法。但毛澤東沒有這樣「偉大」，他在這時要把「批林批孔」聯繫在一起，只是因為搜查林彪住所時，發現林彪十分崇儒，他書寫之條幅，全引用儒家言論，並製作許多孔孟言論卡片。而且「五七一工程紀要」（多數學者仍認為可信）批評毛澤東是「一個行孔孟之道，借馬列主義之皮，執秦始皇之法的中國歷史上最大的封建暴君。」毛澤東自覺是秦始皇，但批評他「不是馬列主義者」，而是「行孔孟之道」的封建者，他不能接受，因為這會危及他擔任「共產黨主席」的地位，極大傷害他爭取作為國際共產世界領袖的野心，所以他必須在「批林」同時一併「批孔」，林彪隱然成了孔子第七十三名弟子。毛澤東覺得「批孔」還不夠，還須要「揚秦」，以鞏固他的權位。

毛妻江青這時顯露出她企圖接班野心，她利用「批林批孔揚秦」運動，進一步發展為「儒法鬥爭」為她接班造勢。江青不但自居為「呂后」，還想當一代女皇「武則天」，她先後發表了〈法家人物介紹：呂后〉、〈古代傑出女政治家武則天〉等文章。所幸毛澤東尚有一絲理性，知道江青不得人心，未交班給江青。

毛澤東晚年最想鬥爭的對象，其實是周恩來。鬥爭劉少奇時，未能一併鬥倒周恩來，是他一大憾事。「批林批孔」到一個階段後，他終於在一九七四年時說：「現在是到了批周公的時候了！」但是中共不罵周公，而是批判呂不韋（秦始皇的宰相）等一些歷史上之宰相、丞相，江青更露骨說：「重點是批黨內的大儒」。國際媒體說：中國「現代大儒是周恩來」。這時，周恩來已是癌末，毛澤東要鬥倒周恩來，不具多大意義，但他初期不同意醫生給周恩來開刀治療，希望周恩來先他而死。果如其意，周恩來先毛八個月死亡，周恩來在病危時期，終於覺悟，口授乃妻鄧穎超紀錄了他對毛澤東許多批評和不滿的真話。

毛澤東一九七六年九月九日過世，因「四人幫」失去人心，他將權位交給了華國鋒。葉劍英也奪回軍委大權，並於十月六日聯合華國鋒等一舉逮捕了江青等「四人幫」。

一九八〇年十一月，在鄧小平主導下，將「林彪反革命集團」和「江青反革命集團」合併為「林彪、江青反革命集團推翻無產階級專政的政權案」起訴，以林彪、葉群、林立果「已經死亡，不再追究刑事責任。」雖然在文革後，林立衡奔走，希望為林彪翻案平反，甚至國家主席楊尚昆也寄望生前能看到林彪案平反。但因鄧小平與林彪間個人恩怨，和不能徹底否定毛澤東，拒絕為林彪平反，且在法律上已為林彪定了性，任何冀望為林彪平反的努力，都無異緣木求魚。

但是，自一九九〇年代起，許多大陸學者專家，包括林彪的秘書等，開始發掘林彪案真實內情，發現林彪未參與，亦不知情林立果曾提出「五七一工程紀要」謀反想法，更不清楚林立果異想天開，討論要謀殺毛澤東，又拿不出行動方案，不知如何動手。直到面臨毛澤東伸出鬥爭魔爪時，林立果還在幻想「南下廣州、另立中央」。眼看計劃無一可實施後，才向林彪坦誠報告，卻害死了父母和自己，以及無數受牽連的人。

林彪自一九六九年已徹底醒悟，不能再任由毛澤東胡作胡為，曾三次上書請求結束文革，毛澤東均置之不理。林彪並瞭解到毛澤東陰謀讓「文革幫」接班，繼續推動「文化大革命」。因此，林彪不惜得罪毛澤東，於一九七〇年九屆二中全會揭鬥張春橋，展開了中共歷史上的第十次路線鬥爭。雖然林彪敗下陣來，但卻破壞了毛澤東的接班佈局。

毛澤東還來不及對林彪的「身」、「心」進行「面對面」的鬥爭，林彪已搭專機逃亡墜機而亡，這是毛澤東自延安時期鬥爭異己以來，歷次鬥爭中遭遇最大的一次挫折，對毛個人打擊極大，身體健康迅速退化，一度病危，雖搶救回來，亦只能拖到一九七六年就死亡，相隔不過五年而已。若非林彪之死，促成毛澤東早死，如讓其再活幾年，將他生後接班布局完成，「文化大革命」不能結束，中國大陸政局發展，可能就沒有爾後的改革開放，和經濟發展了。所以許多學者專家，都認為林彪父子是真正的反「文革」英雄，而林彪的出走，完全是毛澤東逼出來的，紛紛撰文，為林彪平反，可惜均不足以動搖中共既定不准為林彪平反政策。

筆者過去對林彪的認識，亦局限中共醜化林彪的文宣範圍內，直到撰寫本書，蒐集並閱讀了大量林彪事件正、反面的材料後，豁然發現真實的林彪，是一個民族主義和愛國主義者，不是為信仰，而是誤認中國共產黨也是一個救國的黨派而加入。早在抗戰期間他就已覺悟，並瞭解毛澤東多疑猜忌，好鬥殘酷個性，而思有所作為。惜乎命運弄人，他的一生發展，未能如其理想。晚年又懼毛成疾，雖想振作，力挽頹勢，終難突破畏毛心理障礙，不能奮力一搏，而選擇消極之路，出逃而亡。

本書是蒐集了大量的真實歷史資料，希望能夠提供給讀者諸君對林彪事件有一個重新思考的方向。歷史就是歷史，儘管中共不允許為林彪平反，但是未來的歷史學家，自然會給林彪一個正確公平的評價，我們期待這一天的早日到來。

本書歷經三年寫作，能夠順利完成，要感謝許多前軍統局和情報局長官、前輩之支持與鼓勵。特別要感謝張式琦將軍欣然同意筆者將林彪、陶鑄來信內容發表；荊自立將軍提供前軍統局若干工作特性，非常有助本書的寫作。筆者在寫作期間，協助最多的是摯友鍾五桂先生，他不但極有耐心的幫助打字，建立電腦檔案，並幫忙校正，提供寫作意見，特敬上誠摯謝意。

翁衍慶　二〇一一年十二月十五日于台北市

目次

一九七一年九月十二日，做為中國共產黨毛澤東主席的親密戰友和黨章指定的接班人林彪偕妻兒等九人搭乘二五六號三叉戟專機倉皇出逃。次（十三）日晨於蒙古人民共和國溫都爾汗東北之蘇布拉嘎盆地，飛機迫降未成功，機毀人亡，無一倖存。

林彪墜機死亡後，中共嚴密封鎖消息，因此國際間只知有墜機事件，而不知死者為林彪。中共隨即禁止所有軍、民用飛機起飛，和國際航機入境。稍後，又突然取消原訂十月一日舉行的中共「國慶」慶典活動。處處透露著不尋常的氣氛，也因為林彪久未公開露面，謠言不脛而走，顯示中國大陸出了重大事故。

林彪墜機後近二個月，也就在這年十一月一日，台灣的「中共研究」月刊，針對林彪久無公開活動與種種跡象和事實分析，初步判斷「林彪已被整肅」，並提到有中共「軍機逃亡，在外蒙境內墜落，大陸全面備戰」，懷疑林彪可能因逃亡墜機，已經死亡。

國際上則於十一月二十七日，由美國華盛頓郵報記者史丹利．卡諾所撰「林彪據信已死」一篇報導，揭露林彪在孤注一擲，企圖暗殺中共奉為神的毛澤東失敗後，已經死亡。

儘管台、美專家都研判林彪已被整肅死亡，但是中共仍然完全不予證實或澄清，各方猜測紛紜。一九七二年二月十日出版之「中共研究」月刊社論表示，根據所獲兩份資料，證實林彪已被整肅。一份是中共中央發布的一項有關林彪問題的重要文件（註：為一九七二年一月十三日中發字第四號文件：「粉碎林陳反黨集團反革命政變的鬥爭（材料之二）」的通知，並附「五七一工程紀要」），列為傳達討論的重點，已在內部對林彪進行點名批判。另一份文件則透露中共加在林彪頭上的罪名越來越多，竭盡醜化林彪，但批林的主題卻集中在林彪想當「國家主席」上，指責「林賊想奪取毛主席的權造反」。直到同年五月十九日，中共完成「對林彪叛國外逃所乘三叉戟飛機墜毀原因的分析」報告後，才在六月發布「中共中央關於林彪叛國出逃的通知」，和「林彪反黨集團反革命政變的罪惡」，稍讓世人瞭解一些真相。

轉眼林彪事件發生迄今已超過四十年，物換星移，人事全非，然而林彪事件真實內情，仍然一團迷霧。所幸，長期以來，中國大陸有一批學者專家持續追蹤探究林彪事件的真相。自二〇〇四年起，境外的華文出版社出版了一系列要求平反林彪事件的叢書，作者多係大陸學者，他們根據所能蒐獲的歷史事實與證據，證實林彪個人未曾參與謀反和暗殺毛澤東行為。他之出走，一方面是毛澤東已經準備好要鬥爭他，而林彪亦自知門不過毛澤東；另一方面是林彪獨子林立果瞞著林彪謀反不成，在毛澤東即將對林彪採取鬥爭行動之前夕，與母親葉群說動林彪登機出逃，冤死外蒙。這些學者呼籲中共應該給予林彪平反，並且要與江青「四人幫」劃清界限，區割處理。

但是，中共在一九八一年一月二十五日對「林彪、江青反革命集團推翻無產階級專政的政權案」的判決書中，定性林彪一夥為「反革命集團」，要為林彪平反，難上加難。

林彪事件令人感到撲朔迷離的是除了涉及中共領導階層間的權力鬥爭外，還意想不到的牽涉到國共間的間諜戰。

一九八八年十月號《新新聞》周刊第八十六期刊登了兩則有關林彪事件的封面故事，標題十分聳人聽聞，一則是「海峽兩岸間諜大戰」，另則是「你沒聽過的幾則間諜故事」。內容引述訪問國府國防部前情報局局長張式琦將軍之報導。據張將軍透露：一九六六年十一月一日，他在擔任國防部前特種軍事情報室（註：特情室與情報局於一九八五年合併為軍事情報局）主任期間，中共前主要領導人排名第二和第四的林彪與陶鑄二人，在文化大革命初期曾密派專人持二人聯名密函至香港，透過關係，與國府密取聯絡，表達棄暗投明反正之意。國府曾經回函，此後即失去聯絡。

事隔六年，一九九四年二月二日，英文《亞洲周刊》刊登澳洲記者韓培德（Peter Hannam）走訪外蒙實地觀察林彪座機之逃亡飛行路線，和溫都爾汗墜機現場情況。他並且轉到台灣訪問了張式琦將軍，再次報導了林彪、陶鑄二人聯名信函與國府聯絡經過。

韓培德還訪問了台北淡江大學政治軍事學者李子弋教授，李教授引述蔣介石總統秘書陶希聖先生（與林彪同係湖北黃岡人）生前所透露：一九四五年日本投降後，中共想瞭解國民政府對中共軍事上有何意圖，毛澤東曾派林彪到重慶面見國民政府委員長蔣介石。林彪為黃埔軍校四期學生，他十分恭敬稱呼蔣委員長為「校長」。蔣問：「你們共產黨還用這種稱呼嗎？」林彪回答：「我儘管身在共產黨內，將來校長一定曉得我能為國家做甚麼事。」又說「毛這個人疑心太重」，表示他有一些「意見」想先與蔣身邊的人詳談。蔣因軍統局長戴笠將軍不在重慶，於是指示戴之副手鄭介民將軍與林彪詳談。林、鄭二人就在嘉陵江旁的一家小飯館吃了一頓飯（此點應該不可能，如林、鄭二人要密會密談，不會選擇此種公開場合），事後鄭介民寫了一份很長的報告給蔣委員長。韓培德的專訪，同時由中文《亞洲周刊》於一九九四年二月六日刊出。

張式琦將軍為國軍著名儒將，軍事與情報素養俱高，離開軍職後創辦淡江大學國際戰略研究所，並任所長。一九九四年夏天，張將軍電召筆者，面交其親筆抄謄的叁封信件。這三份抄件，即林彪、陶鑄二人聯名信、國府回函及中間人蕭正儀來信。

林彪與陶鑄為黃埔軍官學校第四及第五期先後期同學，一九六六年十一月一日來信時，中華民國總統即為前黃埔軍校校長蔣介石。林、陶二人並非直接致函國府，而係託與林彪同為四期的同學蕭正儀密攜赴港，找到在香港的同期同學周遊將軍，請協助與國府聯絡。周遊曾任國軍華南補給區中將司令，中共建政後赴港定居，以「全不足觀閣主」筆名，為《春秋》等刊物撰稿，與國府間已無聯繫，但與滯港之前國軍將領有來往。周見信後即找到在港之保定軍校八期畢業之前輩鄧樹人將軍，研究如何處理。鄧將軍素得人望，深受當時滯港前國軍官兵敬重，曾在香港獲得　國父孫中山先生「三民主義自序」原稿，送台北中國國民黨中央黨部典藏。鄧將軍之子鄧合龍先生與國防部前特情室關係密切。蕭、周、鄧三人研究後，決定將密函交鄧合龍送台，蕭正儀則留在香港等候國府回應。

林彪、陶鑄二人聯名密函如下：

鐵兄：久未通信至念，回憶當年共硯黃埔，恍如隔世，兄天姿明敏，正應為國效力，乃退閒蟄處，殊為可惜。此因　文灼兄南行之便，特修寸楮致候，祈加指示，吾人處危疑之局，遇多疑猜忌之主，朝榮夕枯，詭變莫測，因思

校長愛護學生無微不至，苟有自拔之機，或不責已往之錯，肺腑之言唯乞代陳為感，此頌

道安

學弟　尤　鑄　同啟

十一月一日

周遊字「鐵梅」，林彪字「尤勇」，「文灼」是蕭正儀之字。這封信撰寫時，林彪、陶鑄二人甫於八月晉升為中共第二和第四號領導人物，林彪並被毛澤東欽定為接班人，地位崇高，似乎沒有任何理由讓二人背棄毛澤東，尋求與國府聯繫投誠。但因此信除陶鑄外，均使用各相關人的字號，只有親近人知悉，且中間人蕭正儀又同為黃埔同期同學，蕭正儀表明，林、陶二人地位越接近毛澤東，越是感到朝不保夕，陶鑄當前因批鬥劉少奇不力，遭到毛澤東和江青指責，地位岌岌可危。

周遊因此肯定此信絕非虛構，認為林、陶二人亟謀與國府聯絡，必然面臨重大困境，尋求協助。另據情報局前退休高級幹部彭新有將軍回憶：「約在一九七四、五年期間，曾陪同時任國防部部長高魁元出席立法院秘密質詢會議，高部長答詢時，證實林、陶密函為林彪親筆。」高魁元與林彪同為黃埔四期同學，且同班同寢室，一九六六年任陸軍總司令，一九七三年出任國防部長。

張式琦將軍接獲這封密函後分析，中共自一九六六年五月以來，毛澤東發起之「文化大革命」，正在大陸各地如野火般蔓延，對劉少奇的鬥爭面不斷擴大，高幹人人自危，判斷「林、陶在此情況下，思慮再三，認為只有與台灣蔣總統取得聯繫，為唯一途徑」。亦相信密函的真實性，於是向當時國家安全局局長夏季屏報告，經夏安排張將軍持函面報蔣經國先生請示。蔣經國未質疑來信真實性，但顯然存有疑惑，只指示：「研究！研究！」未作具體裁示。

這時已接近一九六六年年底，陶鑄正面臨被鬥危機，蕭正儀急於返回大陸，瞭解實情。張將軍決定保持蕭正儀這條線，並為取信蕭正儀，以保證政府不會拿此信要挾林彪、陶鑄二人，而將原函送回香港交還蕭正儀。由於當時台灣公務機關尚無影印機，且為保密，不宜假手他人，故由張將軍親筆謄抄留下紀錄，及請周遊將軍先行回函林、陶，以穩住二人，並提示回函要點有三：⑴嘉許二人來聯，但不宜貿然行事；⑵鞏固現有地位，待機而動；⑶台灣願予充分支援，然尚需進一步研究。

周遊將軍即依此三原則撰妥回函，交蕭正儀攜回大陸。覆函內容如下：

尤、鑄兩兄如面：別四十年矣，處境各殊，徒勞想念，正儀兄遠訪，承頒手示，且喜且驚！猶憶黃埔分袂時，與　尤兄合攝一影，由弟就操場上率題十六字曰：『跨太平洋，極崑崙頂，既闊且高，具斯人影』，影雖落佚，語則未忘！今　尤兄已按字去做，弟則促處海隅，真有愧見同硯之感！時局瞬息萬變，無從捉摸，姑無論局外人如此，即局中人亦不例外。所示原則，實可辦到，前途且無任嘉許，只以弟之處境特殊，而　尊處根深蒂固，恐不能輕易發動，遂不敢貿然承諾，延滯至今，實緣慎之又慎，非敢緩之又緩，或不重視，由衷之言，端在謦諒中也。今局勢演變，頗符理想，敬請急起直追，對人類國家有所貢獻，最好　正儀兄能面領機宜，再遣來港，俾獲較具體之指示，庶劍及履及，獲致機先，萬分企盼，餘情特請　正儀兄代陳不具，現據報載，兩兄處境，容有小歧，則請酌而行之，幸不膠柱勉強，百拜百拜，此

頌　戎祺　弟　鐵梅手啟　一月十二日。

發信日期已是一九六七年初，內容為何未使用蕭正儀之字「文灼」，則無從瞭解。蕭正儀回大陸前曾與周遊約定此後彼此聯絡方式。蕭返抵上海後，有一函回覆周遊：

鐵兄如面：返國之行，在穗在漢均有逗留，輾轉逾月，始抵滬濱，稍事摒擋，方克修書道意，乞恕無可避免之稽遲為幸。刻經多方設法聯繫，始獲　尤、鑄兩兄誠懇表示，無改初衷，祗以鑄鋒芒太露，處境較艱，其實人人如此，朝不保夕，睡不安枕，清算之來，匪可逆料之事，幸　尤更為發揚蹈厲，頗抱樂觀，雖屬特殊驕子，但亦非常審慎，免蹈覆轍，滬事重要，需弟料量，惟北上謁　尤、鑄面陳面商，更為重要，刻正請示進止，必有以報雅命，弟不知貴方反應如何？殊為惴惴，此何等事？非具大無畏之毅力，則不足多談，高明以為然否？又此信未知能否得達？必要時，如時間環境許可，願再赴港面陳緬縷也，春寒尚厲，珍重萬千，手此敬頌　新禧　弟　正儀手

上　二月一日

蕭正儀自上海來信後，即失去聯絡。周遊回函日期是一月十二日，蕭正儀自上海來信是二月一日，相距不過二十一日，何以蕭信說「輾轉逾月」，若非時間只是隨意估算，就是去信或來信書寫發信時間時，故意延後或提前，以掩耳目。可惜，周遊後於一九六八年病歿香港，蕭正儀這條線隨之中斷。

林彪係於一九六六年八月十二日，在中共八屆十一中全會中，「按照毛澤東意圖，周恩來出面向全會提議，全會一致通過：把林彪作為毛澤東的第一位助手和接班人。」取代了劉少奇的地位，位高權重，可謂一人之下，億萬人之上，毛死就可成為中共黨、政、軍最高領導人，什麼原因讓林彪不戀權位，密向國府尋求聯繫投誠，殊令人難以想像。

但是，隨著時日變遷，中共內部透露出來林彪事件內幕資料，日益增多。赫然發現林彪在八屆十一中全會時，以身體健康不佳，不肯擔任接班人，而是毛澤東綁鴨子上架，硬逼他當上接班人。更從林彪生前，由林妻葉群所筆記林彪在家中講話紀錄「林彪工作手冊」（一九六一年至一九六四年）、和「林彪工作札記」（一九六四年三月至一九七一年九月五日），充滿了對毛澤東鬥爭陰謀之不齒和對毛鬥爭殘酷之恐懼，不難瞭解林彪當時伴君如伴虎之心態。如在「工作手冊」（第五冊）中對毛澤東有這樣批評：「凡事勿做絕了，做即一點論，必有惡果，果大則現；果小，或其他力量能壓得住則不顯（但大膽肯定必有惡果）。例……絕，對某（指赫魯曉夫）罵絕了；則，對明（指王明）鬥絕了（亂了套）；借，對大公（指蘇聯修正主義）做絕了。」由於葉群係以極簡單的文字紀錄，所以有些文字，非當事人，不易瞭解，但仍可粗窺其含義。

早在五、六十年代，林彪就對毛澤東反修正主義有意見，但不敢公開表達。他認為毛澤東「反修」是「罵絕了，做絕了，絕則錯。」毛澤東開始布局鬥爭劉少奇時，就一再在林彪面前問：「中央出了修正主義怎麼辦？」林彪已看穿毛澤東準備要發動一場大鬥爭。所以「手冊」中，林彪批評毛澤東：「言行不一」、「愛玩權術」。

一九六四年三月三日，毛澤東指示林彪多關心政局，多參與工作。林彪竟然感到「是福還是禍？」已顯示林彪對受到毛的「關注」的恐懼，同日他又說：「毛認為被人架空，這個人是誰？我吃了一驚，冒了一身冷汗。一場大的政治鬥爭要來臨。」一九六六年五月二十六日（毛在五月十六日發動文化大革命），在「林彪工作札記」中，寫道：「老毛施陽謀外出（註：毛「南巡」赴杭州），由劉（少奇）主持中央會議，經劉劃除『彭（真）、羅（瑞卿）、陸（定一）、楊（尚昆）』作第一步，再通過毛的政治鬥爭綱領文件（註：指「五・一六」通知），劃除劉、周（恩來）、鄧（小平），這是毛的陰謀。」因此，林彪在出任毛澤東的接班人之後，內心不是喜悅，而是惶恐不安，深怕步上劉少奇後塵，亦即蕭正儀來信所說：「免蹈覆轍」。

林，陶二人來信之際，正是陶鑄地位動搖不保之時。毛澤東在一九六六年九、十月間，已明顯表現出對陶鑄的不滿，尤其陶鑄又在此時得罪了毛婆江青。毛、江決心在打倒劉少奇之前，先鬥倒陶鑄。林彪與陶鑄都非常明白，陶鑄被鬥，迫在眉睫。他們也知道，陶鑄一旦被鬥，輕者被關，重者迫害致死。林、陶二人私誼甚篤，林彪不喜交際，而陶鑄是他唯一可以「交心」深談的朋友，在陶鑄即將被鬥，林彪亦自覺隨時有可能被毛鬥爭厄運之心態下，二人密商如何自救，今後何去何從，並非不可能。

但是，陶鑄的被鬥，比預期來得更快更早。到十二月已被毛澤東拿到枱面上進行批鬥，林彪在十二月底，似乎還未意料毛、江對陶鑄人身鬥爭已迫不及待，特地忠告陶鑄：「要被動被動再被動」。次（一九六七）年元月四日，陶鑄就被打為「中國最大的保皇派」，身心受到極大摧殘，徹底倒台。陶鑄寫了一封信給林彪，說他辜負了毛和林的信任，工作沒做好，本想過年後離京去各地搞點「調查研究」，但萬萬沒想到頃刻間變成了「罪人」，林彪見信後默默不語，林妻葉群恐被釣魚台（指江青一夥）發覺，招來大禍，趕緊叫內勤偷偷將此信燒掉。

陶鑄說「過年後離京去各地搞點調查研究」，是否指「投奔國府」，現已不得解。

陶鑄被打倒後，即遭囚禁，中共對其在政治、生活上之迫害與折磨，節節升高。一九六八年底，陶鑄罹患胰腺癌，未獲治療，到一九六九年三月，始在周恩來介入下，由醫生切除了癌變的膽囊和十二指腸。這年十月十八日，中共為因應蘇聯可能的突襲入侵行動，陶鑄被疏散至安徽合肥，十一月三十日在合肥含冤病死。

林彪與陶鑄之關係，除了同為黃埔軍校前後期同學外，在中共「解放戰爭」期間，陶鑄隨林彪進入東北，出任「東北野戰軍」政治部副主任。遼瀋會戰後，林彪率部入關進逼平津，陶鑄受指派化妝進入北平，密與國府華北剿共總司令傅作義談判，達成傅作義「和平」交出北京協議，受到中共中央重視。中共政權成立後，林彪出任中南軍區司令員，陶鑄先後擔任該軍區政治部副主任及主任，林、陶二人不但具有同學、同志、上下屬等親近關係，而且陶鑄也是唯二（另一人為粟裕）可以自由進出林府的朋友。

陶鑄在文革初期迅速竄升，又迅速被打倒，前後不過半年多時間。他是在一九六六年五月二十三日由廣東省委書記調任中共中央書記處常務書記，兼中宣部部長。八月中共八屆十一中全會，林彪升任黨的唯一副主席，成為毛澤東接班人。陶鑄也進入常委領導班子，排名第四，在毛、林、周（恩來）之後，原排名第二之劉少奇，則退居第八，正式失勢。陶鑄地位竄升後，仍在中央為劉少奇說話，不容於毛澤東，只當了四個半月的第四號領導人物，就被打倒，是中共政治領導階層，壽命最短，倒的最快的一人。

中共八屆十一中全會，也是毛澤東把「文化大革命」強加給黨和全國的一次至關重要會議。林彪開始無意參加這項會議，稱病躲到大連療養，毛乾脆休會，派空軍司令員吳法憲專機至大連，強令他來京與會，並且親自提名林彪為常委候選人，及將排名緊列在毛本人之後，欽定為接班人。會中周恩來特意提議只保留林彪一人作為黨的副主席，以突出林彪的接班地位。

林彪健康不佳，對政治不熱衷，他看出毛澤東選擇他作接班人，別具用心，是要利用他掌握軍隊，助毛鬥倒劉少奇。周恩來事後說是他向毛澤東推薦林彪擔任接班人，則是出於他一貫的「老三哲學」，在他與毛澤東之間建立一道緩衝牆，避免直接與毛發生衝突，林彪因此也成了周的代罪羔羊。所以林彪不想取代劉少奇的接班地位，他不但一再推辭，甚至正式提出書面辭呈，在閉幕會上，或接見中央文革小組時，以及在全會後之中央工作會議上，反覆作了類似表示。最後在毛澤東堅持之下，只得接受，但林彪還是表示：「隨時準備交班給更合適的同志」。

八屆十一中全會後，毛澤東希望林彪能主持中央工作，而林彪僅主持幾次會議後就不再管，中央日常工作交由周恩來負責；中央政治局常委擴大會議，亦讓給周恩來主持。即使是中央軍委工作，他也不願多管。據林彪秘書張雲生回憶說：「毛澤東委託林彪主持軍委日常工作，實際林彪主持的記錄屈指可數，尤其『文革』開始後，林彪就委託軍委秘書長葉劍英主持，葉『靠邊站』後，則由軍委辦事組副組長楊成武、吳法憲『照應』日常軍務，林彪很少過問」。很明顯，林彪這些動作旨在表明他無政治野心，好讓毛澤東放心，以免重蹈劉少奇覆轍。

據在林彪身邊工作過的幹部回憶：「毛主席讓林彪當接班人，林彪說他有病，身體不行，不能出席會議。毛主席說重要會議你來，一般會議讓葉群代表你來參加就行了。」這足以說明，毛澤東找林彪當接班人，不是出於真誠，只是找一個打手。林彪看出毛澤東居心叵測，氣得回到家後，將毛澤東批示堅持要他作接班人的字條撕成碎塊扔進痰盂裡，葉群害怕惹禍上身，把碎紙塊撈出來拼好黏在一塊。林彪這時實已瞭解到他前途充滿險惡。

十月，毛澤東發動批判「資產階級反動路線」，指派陶鑄出任「文革小組」顧問，毛期望陶鑄能秉承他的意旨批鬥劉少奇。但是早在十月份之前，周恩來和陶鑄都認為劉、鄧等「走資派」屬於「人民內部矛盾」，在黨內進行檢討批判即可，因而引起毛之不悅。嗣後周恩來接受了毛的意見，改變了立場，而陶鑄即使在接任「文革小組」顧問之後，仍然堅持己見，更加深了毛澤東對陶鑄之不滿。陶鑄之想法，可能是不希望毛澤東以「敵我矛盾」來鬥爭劉少奇，也是為了保護林彪將來免於同樣方式被鬥，因為劉少奇也曾是毛欽點接班人，毛澤東今日鬥倒劉少奇，他日就會鬥倒林彪。此一心態，或許是他不願苟同毛澤東殘酷鬥爭劉少奇的原因。

雖然林彪在公開言論上支持文化大革命，猛烈批判劉少奇，但是私底下並不以為然。一九六六年九月下旬，他曾私下對女兒林立衡說：「這不是『文化大革命』，而是『文化大要命』」。一九六七年春，林立衡又問：「紅衛兵要打倒劉少奇對不對？」林彪回答說：「劉少奇有什麼錯？」

陶鑄不但批判劉少奇不力，而且在這（一九六六）年中共「國慶日」前夕處理新聞圖片時又犯毛之大忌。緣起新華社以八屆十一中全會已批鬥了劉少奇、鄧小平，所以不擬在當日刊登劉、鄧二人照片，陶鑄認為劉少奇至少仍是「國家主席」，鄧小平還是中共黨的總書記，不能沒有二人照片，逕行指示新華社補上劉、鄧照片，發出新聞。陶鑄認為這樣可以向國內外顯示中共黨的領導核心的團結，他是出於善意，但違背了毛澤東決心要公開與劉少奇、鄧小平間的矛盾，發動群眾鬥爭劉、鄧的部署。

毛在十、一看報發現有劉、鄧照片出現，十分震怒。而且不幸的是，同一時期，陶鑄又跟江青公開鬧翻。導因於中共科學院哲學社會科學學部雜誌主編吳傳啟，在科學學部貼出該部第一張文革大字報。江青要陶鑄宣布吳傳啟為「革命左派」，陶鑄堅持吳曾是國民黨黨員，拒絕支持這樣的「左派」。惹火江青指責陶鑄「不也（曾經）是國民黨嗎？」二人爆發激烈爭執，陶鑄怒指江青：「干涉太多了！管的太寬了！什麼事情都要干涉！」，江青於是大哭大鬧，說陶鑄「欺負她」、「鎮壓她」，還向毛澤東告了狀。因這兩件事情同時得罪毛、江，陶鑄已瞭解到他難逃被批鬥之命運。

據曾任文革小組核心成員，後也被毛澤東打倒的王力回憶說：「毛澤東的『資產階級反動路線』是指劉少奇、鄧小平，而『批判不徹底』主要是指總理（周恩來）同陶鑄，在毛主席看來總理不是主要的，主要是陶鑄。『徹底批判資產階級反動路線』的口號主要是對陶鑄。」又說陶鑄「主持起草『工業十二條』和關於『抓革命促生產』之社論等，均引起毛澤東的不滿。」

「抓革命促生產」是林彪長期的主張，早在一九四五年五月中共「七大」會議上，林彪發言中就強調：「我們談政治談黨，首先就是經濟問題。我們拿『產』字作旗幟。我看有的同志就是不注意『產』，忘了本。共產黨不注意『產』字，就是大大不合格！」林彪到東北後，在戰火中仍緊抓經濟工作，號召佔領地區軍民努力發展生產。在葉群紀錄的「林彪工作手冊」中，就有多處記載林彪對發展生產提高生活水平的談話。即使在陶鑄一九六七年元月被批鬥後不久，林彪也對「三支二軍」部隊的領導幹部說：「生產不能放鬆的，生產放鬆了，會產生非常大的危險，會轉過來破壞革命。」所以林、陶二人在中共中央對「治國」理念，彼此相通，都希望「文革」不能破壞生產。

毛澤東在一九六六年九、十月間拿陶鑄開刀批鬥，背後因素是殺雞儆猴，警告林彪和周恩來，不得阻礙文革。因此，林、陶二人在這年十一月一日聯名來函，在時空背景上確有吻合之處。

十二月六日，毛澤東主持會議批評陶鑄，並要陶鑄作自我檢討。十二月二十九日毛澤東又召開「生活會」批判陶鑄，與會者一致一邊倒，猛烈攻訐陶鑄。一九六七年一月四日，江青公開提出打倒陶鑄，封陶鑄為「中國最大的保皇派」。次日陶鑄被拖出遊街，八日，毛澤東再召集會議，就陶鑄問題做了總結：「陶鑄是鄧小平介紹到中央來的。當初我說陶鑄這個人不老實。鄧小平說，陶鑄這個人還可以。陶鑄在十一中全會以前堅決執行了劉、鄧路線。」並指責陶鑄：「在接見紅衛兵時（指十月一日第四次接見紅衛兵），在報紙和電視裏有劉、鄧照片、鏡頭，是陶鑄安排的。」陶鑄被打倒後，被囚禁在中南海住所內兩年多。

蕭正儀在一九六七年一月自香港返回大陸時，陶鑄已被囚禁，故蕭來信說：「刻經多方設法聯繫，始獲尢、鑄兩兄誠懇表示，無改初衷，祇以鑄鋒芒太露，處境較艱」，「惟北上謁尢、鑄面陳面商」等語與事實比對，蕭正儀抵上海後，已無法與陶鑄取得聯繫，是否曾與林彪有聯繫？無從瞭解，從來信分析他已瞭解陶鑄處境困難，而他提到要北上北京見林、陶二人，顯示他並不清楚陶鑄已被囚禁，或者他為穩定我方，而有此說，此後蕭正儀即與周遊失去聯絡。

蕭之失聯有兩種可能：一是他本身就是中共所謂的國民黨「殘餘分子」，回上海後，正值文革愈演愈烈之際，也許被揪鬥，甚至被迫害致死；二是北上後證實陶鑄已被打倒，見到林彪，以林當時處境，可能阻止他再與周遊聯繫，或者見不到林彪，無法取得二人口信，只得放棄聯繫。若說蕭正儀個人設計製造假案，可能性極低，因為除非林、陶告知，否則他沒有條件瞭解當時中共領導核心間鬥爭和猜忌實情，以及林、陶二人所面臨的困境與想法，尤其是在林、陶二人地位竄升至高峰之際，更不可能編造令人難以置信的信件。

林彪在同一時期，也與江青鬧得不愉快。毛澤東在打倒陶鑄後，江青又想要批鬥共軍總政治部主任蕭華。林彪說以蕭之職位，不能輕易打倒，這樣大的事，必須請示毛澤東。一月十九日，江青親自到毛家灣林彪官邸，表示毛澤東已同意批判蕭華，林彪很不高興。次日，葉劍英主持的中共中央軍委碰頭會議上，談到江青要批鬥蕭華的事，激怒了與會將領，通過向中央文革小組提出嚴厲指責：「希望中央文革多聽毛主席的話，特別是江青同志要多聽毛主席的話！」（此即毛澤東定罪為「大鬧京西賓館」事件的「二月逆流」）。林彪在事後，聽到中央軍委決議，也表態對「中央文革」的不滿，他說：「叫他們（指「文革幫」）也來打倒我好了。」

據林彪秘書張雲生回憶：蕭華事件後一天，林彪與來訪的江青發生激烈衝突，江青批評林彪縱容老將老帥反文革，林氣得臉色紫青，渾身發抖，大聲呼叫葉群說：「快把江青給我趕走！」自此林、江緊張關係拉開了序幕。「晚年周恩來」一書也證實此事，並說林彪在盛怒之下，把跟前的茶几都掀翻了，還說要到毛澤東那兒去告狀，辭職不幹了。嚇得葉群大哭，拼命拉住林彪，勸他不能和江青鬧翻，無論如何也不能得罪江青。

林彪表面上是為蕭華與江青翻臉，以他與陶鑄關係，有可能藉題發揮怒罵江青，發洩對陶鑄被鬥的憤恨。因此在一九六六年林彪不滿被迫當上接班人，和陶鑄自廣東北上中央，被拔擢為中共第四號人物後，只一個月時間，毛澤東即決定打倒陶鑄。林彪物傷其類，是否會因此與陶鑄作出令人驚異的行動，終究是一個謎。

據澳州記者韓培德的報導說，他曾引用美國中文《世界日報》一篇文章，向蔣介石御醫熊丸查證他是否曾說：「他唯一的一次看到蔣總統流淚，是蔣聽到林彪的死訊時。」但是這位醫生當面向韓培德否認此說，而寫這篇文章的記者張嘉馳則堅稱所記是事實，熊丸在看過報導後也未否認。李子弋教授亦向韓培德說：「他（蔣）絕對流淚了，陶希聖告訴我：（蔣）哭了，因為他深感遺憾。這應該是一九七一年，陶希聖對此留下很深印象。」

前情報局副局長荊自立中將在二〇〇八年三月也向筆者透露：「林彪在抗戰後期，曾在西安密與前軍統局長戴笠見面，承諾為國府工作，此事可向前軍統局前輩文子瞻先生瞭解事實。」可惜文老先生在二〇〇八年已臥病，未幾往生，筆者未能當面求證，但經向其公子文先生（文先生同意提及乃父大名，但希望隱密其名）查證，文先生說：「先父生前常提到林彪與戴笠會面事，係由其伯父文強所安排，會面時僅有林彪、戴笠、文強、文子瞻四人，並由乃父負責安全警衛。林彪確實當面向戴笠承諾留在共產黨內，為國府工作。」由於陶希聖說蔣委員長是指示鄭介民將軍與林彪見面談話，事實真相如何呢？則需從歷史資料來查證。

林彪在抗戰初期，因平型關一戰成名，其後不久，途經山西隰縣時為閻錫山軍隊哨兵誤傷，傷勢久治不癒，於一九三八年冬赴蘇就醫。一九四一年十二月林彪由蘇回國，先乘蘇聯軍機飛抵新疆迪化（今稱烏魯木齊），蔣介石下令沿途黨政軍以禮相待，並指示戴笠：「護送林彪到延安。」林彪於一九四二年一月十六日抵西安，第八戰區副司令長官胡宗南親自接待，戴、林也首次會面。

據網路引述中共「黨史縱橫」資料：「戴、林的這次會晤，胡宗南安排極為秘密，專門找來了不屬軍隊系統的西安警察局的人來做安保工作，當時七賢莊（中共十八路集團軍西安辦事處）封鎖得密不透風。……由於這次行動事關重大，胡宗南在凌晨時見戴笠還不答覆，便拿起電話撥通林彪留下的號碼。電話那邊林彪的聲音讓胡宗南很激動，戴笠的聲音顯得更是興奮，他讓胡宗南不必牽掛，說他和林彪還有許多話要談，大約天亮前趕回。戴笠回來像是吃了興奮劑，洗了把臉便關起門來整理他與林彪的談話。中午時分，胡宗南前來看望，見戴笠還在奮筆疾書，並且有意無意擋著他的視線。……戴笠這個人好大喜功，在飯做好之前不願意揭開蓋子，想出乎眾人意料地放一顆衛星，而蔣介石也一直被蒙在鼓裏，以為林彪不為所動，就不再過問此事，以致於林彪認為蔣介石對自己不重視。」「一九七一年秋，林彪已經命歸大漠，蔣經國向蔣介石報告發現了一份關於林彪的檔案，是戴笠在西安與林彪那次秘密談話的書面資料，但已經在絕密檔案中塵封了幾十年，蔣介石當即吩咐把那份文件找來，他戴著老花眼鏡仔細看完這份紀錄後，面色發青，雙手顫抖不已，連連嘆息道：『雨農（戴笠字）誤我大事啊！』」

林彪在西安停留到二月十三日，返回延安。

據《林彪日記》（非林彪所寫日記，係林彪秘書於二〇〇九年整理出版之林彪日誌）一書記載：林彪自蘇回國，抵西安後，毛澤東致電指示林彪在「八路軍（註：即十八集團軍）辦事處多留幾天，以抗日將領名義開展統一戰線，大談國共合作和共同建國的必要性。」林彪在西安時，因而有充份理由與國軍將領廣泛接觸，他曾在一月十六日和三十一日兩次與胡宗南見面，胡宗南並親自到八路軍辦事處，贈送林彪數十包軍事書籍。林彪把這批書帶回延安後，「運到毛澤東的窯洞裏，毛澤東大喜。」

《林彪日記》書內也提到蔣介石指示戴笠「禮遇林彪」、「護送到延安」之事實，但沒有林、戴二人會面記錄。如果林、戴曾在八路軍西安辦事處會面談話，瞞不過中共，《林彪日記》一書應有記載。而且以毛澤東多疑個性，會追根問到底。所以林、戴二人在西安如有密會，就不太可能選在八路軍辦事處。

前述文子瞻之子透露：林、戴二人係在西安由文強安排密晤，有叁項資料，支持此一說法：

一是：文強是毛澤東表弟，偕毛澤東胞弟毛澤覃同去廣州投考黃埔軍校，文強考取，毛澤覃未獲錄取，留在毛澤東主持的農民講習所。而文強在黃埔四期與林彪同期同學，同為共產黨員，文強又是林彪的班長，二人曾打過架，所謂「不打不相識」，其後二人私交甚篤。抗戰初期，文強已是軍統少將。在這些條件下，文強要見林彪，林彪不會拒絕，更何況有毛指示暫留西安做統戰的「護身符」。

二是：文強在抗戰之前已對中共徹底失望，尤不齒毛澤東個人政治鬥爭陰狠手段，以他對中共之瞭解覺醒和與林彪關係，必然是戴笠要爭取林彪極為重要的關鍵人物，因此派遣文強去西安先期與林彪見面，進行說服，再安排林、戴會面，確實符合情報工作的作法。

三是：在《毛澤東全傳》一書和「文強年表」中都提到文強係於一九四二年「春」，由戴笠派駐西安。所謂「春」季，應是春節之後季節。一九四二年春節是陽曆二月十五日，亦即文強是在林彪與戴笠密會，和林彪二月十三日返延安後，才派赴西安。時間的巧合，難免令人想到文強負有與林彪秘密聯繫的任務。

另據軍統前輩透露，戴笠對蔣介石絕對忠誠，而且因係蔣親自指示：「禮遇林彪，影響林彪，並護送返延安。」以戴笠個性，他會盡所能達成任務，事後所寫與林彪會面與談話記錄報告，也勢必送呈蔣介石。所謂蔣經國在一九七一年林彪折戟外蒙後發現的這份檔案，如果屬實，應是在總統府檔案內找到，但是蔣介石表示不知此檔案，並稱：「雨農誤我大事」，應該不符事實，更與陶希聖所說蔣介石聞林彪死亡落淚情節相悖。

林彪自蘇返回延安，途經西安時，有無可能被軍統說服工作呢？還須檢視毛、林二人歷史關係來加以分析：

一九三〇年十月，毛澤東在贛西南只為了剷除其所不滿的江西省委書記李文林，藉口國民黨內有一個次級團體「AB團」，以混淆視聽方式，歪曲「AB」兩字為「反布爾什維克」（Anti Bolshevik），係反共組織，已滲透進入中共內部為由，發起「反AB團」的肅反運動，大量濫捕濫殺異己分子。十一月和十二月，毛澤東下令先後逮捕李文林和江西省委暨省蘇維埃幹部七十餘人，又誣攀紅二十軍幹部多人繫獄，引起二十軍的官兵強烈不滿，劫獄放人，此即著名的「富田事件」。

事情鬧大後，中共中央介入調查，查明江西省委系統中根本無「AB團」這個組織，但是毛澤東已「錯殺」「許多忠誠的共產黨員和紅軍幹部」。因此，一九三一年十一月，毛澤東遭到不點名批判：「以肅反代替了黨內的思想鬥爭與兩條路線的鬥爭」。然而，毛澤東堅不認錯，只承認查獲的AB團人數過多，是擴大化了而已；而最慘的是地方共黨機構，有整縣、整鄉的黨員被當作AB團分子拖出去槍斃。即使是「政治質量最好」參加「南昌起義」的紅四軍，也因被誣攀誣陷，許多幹部成了槍下冤魂。

「打AB團」和「富田事件」都是林彪親身經歷與目睹，他對毛澤東之猜忌異己，及鬥爭之殘暴，已有相當瞭解。因此，林彪在抗戰末期見蔣委員長時說「毛這個人疑心太重」，也不足為奇了。

一九三五年元月，共軍在西竄途中，召開「遵義會議」，會議確立張聞天（化名洛甫）為中共中央總書記，周恩來負責軍事領導，毛澤東為周之副手。毛在會後獲得周恩來授與軍事指揮權，為擺脫數十萬國軍追堵截擊，曾指揮部隊忽東忽西，大兜圈子，官兵疲於奔命。引起林彪不滿，他以個人名義給中共中央寫信建議「毛、朱、周隨軍主持大計，請彭德懷擔任前敵指揮，迅速北進與四方面軍會合。」所謂「四方面軍」即中共張國燾部，當時佔領嘉陵江以西大片地區，正等待中共中央紅軍北上會師。林彪的信遭到周恩來召開「會理會議」批評，毛澤東也指責林彪說：「你是個娃娃，你懂甚麼？」那年林彪二十八歲，任紅一軍軍團長。所幸當時毛尚未掌握中共中央大權，而且認為林彪是受了彭德懷的唆使寫信，因此放過了林彪，記恨彭德懷。

同年六月二十五日，紅一方面軍與四方面軍在懋功會合，毛、張旋即爆發路線鬥爭，毛澤東佔了上風。一九三七年，毛澤東已逐步取得中共領導權，決心清算鬥爭張國燾，強烈批判了張反黨，反中央，和種種錯誤，撤銷了張所有的軍事職務。張隱忍至一九三八年四月五日（此時正是國共第二次合作期間），藉參加陝西中部縣祭黃陵機會脫離中共，向國府投誠，受到軍統局戴笠的禮遇。林彪因曾建議「迅速北進，與四方面軍會合」遭到毛之批評，而且「反AB團」事件，給林彪留下的陰影，如毛把他與張國燾掛鉤，他知道後果十分嚴重。

抗戰軍興，林彪於一九三七年八月出任中共八路軍一一五師師長，九月二十五日，林彪率部埋伏平型關，一舉殲滅日軍精銳第二十一旅團。毛澤東雖然稱讚了林彪這次行動，但事前毛反對這次伏擊，林彪則堅持伏擊，毛澤東私下非常不高興，所以林彪一九三八年底赴蘇療傷時，就受到毛澤東的貶抑。據韓培德訪據前蘇聯一位權威的中國問題專家德魯森（L.P.Delusin）博士說：「當林彪一九三八年去莫斯科治療槍傷與肺結核時，毛把這次行動實際變成了一次政治流放。」「作為中國共產黨的共產國際代表，林彪到達蘇聯時貧病交加，且沒有官方證明。」德魯森說：「當他（林彪）會見共產國際官員時，他甚至沒有靴子。一個中國人把自己的靴子借給他。這看上去像是毛澤東在故意貶低林彪。」林彪在蘇寫了一份報告給蘇聯領導人，德魯森說他看過這份報告，「對毛澤東的政策頗有微辭。」

一九四〇年七月，林彪在蘇聯共產國際執行委員會機關刊物「共產國際」發表逾萬字的長文〈中國人民三年民族解放戰爭〉一文，推崇蔣介石領導國共軍隊的抗日政策，也提到國共合作，和「抗日民族統一戰線」，全文沒有一個字提及毛澤東。「九．一三事件」後，中共曾於一九七二年六月，將這篇文章作為林彪反黨證據。一九七三年八月更批評說：「在抗日戰爭時期，林彪發表反黨文章，無恥吹捧蔣介石和國民黨。」

從這段歷史來看，林彪從一九三五年「遵義會議」之後，便逐漸對毛澤東的作為產生了懷疑。而毛澤東也在林彪「平型關」一役之後，加深對林彪的不滿。那麼為何在林彪自蘇返延安後，又受到重用呢？從《林彪日記》一書中，可以找到答案。

一九四〇年八、九兩月，史大林兩次召開軍事會議，林彪受邀參加，在會中林彪分析德軍可能行動，事後均證明正確。稍後林彪應蘇軍要求，就即將爆發之蘇德戰爭，德軍可能主攻方向，寫過一篇分析研判文章供蘇軍統帥部參考。一九四一年六月德國對蘇聯不宣而戰，進攻路線一如林彪判斷。史大林於是邀林彪參加蘇軍「衛國戰爭」。林彪以電報請示毛澤東，毛澤東迅即回電，指示林彪儘速返回延安。顯然，毛澤東發現史大林盛讚林彪軍事才能，他豈甘楚才晉用，因而令林迅速回國。林彪返抵延安時，毛澤東還親自迎接，與林彪赴蘇療傷時情況相比大不相同。這也說明了毛澤東在抗戰勝利後，決定全面叛亂時派林彪赴東北，出任東北共軍總司令的原因。

在林彪赴蘇療傷之前，毛澤東繼整肅張國燾後，決定鬥爭王明。

一九三八年九月至十一月，中共在延安召開六屆六中全會，進一步鞏固了毛澤東在「全黨全軍」的領導地位，王明也發言臣服毛澤東，但他提出的「一切為著抗日民族統一戰線，一切經過抗日民族統一戰線」的口號，被毛澤東嚴辭批判：「不應該提出『一切經過統一戰線』的口號。『一切服從統一戰線』如果解釋為『一切服從』蔣介石或閻錫山，那也是錯誤的。」

一九四一年抗日戰爭中期，毛澤東為更加確立其在中共黨政軍之領導地位，不容許黨內還存在異己分子——王明。毛澤東經過精心策劃，藉整風運動之名，批判王明在土地革命戰爭時期（第一次國共合作破裂後，中共武裝叛亂時期），所犯的主觀主義統治和「路線錯誤」。次年二月，王明被徹底打倒，去了蘇聯。其他在王明路線跟著犯過錯的人，也都紛紛檢討自己，轉變立場，對毛表示臣服與尊崇。一九四三年三月二十日政治局通過把王明完全排擠出中央領導階層的決定。

林彪在毛澤東一九三八年開始鬥爭王明之初期，及一九四二年整風運動，徹底批鬥王明時期，他都在延安，第三次目睹毛的鬥爭狠毒。即使林彪在蘇聯期間，他也同樣可以獲得延安毛澤東鬥爭整肅王明的信息，這些都足以加深他對毛澤東本性的認識。

林彪在蘇期間曾大量閱讀馬克思、恩格斯、列寧、史大林的著作，可能促成了他對共產主義的覺醒。因為林彪自幼熟讀四書五經，深受儒家思想影響，在林彪死後，中共搜查他的住所，發現他所寫條幅，都是儒家言論，引述孔子的「行仁」、「忠恕」之類談話，所以，林彪對馬列主義中強調的鬥爭哲學，極可能引起他思想上的衝突。對同時期毛澤東在延安鬥爭王明，並株連大批「反革命分子」遭到屠殺。而史大林則把王明看作蘇共真傳門生，視毛澤東只是一個「鐵托式」的民族主義者。史大林因而曾致函毛澤東，反對批評王明。林彪作為一個崇儒的共產黨員，不會認同毛澤東披著馬列主義之皮，以鬥爭手段殘害異己。而且他也是一個民族主義者，對蘇共干預中共「內政」，當然難以同意。這些因素，都足以說明林彪極可能思考過共產主義是否適合中國國情，和中國共產黨的本質，能否救國。

所以，林彪返國後，正逢「整風運動」雷厲風行之時，但林彪對運動敬而遠之，沒整過一人。

林彪自蘇返延安途中，毛澤東指示他在西安多留幾天，對國民黨人員進行統戰，所以文強以黃埔四期同學，亦為老共產黨黨員之身份，拜會林彪極有可能。據《歷史塵埃》一書作者高伐林訪據文強之子文貫中說：「文強脫離中共的直接原因，是……對中共越來越激進的路線失望了，對黨內鬥爭採取『殘酷鬥爭，無情打擊』的作法心寒了。」「文強也通過比較，看明了共產黨的本性，共產黨黨內鬥爭的殘酷性遠遠超過國民黨。」「我父親知道毛澤東一直有過激思想。……比如毛一手策劃的『反ＡＢ團』，完全是無中生有的冤案，不知道殺了多少自己同志！」文強如提出這些事實，對林彪應具有相當說服力。假設林彪確曾與戴笠達成某種工作，或者理念的溝通，以這個時期和在延安密會最有可能。反而在爾後林彪以毛澤東代表身份赴重慶見蔣介石時，因受到周恩來的監視，可能性較低。

一九四二年八月十四日，蔣介石向中共駐重慶代表周恩來表示：想在西安與毛澤東見面。周回延安向毛報告，毛無意與蔣會面，周乃建議，可派林彪作為毛澤東的代表，往西安見蔣。毛也認為蔣、林有師生之誼，林彪往見蔣介石有助緩和國共關係，重開談判之門。林彪於九月十七日抵西安時，蔣介石已返重慶，留話請林彪到重慶面談。林彪獲得毛澤東同意，於十月七日到達重慶，並於十月十三日、十二月十六日、一九四三年六月七日，先後共見蔣三次。

一九四二年十月十三日，林彪第一次見蔣介石時，由張治中陪同往見，他說了一段話，可以看出他對中共的醒悟。他說：「我個人的經歷也可說明：激於愛國之熱忱，本於救國之一念，投身黃埔，加入國民黨。至今在我腦海中猶存校長當日之教誨，後來認識到共產黨也屬救國，就加入了。經十幾年的變故，我根本思想仍在救國。有人說共產黨人多為共產主義的書本知識所蒙蔽，我看不然，可以說，凡屬中共黨員，皆未讀過很多的共產主義書籍，只是目擊中國現狀之不堪，激於義憤，心切雪恥救國才加入的。」林彪顯然在澄清他不是一個共產主義者，只是加入共產黨的愛國者。他還說：「校長高瞻遠矚，早說過日本之敗必從海上開其端。」「我們要建設一個以先總理（孫中山）的主義與校長的領導為根據的新國家。」他稱蔣介石為「校長」，與陶希聖所透露林彪見蔣時之稱呼一致。

《歷史塵埃》一書作者高伐林訪據文強之子文貫中對乃父加入共產黨的原因，也說：「他是個血氣方剛，以救國救民為己任的人，對社會對人民十分真誠的人。這樣的人，年輕時很容易成為狂熱的社會主義者，甚至共產主義者。」「他最初的立場，（是）基於民族主義。他成長的年代，中國面對列強種種欺負，無力應對。一代精英考慮的，就是如何找出一條新路，使中國儘快擺脫百年積弱，自立自強於世界民族之林。我父親那代人為了拯救中國，當時願意實驗社會主義乃至共產主義的道路，因為蘇聯體制種種惡弊尚未公之於世，人們只看到它表面上的蒸蒸日上。我父親其實三十歲之前已經成熟起來，體會到消滅一切私有財產，提倡階級鬥爭的共產主義這種極端主張的危害和虛無縹緲，回到執行中庸之道的國民黨一邊。」這些話顯然是文強生前告訴文貫中的，與林彪對蔣介石說法極為近似。文強與林彪同年，均出生於一九〇七年。一九四二年時，林彪三十五歲，更有可能已經醒悟。

韓培德在他的專文中說：「蔣介石六十年代（時林彪已為毛澤東欽定為接班人）在台灣國民黨中常會上曾說：『我不相信林彪這個人會忠於毛澤東。』……會後，陶希聖小心翼翼問蔣介石，你是依據什麼判定林彪不會忠於毛澤東。蔣介石沒有直接回答，而是讓陶希聖查一下一九四五年的檔案便知道了。」韓文還談到林彪死後，「蔣介石不禁老淚縱橫，還數次提到林彪不會忠於毛澤東，曾說：『可惜當初不相信林彪，而不敢建立這條內線。』」

陶希聖所指一九四五年檔案，係指林彪在重慶見過蔣介石，在蔣之指示下，「林彪又與軍統副局長鄭介民長談並交換意見，鄭介民後來整理了一份秘密報告交給蔣介石。這份報告至今（韓撰文時間為一九九四年）仍保存在台灣陽明書屋（蔣介石的生前文獻資料館）。具體內容只有少數人知道。」韓培德認為陶希聖可能看過鄭介民的報告。

陽明書屋原名中興賓館，在一九七五年蔣介石逝世後，國民黨將原存放南投草屯和新店青潭等地的黨史資料遷至陽明書屋，佈置為「國父及蔣公文物紀念館」。一九九六年，國民黨將陽明書屋捐贈內政部轉贈陽明山國家公園。一九九八年開放公眾參觀，因此這些檔案，已經移走。

林彪與軍統戴笠間的關係，在既有資料中共出現三種說法：

一是一九四二年一、二月，林彪自蘇聯回延安，途經西安停留期間，曾與戴笠密會，事後戴笠所寫報告，至一九七一年後始由蔣經國找出來，蔣介石閱後說：「雨農誤我大事啊！」。

二是陶希聖所透露：蔣介石說「可惜當初不相信林彪，而不敢建立這條內線。」李子弋教授也據林彪同學高魁元證實，蔣不信任林彪。

三是文子瞻生前向乃子透露林彪確有承諾戴笠為國府工作。前軍統和保密局老人，都認為文子瞻為人正直，不可能造假。他告知乃子時，其兄文強仍被中共關押中，他更不敢亂說，以免危及乃兄。筆者認識文子瞻父子二人數十年，在向文公子查證前，也從未聽他們提過此事，所以文老先生無必要無中生有編造此故事。

這三種說法，第一種說法，戴笠報告既然已送蔣介石的辦公處所（來台後則為總統府），必須是在蔣看過後才會存檔，所以蔣不可能說「雨農誤我大事」。至於第二、三種說法則有相通處，即林彪與戴笠間可能有某種共識，戴笠確曾報告蔣介石。從戴笠在林彪返延安後，即派文強駐西安。林彪調往東北，文強又隨即派駐瀋陽。以及蔣介石為林彪之死落淚等事實看，如果林彪當年輸誠屬真，也許蔣介石曾有所猶豫，未置可否，但並未阻止戴笠繼續策進。

林彪在重慶期間，曾與鄭介民見過面。在《鄭介民將軍年譜》一書中說，林彪曾去拜會鄭介民主持的黃埔同學會，林彪除表示敬佩之意，雙方並無深談。《林彪日記》一書也記載：一九四二年十月十七日，軍統人員滕傑（林彪四期同學）、康澤（黃埔三期）、唐縱（六期）、鄭介民（二期）專程看望林彪，並宴請林彪與周恩來二人。十八日，唐縱向蔣介石報告宴請林彪情形，他說：「觀其（林彪）面部一臉陰氣，深沉陰險幹練，言談審慎。」唐縱這段話表明鄭介民、唐縱等人與林彪見面時，並未試圖爭取林彪。

蔣介石又再指示唐縱轉告戴笠，請林彪吃飯。戴笠與賀衷寒（黃埔一期，老共青團團員）、滕傑商量，以黃埔同學總會和校友名義輪流宴請林彪。一九四三年六月七日，蔣介石召見周恩來、林彪後，再指示戴笠、康澤、滕傑、唐縱等人在林彪回延安之前，再宴請林幾次，並與林彪「好好談」。六月十四日，張治中為周恩來、林彪餞行，並邀何應欽、戴笠、賀衷寒、康澤、唐縱等人作陪。

《林彪日記》六月二十五日記載：林彪在此前曾與唐縱、鄭介民、戴笠等接觸，「他們都曾請求蔣介石給林彪支持。對林彪的要求，或多或少有所應付。」

綜觀林彪在重慶與軍統局人員見面，都是公開型式，不符軍統的秘密工作，和進行爭取或策動中共人員時採取的隱密作法。據軍統老人透露，蔣介石甚為瞭解情報工作的隱密性，如要軍統爭取林彪，一定會當面秘密指示戴笠進行，不會透過第三者（唐縱）轉達指示，也不會要求公開「宴請林彪」。戴笠一再公開與林彪接觸，顯然在告訴周恩來，並未做林彪工作。也旁證戴笠早在一九四二年初已與林彪在西安密晤過，在重慶的見面，反而是一種掩飾保護作用。

據新浪網發表之〈林氏三兄弟：林育英、林育南、林彪〉一文，對林彪在重慶期間，與蔣介石見面的情形，則側重描述「重慶舌戰蔣介石」，把林彪第一、二次往見蔣介石，均說成「不歡而散」。文內並寫道：「林彪在重慶期間，蔣介石認為林彪是他的學生，又係中國難得的軍事人才，多次召見軍統特務頭子戴笠，指示他以黃埔同學會的名義，招待、影響林彪，爭取將林彪拉到國民黨陣營。戴笠根據蔣介石的指示，曾邀請唐縱、滕傑、賀衷寒等人在重慶漱廬密謀拉攏、影響林彪的辦法。幾個特務頭子商量來商量去，都認為對林彪這樣的人物，沒有好的辦法，最後決定只有以黃埔校友和同學的名義，輪流請林彪吃幾次飯。蔣介石的陰謀，沒有得逞。」

〈林氏三兄弟〉一文，說林彪第一、二次見蔣均「不歡而散」，不符林彪的個性。《林彪日記》一書，也證明林彪對蔣介石十分尊敬，言必稱「校長」。此外，康澤曾參與戴笠邀請林彪宴會，如果戴笠在宴客時爭取林彪，康澤必然會被要求配合策動，他在一九四九年被中共俘虜後多次撰文攻訐蔣介石和軍統，透漏軍統內幕甚多，為向中共表功，更不會遺漏此一情報。否則林彪早就被以投敵和國民黨特務罪名被打倒，爾後的「九‧一三事件」就不會發生了。

為何蔣介石不可能指示鄭介民爭取林彪，這與鄭極少參與軍統機密有關。戴笠與鄭介民二人長期受到蔣委員長之信任與重用，但在軍統局內部，戴為負責人，鄭則是副手，不負責實務工作。尤其自軍統局成立後，鄭雖出任「主任秘書」一職，實際上，他每周只到軍統上班一、二天（每次半天）。抗戰開始後，他出任軍令部二廳副廳長，再升為廳長，更少過問軍統局事務。林彪奉派到重慶面謁蔣委員長已是一九四二、四三年抗戰末期了。蔣指示鄭與林彪見面，應該只是攏絡性質，表示遵重其為毛澤東代表之身份。鄭介民事後寫一份報告給蔣介石，也符合常情，內容可能建議爭取林彪為國府潛伏中共內部工作，未為蔣接受，或蔣認為已交由戴笠進行，而未同意鄭建議，避免重複進行。

據軍統前輩說：「軍統在中共內部佈置的高級路線，幾乎均係戴笠親手佈建，不假他人，且一律採取單線聯絡，中間除由其指定之居間聯絡人，並對其一人負責外，絕少讓軍統內部任何其他人知悉或插手，而且不建檔案，以確保最高機密。所以在戴笠於一九四六年三月十七日墜機殉職後，許多佈置在中共內部之高級內線均因而斷線。」如果林彪是由鄭介民所溝通，留在中共內部工作，則在戴死後，鄭介民出任局長，仍可發揮聯繫作用，就不太可能斷線。事實上，這種情形並未發生。

據蔣介石貼身待衛翁元口述歷史《我在蔣介石身邊的日子》一書中也說：「戴笠領導軍統局時，講究單線領導，所以他的意外死亡，軍統局內沒有人能夠立刻接替他的工作。他的繼任者毛人鳳（註：應是鄭介民，鄭之後才是毛人鳳）……根本搞不清楚當年戴笠到底布了那些線在大陸各地。」

鄭介民在接任戴笠軍統局長職務之前，以軍令部二廳工作為重。擔任軍統局長約僅一年八個月即升任國防部次長，與軍統改編之保密局不再有直接工作關係。因此，林彪即使曾承諾為國府工作，應該是與戴笠密談達成之協議，戴笠墜機意外死亡，這條線也因而中斷。

一九四五年八月十五日，日本宣布無條件投降，所屬關東軍向蘇聯遠東軍提出停戰建議，並向當地蘇軍洽降。九月，中共成立東北局，毛澤東派林彪赴東北，擔任「東北人民自治軍」司令。中共此時制定之戰略方針為「向北發展，向南防禦」，毛澤東並視東北「有如漢高祖之漢中」。派往東北之中央政治局委員，中央後補委員共有二十二人之多，林彪、陶鑄二人即在其中。而毛澤東與周恩來二人在日本投降後兩週，於八月二十七日飛赴重慶與蔣介石會談，同行者無林彪。毛是在重慶停留期間，係以電報指派林彪前往東北。

陶希聖所說蔣介石指示其看一九四五年鄭介民與林彪談話檔案，可能是一九四二、三年之誤。或者，他看到是戴笠所寫與林彪談話報告，陶希聖事後回憶發生錯植。

林彪進入東北後之發展，與他對蔣或戴笠的承諾背道而馳，他從東北打到海南，導致國民黨失敗的三大戰役，他就參加了兩個，打得國民黨兵敗如山倒，成為中共建政最主要的功臣之一，是什麼原因呢？這就說明戴笠一九四六年三月意外死亡後，鄭介民接任局長期間並不知有林彪這一條內線，也就等於說林彪在重慶時與鄭介民見面，只是一般拜會活動。

文強自一九四二年春季起，可能就開始負責戴笠與林彪之間的秘密居間聯絡工作，為何戴笠死後，他也失去了聯繫的功能呢？這又是一個值予探討的題目。

文強於一九二五年六月在湖南長沙就讀藝群美術專科學校時加入了共產主義青年團，同年八月考入黃埔軍校四期，與林彪、周恩壽（周恩來胞弟）編在一個班，文強擔任班長，文強曾因林彪槍枝走火，二人發生衝突，打過一架。一九二六年元月文強加入中國共產黨，同時加入國民黨，但在三月份就脫離國民黨，公開中共黨員身分。一九二七年參加中共南昌「八一暴動」，任賀龍部少校連長，轉戰潮汕地區，但是部隊人數越打越少，最後被迫解散。此後，他轉赴四川，參加中共川西地下組織，三十年代初，當上四川省委常委，川東特委書記。一九三〇年，文強被四川軍閥劉湘抓獲羈押，他設法逃出後，被中共四川省委書記懷疑忠誠有問題，表示要「執行鐵的紀律」、「要清洗」階級隊伍，實際暗示要「除去」文強。這讓文強感到寒心，倉皇逃往上海找周恩來，要向黨中央申訴。但這時周恩來已離開上海進入贛南蘇區。文強找不到周恩來，便回湖南，從此與中共脫離關係。

據文強自己透露脫離中共原因，除未能找到周恩來而斷聯外，主要還是多年來，對中共激進路線的失望，尤其對黨內殘酷鬥爭，無情打擊異己感到心寒。他跟毛澤東也合不來，他在口述自傳裡說：「跟他（毛澤東）抬槓子」、「一直跟他抬到底」，而且還「看不起他」。文強認為毛澤東一直有過激思想。指責毛一手製造「反ＡＢ團」冤案，殘殺了無數自己的同志。

一九三六年文強因在湖南辦報抨擊政府抗日不力，引起軍統戴笠注意，親自說服了文強參加軍統，也重新加入國民黨。抗戰後期，文強被軍統派駐西安擔任華北辦事處主任，兼任冀察戰區挺進第八縱隊司令和第一戰區調查統計室主任，軍階少將，時間為一九四二年春到一九四四年。係在林彪於一九四二年一、二月自蘇返延安，在西安停留近月之後，時機非常巧合。當時文強在軍統內分工正是負責情報與策反。據文強子文貫中推測說：「那時候他會不會涉及對付共產黨？畢竟他了解共產黨的內幕。」又說：「父親駐西安，是否會捲入國共兩黨的恩恩怨怨裡面去？」從這些資料歸結，一九四二年初，戴笠與林彪應該在西安密晤過，而且係透過文強的關係所安排。不論戴笠與林彪之間有無工作上的溝通，但在反毛與反共意識上，可能有共同一致的理念。依照戴笠過去秘密工作方式，重大內線布建，通常不讓第三人介入，之所以讓文強胞弟文子瞻參與林彪會面，可能文強有意培植乃弟在軍統之發展。後來文子瞻在情報局以高階主管退休。

一九四五年八月抗戰勝利，毛澤東任命林彪為山東軍區司令員，在赴任途中，毛以「萬萬火急」命令林彪轉赴東北，出任「東北人民自治軍」司令。同年十月，國府任命杜聿明為東北保安司令長官，十二月「軍統」派文強為東北辦事處處長，兼任東北行營督察處長，東北肅奸委員會主委，東北保安司令長官部督察處處長，特予晉升中將。文強、林彪又在相差數月的時間內分由國共派赴東北，這是第二個「巧合」。雖然目前沒有任何歷史證據直接證明文強負有聯繫林彪的任務，但如果當時林彪確對毛澤東有二心，則文強擔任林彪與國府間聯絡人，的確是最佳人選。

然而至今，令人難以釋疑的仍是林彪如果確曾對蔣介石表示：「儘管身在共產黨內，將來一定曉得我能為國家做甚麼事。」又與戴笠有某種工作或理念的溝通，那麼林彪自一九四七年十二月在東北發起冬季攻勢，「全殲東北國軍」，而且一路打到海南島，這又如何解釋呢？

一九四五年十月十八日，國府任命杜聿明為東北保安司令長官後，十一月十五日國共山海關戰鬥爆發。毛澤東致電東北局，指示集中主力，由林彪或羅榮桓親自指揮，堅守山海關、綏中、錦州之線，全殲進入東北之國軍。二十二日，林彪以「東北人民自治軍」司令員名義致電中共中央建議：「目前我軍應避免被敵各個擊破，應避免倉皇應戰，應準備放棄錦州以北二三百里，讓敵拉長分散後，再選弱點突擊。」中共中央和毛澤東同意了林彪意見，因而避免了國共錦州決戰。

其後毛澤東又堅持「死守四平，寸土必爭」「化四平為馬德里。」林彪仍以形勢不利，撤出四平。林彪這些作為，固然也是面對當時國共實力的懸殊，提出後撤保存戰力，但是否有趁機向蔣介石表態其承諾留在共營會有所作為，並協助國軍進入東北之意義呢？

為說明此點，有兩項歷史事實或可說明：

第一，一九四五年十月十二日，國府東北接收大員「東北行營」主任熊式輝率接收人員，包括蔣經國在內的四十餘人搭機飛抵長春，由蘇聯駐軍迎接入城。但蘇軍未因此而停止阻擾國軍接受東北，於十月中旬，藉故阻擾國軍在大連、營口、葫蘆島等處之登陸，國軍不得不於十一月一日自關內之秦皇島登陸，沿北寧路作正面的推進，但已有利於共軍初期爭取時間布置抵擋國軍的出關。由蘇軍力阻國軍接收部隊登陸東北，及毛澤東十一月十五日指令東北局堅守山海關至錦州之線，阻止國軍進入東北，顯然是當時蘇軍與中共之戰略，林彪逆向建議避戰，讓國軍減少了進入東北接收阻力。如果此說成立，林彪是在實踐他的承諾。

第二，在毛澤東同意林彪十一月十二日建議避免與國軍「倉皇應戰」後，由陳雲、高崗、張聞天三人聯名致電中共中央和東北局表示：「蘇聯對滿州的政策基本上包括兩方面：一方面把瀋陽、長春、哈爾濱三大城市及長春鐵路幹線給國民黨；另一方面，援助我黨在滿州力量的發展」，因此，當前在滿州工作的基本方針是「集中必要的武裝力量，在錦州、瀋陽前線給國民黨以可能的打擊，爭取時間。」「有計劃地主動地和迅速地分散到北滿、東滿、西滿」，「放手發動前線群眾，擴大部隊，以建立三大城市外圍及長春鐵路幹線兩旁的廣大的鞏固根據地」「我們必須經過戰爭及根據地，以達到包圍殲滅大城市之敵及鉗擊長春鐵路幹線，使我們在同國民黨的長期鬥爭中，取得全局的優勢。」陳雲等三人當時也是中共派往東北工作之中央政治局委員，彼等之意見明顯與林彪有差異，毛澤東參照雙方意見，於十二月二十八日自行起草致電東北局指示：「建立鞏固的東北根據地」，內容概要：「國民黨在東北一個時期內將強過我黨，如果我們不從發動群眾鬥爭……並動員一切力量從事細心的群眾工作，在一年內，特別是在最近幾個月的緊急時機內，打下初步的可靠的基礎，那麼，我們在東北就將陷於孤立，不能建立鞏固根據地，不能戰勝國民黨的進攻，而且有遭遇極大困難甚至失敗的可能。」毛澤東這一指示，一方面認同林彪建議，即東北共軍實力尚不足與國軍對抗；一方面也支持了陳雲等之意見。從整個內容看，毛澤東是比較偏向陳雲等之看法的。

中共進軍東北初期，曾經認為有可能從蘇軍手中接收整個東北，而不讓國民黨插進腳來。但在與蘇軍接觸後，才知道情況不是如此簡單，因為依據蘇聯與國府簽訂的協定，承諾國民政府接管東北主權，且因有國際監督，蘇軍於是建議中共以「東北人民自治軍」名義在東北與蘇軍合作，藉詞協助蘇軍肅清日偽殘餘勢力，消滅土匪，維持社會秩序。中共不得不以「東北人民自治軍」名義開進瀋陽，成立衛戍司令部，並參與接管各城市。但是蘇軍堅持要共軍從哈爾濱、長春、瀋陽等大城市撤出，及將這三大城市主權及長春鐵路幹線移交國民政府。不過中共仍希望蘇軍能作出有利於共軍的靈活處置。相信這就是蘇軍在移交長春鐵路幹線主要城市給國府之同時，又阻撓國軍在東北大連等港口登陸的原因。

如果說：林彪既然暗助了國軍進入東北，為何林彪在一九四六年突然發起秋季攻勢，到一九四八年十一月攻佔瀋陽，壓迫國軍退出東北。林彪之所以會三百六十度的徹底轉變其立場，可試從下面三方面分析：

第一個可能：我們先看戴笠一九四六年三月意外死亡，軍統內部權力轉移，到林彪在同年發起秋季攻勢，以及文強脫離軍統，離開東北的時間來看林彪之轉變。

據文強兒子文貫中說：戴笠於一九四六年三月十七日空難後，「軍統內鄭介民、毛人鳳、唐縱等幾名大將火拼起來，都要搶這個位置（指軍統局長），夾在當中的文強左右為難。」因為文強「參加軍統畢竟是為了抗戰，現在軍統內部內鬥不已，與自己的理想越來越遠。於是文強就找了託詞脫離軍統，南下投奔湖南老前輩程潛，在他的綏靖公署當辦公室主任。」

據軍統另一位被中共俘虜投共之將領沈醉所寫《軍統內幕》一書，雖也談到鄭介民、毛人鳳、唐縱之間的心結，但對戴笠殉職後，表明三人之間並未發生為爭奪軍統領導權爆發鬥爭情事，當時鄭介民為軍令部二廳廳長兼軍統局主任秘書，而且還有其他兼職，工作繁忙，每週只到軍統局一兩個半天工作。戴笠殉職後，軍統工作實際由毛人鳳以代主任秘書身分負責，鄭介民之所以接任軍統局長，還是毛人鳳向蔣介石建議，唐縱知悉後亦未表示不滿，故鄭介民在四月份即接任局長，毛、唐二人為副局長。唐當時正職為內政部政務次長。也因工作繁重，極少過問軍統工作，其在同年七月調任內政部警察總署署長後，正式離開軍統。十月，軍統局改組為國防部保密局，鄭仍任局長，直到一九四七年十二月調升國防部次長後，毛人鳳才接長保密局。

文強說軍統內鬥爭權，使其左右為難，因此託詞脫離軍統。但是文強是一九四八年夏離職，距鄭介民接局長已經兩年餘，毛人鳳續任也有約半年以上時間，鄭、唐均已離開軍統，即使曾有內鬥，現也不存在了，所以文強離職的理由應該是不得已說法。真正的原因可能是他到任後，東北已是兵荒馬亂，兩軍對峙下，無法與林彪取得聯絡，或無法保持正常聯繫管道，而且林彪在一九四六年秋季轉守為攻，與政府為敵，文強任務徹底失敗，因而「託詞」離去。

這些資料，已足以說明林彪在重慶時與鄭介民之間，除公開會面外，並無秘密會晤，否則鄭介民在一九四六年四月接任軍統局長後，當會重用文強。因為林彪這一條線不但關係到國軍在東北接收的成敗，而且是「領袖」（指蔣介石）欽定案子，誰敢壓著不辦。蔣介石也頗可能不甚瞭解戴笠與林彪溝通程度，因而未交代鄭介民持續進行；或許是因為蔣不信任林彪，不認為林彪對國軍有重大威脅，既然戴笠殉職，也就無意再聯繫了；也有可能是林彪不信任鄭介民，當時中共諜員已滲透進入軍令部及爾後之國防部，而鄭當時仍兼任二廳廳長，林彪是否害怕鄭在部內開會時不慎洩漏其與國府聯絡秘密，為中共內間得知，危及其安全，因而停止與國府之聯繫；或是鄭介民在文強向其報告（戴笠殉職後，文強應向鄭報告）後，不相信林彪，或因在抗戰間，蔣介石曾對他表明無意將林彪建為內線，而不同意繼續聯絡，因此文強在東北已失去主要的功能。

同（一九四六）年九月，國軍在東北全面對共軍展開進攻，林彪可能感覺未受到蔣介石之信任，且認為蔣要消滅他和他的部隊，或者因未能與文強建立聯絡關係，或保持暢通的聯繫管道，誤解不受國府之重視，因而不再對蔣寄予希望。即在次（十）月發起秋季攻勢，從「戰略防禦轉入戰略進攻」從此忠心耿耿的為毛澤東效忠效命。文強自是感到失望、沮喪，認為已是該離去的時候了，勉強熬到一九四八年，託詞離開軍統。

戴笠之死，是否有可能影響林彪改變其立場呢？這是難免令人起疑之處。如果拿周佛海的例子來說明，或可看出一些端倪。

據軍統老人喬家才所撰〈戴笠將軍策反奇勳〉一文中，提到一九四〇年戴笠策反成功汪精衛政權財政部長周佛海，並將秘密電台架設在周佛海家裡。周的稅警部隊，為汪偽政權的武力中裝備最好，戰鬥力最強的部隊。抗戰勝利後，中共新四軍計劃搶先進佔京滬。戴笠指令周佛海負責保衛京滬，有效地阻止了新四軍進攻。並順利迎接國軍接收了上海。但是戰後肅奸行動中，因周佛海參加軍統工作是秘密的，而其做汪偽政府財政部長是公開的漢奸行為，為免引起公憤，戴笠乃決定先將周交付法辦，再由戴出面證實周佛海對國家、抗戰有功，由法院宣判無罪，以洗脫漢奸罪名。不幸因戴笠之殉職，不能為周佛海作證，周結果被判重刑。

另據《特工王戴笠》一書報導：「在汪偽漢奸中受戴笠之死影響最大的莫過於周佛海。三月下旬，戴笠失事遇難的死訊傳到周佛海等人的軟禁處，恰如一顆炸彈在周佛海……中炸開。周佛海最先控制不住自己，當即絕望地喊道：『雨農死，我也完了！』接著便是痛哭失聲，嘴裡則不停唸叨：『一切都完了！一切都完了！』」筆者曾訪問當年負責看管周佛海等人之軍統前輩潘世澤先生，證明確有此事。

一九四六年底周佛海被判處死刑，次（一九四七）年三月由蔣介石特赦改為無期徒刑，後病死獄中。

林彪在當時仍為中共東北軍最高負責人，雖非如周佛海成為國府階下囚，但也會想到戴笠的死，使他與蔣介石之間的聯繫中斷，文強顯然亦無直通蔣之管道，在此情況之下，林彪只有完全回到效忠毛澤東一條路上去了。

第二個可能：林彪所領導的「東北人民自治軍」，於一九四六年一月十四日改編為「東北民主聯軍」，林彪任總司令。五月三日，蘇軍全面撤出東北，國軍乘勢展開攻勢，逐步控制了松花江以南廣大地區。六月六日，國府提出停戰半個月，其後一再延長，直到十月中旬，達四個多月停戰狀態。

在這個期間，正是軍統戴笠殉職前後，林彪部隊的「敗退」，國府的「停戰」，是否雙方在試探彼此「關係」，無法判斷。但在六月十六日，毛澤東決定由林彪出任「東北局」書記、東北民主聯軍總司令、兼政治委員，顯示毛澤東對林彪之重視與重用。林彪原只是一個普通的黨中央委員，而其副書記、副政委彭真、高崗、陳雲等都是政治局委員，彭、陳二人還兼任中央書記處候補書記，地位原均高於林彪，毛之所以如此做，顯然是在使林彪在中共全黨全軍中的政治地位顯得格外突出與耀眼，足見當時毛澤東對林彪已一改平型關一役後之不滿，而寄予充分之信任和重視。

林彪自此在東北集黨政軍三個第一把手於一身。以其職銜來說，共軍中過去只有朱德擁有「總司令」職稱，林彪則是共軍中第二個具有「總司令」稱呼的領導人，這一年林彪只有三十九歲。在這種與國府中斷聯絡，又獲得毛澤東如此授權重用之下，林彪選擇效忠毛澤東也是合乎人性，感恩圖報的自然趨勢，林彪征戰南北，佔領平津，攻略海南，算未辜負毛澤東對他的寄託與厚愛。

事實上，林彪的轉變及對毛澤東的愚忠，在一九四六年下半年已顯示出來。九月三十日，他寫下著名的「指揮要則」五條，要求所屬部隊各級指揮員和政治委員認真學習，深刻領會。自十月起到次（一九四七）年四月，林彪徹底擊潰了國軍杜聿明的「先南後北、南攻北守」的戰略，扭轉了東北戰局，此即前述林彪自此從「戰略防禦」轉入「戰略進攻」。

一九四七年七月二十一日至二十三日，毛澤東召開會議，提出追溯自一九四六年七月起五年內打敗國民黨，取得政權的設想。同（一九四七）年九月，林彪將所部統一整編為九個縱隊，三十九個師，連同地方武裝兵力，總兵力達七十三萬人，多過東北國軍的五十萬兵力，林彪並建議獲准將「東北民主聯軍」改稱「東北人民解放軍」，顯示他對中共死心塌地，決心叛亂到底。

九月十五日，林彪發起秋季攻勢，到十一月三日，已攻克城市十五座，擴大解放區為三萬八千平方公里，人口二六〇萬餘人，並控制東北大部份鐵路，壓縮國軍在中長路和北寧路的幾個孤立城市內。十二月十五日，再發起冬季攻勢，歷時九十天，至一九四八年三月十五日止，林彪佔領了東北百分之九十七的土地和百分之八十六的人口，將國軍更壓縮在長春、瀋陽、錦州等幾個互不能聯繫的孤城中。八月，毛澤東再任命林彪為東北軍區司令員，兼東北野戰軍司令員，兵力達一百餘萬人。十月九日，林彪下達攻城令，十五日佔錦州，十九日入長春，十一月二日陷瀋陽，國軍於十一月九日完全失去東北，遼瀋戰役結束。

從時序上分析，林彪如果確實與國府有秘密聯絡，其之轉變，再回到效忠中共，應是一九四六年三月戴笠意外過世，到六月毛澤東任命他為「東北局」書記，兼任「東北民主聯軍」總司令，權傾一時之後，復加九月遭到國軍全面進攻，促成其之改變。

第三個可能：即前述蔣介石對林彪之不信任。據澳洲記者韓培德引述淡江大學教授李子弋說法：林彪可能認為他的老校長不信任他。國防部前部長高魁元和其他黃埔軍校畢業生都曾向李教授表示過同樣的看法。李說：「結果，林彪要到手中有了某種東西，比方權力，可以顯示一下的時候，才會回來。」李教授目的在說明林彪在成為中共第二號人物後，為何在一九六六年十一月有密函與國府聯絡的原因。但事實上，林彪在東北時，已握有黨政軍大權，已具有條件背棄中共，扭轉戰局之能力，但是並沒有發生這種事。是什麼原因呢？

一個是他根本未曾向蔣介石及戴笠表示過續留在中共內部，待機發揮作用；一個就是他認為蔣介石不信任他，特別是在戴笠去世，他與蔣的聯絡密道中斷後，在其後幾個月中，都未能獲得蔣介石進一步聯繫指示，可能堅定他認為蔣對他不信任，或者認為蘇軍自東北撤出後，他之「退卻」，國軍進展迅速，是引起蔣誤會他不堪一擊，不足為恃。而在當時東北國軍保安司令長官為杜聿明，係黃埔系中最受蔣賞識親信之一，也許激起林彪擊敗杜聿明之心，以顯示誰強誰弱。

據荊自立將軍透露，在一九四六年五月，中共作戰科長王繼芳向國府投誠，提供共軍內部之情報甚多，其中不少涉及到林彪，蔣介石看過王繼芳之情報後，在日記內寫下對林彪的批評「無智低能，出乎想像」。證明蔣對林彪之不信任屬實。

蔣飛東北指導作戰，更有可能引起林彪誤會，蔣不但對其不信任，還要徹底消滅他和他的部隊，因此激起林彪鬥志，非在東北表現一下給蔣看看，在九月份下頒給部隊幹部「指揮要則」五條後，即從退卻轉為攻擊。十一月二日，全殲杜聿明部所屬二十五師，俘虜師長以下八千多人，獲得毛澤東致電嘉勉。到一九四七年四月，杜聿明的東北作戰構想完全失敗，國軍被迫由攻轉守，從此一蹶不振。

文強是否擔任林彪與戴笠之間的聯絡人，還有其他旁證可作參考，亦即林彪的女兒林立衡與文強的么兒文定中，仍保持著良好關係，文定中並成了林立衡與外界聯繫的管道。

文強為南宋民族英雄文天祥第二十三代孫，毛澤東的母親文七妹是文強的姑母，故文強要稱毛為表兄，但文強一生看不起毛澤東。文強在離開東北投靠程潛後，杜聿明也出任徐州「剿總」副總司令，因杜在東北時，十分賞識文強，故邀文強出任「剿總」副總參謀長，再代理總參謀長，官階維持中將不變。一九四九年元月，因徐蚌會戰（中共稱淮海戰役）兵敗被俘，被中共關押達二十七年之久。文強被俘後，被定罪為「甲級戰犯」，而杜聿明反而只被定罪為「乙級戰犯」，原因不明，這恐怕跟他曾脫離共產黨（叛黨）及參加軍統（特務）有關。

文強與妻子葛世明，生有三個兒子。文妻於一九五五年春，因不堪中共迫害自戕，子女由文妻奶媽阿婆帶大。據文強子文貫中說：「一九六五年秋天，中共曾安排他們父子會面，並告訴他們：『每次報上去特赦名單上有你父親名字，但最後的名單要由最高層決定，前幾次沒能通過最後一關。』那麼是不是毛澤東或者周恩來將我父親卡住了？會不會他們感到父親放出來對他們有所不便？他知道的事情畢竟太多了！究竟是怎麼回事，不得而知。」杜聿明早在一九五九年十二月四日已獲特赦，而文強直到一九七五年三月十九日獲釋，其間相差達十五年多，文強對此曾憤恨不平，但在與過去同被俘之國軍將領杜聿明、宋希濂相聚，才瞭解到，他們雖比他早十多年獲釋，卻比他慘很多，「文革」中多被整得家破人亡，倖存者也有一籮筐血淚故事。文強對自己最後一批被「特赦」，沒想到竟逃過一劫。

文強與毛澤東有表兄弟關係，與周恩來有師生之誼，且在共產黨中，又是長官與部屬。據文貫中說，在文強獲釋後，周恩來去世前，周恩來曾約見文強，特別對他說：「人在屋簷下，不能不低頭啊！」文貫中覺得這是周對乃父的規勸。規勸什麼呢？是勸文強不要記恨中共對其長期關押？或者是周恩來解釋長期羈押文強，其亦受制於「人」，不得已啊！勸文強不要誤會他？這個人是誰？當然最有可能的是毛澤東本人。毛胸襟狹窄，對文強過去對他的不敬與「叛黨」不滿，是有可能。不過，文貫中說：「毛澤東的後人願與我父親交往，我父親對他們也非常友好，比如毛澤東的女兒李納好幾次與我父親一起吃飯，我在國內時也參加過一兩次。」由於毛澤東是一九七六年九月過世，所以李納與文強來往，是在毛澤東死後的事。

因此所謂受制於人，有無可能有第二者？如果有，那就是林彪。林彪在一九五八年當上中央政治局常委、副主席，一九五九年接任國務院副總理、國防部長，直到一九六六年八月十二日正式成為中共中央唯一的副主席，權位僅次於毛的「第二人」。就以林彪在文強一九六五年第一次可能獲釋時期前後，其地位仍在周恩來之下，是否有權阻擾文強「特赦」，值得懷疑。但在一九六六年之後，林彪有可能不希望文強獲釋，因為毛澤東發動的「文化大革命」是一九六六年五月十六日正式展開，接著八月林彪成為毛澤東的接班人，林彪可能怕文強獲釋後萬一被紅衛兵揪鬥，苦刑逼供不慎洩漏其曾與國府有秘密聯絡之歷史，甚至也可能出於善意為保護文強免於被鬥，而設法阻擾文強「特赦」，也獲得毛澤東之同意。不過，文強是個保密性強，又重義氣的人，如果林彪怕文強洩露其與國府間秘密，則是多慮了，從下列情事可以證實。

前述周恩來去世前在醫院密見文強一事，在文強去世後，文貫中翻閱乃父日記，卻找不到任何記載。《晚年周恩來》一書作者高文謙分析，周恩來接見文強可能性是有的，因為周思慮細密，當時「四人幫」對他發動攻擊，罪名無非就是向國民黨「自首」、「叛徒」、「跟國民黨勾結」。文強獲特赦，就可能成為「四人幫」的活靶子，成為「四人幫」攻擊周恩來的活材料，周約見文強，極有可能是要作好保密工作。文貫中也記得，大約八十年代，周恩來遺孀鄧穎超跟文強有一次單獨會面，許多人都知道此事，但是談話內容，在文強日記裡也找不到記載。

因此，如果文強當年在西安及東北負責聯絡林彪，以他的個性與做為一個情報工作人員的特質，他是不會洩漏林彪與國府間秘密關係的。而且文強很以自己是文天祥後代為傲，他說：「我家不分男女老幼，都必須能背誦〈正氣歌〉……這是我家的一道傳統家風。」就以文強被俘後的表現，就顯示其有氣節，不辱祖先。據文貫中說：「父親生前整理過一本回憶錄，有一定價值，但在國內尚未出版。父親生前與政協交涉過幾次，政協一定要他將在監獄裡面二十七年的情況補充進去，但父親不願意再提這段經歷，……不明不白被關了那麼長時間，他認為是不公正的。要將他認為不公正的東西正面去寫，他並不情願。」文強是一個會把不能洩漏及危害他人的秘密，隨他的生命帶走的人。

林彪與文強的後代目前保持有良好關係，這又是怎麼回事。據《歷史塵埃》一書作者高伐林訪問林、文後代紀錄，可以確定，在文強獲赦前，兩家並無來往，也不知有本書所談及之歷史懸案。林彪女兒林立衡退休前原在中國社科院近代史研究所工作，一九八九年發起「口述自傳叢書」活動。她說：「文強父子主動要跟我見面，我們就組織了一個小組，訪問文強九次」。文強是一個國民黨被俘將領，個人歷史早在被俘期間就應交代清楚，且對被俘關押之二十七年情況不願提及，那麼他去找林彪的女兒林立衡，似乎不是為了口述歷史，而可能是試探林彪生前曾否提及與他有關事情，而「口述歷史」僅是藉口。

此後，林立衡與文強的兒子文定中即保持了良好的聯繫，這似乎又超越了林立衡推動「口述歷史」的範圍。據《歷史塵埃》一書作者高伐林訪談林立衡後寫道：「筆者是在北京建國門外的阿文酒家與他見面的。……記者雖然沒有見到阿文酒家的老闆文定中，但早就耳聞他是當年林彪的黃埔軍校校友，後來作為國民黨戰犯被關押了二十七年的文強的小兒子。」林立衡說：「這個阿文酒家，常常被黃埔同學會選作開會的地點——老闆的父親文強不就是黃埔軍校的麼！二〇〇四年他們找不到我，就通知這個酒家的老闆文定中來找我。」

林彪、文強均已亡故，當然不可能參加黃埔同學會，林立衡與文定中是第二代，也不會參加黃埔校友會，所以林立衡與文定中的關係，不是建立在「黃埔校友」上。林立衡所指的「他們找不到我」的「他們」就是「黃埔同學會」。二〇〇四年，中共指示統戰部通過「黃埔同學會」，組織一次「十個元帥子女的大聚會」。不管統戰部或黃埔同學會都找不到林立衡，但是透過文定中就找到了，說明林、文兩家第二代是有聯繫的，應該是文強生前有意促成。

文強是一九七五年三月獲釋，毛澤東死於一九七六年九月。據說周恩來在一九七五年初自知得了不治之症後，寫信給毛澤東，說這些人（指尚未特赦之戰俘）都要關得老死了，都釋放了吧，毛表示同意。可以說明文強被關押二十七年，到最後一批戰俘特赦，才被釋放，均出於毛澤東的意思。也許因此，文強對林彪不致有誤解，一生中也從沒有提及或證實林彪與國府，以及他與林彪間的關係，使本案從此石沉大海，尤其所有與本文直接有關之人物如蔣介石、戴笠、鄭介民、林彪、陶鑄、文強、文子瞻、蕭正儀、周遊、鄧樹人等人均已亡故，無人能證實本案真相。

03 上井崗山

林彪與毛澤東歷史關係發展

林彪與毛澤東之間歷史上的關係，要從一九二八年四月二十八日，林彪隨朱德率領的「南昌暴動」（中共稱「起義」）失敗後的殘餘部隊到井崗山與毛澤東的紅軍會合時談起。兩軍會師後，朱德陪同毛澤東巡視部隊，見一個「娃娃」正在對部隊講話：「一下說這個土匪，一下說那個軍閥，只要有槍，就有塊天下。我們也有槍，紅軍也能坐天下！」同行的陳毅向毛澤東介紹：「這位營長林彪，最近指揮兩次作戰都勝了」。毛對林彪說：「你這麼年輕，既敢打，又巧打，很不錯啊！」林彪從此受到毛的注意。

在這個時期，朱德非常看重林彪。當時林彪年僅二十一歲，充滿革命熱情。在上井崗山前，他是朱德的「工農革命軍」一師一團一營營長，因表現出色，十一月升為團長，更讓毛澤東重視林彪的才能。

另一個引起毛澤東對林彪注意的原因，據毛澤東一九三七年在延安接受美國記者諾頓訪問時提到「井崗山時代，紅軍已叫士兵們堅守三條簡單的維持紀律的規則」（註：即「三大紀律」：一、一切行動聽指揮；二、不拿工人農民一點東西；三、打土豪要歸公），在「一九二八年後，為了要獲得農民階級的擁護起見，在上面列舉的三條之外，又加上了八條規則，最末兩條是林彪加上的。」八條規則之前六項為：上門板、捆舖草；說話和平，買賣公平；借東西要還；損害東西要賠；洗澡避女人；不搜俘虜腰包。林彪加上的兩條是「買東西要付錢」和「要講衛生，蓋廁所離家要遠」。這八項規則又稱為「八項注意」。

毛澤東天生愛鬥，朱毛兩部「會師」井崗山後，時間久了，兩人間的矛盾也就逐漸浮現，慢慢有了磨擦。當時朱德的紅四軍中，曾參加「南昌暴動」的幹部，在整個紅軍軍官中佔了優勢，而且多係部隊領導幹部，這對毛澤東是很大的威脅。毛缺的就是領導幹部，他深恐朱德因此奪取了他在井崗山的領導權，而林彪正是這群幹部中的指標人物，毛澤東因而有意拉攏林彪。

林彪在衡量了朱毛二人矛盾後，選擇站在毛澤東這一邊，他把紅四軍中視朱德為舊軍官出身的舊軍閥流言、和諷刺朱德的順口溜等，私下蒐整提供給毛澤東。毛如獲至寶，將林彪原信印成小冊子公開散發，引起朱德不滿，朱毛二人因而在前委常委座談會上發生激烈辯論。一九二九年六月十四日，毛澤東寫信給林彪，發洩其對朱德、陳毅等人不滿，並感謝林彪對他的堅定支持。自此毛澤東視林彪為可寄予信任和重用的親信幹部，這封信後來收編在《毛澤東選集》一卷中。

林彪選邊站後不久，又寫了一信向毛澤東請教關於革命形勢和前途的問題。這正是毛澤東最感興趣的事，他慎重其事的在一九三〇年一月五日正式回信答覆林彪，並且將這封信印發給紅四軍和地方上的幹部參閱。以當時毛澤東在井崗山的地位，林彪以一個紅軍中最年輕的團長，能與毛討論革命前途大問題，並獲得毛的重視與回覆，十分引人注目。這封信後來也收編在《毛澤東選集》一卷中，標題是「星星之火，可以燎原」。

自這兩件事後，林彪已成為毛澤東在政治上的知己和堅定的擁護者。一九二九年三月，朱、毛對紅四軍進行整編，分編為三個縱隊，林彪所屬第二十八團編為第一縱隊，林彪任縱隊長，隨朱、毛開闢贛南閩西「革命」根據地。一九三〇年五月，中共中央在上海召開全國紅軍代表會議，決定將毛、朱兩部併編成紅軍第一軍團，朱德任總指揮，毛澤東任政委，林彪獲拔擢出任第四軍軍長。也因此，在共軍兩萬五千里流竄途中，毛對林彪信任有加，任命林部為前衛部隊，而林彪的表現，亦為毛澤東誇讚「異乎尋常的幹練與忠實」。

這時中共中央總書記雖是向忠發，但中央政治局在一九三〇年六月十一日的會議，卻是由候補中央委員李立三主導，在李之提議下通過「新的革命高潮與一省或幾省的首先勝利」的決議，形成以冒險主義為特徵的「立三路線」。初期毛澤東未反對「立三路線」，但在九月「二打長沙」失利後，（紅軍第三軍團彭德懷部於七月二十七日攻克長沙，因國軍反擊，八月六日撤出長沙；八月下旬，朱、毛奉令再攻長沙，至九月中旬仍無進展，乃撤回江西。）毛開始抵制此一路線，堅決不再攻打大中城市。

十月，中共江西省委書記李文林傳達中共中央指示朱、毛攻打南昌、九江等大城市，毛堅決反對。代表「立三路線」的李文林，勉強同意毛澤東暫時不打，但表示最終還是要打南昌、九江。這引起毛澤東對李文林強烈不滿，認為李所領導的江西省行動委員會不配合、不支持紅一方面軍的作戰，他決定要鬥倒這位跟他對立的「同志」，於是製造了「ＡＢ團事件」，也讓林彪首次見識到毛澤東鬥爭手段之陰狠毒辣與殘暴。

一九三〇年九月中共在上海召開六屆三中全會，傳達共產國際指示，糾正「立三路線」的錯誤，結束了李立三的左傾冒險主義路線。此次會議，因李立三的下台，使江西省省委書記李文林失去了靠山，毛澤東同時又由一般中央委員補選為中央政治局候補委員，政治地位獲得提升，於是他在十月十四日以紅一方面軍總前委名義給中共中央寫信說：「贛西南黨團兩特委機關、贛西南蘇維埃政府、紅軍學校發現大批ＡＢ團分子，各級指揮機關，無論內外，多數為ＡＢ團富農所充塞。」因此，毛澤東決定進行一場以「反ＡＢ團」為名目之整肅異己的肅反運動。

毛所稱「ＡＢ團」係指國民黨於一九二七年由程天放等一些黨員所組成的一個次級團體，ＡＢ兩英文字母並無「反共」意義在內，而是分別代表省、縣級組織，但毛澤東將ＡＢ兩字曲解為「反布爾什維克」（ANTI-BOLSHEVIK），即反共產黨之意。他在十一月底下令將李文林作為ＡＢ團重大嫌疑犯關押起來。

為了要取得鬥爭李文林證據，十二月毛澤東下令紅一方面軍總政治部將駐在富田的江西省委和省蘇維埃兩機關主要幹部七十餘人一齊逮捕，嚴刑逼供，終於屈打成招，誣陷李文林是江西「ＡＢ團」首領。毛乘勝追擊，又逮捕了江西地方部隊紅二十軍一批幹部。引起紅二十軍一七四團官兵不滿兵變，包圍軍部，砸開監獄，釋放所有省委、省蘇維埃、和紅二十軍被捕幹部。毛澤東派紅軍學校武裝人員前往鎮壓，亦被解除武裝。劫獄之軍隊並散發傳單、張貼標語：「打倒毛澤東，擁護朱彭黃！」（指朱德、彭德懷、黃公略。黃公略，黃埔一期畢業，時任紅軍第一軍團第三軍軍長），指責毛澤東「有當皇帝思想」，這就是所謂「富田事變」。

中共後來查明，在江西共產黨的組織系統中根本沒有「ＡＢ團」。「富田事變」是毛澤東處理內部矛盾激化而成，錯殺了許多忠誠的共產黨員和紅軍幹部。當時刑訊逼供之殘酷，據共軍將領蕭克（上將）在一九八二年回憶說：「即便過了半個世紀，也不能不令人慘然一嘆。我們這些過來人也覺不堪回首。」

一九三一年十一月，中共為慶祝蘇聯十月革命紀念日，在瑞金召開中央蘇區第一次黨代表大會，才不指名的批評了毛澤東的「肅反擴大化」，「把一切反動分子，一切不滿分子，一切犯了錯誤的人，都當做ＡＢ團看待的。肅反代替黨內的思想鬥爭與兩條戰線的鬥爭。」「縮小到破獲、捉拿、處決的範圍裡去。」中共承認紅軍中破獲的「ＡＢ團」成員達四千四百人以上，佔紅軍總人數的九分之一；地方黨政機關比例更大，有的整縣整鄉的黨員被當作「ＡＢ團」分子拉出去槍斃。連參加南昌「起義」和秋收「起義」的紅軍，這些政治質量最好的部隊，也被誣攀抓了許多「ＡＢ團」分子，紛紛成了槍下冤魂。

「反ＡＢ團事件」及「富田事變」都是林彪親眼目睹，當時他雖受到毛澤東的賞識與重用，未被牽涉，但是看到毛澤東的殘暴鬥爭，既不敢怒也不敢言，這種畏懼心態造成了他爾後長期在毛所發動的歷次政治鬥爭運動中的心理障礙，既不敢反對，又必須表態支持，甚至要協助毛澤東鬥爭異己，只有私下偶然會對家人、親信透露不滿。

「反ＡＢ團事件」，最後仍傷害到毛澤東自己，也就在這一次中央蘇區黨代表大會上，通過「中華蘇維埃共和國憲法」大綱，毛澤東當選為中央執行委員會主席，兼人民委員會主席，實即等於「國家主席」，從此毛被稱為「毛主席」，終其一生。這次大會結果，毛澤東雖然出任了「國家主席」，卻被剝奪了他對黨和軍隊的領導權，在毛澤東「槍桿子裡出政權」的思維中，無異是大權旁落，明升暗降。不過毛澤東所受的挫折並未因此結束，這年十二月中旬，周恩來從上海來到井崗山，出任蘇區的中央局書記，統一領導蘇區的黨政軍工作後，毛澤東地位更是一落千丈，尤其是周恩來在中央為平息內部紛爭，糾正了毛澤東一手製造的「反ＡＢ團」肅反擴大化的錯誤後，毛變得鬱鬱寡歡，並在次

（一九三二）年元月，「稱病」不出，避到瑞金東方之東華山「養病」。

毛澤東雖然貴為「國家」主席，但只是虛位，無事可做。三月中旬中共中央政治局開會，周恩來還是通知毛澤東出席，毛不甘寂寞，乘機提出向贛東北發展建議，以建立贛江以東、閩浙沿海以西、長江以南、五嶺山脈以北的廣大農村蘇區。不過建言未被會議接納，政治局反而通過紅軍主力向北發展，相機奪取贛江流域城市決議。

三月十二日中共將紅軍改編，成立紅一、紅三、紅五等三個軍團，林彪出任紅一軍團總指揮，率軍北上。林彪從一九二八年四月到井崗山，不足四年間，就由一個營長竄升到軍團總指揮，晉升之快，固然與自己的才能和努力有關，但與毛澤東的提拔推荐脫離不了關係。

毛澤東未因建言未獲採納而灰心，他反而在事後說服了林彪和紅一軍團政委聶榮臻，改向閩西發展。隨後朱德也同意了此一看法，毛即聯合朱、林、聶三人向中共中央建議，終於獲得採納，批准紅一、紅五兩軍團合稱為東路軍，向閩西發展，這也是堅定毛林間關係的一個重要關鍵。

一九三四年十月，共軍在國軍圍剿下，已無法在江西蘇區立足，為謀出路，被迫放棄贛南巢穴，亡命西竄。林彪率部擔任前衛，翼障全軍，一路表現勇敢善戰，不畏生死。一九三五年元月，紅軍強渡烏江，搶佔貴州遵義。同月十五日至十七日，中共中央政治局在遵義召開擴大會議。毛澤東聯合張聞天（化名洛甫）、王稼祥（紅軍總政治部主任）等人在會議上強烈批判秦邦憲（化名博古，中共中央總書記）和共產國際指派之德籍軍事顧問李德所犯的左傾冒進錯誤，並獲得周恩來、朱德和林彪等高階將領在會中支持。林彪即席發言，表示完全同意毛澤東的意見，並列舉毛澤東過去（指前四次反國軍圍剿）誘敵深入，在運動中消滅敵人之戰例，證明毛澤東戰略戰術的正確。在此次會議上，毛、朱、周贏得勝利，成功的奪得了秦邦憲和李德手中的黨和軍事領導權，結束了王明（本名陳紹禹）的左傾路線的領導。

中共歷來都宣傳：「毛澤東在遵義會議後取得了黨和軍的領導地位」，這是歪曲歷史事實。據周恩來遺孀《鄧穎超日記》，紀錄一九七五年十一月十五日周恩來病危時談話：「我想在生命最後時期，還是要自我反思、檢討、澄清若干事件。儘管是晚了，但總不能讓其錯、假繼續下去。歷史誰也篡改不了。一九三五年一月，遵義會議上，是確立了張聞天同志為代表的黨中央，是中國共產黨歷史上一個生死攸關的轉折點，要把歪曲的歷史更正過來，好在當年參加會議的同志還在。」周恩來實際指的是毛澤東篡改歷史。

陳雲（當時任全國總工會黨團書記）參加了這次會議，他在一九三五年二、三月所撰「遵義會議政治局擴大會議傳達提綱」手稿，於一九八五年由中共「中央檔案館」解密，證實遵義會議後由張聞天取代秦邦憲為黨的負責人，周恩來是「黨內委託的對指揮軍事上下最後決心的負責者」。毛澤東則當選常委，並為「周恩來的軍事指揮上的幫助者」。三月四日，中共中央軍委發布設立「前敵司令部」，以朱德為司令員，毛澤東為政委，毛澤東才參與了領導和指揮作戰。

遵義會議後，周、毛、朱為擺脫數十萬國軍的追剿圍堵，並奪取戰略轉移中的主動權，毛澤東指揮紅軍，忽東忽西，反覆行軍，部隊官兵不堪勞累，十分疲倦，對中央軍委的指揮產生了疑慮與不滿。

林彪不顧其紅一軍團政委聶榮臻的勸阻，以個人名義於五月初致函中共中央說：「這段時間以來，部隊在雲貴川邊東奔西拐，行軍太多，而且走了許多不必要的弓背路。部隊弄得精疲力竭。這樣下去，部隊會拖垮。毛澤東指揮部隊不合適，建議換一人指揮，以改變目前的困境。毛澤東、周恩來、朱德幾個軍委負責人不要直接指揮軍隊，前線指揮最好叫彭德懷（時任紅三軍團總指揮）負責。」他建議：「毛、朱、周隨軍主持大計，請彭德懷任前敵指揮，迅速北進，與四方面軍（張國燾部）會合。」

五月，共軍在渡過金沙江後，於當月十二日在會理召開政治局擴大會議，邀林彪、彭德懷參加會議。會議上，周恩來批評了林彪的錯誤，讚揚了毛澤東這一時期的軍事領導藝術，才得以在國軍前堵後追的情形下，採用兜大圈子的辦法，四渡赤水，兩佔遵義，佯攻貴陽，威逼昆明，成功甩掉了國軍，取得了順利渡過金沙江的重大勝利。

毛澤東雖然很不高興，但軍事領導權在周恩來手中，只得輕描淡寫，批評林彪說：「你是個娃娃，你懂得什麼？」毛之指責，多少含有對林彪年輕無知，不與計較之意，仍視林彪是他的支持者，而將板子重重的打在彭德懷身上，認為係彭德懷煽動林彪寫信，彭有奪權野心。彭德懷當時沒有解釋申辯，毛一直記恨此仇，直到一九五九年廬山會議，毛澤東在鬥爭彭德懷時，重提此事，林彪才聲明，那封信與彭德懷無關，彭也不知他寫信的事。

毛是一個睚眥必報的梟雄，一九三五年的仇，他能記恨二十四年，熬到一九五九年才爆發鬥倒了彭德懷。毛在瞭解事實真相後，又記恨林彪十二年，在一九七一年全力部署鬥爭林彪，逼得林彪搭機逃亡，慘死異域，再報一箭之仇。

一九三五年五月，共軍抵西康大渡河南岸，毛澤東令林彪的紅一軍團奪取瀘定橋。林彪令部隊強行軍三二〇華里，在一日內抵達瀘定橋，立即冒駐軍強大火力，搶佔該橋，再進佔瀘定城，為共軍舖平了繼續北進懋功之路。其後在過草地，爬雪山，臘子口之役，都是依靠林彪拼死戰鬥，才得轉危為安。這就是毛澤東誇獎他異乎尋常勇敢之處。

一九三五年六月十二日，紅一、紅四兩軍在懋功（現改名小金，位於四川省西部）首次會師。六月二十五日，在歡迎張國燾的儀式上，先由朱德以軍委主席身分致詞，接著張國燾講話，提到「八年前一起鬥爭過的同志」（註：指參與南昌「起義」的周恩來、朱德、劉伯承），並高呼「朱總司令萬歲」，隻字未提毛澤東。毛認為他與張國燾同是參加中共第一屆代表大會之創黨同志，這麼大的事，張國燾完全不提，而且毛、朱始終齊名，張國燾只喊「朱總司令萬歲」，根本未把他放在眼裡，是特意揚朱抑毛，毛澤東因而記恨在心。

這時張國燾又與中共中央對紅軍今後戰略行動方向發生分歧，更引起毛澤東的不滿。七月十八日，中共召開中央政治局會議，為了安撫張國燾，毛澤東藉機建議，周恩來辭去紅軍總政委職務，專任中央常委工作。由張國燾出任紅軍總政委，並兼任中央軍委的總負責者（朱德仍為軍委主席）。毛澤東憑著個人「智慧」和周恩來的忍讓，先擺脫了擔任「周恩來軍事指揮上的幫助者」的障礙，為日後出任軍委主席舖下康莊大道。

七月二十一日至二十二日中央政治局會議上，毛澤東和張國燾發生了激烈言詞衝突，毛批評四方面軍在軍事上犯了嚴重錯誤：一是放棄了原有的川陝蘇區；二是沒有使用足夠的兵力，進佔戰略要地松潘。張強調他的任務是策應一方面軍，且兵力有限，不能過份分散使用。會後他怒而下令前線部隊停止進攻松潘。

八月初，中共續在毛兒蓋開中央政治局會議，毛澤東先準備了一份文件，暗諷四方面軍破壞團結，激怒了張國燾，諷刺毛澤東是「中華全國蘇維埃主席」，卻讓蘇維埃運動「失敗了」「所有的蘇區都喪失了，退到了藏族地區，這些失敗的事實是無法否定的。」毛澤東則藉一九一七年安徽督軍張勳召開的密謀推翻民國，復辟帝制會議批評張國燾「要開督軍團會議，改組中央領導啊！」硬給張國燾戴上「反黨」帽子。

其後，毛、張又發生紅軍北上或南下爭議。九月九日，毛澤東建議周恩來召開緊急軍事會議，決定黨中央和一、三方面軍立即北上，放棄等待張國燾和四方面軍。十二日，中共中央暨紅一方面軍到達甘肅境內，召開政治局會議，毛澤東在會上批評張國燾的錯誤是「右傾分裂主義性質」，會議並通過「中央關於張國燾同志錯誤的決定」。

林彪在毛、張鬥爭過程中，一直站在毛澤東一邊，並在九月十二日的中央政治局會議上，支持通過批判張國燾錯誤的決定文件，和繼續北上的方針，但也讓林彪再次見識到毛澤東的鬥爭性。會議同時決定將紅一方面軍主力和軍委縱隊改編為「中國工農紅軍陝甘支隊」，彭德懷為司令員，毛澤東為政委，林彪擔任副司令員，並成立以毛澤東為首，包括周恩來、彭德懷、林彪、王稼祥之五人團，負責支隊的軍事行動。毛澤東在紅軍中的軍事地位又進一步提升。

一九三五年十月十九日，林彪和毛澤東率領的第一縱隊到達陝北保安縣吳起鎮。中共中央紅軍歷時一年，從中央蘇區出走，奔逃十一個省，行程二萬五千里的流竄終於結束。十一月三日，中共中央召開中央政治局會議，決定成立「中國工農紅軍西北革命軍事委員會」，毛澤東擔任主席，周恩來、彭德懷任副主席，林彪為委員。毛澤東和周恩來作了新的分工，毛澤東負責軍事，周恩來負責組織、宣傳工作。毛澤東終於取代了周恩來的軍事地位。新的軍委會並決定恢復紅一方面軍番號，由彭德懷任司令員，毛澤東任政委，下轄第一和第十五兩個軍團，林彪出任第一軍團長。

十二月，中共駐共產國際代表林育英（化名張浩）從莫斯科到達陝北瓦窟堡，傳達共產國際第七次代表大會關於建立「反法西斯統一戰線」等文件、並帶來共產國際無線電訊的密碼本等。林育英為林彪堂兄，他的到來，不但讓中共中央恢復了與共產國際的電訊通聯，還帶來「共產國際完全同意（中共）中央政治路線」，否定張國燾另立「第二中央」作法之指示，這等於肯定毛澤東的主張，徹底擊敗了張國燾。隨後，中共中央於十二月十七日至二十五日召開了政治局會議，通過了毛澤東的「關於軍事戰略問題的決議」。

兩天後，毛又在中共中央黨校作了「論反對日本帝國主義的策略」之報告。這是毛澤東第一次在軍事路線之外，也能夠在政治路線上發表自己的主張。過去在遵義會議上，他只能就軍事路線發表意見，標誌著毛澤東軍事與政治地位日趨鞏固。所以林育英的到來，提升了毛在共產國際地位，毛澤東愛屋及烏，自然更加「關愛」林彪。在十二月十九日，毛澤東說：「中央各同志均認為林彪是我們黨內最好的、最優秀的高級幹部之一，……是有著中國及國際榮譽的。」可看出這時毛、林關係之密切。

這期間，毛澤東的得意，從他一九三六年二月所寫的沁園春「雪」，可窺見一斑。他說：「北國風光，千里冰封，萬里雪飄。望長城內外，惟餘莽莽；大河上下，頓失滔滔，山舞銀蛇，原馳蠟象，欲與天公試比高。須晴日，看紅裝素裹，分外妖嬈，江山如此多嬌，引無數英雄競折腰。惜秦皇漢武，略輸文采。唐宗宋祖，稍遜風騷。一代天驕成吉思汗，只識彎弓射大雕。俱往矣，數風流人物，還看今朝。」足以看出毛澤東從遵義會議到瓦窯堡會議，正朝著奪取中共黨政軍大權，逐步邁進，志得意滿的心境，更透露了他奪取中國政權的野心。林育英從共產國際帶給他的政治地位的確立，軍事上則有林彪的支持，心情之好，不可言喻。

儘管毛澤東對林彪信任與愛護有加，但在一九三六年四、五月，二人也起了矛盾。毛澤東指示林彪撥調一千名新兵，支援紅十五軍團。林彪認為有損他部隊戰力，表示不能完全接受，要求少撥。引起毛澤東的不悅，批評林彪犯有歷史性的「本位主義」的錯誤。然而毛澤東未將事情擴大，對林彪僅止於批評而已，但是毛澤東仍將林彪調離紅一軍團，以解決林彪拒調新兵的事。

五月二十日，林彪調任紅軍大學校長，毛澤東指示林彪要把紅軍大學辦成「紅埔」（意指國民黨有「黃埔」，紅軍也要比照建立起「紅埔」），並派總參謀長劉伯承為副校長，藉此突顯紅軍大學位階在總參謀部之上，並襯托林彪的地位，毛則自兼該校教育委員會主席，其目的在培養子弟兵。他又學習國父孫中山的作法，也在紅大講述其思想理論，和鬥爭策略，如：「中國革命戰爭的戰略問題」、「實踐論」、「矛盾論」等等，藉此統一全黨全軍的思想。並加強鞏固其領袖地位，能夠屹立不搖。毛確實做到了，自此直到一九七六年九月九日死亡為止，從無人撼動得了他的地位。而毛澤東的思想理論及統一戰線策略，也大都是在此一時期所建立。

紅軍大學於一九三七年元月改名為「抗日軍事政治大學」（簡稱「抗大」），將學生招收範圍擴大到黨、政方面，更擴張了毛澤東的勢力，鞏固他個人的地位。「抗大」仍續由林彪擔任校長兼政委，毛則繼續講述其思想理論，「論持久戰」即在此一時期所講。

一九三六年七月，美國記者愛德格‧斯諾訪問保安，特別採訪了林彪。斯諾在所著《西行漫記》一書中，有一節記述採訪情形：「這個（紅軍）大學的校長（林彪）是二十八歲（事實是二十九歲）的軍隊指揮官，據說他從來沒有打過敗仗。……林彪是三、五個從未受過傷的紅軍指揮官之一。這是他和毛澤東所共有的聲名。他在前線作戰了百餘次，在戰場指揮了十餘年，經受了他部下所熟知的種種艱苦，而南京方面對於他的首級又有拾萬元懸賞，他還是十分健康地活著，神秘的受不到傷。一九三二年，林彪任紅軍第一軍團總指揮，這一軍團當時有兩萬支步槍，成了紅軍最可怕的一部份。多半由於林彪那非凡的軍事才能，這一軍團把一切奉派來剿共的政府軍擊破，打敗，或者解除武裝，而本身從未敗潰。……不到三十歲的年紀，他就已博得了紅區以外的贊許。……他被稱做『突擊』戰術的創始者……紅軍第一軍團的許多勝利據說都可歸因為其『突擊』戰術的巧妙運用。」這是中共利用斯諾進行國際宣傳的手法，事實上林彪在六〇年代，曾親口說他在閩西漳州一帶負過傷。

「西安事變」前夕，十二月七日，中共中央擴大了軍委組織，由毛澤東任主席，周恩來、張國燾任副主席（抗戰開始後由朱德任副主席），朱德，彭德懷、林彪等二十人為委員。此時，毛澤東正式成為名符其實的中共中央軍事最高領導人。

西安事變後，一九三七年七月七日，抗日戰爭爆發，九月國共達成第二次合作協議。中共紅軍改編為國軍第八路軍，毛澤東讓林彪回到部隊任八路軍一一五師師長，進駐晉察冀邊區。

九月二十二日，日軍坂垣中將所屬第五師團第二十一旅之一部向平型關進犯。閻錫山要求八路軍配合作戰。毛澤東指示林彪：「我軍應堅持既定方針，用游擊戰配合友軍作戰。……基本不應動搖此方針。」林彪回電：「應堅持集中一個旅，暫時不分散。」等於拒絕了毛澤東的指導。毛澤東只得答應：「這種一個旅的暫時集中，當然是可以的，但如許久還無機可乘時，仍以適時把中心轉向群眾工作為宜。……林（彪）率陳旅即使能打一、二勝仗，不久仍須轉向五台來的。」

林彪親自偵查選擇平型關東北地區預判日軍必須經過之道路兩側高地，決定採取一翼伏擊的戰術襲擊日軍。二十五日晨七時許，日軍進入伏擊地域，因雨後道路泥濘，車輛人馬擁擠，行動緩慢，林彪命令全線開火射擊，重創日軍，共殲滅日軍一千餘人，繳獲步、機槍千餘挺，和大批軍用物資，為中國抗日戰爭開始後，首傳捷報。中共乘勢宣傳，林彪因而聲名大噪，亦提高了毛澤東和共軍國際名聲。林彪雖立此大功，但毛澤東心有不滿指責林彪：「目前紅軍不宜過早暴露，尤不宜過早派遣戰術支隊，……暴露紅軍目標，引起敵人注意，那是不利的。」爾後即禁止再有類似平型關戰役對日軍積極作戰的事件發生。

在平型關戰役後，朱德、彭懷德未體認毛澤東意圖，仍發出「軍分會對目前華北戰爭形勢與我軍任務的指示」，主張八路軍應積極配合國軍，殲滅深入山西之日軍。毛澤東對此多次提出批評，堅持八路軍應成為山西游擊戰爭之主體，在「統一戰線」之原則下，放手發動群眾，擴大自己，徵集給養，收編散兵，而不是配合國軍作戰，亦不靠國民黨發餉，而是自己籌備供給。事實上，在抗戰期間，毛澤東在日本佔領區積極發展游擊戰，目的在建立根據地，壯大自己，而非真正抗日，所以不贊成林彪的積極抗日態度，而從林彪堅持打平型關一役，亦顯示其是一位民族主義和愛國主義者。

平型關一役後，林彪成為全國知名抗日英雄，各方賀電紛至，蔣介石亦有賀電，表示「深堪嘉慰」。此所以，林彪一九四一年底自蘇返國途中，蔣介石會電令戴笠和沿途國軍「以禮相待」，「護送到延安」。但是林彪卻為此役付出慘痛代價，日軍為報復林彪，於一九四一年燒毀了林彪湖北黃岡祖厝，乃父林明卿被迫舉家南逃，林彪母親在一九四三年九月十九日逃至廣西柳州病故。其他在逃難路上病故的還有林彪四弟媳、四弟的女兒等人，林明卿三年後輾轉到延安。中共建政後，林彪派人去柳州找母親墓地，已找不到。

一九三八年三月二日，林彪率部隊途經閻錫山防區，於隰縣（位於山西太原西南）之北千家莊附近，被閻部第十九軍哨兵誤以為是日軍射傷肺部和脊椎，傷勢嚴重。朱德、彭德懷致電蔣介石：「一一五師師長林彪在隰縣以北負重傷，後送延安治療。」蔣介石批准。

林彪被送返延安後，毛澤東仍任命林彪為「抗大」校長兼政治委員。毛在「抗大」的一次講演中說：「中國只要有五〇〇個林彪，就能打敗日本。」整個三月，林彪都在接受治療，傷勢略有好轉。蔣介石親發慰問電，國府第二戰區司令長官衛立煌（後任東北「剿總」總司令，兵敗被蔣軟禁，獲釋後定居香港，一九五五年投共）訪問延安，並探視林彪，因未帶慰問品，返西安後，特地撥發八路軍一百萬發子彈，二十五萬枚手榴彈及一八〇箱牛肉罐頭。只因林彪一戰之功，為共軍帶來龐大補給，可知林彪當時炙手可熱程度。

四月份起，林彪即恢復工作，他在歷次對學員生講話中，積極鼓吹抗日，充份表現他民族主義精神和愛國思想，且從未抨擊國府，甚至說：「我們要給他們（指中共幹部）一個政治方向，就叫他們學習三民主義和共產主義。」「我們抗大的學生，應該要有遠大的政治理想，在現在階段，我們是要實現三民主義的中國。」當然這是犯毛澤東忌諱的，所以林彪又說：「歷史並不能停止在第一個階段上，歷史還是要向前發展，走向共產主義的道路去」這已透露中共的政策，最後仍將奪取政權。

他在五月二十二日一篇長達數小時講話中，更透露中共向東北發展之企圖，他說：「東北四省（包括熱河在內）地區之大，人口之多，物產之富，形勢之重要，是用不著說的。……在他（指偽滿政權）的這種統治區，只要我們的游擊戰爭一發進展進去，便立刻可以推翻他的統治，而重建我們的民族政權。……我們把游擊戰爭向東北的廣大地區發起來，便可把東北敵人孤立與封鎖在幾個城市中去。……游擊隊還可從偽軍手裡奪取日寇的武裝，來武裝自己。由華北向東北發展的游擊戰爭，首先應在ＸＸ與ＸＸ發展起來，並漸與原在ＸＸ兩省西部、北部原有的游擊戰爭銜接起來，配合行動。」在林彪此篇講話紀錄中，把上述四個省名稱刪去，打上ＸＸ保密，可以判斷，中共在一九三八年即決定向東北發展，北依蘇聯，奪取日軍武器裝備，進行全面叛變。而且林彪已進行研究東北地理形勢，和游擊發展之戰略、戰術。但是中共直到抗戰勝利，才在一九四五年進入東北發展，已經遲了七年。

這年八月，林彪與陝西省米脂縣的一個女孩張梅（原名劉新民）結婚。次（一九三九）年初隨林彪赴蘇，在蘇生下女兒林曉霖。一九四一年七月，毛澤東電飭林彪回國時，由於二人在性格、愛好、生活方式等方面差異頗大，張梅不願返國，要求帶著女兒林曉霖留在蘇聯，林彪同意斷絕婚姻關係，還親筆寫下：「男婚女嫁，各不相干」字條給張梅，作為離婚證據。

一九三七年三月，毛澤東因張國燾所屬四方面軍改編之西路軍在祁連山被回軍馬步芳的騎兵部隊擊潰，張喪失了一切力量，已不足懼，毛認為清算張國燾的時機到來，於是在當（三）月二十三日至三十一日，召開中共中央政治局擴大會議，強烈批判張反黨、反中央、分裂紅軍，以及所犯的種種錯誤，撤銷了張的中央軍委委員、軍委副主席、軍委主席團委員、紅軍總政委四個軍隊職務，只給陝甘寧邊區政府副主席的虛職，從此冷凍。

這年秋冬之際，張國燾的秘書長黃超和參謀長李特又被王明自蘇返延安途經新疆時，以二人為托派罪名擅自逮捕，在新疆處決。張國燾在二人被殺後，才從返抵延安的王明口中得知，終於幡然醒悟。瞭解中共已容不下他，甚至可能命喪延安，決心逃亡。一九三八年四月四日，張國燾藉參加陝西中部縣祭拜黃帝陵機會出走，向國府投誠。毛澤東狠鬥狠批張國燾，逼得張出走投奔國府，林彪都親見親聞。一九四二到四三年，林彪在西安與戴笠密會，和在重慶向蔣委員長輸誠，如果都屬實，可能受到張案的一些影響。

一九三七年八月二十一日，蘇聯政府與中國政府簽訂「中蘇互不侵犯條約」，並先後貸款國府達四億五千萬美元之多，這些用來購買武器裝備的貸款，中共未分到一分一釐和一槍一彈。史大林的戰略是聯合南京國民政府，讓國府有能力堅持抗戰，拖住日軍，則當德國納粹向蘇進攻時，能夠確保蘇聯東方的安全。史大林認為中共尚無執行此戰略能力，所以透過他所信任的王明自蘇返華之時機，向毛澤東傳達其指示，要中共應當與國民黨合作抗日。史大林這一指示，幾乎使毛澤東精心策劃的整套藉抗日機會，發展壯大的戰略計畫付諸東流。

一九三八年九月二十九日至十一月六日，中共在延安召開六屆六中全會，共開了三十九天會議，毛澤東在會中發表「論新階段」政治報告，闡述中共在抗日戰爭期間的軍事戰略、政治路線，以及如何鞏固黨、建設黨的問題。中心議題是討論敵我相持階段，敵後游擊戰爭的地位和作用，重點是在論陷區內發展壯大，避免在「國統區」發展，引起國民黨不滿。

毛澤東巧妙的迎合了史大林指示，也保住了其發展壯大策略。他說：「我們的政策，無論如何要一個長期的民族統一戰線，要一個長期合作，無論如何要共同維持一個統一政府，反對分歧與分裂，方才有利於渡過戰爭難關，對抗敵人破壞，打退日本帝國主義，並於戰後完成建立『新中國』的任務。」這次會議通過以毛澤東為代表的中央政治局的路線，又奪取了周恩來的政治領導權。

毛澤東在會議結束前一日，批判了王明遵照史大林意旨而提出的「一切為著抗日民族統一戰線」，「一切經過抗日民族統一戰線」路線的錯誤。毛澤東說：「我們的方針是統一戰線中的獨立自主，既統一，又獨立。」所謂「獨立自主原則」，就是要衝破國民黨的一切限制，放手發展自己的力量。毛並批評王明只知「聯合」，不知「鬥爭」，犯了「右傾機會主義」，一切聽命於蔣介石和國民黨，是個「投降主義者」。王明被迫表示臣服，不再競爭領袖地位。

這件事發生在林彪於赴蘇療傷之前，使他瞭解到：一是蘇聯的反覆無信，因為王明自蘇返國前，曾問史大林：「中共應當遵照你的指示與國民黨合作抗戰，但你和共產國際過去對中共所作的指示，是否仍然有效？」史大林回說：「現在主要是打日本，過去那些東西現在不要談。」相信這又增加了林彪對蘇聯無好感原因之一；二是毛澤東與國民黨合作抗日是假，藉抗戰發展壯大是實，目的仍在奪取政權；三是毛澤東難容異己，一再批鬥王明，非把王明鬥倒不可，不允許有任何人威脅其地位，或破壞其野心策略。

王明本名陳紹禹，一九二五年赴蘇進莫斯科中山大學就讀，翌年加入中共，一九二七年因協助副校長米夫鬥倒代理校長阿古爾，當上中山大學校長。同年十一月，中山大學部份中國學生出現反史大林的情緒，因為他們認為史大林和共產國際應對第一次國共合作失敗（一九二七年四月十二日，國民黨實施「清黨」，將中共黨員清掃出黨，中共稱為第一次大革命失敗）負責，引起史大林震驚，為了確保中共完全忠於共產國際，忠於史大林，加速實現中共「布爾什維克化」（即反托洛茨基化），於是派遣王明及親史大林之中山大學中國學生於一九二九至三〇年間相繼回國進入中共中央和地方組織內部，奪取權力。

一九三〇年十二月，米夫以共產國際代表的身分來華，任務就是扶植王明打入中共中央政治局。王明這時只是中共上海滬東區委下的一個宣傳幹事，不能一步登天進入政治局，但在米夫堅持下，當月中共中央任命王明為江蘇省委書記。一九三一年元月，中共在上海秘密召開六屆四中全會，又在米夫指示和堅持下，增補王明為政治局常委，總書記雖為向忠發，但實權落在王明手中，這年王明只有二十六歲，依靠共產國際和蘇共的蠻橫當上中共中央實權人物，不要說毛澤東、朱德、周恩來等人不滿，林彪當時雖年僅二十四歲，也不可能服氣。

中共中央自上海撤入贛南蘇區後，王明又返蘇聯。

一九三七年十一月，王明自蘇到延安，王明自持有史大林和共產國際的支持，又在中共中央興風作浪，意圖與毛澤東爭奪中共領袖地位，所以毛澤東在延安兩次批判王明，也是王明咎由自取。雖然從鬥爭王明事件中，林彪能夠更深入認識到毛澤東的鬥爭個性和殘酷，當然也加深了對蘇共之不滿。到一九七〇年代，毛澤東與蘇共鬧翻，撰文批蘇修，表現的特別激烈，與王明事件，不無關連。一九七一年九月十三日林彪座機逃抵蒙蘇邊界又折返，而在蒙古境內墜機，應與他不喜歡蘇聯，不願赴蘇有關。而毛澤東批評他「叛國投敵」是不正確的。

林彪於一九三八年十二月槍傷復發，健康每況愈下，決定赴蘇治療，毛澤東派他為中共駐蘇和駐共產國際代表，對其資助甚微，藉機壓抑他，並有流放之意。林彪在蘇被安置在莫斯科近郊一個莊園療傷，病情略有進步，但健康仍不佳，中共同意他只管大事，不管小事。這期間，林彪頗受到史大林禮遇，曾潛心研究蘇軍大兵團戰役和戰勝要領，多次參與蘇聯軍事會議，判斷德軍可能行動，都很正確，史大林因此有意請林彪參與蘇軍對德作戰。毛澤東知悉後，立即調林彪回國，並在抗戰勝利後，派林彪赴東北負責武裝叛亂有很大關係。

林彪在蘇療傷期間，仍十分關注中國抗日情勢。一九四〇年七月，他在「共產國際」雜誌發表長逾萬字的專文〈中國人民的三年民族解放戰爭〉一文。「九・一三事件」後，該文被毛澤東拿出來指為「反黨文章，無恥吹捧蔣介石和國民黨」。

這篇文章的「反黨」事實在哪裡呢？林彪寫道：「蔣介石先生說：『在民族生存危急關頭，只有本民族聯合起來的力量，能夠戰勝日本帝國主義』。在兩大政黨——國民黨和共產黨建立合作後，……團結在以最高統帥蔣介石為首的中央政府的周圍。」「在國民政府的領導下，在動員人民群眾參軍和軍訓方面做了大量工作。」「在孫中山三民主義的基礎上，中國在國家建設上取得了良好的成績。」「在國民參政會第四次會議上，通過了關於召開國民大會以通過中國憲法的決議。這個決議有很大的政治意義，得到全體人民的擁護，已被國民政府批准。」林彪在文章裡也介紹了中共倡議建立的「抗日民族統一戰線」，並在西安事變時，中共「防止了新的大規模內戰爆發」。他也為八路軍、新四軍的抗日作了宣傳。

在當時，國共合作抗日，及蘇聯公開支持國府抗日情形下，林彪如此寫法，並不為過，他的目的顯然在宣揚國共團結合作，一致抗日情形，爭取共產國際認同，這與他的民族主義情結相符，他也沒有忘記介紹中共和共軍抗日「成績」。他所犯的錯跟張國燾一樣，全文未提及毛澤東，或許他對毛澤東在他赴蘇治傷之際，特意貶抑他，藉以表達不滿，而故意不提。

林彪不喜歡蘇聯，還有一個原因，就是蘇聯醫生對他用藥過重，損傷了他的神經機能，出現了許多後遺症，伴隨他一生，給他帶來很大的痛苦。據林彪秘書張雲生回憶透露，林妻葉群曾說：林彪「在蘇聯治傷時留下後遺症，神經功能有些失調，因此怕水、怕風、怕出汗。他的五臟沒有任何問題，他的思維能力也沒有任何問題。」「毛主席對他很關心，外界對他也很關心，甚至階級敵人也很注意。」要求所屬人員對林彪健康上的事，絕對不准向外透露，誰洩密誰負責。毛澤東根本就知林彪健康不佳，說明在一九六六年八月毛要林彪擔任接班人，只是利用林彪協助掌握軍隊，穩定軍心，以及鬥爭劉少奇。

毛真正屬意的接班人是張春橋，一九六九年四月中共九大之後，毛澤東至少兩次問林彪關於張春橋接班問題。第一次問：誰來接你的班？第二次問：你當國家主席（毛打倒劉少奇後堅決反對設國家主席）後，誰當總理？

一九四一年，已進入抗日戰爭中期，王明表面雖已臣服毛澤東，但自覺背後有共產國際的支持，因此在中共黨內仍處處掣肘毛澤東，甚至以領袖地位自居。一九四〇年王明發表他的代表作《為中共更加布爾什維克化而鬥爭》一書之第三版「序言」，繼續把他的「左傾」路線說成是黨的正統。

王明認為他有第三國際和史大林的背景，毛澤東奈何不了他。這顯然低估了毛澤東，毛經過精心策劃，決定藉整風之名，徹底整肅王明。一九四一年五月十九日，毛正式發起「整風運動」，從思想上、理論上強烈批判王明的「教條宗派集團」。毛還說：「過去我們的黨很久時期為主觀主義所統治，立三路線與蘇維埃運動後期的『左傾』（指王明）機會主義都是主觀主義。」因此，在反王明的「主觀主義」和「宗派主義」的激烈鬥爭下，王明於一九四二年四月徹底被打倒，請了長期病假，從此一蹶不振。在王明路線時期跟著犯了「錯誤」的人，都被迫紛紛檢討自己，對毛屈服。

一九四三年三月二十日，政治局通過毛澤東為中共中央政治局主席、中央書記處主席、中央軍委主席，把王明完全排擠出中央領導階層。毛澤東徹底達成了「定於一尊」的目的。但是毛未以此為滿足，到這年九、十月，中共中央召開政治局會議，毛澤東再次批判了王明在抗戰初期對統一戰線所犯的「右傾投降主義」錯誤，才允許整風運動結束。王明一生痛恨毛澤東，後來在莫斯科發表《毛澤東其人》反毛小冊子。

在整風運動期間，毛澤東為了徹底鬥倒王明，不惜擴大化，株連無辜，如同「反ＡＢ團事件」一樣，鬥爭對象最後演變成公開地，廣泛審查幹部和反特鬥爭，自一九四三年四月起至七月底止，所發動的「搶救失足者運動」，大搞「逼、供、信」，不過數個月，就「逼」出了上萬名國民黨「特務」，其他被鬥被批的幹部更不計其數。周恩來甚至感慨的說：「他派駐重慶工作，那裡的國民黨職業特務不過幾千人，而延安總共三、四萬人就挖出上萬名特務，真叫人不可理解。」

搶救運動不斷的擴大化，搞得天怒人怨，毛澤東也自覺搞得太過頭了，只好在七月底下令停止「搶救運動」，年底再對被審查受迫害者重新進行複查。直到一九四五年十月，延安上萬名特務百分之九十以上被清查出是被冤枉的，摘了帽子，未被平反的還不知有多少人是被冤枉的。但是已有六十人不堪迫害自殺，更多的人精神失常。

雖然林彪在整風運動開始時，已赴蘇療傷，但他因是中共駐蘇代表，仍有許多信息管道，供他瞭解延安批鬥王明的整風行動情形。而林彪於一九四二年元月自蘇返延安，到九月離開延安赴西安轉重慶作為毛澤東的軍事代表之前。這段期間，正是王明被嚴厲批鬥，被迫請長期病假之際，且牽連成千上萬幹部被打成國民黨特務。林彪駐重慶期間，此一運動仍如火如荼的進行，對毛澤東之猜忌同志，排除異己，高壓恐怖統治，難免心寒，所以林彪在這個時間點上，如果曾向蔣委員長透露毛之多疑心態，在時空因素上，是吻合的。

林彪自蘇返回延安後，在二月十七日的歡迎會上，林彪說：「中國的黨應該團結在毛澤東同志的周圍，以便建立起偉大的中國黨。」「我們要忠於我們的民族，忠於我們的黨，忠於我們的領袖。」毛澤東這時雖然已逐漸奪取中共黨、政、軍大權，但是距一九四三年三月「定於一尊」還有年餘，林彪以駐蘇聯和共產國際代表身分返延安，他講這兩句話，毛澤東聽後，舒服透頂。不過林彪的第二句話是以「民族」為優先，其次是黨，最後才是領袖毛澤東。表示在林彪心目中，「民族」仍是第一，毛澤東的地位也不能高於黨。林彪也沒有說要以「中國黨（共黨）」建立新國家。

毛澤東在二月二十日致電周恩來（時為駐重慶代表）：「林彪返回延安，身體好了許多，惟尚須休養。他在蘭州、西安統戰工作做得很好，與胡宗南諸人曾有深談，據林說，國民黨統戰工作很可開展。」電文中所提林彪與「胡宗南諸人」深談，沒有提到是否包括軍統戴笠。但林彪在蘭州、西安「統戰工作做得很好」，如果戴笠與林彪曾經密會深談，也許在林彪認為是他作戴笠統戰，文強胞弟文子瞻則認為是工作溝通。

三月六日，林彪堂兄林育英（張浩）在延安病逝，年僅四十六歲，毛澤東親自抬棺，可見毛對林育英一九三五年自蘇帶回史大林承認毛澤東地位的感激之情。

林彪於一九四二年四月續任「抗大」校長，兼中共中央黨校副校長，七月與葉群結婚。彭德懷得知林彪返延安後，曾在六、七月三度致電毛澤東，建議林彪出任八路軍參謀長，毛均以「林病仍重」婉拒。

九月，林彪以毛澤東代表身份經西安抵重慶，停留至一九四三年七月，始返延安。曾三次晉見蔣介石，多次獲邀參加國府軍委會的高級軍事會議，蔣並點名林彪即席分析國際戰局。可見蔣介石當時頗欣賞林彪才能。

抗戰第五年冬（一九四一年），日軍於十二月八日偷襲美國珍珠港，掀起太平洋戰爭，使我國對日抗戰變成同盟國共同對日作戰。一九四二年一月一日，美、英、中、蘇四國領銜簽署「聯合國共同宣言」，使中國國際地位與美、英、蘇同等，列為四強之一，蔣委員長擔任中國戰區（含越南與泰國）最高統帥，中國國際地位和聲譽，是自鴉片戰爭以來前所未有之提高，國家前途一片光明。也就在這年一、二月間，林彪自蘇返國，途經西安，戴笠如曾與林彪密會，爭取為國府工作，可說是最佳時機。

一九四三年元月，美、英等列強各國相繼廢除與前朝滿清政府所簽的不平等條約，百年來國家所受屈辱一掃而空。三月，蔣委員長發表理論著作《中國之命運》一書，蔣在結論一章上說：「百年來由於國恥所造成的不平等條約，激起我全國國民一致要求雪恥圖強運動，革命倒滿由於此，抗戰建國亦自此而來。在雪恥圖強運動之中，事實的經過，已證明惟有國民革命的路線最為徹底，亦最正確。時至今日，國民革命已有著初步的成功，今後我中國國民自惟有遵循此成功的路線，以達抗戰建國的目的，完成建國的理想實現之境域。」

《中國之命運》一書發表時，林彪正在重慶，蔣介石即使沒送給他，他也會買來看，相信以他民族主義性格和愛國情操，當會為中國民族復興，躋身列強而驕傲，反思中共還須仰賴蘇聯鼻息而活，能沒有感觸？

七月份，毛澤東也在延安看完了《中國之命運》一書。但他的想法不同，認為這本書的中心思想是反共，把十年內戰的責任推到共產黨身上，污衊共產黨、八路軍、新四軍為「新式軍閥」「新式割據」，並說該書暗示國民黨要在兩年內一定要解決共產黨。毛澤東之所以如此主觀，係因為這年五月二十五日共產第三國際解散，六月國內社會群眾團體紛紛要求中共順應共產國際解散之機會也宣布解散，取消邊區割據。而恰在此時，國軍胡宗南部曾計劃進剿延安中共，雖然後來未執行，但已由中共滲透胡部擔任胡宗南侍從秘書的共諜熊向暉將情報提供中共，毛澤東為防阻國軍仍有可能之進攻，乃命其軍委辦公處副秘書長陳伯達（文革時被鬥）撰寫《評中國之命運》小冊子，廣泛在「國統區」散發，內容除對蔣委員長進行人身攻訐外，還批評國民黨之能夠有今日，全因孫中山先生革命失敗後，要求中共與蘇共援助的條件下，中共就挺身而出，遂使國民黨完成改組，並協助成立黃埔軍校，才有北伐的成功。該篇文章最後是由毛澤東親自審核定稿後付印。全書重點都在否定蔣委員長，強調第一次國共合作期間，沒有共產黨，國民黨就不可能改組成功及完成北伐，但對國軍抗戰付出犧牲、最後國家躋身四強之一，廢除不平等條約，及蔣委員長提出抗戰結束後革命建國構想等，均避重就輕不涉及。

第一次「國共合作」的原因，事實是中共在一九二一年七月成立後，完全拒絕與國內任何政黨合作，由於發展十分困難，第一年只吸收黨員一九五人，經共產國際駐華代表馬林建議獲得共產國際核准，「命令」中共與國民黨合作，以開闢革命的新局面。孫中山先生才接受共產黨員以個人身分加入國民黨，而拒絕兩黨的「平行合作」。但是這種實情，國內瞭解的人不多，毛澤東目的很明顯，以偏蓋全，混淆視聽，以免《中國之命運》一書發表，破壞其叛亂竊國野心。

辛亥革命推翻滿清，民國成立後，因袁世凱稱帝不成，中國陷於分崩離析，內有軍閥割據，外有列強欺凌，和不平等條約束縛，加上國父孫中山先生的革命屢遭挫折，中國知識分子面臨思考中國前途何去何從的問題。此時，適值蘇聯十月革命成功，又逢五四運動的爆發，吸引中國青年嚮往蘇聯式革命，以拯救中國，遂有中國共產黨成立與發展空間。林彪青少年時期，加入中共組織，也是出於此種心態，目的在追求民族的獨立，國家的復興。而目前中國在蔣委員長領導下，抗戰即將勝利，不平等條約已經廢除，國家並躋身世界四強之一，建國理想也將可達成，對林彪而言，其青少年所追求的目標，正逐一實現，以他在一九七一年出逃前一日，表示其是一個「民族主義」者，可以窺見他對毛澤東仍堅持叛亂竊國的主張之不苟同，應是有跡可尋。

一九四四年五月二十一日，中共召開擴大的六屆七中全會，選舉主席團時，得票最高的是劉少奇，毛澤東得票數在朱德、周恩來之後，證明王明事件及毛在抗戰後期作為，已挫傷毛澤東在中共內部的威信。據《鄧穎超日記》一九七五年十一月十七日記載周恩來晚年病危時說：「一九四四年五月二十一日，中共六屆七中全會第一次會議，選出朱德、劉少奇、任弼時、周恩來組成主席團會議，有通過決議：得票最高者為主席團主席。劉少奇最高，朱德第二，毛澤東是第四（即在周恩來之後）。但是內部由我提議：主席還是由毛澤東來擔任。朱老總是很反感的。我又一次做了違心的政治上錯誤的抉擇。」毛澤東因周恩來的「保駕」，維護了他在中共「七大」後續任黨的主席的地位。

毛澤東也因為六屆七中全會第一次會議中受挫，為挽回頹勢，竟將會議破紀錄的開了十一個月，到一九四五年四月二十日才結束，林彪全程列席會議。這次長會，毛澤東終於挽回頹勢，通過「關於若干歷史問題的決議」，肯定中共自成立以來至全會召開的全部歷史，吹捧毛澤東在主要的、基本的方面可以說是一貫正確的；而陳獨秀、瞿秋白、李立三、王明、博古等一次「右傾」，三次「左傾」路線的錯誤，給中共造成了很大的損失。中共經過三年「整風」學習，心悅誠服的接受「黨在奮鬥的過程中產生了自己的領袖毛澤東同志」。

劉少奇更在一九四五年「七大」上，作了「關於修改黨章的報告」，提出「毛澤東思想」作為中共全黨一切工作的指導方針，並將「毛澤東思想」明確寫入黨章。劉少奇在中共黨內最受擁戴時，突然提出「毛澤東思想」，極盡媚毛的心態，突顯他怕步張國燾、王明後塵，被毛澤東鬥倒。在這次會議中，毛澤東為息眾怒，選擇了劉少奇作為他的接班人，這時毛澤東年僅五十二歲，正值壯年，生命仍長，豈容臥榻之旁，有他人酣睡。所以毛澤東選擇劉少奇顯然非出於真心，就已注定毛遲早要拔除這一根釘子。不過毛澤東耐心十足，毛劉體制維持了二十一年，直到一九六六年八月，毛澤東決定由林彪「暫時」取代劉少奇接班地位後，才打倒劉少奇。

一九四五年，林彪三十八歲，血氣方剛，看到毛澤東為鞏固地位，不擇手段，以及劉少奇為求自保的諂媚醜態，顯然也影響到了林彪。一九五九年夏廬山會議，毛澤東鬥倒彭德懷後，指派林彪接任國防部長（林曾懇辭，建議賀龍接，毛未同意）。在廬山會議上，劉少奇仍續媚毛，鼓吹「個人崇拜」，但在會後，劉少奇深感國內經濟問題嚴重，人民生活陷於危機，漸漸走向「右傾」，對毛之崇拜動搖，更加深毛要鬥倒劉少奇的決心。林彪看在眼中，也許深怕爾後步彭德懷、劉少奇後塵被鬥，同樣為求自保，學習劉少奇媚毛作法，開始吹捧毛澤東，如在同（一九五九）年八月份提「毛澤東同志全面性、創造性地發展了馬列主義」，一九六〇年在軍中提出「活學活用」毛澤東思想，獲得毛大大讚賞說：「這是個創造」、「全國人民學解放軍」。林彪接任黨內唯一副主席成為毛之接班人後，更是樂此不疲，而且從林彪許多作為中，都可以看出他內心充滿對毛的恐懼與不安，導致他爾後悲慘的下場。

一九四五年二月，同盟國特意排除中國在外，由其他三強領袖：美國總統羅斯福、英國首相邱吉爾，和蘇共總書記史大林在蘇聯雅爾達舉行會議，會後除發表公開聲明外，還有一個秘密協定。這個密約是美國為促使蘇聯能夠及早參加盟軍對日作戰，而史大林以不支持中共作為保證，換取了美、英承諾蘇聯於戰後在遠東的利益可以獲得照顧，允許蘇聯恢復一九〇四年日俄戰爭前沙俄在中國的利益，史大林欣然接受。雅爾達密約，完全置中國的利益於不顧，美、英、蘇三國又恢復過去列強欺凌中國的帝國主義嘴臉，尤其史大林一方面扶翼中共陰謀奪取中國政權，另方面又要攫取日本戰敗後在中國利益。即使中共在蘇共卵翼之下，不敢反對雅爾達密約，至少也有被背叛感覺。

密約簽字後兩個月，羅斯福總統過世，由副總統杜魯門繼任總統，指示駐華大使赫爾利將密約內容通知蔣委員長，並以停止美援為要脅，迫使國民政府接受雅爾達密約的既成事實。這一事件發生在蘇聯對日作戰前，林彪尚未為毛澤東派赴東北，或許也未預料到會被派往東北接收蘇軍擄獲的日軍武器。當時只要有血性的中國人，無不對美、英、蘇三國雅爾達密約恨之入骨，林彪怎可能例外？但是林彪卻是雅爾達密約受益最大者之一。

蘇聯於雅爾達密約簽訂之後，對日本的作戰卻遲遲沒有行動，直到一九四五年八月六日，美國在日本廣島投擲第一顆原子彈之後第三日，即八月八日才突然對日宣戰，以十倍於滿州日本關東軍的兵力，西從外蒙、北從黑龍江、東從烏蘇里江進佔中國東北地區。蘇聯以如此龐大兵力進入東北，顯然不是單單為了對日作戰，而是有計劃的針對中國，其目的不外有三：掠奪日本在東北的重工業設備和重武器、阻止國軍接受東北，和扶翼中共進入東北發展。所以，毛澤東在次（九）日即發表「對日寇最後一戰聲明」，指令共軍在一切可能條件下，奪取日軍和汪偽軍武器與資財，猛烈擴大解放區。並指派晉綏、晉察冀和山東等地區共軍迅速進入東北，接受蘇軍擄獲之日軍裝備。八月十五日日本宣布無條件投降，毛澤東時機拿捏之好，明顯一切都是在史大林指示下進行的。

八月十八日，日本關東軍向蘇聯遠東軍洽降，二十三日中共重組中央軍事委員會，毛澤東任主席，林彪當選十二委員之一。毛接著對內下達「日寇投降後的時局指示」：「中央決定派千餘幹部」去東北。二十八日，毛澤東、周恩來、王若飛等飛赴重慶與國府談判，掩飾中共秘密向東北發展之行動。次日，留守延安的劉少奇代毛發出中共中央令：「我黨我軍在東三省之各種活動，只要不直接影響蘇聯在外交條約（指「中蘇友好同盟條約」）上之義務，蘇聯將會採取放任的態度，並寄予偉大之同情。」並表示國民黨派軍隊去東三省尚有困難，而且蘇聯紅軍將在三個月內全部撤退回國，因此「我黨還有很好的機會爭取東三省和熱察。」特別指示部隊要用東北軍及義勇軍名義為掩護進入東三省。

林彪出任中共中央軍委會委員後，即為毛澤東派任山東軍區司令員，但出發僅五天，仍在赴任途中，接獲中共中央軍委會急電，令林彪立即轉冀魯豫軍區統一指揮隴海路及徐州「戰役」，阻止國軍北進。林彪接電後，覆電建議佔領徐州、開封間之隴海鐵路，屯集重兵，以威脅各路北進之國軍之部署，「以求有利於談判，促成國內和平」。林彪臨危受命中，中共指示他指揮部隊與北上之國軍作戰，林彪反而設法避戰，建議談判，促成「國內和平」，可見當時他無意與國軍作戰的心態！

毛、周及王若飛為何選此時飛赴重慶與國府談判，固然是蔣委員長連發三電邀請，並在美國特使赫爾利保證安全，和史大林指示毛澤東應赴重慶談判。毛澤東因必須服從史大林之命令，而且他有意藉此掩飾共軍進軍東北，並寄望透過談判，先取得華北，形成與國民黨南北分治局面，所以他在重慶談判中，堅持中共軍隊改編為四十八個師，並在北平成立行營和政治委員會，由中共將領主持，負責指揮魯蘇冀察熱綏等地方軍隊，但未為蔣接受。十月十日國共簽署「雙十協定」，次日毛等飛返延安，因雙方互信不足，協定隨即被撕毀，軍事衝突不斷。

毛澤東在重慶期間仍密切重視對東北的發展。九月劉少奇密電毛澤東：「為力爭東北，控制熱察之戰略計畫及工作布置」的意見報告，建議「我們全國戰略必須確定向北推進，向南防禦的方針」，儘速從山東和冀魯豫抽調十萬人至十五萬人的徒手部隊到冀東、熱河一帶，並組織軍事指揮機構，請毛澤東從陳毅、林彪、徐向前三人中擇一去負責指揮。毛於十九日核定派羅榮桓、蕭華率山東部隊去東北，林彪去遼寧，任冀、熱、遼軍區司令員（中共當時指東北地區，除東三省外，還包括熱河及內蒙兩地）。

毛澤東返回延安後，繼續遴派幹部赴東北，並成立東北局。毛對東北之重視，可從兩點顯示，一是他把東北譬喻「有如漢高祖之漢中」，一是派赴東北開展工作的中共中央政治局委員、中央後補委員多達二十二人，包括林彪、陶鑄二人在內，各級領導幹部二萬人，從八路軍和新四軍調往東北的徒手部隊共有十四萬人。蘇軍限定進入東北之中共軍，只能使用「東北人民自治軍」名義，隱蔽八路軍稱呼，避免違背中蘇條約的協議，國府就無法向蘇抗議。因此共軍打著「東北人民自治軍」旗號，順利開進瀋陽，並成立人民政府。

一九四五年十一月十五日，國共在山海關爆發衝突，毛澤東令「東北人民自治軍」司令員林彪或派羅榮桓親自指揮戰鬥，堅守山海關、綏中、錦州之線，阻止國軍進入東北。林彪於二十二日致電中共中央建議「放棄錦州及其以北二三百里，讓敵（指國軍）拉長分散後，再選弱點突擊。」毛澤東先不同意，但隨即又接納了林彪意見。林彪於是撤出錦州，因此今人懷疑林彪是否實踐其向蔣所說「將來一定曉得我能為國家做甚麼事」之承諾。

「東北人民自治軍」後於一九四六年一月十四日改稱「東北民主聯軍」，林彪任總司令，彭真任政治委員，採取「讓開大路，佔領兩廂」戰略（蘇軍因恐中共破壞中蘇條約，不希望共軍沿中長路與國軍作戰，中共中央才提出此一戰略指導），開始了農村包圍城市的布局。

這時國共間達成停戰協議，毛澤東給林彪指示：「停戰是包括東北在內的，但我們同意國軍開入滿州及在滿州境內調動。……在國軍未到達滿州廣大地區前，你們應速謀發展，將部隊高度分散，控制廣大地區。」但要求林彪集中兵力「給進攻之頑軍（指國軍）堅決徹底殲滅之打擊。」林彪覆電：「和平協議的實質，實為蔣之一大陰謀。」認為「蔣介石不消滅共產黨死不瞑目。他所謂和平，實際上是消滅我們的一種手段，這仗非打不可！」林彪突然一反過去主張國共尋求和平的態度，一個可能是對毛澤東故作姿態，避免毛懷疑他的立場；一個可能是林彪從未對蔣介石或戴笠有任何承諾。

蘇軍進入東北後，將一百多萬日本軍民俘虜去西伯利亞，拆運當時價值三十餘億美元的工業設備，同時接收日本關東軍的全部裝備。中共紅軍進入東北後，蘇軍將日軍武器、美國援蘇與德作戰之裝備（存放海參崴西伯利亞鐵路沿線靠近中國北疆，尚未動用），及將蘇軍一五八萬部隊中抽出的三十至四十萬部隊的裝備，編訓中共部隊一百萬新軍，其中林彪部即獲得約三十萬人部隊裝備（其他包括華北野戰軍聶榮臻部約十萬人、中原野戰軍劉伯承部、華東野戰軍陳毅部、西北野戰軍彭德懷部各約二十萬人部隊裝備）。

林彪係在一九四五年九月蘇軍攻佔滿州後約一個半月進入東北，目睹蘇軍拆走日本留下之工業設施和重武器等，對這些全應屬於中國的物資，竟被蘇聯輕易攫取，而他無力阻止，更遑論索回，一定痛心疾首，甚至中國部隊（指共軍）在東北發展，亦受到蘇軍諸多掣肘，林彪肯定對蘇聯好感不起來。但是林彪部卻是蘇軍撥交武器裝備受益最大的部隊，沒有這些裝備武器，爾後他根本無法打勝遼瀋戰役，更遑論後續從北而南，直達海南島。

戴笠於一九四五年十二月派文強為東北辦事處處長。這時國共在東北已經對峙，衝突不斷。如果文強負有與林彪聯繫任務，初抵東北，恐怕一時很難與林彪取得聯絡，即使聯繫上，大概也難保持正常通聯管道。次（一九四六）年三月十七日，軍統局長戴笠因空難殉職，文強頓感兩頭落空，已難發揮作用，兩年後即萌思去意。

一九四七年三月二十四日，毛澤東指示林彪「動員全力，堅決控制四平街。」四月初再令林彪，不惜犧牲，堅守四平。林彪回覆說：「固守四平和奪取長春……的可能性不大。」毛澤東仍接連三次致電林彪：「打勝（四平）這一仗。」但林彪部隊堅守到五月十八日，在遲遲未獲毛撤軍令時，林彪逕自下令撤退。毛澤東只得同意放棄四平。林彪又以部隊已無戰力，於五月二十日撤離長春。「四平一戰」，林彪部隊傷亡八千餘人，元氣大傷。這大概是林彪帶兵以來，最大的一次傷亡，挫折了林彪雄心。為了挽回頹勢，他說：「敵人的優勢是暫時的，我們一定能夠轉弱為強，要不了好久，我們一定能夠打敗蔣介石。」但是，東北蘇軍自一九四六年五月三日全部撤出東北後，國軍攻勢如虎，迅速收復了松花江以南廣大地區。

不過，國軍的勝利，未影響毛澤東對林彪的信任，他於六月十六日再次提拔林彪為「東北局」書記、「東北民主聯軍」總司令兼政治委員，集東北黨、政、軍大權於一身，為共軍成立以來，繼朱德之後第二個總司令，可見這時毛澤東對林彪之重視。這年林彪僅只三十九歲，獲此殊榮，怎不意氣風發，感恩圖報，即使對蔣委員長或軍統戴笠有所承諾，也會置之腦後，更何況他已體會到蔣介石對其之不信任，以及戴笠墜機殉職，林彪與蔣之聯繫管道難繼，他如同過河卒子，只有效忠毛澤東一途，無法回頭了。

一九四六年十月，林彪在東北開始展開攻勢，部隊開始運用他發明的「一點兩面」和「三三制」戰術與國軍戰鬥，至一九四七年四月止，打破了國軍杜聿明的「南攻北守、先南後北」的戰略。林彪從此進入戰略進攻階段，九月十五日再發起秋季攻勢，壓迫國軍收縮在中長路和北寧路幾個孤立城市內，一籌莫展。

林彪轉守為攻後，和共軍在其他戰場的勝利，激勵了毛澤東，於一九四七年七月二十一日至二十三日，在陝北靖邊縣小河村召開會議，提出溯自一九四六年七月算起，五年打敗國民黨設想，也就是在一九五一年夏季前要取得政權。十月十日，毛澤東發表「中國人民解放軍宣言」，提出「打倒蔣介石，解放全中國」的口號，十二月再提出「十大軍事原則」做為戰勝國軍的作戰指導。

十二月中共將「東北民主聯軍」正式改稱為「東北人民解放軍」，並將所部整編為九個縱隊共三十九個師。同月十五日，林彪發起冬季攻勢，至一九四八年三月十五日結束，進一步將國軍壓縮在長春、瀋陽、錦州等幾處互不能聯繫的孤城內。

東北軍事失敗後，國府於一九四八年一月改派衛立煌（前任為陳誠）為東北剿共總司令，採取「集中兵力，重點守備，確保瀋陽、錦州、長春，相機打通北寧路」的戰略方針。中共同月將「東北軍區」和「東北野戰軍」分開，以利東北戰役結束後，「東北野戰軍」可以進入關內作戰。毛澤東續任命林彪為「東北軍區」司令員兼政治委員，羅榮桓為第一副政治委員；「東北野戰軍」司令員亦由林彪擔任，羅榮桓為政治委員。羅榮桓湖南人，跟隨毛澤東參加秋收「起義」，是秋收起義部隊後來唯一被授以元帥銜之將領，深受毛澤東的信賴，毛在遼瀋戰役前，任命其為林彪之副手，就有監視、制衡林彪之意，並且在遼瀋戰役中發生了作用。

早在林彪冬季攻勢結束前一個多月，即一九四八年二月七日，毛澤東致電林彪：「對我軍戰略利益來說，是以封閉蔣軍在東北加以各個殲滅為有利。」這個指示是命令林彪優先攻取由東北進入華北的門戶錦州，切斷國軍退路，全殲國軍部隊。

林彪當時未置可否，實則他不想直接打錦州，他在半年後的八月一日，致電毛澤東表示：部隊南下北寧路糧食困難，又無雨具，不能肯定出兵攻打錦州的時間。林彪此舉是否有意要開放一條被困東北國軍生路，不得而知，如果他真的做到，爾後的國共戰局則有可能不同。

毛澤東接到林彪電報後十分生氣，覆電指責林彪：在冬季作戰時已告知要抓住東北敵人，不能讓蔣軍向華中轉移，否則對華中作戰不利。而且在兩個月前，就已指示準備糧食，迄今完全未進行，部隊才無法出動。

林彪被毛澤東詰責批評後，下令部隊北起長春，南至唐山，進行長達千餘里戰線的大規模軍事作戰行動，主力更長途奔襲，自北而南，分別包圍錦州和北寧路上各國軍據點。但是林彪在對錦州進行包圍同時，仍想「引導」毛澤東同意他回師先打長春。他十月二日夜又發一電致毛表示：「錦州如能迅速攻下，仍以攻錦州為好；但長春之敵數月來經我圍困，士氣必甚低，故目前如攻長春，把握大為增加。這兩個方案，我正在考慮中，並請軍委同時考慮與指示。」

毛澤東接電後，更加「震怒」，連發兩電批評林彪，責令林彪將指揮所前移，全力攻打錦州。十月三日清晨，羅榮桓在看過林彪致毛澤東想回打長春電報後，覺得不妥，及時說服林彪要遵照毛之指示下決心打錦州。林彪考慮後，遂即在毛回覆兩電尚未到達前，再致電毛表示打錦州決心不變。毛澤東接電後很高興覆電：「甚好，甚慰。」指示「攻擊錦州的時間愈快愈好。」十月九日，林彪下達攻城令，十五日進佔錦州，十九日進入長春，十一月二日攻佔瀋陽，國軍於十一月九日完全失去東北。

從林彪十月九日發動攻擊，十一月九日即結束遼瀋會戰，說明林彪在戰前已完成充分作戰部署，而其兩度不想打錦州，引起毛澤東的「震怒」，以及羅榮桓適時的勸阻，林彪才放棄己見，先打錦州，再取長春，終使國軍無法撤回華北，戰力損失極大，加速了大陸局勢的逆轉，所以合理懷疑林彪當時有意給予東北國軍撤退機會，是有可能的。

遼瀋戰役的成功，使毛澤東信心倍增，他在十一月十四日為新華社寫了一篇評論說：「只需從現時起，再有一年左右的時間，就可以將國民黨反動政府從根本上打倒了。」將他原訂在一九五一年取得政權的時間，提前到一九四九年完成。由於林彪順利奪得東北，毛對林的作戰能力更加肯定。但是「九・一三事件」後，毛澤東對林彪不想先打錦州的舊帳，正式提出列為反毛罪狀，嚴厲抨擊。

一九四八年十一月二十一日，毛澤東令林彪率「東北野戰軍」主力八十萬人入關進逼平津。林彪以六個縱隊包圍天津、塘沽地區國軍，五個縱隊和華北軍區一個縱隊包圍北平，於十二月二十一日完成對平、津、塘之戰略包圍，較毛澤東限令之十二月二十五日前完成，提前四日。

毛澤東遂即於一九四九年一月十日，任命林彪為平津前線總前委兼書記，林彪於十五日進佔天津，進而威脅北京。

國軍華北剿共總司令傅作義在林彪入關之前，已感受壓力，未戰即謀投降，在一九四八年十一月十七日透過其女兒中共地下黨員傅文菊向中共表示投降意願。林彪於次年一月先後四次，分別接見傅作義談判代表周北峰（傅之土地處少將處長）、張東蓀（民盟副主席）和鄧寶珊（傅之副總司令），雙方簽署了北平和平解放的初步協議。其中在十四日的談判之前，林彪已下達進攻天津的攻擊令，次日佔領天津，傅之代表只得乖乖聽話簽字，所以雙方簽署之文件，和平「解放」就不包括天津了。

一月二十二日，林彪派政治部副主任陶鑄在周北峰的陪同下進入北平，陶鑄向傅作義傳達中共指示：「立即成立北平聯合辦事處，處理北平和平解放後的善後工作。中共中央決定，由葉劍英為辦事處主任。」並指派陶鑄和另二人為委員，傅作義也派三人為委員。一月三十一日，中共和平「解放」北平。二月三日，共軍舉行入城式，林彪十分風光的站在前門外箭樓檢閱部隊。

北平為中國歷代古都，進佔北平實際已象徵中共取得了中國政權。在平津戰役差不多同一時間，自一九四八年十一月六日至一九四九年一月十日的淮海戰役（我稱徐蚌會戰），國軍慘敗。國軍在遼瀋、平津、淮海三大戰役的失利，注定了大陸的淪共。而林彪在三大戰役中，獨佔兩役的勝利，他在毛澤東心目中的地位更加重要，如果林彪在遼瀋戰役時還存有貳心，願為國府效力，但在入關包圍平津之前，顯然已完全忠心耿耿臣服於毛了。

一九四九年一月二十一日，蔣介石總統下野，由副總統李宗仁代總統。蔣之引退，由軍統改編的保密局，在李宗仁指示下，緊縮編制只留下七十五人，其餘全部遣散，所有對中共的情報工作陷於停頓。林彪當然知道此一情況，定會肯定自己在東北的決定正確。

李宗仁上任數日後即致電毛澤東請求和談。四月一日，中共派周恩來、林伯渠、林彪、葉劍英、李維漢、聶榮臻等人為代表，同李宗仁的代表張治中、卲力子、黃紹竑、章士釗、李蒸、劉斐等人談判，其中劉斐為老共產黨員，時任國軍高級將領，官拜中將及作戰次長，戡亂時期為中共從事情報工作，對國軍作戰傷害至大。

四月十五日，周恩來表示：「對於國民黨軍隊改編和人民解放軍過江（指長江）接收地方政權兩點，我們決不讓步。我們限定南京政府在二十日以前答覆，如不接受，則二十一日我們一定打過江去。」李宗仁原期望能夠「劃江而治」，被中共拒絕後，仍存僥倖心理，於二十日晚覆電不同意簽署「國內和平協定」。周恩來說：「不接受，二十一日一定打過去。」實際共軍在二十日晚八時，就已發動渡江作戰。

在淮海戰役結束後，毛澤東就已開始進行渡江作戰之部署。他在一九四九年二、三月間，再次整編共軍，將全軍編為四個野戰軍，十六個兵團，六十一個軍。林彪所屬東北野戰軍改編為第四野戰軍（西北、中原、華東野戰軍分別編為一、二、三野戰軍），準備於四月份發起渡江作戰，奪取國府政經中心——京滬杭地區。

三月三十一日晚，毛、周、朱、劉在北平六國飯店接見和宴請林彪的四野師以上幹部，歡送四野「打過長江去，解放全中國！」四月三日，毛澤東批准「京滬杭戰役實施綱要」，後因與李宗仁進行和談，總攻擊時間推遲。至十七日，毛判斷李宗仁不會接受「和平協定」，而且也不會相信共軍能夠大舉渡江。等李宗仁拒絕為「和平協定」簽字當晚，毛即下達總進攻令，開始渡江作戰。二十四日，李宗仁棄守南京，首都淪入共軍之手。

林彪的四野並未參加這次渡江作戰，他於四月十一日率主力七十一萬人自平津分三路沿平漢路、津浦路、平大路南下。五月六日佔領安陽、新鄉；七月初，發起宜（昌）沙（市）戰役和湘贛戰役，擊敗宋希濂和白崇禧兩部；八月初因國府長沙綏署主任程潛等將領叛變，林彪和平取得長沙；十月四日，林彪部佔領廣州。

湖南、廣東兩省作戰結束後，林彪揮師入桂，圍殲白崇禧部，林彪親自指揮部隊一直攻抵鎮南關，佔領廣西全境。白崇禧於十二月二日撤守海南島。一九五〇年一月十日，毛澤東電令林彪應於「春夏兩季內解決海南島問題」，林彪於是組成渡海作戰兵團，於四月十六日黃昏發起渡海作戰，迅速佔領全島。

林彪指揮四野，從一九四九年四月自平津地區南下後，先後進行了六次（宜沙、湘贛、衡寶、廣東、廣西、海南島）較主要的作戰，佔領了湖北、湖南、江西、廣東、廣西五省及海南島，被毛視為中共建政重要功臣。海南島戰役結束後，林彪進駐廣州，這時他的職務是人民政府委員、中共中央中南局第一書記、中南軍政委員會主席、中南行政委員會主席兼中南軍區司令員，職權遍蓋豫、鄂、湘、桂、粵、贛六省，權傾一時。一九五五年九月二十七日並被授予「中華人民共和國元帥」軍銜，排名在十大元帥中朱德、彭德懷之後，位居第三。

一九四九年十月一日，毛澤東在北京宣布「中華人民共和國」正式成立；十二月，中華民國代總統李宗仁以赴美治病為由，棄職匿居美國不返，國家陷於群龍無首。一九五〇年三月一日，已下野年餘的前總統蔣介石，順應民情，在台北復行視事。

二戰結束後，朝鮮半島一分為二，以北緯三十八度線為界，分由美、蘇佔領。美軍控制的南韓，首先於一九四八年八月十五日成立大韓民國，由李承晚出任總統。蘇共稍後於九月九日在北韓扶植成立「朝鮮民主主義共和國」，由金日成擔任領導人。

一九四九年十月及十二月，李承晚總統先後宣示朝鮮「南北分裂是必須用戰爭來解決」，在新的一年中「必須統一南韓和北韓」。面對南韓的威脅，金日成在蘇共的指示下，決定效法毛澤東，採取「先發制人」的軍事行動。

韓戰爆發前，金日成曾密訪北京，獲得毛澤東支持其南侵軍事行動。毛指示林彪，將四野中之朝鮮族軍人二萬三千人，於一九五〇年四月撥交金日成，組成朝鮮人民軍第七師，成為北韓陸軍主力，派駐三十八度線前沿。再調林彪所屬第十三兵團，組成東北邊防軍，駐防鴨綠江西岸，作為北韓預備隊。金日成在側、背得到中、蘇共軍事屏障後，於一九五〇年六月二十五日，以七個師八萬餘人之武力，越過三十八度分界線攻進南韓，僅三日即佔領漢城〔今改名首爾〕，到八月中旬已奪得南韓百分之九十的土地，壓縮南韓軍隊在洛東江以東狹小地區。

南韓軍隊不堪一擊，出乎國際意料之外。六月廿七日，美國杜魯門總統下令美軍入韓參戰，並派第七艦隊進入台灣海峽，以「遏止中共自大陸攻擊台灣，並請自由中國政府不要從台灣向中國大陸進攻」。七月七日，聯合國安理會通過決議組織「聯合國軍」，任命美國遠東軍總司令麥克阿瑟為聯軍總司令，援救韓國。

麥克阿瑟於九月十五日在朝鮮半島蜂腰部——西海岸的仁川，突擊登陸成功，並向漢城挺進。洛東江以東之美韓聯軍於次日反攻，北韓軍陷於腹背受敵。二十八日美軍收復漢城，次日聯軍進抵三十八度線，並續越線北進。因韓戰局勢的逆轉，金日成無力抵抗，向毛澤東求救，請中共軍隊直接出動，援助朝軍作戰。

麥帥成功登陸仁川後，毛澤東已開始思考是否出兵援救北韓，毛深知共軍與美軍戰力懸殊，難以對付美軍，因此猶豫不決，乃向蘇聯請示，史大林答應出動空軍協助中共軍隊入朝作戰，並承諾補給四十個師的武器裝備。有了蘇共的指示與同意支助，毛澤東決心參戰。

因駐鴨綠江之東北邊防軍主力——共軍第十三兵團，屬四野之基本部隊，所以毛原屬意林彪領軍援朝。但是林彪以健康不佳，身體有病，出汗嚴重，不適率軍作戰為由請辭，並出示中共衛生部之診斷和建議療養證明。毛澤東未加責難，同意林彪赴蘇聯診療醫治。毛澤東於是改派彭德懷為「中國人民志願軍」司令員兼政治委員，並派其唯一健康正常的兒子毛岸英（另一子毛岸青精神分裂）隨彭德懷入韓作戰。

一九五〇年十月十日，蘇聯駐北京大使羅申緊急通知中共，轉達史大林指示，原定蘇聯出動配合中共軍隊入韓作戰的空軍部隊，因準備不及，決定暫不出動。毛澤東不相信蘇聯準備不及說法，認為是史大林想讓中共單獨對美作戰，以避風險。即派周恩來偕林彪（尚未啟程赴蘇治病）夫婦飛莫斯科面見史大林，希望挽回蘇聯的決定。

周、林二人於十月十一日與史大林會面，瞭解實情是蘇聯怕因蘇軍參戰，與聯軍直接衝突，引爆第三次世界大戰。林彪向史大林建議：蘇聯空軍可改穿中共志願軍服裝，以志願軍名義參戰，即可解決共軍所需制空權，亦可避免美、蘇直接衝突。但不為史大林接受，並對原承諾裝備共軍四十個師，也打了折扣，表示只能先裝備二十個師。史大林還不希望中共「暫緩出兵」，他對中共的指示是：「既不引起世界大戰，又能有效地制止侵略。」

蘇聯言而無信，即不肯照允諾給予充分援助，又不惜犧牲中共軍隊，以求置身事外，避開美、蘇衝突，引起周恩來、林彪二人不滿，亦無可奈何。林彪對蘇不滿心態，後來在反蘇修期間，和防止蘇軍可能突襲中共軍事部署時，均充分顯露無遺。十月十八日，周恩來返北京，林彪偕葉群留在蘇聯療養。

十月十九日，彭德懷率領中共「志願軍」越過鴨綠江，加入韓戰，擊退聯軍至清川以南。十月廿五日，美國空軍轟炸彭德懷指揮所，毛岸英被汽油彈引發的大火燒死。毛澤東得知後，半天說不出話來，雙手激烈顫抖，兩次拿煙，都無法把煙盒中香煙抽出。毛澤東喪子之痛，註定了爾後彭德懷難逃被鬥命運。周恩來、林彪二人未能說服史大林出動空軍，使中共援朝志願軍缺少空中保護，害其獨子喪生，也因此埋下仇恨。毛澤東在後來的政治運動中，先鬥倒彭德懷，再逼逃林彪，又企圖鬥爭周恩來，只因周先毛而死，半鬥未倒，算是半幸。

毛澤東在取得中國政權後，部隊元氣未復，國家亦因長期戰爭，遭到極大破壞，財力、物力極端不足，戰力遠不如以美國為首的聯軍部隊，而且在蘇聯拒絕出動空軍助戰，又減少裝備支援情形下，毛澤東甘冒戰敗危險，出兵入朝作戰，其實是為了削藩削兵權。

中共建政後，毛澤東將全國劃分為五個大區，林彪出任中南大區軍政委員會主席（其餘四個為東北大區，主席高崗；西北大區，主席彭德懷；華東大區，主席饒漱石；西南大區，主席劉伯承。這四位主席後來無一倖免，均被毛澤東鬥倒）。林彪管轄範圍包括有河南、湖北、湖南、廣西、廣東及江西六省的黨、政、軍大權。韓戰爆發後，毛澤東決定組成「抗美援朝志願軍」，首先抽調的部隊就是林彪的第十三兵團，所以毛澤東原屬意林彪統率這隻軍隊援朝是很合理的，但是林彪以有病拒絕，而毛澤東竟然接受了。以毛的個性，如果他認準了林彪，林彪是推不掉的，更何況他已將林的軍隊抽調到東北去了，應該是不會讓林推辭的，然而他不但同意，還批准林彪去蘇聯養病，並且選擇了彭德懷。毛澤東的陰謀，就是削去林、彭二人軍政大權。

毛澤東在一九二七年國民黨「清黨」後，即鼓吹「槍桿子裡出政權」，他果然在一九四九年以武力取得了政權，所以他對這些擁有龐大軍權又兼有地方黨政大權的軍頭是不放心的，他藉韓戰抽走林彪兵力，就有削減林彪兵力目的。林彪早就看清了毛澤東的意圖，在中共建政初期，林彪曾在其筆記中寫道：「西漢故人以權貴不全，南陽故人以悠閒自保」。所以他曾想遠離權力中心的北京，到邊遠地區當一個地方小官，毛未同意。不過林彪確實在中共建政後，儘量離群索居，不介入將帥圈子活動，「他不串門，不見客，登門來拜訪的人，多數也被葉群擋駕。」他也知道，留戀權位，和介入人事紛爭終必無好下場。他在看穿毛澤東意圖後，為了明哲保身，因而藉病請辭，毛自然高興地順勢同意。

但是在「九．一三事件」後，中共對林彪以養病婉拒率兵抗美援朝，指責他「貪生怕死」，這是強加之罪。事實是，林彪除認為是毛澤東削兵權外，並認知韓戰是史大林唆使金日成挑起，再鼓動中共援朝，目的在攫取更多在亞洲利益，而且自國府撤出大陸後，美駐華大使司徒雷登未隨國府離開，顯示美國有意與中共建交。林彪以為共軍此時不宜與美國發生軍事衝突，所以他不贊成派軍入朝與美軍作戰。他並且認為南北韓作戰，係屬韓國內戰，中共不宜介入，不值得為北朝鮮犧牲共軍生命。

毛澤東在林彪婉拒後即指派西北大區的彭德懷出任抗美援朝軍司令，即讓彭德懷離開他的軍隊和領地，指揮一個他不熟悉的部隊，和從沒有到過的外國，與擁有強大火力和先進武器的聯軍作戰，彭德懷在韓作戰成功或失敗，毛均可達到他削兵權的目的。毛澤東敢這麼做，難道不怕彭德懷在韓作戰失敗，聯軍進軍東北，乃至協助國府反攻大陸嗎？這個險是否冒得太大了？如果這樣想，就小看了毛澤東，毛說過不打沒把握的仗，他早就看穿了美國杜魯門總統的戰略，一是美國第七艦隊進駐台灣海峽，擺明了阻止國軍的跨海反攻；二是美國絕對不敢進入東北，甘冒與蘇聯衝突，爆發第三次世界大戰之險。所以他勝算在握，在蘇聯史大林拒絕出動空軍配合作戰之不利條件之下，他仍決心渡過鴨綠江與聯軍作戰。毛澤東敢於打韓戰，就是他已算計好了。

林彪在蘇療養約一年，即在毛澤東指示下，於一九五一年十月返國，增補為「人民革命軍事委員會」副主席，接替周恩來主持軍委工作。但林彪上任僅三月餘，就病倒，毛澤東同意讓他休息，不再管事。原軍委日常工作，仍交還周恩來負責。

毛澤東熟讀「二十四史」，深諳「帝王南面之術」，對如何鞏固個人權位，防止大權旁落，深受韓非子等法家思想影響，所以在「文革」期間，他要為法家正名，要為秦始皇正名，均導因於此。在中共建政後，毛澤東帝王心態，漸漸顯露出來，首先是他對劉少奇、周恩來二人及五大區負責人開始不放心，他先調東北和華東兩大區主席高崗、饒漱石二人到北京工作，以制衡劉、周。但是高、饒二人卻陰謀奪取劉少奇的權力，並牽涉到林彪。

據《鄧小平文選》（一九七五—一九八二年）透露：「毛澤東同志在一九五三年底提出中央分一線、二線之後，高崗活動非常積極。他首先得到林彪的支持，才敢於放手這麼搞。那時東北是他自己，中南是林彪，華東是饒漱石。對西南，他用拉攏的辦法，正式和我談判，說劉少奇同志不成熟，要爭取我和他一起拱倒劉少奇同志。……高崗也找陳雲同志談判……陳雲同志和我才覺得問題嚴重，立即向毛澤東同志反映，引起他的注意。」毛澤東深知劉少奇，包括周恩來都是人才，這時只宜制衡還不急於打倒。

毛在一九五二年十一月將高崗自東北調到北京，出任國家副主席兼任國家計劃委員會主席；一九五三年二月，饒漱石自華東調任中央組織部部長，一則削去二人軍權，二則利用高、饒制衡劉、周。但高崗不知天高地厚，竟然私向史大林表示：劉、周二人親美反蘇。反而被史大林出賣，告知了毛澤東。毛因而決定要整肅高、饒二人，但未牽連林彪，這應與林彪一九五〇年不就任援朝志願軍司令，表明無野心有關。而且林彪在一九五四年二月曾寫信給某位友人說：「我不同意他（指高崗）的意見。……毛主席對我非常信任。他（指高崗）的意見不妥，我不會考慮。」並請該友人轉告了高崗。這封信也給林彪提供了保護。毛澤東甚至說高、饒「也會打倒林彪」。這時期，毛澤東確實對林彪很信任，還表現在一九五四年一月寫給劉少奇及書記處同志信內，他說：「（關於加強黨的團結的）『決議』草案已作了修改……參加修改的，有這裡的幾位同志，林彪同志亦表示同意。」

在毛澤東授權和授意下，劉少奇於一九五四年二月在北京召開中共七屆四中全會，除照毛指示先行自我檢討批評外，正式批判高崗、饒漱石的反黨分裂活動，從此結束了二人政治生命。高崗不堪無休無止的批鬥，在這年八月十七日服藥自殺；饒漱石於次（一九五五）年四月一日被收監審查，一九六五年判刑十四年，一九七五年病故。

調林彪部隊編成抗美援朝志願軍，核准林彪赴蘇療養、派彭德懷為志願軍司令、鬥倒高崗、饒漱石，事實上都是毛澤東削藩的一連串措施，而西南大區的劉伯承則早在上述四人之前於一九五〇年七月已調離重慶到北京，籌建「軍事學院」，一九五八年六月也被毛澤東批判，被迫檢討。劉伯承算是最幸運，他一直活到一九八六年十月七日壽終，死年九十四歲。

所以，到了一九五四年四月廿七日在削弱林彪等五大軍頭兵權後，毛澤東撤銷五大區一級黨政機構。六月十九日再撤銷各大區行政委員會。證明毛澤東絕不允許養虎為患，威脅其權位。

林彪在高、饒事件後地位確實未曾受到影響。一九五四年九月，中共第一屆「人大」第一次會議在北京舉行，通過中華人民共和國憲法，毛澤東當選為國家主席，朱德為副主席，劉少奇為人大委員長，周恩來為國務院總理，林彪為十位副總理之一，排名在陳雲之後居次；林彪同時也當選國防委員會副主席，主席毛澤東，副主席有十五人，林排名在朱德、彭德懷之後，居第三位；同月，中共中央重組黨的軍事委員會，主席毛澤東，委員有十一人，林彪仍在朱、彭二人之後，排名第三。在軍委會未改組前，朱、彭二人原為副主席，重組後降格為委員，從此軍隊統率和實權集中在毛澤東一人手中，毛的獨裁的心態昭然若揭。

林彪藉病推辭志願軍司令員，讓毛相信他無擁兵自重野心，所以高、饒事件也撼動不了其地位。尤其毛與朱、彭間早有矛盾存在，林彪在此時可說是毛最信任的軍事幹部。然而在「九．一三事件」後，林彪竟然成了「高、饒反黨集團黑後台」。高崗曾任林彪四野副政委，與林彪關係較接近，高崗反劉少奇時，也曾向毛推荐林彪為毛之接班人。饒漱石原是劉少奇的「白區」（即國民黨統治區）班底，叛劉投靠毛澤東，與林彪關係不深，高、饒二人並不反黨。林彪認為高、饒是冤案，但未阻止毛鬥爭高、饒，因他不願捲入「窩裏鬥」，害怕自己步上韓信後塵，被毛「兔死狗烹」。

一九五五年九月二十七日，毛澤東為十大元帥、十大將授銜、授勳。林彪仍藉病，沒有出席典禮，表明他不重權位。雖然林彪一直希望以「淡泊明志」向毛表態無野心，以求自保，最終仍不能如願。

毛澤東一生受制於史大林，所以他對史大林絕少好評，特別是在「統一戰線」領域裡，他批評史大林不會「擇敵」，對史大林一九三六年提出蘇聯已消滅了剝削階級，所以在蘇聯也就沒有幾個政黨存在的基礎，而應該只允許有一個黨——共產黨的存在。毛澤東則認為在這種情形下，也應該允許「民主黨派」存在，實行在共產黨領導下的多黨合作制，此即「政協」的由來。而且毛澤東認為史大林一生未建立史大林主義或史大林思想，怎可當共產國際共主。一九五三年三月五日，史大林去世，毛澤東終於解除其最大掣肘力量。

一九五六年二月，蘇共舉行第二十次代表大會，赫魯曉夫作「關於個人崇拜及其後果」的秘密報告，這個報告事後為美國蒐獲披露，震驚世界。內容包括：糾正史大林的錯誤，譴責史大林擴大肅反化的罪行，批判史大林的個人崇拜所造成的後果。這次會議，中共派朱德與會，在赫魯曉夫報告後，朱德電報請示毛澤東，表示他準備表態支持赫魯曉夫反對史大林個人崇拜的觀點。引起毛澤東不悅，指責朱德「糊塗」。

毛澤東對赫魯曉夫清算史大林，既喜又懼。喜的是史大林在歷史上曾支持王明反對他，又在抗美援朝作戰時，拒絕派空軍支援作戰，害死其獨子毛岸英。毛澤東曾說提起史大林，他就有「三肚子火」，所以蘇共批判史大林，正合其意；懼的是，蘇共反對個人崇拜，將在共產國際形成風潮，極可能影響到他在中共黨內的地位，他不希望危及他自延安時期以來，樹立起來的個人崇拜地位。此外，史大林去世後，毛澤東覬覦共產國際領袖地位，認為非他莫屬，赫魯曉夫不配與他爭此一地位，因此在適當時機，批判赫魯曉夫，就成了毛澤東準備要做的事。

偏偏有一個人在這個時候不識相，出來也反對搞「個人崇拜」，那就是鄧小平。蘇共批判史大林搞個人崇拜後半年，中共於同（一九五六）年九月召開第八次全國代表大會（簡稱「八大」），鄧小平在修改黨章的報告中提出反對個人崇拜這個敏感問題。他讚揚了蘇共批判史大林的「重要功績」，就是「告訴我們，把個人神化會造成多麼嚴重的惡果。」「我們的黨也厭棄對於個人的神化。」「我們的任務是，繼續堅決地執行中央反對把個人突出，反對對個人歌功頌德的方針。」鄧小平明目張膽反對個人崇拜，文革時與劉少奇一起被打倒，就不足為怪了。不過，鄧小平在晚年得勢時，他也接受個人崇拜，成了一大諷刺。

鄧小平之所以敢這麼大膽批評「個人崇拜」，是有原因的，他以為是毛澤東的意思，這是他曲解了毛澤東的原意。史大林過世後，毛澤東認為只有他能接掌國際共產運動領袖地位，但是共產國際認同的只有馬克思、列寧主義，而「毛澤東思想」除了中共外，各國共黨沒人知道為何物，毛思想基本上只適合於中共，「毛澤東思想」甚至可能被國際共黨視為異端，阻礙他爭取成為共產國際運動的領袖，所以毛在一九五四年底主動指示中宣部今後不要再用「毛澤東思想」這個提法。鄧小平把毛此一說法視為放棄搞個人崇拜。以鄧之聰明，他不會不瞭解毛的本意，有可能故意藉此反對毛搞個人崇拜。因此「八大」的黨綱修改中，取消了「毛澤東思想」的提法，也對毛澤東把個人置於中央集體領導之上的家長制領導作風產生制約作用，使毛恨之癢癢。

「八大」一中全會改選，林彪仍任中央政治局委員，排名在毛、劉、周、朱、陳雲、鄧小平之後，名列第七。彭德懷排名十四，已可看出毛澤東對他的貶抑。

《鄧穎超日記》說周恩來晚年曾回憶：「一九五六年九月二十九日，中共八屆全會後第一次政治局會議上，通過二項決議：黨主席規定連任一屆；要限制領導人權力，加強對領導人的監督，黨內要體現民主集中制。是林伯渠、羅榮桓、彭真提議的。十七名政治局委員，十五名贊成，惟有二人（毛澤東、林彪）棄權。決議都給個人（指毛）意志廢了，我們也有責任和罪過。」

「八大」會議期間，表面看起來毛澤東接受了反對個人崇拜的決議，但事實不然，「八大」後，毛開始推翻「八大」通過的各項決定。到第二（一九五七）年，毛澤東即發起「反右」鬥爭，從此把階級鬥爭提到了首位，經濟建設和發展生產被推到次要、從屬的地位。毫無疑問的，毛要展開報復反對其個人崇拜、反對他擔任萬年主席、反對他擁有絕對權力之幹部。林彪棄權作法又獲得毛之信任，但是林彪對

「反右」鬥爭，繼續藉病不參與，置身事外。

一九五七年蘇聯十月革命四十周年慶。赫魯曉夫決定藉慶祝十月革命慶典召開世界共產黨和工人黨高級會議，確立自己在世界社會主義陣營中的盟主地位，他邀請毛澤東率團與會，來背書鞏固他的共產國際運動領導地位。對毛澤東而言，這也是他千載難逢機會，他要藉此機會突顯他更具有擔任共黨國際領袖的資格，所以他欣然接受。十一月一日，他乘坐蘇聯所派迎接他的專機赴莫斯科，代表團團員中，他特別帶了兩位非共黨黨員：宋慶齡和郭沫若，堅持要求蘇共安排他們參加一切會議。這在史大林時代是絕不允許的，毛澤東也絕不敢這樣做，但是這時赫魯曉夫需要毛的支持，只得忍辱同意。

十一月六日，毛澤東應邀在十月革命慶祝大會上發表長篇演說，他強調中（共）蘇締結的友好同盟互助條約，「是兩個偉大社會主義國家的偉大同盟」，「增強以蘇聯為首的社會主義各國的團結，是一切社會主義國家的神聖的國際主義義務」。赫魯曉夫聽了真以為獲得毛澤東支持其為共產國際領袖地位。

然而，在稍後十一月十四日到十六日的十三個社會主義國家執政的共產黨和工人黨代表大會上，毛澤東解釋「蘇聯為首」的意義時說：「我們這裡這麼多人，這麼多黨，總要有一個首。就我們陣營的內部事務說，互相調節，合作互助，召集會議，需要一個首。……所以我們必須有那麼一個國家，有那麼一個黨，它隨時可以召集會議。為首同召集會議差不多是一件事。既然需要一個首，那麼誰為首呢？蘇聯不為首？那一個為首？……現在承認以蘇聯為首有必要，承認以蘇聯共產黨為會議召集人有必要。」毛澤東藉此次演說否定了蘇共為共產國際領袖，強調各社會主義國家之平等，蘇聯只是這些國家間會議的召集國，蘇共則是會議召集「黨」，而非「太上黨」。這次會議也把「以蘇聯為首」寫進了「社會主義國家共產黨和工人黨代表會議宣言」中。

其後，十一月十六日至十九日，赫魯曉夫主持的六十四個共產黨和工人黨代表會議，毛澤東於十八日再次發表長篇演說，他藉口身體不適，堅持坐在自己的席位上講話，暗示他眼中無赫魯曉夫，並突出其身份不同（甚至高）於與會各兄弟黨領袖，突顯他才是真正共產國際領袖。所以他說：「你赫魯曉夫同志這朵荷花雖好，也要綠葉扶持。我毛澤東這朵荷花不好，更要綠葉扶持。」這話表明了，今天我就是你赫魯曉夫的綠葉，他日我就是荷花，你們就是綠葉。

散會時，毛澤東起立後，與會各國代表才起立，且都站著不動，讓毛先走，赫魯曉夫也自動讓一步，請毛先走，毛志得意滿，決心找到適當時機，展開批蘇修行動，以奪取共產國際領導權。

不過毛澤東也深知中國在人口數量上雖是大國，但經濟力量薄弱，科技落後，還不足支撐他成為國際共黨領袖，為了早日成為共產國際運動領袖，他回到北京後，決心發起大躍進運動，使中國的農業和工業等經濟能夠儘快的超英趕美。

一九五八年三月，毛澤東提出了「極左」激進路線：

「鼓足幹勁，力爭上游，多快好省地建設社會主義的總路線。」在「總路線」指導下，中共全面展開了兩個運動：一是「以鋼為綱」，大搞「土法煉鋼」，和「人有多大膽，地有多大產」，大搞「密植深耕」的「大躍進」運動；一是把「工農商學兵」合在一起的「人民公社」運動。這兩個運動加上「總路線」，統稱為「三面紅旗」。提出「五年超過英國，十五年趕上美國」。

毛澤東之所以這樣作，是因為他訪蘇時，赫魯曉夫曾告訴他：「十五年後，蘇聯可以超過美國。」毛也在演講時說：「我也可講，十五年後我們可能趕上或者超過英國。」因此可以證明，毛為當共產國際領袖，才有大躍進的左傾冒進主張，不但要在十五年內趕過蘇聯，還要「超英趕美」，以遂其心願。

林彪在通過毛澤東倡議的「總路線」之會議上，沒有表示異議，但是在會後告訴葉群：毛「憑幻想胡來」。事後證明「三面紅旗」運動，造成了大陸人力、物力、財力的大量損耗，生產力嚴重衰退，自然環境遭受空前破壞，連年飢荒。自一九六〇年下半年起，中共不得不提出「調整」政策。一九六二年劉少奇、鄧小平推出「三自一包」政策（即自留地、自由市場、自負盈虧與包產到戶）挽救了中共面臨的崩潰，略為改善了人民生活，引起毛澤東的疑慮，也為毛容不下劉、鄧埋下伏筆。

秦始皇建立中央集權和個人獨裁制度，「朕」即天下，素為毛澤東嚮往，但是秦始皇還是一個重「法」的人，而毛根本無視「法」的存在，所以他說他是「和尚打傘，無法（髮）無天。」一九五八年元月，他甚至親筆寫下：「大權獨攬，小權分散。」指示。所以，他在三月推出「總路線」左傾冒進路線同時，開始對內藉批判赫魯曉夫，鼓動恢復對他的「個人崇拜」，以鞏固他的領袖地位。

他說：「赫魯曉夫一棍子打死史大林……中國黨多數人是不同意的，還有一些人屈服於這種壓力，要打倒個人崇拜。有些人對反對個人崇拜很感興趣。個人崇拜有兩種：一種是正確的，如對馬克思、恩格斯、列寧、史大林正確的東西，我們必須崇拜，永遠崇拜，不崇拜不得了，真理在他們手裡，為什麼不崇拜呢？」他沒有說出口的是：我毛澤東是正確的，真理在我手上，你們要崇拜。他又說：「另一種是不正確的崇拜，不加分析，盲目崇拜，這就不對了。……問題不在於個人崇拜，而在於是否是真理。是真理就要崇拜，不是真理，就是集體領導也不行。」「有人反對列寧，說列寧獨裁，列寧回答得很乾脆：與其讓你獨裁，不如我獨裁。」毛澤東忍耐了近兩年，終於忍不住，還是表白了他獨裁的決心，反對集體領導，主張造神運動。最終是要塑造他成為共產國際運動領袖。

毛澤東表白後，上海市委書記柯慶施首先表態，鼓勵全黨對毛澤東崇拜，並且要做到相信與服從毛到「迷信」與「盲從」的程度，柯慶施的「造神運動」，參與的省委書記甚多，其中包括廣東省委書記陶鑄。柯慶施的馬屁功，讓他深獲其利，五月他就被毛提升為政治局委員，文革時陶鑄也竄升為中央宣傳部部長及中央政治局委員。

說到搞毛澤東個人崇拜的始作俑者是劉少奇，一九四五年中共在延安召開「七大」，劉少奇時任中央書記處書記，首先提出「毛澤東思想」概念，開始了對毛個人的崇拜，所以劉少奇爾後被欽定為接班人。沒想到「八大」，毛嚮往的「個人崇拜」，就被鄧小平在劉少奇支持下推翻，是可忍孰不可忍，所以到一九五八年就藉反蘇修，乾脆自己站上第一線鼓吹個人崇拜，中共中央文獻室編就的《建國以來毛澤東文稿》，就可看到毛在其秘書或政治局、書記處的文稿中很多地方親筆加入「偉大領袖毛澤東教導我們」的字樣，可知毛澤東是個人崇拜最大的提倡者。

毛澤東以個人意志治國，中共高幹懾於毛之淫威，對他提出三面紅旗的左傾激進路線，沒人敢講真話，結果導致全國三年大飢荒，國民經濟面臨崩潰的邊緣。毛澤東搞個人崇拜及獨裁心態，林彪有入木三分的描寫，他當年在一本辭典上寫道：「他自我崇拜，自我迷信，崇拜自己，功為己，過為人」，但他也注意到只要順應毛意就可苟活，到了林彪獲得毛澤東欽定為接班人後，他便迎合毛的心態，把「天才論」光環加在毛澤東頭上，但是毛要鬥他，「天才論」也保護不了林彪，且反而因此被毛批判。

毛澤東搞「大躍進」、反蘇修，除了對內要求恢復個人崇拜外，最主要的目的，就是與赫魯曉夫爭奪共產國際運動領袖地位。這時毛仍兼任國家主席，因此外國元首來訪時，他需要親自迎接，這有礙他提昇成為共產國際運動共主之身分，他覺得應該比照史大林，不到任何國門口迎接任何外國元首。因此他在一九五七年五月五日提出不再做下屆國家主席，表面理由是：「去掉共和國主席這個職務，專做黨中央主席，可以節省許多時間做一些黨要求我做的事情。」

他之主動提出不當國家主席，另一個理由是因為黨的主席（現在是總書記）地位高於國家主席，不論誰當國家主席都是他的傀儡，受制於他，但是相對也突顯了他的地位高於來訪外國元首，特別是各共產國家領袖。

一九五八年底中共八屆六中全會，中共中央通過「同意毛澤東同志提出關於他不作下屆中華人民共和國主席候選人的建議的決定」。可惜林彪不夠瞭解毛的野心，在一九七〇年劉少奇被鬥倒後修憲時，毛澤東主張不要再設國家主席，林彪說一個國家不可以沒有國家元首，並勸毛兼任國家主席。林彪「九．一三事件」後，毛澤東指控林彪罪狀之一，就是林彪自己想當國家主席，急於奪權。

一九五八年五月廿五日，中共召開八屆五中全會，毛澤東突然提議長期養病，淡泊政治的林彪補選為中央委員會副主席、政治局常委。這在十大元帥中，只有朱德擔任過黨的副主席，林彪的政治行情因此看俏，地位與劉、周、朱、陳（雲）及鄧（小平）等併齊。但是林彪「基本上沒有在崗位上工作，深居簡出，很少拋頭露面，和參加社會活動。休養為主。」雖則如此，林彪仍然逐步走進了毛澤東所設的陷阱。

一九五九年四月，中共全國人大第二次會議，根據毛澤東的指示，毛自己未列入國家主席候選人名單，由劉少奇當選就任，地位仍在毛之下，外界所謂：毛澤東因三面紅旗失敗而讓出國家主席，退居第二線，這種分析與事實有出入。

劉少奇自一九五四年七屆四中全會在批鬥「高、饒反黨事件」時，被毛指示作了自我檢討批評後，對毛更加唯謹，不敢對毛之政策有任何質疑，他明知「三面紅旗」根本上就錯了，也得昧著良心，歌頌「大躍進」，歌頌毛主席的偉大英明，當時許多中央領導幹部如朱德、周恩來無不如此。劉少奇在出任國家主席後，還指示：「告訴同志們，以後就叫我少奇同志，我們黨只有一個主席，那就是毛主席。」他這樣小心謹慎，最後仍逃不過毛的批鬥，慘死在毛的魔手中。

毛澤東的「三面紅旗」在一九五八年下半年起就出了嚴重問題，開始他還稍能承認有一些錯誤，甚至說「毛澤東啊毛澤東，腦子發熱，決定一切呀！」又說：「始作俑者，其無後乎？一個兒子死了，一個兒子瘋了，我無後也」。之後，他開始召開一系列會議，設法糾正「大躍進」中的失誤。

一九五九年三月底政治局擴大會議上，國防部長彭德懷就對毛放炮說：「『大躍進』的政策從根本上來講是不是錯了呢？我看是錯了！……若不採取措施改正過來，其後果不光是影響到軍隊無法落實戰備訓練，更嚴重的是影響到國家的命運和前途。到那時候，恐怕人民就不會相信你共產主義了。」毛澤東急忙插話阻止彭德懷講下去：「你總是管軍隊的嘛，不應該干涉那麼多。……我看僅僅是枝節問題，僅僅是下面同志貫徹不力的問題。」會後周恩來提醒彭德懷：「一個班必須崇拜班長，不崇拜就不得了。」照中共黨內的語言習慣，「班長」就是毛澤東。

毛澤東一生中最忌有人置喙他的政策，彭德懷的批評，反而激起他的鬥志。四月，中共召開八屆七中全會，毛澤東又不肯承認有錯，完全肯定「總路線」、「大躍進」和「人民公社」，他說：「我們的成績和缺點的關係……只是十個指頭中九個指頭和一個指頭的關係。」而且「一個指頭」的錯誤是運動中不可避免，也沒有他的份。這時彭德懷正率團赴蘇及東歐訪問而未與會，毛澤東在會上說了「彭德懷恨死我了」分量極重的話。

一九五八年八月廿三日，中共突然砲擊金門。林彪在會議上寫紙條遞給毛澤東，建議通過正在華沙同美國談判的中共代表，透露點消息給美國，以免砲擊時傷到美國人，引起中美對抗。毛澤東採納了這個意見，通知了美方。十月美國建議蔣總統從金馬等沿海島嶼撤軍，為蔣拒絕。美國退而求其次，要求國府減少金馬駐軍，和明確表示對大陸「放棄使用武力」，雙方最後發表了「聯合公報」。毛澤東見到公報，等同買了美國保險，在爾後的三年中，即一九五九、一九六〇、一九六一年是毛澤東的「大躍進」和「人民公社」運動失敗，政權最危急的時期，毛利用美國必然會阻止台灣國軍反攻大陸之「保證」，在黨內外大膽的大造國軍將反攻大陸的輿論，藉以調兵遣將，轉移大陸人民對「三面紅旗」造成經濟困頓的注意力，可以說美國政府幫助毛澤東渡過了覆亡危機。

一九五九年上半年，「三面紅旗」的失敗，造成之民怨四起，飢民遍地，民間普遍批評毛澤東：「十個指頭爛掉了，還說九個指頭是好的。」毛澤東也感到事態嚴重，決定七月在廬山召開中央政治局擴大會議，解決問題。但是一上廬山，他又建立起自信，堅不認錯，並且鬥爭了彭德懷。彭德懷原請假不參加此次會議，結果毛澤東親自電話彭德懷，一定要他出席，他只好上廬山與會。

會議自七月二日召開，毛澤東本想利用這次會議，誘導周恩來出來「反冒進」，好讓毛有個台階，調整大躍進政策，而且爾後可再以周的右傾思想，鬥倒周。然而周恩來謹言慎行，嚴格按照毛澤東的基調發言，或主持會議，沒有掉入毛的陷阱。

但是，彭德懷在西北組分組討論時，發言批評「三面紅旗」。他意猶未盡想與毛澤東詳談，始終沒有機會見到毛。於是彭德懷決定寫一封〈致主席信〉，表達他對「三面紅旗」的看法和意見。七月十四日，毛澤東看完彭德懷的信，感到是對他在全黨地位的一種挑釁，他決心面對這種挑戰，而且決不能失敗。因此他在信上加了一個標題：〈彭德懷同志的意見書〉後，印發全體與會人員，並通知延長會期，同時指示請假未與會的林彪、彭真、薄一波、安子文等人上山開會。其中薄、安二人是過去曾經批評過彭德懷的要角，二人上山可以幫助毛鬥彭。

林彪是在七月廿五日應召上山，毛澤東即刻與林彪長談，稍後又談一次，林彪顯然受了毛澤東的指示，他在會上猛烈抨擊彭德懷。這些跡象，證明毛決心要在廬山會中徹底清算彭德懷。

彭德懷看到他的信分發與會人員，意識到毛澤東要批判他了，因此要求收回這封信，為毛拒絕。在各分組討論中，廣東省委書記陶鑄是第三組組長，他採取兩面手法，先讚揚「彭總的信……起了好的作用。黨內應提倡彭總的那種不隱諱自己的意見，大膽講出不同意見的精神。」另方面則批評這封信「實際上會引導到懷疑黨的總路線的正確性，懷疑去年大躍進和偉大群眾運動以及所取得的偉大成果是否可靠。」不過，細嚼陶鑄的話，似有反諷大躍進的意義在內。

七月二十三日，毛澤東親自上陣，批判彭德懷：「有書一封，講大煉鋼有『失』有『得』，他是把『得』字放在最後頭的，急於發難，趁我黨處在國內外夾攻的困難時候，向黨進攻，企圖篡黨，成立他的機會主義的黨。」從這天起，廬山會議風向，從毛澤東初期有意讓步反「左」，自此完全轉向反「右」。彭德懷信中原本寫的是有「得」有「失」，繕打員誤植為有「失」有「得」，被毛抓到語柄，藉題發揮，抨擊彭德懷。

七月廿六日傍晚，毛澤東找彭德懷談話，二人發生激烈言語衝突，互不相讓。彭德懷還當是在井崗山上，二人無君臣之分，氣得大罵毛澤東：「在延安你操了我四十天娘，我操你二十天娘不行？」這種粗話在當時中共領導階層很普通，二人爭吵內情，還是毛澤東在三年後主動透露出來。

彭德懷所指是延安時期，與朱德提出「配合國軍，殲滅深入山西日軍」的「百團大戰」，遭毛澤東開會批評了四十天。而此次廬山會議，從彭德懷在西北組發言批評「大躍進」當天算起，到二十六日剛好二十天。但是彭德懷忘了毛澤東今天已是「皇帝」，怎容他不守君臣分寸。

彭德懷這一罵，會議延長到八月十六日才結束。一說毛、彭爭執時有劉少奇、周恩來、朱德、林彪在場。林彪質疑彭德懷剛從訪蘇回來，在廬山發難，是否與赫魯曉夫有什麼默契？答應了什麼條件啊？

八月一日，毛澤東在會上批評彭德懷。毛說他與彭的關係是「三七開，三分合作，七分不合作」。彭德懷不同意，堅持對半開。林彪則聲色俱厲的批判彭德懷「完全是有組織、有綱領，有預謀地向黨進攻。你彭德懷是野心家、陰謀家、偽君子、是馮玉祥式的人物。」「只有毛主席能當大英雄，你我離得遠得很，不要打這個主意。」

林彪沒有參加廬山會議，被毛澤東匆匆忙忙召上山，八月一日就發難狠批彭德懷，而且兩人過去惺惺相惜，從無交惡，若非毛澤東指示他這樣做的，林彪是不會如此兇悍的。林深知他不照毛的意思做，被鬥的就有他的一份。林彪在批彭後，私下則批評毛：「說絕了，做絕了，絕則錯。」

當晚，林彪在劉少奇主持會議上說：「前一段我沒參加，是半路上山的。……我是先到的援兵，你們（指被毛臨時召集上山的彭真等人）是最後到的一批援兵。」就足以說明是毛澤東唆使他們批鬥彭德懷。

其實在廬山會議上，擔任毛澤東打手的主將是劉少奇，他率先上台狠批彭德懷，林彪跟著劉後批評彭德懷。劉少奇在會上批評彭為「右傾機會主義」，但在背後劉卻說彭的意見是正確的，只是態度不對。林彪也在會後在工作筆記上寫下：「學劉、彭的作法」，證明其內心同意彭德懷意見，但須學劉少奇對付毛的陽奉陰違態度，以求自保。

批評過程中，毛澤東翻老帳質問一九三五年五月，共軍渡過金沙江後，彭德懷是否唆使林彪寫信給中央：「要毛、朱、周離開指揮崗位，由彭德懷任敵前指揮。」林彪澄清信是他寫的，事前未與彭商量，也與彭無關。

一九七一年「九・一三事件」後，中共要彭德懷揭發，交代林彪歷史問題時，彭藉故推拖，最後被逼的無奈的說：「給我鋼筆，我想起一點就寫一點。高崗、林彪都是反革命，還有彭德懷。」顯然他感激林彪為他澄清毛澤東記恨二十餘年的陳年黑鍋，未乘機落井下石，也表明他認為林彪對他的批判是毛的意思，並非林之本意。一九七二年八月中共向彭德懷傳達「粉碎林彪反黨集團」文件，彭德懷要求打電話給周恩來表示：「他（指林彪）是革命的，這樣把林彪殺了，我有意見，他死我不同意。」彭德懷最能體會林彪跟他一樣都蒙受了毛澤東的不白之冤。

毛澤東乘勝追擊，即於八月二日緊急在廬山召開八屆八中全會，將彭德懷定位為「反黨集團」，毛一併把他不滿的張聞天（洛甫，時任外交部副部長）、周小舟（湖南省委第一書記），黃克誠（中央書記處書記，總參謀長）三人，納為「反黨集團」成員。八月十六日，通過「關於以彭德懷為首的反黨集團錯誤的決議」，並撤銷四人職務。這四個人，剛好代表了黨、政、軍，及中央與地方，表示毛澤東在警告全國上下，誰都不可以反對「三面紅旗」。

打倒彭德懷之後，毛澤東要林彪接國防部長。林彪以身體不好，沒有精力做具體工作，難以擔當重任，請託總政治部主任羅榮桓和公安部長羅瑞卿代向毛澤東說項請辭，並建議由賀龍接任國防部長，毛未同意。九月十七日，中共正式免去彭德懷的國防部部長職務，任命林彪以國務院副總理身分兼國防部部長，林彪從此無法再獨善其身，捲入了毛澤東的政治鬥爭漩渦。

林彪上任後馬上力荐羅瑞卿為總參謀長，因羅為毛澤東親信，關係密切，林等於主動在身邊安置毛之「眼線」，好讓毛對林及軍隊放心。二十六日，中央軍委會改組，毛澤東仍任主席，副主席為林彪、賀龍、聶榮臻三人，羅瑞卿為秘書長。原副主席朱德只擔任軍委常委，排名在聶之後，居第五位，這是毛對朱批彭不力的處罰。彭德懷則搬出中南海，在北京海淀區掛甲屯被軟禁起來。

總的來說，林彪自一九五〇年赴蘇養病起，到一九五九年出任國防部長止之前，幾乎是個「閒人」，雖然他擁有中共中央常委暨國務院副總理，國防委員會副主席，軍委會委員等職務，但均屬榮譽職，並無任何實權。林彪也不出席任何會議（除非毛澤東令其必須參加者外）。中共甚至讚譽林彪「不爭名、不爭利、不爭官、不爭權」，具有共產黨員風格。「九・一三事件」後，中共反過來批評他這段期間是「韜光養晦」，「伺機篡黨奪權」。

事實，自毛澤東鬥倒彭德懷後，不論要林彪當國防部長，乃至後來成為黨的唯一副主席和接班人，都非出於林彪個人意願，且曾多次表態不願接任。文革爆發後，毛、林二人間產生矛盾，亦非林彪想奪權，而是路線分歧，和林彪對「文革幫」的不滿，引起毛澤東之猜疑，決心鬥倒林彪。

廬山會議鬥倒彭德懷，可能對劉少奇是個警訊，他在八月十七日廬山中央政治局會議上，在毛授意下大談個人崇拜的正確性和必要性。他說：「我這個人歷來是提倡崇拜的，……我是說提高毛主席的領導威信，我在很長時期就搞這個事情。……現在我還要搞，還要搞林彪同志的，小平同志的個人崇拜。你們不贊成我搞，我也要搞的。」「反對毛主席的個人崇拜，是完全錯誤的，是一種破壞活動，是對無產階級事業的破壞活動。」

由國家主席親自推動毛澤東「個人崇拜」，等於是推展全民運動，真是千古笑譚。從此，個人崇拜在中共黨內，和全國人民間，一發不可收拾。林彪後來在軍中把毛澤東進一步神格化，即導源於此，他必須青出於藍更勝於藍，否則就突顯不了他對毛的「忠心」，反而帶來災禍。

但是劉少奇犯了大忌，毛澤東要搞的是他一個人的個人崇拜，現在劉少奇還要搞林彪與鄧小平的崇拜，等於否定了毛的個人崇拜。今天回頭看，劉少奇是有智慧的，他什麼人不提，就提了林彪和鄧小平兩個人，前者後來接替了他的接班位子，最後也被迫逃亡墜機而亡；後者後來復出掌權，不但為他平反，也學赫魯曉夫，推翻了毛澤東的個人崇拜，還把毛的功過做了三七開，又審判了毛妻江青等「四人幫」，把階級鬥爭束諸閣樓，恢復「三自一包」，推動改革開放，挽救了中共覆亡危機。

一九五九年六月，赫魯曉夫訪美，與艾森豪總統舉行和平會議，緩和東西方緊張關係。十月，中共建政十週年慶，赫魯曉夫親自率領祝賀團訪問北京，雙方並舉行會談，林彪為中方代表之一。赫魯曉夫要求毛澤東同蘇聯制定共同路線，步調一致，緩和國際緊張局勢。不但如此，赫魯曉夫還以共產國際領袖地位批評中共砲擊金門，而不進佔；指責中共不應和印度為邊界問題打仗，而應團結尼赫魯；不應該讓達賴自西藏逃亡印度，增加尼赫魯困擾；更進一步批評「大躍進」政策是左傾機會主義。不管是建議或批評，都是毛澤東聽不進去的，更何況觸及了「大躍進」，這個毛的痛點，所以雙方會談極不愉快。

最後赫魯曉夫對過去承諾協助中共發展原子彈，也在雙方互不悅的情形下，他向毛表示：「蘇聯有原子彈就等於中國也有，目前美、蘇正就禁試核武器進行談判，不適再協助中共研製原子彈，因此要把派到中國的原子彈專家撤回。」毛澤東毫不讓步的回覆：「撤回去也沒什麼大關係，我們可以自己試試。」

赫魯曉夫返蘇後不到一年，即不再協助中共科技發展和經濟建設，從一九六〇年七月至九月，蘇聯撤走派到中國的全部專家，也終止派遣專家，並中止執行三百四十三個協定，及二百五十七個科技合作項目，毛澤東雖然面臨內外交迫的困局下，仍然善於利用形勢，製造有利個人態勢，赫魯曉夫反而成了他的幫手，毛澤東巧妙運用蘇聯撤回專家，棄中國於不顧，引起大陸人民不滿心理，把全黨、全軍、全民對蘇怨恨，化成力量，吸引到他身上，產生一致對外的巨大凝聚力量，掩蓋了大躍進所造成的國內矛盾與經濟危機，真正得利的就毛澤東一個人。

一九六四年十月十六日，中共試爆第一顆原子彈成功，毛澤東對蘇共的態度更趨強硬。

中共與蘇聯關係惡化，還有其他因素。一九六〇年四月二十二日，列寧九十歲冥誕。毛澤東決心利用此一時機批評赫魯曉夫是「現代修正主義」。五月起，毛澤東頻繁接見亞、非、拉美各種代表團，介紹中共革命和建設經驗，並支持他們反對帝國主義和殖民主義的鬥爭。毛以自居為共產國際領袖地位的口氣說：「我們要團結起來，把美帝國主義從亞洲、非洲、拉丁美洲趕回它的老家去。」

十月，劉少奇率團參加蘇共革命四十三週年慶典，毛澤東要劉少奇將他的「個人崇拜」推向共產世界。結果劉少奇執行不力，反而讓赫魯曉夫在「各國共產黨和工人黨代表會議」上批評中共及攻擊毛個人，並在「會議聲明」中，寫入了兩段譴責「個人迷信」的字句，加深了毛對赫魯曉夫和劉少奇的不滿。

蘇聯專家的撤走，雖然遲滯了中共的科技發展與建設進步，但對毛澤東是利大於弊，解決了他個人危機，也更激起他要加速取代赫魯曉夫的野心。他開始在黨內，半公開的製造一種「革命中心轉移論」的輿論，重點是說十九世紀世界革命中心在德國，那是馬克思、恩格斯的故鄉；二十世紀上半葉，世界革命中心轉到了俄國，因為列寧領導的十月革命取得了成功，並且由列寧和史大林領導的第三國際，也成了世界革命的指揮部；二十世紀下半葉，因一九四九年中共革命成功，及一九五三年史大林的過世，世界革命中心則因蘇聯赫魯曉夫背離馬列主義，走向修正主義路線，已不足以領袖共產國際。而中國共產黨在毛澤東領導下，高舉馬列主義革命旗幟，使世界革命中心正轉向了中國。

廬山會議確定了對毛澤東的「個人崇拜」方向，林彪也看出了毛澤東想當世界共產國際領袖的野心，他在一九六○年十二月主持召開的軍委擴大會議，決議對毛澤東和毛思想作出空前的高度評價：「高高地舉起毛澤東思想的紅旗，進一步用毛澤東思想武裝全體指戰員的頭腦，堅持在一切工作中用毛澤東思想掛帥，這是我軍政治思想工作的最根本的任務。」林彪還提出「四個第一」（即人的因素第一、政治工作第一、思想工作第一、活的思想第一）和「三八作風」（林彪任「抗大」校長時，毛澤東一九三九年為「抗大」所寫校訓的三句話及八個字：「堅定正確的政治方向；艱苦樸素的工作作風；靈活機動的戰略戰術；團結、緊張、嚴肅、活潑」），和「活學活用」毛澤東思想，是軍隊建設的方向。林彪的作法正迎合了毛澤東，加強鞏固毛在共軍中的領袖地位。

林彪還有更動聽的話：「現在的馬列主義是什麼？就是我們毛主席的思想。它今天在世界上站在最高峯，站在現時代思想的頂峯。」這句話證明林彪確實已看穿毛澤東要當共產國際領袖的野心，深深迎合了毛的心理，所以毛看了林講話記錄後批示：「這個決議不僅是軍隊建設和軍隊思想工作的指針，而且它的基本精神，對於各級黨組織、政府機關及學校、企業部門等都是有用的，可以發給地委以上機關閱讀。」並對林彪的「四個第一」、「三八作風」、「活學活用」大加讚賞說：「這是個創造。誰說我們中國人沒有發明創造？四個第一就是創造，是個發明。」「全國學人民解放軍！」

林彪一方面吹捧毛澤東，另方面似乎也擔憂毛與赫魯曉夫爭奪共產國際領袖是否引發蘇軍的突襲，所以他在九月接任國防部長後，於十一月指示廣州軍區研究「現代戰爭中的突然襲擊問題。」還找人為他報告與分析二戰盟軍諾曼地登陸戰役。其後在一九六一年五月，他又委託總參謀長羅瑞卿主持召開全軍作戰會議，著重研究防範敵人突襲問題。一九六二年，林彪進一步指示總參謀部、各大軍區、海空軍的作戰部門成立「防止突然襲擊辦公室」（簡稱「防突辦」））。

劉少奇在一九五九年四月接任國家主席，表面上雖然很謙虛說中國只有一個主席，那就是毛主席，但多少有點得意忘形。這年十一月，他率團參加蘇聯十月革命慶典時，除了為毛宣傳不力外，還犯了一個大錯，他不應該向赫魯曉夫建議學習毛澤東退出第一線，讓雙方第二、三線人物出來改善兩黨兩國關係。他沒有像林彪聰明，誤以為毛澤東退出第一線是真心的，其實毛是要站上共產國際第一線，奪赫魯曉夫的權。所以劉少奇與赫魯曉夫談話，讓毛澤東警覺到劉少奇自以為站上了第一線，有可能向其奪權。

毛澤東是善於利用矛盾，鞏固自己地位的。林彪便成了他制衡劉少奇的力量，這時林彪正大力在軍中鼓吹「活學活用」毛思想，大搞對毛個人崇拜，遠超過劉少奇的全民崇毛運動。毛澤東就利用林彪以軍隊制衡劉少奇的黨政系統，從此林彪和軍隊經常受到毛澤東的表揚，而劉少奇和黨政系統，則常受到批評，逼得劉少奇和黨政系統，只得緊跟軍隊大搞對毛澤東的個人崇拜。

但是，一九六〇年下半年起，「大躍進」造成的經濟危機越趨嚴重，毛澤東只得對劉、鄧讓步，放手讓二人進行「調整」政策，按農、輕（工業）、重（工業）的次序進行綜合平衡的調整。然而沉痾太深，難以挽救，到一九六一年歲末，億萬中國飢民流離於途，餓殍遍野。

毛澤東內心也漸漸瞭解到民不聊生的事實，知道政策有錯，不過他仍不肯認錯。劉少奇因全國經濟和人民生活嚴重危機，顧不得他在廬山會議帶頭大喊的個人崇拜，反而走向彭德懷的右傾之路，大聲疾呼：「不採取堅決的措施，拖下去要滅亡。」又激起毛澤東猜疑，認為劉少奇對其個人崇拜發生了動搖，不過這時毛知道時機未成熟，還不能鬥爭劉少奇，只得強忍下來。

儘管毛澤東不肯承認「大躍進」政策錯誤，但形勢所逼，也不得不同意召開全國五級幹部會議，檢討錯誤，總結教訓。一九六二年一月十一日到二月七日，中共在北京舉行中央、中央局、省、地、縣級幹部會議，與會共七千多人，故稱為「七千人大會」。劉少奇還想文過飾非，為「大躍進」政策辯護。引起與會代表反感，批評矛頭紛紛指向毛澤東，結果會議成了毛澤東所形容的「出氣會」。劉少奇只得承認生產困難原因是「三分天災，七分人禍」。毛也被迫承認錯誤，但仍堅持「三面紅旗」的正確性，而是國務院及中央書記處等沒有制定具體政策與辦法，各級幹部又沒有統一的認識和行動所造成。

毛澤東這時孤掌難鳴，急需聲援，林彪適時地站了出來，他拋開軍委辦公廳準備的講話稿，脫稿發言表達支持與肯定「三面紅旗」的正確性，他強調：「在困難時期，要更加依靠中央的領導，更加依靠毛主席的領導，相信毛主席的領導。只有這樣，才更容易克服困難。事實證明，這些困難，恰恰是由於我們沒有照著毛主席的指示、毛主席的警告、毛主席的思想去做而造成的。如果照毛主席指示去做，如果都聽毛主席的話，那麼困難會小得多，彎路會小一些。我在中央的時間是不長的，但是從看得到、聽得到的，同志們的思想出現的三種狀況：一是毛主席的思想，二是左的思想，三是右的思想。當時和事後都證明，毛主席思想總是正確的。但是有些同志說是執行毛主席的思想，卻把事情偏往左拉，執行主席思想走了樣。」

林彪講完後，毛澤東當即鼓掌叫好，而且是唯一鼓掌者，他並指示劉少奇紀錄下來。三月二十日，毛批示林彪講話紀錄：「此件通看了一遍，是一篇很好、很有份量的文章，看了很高興。」

周恩來晚年時，告訴鄧穎超：「一九六二年一月，中共中央召開擴大工作會議（即七千人大會）。會議總結人禍帶來災難的教訓，強調要恢復黨的實事求是、群眾路線、健全黨內民主生活。會上不少同志提出：主席（指毛澤東）退下。在二月十日的政治局常委會上，毛澤東表示：願服從會議決定，辭去主席退下，搞社會調查。朱（德）老總、陳雲、（鄧）小平表態：歡迎毛澤東辭去主席。是我堅持：主席暫退二線，主席還是主席。」

周恩來一念之慈，保住了一個人，毛澤東非但沒有退居二線，而且持續進行政治算計，最後卻害死了劉少奇以下數千萬中國人；也把林彪逼上了接班位置，落得比劉少奇還慘的後果，墜機焚屍幾近滅門；更因文化大革命的「破四舊」，和後期的「批孔批儒」運動，切斷了中國五千年歷史文化，改變了十億以上中國人的價值觀念。危害中國之深，恐怕需要數十年乃至百年以上才能恢復。固然這是毛澤東的遺禍，但是周恩來永難辭其咎。

「七千人大會」成了毛澤東的痛，他認為是劉少奇要從路線上清算他，因此記恨在心。最能表現毛心情是他對「七千人大會」除形容為「出氣會」外，還說：「白天出氣，晚上看戲，兩乾一稀，人人滿意。」但在背後，毛對身邊人員則罵道：「白天出氣，晚上看戲，兩乾一稀，統統放屁。」一九六六年文革開始後，毛妻江青徹底道出毛澤東的不滿：「七千人大會憋了一口氣，直到文化大革命才出這口氣。」

林彪在七千人大會脫稿演出，似非毛澤東事前授意，在與會者紛紛把矛頭指向毛，要他負責時，林彪的講話不啻雪中送炭，讓毛深感溫暖，點滴在心，這恐怕是毛後來決心以林彪取代劉少奇原因之一。但是林彪自中共建政以來，處處表現毫無政治野心，為什麼在這個關鍵時刻，突然發出驚人之語，難道是故意製造毛、劉間的矛盾，實現他對老校長蔣委員長所說：「儘管身在共產黨內，將來校長一定曉得我能為國家做甚麼事」的承諾，不無可能。

毛澤東搞文化大革命，真正的目的就是打倒劉少奇，而文化大革命的擴大化，遍及全國，砸爛各級機構，鬥爭各級幹部，也是報復與會多達七千人的各級幹部當時要追究毛應負起「大躍進」政策錯誤責任之恨。當然有得必有失，林彪在「七千人大會」發言，掩飾了毛澤東「三面紅旗」餓死兩千萬人之罪過，在「九．一三事件」後獲得了罵名滿天下。

「七千人大會」的討伐聲中，毛澤東被迫自我檢討，承認犯了一些錯誤後，讓劉少奇、鄧小平獲得機會，進一步將「大躍進」政策做了更多的調整，提出了著名的「三自一包」（這是後來毛澤東批評劉、鄧調整政策的話）政策。此一政策的實施，挽救了「三面紅旗」崩潰的危機，促進了工農業生產遲滯的發展，也改善了不少人民窮困的生活，卻加深了毛對劉、鄧的猜疑。毛認為有一批資產階級代表人物已經混進黨政與文化領域中，必須揪出這些資產階級分子，徹底打倒，因而導致了毛發動「文化大革命」。

到一九六四年二月，毛澤東就正式全盤否定了劉、鄧各項調整政策，指責「三自一包」搞垮了社會主義制度。

毛澤東在居於劣勢時，他是會忍耐以待時機反撲，但在時機未成熟前，他不會讓「七千人大會」削弱其權勢，這時他發現一個廉價而可利用轉移全黨和全國人民對經濟困難的注意力，還可以把全黨和全國人民團結起來，以維護他在黨、政、軍、民中的領袖地位屹立不搖，而且有助他爭取共產國際革命領袖的形象。

一九六三年七月十四日，赫魯曉夫發表一封蘇共與中共完全決裂的公開信，毛澤東抓住機會，高舉反帝反修的旗幟，自一九六三年九月起，至一九六四年七月止，陸續發表了九篇評論蘇共中央公開信的文章。這九篇文章簡稱「九評」，號召全世界共產黨人跟赫魯曉夫劃清界限。在這段期間，直到一九七五年，毛澤東勒緊中國人民腰帶，不顧人民死活，經濟援助亞、拉、非親毛的共產國家，和一些非共國家內叛亂的共黨武力或毛派組織。

林彪從接任國防部長後，自一九六〇年二月在軍中發動「活學活用毛澤東思想」運動起，就成了毛澤東最大的安慰。這年秋天，中共仍繼續出版了《毛澤東選集》第四卷，在全黨全軍中進行了大規模宣傳毛思想活動，歌頌毛「過去」的偉大英明。這時毛因「大躍進」政策錯誤，飽受指責，《毛選》第四卷選在這時印發，具有極大諷刺意義，反而深刻警惕了毛，他「現在」已沒有「過去」那麼偉大英明。他必須挽回頹勢，所以從一九六一年起，毛澤東全力支持林彪在全軍全國範圍內，製造對他的新個人崇拜運動，推行愚民政策。

毛澤東是擅長鬥爭的，他不會甘於自「七千人大會」上敗陣下來。毛澤東搞政治，在中共內部無人可比。「七千人大會」之後半年，自一九六二年八月起，他開始為他的報復進行舖路。

首先，他大批「黑暗風」、「翻案風」，他說：「社會主義是一個相當長的歷史階段。在社會主義這個歷史階段中，還存在著階級、階級矛盾和階級鬥爭，存在著社會主義同資本主義兩條道路的鬥爭，存在著資本主義復辟的危險性。」「從現在起必須年年講，月月講，天天講，使我們對這個問題有比較清醒的認識。」毛澤東說過「階級鬥爭，一抓就靈」，他從政治領域反攻劉少奇的經濟路線，態勢已經擺了出來。

其次，同（一九六二）年九月廿九日，毛澤東接見印尼總統蘇加諾夫婦，首次讓江青以毛夫人身份參與接見，照片並刊登在人民日報頭版。一九三八年十一月，毛澤東不顧黨內反對堅持要與江青結婚，中共中央政治局無法阻止，只得批准，但在毛澤東同意下，對江青約法三章：（二十年內）不准參政、不准出頭露面、好好照顧毛澤東的生活。中共建政後，江青只能在中宣部電影局任虛職，在一九六二年前，江青從未在報刊雜誌電台等公開場合露過面，大陸老百姓對她都不甚瞭解，一九六二年這一次公開露面，是毛澤東有意安排，事後證明，毛澤東搞「文化大革命」，就是要從文化面切入政治性鬥爭。他在無人可信任下，就利用江青聯繫上海的文棍張春橋、王洪文等人，發動其慘無人道的大鬥爭。

其三，毛在一九六二年中共國慶當天，在天安門城樓見到中央人民廣播電台現場轉播，突然說：「我們說話別人聽不見，他們（指中央台）說話全世界都能聽見，廣播就是重要。哪個國家搞政變，都要先拿廣播電台，伊拉克一個坦克團和一個廣播電台就把卡塞姆推翻了。要重視廣播電台的安全保衛工作。中近東許多國家發生政變，搞政變的人開始就要奪廣播電台。」他並指示周恩來要管好廣播電台，要從部隊調一個強的幹部去領導廣播事業局（兩週後即調了一位軍級政委任中央廣播事業局局長）。毛講此話，是警告劉少奇不要想搞政變奪權，他調軍幹負責中央廣播電台，也表達對林彪的信任。

自一九六二年九月後兩年內，江青秘密蒐集一些文化藝術界的黑材料，毛澤東根據這些資料，分於一九六三和六四年對文宣部門進行了一些尖銳的批評，並逐步讓江青插手軍中文藝工作。林彪私下並不贊同，因而種下了林、江二人爾後的衝突。

毛澤東在時機未成熟前對劉少奇是不會採取激烈行動，還會保住劉既有地位，但部署鬥爭的步子不會停下來。一九六二年中共經濟情勢開始好轉，一九六三年又取得了佳績，當人民走出三年災害，勉能溫飽後，毛澤東更加恐慌。他先在一九六四年二月，否定了「三自一包」，接著在六月八日的中央工作會議上突然提出：「中國如果出了赫魯曉夫怎麼辦？」然後又自答的說：「中國出了修正主義的中央，要頂住。國家有三分之一權力不掌握在我們手裡，掌握在敵人手裡。」劉少奇未聽出毛所指就是他，還附合毛的意思發言。

一九六三年五月，毛澤東發起「四清運動」（清政治、清經濟、清組織、清思想的社教運動），要求各級領導幹部「下去」「抓四清」，但遲遲推不動。劉少奇為了貫徹毛澤東意旨，親自上陣指導，順利推動。毛澤東聞知，深感大權旁落，於十一月底會議上說：「我是主席，你是第一副主席，天有不測風雲，不然一旦我死了，你接不上。現在就交班，你就做（指黨）主席，做秦始皇。我有我的弱點，我罵娘沒有用，不靈了。你厲害，你就掛個罵娘的帥，你抓（鄧）小平、總理（周恩來）。」劉少奇仍未聽出毛弦外之音而有所警惕，反而謙虛了一番，虛心受教。

毛澤東在一九六四年三月，已決心利用林彪鬥倒劉少奇。《林彪工作札記》三月三日記載林彪講話：「是福還是禍？毛囑：要我關注政局在變化，要我多參與領導工作。又問：上層也在學蘇聯，搞修正主義，怎麼辦？中國會不會出赫魯曉夫搞清算？搞了怎麼辦？毛認為被人架空，這個人是誰？我吃了一驚，冒了一身冷汗。一場大的政治鬥爭要來臨。」

林彪的政治敏感度顯然高於劉少奇，已意識到有一場大的政治鬥爭風暴即將來襲，只是還不知對象是誰？但到五月七日，林彪已意識到劉少奇、鄧小平、彭真有麻煩了。這天的《札記》這樣寫著：毛對林彪說：「我的小冊子（指《毛語錄》袖珍本）在書記處就通不過。那本《修養》（指劉少奇的《論共產黨員的修養》），東西南北，遍地開花。」林彪直覺感到毛對劉、鄧、彭很感冒了。直到六月八日毛澤東才在中央工作會議上提到「中央出了赫魯曉夫和修正主義，怎麼辦？」同一句話，比告訴林彪足足晚了三個月。

一九六四年夏天，毛澤東積極進行鬥爭劉少奇的部署工作，他指示在中共中央成立「中央文化革命」五人小組，雖然他對彭真已不滿，但為了不暴露企圖，竟然任命彭真任組長，陸定一為副組長，任務為領導文藝界整風和文化革命事宜。沒人瞭解這是毛澤東為發動殘酷大鬥爭的舖路工作，因此包括劉少奇、周恩來、鄧小平、林彪等中共領導人，思想都沒有準備。當中唯一比較突出的就是江青負責的「京劇革命」，彭真等人還積極協助推動，但是大家都看不出成立中央文革小組真正目的何在。

同年十二月至一九六五年元月，中共在北京舉行中央工作會議，總結和研究「四清」社教運動中的問題。這次會議上毛、劉因意見分歧，發生爭執。爭論的焦點是「四清運動」的重點。毛澤東說：「首先要抓敵我矛盾性質的問題，重點要整黨內走資本主義道路的當權派。」劉少奇說：「不是到處都有敵我矛盾。煤炭部、冶金部，哪個是走資本主義道路的當權派？」毛說：「張霖之就是。」張霖之是煤炭部部長，一九六二年曾致信毛澤東直諫煤炭工人的困苦，請增加礦工糧、肉等之補助，毛懷恨在心，脫口而出，結果文革初期，張霖之被造反派活活打死。

會議上，毛澤東藉批北京有兩個獨立王國，暗指劉少奇、周恩來，據《林彪工作札記》十二月二十日記載：「毛在會上批評北京有兩個獨立王國。到會人朝著主席台，感到驚訝。這個提法，政治局會議上都沒有提出過。會上突然發炮！搞政治襲擊，比赫魯曉夫對死人搞政治襲擊，來得更狠心。兩個獨立王國的國王不是劉、周？」

十二月二十六日，毛澤東生日，意外的邀請了林彪。事後林彪在《札記》上說：「好不尋常！我、伯達、康生成了毛生日座上賓客，還有婆娘（林彪私下對江青的稱呼）」毛澤東反覆的問：「中央有人要搶班奪權，怎麼辦？要搞修正主義，怎麼辦？」又問：「軍隊不會跟著搞修正主義吧？中央政治局、國務院、中央書記處都要排斥姓毛的。毛還是黨的主席，軍委主席，要逼我造反，我就造個天翻地覆。」毛澤東邀林彪出席他的生日餐敘，那時已決心拉攏林彪，穩定軍權，並爭取林彪，鬥爭劉少奇。次日，毛澤東來電吩咐林彪說：「昨天我生日，心情舒暢，酒喝了過多，發了一通，不算數。」要林彪不要傳開，「我想毛下一步要從北京市委、從計委、從中辦、從文化部開刀。」林彪預判毛澤東鬥爭方向還十分正確，但是仍未想到毛澤東的「天翻地覆」，就是後來「文革」的縮影。

這次中央工作會議往例本應由劉少奇主持，鄧小平在會前向毛報告並建議毛身體不好，可以不必參加。到十二月二十七日，毛帶著「黨章」和「憲法」兩本小冊子與會，在台上發言說：「我是黨員，我是公民。你們（指著劉、鄧）一個不讓我參加黨的會議，違反黨章；一個不讓我發言，違反憲法。」「據我看，我們這個黨至少有兩派，一個社會主義派，一個資本主義派。」劉少奇被迫又開了一次中央政治局會議，自我檢討不尊重主席的錯誤。

毛澤東此時鬥爭劉少奇的布局還未完成，所以在同一時間召開之三屆全國人大第一次會議，仍讓劉少奇連任為國家主席。但他對劉少奇之不滿，已逐漸不再隱瞞。「人大」會議開幕前夕，江青請陶鑄夫婦在人大小禮堂觀看京劇「紅燈記」。開演前，毛澤東見到陶鑄，毛問：「你們的會議（指中央工作會議）開完了嗎？我還沒有參加就散會啦？有人在我頭上拉屎！」

打倒劉少奇之後，毛在一次接見美國記者斯諾的談話紀錄寫道：

斯問：你什麼時候明顯地感到必須把劉少奇這個人從政治上搞掉？

毛答：那就早囉。一九六五年一月，二十三條發表（指中央工作會議通過之「農村社會主義教育運動中目前提出的一些問題」）。二十三條中間第一條就是說四清的目標是整黨內走資本主義道路的當權派，當場劉少奇就反對。在那以前，他出的黑書《修養》（指舊版《共產黨員的修養》一書）不觸及帝國主義、封建主義、國民黨。說不要奪取政權，共產黨哪有不要奪取政權的？當個共產黨不奪取政權幹啥啊？所以他是混進共產黨裏的反動分子。

毛澤東與劉少奇的公開決裂，並波及鄧小平。依照毛澤東鬥爭理論，毛、劉的矛盾是主要的，有上升為敵我矛盾的趨勢，所以「不鬥則已，鬥則必勝」，但「決不可同時打擊許多頑固派，應擇其最反動者首先打擊之。」在毛的鬥爭策略下，鄧小平與毛並非主要矛盾，才能在文革中苟活下來。一說毛澤東未置鄧小平於死地，是因為鄧在關鍵時刻，延遲了「七千人大會」召開時間，使毛爭取到寶貴的時間部署，避免處於更不利的處境，因而放了鄧小平一馬；一說是鄧的地位尚不足對毛澤東構成威脅，且此時毛已有意以林彪取代劉少奇，考慮到爾後沒有制衡林彪的力量，故意留下鄧小平，交付周恩來保護起來，不許造反派過分批鬥鄧，或有人身傷害。此兩說可能互為因果，但至少毛澤東未殺鄧小平，在毛死後，「四人幫」被捕，中共未覆亡，並能改革開放，創造了大陸後來之經濟發展，也算毛澤東一念之間促成的。

雖然在毛、劉發生矛盾後，劉少奇急謀彌補，但為時已晚。不過劉少奇頗得黨心、民心，毛澤東鬥爭劉之部署，不但需要掌握槍桿子，還要有筆桿子的支持。前者，林彪不但協助他掌握了軍隊，並且在軍中推動對毛個人的崇拜，成效顯著，毛頗為放心。不過林彪鬥爭性不強，理論性亦不足，光靠林彪是難以鬥倒劉少奇。毛澤東選擇江青負責筆桿子工作，是因為江青不甘只做「毛妻」，她想在政治上有所作為，尤其要鬥倒那些過去排擠她的仇人，正符合毛澤東的鬥爭性，而一九三八年中央政治局對江青的「約法三章」的期限二十年，到一九六二年已經有二十四年了，江青不必再受約束，正可光明正大派上用場。

所以江青自一九六二年九月公開亮相後，開始走上前台，初時負責「京劇革命」工作。她把上海滬劇團的「紅燈記」和「蘆蕩火種」劇本引進北京，一舉成功。她原在電影局的職位只是個九級幹部，階層甚低（只相當地委一級）。也在林彪協助下提升到五級，相當於部長級幹部，可以負責更重要的工作。

中央工作會議結束後，毛澤東決心從批判「海瑞罷官」下手，推動「文化大革命」。

一九五九年四月中共八屆七中全會期間，曾演出湘劇「生死牌」，劇情為明朝嘉靖時舉人海瑞，上書直諫嘉靖皇帝不應迷信道教，怠忽朝政，且大興土木，勞民傷財。嘉靖怒囚海瑞，半年後嘉靖死，海瑞聞訊嚎啕大哭，嘔吐不止。新皇隆慶即位，赦免海瑞。兩年後海瑞出任應天巡撫，令大官僚「退田」，造福貧苦農民，被譽為「海青天」。

毛澤東看完戲後，當晚連夜翻閱明史《海瑞傳》，次日毛在會中說：「海瑞雖然對嘉靖批評的很厲害，但他對嘉靖還是忠心耿耿。要學習海瑞，剛正不阿，直言敢諫，不怕丟官，不怕開除黨籍，不怕坐牢，不怕離婚，不怕殺頭，要像海瑞那樣，做到五不怕。捨得一身剮，敢把皇帝拉下馬。」

會後，中宣部為宣傳毛的指示，請北京市副市長、明史專家吳晗撰寫文章介紹海瑞。吳晗連續在人民日報發表〈談海瑞〉和〈海瑞罵皇帝〉兩篇專文。一九六〇年底，吳晗完成新編歷史劇「海瑞罷官」。這時彭德懷已於前一年九月被罷黜國防部長軟禁，毛澤東看罷「海瑞罷官」，看法完全改變，他認為這個劇本是陰謀為彭德懷翻案，彭即海瑞，毛則是昏君嘉靖。

毛澤東不動聲色，隱忍到一九六五年元月，決定要出奇不意發起突擊，但在北京無可信任的文膽，於是派江青以治病名義掩飾赴上海找華東局兼上海市委第一書記柯慶施組織寫作班子批判「海瑞罷官」。柯慶施即召集上海市委書記兼宣傳部長張春橋，和市委宣傳部處長姚文元二人，由江青指示張、姚二人撰稿要點方向，並要求絕對保密。

毛澤東之所以找柯慶施負責組稿原因，係因一九五八年，毛為推動「三面紅旗」，指示要將「三面紅旗」上升到馬列主義的理論高度。柯慶施為吹捧毛澤東的「偉大戰略部署」，指示他的政治秘書張春橋寫了一篇〈破除資產階級法權思想〉的理論文章，在上海理論刊物「解放」上刊登，毛澤東看到後，非常讚賞，指示《人民日報》全文轉載，並且親筆寫了「編者按語」，從此他對張春橋另眼相看。

江青抓「京劇革命」後，張春橋主動請戰，請求江青把「白毛女」、「智取威虎山」、「海港的早晨」等現代劇的創作改編任務交上海負責，因而獲得江青賞識。所以當毛澤東決定批判「海瑞罷官」時，由於抨擊對象吳晗是彭真的北京市副市長，自然不便在彭真眼下寫批判文章，江青建議由張春橋負責組稿，毛澤東欣然同意，張再推荐姚文元撰寫。

江青到上海組稿批判「海瑞罷官」，林彪事前完全不知道。張、姚完稿後，毛澤東親自修飾三遍定稿，由姚文元署名於一九六五年十一月十日在上海文匯報發表，揭開了「文化大革命」的序幕。

〈評新編歷史劇「海瑞罷官」〉一文見報後，引起北京除毛澤東外之中共高層震驚，尤其北京市市長、中央書記處副總書記彭真勃然大怒，竟有人未經中央同意，敢於擅自批判北京副市長吳晗，更不可忍的是鼓勵學習海瑞犯顏直諫，一向是毛澤東的意思。彭真為追查「黑後台」，他指示《北京日報》直接電話上海《文匯報》查詢，如果是毛主席指示姚文元撰寫的，《北京日報》即轉載，否則不予轉載。所獲答覆是「無可奉告」。

十一月下旬，總參謀長羅瑞卿路過上海遇到江青，江青指責羅說〈評海瑞罷官〉一文北京沒有報紙轉載，「解放軍報」為何也不轉載？羅瑞卿才體悟到〈評海瑞罷官〉是出於毛之旨意，即電話告知總政治部副主任劉志堅說這篇文章很重要，應當儘快轉載。「解放軍報」遂於十一月二十九日全文轉載，並批評吳晗的「海瑞罷官」為「大毒草」。所以「解放軍報」轉載姚文與林彪無關，與文革期間中共宣傳指林彪在此事上起了積極作用，與事實不符。

《人民日報》見軍報轉載，起了疑心，在情況不明下，為求穩當，決定在次（三十）日在報上「學術研究」專欄內全文刊出，並加編者註「對錯誤的意見，我們也採取說理的方式，實事求是，以理服人」。力圖把問題局限在學術討論範圍內。彭真與人民日報的作法，正給了毛澤東進一步推動文革的動力，爆發了毛以鬥爭彭真為突破點的「反黨事件」。

林彪在這個時候，突然在十一月十八日做了一件吹捧毛澤東的事，他提出「突出政治的五項原則」，其中，第一條就是活學活用毛主席著作，特別要在「用」字上狠下功夫，要把毛主席的書當作我們全軍思想。（其他四條是；堅持「四個第一」，特別要大抓狠抓活思想；領導幹部深入基層，狠抓「四好連隊」運動，切實搞好基層，同時要切實搞好幹部的領導作風；大膽提拔真正優秀的指戰員，到關鍵性的負責崗位上；苦練過硬的技術和近戰夜戰的戰術）。是否在姚文刊出後，他已知道後台是毛澤東？不過從「解放軍報」到十一月底才轉載，他應該是不清楚，提出「五原則」應該是巧合。《林彪日記》一書也證明說：林彪事先對此事「一無所知」。

毛澤東精心策劃發動「文化大革命」，指示江青赴滬安排組稿〈評海瑞罷官〉，中央文革五人小組成員之一，後來成為「文化大革命」江青最重要的打手康生亦毫不知情，康生是到次（一九六六）年三月底，才在杭州由毛澤東親口告知，獲知毛正在發動文革序戰，並且即將批判彭真和中宣部。據《晚年周恩來》一書透露，毛澤東此時的戰略是「聯林、拉周、整鄧、倒劉」，綜觀以上分析，態勢已很明顯。

毛澤東拉攏林彪的另一個事實，發生在一九六五年秋天，這時毛鬥爭劉少奇的部署已接近完成。《林彪工作札記》九月三十日記載：「風吹得很勁，毛提出：讓葉群多關心政治大事，創條件參加一線面上工作。問了葉群行政級別，說：『十四級，太低、太低！』毛的辦公室主任是七級、八級。」毛澤東要提升葉群級別，另一個目的，就是不要讓江青介入政治鬥爭的行為太突出，拉葉群作陪，也逼林彪無法從毛澤東設計的鬥爭打手中脫身。

所以，《札記》又寫道「毛說：『不能再乾等著，國慶節（指十月一日）後準備對各大區第一書記放炮，提出：中央出修正主義造反、中央不正確的就可以不執行，不要迷信中央，不要怕兵變、不要怕亂、不要怕造反。大亂才能大治，是我革命鬥爭實踐中的思想理論結晶。』毛要從輿論上、組織上發動進攻，要整人，要搞垮人。」林彪這時已知毛澤東要搞大鬥爭了，毛澤東提到的四個「不要」，後來文革的發展就是這樣，可以說毛澤東在發動文化大革命之前，就決心要搞到天下大亂，所謂「大治」是確保他的獨裁地位。十一月十日，姚文元的〈評新編歷史劇「海瑞罷官」〉文章就在上海《文匯報》刊出了。

批鬥彭真，主因是彭真係劉少奇「白區」的班底老部下，次因是報復彭真一九五六年在政治局會議上，建議黨主席只能連任一屆，並建立對主席制衡監督制度之仇，所以批彭真是鬥爭劉少奇的一個重要突破口；批「中宣部」，倒霉的是中宣部兼文化部部長陸定一。另還波及總參謀長羅瑞卿和中央辦公廳主任楊尚昆。楊因瞞著毛偷錄毛講話，被鬥還有道理。羅瑞卿呢？按理講，羅瑞卿要求總政治部在「解放軍報」轉載姚文，應該是大功一件。但是事實上，羅瑞卿卻成了〈評海瑞罷官〉後，與彭、陸、楊四人被毛澤東定性為「反黨集團」第一件冤案。而羅瑞卿之所以被鬥，與林彪息息相關。

〈評海瑞罷官〉，毛澤東明指是為彭德懷復辟。其實，彭德懷已被徹底打倒，哪有重出江湖可能。姚文元寫〈評海瑞罷官〉一文，毛澤東親筆修飾定稿，他還是說「沒有擊中要害」。因為「要害」在這時候還不能明說，毛必須隱藏他真實意圖，不讓劉少奇過早查覺。丟出〈評海瑞罷官〉一文，目的就在北京找到一個突破口，先批吳晗，再鬥彭真，最後一舉突穿「資產階級司令部」的當權派劉少奇、鄧小平的防線。所以批鬥彭真「反黨集團」就成了第二個突破口。

「彭、羅、陸、楊」反黨事件首先被鬥的是羅瑞卿，符合了毛澤東預告「不要怕兵變」的說法。

羅瑞卿一九二六年入黃埔軍校武漢分校（即武漢中央軍事政治學校），汪精衛於一九二七年七月「分共」，羅瑞卿被遣散，次（一九二八）年夏到上海，加入中共地下工作。一九三二年出任紅一軍團保衛局局長，這是共軍效法蘇聯紅軍內部的肅反組織，以特務監軍。中共竄抵陝北後，羅升任中共中央軍委政治保衛局局長，在紅軍中普遍建立特務網絡。一九三六年至三九年，出任紅軍大學教育長、紅軍大學改制為抗日軍政大學後續任教育長、再升副校長。這期間兩校校長都是林彪，兩人關係相當密切。林彪在一九三七年九月，紅軍改編為國民革命軍第八路軍後出任一一五師師長，由羅瑞卿代理校長，直到一九三九年七月才真除校長。一九四一年赴蘇接受ＫＧＢ特務訓練。中共全面武裝叛亂時期，林彪在東北，羅瑞卿在華北戰場，天各一方，難以見面。林彪取得平津戰役成功後，羅曾請求隨林彪渡江南下，未為毛澤東同意，所以在歷史上二人沒有過隔閡、矛盾。

一九四九年六月，羅瑞卿出任中共中央社會部部長，十一月兼任公安部部長。韓戰爆發後又兼公安部隊司令員，此後十年，他指揮之中共中央直屬公安邊防部隊有三十餘萬人，地方公安部隊、公安幹部（警察）一百二十萬餘人，權傾一時。一九五五年被授階「大將」，可看出他獲得毛澤東之信任與重視程度。在這十年間，羅瑞卿執行毛澤東鎮反、肅反運動，屠殺的中國人民，據倫敦「金氏世界紀錄大全」統計達兩千六百三十萬人。如果照一九七一年七月，美國參議院司法委員會發表的「華克報告」揭露之中共自一九四九年至文革前，死於中共屠刀下的有六千一百七十萬人，這個屠殺數字絕大部份都應該由羅瑞卿負責，他可說是兩手沾滿血腥的屠夫。特別是羅瑞卿對國府撤台時，遺留在大陸未及撤出的黨政軍特人員，公開撰文要求各級公安單位「堅決處死」、「限期完成」。在大屠殺後，僥倖未殺的，絕大多數判處重刑後押解西北、東北荒野之地勞改，強迫無償勞動。

羅瑞卿因權力膨脹，引起劉少奇、彭德懷之注意，獲得毛澤東的同意，於一九五八年改組公安部隊體系，撤銷公安軍編制，將各公安師與邊防部隊改隸共軍總參謀部指揮，省級公安部隊改編為人民武裝警察，劃歸省市公安廳局指揮，並免去羅之公安軍司令員及政委職務，但保留其社會部及公安部部長兩職。因此羅瑞卿心有不甘，一九五九年八月廬山會議上，賣力支持毛澤東鬥倒彭德懷，揭發彭德懷搞「軍事俱樂部」（指拉黨結派，搞小圈圈）。

林彪取代彭德懷接任國防部長後，為讓毛澤東相信他無野心，力荐毛所信任且親近的羅瑞卿出任總參謀長。也極有可能是羅瑞卿自己向林彪求官，來向彭德懷示威，你奪我公安軍軍權，我就奪取總參謀長一職，不但掌握到五百萬共軍大權，而且仍然可以直接指揮他過去被剝奪軍權的各公安師及邊防部隊力量。

林彪本無意出任國防部長，所以到任後，以身體不適，中共中央軍委日常工作委由羅瑞卿、賀龍（副部長）處理，可見林對羅之信任。一九六二年九月，羅瑞卿在中共八屆十中全會上補選為中央書記處書記，分管軍事。羅瑞卿後來被鬥，問題出在羅批評林彪對毛澤東的個人崇拜衝擊了軍事訓練，觸及了毛的禁忌，但黑鍋卻是由林彪背負。

在一九六四、六五年期間，羅瑞卿和賀龍熱衷於「軍事大比武」，這原本是軍隊中驗收訓練成果的正常活動。羅瑞卿身為總參謀長，加強部隊軍事訓練，增強部隊戰力，亦是職責所在。毛澤東曾經親臨「軍事大比武」演習現場視導，誇獎有加。但是「軍事大比武」與林彪所推動「活學活用毛澤東思想」的「突出政治」，逐漸產生了矛盾。羅瑞卿對林彪倡導崇毛思想的作法頗有意見，且因獲得鄧小平的支持，使兩者矛盾日益尖銳，引發了全軍「政治衝擊軍事」還是「軍事衝擊政治」的大討論。

一九六五年一月，羅升任國防委員會副主席，因此與任主席的劉少奇開始接近，加上羅自以為深得毛澤東的信任，對林彪的「四個第一」、「三八作風」、「活學活用」等作法的批評，漸漸上升到是違背馬列主義的哲學理論高度，頗讓林彪招架不住。同年五月，羅在軍委作戰會議上對「軍事重於政治」作了總結發言，療養中的林彪在會後聞知，大發雷霆，指責羅瑞卿越權。

羅瑞卿自認他的觀點符合馬列主義和毛澤東思想。事實上，他錯估形勢，毛澤東認為羅以軍事衝擊政治，影響了全軍學習毛澤東的著作與思想。其次毛對羅瑞卿與劉少奇的接近，漸有疑慮。此時毛澤東正苦思如何打倒劉少奇，所以必須有林彪在軍中大搞對其個人崇拜，抓緊軍權，根本不須有什麼馬列理論的支持。他懷疑羅瑞卿的理論思維，受到了劉少奇反對毛澤東的大躍進極左路線的影響，懷疑羅已站到劉少奇一邊。因此要打倒劉，必須先打倒羅瑞卿，同時要壯大林彪的力量，防止劉、羅結合，發動軍事政變。

反林人士迄今仍認為「打倒羅瑞卿」是林彪寫信向毛澤東舉發，並派乃妻葉群送去有關羅瑞卿的黑材料，毛與葉談了近五個小時後決定的。據林彪秘書張雲生回憶說：葉群曾對秘書講，是毛澤東在上海把她召去的，「想就羅瑞卿與林彪的關係問題問個究竟」。事實如何，先看看林彪於一九六五年十一月三十日寫給在杭州的毛澤東信函內容：

「有重要情況向你報告。好幾個重要的負責同志早就提議我向你報告。我因為怕有礙主席健康而未報告，現聯繫才知道楊尚昆的情況（註：一九六五年十一月十日，毛免去楊尚昆中央辦公廳主任職務），覺得必須向你報告。為了使主席有時間先看材料起見，現派葉群送呈材料，並向主席作初步的口頭彙報。如主席找我面談，我可隨時到來。葉群送去的材料主要是反映羅瑞卿問題的，有海軍李作鵬寫的，有總參謀部作戰部副部長雷英夫寫的。」

從林彪的信可以證明是他派葉群去向毛澤東送呈材料。葉群說是毛在上海把她召去，可能情況是那時葉群級職仍低，她還無法未經安排逕行持林彪的信去見毛澤東，所以林彪的信應該是先直接送達毛處，而葉群在上海待命接見。葉群送去的材料，包括有海軍政委和空軍司令員李作鵬、吳法憲、總參謀部作戰部副部長雷英夫等所寫檢舉羅瑞卿的信件。毛在看完材料後，才召見葉群，談了近五個小時，對林、羅關係「問個究竟」。因此葉群在毛澤東鬥爭羅瑞卿的決定中，是有推波助瀾之催化作用。

十二月二日，毛澤東就在蘭州軍區一份「緊急備戰中突出政治情況報告」上批示：「那些不相信突出政治，對於突出政治表現陽奉陰違而自己另外散佈一套折中主義（即機會主義）的人們，大家應當有所警惕。」毛不點名指責的就是羅瑞卿。同日稍後，毛澤東乾脆直接點名批評：「羅瑞卿的思想同我們有距離，林彪同志帶了幾十年的兵，難道還不懂什麼是軍事？什麼是政治？軍事訓練幾個月的兵就可以打仗。過去打的都是政治仗。要恢復林彪同志突出政治的原稿。羅瑞卿把林彪同志實際當作敵人看待。羅瑞卿當總參謀長以來，從未單獨向我請示報告過工作，羅瑞卿不尊重各位元帥，他又犯了彭德懷的錯誤，羅瑞卿在高、饒問題上實際是陷進去了。羅瑞卿個人獨斷，羅瑞卿是野心家。凡是要搞陰謀的人，他總是拉幾個人在一起。」毛澤東對羅瑞卿的批評，等於為鬥爭羅定了調、定了性，批鬥的層次是比照彭德懷、高崗、饒漱石的等級。

十二月五日至十五日，毛澤東親自在上海召開政治局擴大會議批判羅瑞卿，未通知林彪出席。羅被扣上反對林彪、反對突出政治，和向黨伸手等罪名，被撤銷了一切軍內領導職務。羅瑞卿不知有此會議。他是在十二月十一日由昆明搭乘飛機抵達上海後，才知被鬥，但仍未讓他與會，而由周恩來、鄧小平傳達，要他接受「背對背」的揭發批判。羅要求見毛澤東、林彪澄清，但周恩來未同意

據曾在「林辦」工作過的秘書官偉勛回憶說：「批判羅瑞卿開始好多天了，葉群還對林彪搞『封鎖』，由於一位秘書『不慎』在念文件時，念了部隊對『批羅』的反映，林彪問是怎麼回事？葉群立即把這個秘書趕走了。」另據林彪女兒林立衡在一九八八年告訴羅瑞卿女兒羅點點說：「林彪在得知上海會議要整羅瑞卿時很難過，還流了眼淚。」從這兩項資料證明林彪未參加毛澤東主持的上海批羅瑞卿會議。但鄧小平始終堅持鬥爭羅瑞卿是林彪一手製造的。

一九六六年三月四日，毛澤東召開中央軍委會議，並通知羅瑞卿與會，展開「面對面鬥爭」。據羅點點所寫「紅色家族檔案」說：「所有的人都換上了一張完全不同的面孔。除了揭發羅瑞卿反黨、反對毛澤東的問題之外，就是表示自己和羅瑞卿劃清了界限。」葉劍英、蕭華、楊成武、劉志堅等在會後還聯名寫了揭發羅瑞卿的材料給毛澤東。這次會議

將羅瑞卿的罪名，進一步從反林彪提升到反毛了，毛澤東決心要徹底打倒羅瑞卿。

羅瑞卿不如彭德懷堅強，他不堪連日面對面的批鬥，陷入極端痛苦中，於三月十八日，留下遺書，跳樓（三樓跳下）自殺未遂，摔斷左腿。羅瑞卿的遺書推翻所有罪名，引起毛澤東更加不滿，於三月二十日再度召集批判會議，指責羅不但毫不悔罪認錯，反而「對黨進行欺騙抗拒和威脅……以跳樓自殺向黨要挾，自絕於黨，自絕於人民，走上了叛黨的道路。」

葉劍英對羅自殺還諷刺的說：「將軍一跳身名裂」。文化大革命開始後，紅衛兵又先後於一九六六年十二月，和一九六七年三月兩度揪鬥羅瑞卿，因他腿傷未癒，延緩就醫，終身殘廢。目前中共批評林彪的書，都說林彪阻止醫生對羅腿傷的醫治，林彪應該不會做這種事。

打倒羅瑞卿後，毛澤東還故作遺憾說：「他不會反對我。」即然如此，那為何非打倒羅瑞卿不可呢？癥結在他反對林彪的「突出政治」，妨礙毛對鬥爭劉少奇的部署工作，並可能成為劉少奇政變的「槍桿子」力量，因而成了犧牲品。羅對毛之恨很深，一九七四年，他南下福州治腿，曾經同福州軍區司令員皮定鈞（朱德女婿）密謀反毛，七五年皮定鈞乘飛機神秘失事死亡，謀反之事停止。文革結束，鄧小平復出後，為羅徹底平反，並任命他為中央軍委常委兼秘書長。一九七八年八月二日，羅赴德國做腿部手術，因心肌梗塞死在當地。

一九八〇年十一、十二月，中共「最高人民法院特別法庭」開庭審訊「林彪、江青反革命集團」。李作鵬、吳法憲都對庭上承認誣陷羅瑞卿「向黨伸手和有奪取軍權的野心」。李作鵬並說：「葉群打電話給我，談的事情是：林彪要他給我打個招呼，是講羅長子（即羅瑞卿）有野心，想當國防部長，要林彪讓位休息。」這段證詞，便成了林彪授意李作鵬誣陷羅瑞卿的證據。

林彪對羅瑞卿反對他推動「突出政治」捧毛活動，的確是不滿。但吳法憲、李作鵬等揭發信件是否林彪授意，並無直接證據證實。毛兩次鬥爭羅瑞卿會議，林彪都在蘇州養病未參加。過去高、饒反劉少奇，毛澤東鬥爭高、饒時，指示劉少奇親自批鬥；鬥爭彭德懷時，毛則將在療養的林彪緊急召上廬山協助批鬥。唯獨這一次，事前事後都不跟林彪打個招呼，林彪知道毛鬥羅瑞卿後還很難過。可以肯定打倒羅瑞卿，本是毛部署鬥爭劉少奇陰謀的一步棋，卻由林彪背黑鍋。倒是葉群經常抬著林彪名義，假傳林意。因此不排除是葉群個人的私心，瞞著林彪進行誣陷羅瑞卿。毛澤東乘勢而為，一舉扳倒羅瑞卿。

林彪轉呈吳、李檢舉報告，的確為毛澤東開啟了文化大革命第一場鬥爭運動。然而，就羅瑞卿擔任公安部長時期，屠殺了兩千六百三十萬同胞，他之被鬥、自殺未遂、承受長達十年殘腿椎心之痛，或許冥冥中自有天譴。

毛澤東在批鬥羅瑞卿後，對羅瑞卿前在軍中推動之「大比武」，因他曾親臨比武現場，給予肯定和表揚，已助長了全軍的練兵聲勢，嚴重衝擊軍隊政治工作。為扭轉此一頹勢，在一九六五年底到六六年一月中旬，他指示共軍召開全軍政治工作會議，除再揭批羅瑞卿的「嚴重錯誤」外，加重肯定林彪提出的「突出政治五項原則」是「我軍建設的百年大計」。不過，毛澤東仍不放心，因為林彪是個軍事人才，在政治上或理論上均非所長，必須進一步掌握軍中政治工作，才能保證軍隊不變質。於是他要江青插手軍隊文藝工作，後來之所以鬥爭總政治部主任蕭華，即出於奪取軍隊政治工作權利之需。

江青要插手軍中文藝，當然要獲得林彪的支持才行，但林彪反對。據《林彪工作札記》一九六六年一月五日記載：「婆娘（指江青）要到部隊插手文藝，要從文藝上作政治突破口，借用軍隊力量，搞政治權力鬥爭。毛對婆娘到部隊事很著急，又來電話說：『江青要來拜訪我，要我安排她到部隊體驗生活。』玩什麼花招？體驗什麼生活？是接聖旨搞政治鬥爭。蕭華就是很反感這個婆娘到部隊，打了兩次招呼，還頂著。」

江青於一九六六年一月二十一日，銜毛澤東之命，未經約定，逕自從上海到蘇州林彪療養處所拜訪，因葉群不在蘇州，由林立衡接待。據林立衡回憶透露：江青頤指氣使，指責林彪為什麼不看戲（一說是為什麼不來上海看我）？林說：「我身體不好，正在養病。」江青又要林彪多關心文藝工作，林答：「我不懂。」江青表示要「在上海召開文藝座談會，不是我要搞的，主席要我請尊神。」林彪表現的很冷淡推拖不就，談話不歡而散。林立衡說兩個人「差點打起來」。

毛、江並非真要林彪出來主持什麼文藝座談會，而是要藉林彪之名介入軍隊文藝工作。江青既已向林彪打過招呼，隨即於二月二日召開「部隊文藝座談會」。林彪也知道無法違背毛澤東的旨意，指示總政治部派副主任劉志堅、總政文化部正副部長、宣傳部部長等共六人與會，並且告訴劉志堅：「她（指江青）對文藝工作方面在政治上很強，在藝術上也是內行，她有很多寶貴的意見，你們要很好重視，並且要把江青同志的意見在思想上、組織上認真落實。今後部隊關於文藝方面的文件，要送給她看，有什麼消息，隨時可以同她聯繫，使她瞭解部隊文藝工作情況，徵求她的意見，使部隊文藝工作能夠有所改進。」林彪並要劉志堅把這些話轉知江青。

座談會完全由江青一人控制，會議在二十日結束後，劉志堅寫了一篇約三千字的〈彙報提綱〉送林彪審閱，林彪批示：「這次座談在江青主持下，方向對頭，路線正確，回去後要迅速傳達，好好學習，認真貫徹。」〈彙報提綱〉同時也送給江青看，江青大表不滿：「根本不行，歪曲了她的本意」「給她闖了大禍」。因此不准印發傳達。江青另找來陳伯達、張春橋等人，作了大幅修改後，又送給毛澤東親筆修改了三遍。定稿時，毛下的標題是「林彪同志委託江青同志召開的部隊文藝工作座談會紀要」，內容加入了毛澤東對中共中央宣傳部的嚴厲批評。然後「紀要」以中央文件印發全黨，「請尊神」的意思就是要林背書，林彪啞巴吃黃蓮，不敢否認。

「紀要」有一段話說：「蕭華同志和楊成武同志（接替羅瑞卿遺職，但只是「代」總參謀長），對這次座談會都表示熱情贊助和支持，指示我們一定要按照江青同志的意見辦，並對江青同志這樣關心部隊文藝工作表示感謝。」蕭、楊顯然又是毛澤東另外再強制請的兩尊小「神」，但二人後來被鬥倒後，這段文字也被刪除了。

三月十九日，江青將毛修改定稿之座談會「紀要」寫信送給林彪，信上照毛的意思也說：「根據你的委託」。林彪不想背這個黑鍋，很技巧的在給賀龍等軍委會常委信上說：「送去江青同志三月十九日信和她召開的部隊文藝工作座談會紀要。」「又經過主席三次親自審閱和修改。」間接否認是他所委託。「紀要」雖然無限上綱，提出臭名昭彰的「文藝黑線專政論」等觀點，但毛澤東仍暫時未讓它過早批判軍中政治工作，他還不想一下子鯨吞軍中總政工作，以免引起反彈。一九九七年五月三日，中共中央撤銷了這份文件。

毛澤東鬥爭腳步毫不停止，在批鬥羅瑞卿還未結束，就已展開對北京市委鬥爭的準備。

一九六六年二月五日，劉少奇主持中央政治局會議通過彭真主持「中央文革」五人小組「關於當前學術討論的匯報提綱」（簡稱「二月提綱」）。八日，彭真親赴武昌向毛澤東報告，毛表示同意，彭再指導中宣部將毛的指示加入「提綱」內後，於十二日印發全黨。

彭真等五人小組制頒這份提綱目的，是針對姚洪文所撰〈評海瑞罷官〉一文而來，所以提綱提出「在真理面前人人平等的原則，要以理服人，不要向學閥一樣武斷和以勢壓人。」（這段文字實際是周恩來所加入）文件印發後，中宣部在三月中旬另以電話指責上海市委宣傳部：「發表姚文為什麼不跟中宣部打個招呼？」「黨性哪裡去了？」彭真和中宣部在姚文發表四個月後，還未弄清楚姚文發表，是毛澤東所主導，也不知道災難即將緊跟而來。

毛澤東冷眼旁觀，到了三月下旬，他在杭州召集康生、江青、張春橋等人談話。他說：「北京市委針插不進、水潑不進，要解散市委」；「中宣部是閻王殿，要打倒閻王，解放小鬼」。

接著，毛澤東於四月十六日至二十八日在杭州主持政治局擴大會議，怒責彭真：「要按他（彭真）的世界觀改造黨，事物是向他的反面發展的，他為自己準備了垮台的條件。」「這是階級鬥爭的規律，是不以人們的意志為轉移的。凡是有人在中央搞鬼，我就另召地方起來反他們，叫孫悟空大鬧天宮，並要搞那些保玉皇大帝的人。」會中他宣布撤銷「二月提綱」，指示改組文革「五人小組」。毛所稱「玉皇大帝」，指的就是劉少奇，在批判彭真時，也暗示了那些想「保劉」、跟隨劉的幹部都要批鬥，所以這是一個鬥爭彭真和恫嚇所有幹部的會議。不過，奇怪的是，毛澤東講話已經很白了，但中共許多書籍都說劉少奇至此仍不知毛澤東的矛頭是指向他。

這次會議在爾後毛致江青的信中透露林彪曾與會，毛、林並談到防止反革命政變問題。

鬥爭彭真，為何後來會與羅瑞卿問題掛鉤在一起呢？事因四月二十四日，葉劍英、蕭華、楊成武和劉志堅等四位軍隊領導幹部聯名寫信給毛澤東和中共中央，檢舉「彭真同志在批判羅瑞卿會議過程中，在一系列重大政治問題上，對羅瑞卿的錯誤採取了縮小、掩護、包庇、支持的態度，並且企圖給羅瑞卿等伺機翻案做好種種準備。彭真實際上是同羅瑞卿站在反對毛主席和反對黨中央、反對林彪同志的立場上。」把兩個風馬牛不相關的問題扯在一起，這正是毛澤東無限上綱的鬥爭策略，而且還硬拗彭真也反林彪，林、彭二人在當時彼此間的職務並無任可衝突之處。

林彪與彭真之間的關係，那也是二人在東北戰場時的事。一九四五年十月九日，中共中央決定成立東北軍區司令部，彭真任政治委員。十一月中共因蘇共指示，撤銷東北軍區司令部，改稱為「東北人民自治軍總部」，派林彪任司令，彭真為第一政委。這時彭真已是中央政治局委員，兼書記處候補書記，地位原本高過林彪（林當時僅具中央委員身份）。但林彪出任司令後，林、彭地位扯平。一九四六年一月，東北人民自治軍再次更名，改稱「東北民主聯軍」，林彪與彭真分任總司令和政委，職務仍不分軒輊。直到六月十六日，毛澤東任命林彪為東北局書記、東北民主聯軍總司令兼政委，彭真為副書記兼副政委後，彭真成了林彪部屬，但是二人在東北合作期間，並無矛盾傳出。

毛澤東要打倒彭真，也與江青不滿彭真有密切關係，江青在推動戲劇改革期間，曾遭遇中共文化部和宣傳部的阻力很大。尤其文化部的主要領導人，過去都曾在「白區」工作過，屬於劉少奇的班底。彭真即為劉少奇「白區」班底之一，且現任中共書記處書記，主管文化部與宣傳部工作，陸定一為中宣部部長，對江青採取了無形的封鎖。於是江青只得到上海在柯慶施、張春橋支持下排演她的樣板現代劇。等到毛澤東有心將江青推到台前後，江青終於獲得北京演出機會。她於一九五九年六月四日在北京舉行全國現代戲觀摩演出大會，邀請彭真、陸定一觀賞。事後，彭、陸的評價均不佳，江青憤憤不平，而此時，彭真等又推出新編歷史劇「海瑞罷官」演出，江青視為是抵制她的現代劇。而在毛澤東眼中，則認為這群人都是劉少奇的人，不過是借題反江青，實則反毛，如不將這些牛鬼蛇神打下去，鬥爭劉少奇就推動不了。

因此既然要鬥彭真，也就不能放過陸定一。鬥爭陸定一，還有一段關於陸定一妻子嚴慰冰與林彪妻子葉群間的醜聞。

嚴慰冰出身書香門第，在延安時就看不起出身土財主家庭的葉群，私下批評葉群「輕浮」、「放蕩」。大約在林彪出任國防部長前後，嚴慰冰去哈爾濱軍事工程學院探視兒子，發現林彪與前妻所生女兒林曉霖不受葉群關懷，禦寒衣服不足，激於義憤，從一九六〇年三月起，散發匿名信譴責葉群是封建貴族加現代特權，並說葉群過去曾與別人談戀愛，和林彪結婚前已不是處女。公安部成立「五〇二專案」調查。查出是嚴慰冰所為，因此林彪憤而找陸定一質問，陸定一斷然否認知情，林彪氣的說：「恨不得槍斃了你。」

鬥爭彭、羅、陸三人，另還牽連到楊尚昆。楊當時是中共中央辦公廳主任，他私自在毛澤東出巡的專列火車上安裝竊聽器，偷錄毛在專列上會客講話內容，後被毛發覺，因而撤換了楊的職務。但是鄧小平說楊安裝竊聽器是「中央」批准的，毛澤東既然不知道，這個「中央」不就是劉少奇，而不是毛了嗎？自大躍進失敗後，毛澤東想起過去有些講話內容不當，曾下令將所有未公開發表有關他的講話錄音帶收回銷燬，就是害怕被劉少奇利用鬥爭他，所以對楊尚昆偷錄他講話，直覺是劉的陰謀。毛又聽說楊尚昆允許彭真調閱所有中共中央文件、檔案、錄音後，更為惱火。

因此，楊在被鬥時的兩個主要罪名，一是「私設竊聽器，私錄毛主席和常委同志的講話，盜竊黨的機密。」一是「把大量的機密文件和檔案，擅自提供別人抄錄，嚴重的洩露黨的核心機密。」楊尚昆盜錄和洩露黨的機密，與劉少奇、彭真有關，將楊併同彭、羅、陸等三人一起批鬥，也就順理成章定型。楊尚昆被鬥是四人中唯一與林彪扯不上關係者。

一九六六年五月四日到二十六日，中共中央在北京舉行擴大會議，由劉少奇主持。毛澤東在會議召開前兩天，透過康生傳達批判彭真等四人和解散中宣部、北京市委的指示，以及毛澤東對關於文化大革命「通知」的修改意見等，為會議定了基調。毛個人則坐鎮杭州，透過康生指導會議。林彪過去很少參加中共中央政治局和常委會議，這次卻意外的參與了會議。

五月十八日，林彪發表了一篇重要講話，中共並以中央文件頒發，要全黨全軍認真學習。林彪這次講話有三個重點：一是防止反革命政變；二是從防止政變角度批判彭、羅、陸、楊四人，主要在批判彭真一人；三是大樹特樹毛澤東的絕對權威，吹捧毛是二十世紀的天才。「九・一三事件」後，中共把這篇講話稱為「政變經」。並公布毛澤東在當（一九六六）年七月八日「給江青的一封信」表示他在四月份杭州會議時，對「防止反革命政變」既有不同意見。但林彪在五月會議上還是講了。「四人幫」被捕後承認這封信是事後康生偽造的。

林彪「五・一八」講話內容要點為：

一、防止反革命政變：

革命的根本問題是政權問題。有了政權，就有了一切。忘記了政權，就是忘記了政治，忘記了馬克思主義的根本觀點。改變政權大概是這樣，一種是人民革命，從底下鬧起來，造反。我們共產黨都是這樣。一種是反革命政變，大多數是宮廷政變，內部搞起來的。

毛主席最近幾個月，特別注意防止反革命政變，採取了很多措施，在羅瑞卿問題發生後，談過這個問題。這次彭真問題發生後，又找人談這個問題・調兵遣將，防止他們佔領我們的要害部位、電台、廣播電台、軍隊和公安系統都做了佈置。

從我國歷史來看，歷代開國後，很短時間就發生政變，丟掉政權的例子很多。（林彪並列舉了古今中外許多政變例子，證明「世界政變成風」），這些歷史上的反動政變，應該引起我們高度警惕。

我們取得政權已經十六年了，我們無產階級的政權會不會被顛覆、被篡奪？不注意就會喪失。現在毛主席注意這個問題，多次找負責同志談防止反革命政變問題。最近有很多鬼事，鬼現象，要引起注意。經過反羅瑞卿、反彭真、反陸定一和他老婆、反楊尚昆，可以嗅到一點味道，火藥的味道。資產階級的代表人物，混到我們黨內，混到黨的領導機關，成了當權派，掌握了國家機器，掌握了政權，掌握了軍權，掌握了思想戰線的司令部。

羅瑞卿是掌軍權的。彭真在中央書記處抓去了很多權。文化戰線、思想戰線的一個指揮官是陸定一。搞機要、情報、聯絡的是楊尚昆。

搞政變，有兩個東西必須搞。一個是宣傳機關，報紙、廣播電台、文學、電影、出版，這些是做思想工作的。另一個是搞軍隊，抓槍桿子。筆桿子，槍桿子，奪取政權靠這兩桿子。

毛主席說：十六年來，思想戰線我們沒有去佔領。文化、思想戰線被壞傢伙控制了。彭真、陸定一控制的中宣部是為資產階級服務的宣傳部。他們控制的文化部是為資產階級服務的文化部。他們仇恨毛澤東思想，阻礙毛澤東思想的傳播。

我們的黨，緊緊地掌握著槍桿子，始終沒有離開過槍桿子。

野心家，大有人在，他們是資產階級的代表，想推翻我們的無產階級政權。陸定一就是一個，陸定一的老婆就是一個。他說他不知道他老婆的事！怎麼能不知道？羅瑞卿就是一個。彭真手段比他們更隱蔽更狡猾。

當前正在進行的無產階級文化大革命，就是資產階級陰謀復辟和無產階級反復辟的尖銳的階級鬥爭。這次我們鬥了彭真、羅瑞卿、陸定一和他老婆，還有楊尚昆，是重大的政治措施，是防止反革命顛覆的措施。

二、對彭真的批判部份

彭真冒充擁護毛主席，他在晉察冀是百分之百的王明路線，比王明還要王明路線，超王明路線。一九三八年黨的六屆六中全會批判了王明路線，他參加了那次會議，會後他還把蔣介石說成是「最有政治眼光的人」，他說：「抗戰最堅固的中心是蔣委員長」。還說：「國共兩黨之間，要互助互愛互讓，反對利用困難，與政府（即國民黨政府）為難。」他在延安裝著反對王明路線，到東北又搞王明路線。彭真在東北拒不執行黨中央和毛主席的指示。在砲火連天的時候，他幻想和平，幻想和國民黨蔣介石談判，沒有戰爭打算，幻想在談判桌上取得勝利。他沒有一點馬克思列寧主義和毛澤東思想的味道，不搞階級鬥爭。……北京市水都潑不進去，針也插不進去。黨內搞黨，黨內搞派。毛主席、周總理和其他同志都有感覺，我也有感覺。

三、吹捧毛澤東部份

毛主席天才地、創造性地、全面地繼承、捍衛和發展了馬克思列寧主義，把馬克思列寧主義提高到一個嶄新的階段，毛澤東思想是全黨全國一切工作的指導方針。陸定一控制的中宣部就是反對學習毛主席著作，不宣傳毛澤東思想，宣傳資產階級思想。

毛主席的言論、文章和革命實踐都表現出偉大的無產階級的天才。有些人不承認天才，這不是馬克思主義。不能不承認天才。十九世紀的天才是馬克思、恩格斯。二十世紀的天才是列寧和毛澤東同志。

我們現在擁護毛主席，毛主席百年之後，我們也擁護毛主席。毛澤東思想要永遠流傳下去。毛主席活到那一天，九十歲、一百多歲，都是我們黨的最高領袖，他的話都是我們行動準則。誰反對他，全黨共誅之，全國共討之。在他身後，如果有誰做赫魯曉夫那樣的秘密報告，一定是野心家，一定是大壞蛋，全黨共誅之，全國共討之。

解放軍把毛主席著作做為全軍幹部、戰士的課本，不是我高明，而是必須這樣做。用毛澤東思想統一全軍全黨，什麼問題都可以解決。毛主席的話，句句是真理，一句超過我們一萬句。我們一定要抓住政治不放，抓住活學活用毛主席著作不放。

據林彪女兒林立衡後來披露：一九六六年春，她正在北京大學歷史系讀書，每逢星期天回家，父親查問學習情況時，每每告誡她要關注當代史，說毛主席最近經常講要防政變，防篡黨奪權。她說林彪講的「反政變」內容，完全是按照毛澤東的意思講的。

在此之前，毛澤東確曾與林彪談過「政變」問題。林彪在講話中透露毛至少兩次與人談此事。他說：「毛主席最近幾個月，特別注意防止反革命政變。」「羅瑞卿問題發生後，談過這個問題。這次彭真問題發生後，又找人談這個問題。」林彪未說找「我」談，而是「找人」談，應該是不只與林彪一個人談過。

林彪要在批鬥彭真等人會議上講「政變」問題，事前也曾向毛澤東報告過。因為不論毛七月八日「致江青信」是真或是事後偽造，但毛已承認「今年四月杭州會議，我表示了對於朋友們那樣提法不同意見。可是有什麼用呢？他回北京，五月會議上還是那樣講。」毛信中先提到朋友「們」，顯示當時主張在批彭會議上談「防止反革命政變」的人還有其他人，而且林彪是國防部長，公推林彪來講最為合適，所以毛澤東在語氣上才先有「們」，後有「他」之說法。毛說他表示了「不同意見」，也就是他未阻止不可講。

林彪在講話時首先說：「本來是常委其他同志先講，常委同志們讓我先講。」此時，林彪尚未取代劉少奇成為接班人，地位仍在劉少奇、周恩來、鄧小平等人之後，排名在黨內第六，還輪不到常委們要禮讓林彪先講話的道理，而是常委們知道毛澤東批鬥彭、羅等人，要與「反政變」連結在一起，因此請林彪先講，丟出此一題目。據參加這次會議的戚本禹回憶：「林彪五一八講話……是周恩來要他講的。」另據王力回憶：「對林彪這個講話，當時劉少奇、鄧小平、周恩來都說要印發。毛澤東也批准於九月二十二日以中共中央文件頒發，批語中稱讚『是一個極為重要的馬克思列寧主義文件』」。

據林辦秘書回憶，一九六六年四月，林彪讓總參謀部一位參謀給他蒐集一些中外歷史上的武裝政變資料，林彪最後親自把這些資料分別寫在一張張小紙條上。沒讓秘書動筆，更沒寫成文章。林彪就把這些小紙條直接帶到大會上去發言了。從時間上來看，談「防止反革命政變」，是四月杭州會議時，毛澤東與常委們討論後公推林彪講的，林彪遂即蒐集資料，自行準備講話題綱。

早在一九六二年中共國慶日，毛澤東在天安門上，就首次提出要加強廣播電台安全保衛工作，防止類似伊拉克政變叛徒先拿電台事件之發生，還調派軍幹出任廣播事業局局長。毛澤東真正耽心的是劉少奇發動政變，奪取電台，篡黨篡國，所以他屢屢提醒全黨要警惕中央出現修正主義，要警惕睡在我們身邊的赫魯曉夫。毛澤東曾私下問南京軍區司令員許世友：「中央出了修正主義怎麼辦？」許世友雖是一介武夫，還是心領神會的說：「我帶兵上北京！」

在林彪「五・一八講話」前三個月，毛澤東突然指示加強保衛首都。周恩來、葉劍英根據毛的旨意，於五月十五日聯名向毛報告，組成由葉劍英任組長，楊成武、謝富治（公安部長）為副組長的「首都工作組」，負責保衛首都安全。

因此，在這次會議前，毛澤東指示要在會議上批鬥彭真等四人，他當然害怕劉少奇有所驚覺，採取反擊行動，才會安排林彪講「防止反革命政變」，警告劉、彭等人，並讓全體與會人員瞭解，林彪講話代表他的意思。而且就在這一天，周恩來以書面向毛澤東報告增調石家莊和張家口兩個師進駐北京，加強首都衛戍任務，和重新調整北京要害部門和廣播宣傳機關的保衛工作。種種證據顯示，林彪講話完全是毛部署鬥爭劉計劃中的一環。

林彪講話內容，實際等於揭露了毛澤東的陰謀，要打倒劉少奇，就須先奪取「槍桿子」和「筆桿子」，砍掉劉少奇的羽翼後，即是鬥爭劉的時候。所以，羅瑞卿身為總參謀長，掌握龐大軍權及公安武力，他不該與劉少奇、鄧小平太過接近。為了防止劉少奇利用羅瑞卿搞軍變，毛澤東可以把一個不過是「軍事衝擊政治」的內部矛盾問題，硬是無限上綱誣為「篡軍反黨」，再提升到「防止反革命政變」的敵我矛盾上去；彭真、陸定一掌握了全國文化與宣傳領域的筆桿子的力量，從未偏離毛的政策，仍被刻意冠上「反黨篡黨」搞「反革命政變」千斤重帽。楊尚昆最倒霉，偏在此時出了竊聽、偷錄毛講話，和提供彭真查閱檔案之便等罪行，成了共犯，一併打倒。

林彪在「五・一八講話」，事實上只批評了彭真一個人，談的是彭真過去走王明路線，但這只是在五月十六日通過的〈關於彭真在國際活動中的王明路線〉文件的內容上，再加一點不關重要的評語而已。有趣的是藉彭真言論，談擁護蔣委員長，和寄望國共和平等，而無其他惡言。

不過，林彪最痛恨的陸定一，到了五月二十日，才在會議中被批判。會前每人座位上均放上一張字條，內容為林彪所寫：

我證明：

一、葉群在與我結婚時是純潔的處女，婚後一貫正派。

二、葉群與王實味、ＸＸＸ（疑為陳伯達）根本沒有戀愛過。

三、老虎、豆豆（林彪兒女林立果、林立衡）是我與葉群親生的子女。

四、嚴慰冰寫的反革命信所談的一切全係造謠。

林彪

一九六六、五、十四。

但有一說：林彪只寫了「葉群是處女」五個字，由於字條會後收走，無法證明內容為何？據王力回憶：林彪在會議上質問陸定一：「你為什麼害我？我這個人一直喜歡一點知識分子，對你陸定一，我還是比較喜歡的，你為什麼幹這麼壞的事？用意何在？」陸定一回答：「我確實不知道。」林彪怒拍桌子說：「你們倆口子天天在床上ＸＸ，能不知道嗎？」

毛澤東「給江青的一封信」，是在「九・一三事件」後的次（一九七二）年五月，作為「批林整風」彙報會議文件印發。以後又在當年十月一日、一九七三年九月二日和一九七五年三月一日在人民日報發表。據大陸學者陳小雅所寫該信〈真偽辨〉一文中說：此信收錄在中央文獻出版社一九九八年一月出版之《建國以來毛澤東文稿》第十二冊，但在信末註明「據修改件刊印」證明這封信發表時，至少與原信內容有差異。

「給江青的信」發信日期是一九六六年七月八日，江青後來在批林整風運動時，曾說毛澤東在林彪「五・一八講話」剛一出籠時，已經看出林彪不講馬克思主義，不講黨的領導，專講個人，講宮廷政變，不講階級鬥爭，不講人民群眾，鼓吹唯心史觀，抹殺兩個階級，兩條道路，兩條路線鬥爭的反動本質。如果毛澤東果真這樣英明睿智，林彪所犯的錯，實在大過彭、羅等人，那為何要在這年八月八屆十一中全會提拔林彪為黨內唯一副主席，正式成為接班人。事實是毛澤東不覺得林彪講得有錯，而且符合他的需要，認為林彪可以信任與重用。

所以，毛澤東在八月八屆十一中全會打倒劉少奇、鄧小平之後，選擇在九月二十二日批准將林彪「五・一八講話」以中共中央文件正式發到全黨全軍，並強調林彪講話是根據毛澤東階級鬥爭理論、黨內兩條路線鬥爭的嚴重事實，蘇聯赫魯曉夫修正主義集團篡黨、篡政、篡軍的教訓，防止反革命政變作了系統的精闢的闡述，是「指導無產階級文化大革命的一個重要文件」。

毛澤東的目的，是藉林彪講話，向黨內外解釋劉、鄧有發動「反革命政變」陰謀，才加以打倒。而非其信中所說：「他是專講政變問題的……像他這樣講法過去還沒有過。他的一些提法，我總覺不安。」「我的朋友講話，中央催著要發，我準備同意發下去。」「我是被他們逼上梁山的，看來不同意他們不行了。」毛澤東是非常重視敵友關係的，林彪被稱為「我的朋友」，說明毛不認為林彪有「二心」。毛又說「中央」催著要發，除了毛自己有誰敢稱「中央」？

五月，林彪丟出「防止反革命政變」講話後，毛澤東展開鬥爭劉少奇的動作已逐漸浮出臺面。六月，在江青指使下，清華大學造反派就藉故揪住劉妻王光美不准離校，周恩來知悉後介入才獲釋。劉少奇與前妻所生的女兒劉濤因此質問劉少奇說：「你犯了什麼錯誤，為什麼背著毛主席派工作組？」這時劉少奇應已有所警惕，知道下一個鬥爭對象就是他了。

八月五日，毛澤東在八屆十一中全會丟出「炮打司令部——我的一張大字報」，正式批鬥劉少奇。十一日又在會上印發林彪「五‧一八講話」，九月再正式以中央文件發出。從這些時序和步驟，明顯看出毛的意圖，就是栽贓劉少奇陰謀政變。毛澤東所謂「中央催著要發」，實際就是毛自己的意思。這封信中也洩了底說：「我猜他們的本意，為了打鬼，借助鍾馗。我就在二十世紀六十年代當了共產黨的鍾馗了。」這個「鬼」就是劉少奇。

江青在一九八〇年特別法庭上承認這封信是她、周恩來、康生的「傑作」。姚文元在出獄後撰文回憶說：這是「一切從維護毛主席的偉大形象、絕對權威，維護毛澤東思想，維護文化大革命，維護毛主席無產階級革命路線的幾大原則出發」而偽造的信件。

毛在獲知林彪乘專機出逃墜機後說：「我被他騙了，騙了二十二年。」又指責周恩來、江青：「一個總理，一個老婆，都把副主席抬得天一樣高，我也受你們的騙了。」為了徹底改變毛澤東「受騙者」的形象，康生提議由他偽造一份毛澤東早已對林彪的政治野心有所覺察，有所警惕的文件，採用毛澤東致江青私人信件形式。為了增加可信度，說此信曾給周恩來、王任重（安徽省委書記）看過，並向林彪傳達過信件內容。但是，在一九七二年公布此信時，中共卻說原信已銷燬，所留下來的是秘書抄件本。這一事實，證明毛澤東同意偽造這一封信，而不願自己做假，背負歷史包袱，因此沒有毛的「原信」。

在「周恩來年譜」中確實紀錄了七月十一、十二日周恩來看了毛寫給江青的信，建議找林彪談談。七月十四日，周飛大連，向林彪轉達毛澤東意見，林表示接受，答應修改他的講話。這中間有三個大破綻：（一）、七月時，林彪仍是周恩來下屬，沒有周去屈就林彪可能，只有通知林彪到北京一談，或逕以電話轉告毛的指示。（二）、九月，中共印發之林彪講話全文中，並未作修改，仍保留原來內容。（三）、毛澤東既已表態對林彪講話「總覺不安」，以毛的權威，就不可能還有「中央催著要發」和「我是被他們逼上梁山的」等情事發生的可能。證明康生偽造技術並不高明。

林彪「五・一八講話」中首次把「天才論」的一詞，加在毛澤東的頭上。林彪在一九五九年八月開始吹捧毛個人時，提出的還只是「毛澤東同志『全面地、創造性』的發展了馬克思列寧主義」，到了這次講話才變成了「天才地、創造性、全面地」的三個用詞。八月，這三個詞便寫進了八屆十一中全會「公報」內。十二月，中共發行「毛主席語錄」再版，毛澤東指示張春橋執筆代林彪寫「前言」，張再將這三個詞寫入文內。

八屆十一中全會「公報」與毛語錄「前言」，均須毛澤東親自審修定稿，證明毛是完全接受林彪吹捧的。所以毛澤東七月八日在「偽信」裡面說：「我歷來不相信，我那幾本小書（指《毛語錄》）有那樣大的神通。現在經他一吹，全黨、全國都吹起來了，真是王婆賣瓜，自賣自誇。」的一段話，與事實相左，康生偽造此信時，忽略了時間因素，成了重大破綻。

五月的中央政治局會議不是單純的為了批鬥和撤銷彭真等四人職務，或者讓林彪講「防止反革命政變」，這樣簡單。毛澤東更大的陰謀是藉劉少奇主持會議，正式爆發文化大革命。五月十六日，在劉少奇主持下，會議通過毛澤東發動文化大革命的「綱領性文件」，即所謂中共中央「通知」（又稱「五・一六通知」）。這份文件是周恩來向毛澤東提議起草，由鄧小平主持的中央書記處成立以陳伯達為首的起草小組，按毛澤東對文化大革命發展的指示擬稿，再送毛澤東親審。

「通知」的主要內容都是毛澤東修改時親筆撰寫加入，從《建國以來毛澤東文稿》一書，可看到毛反復修改多次，並送江青、周恩來、鄧小平、彭真、康生等看過，但沒有給劉少奇、林彪二人看，卻要劉少奇主持會議通過，等於誘騙劉少奇自掘墳墓跳，可憐的是劉少奇死後骨灰下落不明，連墳墓都沒有。林彪墜機後也要背負文革罪過，真是死不瞑目。

彭真更可悲，在「五・一六通知」的六個附件中，有兩份是專門批鬥他的文件，一件是「關於彭真在國際活動中的王明路線」，和另件「關於彭真錯誤的一批材料」。彭真在會前看「通知」原稿時，即知要被鬥，還要被撤職，相信他這時已是如坐針氈，惶恐渡日。真正助紂為虐是周恩來，毛澤東一生重大的鬥爭，幾乎都是周恩來為求自保而放縱毛澤東為所欲為，毫不加制約。

「五・一六通知」全名叫「中國共產黨中央委員會通知」：認為中國存在著「黨變修」「國變色」的危機。因此文化大革命的任務，就是「全黨必須遵照毛澤東同志的指示高舉無產階級文化革命的大旗，徹底揭露那些反黨反社會主義的所謂『學術權威』的資產階級反動立場，徹底批判學術界、教育界、新聞界、文藝界、出版界的資產階級反動思想，奪取這些文化領域中的領導權。」「混進黨裡、政府裡、軍隊和各種文化界的資產階級代表人物，是一批反革命修正主義分子，一旦時機成熟，他們就會要奪取政權，由無產階級專政變為資產階級專政。這些人物，有些已經被我們識破了，有些還沒有被識破……例如赫魯曉夫那樣的人物，他們正睡在我們身旁，各級黨委必須注意這一點。」

林彪「五・一八講話」其實就是延續「五・一六通知」內容而來的。

中共許多學者認為，不僅與會的中央委員、政治局委員不知道「有些受到我們的信任，被培養為我們的接班人」的「赫魯曉夫那樣的人物」指的是誰，連主持會議的劉少奇、鄧小平和政治局常委也不知道是誰，對於毛澤東部署文化大革命的鬥爭對象一無感覺。文革後批評林彪的人，認為林彪知道指的是劉少奇。

林彪確實不但看出毛澤東要鬥爭劉少奇，還包括周恩來、鄧小平在內。在這次中共中央會議結束的當天，即五月二十六日，《林彪工作札記》寫道：「老毛施陽謀外出（指南巡），由劉少奇主持中央會議，經劉除『彭、羅、陸、楊』作第一步，再通過毛的政治鬥爭綱領（即「五・一六通知」），劑除劉、周、鄧，這是毛的陰謀。」

但是在會議上，大家反而懷疑毛澤東所指的是朱德。當時朱德對批判彭、羅、陸、楊表現消極，而且在投票是否同意「五・一六通知」的內容時，朱德與陳雲、李富春三個人棄權未投票。五月廿三日會議上，陳毅發難批評朱德的歷史問題，發言冗長且激烈。林彪也批評說：「朱德你是有野心的，你檢討得很不夠。有人當是他自己檢討的（註：朱德在會中被責令自我檢討），不是的！是黨中央決定讓他脫褲子的，不檢討不行。」陳毅插話說：「朱德我要問你：你是不是要搞政變？我看你是要黃袍加身，當皇帝。」周恩來說：「我們不放心，常委中有這樣一個定時炸彈，毛主席也擔心。」

但是劉少奇本人則是在派工作組進駐學校，被指示撤出，及學生揪住王光美要批鬥時，才體會到是指他了。

「五・一六通知」同時撤銷原「中央文化革命五人小組」，重組「中央文化革命小組」（簡稱「中央文革」）。成員為：

組　長：陳伯達（中央政治局常委、中共理論專家，為毛文膽之一）

顧　問：康生（本名張宗可，出身山東大地主家庭，江青生母曾在張府為傭，江青係康生介識毛澤東。這時擔任中共中央理論小組組長、人大副委員長）

副組長：江青、王任重、劉志堅、張春橋。

組　員：有七人，包括謝鏜忠（總政文化部部長）、王力、關鋒、戚本禹、姚文元等人在內。

毛澤東規定中央文革「隸屬於政治局常委之下」，實際凌駕於常委之上，只接受毛澤東一人的領導。毛雖選擇陳伯達擔任組長，但真正核心人物是江青，為了突出此點，還正式以文件通知全黨：在陳伯達病假或公出離京期間，由江青代理組長職務。等於明告陳伯達少干預中央文革工作。陳伯達被鬥倒後，毛澤東繼續批鬥其他成員，最後剩下江青、康生、張春橋、姚文元、王力、關鋒、戚本禹等人，並取代中央書記處、中央政治局，成為毛澤東的「無產階級司令部」的主體。王、關、戚三人後來也被鬥倒。

五月二十三日，會議通過停止彭真、陸定一、羅瑞卿三人的中央書記處書記，和楊尚昆的候補書記職務，撤銷彭真北京市委兼市長，和陸定一中央宣傳部部長職務。調廣東省委書記陶鑄為中央書記處常務書記，兼任中宣部部長；調葉劍英任中央書記處書記，兼軍委秘書長。

林彪的「五・一八講話」裡，點名彭真、羅瑞卿二人，是毛澤東特別注意要防止發生反革命政變的對象。會後被康生加以利用製造了一個「二月兵變」，陷人於絕地的漫天大謊。

七月二十七日，康生在北京大學群眾大會上說：「在今年二月底，三月初，彭真他們策劃政變，策劃把無產階級專政推翻，變成他們的資產階級專政。他們的計畫之一是把北京大學、人民大學每一個學校駐上一營部隊。這個事情是千真萬確的事情。」當時江青、陳伯達均在座，等於證明康生所言屬實，結果在北京大街小巷，各學校機關傳遍。於是，「二月兵變」成了鬥爭彭真四人的專有名詞。

但是，到了八、九月間，突然演變成為「賀龍私自調軍隊搞『二月兵變』」。誣指賀龍搞兵變的不只是「中央文革」成員，而且跟林彪扯上關係。因此，有人說林彪的「政變經」（五・一八講話）是影射賀龍，一手製造了賀龍冤案。

這個事情的背景，跟毛澤東的「防止政變」陰謀有關。二月劉少奇主持政治局會議，通過彭真的文革小組提出之「二月提綱」後，同月中央軍委決定在北京衛戍區增建一個團，但在北京無多餘營區安置新團，乃洽詢北京各大學，有無學生下鄉參加「四清運動」空出來的宿舍。獲得北京大學和人民大學同意撥出部份空房舍借給部隊暫住。雖然最後部隊沒有進住，改住到郊區的一個靶場，但已成了「二月兵變」的「事實」根據。通常部隊沒有毛澤東核准是不可能調動的，北京衛戍區增建一個團，當然是毛「防止政變」的預防措施。

在康生講話前，北京大學有一位團委幹部，捕風捉影地寫了一篇「觸目驚心的二月兵變」大字報貼出，指北京衛戍區向北大聯繫部隊住房，「是要搞政變」；北京師範大學一名學生，看了這張大字報，也仿造寫了一張大字報，質問人民大學黨委書記：「彭真陰謀搞政變，要在人民大學駐兵，這事你知不知道」。這種天方夜譚式的謠言，傳播即速又廣，鬧得滿城風雨。康生於七月底講話，不啻火上加油，燒的更旺。鄧小平在查明事實後，特別出面澄清沒有「二月兵變」，但已煞不住車，新的「中央文革」（事實上應該是毛澤東）抓住這個機會栽贓鬥爭賀龍。不過落實鬥爭賀龍，是一九六六年底的事。

陶鑄於六月一日到北京工作，除任中央書記處常務書記、中宣部部長外，並兼國務院文教辦公室主任、中央文革小組顧問，儼然成了一顆中共政壇冉冉上升的政治新星，前途似錦。陶鑄到北京後，江青極事拉攏。這時學生已經開始

「造反」，陶鑄覺得不妥，而江青希望陶鑄能夠配合推動文革，雙方曾有齟齬。

六月三日，劉少奇主持政治局常委擴大會議，陶鑄與會。劉、鄧因學生動亂，主張在各大專院校派駐工作組，約束學校亂局，陳伯達秉持毛澤東意見反對。劉少奇不敢作決定，於九日偕鄧、陶、陳等人飛赴杭州向毛請示，毛說：「亂一點怕什麼，先讓他亂一陣子。天下大亂達到天下大治，這是自古治國的好辦法。」「可以派工作組，也可以不派。」但「不要急急忙忙派工作組。」意思就是不要派，而不肯明說。

陶鑄則支持派工作組，因為是「我們黨幾十年來的成功經驗之一。相信群眾，群眾還得由黨來領導。」陶鑄剛到中央，毛未加責備，不幸的是陶在文革重大問題，第一次表態就站錯了邊，最後才會成為「最大的保皇派」。

學生開始造反是在「五．一六通知」發布後，康生找來其妻曹軼歐大學時女同學，北京大學哲學系黨支書記聶元梓說：「（彭真背後）還有大後台，要衝垮他的後台，單靠中央開會是不行嘍，必須要發動群眾，這就要有人敢出來點一把火，讓全國都燒起來。」

聶元梓領受任務後，在北大組織一個寫作班，選定北京市委大學工作部部長宋碩、北大黨委書記陸平、副書記彭佩云為對象，撰寫了文化大革命第一份大字報，題目是「宋碩、陸平、彭佩云在文化革命中究竟幹些什麼？」文章最後聶元梓加上一段：「打破修正主義種種控制和一切陰謀鬼計，堅決徹底、乾淨、全面地消滅一切牛鬼蛇神，一切赫魯曉夫式的反革命修正主義分子。」五月二十五日，大字報在北大學生大飯廳前東牆貼出，點燃了第一桶火藥，卻引起北大學生普遍不滿，校園迅速貼出了上千張大字報，反對聶元梓觀點。

康生把聶元梓的大字報底稿送到武漢，給毛澤東看。毛澤東情緒激動地大加讚揚：「這是全國第一張馬列主義大字報，寫得是何等地好啊！」並指示向全國廣播大字報內容。六月一日，中央人民廣播電台在新聞聯播節目播出。北京各大學頓時陷入混亂，各式各樣，正反議論皆有的大字報貼的滿牆滿校。同日，人民日報和新華社發表社論「橫掃一切牛鬼蛇神」。次日再發表評論員文章「歡呼北大的一張大字報」及社論「觸及人們靈魂的大革命」。

劉少奇因北京各大學學生秩序失控，在六月九日請示毛澤東不得要領，返北京後，仍因學校動亂加大，只得再召開政治局會議，以毛澤東沒有明確表態說不派工作組，並出示再次請示毛澤東又同意派工作組之電話紀錄，徵詢意見。陶鑄立即提議「快派工作組」，康生、陳伯達仍反對，但在鄧小平支持下通過派工作組進駐北京各大中學校及科研機構。然而已無法阻止學生騷動，北大發生六月十八日揪鬥六十多名「黑幫」幹部和教授事件，和清大學生蒯大富絕食向任該校工作組長的劉少奇之妻王光美施壓情事。

一九三九年毛澤東講過：「馬克思主義的道理雖有千萬條，但其根本無非是『造反有理』之一言。」這就是他的鬥爭哲學。

聶元梓張貼第一張大字報後，五月廿九日，清華大學附中高三數十名高幹子弟仿效蘇聯二戰期間青年近衛軍，成立了「紅衛兵」組織，其他北京中學生也群起效尤。六月廿四日，清大附中紅衛兵貼出大字報說：「一句話，敢造反，這就是無產階級黨性的基本原則。」而且要像孫猴子「掄大棒，顯神通，施法力，把舊世界打個天翻地覆，打個人仰馬翻，打個落花流水，打得亂亂的，越亂越好。」

六月中下旬，毛澤東回到湖南韶山，終於制定如何鬥爭四十五年老戰友，老同志劉少奇最重要的一條策略——「一鬥二批三改」，內容是「鬥黨內那些走資本主義道路的當權派；批判資產階級的反動學術權威，批判資產階級和一切剝削階級的意識形態；改革教育，改革文藝，改革一切不適應社會主義經濟基礎的上層建築。」

七月十八日，毛澤東從武漢回到北京，對劉少奇、鄧小平在各大中學學校派駐工作組，認為是對發動文化大革命「起壞作用，阻礙運動，應統統驅逐。」「不要工作組，要由革命師生自己搞革命。」並指責說「誰去鎮壓學生運動，只有北洋軍閥。凡是鎮壓學生運動的人都沒有好下場！」這以後成了劉、鄧被打倒的一大罪狀。

至此，毛澤東已完成鬥爭劉少奇、鄧小平的戰略部署，群眾運動已經發起，文化大革命正積極推動，鬥爭時機已經到來，他決定召開中共黨的八屆十一中全會，鬥爭劉、鄧資產階級司令部。

自五月之後，林彪未參與鼓動學生造反運動，他跑到大連去休養，直到八月被毛派專機、專人強制接他來北京開會，他才有所表態。而陶鑄根本就反對學生造反。

周恩來很幸運，未如林彪判斷被鬥，固然是他非常謹慎小心，避開了毛澤東陷阱，但是更主要的是周恩來善於揣摩毛澤東的意旨，投毛所好，不給毛下手鬥爭機會。

06 文革爆發

林彪陶鑄竄升陶鑄旋即被鬥

一九六六年八月一日至十二日，中共八屆十一中全會在北京召開。這次會議與以往不同的是，出席人員除了中央委員、候補中央委員、各中央局和各省、市、自治區的負責人外，還有「中央文革」小組成員（多未具中央委員或候補委員身分），和北京大專院校「革命師生」代表參與。大會名義上是陶鑄負責籌辦，實際是周恩來籌組，會議由毛澤東親自主持。

林彪不想與會，在開會前已先去大連休養，藉口身體不適，請假不出席。

八月四日，毛澤東在會上大聲斥責劉少奇、鄧小平派出工作組進入校園，領導學生運動「是鎮壓、是恐怖」，「這個恐怖來自中央」，「牛鬼蛇神，在座的就有。」

八月五日，毛澤東寫下「炮打司令部——我的一張大字報」全文如下：「全國第一張馬列主義的大字報（指聶元梓的大字報）和人民日報評論員的評論（指六月二日評論〈歡呼北大的一張大字報〉）寫得何等好啊！請同志們重讀一遍這張大字報和這個評論。可是在五十多天裡，從中央到地方的某些領導同志，都反其道而行之，站在反動的資產階級立場上，實行資產階級專政，將無產階級轟轟烈烈的文化大革命運動打壓下去，顛倒是非，混淆黑白，圍剿革命派，壓制不同意見，實行白色恐怖，自以為得意，長資產階級的威風，滅無產階級的志氣，又何其毒也！聯繫到一九六二年的左傾和一九六四年形左而實右的錯誤傾向，豈不是可以發人深省的嗎？」

毛澤東的大字報，並未用「大字」寫出，而於次日印發給全體出席者，震驚全場。毛澤東以不點名方式，將他與劉少奇、鄧小平在一九六二年「七千人大會」所受「委屈」；一九六四年「四清運動」期間，毛、劉間的矛盾，和「文革」初期派遣工作組的分歧等，正式上升到兩條路線、兩個階級、兩個司令部的鬥爭。明確號召群眾「炮打」「資產階級司令部」。

毛澤東這一張「大字報」印發後，改變了會議原定議程，轉為揭發批判劉少奇、鄧小平的「資產階級司令部」。江青、康生的「文革幫」（這是林彪私下所封，林彪死後，王洪文加入，才被毛澤東稱為「四人幫」）首先在小組會議上對劉、鄧發動攻擊批判。

據陶鑄妻子曾志回憶說：陶鑄告訴她：「十一中全會上，主席主持召開了好幾次政治局的生活會，目的是批判少奇和小平同志。會前，江青私下找到陶鑄進行布置。陶鑄說：江青要我在會上打頭陣，要我向劉、鄧放炮。我沒照她意思做，我對她說我剛來中央，對情況一點不瞭解。結果打頭陣的是謝富治。開了幾次生活會，最後只有我和總理沒發言。」

八月六日，全會臨時變更議程，增加一項改選中央政治局常委的程序，毛澤東親自起草候選人名單，他把林彪的名字排列在他之後，成了第二位。周恩來建議：只保留林彪一人作為黨的副主席，以突出林彪作為接班人的地位，而原有的副主席，自周恩來以下，以後不再擔任副主席，一律改為政治局常委。

據周恩來在次（一九六七）年一月二十一日接見軍事院校學生代表時說：「在十一中全會上，我推薦了林彪同志，他是活學活用毛澤東思想最好，跟毛主席跟得最緊的，我推薦他為副統帥。」周恩來敢於公開講這句話，應該是事實。按中共中央政治局委員排序，打倒劉少奇後，理應由周恩來升任第二把手。但是周恩來深刻瞭解毛澤東的鬥爭性，始終不放心他，屢屢想設陷阱讓他跳，而且他也看穿毛要鬥爭劉少奇、鄧小平，可能也包括有他，但他知道，毛需要林彪協助掌握軍權之策略。他為求自保，又不願站上第一線批鬥劉、鄧等人，於是推薦林彪當犧牲品，自己甘居「老三」之地位，向毛表達了他不爭權位和臣服之意，避開被鬥厄運。

晚上，毛澤東指示其秘書電話通知在大連養病的林彪立即回京出席會議，林彪執意不回。毛又請周恩來給林彪打電話勸說，並指派空軍司令員吳法憲隨同專機飛赴大連接林彪趕回北京。毛同時宣布休會，等林彪來了再繼續開會。（後來多次毛主持的會議，林彪不參加，也阻止葉群以他的代表身份出席，毛均以休會方式，逼林彪或同意葉群到會。）林彪被迫不得不隨吳法憲乘專機返北京。

林彪到達人民大會堂（會議場所）後，毛澤東趕來與林彪單獨談話，要林彪出任接班人。據林辦秘書張寧回憶：林彪連連作揖，表示身體有病，不願意當接班人。毛澤東斥責林彪：「想當明世宗」（註：明朝嘉靖皇帝，迷信道教，求長生，二十年不見朝臣，不問政事），又說「你不想介入運動是假的！」。林彪仍不願接受，寫了書面報告婉拒當「接班人」，毛澤東批示還是要他做。

事後，林彪回到住所氣得把毛批示的字條，撕碎扔進痰盂。葉群看到，急忙撈出拼好粘在一塊。據林彪侍衛長李文普也回憶說：「他（指林彪）曾幾次流露不想幹（接班人）這種角色。」林彪身體不好，怕冷、怕熱、怕光、怕見客，且沉默寡言，這種人根本不具當毛接班人條件，而毛軟硬兼施，非要林彪擔任接班人，顯非出於真心，毛澤東能夠把鬥爭「彭、羅、陸、楊反黨集團」提升到「防止反革命政變」的層次，他完全是要利用林彪掌握軍權，防止劉、鄧發動政變，篡取黨政權力。

八月八日，全會通過「關於無產階級文化大革命的決定」（簡稱「十六條」），內容包括前述毛澤東批鬥劉少奇的「一鬥二批三改革」策略。這份文件強調「運動的重點，是整黨內那些走資本主義道路的當權派」。文革的方針是「充分運用大字報，大辯論這些形式，進行大鳴大放，讓群眾教育自己，解放自己。」還特別提出「敢字當頭」、「不要怕出亂子」、搞革命「不能那樣雅致，那樣文質彬彬，那樣溫良恭儉。」

這份文件其實是陶鑄與王任重（陝西省委書記）二人照毛澤東指示，將一九六五年元月通過的「農村社會主義教育運動中目前提出的一些問題」（簡稱「二十三條」）重新改寫，陶鑄堅持將原文中有關「黑幫」的內容和文字統統刪掉，而這些文字是江青希望加入在文件中的。陶、王在文件中著重寫進「我們黨的幹部大多數是好的和比較好的，犯錯誤的幹部包括犯了嚴重錯誤的幹部絕大多數也是可以改正的」等內容。陶、王並將「二十三條」刪減為「十六條」。文件改好後，送毛澤東審閱修改，毛說：「這個文件改得好。」親自將其中一條，簡化為「要文鬥，不要武鬥。」

但是，這個文件通過後，激怒了江青，後來她在煽動年輕學生時，針對毛澤東的「要文鬥，不要武鬥」提法說：「打人也沒有什麼了不起嘛！好人打壞人，活該！壞人打好人，好人光榮；好人打好人是誤會，不打不相識。」陶鑄在接見群眾時則說：「不要搞殘酷鬥爭，無情打擊，王明的那一套，搞得黨內離心離德，怨聲載道，我們一定要記取這個歷史教訓。」所以八屆十一中全會後，江、陶的矛盾急速上升。

晚上，林彪接見中央文革小組成員，他秉承白天通過的「決定」精神，表示堅決支持毛澤東，他說：「文化大革命最高司令是我們毛主席」，「要鬧得翻天覆地，轟轟烈烈，大風大浪，大攪大鬧，這半年就是鬧得資產階級睡不著覺，無產階級也睡不著覺。」不過「我是打仗的，對毛澤東思想拼命想學、想用，但是瞭解很少。」

十日，林彪召集出席會議之軍幹講話，提醒軍隊幹部要看清大方向，緊跟毛澤東，保持「大節」，不要在文革中犯「方向路線」之「小節」錯誤。林彪已看出文化大革命將會十分激烈與殘酷，他不希望軍隊幹部站錯邊被鬥被整，捲入文革漩渦，最後還是逃不過。這就是林彪著名的「大節、小節論」。

十一日，全會印發林彪「五‧一八講話」（即政變經）。如果不是毛澤東指示，是沒人敢擅自印發，更證明「政變經」是毛指示林彪發表的。

這天，毛澤東再跟林彪談接班事，林彪仍推說自己有病，不能經常出席會議。毛說：「一般的會議讓葉群代表你參加就行了。」林推辭不掉，只好接受。

十二日，全會改組中央領導機構，毛澤東、林彪、周恩來、陶鑄、陳伯達、鄧小平、康生、劉少奇、朱德、李富春、陳雲為中央政治局委員。林彪從原來的第六位上升到第二位，並成為中共中央唯一的副主席，正式成為毛澤東的接班人。劉少奇由原來的第二位降至第八位。毛澤東雖然要打倒劉、鄧二人，但又要拿鄧小平來羞辱劉少奇，曾有意將鄧小平排名第四（過去為第七），稍後毛澤東又重新考慮將陶鑄調整為第四，列在陳伯達之前，將鄧小平移至陳伯達之後，排名第六，仍在劉少奇之前。

林彪在全會上建議「選舉結果不對外公布」，顯然他害怕一公布，就背上排擠鬥爭劉少奇之黑鍋。但是八月十八日，毛接見紅衛兵時，林彪站在毛的身邊，而劉少奇遠落在後面，一反過去常態，舉世都知道林彪地位提升了

陶鑄剛由地方調到中央工作才兩個多月，為何受到毛澤東如此重視，提升為「第四號人物」。有三種版本說法：

第一種版本是王力的回憶錄，他說：「江青說鄧小平犯了錯誤，為什麼還升了，過去第七位，現在第四位了。他的名次要在陳伯達的後面。她又說陳伯達太老實，壓不住鄧，陶鑄厲害，調上去。本來陶鑄的名次在第十一位，調到第四位。」這種說法可信度低，一則毛澤東對這種重大人事案，不太可能受到江青操縱，另則陶鑄在十一中全會上，未照江青要求帶頭批評劉、鄧，在這個時候，她不會為陶鑄爭取排名。王力應該是事後聽了江青為了彰顯她對毛澤東的影響力而說謊編造的故事。

第二個版本是陳伯達秘書回憶說：在醞釀常委排名時，陳伯達原名列第四，陳自覺自己不行，向毛澤東請辭說：「我書生氣十足，這個位置對我不適合。」周恩來也認為陶鑄好些，於是將陶鑄從後面調到陳伯達之前。

第三個版本，是根據「周恩來年譜」說法：八屆十一中全會「在討論政治局常委分工時，周恩來建議陶鑄來協助他處理黨和國家的日常事務。毛澤東採納了周恩來的建議，……親自用紅筆把陶鑄的名字勾到周恩來名字之後，陳伯達名字之前。」這一版本，也說明了陳伯達爾後在批鬥陶鑄時十分兇狠的原因。

據陶妻曾志回憶：陶鑄說過「我是新上來的，排太前不好，我認為應把我放到（李）富春後面。我去見了主席，要求把陳伯達調到第四位來，我說陳伯達長期在你身邊工作，對主席思想領會比我快。主席說已經定了，不變了。」

在十二日全會閉幕式上，林彪致詞說：「已開展的文化大革命的性質和任務是『打垮一切牛鬼蛇神』，破『四舊』，立『四新』，使我們社會主義的建設除了物質的發展之外，精神上、思想上得到健康的發展。」大陸學者認為林彪在講這個話時，很明顯透露他對毛澤東發動的文革的目的認識還不深。毛澤東的「文革」目的很簡單：打倒劉少奇，鬥爭「七千人大會」的各級幹部。

當日公布之毛澤東修改審定的「公報」，特別突顯林彪說：「全會認為：林彪同志號召人民解放軍在全軍展開學習毛澤東同志著作的群眾運動，為全黨全國樹立了光輝的榜樣。」「對毛澤東同志著作，帶著問題學，活學活用，學用結合，急用先學，立竿見影，在用字上狠下功夫的用法，是行之有效的，普遍適用的，應當進一步在全黨全國推廣。」這是中共以中央文件上在毛澤東之外，首次表揚的第二人。

林彪並不想取代劉少奇作為毛澤東的接班人，他在毛堅持和全會一致「擁護」通過後，表現得誠惶誠恐，他在全會閉幕式致詞上也表達不適任之意。十三日，他在全會後續召開的中央工作會議上發表講話，先結合文化大革命，提出三條「罷官」辦法（反毛思想、同文革搗亂、沒革命幹勁的幹部均罷官）後，又再次表示：「我最近心情很沉重，我的工

作和我的能力是不相稱的，是不稱職的。我意料是要出錯誤的，但是要力求減少錯誤，依靠主席，依靠常委同志，全體同志，文化革命小組的同志。」「中央給我的工作，我自知水平、能力不夠，懇辭再三。但是，現在主席和中央已決定了，我只好服從主席和黨的決定，試一試，努力做好。我還隨時準備交班給更合適的同志。」

此後，中共展開了「大樹特樹」林彪為接班人聲望的宣傳，實際這項吹捧工作是由毛澤東帶頭所發起的。如果沒有八屆十一中全會的「公報」，毛澤東「欽定」表揚之詞，中共黨內沒人敢過分吹捧林彪，所謂「上有所好，下必甚焉」，所以在文革初期，捧毛一定也捧林，掀起空前馬屁之風。

自八月以來，無論媒體或黨政軍機構，也都在「大樹特樹」林彪威望，甚至脫離事實的宣傳。譬如林彪身體不好，但是葉劍英在全軍院校文化大革命動員大會上說林彪「最全面掌握毛澤東思想，而且年紀最輕，身體也最健康，今年才五十九歲，是領導中最年輕的。」「林彪同志的身體比我們中的任何人都好。我們確信，林彪同志跟著毛主席領導個二、三十年是毫無問題的。」「馬克思、恩格斯是兩個人，毛主席、林彪同志也是兩個人，我們的革命就無往而不勝。」「要向全國、全世界宣傳毛主席和林彪同志的健康、這有極大的政治意義。」葉劍英誇大林彪的健康頗令人懷疑，葉劍英有無故意諷刺林彪之意？此後，林彪在陪同毛澤東接見紅衛兵時，紅衛兵都會「三呼三敬」高呼「祝毛主席萬壽無疆」「祝林副主席永遠健康！」各三遍。

吹捧林彪的作為，有許多來自中央文革小組。如一九六七年十一月，由陳伯達、姚文元負責起草的「中央關於徵詢對召開『九大』意見的通報」，經毛澤東審修訂稿後，林彪要求刪除或改寫輕淡一些對他吹捧文字。這段文字是：「許多同志建議，『九大』要大力宣傳林副主席是毛主席的親密戰友，是毛主席的接班人，並寫入『九大』的報告決議中，進一步提高林副主席的崇高威望。」毛澤東對林彪建議批示：「刪去不好，也不必改寫。」「九大」後，林彪正式被冠上為毛澤東的「親密戰友和接班人」頭銜，中共對林彪的宣傳更達到前所未有的吹捧。

到一九六八年十月，八屆十二中全會通過中央文革小組康生、張春橋、姚文元起草，經毛澤東多次修改批示定稿的新黨章草案，明確寫入林彪是毛澤東的「親密戰友和接班人」。林彪要求刪除這段，毛澤東未同意。康生在會上說：「林彪同志很謙虛，他要求把黨章草案中提到那一段刪去，我們的意見，這一段必須保留。林彪同志是毛主席的接班人，這是會上公認的，是當之無愧的。」

周恩來有林彪作為他與毛澤東之間的緩衝，高興之餘，當然也要插一腳吹捧林彪。一九六九年四月召開「九大」時，他歪曲歷史在大會上說：「林彪同志是南昌起義失敗後率領一部份起義部隊走上井岡山，接受毛主席領導的一位光榮代表。從此，林彪同志一直緊跟毛主席，捍衛毛主席的無產階級革命路線，為中國人民革命戰爭和革命事業作出了卓越的貢獻。」五月，周恩來再強調：「林彪同志南昌起義失敗後，帶領部隊上井崗山，一直在毛主席身邊戰鬥。所以我說南昌起義的光榮代表應該是林彪同志。」完全否定了朱德率殘部上井崗山的事實，相信這是出於毛澤東貶抑朱德歷史地位的鬥爭手段。

此後「林彪與毛澤東在井崗山會師」一說，取代了朱德的功績，也成了林彪長期遭受詬病，被冠上篡改歷史的罪名。這雖非出於林彪本意，不過林彪未及時澄清，也要負責。早在一九六七年元月中旬，江青就派人送一幅「井崗山會師」油畫給林彪，彩繪毛澤東和林彪會師圖相，如不是毛澤東授意，江青也不敢篡改歷史送出此畫。林彪沒有表態否認，應是怕觸怒龍顏，得咎毛、周二人。

「九．一三事件」後，在中共宣傳下，大陸人民都相信林彪苦心鑽營，鬥爭黨內同志，為篡黨奪權，欺騙毛澤東，才得到「接班人」身分的。

毛澤東明知林彪身體不好，長期稱病不問政治，不具國家領導人條件，勉強林彪取代劉少奇擔任其接班人，不過是基於政治鬥爭的需要，而非真要林彪接班。在打倒劉少奇之後，一九六七年七月十五日，毛澤東曾說如果林彪身體不行的話，還是要鄧小平出來。可證明毛澤東對提拔林彪之虛情假意，也多少說明了鬥爭鄧小平是含有「陪鬥劉少奇」的意義，所以文革未逼死鄧小平，事後又讓鄧復出。

但在此時此際，為了利用林彪，毛澤東和周恩來二人都加入「大樹特樹」林彪的宣傳活動。用意是逼林彪上梁山，無法回頭，唯有充當毛澤東鬥爭打手和砲灰。這是毛的陰謀，預先埋下的一顆伏棋，如果文革一旦失敗，還有林彪充作代罪羔羊。當然，文革造成天下大亂，一旦嚴重失序，矛頭萬一轉向毛澤東時，還可利用林彪掌軍「護駕」。周恩來最能解讀毛澤東的陰謀，他迎合毛意，捧林自保。

林彪是否也甘心接受對個人的吹捧？事實林彪不贊成此一作法，在《晚年周恩來》一書中，就提到林彪多次出面制止吹捧他的舉動。一九六七年，林彪曾致信周恩來和中央文革小組說：「近一個多月來，我看了三次演出，每次演出中，都有『祝毛主席萬壽無疆』和『祝林副主席永遠健康』這兩個口號併提的情況……不宜提『祝林副主席永遠健康』的口號。只有突出我們偉大領袖毛主席，才符合全國和全世界革命人民的客觀需要和實際。」隨後，中共中央還以文件印發了這封信。

但是到九月份，毛澤東終於按捺不住，無法容忍有人與他齊名被歡呼，他對「祝林副主席身體健康、永遠健康」頌詞強烈表達不滿：「什麼永遠健康，難道還有不死的人嗎？」並指示代總參謀長楊成武傳話周恩來：「不要宣傳個人，否則將來要吃大虧，要犯錯誤。」周恩來即不執行，也不告知林彪，顯然他不想當惡人，並有隔山看虎鬥之意。

儘管有毛澤東的不滿，林彪的制止，仍未能抑制毛、周二人所帶起來的捧林之風，這種情形在軍中尤其嚴重。林彪甚至在一九六七年十二月寫信給軍委、各總部、兵種、軍區，再次提出六個不要宣傳他的問題：⑴不要宣傳「樹立林副主席的崇高威望」的口號；⑵不要出林彪的語錄和文集；

⑶不要有敘述林彪的革命歷史的事蹟；⑷不要呼喊「祝林副主席永遠健康」的口號；⑸一概不再題詞；⑹應大力突出宣傳毛主席和黨中央，最好完全不要提到他。萬一需要提到時，也無論如何不可超過十分之一比率。林彪深刻瞭解，做為第二把手，如果鋒芒太露，必遭毛澤東猜忌。

不過，林妻葉群倒是很在意這些吹捧用詞。一九六八年元月，楊成武在總參一次會議結束時，帶頭三呼「敬祝毛主席萬壽無疆」後，只喊了一次「祝林副主席健康」。楊成武知道毛澤東對祝林彪「永遠健康」有反感，林彪個人也下令制止，所以只簡單說「健康」兩字。葉群因代表林彪出席此次會議，在會後很生氣對楊成武說：「你不喊永遠健康，他的內臟也是好的，他的身體也沒有病。」葉群不能體會林彪的用心，一心盼望林彪接任毛澤東的位子，甚至狐假虎威，在九屆二中全會興風作浪，被毛澤東抓住把柄，開始部署鬥爭林彪，林彪被迫出逃，全家陪葬。

毛澤東獨夫心態，帝王觀念極為濃厚，不容臥榻之側，有他人鼾睡。目前因需要林彪協助掌握軍權鬥爭劉少奇，只得容忍，接受林彪與他一起受到吹捧。林彪不是不知道這點，他能夠在「曹操」一書上，針對曹操說自己當了宰相之後，成了「騎虎難下之勢」一詞之旁，加了批語「不要輕易騎上去」，就知他恐懼所在。

這時林彪的地位，正如曹操一樣已是「勢成騎虎」。三國演義一書描述曹操與劉備煮酒論英雄時說：「今天下英雄，惟使君與操耳。」劉備一驚，「所執匙筋，不覺落於地下」。不久即設法逃離曹操掌握，途中說：「吾乃籠中鳥、網中魚。此一行如魚入大海，鳥上青霄，不受籠網之羈絆也。」林彪一再設法遏阻對他的吹捧，他當然知道「伴君如伴虎」，一刻不能輕忽。

林彪既知惹不起毛澤東，又擺脫不了毛澤東，只得採取「心口不一」兩面手法策略，表現於外的是：毛澤東喜歡什麼，他就迎合什麼；毛澤東要搞「個人崇拜」，他就來個「造神」運動；毛澤東反對什麼，他緊跟反對；要鬥爭誰，他就嚴厲批判誰。但是背後，他私下說彭德懷的「萬言書」是正確的；對毛澤東鬥爭彭德懷，說毛「憑空想胡來」、「說絕了，做絕了，絕則錯。」他說毛「言行不一」、「搞權術」，卻在會議上說「誰反對毛主席，全黨共討之，全國共誅之。」

林彪和陶鑄二人都喜歡劉少奇，陶鑄會形之於外，林彪深藏內心。「九．一三事件」後，中共在查獲的林彪書籍中有一本劉少奇寫的「論共產黨員的修養」，林彪在上面寫了許多小鋼筆字，全是領悟心得，足證他對劉少奇的敬佩。所以在劉少奇、鄧小平被打倒後，他私下說：「劉少奇在理論上比毛主席講得透」，「劉少奇、鄧小平是好同志，拿掉劉沒道理。」林彪也曾對他的秘書表示對文化大革命不滿與反感，卻公開說：「文化大革命的成績最大最大最大」。

毛澤東在勸林彪當「接班人」時，曾說：「你不想介入運動是假的！」應該是指他不想介入「文化大革命」是假的。事實，林彪的確不喜歡文化大革命。九月下旬，林彪女兒林立衡對紅衛兵破壞歷史文物行動，感到不解，問林彪為何如此，林彪說這不是「文化大革命」而是「文化大要命」。一九六七年六月六日，他聽取秘書張雲生向他彙報各地武鬥情況時，林彪自言自語說：「文化大革命，變成武化大革命嘍！」。

林彪對江青、張春橋等「文革幫」一夥在文革竄升起來的新貴，製造各種冤、假、錯案，鋪天蓋地，無休無止的搞鬥爭運動，恨之入骨，他曾試圖勸毛澤東結束文革，毛均置之不理。但是，毛澤東說對了一點，林彪對鬥爭人，深具共產黨員特質，都能秉持毛澤東旨意，批鬥毛要鬥爭的對象，如彭德懷、羅瑞卿、彭真、陸定一、楊尚昆等人，不過有輕有重而已，這是中共高層普遍現象，人人愛打「落水狗」，並非林彪獨有。

八屆十一中全會後，中共召開政治局會議，繼續批鬥劉、鄧二人。據王力回憶說：「林彪對劉少奇批評不怎麼尖銳，但對鄧小平就講得很重。」林彪甚至把鄧小平問題的性質說成是「敵我矛盾」。總政治部主任蕭華、代總參謀長楊成武也繼林彪之後，狠批鄧小平，而且「講得很多」。這可能也是後來鄧小平復出掌權後不肯為林彪平反重要因素之一。

八屆十一中全會開會中途，毛澤東突然於八月十日出現在中共中央接待站，首次接見紅衛兵和造反群眾，對他們說：「你們要關心國家大事，要把無產階級文化大革命進行到底！」這句話迅速被傳達全國，助長文化大革命的騷動。

十八日，毛澤東偕林彪、周恩來及中央文革小組成員在天安門廣場參加「慶祝無產階級文化大革命群眾大會」，接見前來北京大串連的全國各地紅衛兵、學生和教師。毛澤東對林彪說：「這個運動規摸很大，確實把群眾發動起來了，對全國人民的思想革命化有很大的意義。」林彪發表講話說：「我們要打倒走資本主義道路的當權派。」「我們要打破一切剝削階級的舊思想、舊文化、舊風俗、舊習慣（簡稱「破四舊」）。」

北京師大附中女生宋彬彬把一個「紅衛兵」臂章佩上毛澤東左臂，毛並接受「紅司令」的稱號。

八屆十一中全會後，林彪已經清楚，他之所以作為接班人和毛澤東發動文化大革命的目的就是鬥爭劉少奇、鄧小平等人，他可做的，就是照毛的意思批鬥劉、鄧。八月十三日，葉群轉交他一份總參謀部作戰部副部長雷英夫所寫的「關於少奇同志的材料」，這是一份黑材料，檢舉劉少奇六大「問題」。林彪不敢壓下來，次日接見雷英夫，指示加寫了一封給「林副主席並報主席」的信。然後林彪在信上批寫：「江青同志：此件請閱，並請酌轉主席閱。」

這封信後來被稱為鬥爭劉少奇的「第一封誣告信」。林彪為什麼不直接轉送毛澤東，而送請江青閱轉，應該是他知道江青負有指揮「中央文革小組」執行鬥爭劉少奇任務，反正江青遲早都會看到此信，樂的先送江青，改善彼此關係，也讓毛澤東知道，他支持江青，支持鬥爭劉少奇。

在「文革幫」操縱下，清華大學紅衛兵於八月十九日貼出「王光美（劉少奇妻）是清華大學第一號扒手」大字報，二十二日就把矛頭正式轉向劉少奇，貼出「劉少奇同志七月二十九日講話是反毛澤東思想」的大字報。「七月二十九日」是指劉少奇在這一天下令北京市委撤銷大專院校工作組，宣達運動由群眾選出的文革小組主持。劉少奇並照毛澤東指示在當天的「北京市大專院校和中等學校文化革命積極分子大會」上作了自我批評，但沒有承認犯了錯誤，只說是「老革命遇到了新問題」，「對於如何進行文化大革命，我不知道。」毛澤東聽了嗤之以鼻說：「什麼老革命，是老反革命。」在大會上，毛從頭到尾，沒有正眼看劉、鄧一眼，明確表明他和劉、鄧的分歧。

毛澤東批評劉少奇是「反革命」，但在八屆十一中全會上，他另有一套說法。他說：「黨外無黨，帝王思想，黨內無派，千奇百怪。」又說：「要允許人犯錯誤，允許人改正錯誤。」有許多人誤信了毛允許有不同派別存在，也寬恕了劉少奇，因此有了保劉的「保皇派」出現，結果在武鬥時，被打倒，甚至被害死亡。

林彪與前妻張梅所生女兒林曉霖在哈爾濱軍事工程學院加入被造反派稱為「保皇派」的「八八紅旗戰鬥團」，林彪怕牽連到自己，又為了保護林曉霖，採取「大義滅親」和「劃清界限」雙軌並行的方法以自救和救女。八月二十一日，林彪接見「哈軍工」師生代表時說：「林曉霖因長期不接受我的教育，屢教不改，處處與我作對……政治上非常落後，表現不好，背著我在外面做了些壞事。因此九年來我拒絕見她，九年來已與她斷絕來往，只是在經濟上供給她。」「請你們轉告她，希望她在這次文化大革命中，要高舉毛澤東思想偉大紅旗，聽毛主席的話，真正參加無產階級文化大革命運動。」事後並由葉群指示「林辦」秘書根據林彪談話撰寫「林彪聲明」一份，派專人送交黑龍江省委。後來再派人將林曉霖送往西北尖端武器試驗基地從軍保護起來。

林彪如此處理林曉霖問題，與劉少奇和前妻所生女兒劉濤有關。劉濤在知悉父親劉少奇犯了錯誤，即將被毛澤東批鬥之前，毅然與劉少奇及後母王光美劃清界限，搬離家中，並向清華大學紅衛兵揭露劉、王一些不為外人所知的材料。劉濤後來受不了良心譴責，試圖外逃緬甸，被捕入獄。

林彪這一步確實走對了，就在這年十一月十七日，周恩來接見「哈軍工」學院紅衛兵代表時，就有紅衛兵提到林曉霖問題。周恩來說：「這個問題你們不要去研究了，最偉大的人對自己子女也處理不好，封建社會裡有句話：清官難斷家務事。你們有了孩子就知道了。他們把它（指林彪有關林曉霖的講話）到處張貼是不對的。沒有什麼了不起，你們娃娃們不懂這些事情，這是林副主席和造反團隨便的談話，家務事也講了。」又說：「我是你們當中的一個，把我的話都傳達了就不好了，如果和你們打官腔，半個小時就解決問題了。」幫助林彪化解了此一困擾。

在一九六六年下半年，毛澤東對劉少奇、鄧小平的鬥爭，還只是進行批判而已。劉少奇甚至自我安慰的說：「主席歷來是思想批判從嚴，組織處理從寬。再說，我有多大的錯呢？」毛澤東對劉少奇肉體的摧殘到一九六七年四月才開始。

林彪被毛澤東欽定為接班人後，工作仍持消極態度。據王力回憶：林彪雖然是接班人，他的地位跟劉少奇不一樣，劉少奇做第二把手時，是主持常委日常工作的。「林彪什麼事都往後退。」按照毛澤東意思，原希望中央工作由林彪主持，但林彪只主持幾次會議後，就將中央日常工作都交周恩來負責。即使是中央軍委工作，也大多委由軍委副主席兼秘書長葉劍英主持。偶而會派其秘書張雲生去旁聽。對軍委通過之文件通常不置一詞，原件只批「送主席閱」。

不過在文革初期，林彪陪同毛澤東參與接見紅衛兵的活動則都無法，亦不敢推辭，有時他不想參加，葉群就逼他一定要去。據李文普一九九八年十二月回憶：「（林彪）身體瘦弱，臉色發白，因為身體不好，不願陪同毛澤東接見紅衛兵，不陪又不行，有時也到了難以支撐的程度。有一次在天安門陪毛澤東走到下面金水橋與紅衛兵見面，幾乎走不回來。」

八月三十一日，林彪第二次陪同毛澤東接見紅衛兵，毛對紅衛兵的打、砸、搶、抄、鬥，大加讚賞。林彪亦表態讚揚紅衛兵的「敢想、敢說、敢幹、敢闖、敢革命的無產階級革命精神。」「堅持反對壓制你們，你們的革命行動好得很。」

九月，毛澤東預定十五日在天安門開七十萬人大會，接見紅衛兵。事前毛澤東因發燒臥病，特別指示林彪如果他「不能起床，則請你主持。」周恩來亦建議接見時由林彪一人講話即可，毛澤東仍指示二人均講。其實，歷次接見紅衛兵，林、周二人講稿都是陶鑄的中宣部擬稿，送毛審閱修改定稿後，交二人照本宣科，不能代表是二人意見。偶而林彪會加寫一兩句鼓勵紅衛兵激烈行動的話，毛澤東也會批示：「這樣修改很好。」

林彪不熱衷中央和軍委工作，但對吹捧毛澤東造神行動，絲毫不放鬆。九月十八日，他對高等軍事學院、政治學院和總政治部宣傳部負責人講話說：「馬克思、列寧的書太多，讀不完，他們離我們又太遠。」「我們要百分之九十九地學習毛主席著作，這是革命的教科書。」「毛主席比馬克思、恩格斯、列寧、史大林高得多。現在世界上沒有那一個比得上毛主席的水平。」「毛主席這樣的天才，全世界幾百年、中國幾千年才出現一個。毛主席是世界最大的天才。」「用毛澤東思想來統一我們的思想。」

林彪深切瞭解毛澤東的獨夫心態，吹捧用詞，已到肉麻不堪地步，比劉少奇早年吹捧「毛澤東思想」，更勝一籌，難道他不知道劉少奇並未因此保住自己，仍然逃不過毛澤東的鬥爭，或者他在賭毛澤東的壽命，看誰活的久。但是這時毛澤東只有七十三歲，來日還多，身體比林彪健康多了。

林彪如此離譜的吹捧毛澤東，最有可能的是：一則自保；二則藉超過事實的吹捧，發洩心中對毛澤東的不滿。從他背後批評毛的話和行為，可以窺知他這種心態，而且毛澤東說：「人民眼睛是雪亮的。」當全國人民冷靜下來時，就知道毛不是這麼偉大的人物，自然達到貶抑毛的目的。事實證明，「文革」結束和「四人幫」被捕後，毛澤東的地位終於落得了「三七開」，若不是「建國有功」，可能亦和史大林一樣被鞭屍了。

陳毅曾私下批評林彪說：「德國出了馬克思、恩格斯，伯恩斯坦對馬克思佩服得五體投地。結果馬克思一去世，伯恩斯坦就當了叛徒；史大林生前，赫魯曉夫對他比對親生父親還親，結果史大林死後，赫魯曉夫背叛了他，還焚屍揚灰；中國現在又有人把毛主席捧得這樣高，我看哪，歷史有驚人的相似，他不當叛徒我不姓陳。」陳毅也是中共十大元帥之一，曾任外交部長，支持劉少奇派工作組進入學校及黨政機關，後來也被鬥。

毛澤東真的因林彪的吹捧而得意忘形嗎？毛是何等梟雄，豈易被林彪所矇住，林彪只不過是他的一只政治棋子而已。毛澤東也是隨時防著林彪的「變」。在數次接見紅衛兵之後，於九月中旬毛澤東拿給林彪看兩本線裝書，書名是《郭嘉傳》和《范曄傳》，兩人皆古代重臣，權位如同林彪今日一樣。郭嘉是曹操謀臣，立有大功，但英年早逝；范曄是南宋文宗太子左衛將軍，因謀反伏誅。毛澤東藉古喻今。給林彪看郭嘉傳，表面上是勸林彪保重身體，實際上是郭嘉即使長壽，曹操也不會讓位給他，毛澤東暗示林彪不要有接班幻想，更不要想謀反篡位，否則就如范曄一樣，落得被殺下場。林彪當然能領會毛澤東的用意，事後還寫信給毛感謝和提出讀後感，以示臣服。

九月，毛澤東決定將劉少奇、鄧小平派工作組「鎮壓」群眾運動提升到「批判資產階級反動路線」高度，並指定林彪在「十・一國慶」講話時和在「紅旗」雜誌社論中拋出此一問題。講稿和社論文章均由中央文革小組負責撰寫，毛澤東強調要在林彪講話中提出批判劉少奇的「錯誤路線」。毛澤東定稿時，使用的是「資產階級反革命路線」。林彪在上天安門講話之前，陶鑄等人向毛澤東提出用「反革命」一詞，話太重了。毛於是將「反革命」改為「反對革命」，成了「資產階級反對革命路線」，語氣稍見緩和。但是當晚，張春橋向毛澤東表示「反對革命路線」提法不通，毛又從「善」如流改為「徹底批判資產階級反動路線」，語意又再加重。這個加在劉少奇的新罪名，成了導致文革大動亂的一個重要催化劑。人們看到聽到，都以為是林彪提出的，實際是毛澤東欽定的罪名。

依慣例，中共國慶前，新華社須發出中央領導人登天安門城樓照片，因毛澤東已發動批判劉少奇、鄧小平的政治運動，所以新華社預先選擇慶祝中共建國十七週年當天的新聞圖片時，取消了劉、鄧二人照片。但陶鑄認為劉少奇政治地位儘管下降，仍是中央政治局常委，仍是國家主席；鄧小平政治局常委排名未降反升，中央總書記地位未變。劉、鄧二人即使有錯誤，也是內部矛盾的問題。因此，指示新華社增補一張毛、劉在一起之照片，另一張中央領導群的照片中，以合成方式將鄧小平的頭移接到陳毅身上，另找到一張毛澤東與陳毅在一起的照片一併送印。

陶鑄未經毛澤東同意，逕自指示新華社發出新聞照片。陶的用心良苦，他以為這樣可以向國內外顯示中共中央領導核心的團結。這是他又一次犯了錯誤，後來被「文革幫」列為鬥爭一大罪狀。陶鑄不瞭解的是毛澤東決心將劉、鄧打成「資產階級司令部」，提高到兩條路線的鬥爭，根本不在意公開他與劉、鄧的決裂。江青看到《人民日報》登出的照片後，深表不滿，當面指責陶鑄。鬥爭陶鑄時，江青也子虛烏有的誣陷毛澤東與劉少奇在一起的照片，也是陶鑄拼接合成。

陶鑄的女兒陶斯亮，第二軍醫大學的學生，在校加入「紅色造反縱隊」，也參加了毛澤東十月一日第四次天安門接見紅衛兵大會，她向毛和林彪告狀，說軍隊院校鎮壓群眾，與地方院校作法不同。陶女並到林彪家裡哭訴「二軍醫大」鎮壓學生詳情，出示被打傷學生血衣。

林彪震怒，緊急召集葉劍英、楊成武研擬「中央軍委關於軍事院校無產階級文化大革命緊急指示」。經毛澤東十月五日批准發出，內容有：「根據林彪同志的建議，軍隊院校的無產階級文化大革命必須把束縛群眾的框框統統取消，和地方院校一樣，完全照十六條（即「關於無產階級文化大革命的決定」）辦事。」其中「根據林彪同志的建議」，應該是毛澤東加入，表示此「指示」要由林彪負責。不過此一文件也顯示一事，即：林彪平日不輕易見客，他能夠允許陶斯亮到他家中哭訴，還因而動怒召開緊急會議頒發「緊急指示」，可見林彪與陶鑄關係之密切。

陶鑄被鬥，與江青之不和有密切關係。陶鑄剛調北京初期，中央文革小組對陶鑄是採取拉攏的策略，江青還親切地的說：「你來中央工作，我們很高興啊！」直到八屆十一中全會，陶鑄婉拒打頭陣批評劉少奇、鄧小平，且在全會後，仍一如既往，把劉、鄧作為共產黨和國家領導人對待，因而與江青關係惡化。

但是陶鑄還是希望改善與江青關係，曾向周恩來建議：「江青同志在黨政機關一直沒有一個正式職務，這對於開展工作不利。」「我想請江青同志擔任文化部副部長，以便有個名義聯繫工作。」陶鑄真是表錯情，他哪知道江青根本看不上「副部長」這一層級職務，她有更大野心，就是以「中央文革」小組取代中共中央政治局與書記處，因此她憤怒的拒絕。陶鑄也是咎由自取，江青的級職豈是周恩來和陶鑄能夠決定的。

陶、江公開決裂是在吳傳啟的問題上，本書前面已略為提到。事情發生在十月間，由於陶鑄認為吳傳啟有歷史問題，曾是國民黨黨員，拒絕宣布吳傳啟為「革命左派」。江青不接受，指責陶鑄也曾是國民黨黨員。江青的話激怒了陶鑄，陶鑄怒駁他是第一次國共合作時期，奉令跨黨的國民黨員，毛澤東還出任國民黨中央宣傳部長，周恩來是黃埔軍校政治部主任。並批評江青「你也干涉太多了，管得太寬了，你什麼事都要干涉！」江青吼叫說陶鑄給她氣受，「鎮壓她」。結下了仇恨。陶妻曾志勸他讓一讓江青，陶鑄說：「你不知道，江青有時候訓我們和訓孫子差不多，忍了很久了，忍不住了。」結果，忍不住也就完了。葉群知道後，馬上告訴了林彪。

毛澤東對陶鑄的不滿，應該起因於七月陶鑄支持派工作組進入學校和機關，以及八月八屆十一中全會，陶鑄不肯照江青要求發言帶頭批判劉少奇、鄧小平，引起毛的猜疑。據王力回憶說：「九月毛主席就對當時主持中央工作的陶鑄不滿了。」王力以為毛澤東對陶鑄不滿是在八屆十一中全會之後，所以才說是九月。

其實，除了毛不滿陶鑄認為劉、鄧所犯錯誤是屬於「人民內部矛盾」，只是犯錯，不是「敵我矛盾」，不能輕易喊打倒外，另一個引起毛澤東不滿的原因，是陶鑄主張「抓革命，促生產」，不可因文化大革命，阻礙農業和工業生產，影響國計民生，並提倡縣以下農村暫時不搞文革，碰觸了毛的禁忌。

一九六六年八月中旬以後，煽動起來的紅衛兵，紛紛衝出校門，衝向農村和工廠，給全國生產建設帶來嚴重破壞。這時又正值農村秋收、秋耕、秋種的三秋大忙季節，但是紅衛兵揪鬥縣委書記和公社、大隊幹部，生產無人負責。陶鑄為了防止農村事態惡化，親撰社論「抓革命，促生產」，於九月七日在《人民日報》發表，號召各地「一定不要誤農時，集中全力，抓好今年的秋收。」陶鑄的「促生產」，受林彪影響很大，林彪在東北時期，十分重視農業生產，曾強調「共產黨」的「產」，就是生產。

九月十四日，陶鑄根據毛澤東、周恩來的指示，再向全國農村人民公社和工礦企業分別下達「農村五條」和「工廠六條」，暫時禁止縣以下農村搞「文化大革命」，嚴格要求工業、農業、交通、財貿部門確保生產建設正常進行，學生和紅衛兵不要進入這些單位串連。

陶鑄這些作為，引起江青震怒，在一次會議上，怒責陶鑄：「你這是用生產壓革命。你們發的那個『農村五條』、『工廠六條』，你要立即下令取消。」陶鑄以「這是中央決定的，我沒有這個權力。」拒絕江青要求，並獲得周恩來的支持。

江青敢公然反對「抓革命，促生產」，應該是執行毛澤東的指示。毛之前同意頒發「農村五條」、「工廠六條」，顯然是出於無奈，不願在周、陶面前反對，背負破壞生產之名，因而事後唆使江青鬧事。所以到十一月，中央文革小組就不顧「禁令」，直接支持學生到工廠串連。張春橋更說：「搞工廠是個方向問題，我們打算下一步應該這樣走。」

在這種對立情況下，周恩來並未讓步，指示陶鑄於十一月十日再在《人民日報》發表「再論抓革命，促生產」社論。但在起草過程中，曾與中央文革小組人員發生激烈的「針鋒相對的鬥爭」，文革小組在「社論」付印時，瞞著陶鑄逕將「堅持在『各級黨委』統一領導下」中的「各級黨委」四個最關鍵字刪除，變成了「堅持在統一領導下」，為文革小組爾後「踢開黨委鬧革命」鋪了路。

之後，中央文革小組提出「工業十二條」（草案），交十一月中旬召開之「全國工交座談會」討論，遭到強烈抵制。毛澤東聽取周恩來、陶鑄彙報後終於表態，在工廠中仍要搞文革，只是：「工交企業的『文革』可以分期分批地搞，但是要支持工人群眾建立聯合組織。」又說：「十二條不行，可以另寫。」在陶鑄主持下，另草擬一份與中央文革小組「十二條」相對立的「關於抓革命，促生產的十條規定（草案）」（即工業十條）。

中央文革小組決心要除去陶鑄，否則文化大革命無法有效推動下去，毛澤東在幕後當然是支持的。十月，毛澤東發動批判「資產階級反動路線」後，陶鑄又犯了「批判不徹底」之錯。雖然陶鑄在批判劉、鄧過程，都緊跟著周恩來的作法表態，但在毛澤東眼中，周恩來不是主要的，主要的是陶鑄，所以「徹底批判資產階級反動路線」反而先針對陶鑄而來。

十月九日至廿八日，毛澤東在北京主持中共中央工作會議，批判「資產階級反動路線」。會議中除印發林彪八月十三日的講話（即「罷官」三條件）作為會議文件外，並由新華社發出「林彪同志號召人民解放軍把活學活用毛主席著作群眾運動推向新階段」新聞稿，交各大報刊登。《解放軍報》、《人民日報》更分別發表社論，要「堅決響應林彪同志號召」「學習毛澤東思想」。這是毛澤東利用林彪初任接班人身分，和崇毛言論，製造輿論，深入鼓吹對其「個人崇拜」，進一步鞏固其地位。

林彪於二十五日在會上發表講話，高度評價文化大革命，並點名批判劉少奇、鄧小平「搞另外一條路線，同毛主席路線相反」，「是一條壓制群眾、反對革命的路線」。但是對各級幹部在文革中所犯錯誤，則講了一些好話，他說：「大部分同志是不自覺的，並不是有意抵抗毛主席的路線。大多數是一個認識問題，而不是反黨、反社會主義、反毛澤東思想的問題。」林彪講這段話，與陶鑄、王任重所修撰的「十六條」內容相似，也有為陶鑄講話的意思，希望緩和毛澤東對陶鑄之不滿，想保住陶鑄。

也許是林彪的話影響到毛澤東，或許毛澤東又再搞他的「陽謀」，他語氣很平和地說：「什麼路線錯誤，改了就算了。我的責任分二線，為什麼分一線二線呢？一是身體不好，二是蘇聯的教訓。我想在我死之前樹立他們的威信，大權旁落，我是故意地大權旁落，萬萬沒有想到走向反面。」毛澤東雖說「改了就算了」，但是提到「蘇聯的教訓」，暗示仍然耿耿於懷。當康生再次批評劉、鄧的「八大政治報告裡就有『階級鬥爭熄滅論』」時，毛澤東糾正他說：「報告我們看了，是大會通過的，不能叫他們兩個負責。」並強調「劉少奇不能一筆抹殺。」

許多與會幹部都被迷惑，以為毛澤東對劉、鄧採取「諒解態度」，陶鑄更天真的說：「毛主席講話了，劉少奇和鄧小平同志還是要保護的。」「保劉、鄧，我是對的。」陶鑄那想到，毛澤東策劃的殘酷鬥爭正要開始，而對他的不滿，正急速攀升，首先就要拿他開刀。

在十月間，陶鑄的工作又出了一些問題。這個月舉行的「中共中央工作會議」，由於與會的中央和各地的幹部，表現出對於「文化大革命」的「很不理解」和跟不上形勢。毛澤東批評幹部發言「不那麼正常」，這些責任當然要由中宣部部長陶鑄負責。陳伯達在會上，又嚴厲批判派「工作組」的錯誤，而陶鑄最積極主張派「工作組」，還曾向毛表示：「我願意負責派遣工作組的工作。」以致最後打倒「劉、鄧」，變成了打倒「劉、鄧、陶」。

到了十月底，林彪冷眼旁觀，已意識到陶鑄得罪了江青是嚴重錯誤；更因派「工作組」鎮壓群眾運動、批判劉少奇不力、主張「抓革命，促生產」、十一「國慶」增刊劉鄧照片、對文化大革命宣傳不足等等錯誤，引起毛澤東強烈不滿。毛澤東提出的「徹底批判資產階級反動路線」，已先針對陶鑄而來。林彪深知陶鑄即將成為毛澤東鬥爭犧牲品。

林彪與陶鑄關係素來密切。林彪喜歡獨處，不愛交際，他以有病為名，減少與人來往。唯獨有兩個人與他談得來，一談就是大半天。這兩個人，一是陶鑄，一是粟裕（曾任華中野戰軍司令、總參謀長、授階大將）。陶鑄自六月調北京後，與林彪見面機會增加，談話議題更廣。這一時期，林、陶二人談話，難免涉及毛澤東的猜疑與鬥爭之毒辣。陶鑄害怕被鬥，林彪擔心因二人私誼受牽連，即使未被牽涉，將來也難逃被鬥厄運，因此在十一月一日聯名透過香港國軍退休將領周遊與國府密聯，時空因素，頗多吻合。

林彪在八月份被毛澤東強逼上接班人位置，九月九日，美國時代雜誌以林彪作封面人物，成為國際知名人物。毛澤東心裡感到不舒服，於當月中旬交給林彪看《郭嘉傳》和《范曄傳》兩書，暗示林彪接班無望，並警告勿存叛逆之心。林彪已感到擔任接班人，如坐針氈，因此，他對劉少奇的被鬥，內心不忍，在八屆十一中全會通過林彪接班地位後，劉少奇被迫自我檢討，講完後，林彪主動站起來與劉握手。後來，林彪又不避嫌去看望劉少奇，說了一句話：「劉少奇是黨中央的副主席，蒯大富反劉少奇，實際反黨。」事實八屆十一中全會後，只剩下林彪是唯一的黨副主席，林彪仍稱劉少奇為副主席，代表他的敬意。

林彪這些動作，逃不過毛澤東的眼睛，其後不久，毛澤東即指示中央文革小組陳伯達、張春橋撰寫林彪十月一日國慶講話稿時，強調要提出批判劉少奇的「錯誤路線」，強調劉少奇走的是「資產階級反動路線」，就是要林彪背負鬥爭劉少奇之黑鍋。林彪點滴在心頭，非常清楚毛的意思。雖然他把雷英夫揭發劉少奇材料照轉給毛澤東，仍不能讓毛放心。但在八月下旬，林彪就撤去雷英夫作戰部副部長之職，指示交代問題，也可看出他對雷英夫揭發劉少奇之行為，是有不滿。

林彪、陶鑄在十一月一日來信中，提到「吾人處危疑之局，遇多疑猜忌之主，朝榮夕枯，詭變莫測。」與二人當時所處情況，頗為近似，此所以張式琦將軍相信林、陶二人來函密聯屬實原因。

十一月中旬起，有些幹部也看出毛澤東對陶鑄的不滿，乘勢落井下石，給毛寫信檢舉陶鑄的錯誤。毛澤東以陶鑄身為中央書記處書記、中宣部部長，兼中央文革小組顧問，卻反對批鬥劉、鄧，已經成為鬥爭資產階級司令部的大障礙。

指示陶鑄在十二月六日中央政治局擴大會議自我批評。

這時，江青與陶鑄的矛盾已無法化解。陶鑄參加中央文革小組會議時，有時會穿軍裝，江青與姚文元質問陶鑄有何資格穿軍服。陶鑄口才便給，以曾任「四野」政治部副主任、廣州軍區第一政委，當然有資格穿軍裝，並質問江、姚在軍中無任何職位，又憑何資格穿軍裝。使江、姚十分難堪。張春橋不敢當面惹陶鑄，於是指示紅衛兵寫了批判陶鑄的六十張大字報，張貼在前門大街上，轟動北京。

江青要打倒陶鑄，沒有獲得毛澤東的授意是不可能的。十一月二十八日，江青在文藝大會藉不提陶鑄之名，暗示可批鬥陶鑄之實。她說：「毛主席和他的親密戰友林彪同志、周恩來同志、陳伯達同志、康生同志，以及其他許多同志，都肯定了我們的成績，給過我們巨大的支持和鼓舞。」依照中央政治局常委排名序，周恩來之後是陶鑄，然後是陳伯達、鄧小平，再接康生。江青故意略去陶、鄧二人不提，一則說明二人不支持中央文革小組，暗示著二人反對毛澤東；二則自八屆十一中全會後，人人都知道，鄧小平要與劉少奇一併被批鬥，江青同時不提陶、鄧二人之名，意味陶鑄與劉、鄧一伙，你們紅衛兵可以批鬥陶鑄。在當時高度政治敏感的社會裡，江青的話刊在報上後，更註定陶鑄的下場了。

十二月四日至六日，林彪主持中共中央政治局擴大會議，聽取「工交座談會」情況匯報後說：「工交會議開了二十多天，會議開的不好，是錯誤的。思想很不對頭。」陶鑄在會上照毛指示自我批評，直言不諱地說：「工業農業文化革命問題，我要負主要責任，我不贊成工人離廠串連，怕亂了生產，寫了『抓革命，促生產』的兩篇社論。」「八屆十一中全會後，各省的抵觸還很大，思想不通，在許多方面表現有懷疑情緒，……在這種情況下，中央拿我這樣一個例子來批判，來教育各地，我看很好。」

中央文革小組乘機對陶鑄發起攻擊，指責陶鑄「以生產壓革命。」「工廠文化大革命已經歷兩起兩落，前兩次都被鎮壓下去，這次是第三次起來，又發了社論『再論抓革命，促生產』。在起草這個社論的過程中，陶鑄就是主張要壓。這個社論不易鼓勵革命，相反，罵得很厲害，批評得很凶，這些詞句都是陶鑄堅持的。」

林彪雖然主持會議，他不便明目張膽保陶鑄。會議通過將陶鑄前主持草擬的「工業十條」作廢，照中央文革小組修改的「工業十條」通過下發，因這新十條的頒發，使文革深入了工廠。造成社會更加混亂，更多的人受到鬥爭。陶鑄原希望文化大革命不要影響生產，至此破滅。林彪和周恩來一樣，明知文革深入工廠，必造成嚴重後果，但二人都十分害怕毛澤東的鬥爭，不敢稍逾毛澤東的旨意，反而助長了文革的蔓延。

林彪主持完政治局擴大會議後次（七）日，《林彪工作札記》記載：「毛已決意要除劉、鄧。劉、鄧建議，六一年八月召開黨的九大，毛說：要請長假調理。六四年五月，政治局提出：八大至今已八年，要召開九大，毛說：要返故鄉休息。毛指：六一年是要復辟搞修正主義，六四年是排斥毛，奪權。」

林彪所指是毛澤東在一九六一年和一九六四對劉鄧提議召開中共「九大」會議，認為係在搞修正主義和陰謀奪取毛之領導權，所以均藉故未同意召開。「九大」直到毛澤東打倒劉少奇、鄧小平後，才於一九六九年四月召開，但這一次會議，又造成毛澤東與林彪政治路線的分歧，毛澤東對林彪的不滿，開始滋長，準備鬥爭林彪。

同（十二月七）日的《林彪工作札記》還記載：「毛在會上指：劉、鄧主要還是五十天的問題，能認識、檢討就可以了。會後，（毛）和伯達、康生、謝富治說：劉、鄧是十年、二十年的問題，特別是劉。」這段札記，證明林彪早已看穿毛澤東鬥爭劉少奇、鄧小平的兩面手法，公開一套說劉、鄧只要認錯檢討很快就沒事；私下一套則表明對劉、鄧是長期鬥爭。所謂「特別是劉」一句，暗示了劉的「死刑」。此足以說明一九七〇年「九屆二中全會」後，毛、林開始分歧，毛要林彪檢討表個態就沒事，而林彪堅不認錯原因所在。

《林彪工作札記》雖未提及陶鑄被「文革小組」批判情形，但他對通過「文革小組」修改的「工業十條」下發後的危機，在十二月三十日的《札記》中說道：「運動要失控，學校停課了，工礦企業大部份停頓了，農村也要革命了，黨政機關都反了，全國都動了。『Ｂ５２』（林彪私下對毛的稱呼）說：『亂一亂怕什麼？大亂才能大治。』上海十多萬人參加武鬥，全市癱瘓。伯達問我意見，我意見很簡單：『武鬥不行，誰下命令都不行。是文化大革命，不是革命戰爭。我反對武鬥、打人。』我問總理：『上海是不是那個眼鏡蛇（林彪私下對張春橋的稱呼）搞的？』總理告訴我：『一、很反對武鬥；二、情況不怎麼瞭解，要等最高指示。』」

林彪所說的「上海武鬥」，是指發生在前一天——十二月二十九日，上海康平路武鬥事件，是中共全國大規模武鬥的起始。這次武鬥是張春橋指使，王洪文領導「上海工人革命造反總司令部」（簡稱「工總司」）以十萬人對康平路的「上海工人赤衛隊」發動攻擊，「赤衛隊」在毫無防範下，被打殺十分悽慘，「鮮血塗染街道」，自此「文革幫」完全控制了上海市的權力。

陶鑄在十二月初被「文革小組」批鬥自身難保之際，他還想保王任重。王任重任湖北省委第一書記，中南局第二書記。在中南局時，陶鑄與王任重很談得來。毛澤東亦很重視王任重，曾稱讚他有「總理之才」，在省委書記中，王任重是毛澤東最親近幹部之一，所以「中央文革」改組時，毛欽點王任重調任文革小組副組長。但是王任重與陶鑄一樣，看不起江青、張春橋、姚文元等人，自然難容於江青。江青指責王任重「架子大，個人搞一攤子，幹什麼事都不與文革其他人商量」，二人矛盾日漸加深，王因此有意請辭副小組長之職。陶鑄便寫一個報告給毛澤東，建議允許王任重回中南局工作。毛澤東未置可否，在報告上批示：「（王任重）要離開文革小組，請政治局和文革小組開個聯席會，對任重提提意見。」

「聯席會」被江青等文革小組人員加以利用，決定藉批王任重，繼續另加罪名批鬥陶鑄。十二月二十八日，「聯席會」由周恩來主持，中央文革小組全班人馬都出席。文革小組人員先批王任重，攻擊並不激烈，突然話鋒一轉批評陶鑄「派工作組鎮壓群眾，是叫得最凶的一個，為什麼直到現在還不檢查自己的錯誤！」於是，文革小組成員開始輪番砲轟陶鑄是「劉、鄧反革命路線的代理人」，「中國最大的保皇派」。

政治局委員僅李先念、李富春象徵性的批評陶鑄「跟不上形勢」，「也回中南算了」。其他委員都沉默以對，他們的沉默可能是還弄不清楚是否毛澤東的意旨。據王力（他是在聯席會上首先發難開炮質問陶鑄）回憶說：「這個會上的發言是一邊倒，無產階級革命家也一致批評陶鑄。」

次日，毛澤東主持政治局常委擴大會議（又稱「生活會」）說：「陶鑄，你為什麼不說你是犯了很不理解這一條錯誤呢？」又批評江青說：「江青太任性。陶鑄是政治局常委，未經中央正式討論，就說他犯了方向路線錯誤，隨便在會議上批判，是違反黨的組織原則的。」毛澤東雖然指責江青，但他的語意並未反對批評陶鑄。

毛澤東還找陶鑄面談說：「江青這個人啊！容不得人，對她的言行不必介意。你這個人啊！就是說話不注意，愛放炮，在中央工作不比地方，要處處謙虛謹慎。」事實上這是毛澤東給他最後通牒，鬥爭陶鑄是毛澤東要打倒劉、鄧前的最重要一步棋，而且會放手讓「文革幫」鬥倒陶鑄。

當天，上海就爆發康平路武鬥，「文革幫」奪取了上海市委權力事件，證明這時毛澤東已完全放縱「文革小組」進行武鬥奪權。林彪在弄清楚情況後，於一九六七年一月九日《札記》中說：「一月革命（即上海康平路武鬥事件，『文革幫』在一月奪得上海領導權，故稱「一月革命」），上海奪權鬥爭，是『Ｂ５２』授權眼鏡蛇、婆娘搞的。全國各處從上至下，天南地北展開奪權鬥爭。誰奪誰的權？婆娘代『Ｂ５２』到處放炮，到處打、砸、搶、抓、鬥，到處埋下仇恨種子。」

一九六六年結束前兩天，「武漢赴廣州專揪王任重造反團」到達北京（註：王任重因肝病發燒，時在廣州治病，「造反團」在廣州未找到王任重，於是北上），「下令」要見陶鑄。陶鑄於是在人民大會堂接見，紅衛兵有意挑釁的向陶說：「今天是我們叫你回答問題，而不是你接見我們。」「你必須要老實回答。」陶鑄以身為政治局常委，堅持是「接見會」。雙方發生衝突，紅衛兵上前要抓走陶鑄，但為警衛人員制止，陶鑄被圍困六小時後，才在周恩來干預下離去。結果，陶鑄又增加一條彌天大罪：「武力鎮壓革命群眾，罪該萬死」。第二天，北京市出現「打倒劉、鄧、陶」的標語，陶鑄處境已到被打倒邊緣。

林彪知道事態嚴重，又無計可施。他於三十一日特地找來陶鑄忠告說：「要被動被動再被動」，但是一切已晚。

一九六七年一月四日，江青、陳伯達特意接見「專揪王任重造反團」。陳伯達向學生說：「陶鑄同志到中央來，並沒有執行以毛主席為代表的無產階級革命路線，實際上是劉、鄧路線的堅決執行者！劉、鄧路線的推廣，同他是有關係的。」「陶鑄是中國最大的保皇派」「他在北京接見你們那個態度是完全錯誤的！他是文化革命小組顧問，但對文化革命問題，從來未跟我們商量過。」江青插話：「他獨斷專行！」陳伯達接著又說：「你們揭得好，給我們很多支持，感謝你們。」「造反團」受此鼓勵，當晚在中南海西門外，利用廣播車大喊：「打倒陶鑄！」

周恩來到這時，仍然弄不清楚毛澤東對陶鑄是要保要鬥。七日，紅衛兵成立的「批判陶鑄聯絡站」於清晨逼周恩來表態。周恩來在不明情況之下，只好照毛澤東原先說法表示：「陶鑄是中央常委，你們舉行批判陶鑄的大會不恰當，因為中央常委對這個問題還沒有討論，你們開會，我們不能參加！」

毛澤東要鬥爭陶鑄，這時已是水到渠成。八日，毛澤東召開會議，先行研究何人可接替陶鑄打倒後留下之宣傳工作，確定由王力接任中央宣傳組組長（相等中宣部部長）後，毛澤東才故意作態，同意打倒陶鑄。毛澤東前此迄未表態的原因，是因為十二月二十八日周恩來主持的「聯席會」上，只有文革小組人員批評陶鑄，其他政治局委員，僅李先念、李富春二人言不及意，隨便說兩句外，均沉默以對。毛澤東發現未獲得政治局委員多數同意，他就沒有宣布批鬥陶鑄，決定放縱中央文革小組「先斬後奏」，他再裝成不得已承認「打倒陶鑄」之既成事實。

據毛澤東私人醫生李志綏回憶說：「到（一九六六年）十二月底，陶鑄受到中央文革小組的攻擊，已經搖搖欲墜。起因是一方面陶做事不願受江青的壓制，另一方面陶支持許多被批鬥的黨委（包括錢信忠和王任重——註：錢為衛生部部長）。陳伯達寫了一封信給毛，附有中宣部那位徐同志（註：陶鑄照毛澤東指示曾派中宣部徐姓幹部陪同錢忠信、李志綏二人到中國醫科大學調查學生「群眾革命造反活動」）的一封揭發信。毛給我看了。信中大意說，我與陶鑄有密切關係，陶派我去醫科大學保衛生部黨委。」「毛叫我寫個大字報揭發錢忠信，我沒有照寫。」「反陶鑄事件中，毛保了我。但許多和我一樣無辜的人，都遭到迫害。」從李志綏這段回憶中，可瞭解到在一九六六年底前，毛澤東就同意進行批鬥陶鑄，授權文革幫為所欲為。所以他才會也指示李志綏揭批錢忠信。而那位中宣部徐姓幹部檢舉陶鑄的信，極可能是中央文革小組所指使。

毛澤東在表態支持打倒陶鑄時，他把他對陶鑄不滿的話終於說了出來。他說：「陶鑄問題很嚴重。陶鑄是鄧小平介紹到中央來的。這個人不老實，鄧小平說還可以。陶鑄在十一中全會以前堅決執行了劉、鄧路線，十一中全會後也執行了劉、鄧路線。在接見紅衛兵時，在報紙上和電視裡有劉、鄧照片、鏡頭，是陶鑄安排的。陶鑄領導下的幾個部都垮了。那些部可以不要，搞革命不一定非要部。教育部管不了，我們也管不了，紅衛兵一來就管住了。陶鑄這個問題，我沒有解決得了，紅衛兵一起來就解決了。」「希望你們能開會把陶鑄揪出來才好呢！」毛澤東把陶鑄跟鄧小平掛了鉤，就是要把他打為劉、鄧一夥。毛沒有提出林、陶關係，表示不會牽連到林彪。

據陶妻曾志回憶說：「陶鑄說：在一九四九年，二野進軍西南，路經武漢時，我才第一次見到鄧小平。鄧小平調中央後，也僅是公務來往，交往不深。一九五八年『八大』後，鄧小平擔任總書記，之後接觸就多了，關係也更密切。我對鄧小平的感覺，確實好的。在一九五四年的黨代會上，曾說過這樣的話：如果黨內允許拜師的話，當主席的學生我不夠格，但我願拜鄧小平為師。」

所以陶、鄧之間，沒有很深的歷史和個人關係，鄧小平推薦陶鑄到中央時，毛澤東與文革幫也認為陶、鄧沒有歷史淵源，只是一般工作關係，不致有害。而且劉少奇在延安時期，曾經整過陶鑄，二人長期有分歧。毛更看上陶鑄性直，敢放炮，因此同意調陶鑄到中央，可以擔任打手，批鬥劉、鄧。毛澤東卻忽略了陶鑄在一九五九年三月的困難時期，劉少奇收拾大躍進造成的困局時，已經認同劉少奇，因此，他到北京後之作為，反而傾向保劉、鄧，令毛和「文革幫」大失所望，決心鬥倒陶鑄。

毛澤東定了批鬥陶鑄的調子後，陶鑄的政治生命立即結束。從這天開始，陶鑄就被軟禁在中南海家中。一月十一日，中央政治局會議依照毛澤東指示，決定取消劉少奇、鄧小平、陶鑄、陳雲、賀龍出席政治局會議的資格。陶鑄被打倒後寫了一封信給林彪，自責來京後辜負了毛、林的信任，工作沒做好，本想年後離京去各地搞點「調查研究」，但萬萬沒想到頃刻間成了「罪人」。林彪見信後，默默不語，葉群怕招來大禍，令內勤偷偷將信焚毀。

毛澤東在鬥倒陶鑄後，還假惺惺藉故澄清不是他的意思。二月十日他在政治局常委擴大會議上批評陳伯達、江青說：「你這個陳伯達，你是一個常委打倒一個常委！」「你這個江青，眼高手低，志大才疏。打倒陶鑄，別人都沒有事，就是你們兩個人幹的。」如果不是毛澤東有意打倒陶鑄，江、陳二人力量豈有這種能耐，毛澤東是欲蓋彌彰。

陶鑄正式被打倒軟禁時間是一九六七年一月八日。林、陶的密使蕭正儀是在一月十二日前後自香港返回上海，到二月一日來信聯繫前，都未北上北京，蕭正儀已無法見到陶鑄，更不可能有任何聯繫。以林彪當時之地位，其住所門禁森嚴，蕭正儀急於要與林彪取聯見面，恐怕也不容易。

林彪直到「九．一三事件」之後，所加的罪名中，都沒有與國府密聯這一條。表明蕭正儀在文革期間，不管是逃過一劫，或者不幸因歷史問題（曾任國民黨軍官）被鬥，都未洩露此一秘密。不過他此後未再來聯，迄今事隔四十餘年，應該已經故世，難以探究事實了。所以林、陶二人至死，都可能不知道蕭正儀已經與國府取得聯繫。如果這一切都是事實，林、陶二人真是抱憾終身。

一九六七年八月五日，毛澤東所寫「炮打司令部——我的一張大字報」發表一週年，中央文革小組在天安門召開百

萬人「批鬥劉、鄧、陶大會」。大會設三個分會場，分別鬥爭劉少奇、鄧小平、陶鑄三人，

鬥爭陶鑄的有三百多人，陶妻曾志也被無情地拉去陪鬥。陶鑄昂頭挺立，紅衛兵幾個人上去，一起揪住他的頭髮，使勁把他的頭往下按。陶鑄雙手被緊緊反綁著，他仍頑強地反抗，拚命把頭昂起。紅衛兵氣急敗壞，就對他的頭拳打腳踢。這場殘酷鬥爭場面，足足持續了三個多小時。陶鑄回到家中，額頭上鼓起大血包，臉色慘白，高聲對女兒陶斯亮說：「如果不是相信共產主義，老子今天跟他們拚了！」毛澤東不也相信共產主義嗎？何時把異己分子當作同志對待。還是鄧小平覺悟的好，在文革結束後復出，打著共產主義旗子，實際放棄了共產主義了。

據陶斯亮文革後在〈一封終於發出的信〉中回憶說：「一九六七年八月一群彪形大漢闖進卍字廊（註：陶鑄在中南海住所），拉陶鑄去批鬥。陶鑄和曾志夫妻二人站在台上，有人故意製造氣氛，攝製電影，準備向全國放映。陶鑄怒火鬱積胸中，歸來後在室內徘徊，像是一頭籠中的猛獸。」「陶鑄說：『我就是因為不會給他們磕頭下跪，才落得今天這個下場！以後，我還要憑著這點骨氣活下去。』」

陶鑄軟禁期間，仍繼續受到迫害。「文革幫」除對陶鑄進行肉體折磨外，還對他進行精神酷刑。紅衛兵在陶鑄臥床枕頭上方，安裝了一個刺眼的百瓦燈泡，使他徹夜難眠。

毛澤東為徹底打倒陶鑄，又指示姚文元撰文批評陶鑄的著作。姚在八月完稿，經毛歷經半個多月修改定稿，並加標題為「評陶鑄的兩本書」（陶鑄所著《理想、情操、精神生活》《思想、感情、文采》兩書），於九月八日在人民日報發表。陶鑄知道後說是「置我於死地」的文章。

陶鑄在極端痛苦中，為明心志寫下：「自殺，就是有見不得人的事，不想把自己的問題弄清楚。當然也有這樣的可能，就是你去見了馬克思，問題還是弄不清楚。那也不要緊，事實終歸是事實，最後還是可以弄清楚的。我相信我自己的四句話：『性質縱已定，還將心肝掏。萇弘血化碧，哀痛總能消。』」陶鑄一語成讖，以後事情發展，果如其所述，至死未獲澄清。

一九六八年十月起，陶鑄身體感覺不適，幾經請求診治，至次年三月在周恩來直接干預下才獲送醫，確定罹患胰腺癌；並切除癌變之膽囊和十二指腸。一九六九年十月，中共通知乃妻曾志，為因應蘇聯可能的突襲入侵，陶鑄要疏散至安徽合肥，曾女可隨同前往，但必須斷絕一切外界聯繫。如果不去，曾女即下放廣東農村插隊勞動。陶鑄亦斷然拒絕曾志陪同他去合肥囚禁終生，希望曾志能爭取與獨生女陶斯亮生活一起，並活下來。

這時，陶鑄身體已經十分虛弱，中共仍在清查他的歷史，認為他過去有「變節自首的政治問題」。陶鑄說：「我已經是油盡燈殘的人，你們盡可以隨意給我做結論。」「我有權利保留自己的意見，我相信歷史會對一切作出說明。」陶鑄在與曾志分手時，寫了一首七律贈曾志：「重上戰場我亦難，感君情厚逼雲端。無情白髮催寒暑，蒙垢餘生抑苦

酸。病馬也知嘶櫪晚，枯葵更覺怯霜寒。如煙往事俱忘卻，心底無私天自寬。」

一九六九年十月十八日，陶鑄被送往合肥，四十三天後於十一月三十日病逝。文革結束後，一九七八年十二月二十四日，中共十一屆三中全會召開，陶鑄與彭德懷首先獲得平反，隨即在年底，中共中央為彭、陶舉行追悼大會，恢復了名譽。

在整個鬥爭陶鑄期間，林彪沒有積極去保陶鑄，也未表態批鬥陶鑄。林、陶私交頗篤，毛澤東不可能不知道。所以毛澤東在決心要打倒陶鑄之前後，刻意隱藏他的意圖，一直表現出不是他要鬥陶鑄，而是「文革幫」胡作非為。

但是事實會說話，在「聯席會」上中央文革成員公然批評陶鑄之前兩天，即十二月二十六日，毛澤東七十三歲生日。毛澤東和江青臨時通知，請陳伯達、張春橋、王力、關鋒、戚本禹、姚文元等中央文革小組成員到中南海游泳池（即毛住所）吃飯。但沒有林彪、周恩來、陶鑄等人。毛說這次過生日，實際上「這是比較重要的會」。毛澤東開始「大段地、比較系統地講了他關於開展『全國全面階級鬥爭』、『大民主』、『鬥批改』的想法。」

毛澤東這次講話，實際是指導和授予中央文革小組推動「文化大革命」鬥爭大權。二十八日就發生了批判陶鑄之事（二十九日發生上海武鬥奪權事件），更證實鬥爭陶鑄，打倒陶鑄是毛澤東一手策劃導演。而且毛要發動「全國全面階級鬥爭」這樣重大的決策，竟然沒有副主席林彪、和總理周恩來參與，證明毛不相信林、周真心支持「文革」，也不願二人阻礙「文革」的擴大。所以直到毛澤東正式表態批鬥陶鑄時，林、周二人均無可奈何。而毛的「全國全面階級鬥爭」，終於導致文革進入打倒一切，全面內戰的新階段。毛澤東鬥爭陶鑄，事實也是在警告林彪要小心，勿背叛他。

據李志綏回憶：「一九六七年一月，中國大陸陷入一片混亂。武鬥不斷在各地爆發。黨組織和政府機關完全癱瘓。工廠生產下降，有些地方則完全停頓。交通運輸中斷。造反派喊出『打倒一切』和『全面內戰』口號。工廠和學校分成兩派——反黨組織的『造反派』，和支持黨組織的『保皇派』。黨組織內部也四分五裂。各地黨領導彼此攻訐、奪權。但保守派仍佔優勢。」「一月底，毛告訴我，已經決定要抽調人民解放軍，到機關、學校、工廠，去支持革命左派。他說：『左派得不到支持，文化大革命結束不了。』」

因此，陶鑄作為「最大的保皇派」，勢必先行排除；而在「保皇派」或「保守派」佔優勢情形下，須賴軍隊「支左」奪取勝利，林彪的重要性，就彰顯出來。但是在毛的眼中，林彪、周恩來恐怕都屬於「保皇派」，至少也是「保守派」，所以批鬥陶鑄，就只召開一次會議定調，即行打倒，囚禁起來，中共中央再也沒有召開第二次鬥批會議。毛澤東速戰速決的意圖，十分明確。林彪縱有不滿，也阻止不了毛、江鬥爭陶鑄。

林彪對陶鑄有所批評，直到了一九六七年十月才出現。這年十月二十四日，毛澤東、林彪、周恩來和中央文革小組等接見及聽取湖南省革委會籌備小組、四十七軍負責人黎原報告時，林彪間中講了幾句話。他說：湖南突出的問題，是極右派的活動，其後台有三條黑線，第一條是國民黨；第二條是彭德懷、賀龍；第三條是劉少奇、陶鑄（註：彭、賀、劉、陶四人均是湖南人）的爪牙。這時，陶鑄已經徹底打倒，林彪對他任何指責，都起不了作用，加深不了陶鑄的罪名。

前文曾提到，林彪在一九六六年的「五・一八講話」（政變經），在「九・一三事件」後被誣陷係影射賀龍。而「二月兵變」更是林彪栽贓賀龍與彭真勾結，陰謀發動政變，篡黨篡國的證據。賀龍為中共十大元帥之一，中共建政後第一任國家體委主任。在彭德懷被打倒後，出任軍委副主席。

賀龍出身土匪，被國府招安，北伐時已是國軍第二十軍軍長，但思想傾向中共。一九二七年八月一日參加「南昌起義」（「暴動」），擔任總指揮，兵敗後加入中國共產黨。這時林彪只是朱德下面的一個排長而已，二人職位懸殊，但是共軍「長征」期間，林彪地位已與賀龍相當，第二次國共合作時，二人同任師長，平起平坐。

歷史上二人關係很微妙，林彪妻子葉群與賀龍妻薛明同是延安女子大學同班同學，並且同舍。一九四二年，林彪追求葉群時，葉群把林彪寫的情書公開，以炫耀自己。賀龍知悉後認為不妥，經人介紹認識薛明。賀龍請薛明轉告葉群：「喜歡林彪，就和林彪結婚。不喜歡就不要寫信，不要張揚，明確表態拒絕。」這年七月一日，葉群與林彪結婚。賀龍與薛明可說是林彪夫婦媒人，賀、薛後來也結為夫妻。

不過，在延安整風運動期間，兩家也發生了不愉快的糾紛。因薛明知道葉群曾擔任過國民黨的播音員，接受國民黨的金錢，而且曾參加C・C派學生辯論比賽獲得第一名，葉群主辯內容為三民主義，並稱蔣介石是我們唯一的領袖。有一天，薛明對葉群說：「我是共產黨員，你也是共產黨員，現在正是整風的審幹時期，我希望你主動把履行，（或）沒有履行入黨手續，介紹人是誰，在南京時的種種表現，以及同國民黨教官和某某等人的關係，如實地向組織講清楚。」葉群不悅，指責薛明說：「你們趁林彪不在家（整我），你們把我打死好了！」薛明氣不過，硬把葉群拉到中央組織部去控訴。此事驚動了林彪與賀龍，匆匆從前線趕回延安。賀龍雖然指責薛明，但也說：「已經這樣了，光明正大，沒啥大不了的，讓組織去調查吧！」林彪很生氣，「遷怒於賀龍」。

賀龍在歷史上對林彪是否有意見呢？據〈毛澤東為何不保賀龍〉一文提到：「一九四二年春，賀龍到達延安擔任陝甘寧晉綏聯防軍司令員。有一次，毛澤東同他談到了林彪，提到在遵義會議時，林彪表面上承認毛澤東的領導，背地裡卻經常散布不滿情緒，甚至罵娘；一九三八年洛川會議時，林彪不顧全大局，對毛澤東關於留兵保衛陝甘寧邊區的建議，默不表態；抗戰期間，林彪曾說與蔣介石談判時要說些好話等」「一九三七年參加洛陽會議（註：毛澤東派朱德、劉伯承、賀龍、林彪參加蔣委員長主持之會議，會議期間，林彪對蔣非常恭敬）之後，在返回山西的路上，林彪曾給賀龍寫過一張字條，說蔣介石有抗戰到底決心，回部隊我們可以吹吹風（這個字條，後來被賀龍警衛員洗衣服時泡壞了）。」這些話都是賀龍親自透露出來，看得出對林彪的過去多少是有些意見。但也證明林彪自遵義會議後，對毛澤東的領導，已產生懷疑，並相信蔣委員長堅決抗日的決心，這是違背毛澤東全盤否定蔣介石抗日的反蔣宣傳口徑。這一段歷史，也提供了林彪後來到重慶見蔣時所說的話的一個旁證。

林彪對賀龍是否真如中共在「九・一三事件」後所說，賀龍冤案是林彪一手造成的。事實如何呢？我們來回顧一下這段歷史。

一九五九年批判彭德懷之後，毛澤東要林彪接任國防部長，那時林彪已是中央政治局常委、黨的副主席之一、國務院副總理、軍委副主席，出任國防部長對林彪而言，只是增加負荷。而且林彪自覺健康不佳，無意擔任具體工作，決意請辭。所以請羅榮桓和羅瑞卿代向毛澤東表達辭意，並建議請賀龍出任國防部長。國防部長掌握實權，林彪推薦賀龍應是出於真心，足證林彪對賀龍有好感。即使後來推辭不掉，在「文革」之前，有段時間，林彪因身體實在不行，在毛澤東的授意下，還曾懇請賀龍（有時由總參謀長羅瑞卿）代為主持軍委日常工作。賀龍與總政治部主任羅榮桓（曾任四野副政委，為林彪部屬，十大元帥之一，一九六三年病逝）、羅瑞卿等合作融洽，林彪還深表欣慰，卻遭到毛澤東的嚴厲批評：「不管事」、「盡放權」。所以毛的心態是矛盾的，既要林彪分權，又不願分與賀龍權力過大。

「文革」初期，葉群談起在延安女子大學時，都表示她與賀龍妻薛明關係最好。一九六六年，北京開始出現一些針對賀龍的「風言風雨」，葉群想去看望薛明，徵詢林彪意見。林彪很支持，說：「賀龍是老同志，要儘量團結。」葉群曾先後兩次私下探視薛明，婉轉轉達外界流言。薛明認為是林彪派葉群前來威脅賀龍，發生爭吵，兩次二人都不歡而散。葉群覺得很委屈，認為好心無好報。

一九六六年七月，爆發北大和北京師大紅衛兵炮製「二月兵變」謠言後，越傳越離譜，並在康生助長下，變成了「賀龍為了發動『二月兵變』，給體委（賀龍原職）發了槍、炮。大炮安在什剎海，炮口對準中南海。」後來，賀龍夫婦被周恩來安置在京郊西山軟禁時，康生等又造謠說：「賀龍發動『二月兵變』未遂，坐飛機逃到蘇聯去了。」

在這年八月廿五日，共軍總參謀部出現炮轟代總參謀長楊成武（羅瑞卿已被打倒）大字報，指責楊成武「壓制群眾」，在大字報上簽名的有總參作戰部部長王尚榮、副部長雷英夫（第一封揭發劉少奇黑材料的誣告信即雷所寫）。

楊成武將被貼大字報的事情報告了林彪。周恩來也在知悉後極為生氣，指示楊成武要提高警覺，防範有人「要奪你權」，並寫了一份證詞送總參黨委。隨後，林彪召開軍委會議，堅持撤銷王、雷二員作戰部正、副部長職務，獲得包括賀龍在內之老帥們同意通過。

葉群知道王尚榮曾在賀龍領導下工作過，認定王、雷二人的「後台」就是賀龍，於是葉群「授意」軍委辦公廳警衛處處長宋治國撰寫揭發賀龍的材料。九月三日，空軍司令員吳法憲也寫了一份檢舉賀龍的黑材料送林彪，指控賀龍要在空軍陰謀奪權。林彪批示「呈主席」後，轉送毛澤東處。

九月五日毛向賀龍出示吳法憲的「揭發信」，並說：「你不要緊張，我對你是瞭解的。」又說：「我當你的保皇派。」稍後，毛澤東找來林彪、周恩來、陶鑄（陶到年底才被批鬥）三人，指示對賀龍要「一批二保」。毛澤東即然要「保」賀龍，為何又要「批」呢？說明他相信賀龍有奪軍權意圖，也許目前還不嚴重，先殺殺賀龍銳氣，觀察賀龍的反應，再決定後續的處置。

據林彪秘書張雲生回憶說：九月八日「林彪受毛主席委託，就賀龍問題在軍委會議上正式『打招呼』。」「林彪說：軍內開展文化大革命以來，軍委各總部、各軍兵種以及某些大軍區都有人伸手，想在那裡製造混亂，企圖在亂中奪權。……他們的總後台是賀龍，因此主席說要在軍內高級幹部中『打招呼』，對賀龍的野心有所警惕。」林彪這段話，已充分表明是毛澤東的意思。到會之軍委常委紛紛表態，擁護毛澤東的決策和林彪的講話。

周恩來在會上談到外面有很多批評賀龍的大字報時說：「主席說了，政治局不要公開點賀龍的名，我們政治局的同志和常委的同志不要在公開的場合點他的名，只是要他去登門聽取大家的批評，不公開，當然也不要讓紅衛兵去楸他了。」。

另據《林彪與文化大革命》一書附錄林彪文革年譜紀錄：「為了迎合毛澤東，林彪在會上講賀龍想搞『二月兵變』」。康生更是趁機煽風點火說：「賀龍私自調軍隊搞二月兵變，在北京郊區修了碉堡；賀龍去蘇聯與蘇修的將軍共謀推翻毛主席的領導。」

林彪身為國防部長，絕對知道沒有「二月兵變」這件事。據吳法憲於一九八〇年十二月六日受審時，承認誣陷賀龍的內容，是編造賀龍在空軍陰謀奪權的材料，不涉及「二月兵變」。宋治國所寫揭發賀龍的四份材料，是在林彪主持軍委會議之後才送到「林辦」，林彪再轉呈毛澤東，內容也與「二月兵變」無關。林彪敢在軍委會議上，面對各軍頭講「二月兵變」，若非出於毛澤東的授意，林彪根本不敢公然造謠，所以各軍頭知道出於毛的意思，也只有附和一途。

康生提到賀龍與蘇聯將軍共謀推翻毛澤東的領導一事，證明毛澤東在數年前就有防賀龍搞軍事政變之心，才有藉利用中央文革小組「二月兵變」謠言誣攀賀龍。因此，吳法憲之誣告賀龍，不論林彪或葉群有無教唆，仍極有可能是出於毛澤東直接或間接授意。

事緣一九六四年十月十六日，蘇共勃列日涅夫推翻赫魯曉夫出任中央第一書記。中共為緩和與蘇聯緊張關係，毛澤東派周恩來、賀龍組團赴莫斯科參加蘇共十月革命四十週年慶。十一月七日在蘇聯國慶酒會上，蘇聯國防部長馬利諾夫斯基突向賀龍說：「不要讓任何毛澤東、赫魯曉夫來妨礙我們。我們已經把赫魯曉夫搞掉了，你們也應該仿效我們的榜樣，把毛澤東也趕下台去。這樣我們就能和解。」賀龍當即變色抗議，馬利諾夫斯基自知無禮離去。賀龍隨即報告周恩來，由周立刻向勃列日涅夫等蘇共領導人提出嚴重抗議。勃列日涅夫稍後瞭解情況向周、賀解釋「馬利諾夫斯基今天喝醉了，是酒後失言。」並代表蘇方道歉。

代表團返回北京後，據實向毛澤東報告了馬利諾夫斯基挑釁事件及處理經過，毛表示滿意，但心裡留下了陰影，聯想到如果中共黨內發生推翻他的政變，起碼可以得到蘇聯的支持。這個陰影到一九六六年更為嚴重，毛澤東認為固然要防劉少奇、鄧小平聯合羅瑞卿發動軍事政變，但更有政變能力的是周恩來。尤其周恩來在賀龍和其他元帥心目中均具有崇高地位，周恩來、朱德領導的「南昌起義」，賀龍是總指揮。蘇共遊說賀龍，事實等於遊說周恩來。

而且毛澤東自己犯了一個錯誤，在一九五九年廬山會議打倒彭德懷之後，讓賀龍與林彪同列軍委副主席（另一副主席為聶榮臻，負責國防科技，是林彪老部屬）共掌兵權。毛澤東曾透過羅瑞卿轉告林彪：「毛主席看你身體不好，要賀老總多管一點軍隊工作。」林彪瞭解毛的用意，樂得藉此表明無野心，於是很誠懇的請賀龍多負責軍委工作，但又受到毛的指責「不管事，盡放權」，顯然毛是要林、賀二人相互制衡，以免一方偏大。

毛澤東為防範周恩來再來一次「南昌起義」，在打倒羅瑞卿後，就有心要除去賀龍。這也可以解釋，吳法憲為何選在「二月兵變」謠言指向賀龍時，才誣告賀龍企圖在空軍奪權。海軍司令員李作鵬稍後也寫材料指控賀龍與葉劍英「配合劉、鄧、陶企圖篡軍反黨」。均在在說明幕後有一隻黑手，而這隻黑手應該不是林彪。同一個道理，在「九‧一三事件」後，中共曾捏造一個「吳宗漢」莫須有的人，說他負責林彪與蘇聯的聯繫工作，藉以落實林彪「叛國投蘇」的事實。

吳法憲、李作鵬二人在一九八〇年十一、十二月「北京大審」時，都「承認」是林彪授意誣陷賀龍。但是吳法憲在出獄後的回憶中說他向法庭自白中許多都是偽證。在中共那種高壓獨裁政治下，敢講實話的有幾人。吳的女兒金秋女士於二〇〇一年在一篇英文著作中說：「我從不相信當局對林彪和我父親的指控。」「當局使用幾乎同樣的證據製造假的說辭和全然不同的解釋，強迫那些捲進事件的官員們『承認』他們的罪行。」金秋女士也說：「事件發生後的兩星期，我的父親消失了，在以後的十年中我們絲毫沒有他一點消息，我們甚至不知道他是否仍在人世。」金秋女士的母親、哥哥、她本人和兩個年幼妹妹均遭受迫害，被關押或送去勞動改造，年僅十三和十一歲的妹妹只得靠自己力量悲慘生存下來。

毛澤東當面告訴賀龍要做他的「保皇派」，讓賀龍、薛明夫婦感激涕零，賀龍至死都認為是林彪迫害他。

但是我們仔細分析一下，吳法憲雖然貴為空軍司令員，但在毛澤東眼中，這個地位並不算太高。更何況以一個空軍司令員想要撼動一個元帥又兼軍委副主席的老革命家，不是一件容易事。事實上，就是吳法憲的一封信，啟動了鬥爭賀龍的行動，有此能力的，只有毛澤東一個人。在鬥爭彭德懷、羅瑞卿時，吳法憲都曾誣陷彭、羅二人，始終未被毛認為此人有問題，顯然這些誣告若不是在毛授意下所寫，就是正確迎合了毛的需求。

一個相反的例子是中央文革小組主要成員之一王力，在毛澤東的心中，地位高於吳法憲，他在一九六七年八月七日鼓吹打倒陳毅，奪取外交大權。毛澤東在王力講話紀錄上批：「大、大、大毒草」，王力立即被踢出中央文革小組，進了監獄，也保住了陳毅。所以，毛澤東保賀龍是假，如真保，吳法憲一定先被打倒撤職關押，不會讓他做到「九・一三事件」後，才劃為林彪集團成員被關審查。

宋治國的揭發函中說：「賀龍親自保管一支精製進口小手槍……最近兩個月又每天放在枕頭下，最近外出也自己帶在身上。」林彪雖然把宋的誣告信照轉送毛澤東，但他懷疑宋寫信可能與葉群有關。葉群為證實宋寫的賀龍材料是自發性的，非其授意，還特意找來宋治國當著「林辦」秘書表態，要這些秘書寫「證明」材料，向林彪澄清，她沒有教唆宋治國陷害賀龍。

如果說吳法憲、宋治國誣告賀龍的信，不是林彪授意或葉群教唆，那麼林彪為什麼要轉送毛澤東呢？有一個事例或可說明林彪不敢壓下而必須轉送毛澤東的原因。

一九六七年二月，林彪收到譚震林（前三野副政委、國務院副總理）寫的一封信，強烈批評江青和中央文革。據張雲生回憶說：「林彪和葉群看到這封信之後，大受震動。林彪沉默半晌，表情灰暗，但他還是什麼都不說。葉群則感到這封信將帶來一場災難，林彪對之表態不是，不表態也不是。因此她趕緊把這封信從秘書手裡收回去，一再叮囑我們對誰也不要講。」「沒過兩天（註：事實只過一天），林彪又把譚震林的信批給了主席。……主席閱後將原件退回毛家灣（註：林彪住所），林彪見到後將原件撕得粉碎，扔在紙簍裡。後來葉群又背著林彪將這些碎紙片撿回，並將它貼在一張白紙上，藏在自己的文件櫃裡。」

林彪一方面不敢壓下譚震林的信不轉，害怕如果瞞不過毛澤東，後果嚴重；一方面也瞭解毛澤東目前尚無鬥爭譚震林之意。正如總參造反派貼大字報，炮轟楊成武之際，也因毛澤東當時也沒有批鬥楊成武想法，林彪敢於保楊，斷然撤換大字報署名的總參作戰部正、副部長王尚榮、雷英夫二人職務。

但是，如果林彪已受到毛澤東的暗示或明示要打倒賀龍，不要說不敢不立即轉送毛澤東，而且不敢加批任何意見，只寫了「呈主席」三字，就直接送往毛處，也不透過江青轉送。因此，當林彪看到宋治國揭發賀龍的信，可能感於在鬥爭羅瑞卿前，葉群曾與毛澤東長談數小時經驗，懷疑是葉群教唆，在葉群澄清後，及不明背後因素之下，亦只得轉送毛處。

九月十日，賀龍受毛澤東指示，登門拜訪林彪，「徵求意見」。林彪說：「也只那麼一點點，就是你的問題可大可小，主要的是今後要注意一個問題，支持誰，反對誰。」賀龍認為林彪的意思是「你賀龍如果支持我，跟我走，你的問題就可以變小；如果反對我，你的問題就可以變大。一句話，你的問題大小，全在你對我林彪的態度。」賀龍未曾反對過林彪，歷史上所結恩怨亦不致大到非鬥得你死我活不可。

林彪所謂「支持誰，反對誰」，雖未明說「誰」為何人，但賀龍是毛澤東指示來看林彪，擺明毛澤東要推卸鬥爭賀龍責任，由林彪背負。而林彪絕對瞭解毛澤東意圖所在，他不可能明示賀龍這個「誰」就是毛，又不能批評毛的作法，只得用隱喻方式，指向毛澤東。在中共歷史上，只有毛澤東有權決定鬥誰保誰。但是，因為毛澤東已表明要保賀龍，所以賀龍先入為主想法，直覺認為這個「誰」就是林彪指自己，林彪講這些話是在威脅他。他回答林彪說：「誰反對黨中央、毛主席，我就反對誰；誰擁護黨中央、毛主席，我就支持誰！」這次談話，表面氣氛平和，但賀龍認為雙方已經面對面攤了牌。

葉群擔心賀龍攜槍（宋治國檢舉賀龍隨身帶槍）危及林彪安全，事先佈置了警衛躲在幕後待命保護林彪。從葉群這一個小動作，明確說明林彪已經知道毛澤東不但有鬥爭賀龍之意，而且還要栽贓在林彪身上，才會特意出示吳法憲的檢舉函，和要賀龍拜會林彪，暗示是林彪要整你，所以林彪所說：「你的問題可大可小」，主要看你「支持誰，反對誰」，實在是隱喻毛澤東要鬥你啊！

此後數個月，賀龍問題似乎擱置下來。他在十一月中旬還與軍委另外三位副主席陳毅、徐向前、葉劍英四人召開軍隊院校和文體單位來京人員大會，並作了「勸導」講話，有個造反派學員遞字條質問：「召開大會，林副主席批准沒有？」「四位副主席的講話是否是林副主席批准的。」遭到葉劍英的斥責，該學員不敢站出來。葉劍英說：「怕見陽光，只是個小老鼠！」事後，林彪聽取彙報時，哈哈大笑，重覆一句「小老鼠！」

在一九六六年年底一次毛澤東主持的中央工作會議上，江青突然提出：「為什麼不把賀龍揪出來？我有大堆的材料，非常確鑿的，他是個大壞蛋！他要搞軍事政變。要把賀龍端出來，你們不敢，我去觸動他！我什麼也不怕，他老婆也不是好人。」江青的發難，更說明鬥爭賀龍非林彪主使。

毛澤東表示「現在不議」。江青表示不服，說：「毛主席不讓群眾起來，我要造你的反！」江青的話激怒了國務院副總理譚震林，指責江青「放肆！胡鬧！你是什麼東西？」毛澤東不好處理，只得宣布散會。

十二月三十日，江青與姚文元到清華大學，找賀龍之子賀鵬飛（現為共軍中將）說：「你爸爸犯了嚴重錯誤，我們這裡有材料，你告訴他，我可能要觸動他！」除此之外，江青還公開煽動：「賀龍有問題，你們要造他的反，要把賀龍端出來。」

一九六七年元月，毛澤東終於展開了對賀龍的批鬥。一月十一日，毛澤東指示林彪主持中央政治局會議批評賀龍。林彪只要毛澤東要批評的對象，他一向緊跟不放，他在會上批評賀龍是「大土匪」。會議同時通過取消劉少奇、鄧小平、陶鑄、陳雲、賀龍等出席政治局會議的資格。從這次會議的召開、毛指派林彪主持、到通過之決議、以及江青前一陣子講話，明顯都代表了毛澤東要鬥爭賀龍的真實態度。所以要鬥爭賀龍，以林彪的力量是不夠的。這一切都是毛澤東在幕後操縱。

鬥爭賀龍，毛澤東不是指示不要公開點名鬥嗎？不過是說說罷了。

中共首先栽贓國防部副部長、裝甲兵司令員許光遠（黃埔學生，授階大將，為賀龍在一野時老部屬）為賀龍「二月兵變」的總參謀長，並於一月十六日關押，受盡折磨，罹患重病住院治療，造反派仍不放過，連續審訊三晝夜，於一九六九年六月三日慘死於醫院廁所馬桶上，死因至今不明。次日火化時，並禁止家屬到場。

賀龍事件中，周恩來有意在賀、林之間挑撥。一月十九日，周恩來對賀龍說：「林彪說你在背後散布他歷史上有問題，說你到處伸手，不宣傳毛澤東思想，毛主席百年後他不放心……」等等，又說毛澤東和他「都是保你的」，但是「中南海這個地方也不安全，……我給你找個安靜的地方休息，等秋天我去接你回來。」賀龍夫婦被要求搬出中南海，遷住北京近郊西山，由警衛看守，實則是周恩來把賀龍夫婦騙離開中南海軟禁起來。

夏天，監禁單位每天只給賀龍夫婦一小壺飲用水。水不夠用，賀龍夫婦只得接雨水來用。他對乃妻薛明說：「說我背後散布林彪歷史上有問題，這完全是無稽之談！」「還說我到處伸手奪權，不宣傳毛澤東思想，這也是林彪一夥編造的，能有人相信嗎？」

到了秋天，賀龍盼望周恩來派人來接他。然而日子一天天過去，不見有人來接。賀龍感到事態嚴重，認為周恩來已無能為力，林彪、江青等不會放過他。

賀龍對毛澤東作他的「保皇派」，深信不疑，從不發惡言，毛澤東實則是玩弄他。因為在賀龍軟禁後，毛澤東於二月三日對來北京訪問的阿爾巴尼亞外賓說：「我們的軍隊也不是沒有問題的。像賀龍是政治局委員，羅瑞卿是書記處書記、總參謀長。」「比如楊成武他是代總參謀長。總參管好幾個部，其中一個作戰部的部長、副部長寫大字報要打倒他，那是賀龍挑起來的。」周恩來就在他允諾而未實踐於秋天接賀龍回京的同一時期，毛澤東於九月十三日批准對賀龍立案審查，周恩來在賀龍審查報告上親筆作了修改，寫下大段的批語。

九月十八日，中央文革小組開始就賀龍歷史問題清查，提出的書面質詢問題有「南昌起義你幹了些什麼陰謀活動？一九三三年蔣介石招撫員熊貢卿去你處敘舊，你是怎樣向他表示乞降蔣介石的？你們是怎樣談判？最後達成什麼協議？」

賀龍擔任南昌「起義」總指揮，是在暴動失敗後才加入共黨。他對妻子薛明說：「我幾十年拼死戰鬥，一輩子戎馬生涯，在生死關頭，在最困難時刻，都跟著黨，從沒有二心，我本來就是在共產黨最背的時候參加的。」對於向蔣介石乞降事，他說：「真是活見鬼！那裡有這種事。人（指熊貢卿）都給我槍斃了嘛！栽贓！完全是栽贓！」

一九二八年春，賀龍根據中共中央指示回到湘鄂西，發動荊江兩岸暴動和湘西「起義」，建立湘鄂西根據地。一九三三年國民黨南昌行營派遣賀龍舊識熊貢卿前往招降，為賀龍殺害，並在一九三四年三月十七日向中共中央報告。一九六七年二月十四日，國民黨前南昌行營負責此案之二廳廳長晏勳甫之子晏章炎寫信給中央文革小組，檢舉賀龍在歷史上曾向蔣介石乞降，企圖叛變投敵。

〈毛澤東為何不保賀龍〉一文說：「林彪見到這封信如獲至寶，立即批轉江青等人」，應該不是事實，因為林彪不是中央文革小組成員，信不可能寄給他。而且林彪在一九三四年時已是紅一軍團總指揮，一定知道賀龍殺熊貢卿拒降情事，他再去配合誣陷賀龍，反對他不利。毛澤東當時在中共中央，當然更清楚此事，也不會允許林彪興風作浪。所以只有文革小組成員不明究理，才會加以利用鬥爭賀龍。一九六八年，中央文革小組查到賀龍向中共中央報告文件後，隱匿不報，仍堅持指控他「投敵叛變」。

檢舉賀龍向國民黨投降的，還有前國府交通部次長、立法委員李仲公，他在一九六八年三月上交一封一九二七年賀龍寫給蔣介石的「投降信」，對賀龍也造成極大傷害。直到一九七四年九月，毛澤東一再催促為賀龍平反，中共才進行查證這封信是李仲公一九二七年三月啣命策反賀龍不成，為賀龍扣押交給國民革命軍第八軍唐生智部，才獲釋放。中共建政後，李仲公向周恩來要求出任貴州省主席未成，認係賀龍作梗，挾冤報復，偽造之假信。

一九六八年十月十三日，毛澤東在中共八屆十二中全會上宣布：「對賀龍不保了。」此後，中央文革小組對賀龍的迫害就一再升高。一九六九年四月中共「九大」，通過林彪作為「毛澤東的親密戰友和接班人」納入黨章。一天，賀龍指著林彪頭像說：「你這個卑鄙的傢伙，為什麼不准我革命？你這個傢伙，心虛得很，怕別人攥著你的把柄！」「黨內出了奸臣，這個奸臣就是你。」

賀龍患有糖尿病，中共不給予妥善治療，食物粗劣，無法獲得最低營養，寒冬不提供暖氣，甚至衣不蔽體，終因病情惡化，於一九六九年六月九日病死，薛明被移送至貴州山區繼續關押。周恩來在一九六七年一月誘騙賀龍離開中南海關押起來，明為保護賀龍，但從賀龍所受凌虐的事實，令人懷疑周恩來的用心不善。

一九七一年五月十七日，賀龍被定為「黨內軍內通敵分子」和「篡軍反黨分子」，但因「林彪事件」發生，未形成結論。

一九七三年二月底，毛澤東對張春橋說：「我看賀龍沒有問題，策反的人，賀龍把他殺了。」「我有缺點，聽一面之辭。」但是張春橋未向政治局傳達，也不著手為賀龍平反。十二月二十一日，毛澤東在軍委常委擴大會上再次說：「我看賀龍搞錯了，我要負責呢。」「都是林彪搞的。我是聽了林彪一面之詞，所以我犯了錯誤。」指示要為賀龍平反。到一九七四年九月四日，毛澤東再次催問賀龍平反進度，中共中央才在九月廿九日發出為賀龍恢復名譽的通知。

但是毛澤東對賀龍「隨身帶槍」一事，耿耿於懷，故平反不徹底。事後，江青還曾試圖再翻案未能成功。一九八二年十月中共中央才正式發表「為賀龍同志徹底平反的決定」，肯定賀龍是受林彪、江青、康生一夥所陷害。

鬥爭賀龍，林彪確實要負相當責任。他在九月八日的軍委「打招呼會」上，就說過因賀龍問題，他「在主席那裡談了兩次。」所以，吳法憲的檢舉函，即使不是他授意的，至少他是相信檢舉函內容，毛澤東也相信了。「九・一三事件」後，毛澤東可能為了加重林彪罪名，才會主動要為賀龍「恢復名譽」。

林彪除了在一九六七年一月十一日因受毛澤東指示，召開了一次的「打招呼」會議評賀龍外，歷次鬥爭賀龍會議均由葉群代表出席。但在同年九月七日中央碰頭會議上，葉群曾作了長篇發言，攻擊賀龍，並說：「賀龍問題嚴重，應該立案審查。」又與江青、康生、陳伯達聯名寫報告，經林彪閱轉毛澤東核准成立「賀龍專案組」對賀龍進行迫害，葉群並出任副組長。證明林彪、葉群對賀龍的鬥爭，毫不手軟。

葉群可能是出於對賀龍妻薛明的「舊恨新仇」，林彪鬥賀龍遠因可能害怕賀龍揭發他曾寫字條說：「蔣介石有抗戰到底決心」的黑材料；近因可能真的誤認賀龍要在三大總部和各軍種奪權，要奪權必先要鬥倒林彪，與其被鬥，不如先下手為強，先行打倒賀龍。這是在毛澤東長期推動「鬥爭」教育下，造就的中共黨徒性格，並非林彪、葉群等獨有。

事實上，林彪對軍中幹部被鬥，能保的還是會保，如果是毛澤東要鬥的，他就緊跟著批鬥，而且鬥爭狠勁，毫不輸人。

一九六七年一月四日，打倒陶鑄的當天，周恩來、江青、陳伯達、康生等在人民大會堂接見軍事院校和部隊工作者代表時宣布，文革小組副組長劉志堅有問題，要予打倒。劉志堅時任共軍總政治部副主任，據王力回憶說：「打倒劉志堅，林彪是不同意的。」在「宣布打倒劉志堅時，葉群給林彪打電話說：『江青堅決打倒劉志堅是為了保老帥，保陳毅、葉劍英，他們在工人體育場講話，造反派攻他們，為了保老帥就拋出劉志堅。』電話打了半個鐘頭，林彪勉強同意。」從此，劉志堅就被打倒了。

葉群所指造反派在「工人體育場」反老帥一事，係指一九六六年十一月十三日，陳毅、賀龍、徐向前、葉劍英四位軍委副主席召開軍隊院校和文體單位來京人員大會那次活動，遭受造反派質疑大會召開及四人講話是否經過林彪核准，被葉劍英反嗆回去。由於這次大會是由總政治部主辦。江青藉一個半月前的事，找總政副主任劉志堅作代罪羔羊，實則是插手鬥爭總政部人事之開始。而且事前林彪毫不知情，反而要由葉群臨時以電話費時長達半個小時說服林彪，才勉強同意。林彪之所以讓步，顯然是因為周恩來在現場，周支持打倒劉志堅，代表已獲得毛澤東事前之同意，林彪不得不接受。林彪應該知道：毛、周和中央文革小組並不把他看在眼裡。

鬥爭總政治部主任蕭華，也面臨同樣情形。打倒劉志堅後沒幾天，江青的目標接著指向蕭華，江青打電話給葉群，要撤掉蕭華總政主任職。葉群回覆說：「我曾向林彪同志轉達江青同志的建議。林彪同志認為，蕭華作為總政治部主任，拿掉他必須經過毛主席批准。林彪同志不好向主席提這樣的建議，是否請江青同志面見主席時提一提？」林彪婉轉的回應，實則是不同意動蕭華。

蕭華為林彪四野的老部屬，長期追隨林彪，關係良好。一九六五年前任總政治部主任羅榮桓因病過世（他「因病得福」，逃過了文革可能被鬥命運）後，接任總政主任職務。一九六六年初，在林彪指示下，支持了江青在部隊召開文藝工作座談會，座談會「紀要」在毛澤東修飾的前文中就有「蕭華同志和楊成武同志，對這次座談會表示熱情贊助和支持。」在文革前夕，蕭華還曾主持創作了「長征組歌」，被視為無產階級革命文藝的優秀代表作品。但是到了文革開始後，形勢不變，軍內造反派把「長征組歌」打成為「修正主義文藝的代表作」。

在江青企圖打倒蕭華之時，在毛澤東指示下，共軍於一月十一日改組軍中文革小組，由徐向前任全軍文革小組長，江青為顧問，蕭華、楊成武為副組長。徐向前為黃埔一期學生，一九二七年加入共黨，中共建政後，曾任首任國防部長，在中共政治舞台一向不活躍，有人說他在政治上反映遲鈍。毛澤東任命他當全軍文革小組組長，實際是讓江青能操縱軍中文革批鬥工作，不過這一次踢到了鐵板。

一九六七年一月十九日，賀龍被軟禁之日。下午三時，江青到毛家灣找林彪。江青說從一組（指毛澤東）來，毛已同意批判蕭華。當晚，中共在京西賓館開會準備批蕭華，林彪不願參加，派葉群出席，會議中途，毛澤東找去周恩來、葉劍英，指示要保蕭華。周、葉隨後在會議上傳達了毛的意思，葉群也代表林彪說：蕭華得到林彪「一貫信任」，蕭華是「幾任總政治部主任中最好的一個主任。」

中央文革小組批「蕭華事件」激怒了共軍老軍頭。就在毛表達要「保蕭」後次（二十）日，中央軍委在京西賓館舉行碰頭會議，老軍頭一致聲討中央文革小組反軍亂軍的罪行。與會的地方軍頭，如時任廣州軍區司令員黃永勝（後出任總參謀長，被指控為林彪集團成員之一）發言說：「希望中央文革多聽毛主席的話，特別是江青同志要多聽毛主席的話！」

這次碰頭會，後來被定為「大鬧京西賓館」事件，被毛澤東納為「二月逆流」兩個會議之一加以反擊。

林彪得知軍委碰頭會議內容後，也露出對中央文革小組之強烈不滿，還說：「叫他們也來打倒我好了！」不久，江青來訪（一說是林彪把江青叫到毛家灣家中），因蕭華問題和江青批評林彪縱容老將老帥反文革，二人發生激烈口頭衝突。林彪氣得臉色鐵青，渾身發抖，大叫葉群「快把江青給我趕走！」盛怒之下，把茶几都掀翻了，並要到毛澤東那裡評理，和辭職不幹了。江青說：「林彪同志，我有缺點、錯誤，你可以批評，何必生氣呢？」葉群嚇得大哭，拼命拉住林彪，勸他千萬不能和江青鬧翻，無論如何也不能得罪江青。

此後，林彪嚴格約束葉群，不准她老往釣魚台（中央文革辦公室）跑。江青也還以顏色，不願再看軍委送去之文件。

林彪衝冠一怒，總算暫時保住了蕭華。但是，江青不死心，待機反撲。中國諺語說：「不看僧面看佛面」，林彪連佛面也不顧發江青脾氣，實則表達對毛澤東發動文革的不滿。

一月二十日林彪的《工作札記》寫道：「局勢繼續亂，二十五個省區告急癱瘓。動用武裝部門、保衛部門武器參與武鬥。雙方都堅持忠於同一個神，同一個魂，同一個旨。」又說：「『B52』對局勢的發展開始感到不安。每天上報武鬥傷亡數目數千人。提出軍隊下去支左穩定局面，如不行，實施軍管。我說：是個好政策，但軍隊下去要有個方向，有個時間表，軍隊本身有戰備任務。」林彪對文革的憂慮，不是沒有道理。動用軍隊支持武鬥，或者鎮壓群眾，終究是違背軍人保國衛民的責任。

一月二十四日，徐向前、葉劍英、聶榮臻也都無法忍受軍隊繼續亂下去，先後來見林彪，說：「軍隊要穩定，這樣亂下去不行，要搞幾條規定，如不能成立戰鬥組織、不能隨意揪鬥領導幹部、不准奪權等。」林彪連連點頭，當即口述，經秘書整理出九條規定。再由葉、聶、徐邀陳毅共四人去徵詢中央文革小組意見。中央文革小組把周恩來請來，當晚由軍委和中央文革小組舉行聯席會議，最後通過了七條（中央文革不同意「軍隊搞運動須由黨委領導」和「軍隊不能成立戰鬥組織」兩條）。

次日，林彪與徐向前往見毛澤東，將所訂「七條」請毛審批。毛加了「嚴格管教子女」一條成為「八條」，當場批示：「很好，照發。」林彪接過批件，對毛澤東說：「主席，你批了這個文件，真是萬歲！萬歲！萬萬歲啊！」欣喜溢於言表。

此即後來所謂「中央軍委八條命令」。其中第五條規定：「對於衝擊軍事機關問題……今後則一律不許衝擊。」就可看出，林彪對紅衛兵造反派的「打、砸、搶」之不贊成，和他想藉「軍委八條」，以保證軍隊在文化大革命中的穩定。事實上，也確實在一段時間內起了穩定軍隊的作用。

但是好景不長，一心想搞亂軍隊的江青和「中央文革」小組又針鋒相對的拋出了一個「中央文革十條」，禁止軍隊對造反派動用武力。江青說「如果拿那個『八條』來壓這個『十條』那就錯了。」僅穩定了兩個月的各地軍隊機關，又受到了造反派的全面衝擊。所以在「九．一三事件」後，中共口徑一致說：「林彪一心想搞亂軍隊」，是不符歷史事實。

關於軍隊對紅衛兵在必要時可以「開槍自衛」的命令，是出自毛澤東的親筆。在「軍委八條」命令發出後，二月九日（大鬧懷仁堂前一週），毛澤東在審閱林彪所提出之「關於軍隊在支持無產階級革命派奪權鬥爭中不准任意開槍的規定」稿件時，對原稿所提：部隊如受少數群眾衝擊，只能耐心做好宣傳教育工作，絕不准開槍；如確認是反革命性質的反軍罪行，開槍鎮壓前，必須報軍委批准後方可實施。毛澤東作了大幅修改，新修內容大意為：「絕不容許右派群眾組織衝擊部隊，首先要做好宣傳教育工作，如說服無效，他們硬要衝，可以先作忍讓，例如他們衝進軍隊機關，可以把一樓讓給他們，部隊退至二樓。他們強佔二樓，部隊就退至三樓，同時發出警告。如果他們又要搶佔三樓，對部隊人員造成威脅，部隊可以開槍自衛。」

到了四月，毛澤東不知是忘記或者是故意，竟然支持文革小組的「中央文革十條」文件，林彪在此壓力下，不得已口授了與他兩個月前口授「軍委八條」相悖的「軍委十條」，由秘書整理後送毛審核，毛批示：「此件很好。」並先後作了兩次修改，由中央軍委於六日發出。「軍委十條」與原「軍委八條」內容完全背離，後令壓前令，是爾後造成了部隊和地方造反派關係緊張的總根源。所以在一九六七年林彪對江青已是十分不滿。

一月二十五日，總後勤部長邱會作被該部上海第二軍醫大學老造反派來京揪鬥折磨多日，被打斷一根肋骨，肩胛骨也骨折，兩處肌肉撕裂，奄奄一息。邱妻胡敏向葉群求助，適陳伯達來訪，林彪邀陳共同署名寫了「立即將邱會作放出來，不得自由拘留」字條，由葉群帶人於半夜持令將邱救出，但已造成邱終身殘疾。

邱會作獲釋後，葉群私下對邱說：「批鬥你的是江青和中央文革支持的造反派。因你的兒子在清華大學參加的是與蒯大富（清華大學化工系學生，文革初起時，任造反組織「井崗山兵團」頭頭，為北京著名造反領袖之一）對立的紅衛兵組織。」所以此後，邱會作對揪鬥他的第二軍醫大的老造反派，堅決回擊，迫使瓦解，不惜與紅得發紫的張春橋（支持二軍醫造反派）嚴重對立。

從邱會作被鬥的例子看，毛澤東和江青所煽起的紅衛兵揪鬥老幹部，已到了無法無天，胡作胡為，任意揪鬥地步。毛澤東未說要打倒邱會作，林彪就敢保。批鬥劉志堅有中央文革小組介入，林彪只得讓步。

二月十三日至十六日，周恩來在人民大會堂懷仁堂主持的中央政治局碰頭會議上，與會共軍幾位老軍頭、副總理和中央文革小組成員爆發激烈言語衝突。江青因身體不適未與會，但由陳伯達轉達其對「軍委八條命令」的不滿，引起老軍頭再也按捺不住對江青和中央文革小組煽動之「打倒一切，全面內戰」的怒火，拍案而起。

首先由葉劍英、徐向前憤怒反擊。譚震林也動怒說：「江青要把我整成反革命」，「我不幹了，不跟了！砍腦袋、坐監牢、開除黨籍，也要鬥爭到底！」陳毅更指向毛澤東說：「史大林搞出了一個赫魯曉夫，以後又怎麼樣？延安整風搞出了一個劉少奇，現在又怎麼樣？」又說：「延安整風時挨整的是我們這些人。總理不是挨整嘛！歷史不是證明了到底誰是反對毛主席的嘛？以後還要看，還會證明。」陳毅的意思現在又搞出了一個林彪，將來又會怎麼樣呢？顯然鬥爭賀龍，確實引起陳毅等老軍頭對林彪的不滿。

林彪未參與此次會議，譚震林於次（十七）日寫信給林彪轉毛澤東。信中說：「他們（指江青一夥）不僅不聽主席的指示，當著主席的面說『我要造你的反』。他們把主席放在什麼地位，真比武則天還兇。」「大批老幹部，省級以上的高級幹部，除了在軍隊的，住在中南海的，幾乎都挨了鬥，戴了高帽，坐了『飛機』（紅衛兵鬥爭幹部的一種酷刑），身體搞垮了，弄得妻離子散，傾家蕩產的人不少。」「他們有興趣的是打倒老幹部，只要你有一點過錯，非整死你不可。」「我想了很久，最後下了決心，準備犧牲。但我絕不自殺，也不叛國，但決不允許他們再如此蠻幹。」「這個反我造定了。」

這就是前面所說的譚震林震驚林彪的信。林彪閱信後，考慮一天，還是不敢壓下，婉轉的批了幾句話：「譚震林最近的思想意識糊塗墮落到如此地步，完全出乎意料之外。現在將他的來信送上，請閱。」

林彪很聰明，趁江青於十八日下午來訪時，將信送交江青轉給毛澤東，讓江青知道有人不怕她，而且罵她「武則天」，也許有規勸江青收斂一點的意思。

江青來訪是向林彪指控懷仁堂會議，軍頭發言內容，及毛澤東不滿陳毅對延安整風的談話，毛變臉說：「難道延安整風也錯了嗎？還要請王明他們回來嗎？」林彪話不多，只說：「徐向前不能代表解放軍」，及「陳伯達是好人」少數幾句話。毛澤東收到信也很冷靜，批閱後退給林彪，被林彪撕成碎塊，不留證據，但為葉群拾回貼在白紙上保存。

譚震林這封信，未引起毛當場動怒在信上批駁，一則他已決定當晚開會批評老帥們，另則有個重要原因也是林彪所知道的，譚震林在毛澤東心中是「三面紅旗」的擁護者。在一九五九年七月「廬山會議」時，還主動出面承擔「三面紅旗」錯誤的責任，替毛揹過。毛澤東發動文化大革命，主要的打擊對象是當時對大躍進有意見的幹部，譚震林不屬此類。儘管江青對譚震林恨之咬牙切齒，鼓勵農業大學的造反派「油炸譚震林！」毛澤東不答應，把譚震林保了下來。

陳毅在十六日晚上對歸國留學生代表說：「把劉少奇的一百條罪狀貼在王府井，這是洩密！八大的政治報告是政治局通過的嘛，怎麼叫他一個人負責啊？」「朱老總今年八十一歲了，歷史上就是朱毛、朱毛，現在說朱老總是軍閥，要打倒，人家不罵共產黨過河拆橋啊！」「賀龍是元帥、副總理，怎麼一下成了大土匪！這不是給毛主席臉上抹黑嘛！」「只有主席、林副主席、周總理、伯達、康生、江青是乾淨的，承蒙你們寬大，加上我們五位副總理。這樣一個偉大的黨，就只有這十一個人是乾淨的？如果只有這十一人是乾淨的，我陳毅不要這個乾淨，把我揪出去示眾好了！」

這一次碰頭會，引爆了老軍頭的怒氣，被毛澤東批為

「大鬧懷仁堂」，連同一月份的「大鬧京西賓館」，合稱為「二月逆流」。為了反擊「二月逆流」，毛澤東於二月十八日晚上親自召開中央政治局會議，批判譚震林、陳毅。

林彪也接到通知開會，他託病不參加，由葉群代表出席。毛澤東也沒讓陳伯達、江青等中央文革小組成員參加。毛澤東此舉表示他把「二月逆流」當作「內部矛盾」看待，不擬擴大化，所以不讓中央文革小組成員與會，但是會後完全走樣。

從毛澤東震怒的話，表達他貫徹文化大革命的決心，認為任何批江青、批中央文革小組的話就是批毛本人。所以他說：「中央文革小組……錯誤是百分之一、二、三，百分之九十七都是正確的。誰反對中央文革，我就堅決反對誰！你們要否定文化大革命，讓劉、鄧上台辦不到！葉群同志你告訴林彪，他的地位也不穩定啊！有人要奪他的權哩！讓他做好準備，這次文化大革命失敗了，我和他就撤出北京，再上井崗山打游擊。你們說江青、陳伯達不行，那就讓你陳毅來當中央文革組長，譚震林當副組長……再不夠，把王明、張國燾請回來。力量還不夠，請美國、蘇聯一塊來。把陳伯達、江青逮捕、槍斃！讓康生去充軍！我也下台，你們把王明請回來當主席麼！你陳毅要翻延安整風的案，全黨不答應！你譚震林也算是老黨員，為什麼站在資產階級路線上說話呢？我提議這件事政治局要開會討論，一次不行就開兩次，一個月不行就開兩個月；政治局解決不了，就發動全體黨員來解決。」周恩來建議陳毅、譚震林、徐向前「請假檢討」，毛澤東同意了。

毛澤東講話中，說如果文革失敗了，他和林彪再上井崗山打游擊。這是毛的「二分法」策略，分化林彪與老軍頭的關係，逼林彪站到他這一邊共同反「二月逆流」。

葉群在會後很緊張，深怕林彪犯錯。她召集林辦秘書，嚴格規定：今後向林彪彙報工作，都要先講毛澤東和中央文革小組的觀點，千萬不能先報告老帥們的意見。她說：「要防止首長（指林彪）腦子一熱，找老帥們談話，犯方向錯誤！」「首長對毛主席是緊跟的，對中央文革是支持的，但首長又和老帥們有很深的感情，實在難啦！」葉群的話，證明了一點，林彪與中央軍頭們思想觀念是一致的。

毛澤東怒批老帥後，《林彪工作札記》在二月十九日寫道：「『B52』下指令，要整一批不服氣、不買賬的老帥，藉此以中央文革取代中央政治局的權力。婆娘、謝（富治）、張（春橋）鋒芒畢露，執行『B52』部署不遺餘力，黨心、軍心、民心會發自內心：『毛主席萬歲』。」林彪最後一句是諷刺毛的「反話」，指毛將喪失黨、軍、民心。

中央政治局照毛澤東指示，自二月二十二日起至三月十八日止近一個月的時間，共開七次會，由陳毅、譚震林、徐向前三人作檢討。陳、譚二人原有的英雄豪氣，全被毛澤東挫掉了。江青及中央文革成員乘機猛烈圍攻三人。北京市到處貼滿了「打退二月逆流新反撲！」大標語、大字報等。其間三月十四日，中央文革還組織十萬人的遊行示威，吶喊「用鮮血保衛中央文革」的口號。江青藉機掀起「反擊全國自上而下的復辟逆流」的浪潮，更大規模的打擊迫害黨政領導幹部。

雖然，毛澤東為反擊「二月逆流」，點名批判了陳毅、譚震林、徐向前三人。事實上牽連了中央政治局另外四位委員葉劍英、聶榮臻、李富春、李先念。使七人都處於待罪之身「半打倒」的狀態。再剔除早已同樣被「半打倒」的朱德、陳雲，「全打倒」的劉少奇、鄧小平、陶鑄、賀龍等，中央政治局委員只剩下毛澤東、林彪、周恩來、陳伯達、康生、劉伯承六人及候補委員謝富治（已投靠中央文革）一人，而劉伯承因重病已久未出席政治局會議，所以從三月份起，「中央文革碰頭會」完全取代了中央政治局，毛澤東指定由周恩來主持此一碰頭會。

林彪是支持「二月逆流」的，他在三月十五日的《札記》說：「一批老帥鬧了懷仁堂，是衝著『B52』的婆娘和幾個得意忘形的先鋒的，激怒了『B52』，下令叫老帥去休息。總理也給批了：搞折衷主義。『文革幫』取代了政治局，一場風暴會逼來。」

林彪墜機後，毛澤東說「二月逆流是反林彪的」，完全歪曲了事實。林彪在這些老軍頭反彈後，甚至說：「叫他們（指中央文革小組）也來打倒我好了！」還把江青趕出其住所。且在明知毛澤東要召開批判老軍頭會議時，稱病不出席。尤其是在毛反擊「二月逆流」後，江青因「大鬧京西賓館」事，黃永勝批評她，非逼黃檢討不可，黃請示林彪，林彪指示：「頂住，不予理睬」。江青為此一直耿耿於懷。

朱德的「半打倒」，需要說明一下。林彪在「保幹」方面，遠不如朱德有「骨氣」，這當然是因為在中共歷史上，朱毛是始終併列代表中共，而且都是稱「朱毛」，未曾叫過「毛朱」，所以朱德在毛澤東面前，腰桿子比較挺，這是林彪所未具的條件。

一九五三年，毛澤東清算高崗、饒漱石「反黨聯盟」時，朱德曾說：「高、饒是好人，他們的『輪流坐莊』（註：指取代劉少奇），我看是一件可行之事。」一九五九年，廬山會議（即中共八屆八中全會）上，毛澤東鬥爭彭德懷，黃克誠「反黨集團」時，朱德說：「彭、黃兩同志，過去都很艱苦，能幹，我們大家都在一個鍋吃過飯嘛，不應該罷官。」同年，朱德到東北視察，返京寫報告說：「公社搞早了，搞糟了。」並對中共高幹說：「不要怕左左右右的，有什麼話就說，我們這些人不說，誰還敢說。」使得毛澤東十分不悅。

朱毛二人在井崗山時已存有芥蒂。延安時期間，朱德曾反對毛澤東與江青結婚。毛澤東發動文化大革命時，朱德已不太過問政事，但是毛澤東仍俟機攻擊朱德，出出累積了半世紀的怨氣。

一九六六年十月，在批判劉、鄧「資產階級反動路線」的同時，毛澤東在會議上歷數朱德過去一貫反對他的政策路線，曾公然袒護「右傾反黨集團」的彭德懷；反對「三面紅旗」；「文革」開始後，又站在與毛相反的立場。因此毛澤東堅持要朱德作「自我檢查」。朱德表現的十分強硬，當面駁斥毛說：「我朱德一向對黨忠貞，並無錯誤，應該作自我檢討的，不是我朱德，而是你毛主席！」

大哉朱德，如果劉少奇、周恩來、林彪、鄧小平，乃至賀龍，都有這種骨氣，陳毅、譚震林也不要那樣畏懼毛澤東之一怒就萎縮回去，堅持對抗下去，毛澤東孤掌難鳴，文化大革命極可能就此結束，不會禍延十年，更可挽救數千萬人免於被鬥、被殺。不過，也許以毛澤東所說與天、地、人鬥「其樂無窮」的個性，中共的政治鬥爭運動可能會更加慘烈。

會後，毛澤東授意江青及中央文革小組，唆使紅衛兵批鬥朱德。自十月起，北京街頭就出現攻擊朱德的「大字報」和「砸爛朱德的狗頭」的標語。據「人民大學紅衛兵」大字報說：林彪曾指著朱德的鼻子破口大罵朱德「不成器」，不能「讓你壞下去」。

十一月中旬，紅衛兵嘯眾砸爛「南昌八一紀念館」，說以「八一暴動」作為共軍「建軍節」是「大顛倒、大偽造」，應以一九二七年九月八日，毛澤東發動的湖南「秋收起義」的「九八」代替「八一」建軍節。

一九六七年一月底，「人民大學」紅衛兵在「中央文革」唆使下，在北京街頭貼出「打倒朱德」的大標語，並成立「揪朱聯絡站」。二月十日，在北京體育館舉行批判朱德群眾大會，宣布朱德「反黨、反革命、反毛澤東思想」的各種罪狀。次日「東方紅」報紙，列舉朱德「十大罪狀」，說「朱德和劉、鄧、陶也是一路貨」，對「這樣的走資本主義道路的當權派，必須鬥倒，必須批臭，使之永世不得翻身！」

終究朱德的歷史地位，毛澤東也有顧忌，說：「朱德還是要保的。」但是乃妻康克清仍然逃不過被造反派拉出去批鬥命運。朱德幸運的能夠熬過文革，於一九七六年七月六日因病過世，比毛澤東早走兩個月零三天。

毛澤東反擊「二月逆流」會議後，周恩來私下說：「壞了！壞了！主席原打算不久以後結束文化革命的，這下結束不了呢！」周恩來最瞭解毛的鬥爭性格，毛個性是「你不鬧，他自己想過來了，事情就解決了。你一鬧，他越來勁，越頂牛，結果反而相反。」

陳伯達的回憶也說康生在傳達毛澤東批評「二月逆流」的講話時「露出了奸笑」說：「好了，這回問題解決了，陳伯達不用檢討了（註：陶鑄被打倒後，毛澤東指責陳是「一個常委打倒一個常委」，「打倒陶鑄，就是你們兩個人（另一人為江青）幹的」），不反左而反右了。我們解放了！」康生所說「反右」的意思就是繼續文化大革命。

林彪當初對文化大革命持忍耐態度，是因為毛澤東在一九六六年十月二十五日還沒透露要徹底打倒劉少奇、鄧小平時。毛說：「也不能怪劉少奇同志、鄧小平同志，他們兩個同志犯錯誤也有原因。」並宣布：「這個運動才五個月，可能要搞兩個五個月，或者還要多一點時間。」到一九六七年二月三日，他又對阿爾巴尼亞國防部長巴盧庫說：「（文革）大約二、三、四這三個月是決定勝負的時候，至於全部解決問題可能要到明年二、三、四月，或者還要長一些。」對黨內高層，毛也這麼說。周恩來並對全軍軍以上幹部作了如此轉達。林彪信以為真，認為熬個一年多就過去了。

但是「二月逆流」干擾了毛澤東的文革戰略，決定重新調整其戰略部署。五月十八日，他透過《人民日報》和《紅旗》雜誌發表〈偉大的歷史文件〉傳達他的「最新指示」：「現在的文化大革命，僅僅是第一次，以後必然要進行多次。革命的誰勝誰負，要在一個很長的歷史時期內才能解決。」「不要以為有一、二次、三、四次文化大革命，就可以太平無事了。」這就是著名的「五・一八指示」。當時大多數人對「五・一八」指示，不能理解，因為「第一次文革」才開始如火如荼，怎麼就提到了第二、三、四次呢？因不理解，就沒加以重視。

到了七月，毛澤東在中央文革小組碰頭會上，談到「文化大革命」的部署時說：「一年開張，二年看眉目，三年收尾，這就叫文化大革命。」因此，大家都以為文革三年就可結束。

八月十六日，毛澤東接見外賓時，再次說明其戰略部署：「我們這次運動打算搞三年，第一年發動，第二年基本取得勝利，第三年掃尾。」而且多次有類似之指示。一九六八年十月，中共八屆十二中全會時，又說：「現在不是都講要把文化大革命進行到底嗎？究竟什麼叫到底呀？我們估計大概要三年，到明年夏季就差不多了。」

林彪再次信以為真，所以一九六九年他指示陳伯達撰寫之「九大政治報告」就著重講經濟建設。誰知毛澤東看都不看就否定了這份報告，另由張春橋撰寫以「無產階級專政下繼續革命」為主題之報告，堅持繼續文革下去，引起林彪十分不滿，事前完全不看稿，臨上台時，照本宣科，敷衍了事。

據林彪秘書回憶，林彪曾於一九七〇年五月、十一月，和一九七一年六月，三次上書毛澤東和中央政治局，要求儘快總結，結束文化大革命，恢復社會正常秩序，以便集中精力投入經濟建設。毛澤東均置之不理，林彪近於憤怒。

文革結束後，林彪女兒林立衡上書胡耀邦，請求查對這三次上書原件，回答是「不存在」。《林彪與文化大革命》一書說：「知情人透露，林彪事件發生後，毛澤東曾下令將有關檔案銷毀，造成了這一歷史的空白。」

08 鬥爭劉鄧

毛澤東耍陰險林彪不寒而慄

毛澤東發動「文化大革命」主要的目的，就是徹底打倒劉少奇、鄧小平的「資產階級司令部」。為了打倒劉、鄧，在思想領域，必須先鬥倒彭真、陸定一，佔領輿論陣地；在軍事領域勢須鬥倒羅瑞卿，阻斷劉、鄧發動軍事政變之路（鬥爭賀龍是防周恩來搞軍事政變）。這些工作都完成後，貫徹打倒劉、鄧的行動就正式上場。

一九六六年六月二十七日，劉少奇為了媚毛自救，還在主持的會議上，積極協助毛澤東鬥爭彭真四人，不啻自掘墳墓。他說：「彭、羅、陸、楊他們的互相關係是不正常的，……他們共同的特點是反對毛主席，反對毛澤東思想，都是搞地下活動的。」「彭、羅、陸、楊事件是有發生政變的可能的。」除羅瑞卿，楊尚昆外，彭真、陸定一都是劉少奇的老幹部，他不惜站上第一線鬥爭親信，但並不能獲得毛澤東的寬恕。毛澤東就是要劉「窩裡反」，自相殘殺，然後一舉收拾劉少奇一幫人。

在文化大革命開始時，對劉少奇、鄧小平的批判，還局限於針對劉、鄧派工作組「壓制群眾，反對革命」的「資產階級反動路線」，還無法感覺到鬥爭的嚴酷性。

一九六六年十月，毛澤東主持中共中央工作會議，批判「資產階級反動路線」。劉少奇、鄧小平二人被迫作了自我檢討，毛澤東還假惺惺的表示：「中央問題已經解決，劉、鄧及許多幹部的問題仍然是人民內部矛盾」。他說：「要允許人家犯錯誤，要准許他們革命。」「把對劉、鄧的大字報貼到大街上去不好嘛！要允許犯錯誤，允許改。」

會後，毛澤東還在劉少奇的檢查報告批示：「基本上寫的很好，很嚴肅，特別是後半段更好。」對鄧小平檢查報告批語為：「幹了半輩子革命，跌了跤子，難道一蹶不振了嗎？」此時，毛澤東表面上對劉、鄧係持「有錯改了就好」的態度。不過今天回過頭來看，毛當時對鄧小平的批語，預留餘地，所以在「打倒鄧小平」後，未置鄧於死地，鄧小平因而能在文革中苟活下來，嚴格來說鄧小平在鬥爭劉少奇過程中只是「陪鬥」而已。

毛澤東「保鄧」的目的，在留下鄧小平，以為爾後制衡林彪之用。八月中共八屆十一中全會時，毛澤東決定由林彪當接班人後，曾表示想把鄧小平續留在中央工作，他告訴鄧小平要與林彪搞好關係，實則有意製造林、鄧間矛盾，同時也把鬥爭鄧小平的責任，往林彪身上推。

據鄧小平回憶說：「我答應了，但與林彪談了一次就談崩了！」因此，鄧小平在「陪鬥」後，被打倒下台，他怪罪是林彪要鬥爭他。雖然在林彪死前，毛澤東還未能用上鄧小平來抑制林彪，但至少讓鄧小平在文革後復出掌握政權時期，定下林彪「叛國投敵」罪名，並拒絕了給林彪平反。

這次中央工作會議原訂開三天，結果開了十七天。林彪在會議結束當天說：「這個會從頭到尾都是毛主席親自領導的」，「為了進一步搞清楚兩條路線的問題」，「現在搞了兩個多星期（十七天）」。這是毛澤東的慣性，會議沒達到他的目的，就延長繼續開，直到他滿意為止。

毛澤東在十月二十五日閉會時，談到所謂一、二線問題。他說：「十七年來（指自一九四九年以來），有些事情，我看是做得不好，比如文化意識方面的事情。」「鑑於史大林一死，馬林科夫擋不住，發生了問題，出了修正主義，就搞了一線、二線。」「十一中全會以前，我處在第二線，不主持日常工作，有許多事情讓別人去做，想讓他們在群眾中樹立威信，以便我見馬克思的時候，國家不那麼震動。……但處在第一線的同志處理得不那麼好。現在，這個一線、二線的制度已經改變了。」「我也有責任。為什麼說我也有責任呢？第一是我提議搞書記處，政治局常委裡頭有一線、二線。再，就是過於信任別人。」

毛澤東說從中共建政以來十七年間，他居於第二線，其實應該說他是居於「超一線」。在八屆十一中全會以前，所有重大政策、決策，都是他所制訂、決定。而劉少奇等雖是「一線」，不過是個毛的政策執行者。毛澤東前述講話的目的，就是把大躍進「三面紅旗」失敗，餓死兩千萬人，國家損失一千二百個億的責任，都推卸為「第一線同志處理得不那麼好」。毛的責任只是過於信任「一線」的劉、鄧等人。結論是：我是正確的，劉、鄧要負執行錯誤的責任。

毛澤東在這一次會議中，先提到對劉、鄧要持「諒解態度」，「改了就算了」。但是二十五日講話中，又透露出似乎不打倒劉、鄧，不足以「謝國人」的意思。林彪比陶鑄瞭解毛澤東，知道鬥倒劉、鄧是毛的決心。毛澤東要鬥倒他自己欽定的接班人劉少奇，作為新的接班人的林彪，感同身受，怎能不寒而慄呢？

以林彪同在十月二十五日的講話中，可看出他內心對毛澤東的鬥爭劉、鄧的觀感，他說：「幾個月來文化大革命中的情況是兩頭的勁很大，中間就有一點勁頭不足，中間甚至還有一些頂牛，局勢一度有些緊張。」「兩頭的勁頭大，一頭是毛主席的領導，一頭是群眾。」「上頭是毛主席。大家看得很清楚，這個運動從頭到尾是主席發動的，主席領導的。毛主席以很大的魄力，很大的決心，來幹這件事，發動很大規模的群眾運動，來幹這件事。」「中央有幾個領導同志，就是劉少奇、鄧小平同志，他們搞了另外一條路線，同毛主席的路線相反。劉、鄧路線，就是毛主席大字報說的：『站在反動的資產階級立場上，實行資產階級專政，……。』經過這幾天，同志已經比較清楚地知道了這個來源。」「有的人革命了三十年、四十年、五十年，有的人年紀到了五十、六十、七十甚至八十歲，是不是能夠最後保持晚節？實在是一個問題。很多人就在最後幾年沒有搞好，滑下去了，不能保持晚節。」

林彪這篇講話，是夾雜在吹捧毛澤東，和批評劉、鄧的長篇談話中，零星分散，將其摘整在一起，細細品茗，不難聽出他在表明文化大革命，和批鬥劉、鄧，都是毛澤東所發動和領導群眾運動搞的，包括林彪自己，和中共中央領導幹部在內的各級幹部，都不理解，甚至有抵制心態，經過這十七天的會議，大家已很清楚瞭解事實源頭，他勸老同志不論資深或年長，不能保持與毛澤東站在同一條路線上，都難逃被鬥下場。林彪的談話，特別是「保晚節」一段話，透露了林彪內心對毛澤東鬥爭的恐懼、不滿。

這時，陶鑄也已明白毛澤東的「保劉、鄧」，是他天真想法，更因他批劉、鄧不力，和「十．一」國慶照片所犯「錯誤」，即將面臨被鬥命運。所以這次會議後，就發生了疑似林彪、陶鑄二人十一月一日聯名密函謀與國府聯繫情事。

到了十二月中旬，劉、鄧仍只受到批判，沒有被揪出鬥爭。十八日，中央文革小組突然召見清華大學「井崗山兵團」造反派頭頭蒯大富，由張春橋接見談話。張春橋暗示說：「從全國來講，資產階級反動路線仍然相當猖獗，現在還是要深入批判資產階級反動路線。中央那『一兩個』提出資產階級反動路線的人，至今仍不投降。」「你們革命小將應該聯合起來，發揚徹底革命精神，痛打落水狗，把他們搞臭，不要半途而廢。」

蒯大富心領神會，他向「井崗山兵團」總部成員表示「我認為春橋同志的講話，不只是他個人意見，而且是代表中央文革的。」一次（十九）日蒯大富即在清華大學主持「向資產階級反動路線攻擊誓師大會」，宣布「徹底砸爛以劉、鄧為首的資產階級反革命司令部」的動員令，把「打倒劉鄧」行動計畫，全力推向全北京市。

十二月二十五日，蒯大富在北京天安門廣場正式召開主持五千人的「徹底打倒以劉少奇、鄧小平為代表的資產階級反動路線誓師大會」，並在全市張貼「打倒劉少奇」、「打倒鄧小平」的巨幅標語，和各種大字報、傳單等。這是五月文革開始以來，北京乃至全大陸第一次出現這樣內容的大標語。代表著了毛澤東徹底打倒劉、鄧的決心和意志。

既然北京的造反派在「中央文革」小組支持下開了先例，全國各地造反派，不甘人後，紛起響應，到年底前，已在全國掀起聲勢浩大的「打倒劉鄧」狂潮。江青親自到清華大學表達「堅決支持」和鼓勵。

一九六七年一月一日，《人民日報》、《紅旗》雜誌社論同時發表「把無產階級文化大革命進行到底」專文，宣布「一九六七年將是全國全面展開階級鬥爭的一年」，號召所有造反派紅衛兵向「黨內一小撮走資本主義道路的當權派和社會上的牛鬼蛇神展開總攻擊。」一月四日陶鑄被打倒，十一日，劉少奇、鄧小平、陶鑄等就被取消出席政治局會議資格，顯然這是一全套計畫作為。

劉少奇夫婦因住在中南海內，警衛森嚴，江青等「中央文革」人員還不敢明目張膽讓紅衛兵進入，但為了揪鬥劉少奇夫婦，於是計畫先拿劉妻王光美開刀。一月六日，在江青唆使下，清華大學紅衛兵冒充醫生，打電話給王光美說：

其次女平平車禍，腿被輾斷須截肢，請家長到校簽字。劉、王二人聞訊驚慌下，未經查證，就冒然趕到學校，才知是騙局。王光美被紅衛兵強制劫持到清華園批鬥，紅衛兵並出小報報導「智擒王光美」。劉少奇瞭解到對他人身的鬥爭已付諸行動。

一月十三日夜，毛澤東假借關心劉平平腿傷，在人民大會堂召見劉少奇。劉少奇當面請辭國家主席、中央常委和《毛澤東選集》編委會主委職務，願為這次「路線錯誤」承擔責任，以儘快結束文化大革命，儘快把廣大幹部解放出來，使黨和國家減少損失，請求准許與妻子兒女去延安或老家種地。毛澤東不置可否，而是莫測高深地建議劉少奇讀讀法國黑格爾的「機械唯物論」、狄德羅的「機械論」和中國古籍《淮南子》等書。

所謂「機械論」是歐洲哲學家世界觀的一種，談論宇宙現象之變化及其趨勢。又區分兩說，一是目的論，認為宇宙間萬物均向一個唯一的大目的而活動，黑格爾機械論即主張此一觀點。另一種則以因果之機械關係說明宇宙變化現象，不認為變化的發生具有任何目的，又稱之為機械論。《淮南子》為漢朝淮南王劉安所撰，屬道家學說之一，被列雜家。毛澤東疑似暗示其鬥爭劉少奇是必然趨勢，而且如《淮南子》一書所示「鴻烈」（鴻，大也；烈，明也）一樣的激烈。

到了三月，在反擊「二月逆流」勝負已定後，毛澤東對劉少奇的鬥爭的腳步加緊。十六日，毛澤東批准下發「關於薄一波、劉瀾濤、安子文、楊獻珍等出獄問題的批示」，特別寫明：「薄一波等人因自首叛變出獄，是劉少奇策劃和決定，張聞天同意，背著毛主席幹的。」薄一波等自國民黨監獄獲釋後是「由劉少奇等包庇重用，把他們安插在黨、政、軍的重要崗位上。」薄一波這時擔任副總理及國家經濟委員會主任，劉瀾濤為西北三線建設委員會主任，安子文為中央組織部部長，楊獻珍為高級黨校校長，均為劉少奇的「白區」幹部。

毛澤東所稱薄一波等人「自首叛變出獄」係指一九三一年六月薄一波、劉瀾濤、安子文、楊獻珍等人在北平「白區」工作時被逮捕入獄，一九三六年春，劉少奇被中共中央密派赴華北，主持北方局工作。因工作開展，極需幹部。時任北方局組織部部長柯慶施（中共建政後任上海市委書記，協助江青找張春橋、姚文元二人撰〈評海瑞罷官〉一文掀起文化大革命序幕）向劉少奇建議，可讓關押在國府北平監獄之「同志」履行「假自首」的「簽字」手續出獄，以解燃眉之急。

劉少奇接受柯之建議，於六月上報中共中央。經時任中央「負總責」的張聞天核准後，自這年九月起，關押北平監獄之黨員共六十一人陸續假「自首」後獲釋。一九四三年，薄一波到延安，曾向毛澤東匯報這段往事，毛說：「這件事我們知道，中央完全負責。」中共召開「七大」時，毛澤東還親自提名薄一波當選中央委員。

但到文革開始後，為徹底整垮劉少奇，在鬥爭「彭、羅、陸、楊」案同時，悄悄增加與劉少奇有關的這個案件，稱為「一九三六年專案」，無中生有地變成了「六十一人叛徒集團」，使這些曾在「白區」秘密工作，出生入死之老共產黨員，遭受殘酷迫害，包括他們的家屬、親友，乃至老部屬均受到審查與迫害。

毛澤東製造「六十一人叛徒集團」案目的，據康生說：是藉此「證明劉少奇不僅有一條反革命修正主義『政治路線』，而且有一條反革命修正主義『組織路線』。」再利用不明真相的「群眾組織」之手，徹底清除劉少奇過去在國共鬥爭時期「中共白區工作正確路線」之代表性，瓦解劉少奇在政治上、組織上、和幹群中的基礎。

這個案件後來擴大到在全國掀起「抓叛徒」浪潮，康生為此在南開大學組織「抓叛徒」造反兵團，除揪鬥薄一波等「六十一人叛徒集團」外，並進而在全國把過去曾在「國統區」（白區）工作過之一切地下黨員都看成叛徒，一網打盡。「六十一人叛徒集團」直到文革結束後，於一九七八年十二月中共十一屆三中全會，始獲得平反。次年恢復工作。

鬥爭薄、劉、安、楊等人，目的在加重劉少奇的罪名，毛澤東又指示「中央文革」小組成員戚本禹於三月三十一日在《紅旗》及四月一日《人民日報》發表〈愛國主義還是賣國主義？〉一文，文章事前經過毛澤東修改定稿。文章是以「八個為什麼」羅列了劉少奇自抗戰前到文革初期的「八大罪狀」，氣勢洶洶地批評劉少奇：「你是假革命、反革命，你就是睡在我們身邊的赫魯曉夫！」而鄧小平是劉少奇「在無產階級文化大革命中，勾結另一個黨內最大的走資本主義道路的當權派。」

這篇文章當時被稱之為「吹響了文化大革命深入發展的進軍號」。劉少奇看完全文後，將紅旗雜誌怒擲地上。不過，戚本禹甘當毛澤東、江青馬前卒，並不能討好毛、江。不過幾個月，他就與王力、關鋒等人被鬥，關進監獄，可說咎由自取。

至此，毛澤東所栽贓劉少奇在歷史上一貫反毛的戰略部署完成，下一步就是採取具體鬥爭行動。四月六日，江青等再無所顧忌，在「中央文革」小組安排下，讓中南海內的「革命群眾」，衝進劉少奇家中「造反」。劉少奇氣不過，次日在中南海貼出答辯的大字報，但只貼出了幾個小時，就被撕毀。毛澤東已完全無視劉少奇的地位和尊嚴。

四月十日，在江青的精心導演下，清華大學組織了三十萬人的批鬥王光美大會。並把彭真、薄一波、陸定一等三百三十多名「走資派」拉出「陪鬥」。從早上六時，紅衛兵毫無阻攔地進入中南海把王光美揪走，強逼她穿上一九六三年陪同劉少奇訪問印尼時所穿的旗袍和高跟鞋。

當年訪印尼時，因劉少奇是「國家主席」，王光美就成了「第一夫人」，陪同劉少奇出訪時，佩戴了一些珠寶項鏈等飾物，令江青妒火中燒。一九六六年時，江青曾聲淚俱下，向北大紅衛兵說：「我不讓王光美戴項鏈，她不聽我的。」所以江青決心先拿王光美出氣。

批鬥王光美整整折騰一天。次日成了轟動中外新聞，劉少奇身為國家主席的尊嚴，徹底掃地，這是毛澤東正式鬥爭劉少奇人身的開始，是否有失國家顏面，完全不在他考慮中。

劉少奇一生中最重要的著作，應該是《論共產黨員的修養》一書，也是林彪最喜歡讀的書之一，而且讀得很認真，讀了很多遍，在書上空白處寫下許多心得感想。文革開始不久，曾是造反派頭頭之一的焦裕祿因在床頭放有這一本書被發覺，被打為「黑典型」挨鬥。林彪聞訊後，私下憤憤不平說：「共產黨員不學《論共產黨員的修養》學什麼？」

但是，毛澤東容不下劉少奇有這一本「巨著」，他指示陳伯達根據他的談話，撰寫了一篇〈『修養』的要害是背叛無產階級專政〉專文。毛澤東還特意送中央政治局常委擴大會議通過，於五月八日在《人民日報》和《紅旗》雜誌發表，掀起全國性打倒劉少奇的狂潮。

否定劉少奇的《修養》一書，毛澤東才能突顯出他的思想理論更勝劉一籌。毛對劉少奇著作不滿，本書在前面已提到從他接受「美國友好人士斯諾談話紀要」就可看出，他對斯諾說：「他（指劉少奇）出的黑書《修養》不觸及帝國主義、封建主義、國民黨。」「說不要奪取政權，共產黨那有不要奪取政權的？……所以他是混進共產黨裏的反動分子。」

林彪在劉少奇打倒後曾對女兒林立衡說：「劉少奇在理論上比毛主席講得透！」說明了毛澤東為何一定要批判《修養》一書。

這個時候，毛澤東對鄧小平的態度與對劉少奇間有明顯差別。五月間，他曾透過中央辦公廳主任汪東興向鄧小平傳達：「要忍，不要著急；劉、鄧可以分開；如果有事可以給他寫信。」之後，他又約見鄧小平，兩人夜談通宵，他查詢了鄧的歷史問題，批評了鄧派工作組的錯誤。鄧小平後來回憶說：「看到主席態度緩和，批評得並不嚴厲，使人感到相當大的安慰。」他向毛澤東認了錯，表示願意改。所以文革期間，鄧小平雖被打倒，但仍保住了性命。

一九六七年，在鬥爭劉少奇如火如荼時，毛澤東突然在七月十五日說：「如果林彪身體不行的話，還要鄧小平出來。」可見毛留著鄧小平，仍有他的用意。一九七二年一月十日，毛澤東參加陳毅追悼會時，甚至說鄧小平的錯誤是「人民內部矛盾」，表明毛在打倒劉少奇後，鄧小平的「陪鬥」已經結束。依照中共慣例，只要「定性」屬於「人民內部矛盾」便可恢復黨的「組織生活」，出來工作。一九七三年三月十日，鄧小平復出工作任國務院副總理。一九七六年，四月七日再次被打倒，直到毛澤東死後，一九七七年七月十屆三中全會再度復出，時年已七十三歲。

在歷史上林彪與劉少奇並無矛盾。一九六六年八月林彪升任中共黨的第一副主席，取代劉少奇地位，也非林彪個人意願。所以林彪並未為了奪取劉少奇的職位，而陷害劉少奇。但鬥爭劉少奇是毛澤東發動文化大革命最主要的動因，在開始批鬥劉少奇後，林彪對劉少奇之批評，基本上均照毛澤東旨意去批判，而真正落實行動對劉少奇人身攻擊的則是江青等「文革幫」。

由於受到「智擒王光美」的成功，和批判劉少奇《修養》一書造成之批劉狂潮的鼓勵。北京十多個造反派組織，於六月底在中南海西門安營紮寨，成立「揪鬥劉少奇火線指揮部」。到七月十八日，自中南海西門，綿延北門，直至故宮北護城河沿岸，共有全國七百多個造反派，樹起了七百多面旗幟，數十萬人連營結寨達十餘里之長，圍困中南海，要求「劉少奇滾出中南海」。戚本禹代表中央文革小組赴現場表達支持和慰問。他大聲呼喊：「向小將們學習！向小將們致敬！」

在造反派開始紮營中南海西門外後不久，毛澤東的中央辦公廳於七月四日通知劉少奇向造反派寫一個書面檢查報告。劉少奇在報告中說：一九六六年「八月五日，毛主席炮打司令部的大字報出來了，我才知道我在文化大革命中犯了嚴重錯誤。」「我要向受過以我為代表的錯誤路線壓制和傷害的革命師生表示賠禮道歉！」劉少奇說是毛澤東說他犯了錯誤，等於不承認真有錯，這給紅衛兵找到進一步批鬥劉少奇的話題，即所謂「假檢查，真反撲」。更符合毛澤東加深鬥爭劉少奇的意圖，可以任由紅衛兵進行人身揪鬥了。

因此，毛澤東很放心於七月十三日南巡視察文革「成果」。周恩來稍後也飛武漢，安排毛澤東暢遊長江事宜。毛、周二人都是藉詞離開，讓出北京，好由「中央文革」小組和造反派之紅衛兵，肆無忌憚揪鬥劉少奇。

毛澤東前腳剛離開北京，江青後腳即告訴「揪劉火線」紅衛兵說：「你們為什麼還不揪鬥劉少奇？一點造反精神也沒有？怕什麼，等什麼，還看不出來嗎？鬥，現在正是時候！」

於是造反派提出「批鬥方案」，呈報「中央文革」小組，定於七月十八日召開「批判劉少奇假檢查真反撲罪行大會」。陳伯達將報告標題中的「少奇」兩字勾掉，添上「鄧陶夫婦」四字，批鬥會就成了「批判劉鄧陶夫婦假檢查真反撲罪行大會」。提出檢查報告的，只是劉少奇一人，陳伯達狐假虎威，把批鬥對象從一人擴大到劉少奇、鄧小平、陶鑄三對夫婦，增加了五人。

七月十五日，造反派紅衛兵給劉少奇下了一道「勒令」，信頭直稱「劉少奇」。「勒令」之無理，堪稱奇文，摘要如下：

「你交上來的是他媽的什麼『檢查』！又臭又長五千餘字，無處不在攻擊我們心中最紅最紅的紅太陽毛主席！無處不在攻擊毛主席的革命路線，你妄圖全盤否定無產階級文化大革命的輝煌成果，為你翻案，真是猖狂至極，混帳透頂！」

「螳臂當車，自不量力，飛蛾撲火，自取滅亡！劉少奇，你別白日作夢了！」

「我們絕不收兵！」「劉少奇，我們要正告你：毛主席的紅衛兵不是好惹的，你這不齒於人類的狗屎堆有什麼資格在我們面前哼一聲呢？」

「對於像你這樣的牛鬼蛇神，老反革命，就只許規規矩矩，不許亂說亂動，如若亂說亂動，立即取締！」

「我們勒令：你必須老老實實向毛主席低頭認罪，於本月二十五日零點前交出你的第二份檢查！不得有誤！」

未等到劉少奇交出第二份「檢查」報告，紅衛兵於十八日進入中南海在劉少奇、鄧小平、陶鑄住所的院子裡，分別揪鬥了劉、鄧、陶三對夫婦。在批鬥期間，專案組並抄了劉少奇的家，抄走劉的筆記一八八本。

毛澤東在武漢聽到揪鬥劉少奇的匯報後表示：「我不贊成那樣搞，那樣勢必造成武鬥。還是背靠背，不搞面對面。」並指示把他的話轉告在北京的林彪。據中共官方資料說「林彪和中央文革小組卻置之不顧，仍按預定計畫組織對劉、鄧、陶夫婦的批鬥。」

但是，據林辦秘書張雲生回憶：在揪劉高潮中，林彪「似乎無動於衷，也少有情緒表示。從他的隻言片語中，我也覺察到他對劉少奇處境的同情和對文化大革命某些現象的不滿。」一次，張雲生給林彪講一份中央文革關於清華大學造反派學生領袖蒯大富的材料時，「林彪隨口說了這麼幾句令我當時頗為驚奇的話：『劉少奇是黨中央的副主席。蒯大富反劉少奇，實際是反黨！』」（這句話林彪至少說過兩次）。

毛澤東說不贊成「那樣」揪鬥劉少奇，「那樣勢必造成武鬥。」顯然言不由衷，因為就在當天晚上，毛就說：「為什麼不能把工人學生武裝起來？我看要把他們武裝起來。」可以看出毛不但要徹底批鬥劉少奇，甚至不惜「武鬥」劉少奇，殘害他的身心。

鄧、陶兩家此次一併被揪鬥，則是遭池魚之殃，如果沒有毛澤東的授意或默許，江青、陳伯達和康生等敢膽大到讓紅衛兵衝進中南海，胡作非為嗎？最具諷刺的是，一九六四年「四清運動」時，陳伯達曾堅持印發王光美的「桃園經驗」，當時他對王光美的「敬重」，不下於目前對江青的「尊敬」；而康生在一九六二年還毛遂自薦主持編輯《劉少奇選集》。如今卻充當毛澤東打劉的打手。陳、康轉變之快，令人嘆為觀止。

林彪自八屆十一中全會後，已存恐懼，害怕步劉少奇後塵，所以對劉少奇被鬥，深具同情，如果毛澤東果真傳話給他「不贊成那樣搞，那樣勢必造成武鬥。」他哪有不抓住機會，按照毛的指示制止紅衛兵無理性的揪鬥劉少奇的道理，更何況被揪鬥者中還有陶鑄夫婦，他更會藉機保護陶鑄。在二月間，他曾為了江青要鬥蕭華，不惜怒斥過江青。在四月間，軍事科學院造反派接連數日把葉劍英拉去接受批評，葉吃不消，向林彪求救。林彪特別指示：「告訴葉帥，可以休息一下。」並說：「葉帥還是功大於過。」

因此，毛澤東不可能向林彪傳話不要「那樣搞」劉少奇，而且「鬥劉」不屬於林彪所負責的工作，毛應該是傳達給「中央文革」小組，江青知道不是毛的本意，不予置理。

七月十九日，鄧小平被抄家，正式被打倒。二十九日，再次批鬥鄧小平，限三天內交出「請罪書」，並同時限制鄧小平夫婦的行動自由。鄧寫信求見毛澤東，毛沒有接見，打倒鄧小平已成定局。不過毛澤東對鄧小平仍是要保的。後來在八月五日的批鬥劉、鄧、陶中，鄧小平受的衝擊就很小。毛澤東為了「保鄧」，在十月召開的八屆十二中全會，及十一月五日，毛澤東與中央文革小組成員談話，凡提到鬥爭鄧小平時，毛都會說：「把他同劉少奇區別一下。」把劉、鄧拆開，是毛的「最高指示」，所以在文革期間，鄧小平所受的迫害最小。

八月五日，是毛澤東〈炮打司令部——我的一張大字報〉發表一週年。中央文革小組在天安門組織了百萬人大會聲討劉、鄧、陶三人的「罪行」。又分別在中南海各家院內批鬥三人夫婦。這次批鬥，對劉少奇、陶鑄，進行了殘酷人身攻擊，因有毛澤東的保護，對鄧小平只是粗暴的口頭批判。證明毛澤東始終幕後操縱著這次批鬥，確保了鄧小平「陪鬥」的身份。

劉少奇最為悽慘，被打的鼻青臉腫，鞋被踩丟了，只穿著襪子押回辦公室，他拿起中共「憲法」抗議說：「我是中華人民共和國主席，你們怎樣對待我個人，這無關緊要，但我要捍衛國家主席的尊嚴。誰罷免了我國家主席，要審判，也要通過人民代表大會。你們這樣做，是在侮辱我們國家。」劉少奇還真天真，他應該知道毛澤東何曾把國家主席看在眼裡，在毛澤東建立的制度裡，黨高於國家，黨指揮政，也指揮軍，劉少奇只是他用爛了要拋棄的一粒棋子而已。

林彪自毛澤東七月十三日南下武漢，讓出北京，任由中央文革小組鬥爭劉少奇後，林彪在北京活動不多，主要在處理武漢「七・二〇事件」和軍中問題，僅有一次公開活動，即七月二十五日歡迎謝富治、王力自武漢回北京歡迎大會，連八月一日共軍建軍四十週年慶祝大會，他都藉故缺席。八月十五日，他即偕家人飛去北戴河療養。《林彪日記》一書中，完全沒有林彪介入鬥爭劉少奇的紀錄，也查不到毛澤東傳達別「那樣搞」劉少奇的資料。

到八月下旬，毛澤東在姚文元所送審的〈批陶鑄的兩本書〉一文上批示：「還宜在二、三個月內寫篇批劉文章。」九月十三日，中央文革小組逮捕王光美關押入獄；「勒令」與劉少奇同住的三名子女（劉平平、劉源、劉亭亭）回校接受審查批判，不准再回家；六歲的幼女瀟瀟交給阿姨帶著，趕出中南海。

劉少奇被軟禁在他的「主席辦公室」內，保留了他「國家主席」頭銜，從此他沒有再見過他的妻子兒女。這年劉少奇六十九歲，身心俱受創，仍要每日接受批鬥，最後折磨得不能走、不能站。每日伙食均由看守人員負責「打飯」，打飯的士兵被稱為「保皇兵」，因此無人願幹此差事。但又不能讓劉少奇餓死，後來必須打飯時，則打一次飯，讓他吃上幾餐幾日，即使飯菜餿霉變質，亦不更換。劉少奇行動不便，無法換洗衣服。室內衣臭飯餿，穢亂不堪，逐漸地，劉少奇變的神志恍惚，終致精神崩潰。

鬥臭鬥爛劉少奇後，毛澤東終於在九月下旬回到北京，親自召開會議，正式指示要把劉少奇歷史問題定案，作為召開中共「九大」（第九次代表大會）的各項準備工作中的一件大事來抓，交由周恩來負責。但是毛又嫌周恩來推動不夠積極，令周轉交給江青接辦，由康生從旁協助。

林彪除去在幾次公開會議上按照「中央文革」小組安排和毛澤東的意旨，作過批評劉少奇講話外，沒有其他作為。在毛澤東回北京之前，林彪於八月中旬去了北戴河。據張雲生回憶說：「在北戴河的林彪，對北京正在發生的事情來了個『大撒手』。大事由毛澤東做主，小事由愛抓小事的人去應付。他難得落個一身輕。」

這時毛澤東正在上海，還未回北返，所謂「大事由毛澤東做主」，是毛澤東仍然遙控著北京政局；所謂「愛抓小事的人」，指的是江青、康生、陳伯達等人。

《林彪工作札記》一九六八年九月二十八日寫道：「婆娘整出劉少奇五大『死罪』，王光美是美國情報局特務的材料。文革組意見：王光美死刑，立即執行。『Ｂ５２』在材料上圈閱了，其他成員照樣畫圈，無一例外，再批上『完全同意』四字。我也跟隨。第二天又退回。『Ｂ５２』批上『刀下留人』四字，果然不到你不服。」

但是，林彪的「我也跟隨」的文字卻是「劉賊少奇，五毒俱全，鐵證如山，罪大惡極，令人髮指，是特大壞蛋，最大隱患。」先向毛表態支持鬥倒劉少奇，然後又加寫：「把他（指劉）挖出來，要向出色指導專案工作並取得巨大成就的江青同志致敬！」暗藏玄機的表明這份報告非他主導，也非他要迫害劉少奇。林彪精明之處，在於向歷史澄清，誰在迫害劉少奇。

周恩來在「劉少奇審查報告」上批示的文字更毒，他寫的是「此人該殺！」比起林彪，周恩來的心機顯得更重。他在王光美被揪鬥後，曾打電話給王光美說：「光美啊！要經得起考驗。」讓王光美打從心底感動萬分，視周恩來為好人，她說：「總理，你真好。」她怎麼也想不到周恩來會批劉少奇「此人該殺」。文革結束後，中共為劉少奇平反時，周妻鄧穎超提出將周恩來（此時已過世）批示的文件銷毀，經時任總書記的胡耀邦批准，周批示的部份已從中共中央檔案室消失。

一九六八年十月十三日至三十一日，中共中央八屆十二中全會在北京舉行。原有九十七名的中央委員，除已去世的十名外，只有四十人到會，其餘四十七人均已被打倒；候補中央委員九十八人中，被打倒者七十九人，到會十九人。由於中央委員不足法定開會之半數人數，臨時將候補中央委員挑出十人遞補為中央委員，湊足超過全體中委半數，才開成會。另外則是中央文革小組成員、中央軍委辦事組成員、各地方革委會負責人等共七十四人出席，總計與會人員一三三人。

會議由毛澤東親自主持，全會通過江青、康生提交的「關於叛徒、內奸、工賊劉少奇罪行的審查報告」。報告說：「經過廣大革命群眾和紅衛兵小將的廣泛揭發，專案組的深入調查，大量的物證、人證、旁證，充分證實黨內頭號走資本主義道路的當權派劉少奇，是一個埋藏在黨內的叛徒、內奸、工賊，是罪惡累累的帝國主義、修正主義和國民黨反動派的走狗。」「劉少奇罪大惡極，死有餘辜。」「建議黨中央根據黨內外廣大革命群眾的強烈要求，撤銷劉少奇黨內外一切職務，永遠開除黨籍，並繼續清算劉少奇及其同夥叛黨叛國的罪行。」

中央文革小組要求一併開除鄧小平黨籍，毛澤東表態說：「鄧小平在戰爭時期是打敵人的，歷史上還未發現有什麼問題，應與劉少奇區別對待，大家要開除（黨籍），我有點保留。」

劉少奇是在會議結束後二十四天，才知道他的罪名。江青很惡毒，選擇十一月二十四日，劉少奇七十歲生日這一天，安排專案組人員播放「全會公報」錄音給劉少奇聽。劉少奇聽完渾身顫抖，汗濕全身，呼吸急促，大口嘔吐，血壓遽升，體溫高達四十度，健康更加惡化。

一九六九年十月十七日，為防範蘇軍可能的突襲，奄奄一息的劉少奇，鼻插飼管，喉部通著吸痰器，身上扎著點滴輸液，一條棉被裹身，抬上擔架，由運輸機秘密送往河南開封監禁。十一月十二日含冤病逝，次夜秘密火化（十四日零時）。火葬申請單的用名是「劉衛黃」，無業，死亡原因：病死。申請人：劉原；關係：父子。事實上，劉源根本不知乃父已死。一九七二年八月，劉少奇子女要求看望父母，毛澤東批示：「父親已死。可以見見媽媽。」劉少奇死訊才透露出來。劉源文革結束後從軍，承乃父餘蔭，於二〇〇九年七月晉升上將，晉升可謂十分快速。

中共於一九四九年十月一日建政，初期未設國家主席，形式上是由「中央人民政府委員會」集體領導，但大家都知道委員會主席毛澤東，就是實際的國家主席。一九五四年九月，第一屆「人大」通過「中華人民共和國憲法」後，毛澤東當選首屆國家主席。一九五九年四月，毛澤東因想當共產國際「太上皇」，不願再作國家主席，才在二屆「人大」，由毛澤東欽定選出劉少奇接任國家主席，自此，國家主席成了中共黨主席的傀儡，國家黨、政、軍大權仍操縱在黨主席手中。一九六四年十二月到一九六五年一月的「三屆」「人大」，仍在毛澤東同意下，由劉少奇連任為國家主席。

依法，國家主席「罷免」，應經過「全國人民代表大會」通過才能生效，但是中共八屆十二中全會決議撤銷劉少奇「黨內外一切職務」，他的「國家主席」就被非法「罷免」了。一些需要國家元首的場合，改由國家副主席董必武以「代主席」身份出面。此後，中共就不再設「國家主席」，直到毛澤東死後，文革結束，才再恢復。然而黨的領導人（現為總書記），永遠高於「國家主席」，這種情況，大概只有共產國家才有。相對地，幻想要在共產國家推動「政黨政治」，冀求各政黨平等競爭，由人民直接公平選舉「國家主席」或「總統」，簡直是天方夜譚。

有趣的是，楊尚昆在文革後平反，鄧小平時期，當上了「國家主席」，毛澤東地下有知，恐怕會氣得七竅生煙。

鄧小平在打倒劉少奇鬥爭中，只受到「嚴重警告，留黨查看」和撤除一切職務的處分。一九六八年一月被疏散到江西南昌，在南昌未再受到迫害。

自文革爆發以來，在毛澤東跟前真正得勢的不是林彪，也不是周恩來，而是「中央文革」小組。但「文革」小組成員也不是個個得勢。毛澤東在推動文革時，遭有阻礙，就會拿「文革」小組成員祭刀。

一九六七年八月，毛澤東對文化大革命造成之全國大動亂，表面上說是「形勢大好，不是小好」。但是毛澤東和「中央文革」小組支持的紅衛兵「造反派」，卻遭到「保皇派」的抵制情況嚴重。各地武鬥，因「造反派」人數較少，常吃大虧。武漢「七・二〇事件」就是一例。

七月中旬，毛澤東南巡到達武漢，進住「東湖賓館」，王力和謝富治二人稍後亦赴武漢。王力在武漢，公開支持造反派「工人總部」，引起武漢軍區支持的保守派「百萬雄師」不滿，衝進「東湖賓館」將王力綁走，毆打成傷。江青認為這是與「中央文革」為敵，指控軍區司令員陳再道「反革命」。

林彪因軍隊衝擊到毛澤東（事實「百萬雄獅」不知毛在武漢，毛亦未被衝擊，詳情下章介紹），把「七・二〇事件」定為「反革命暴亂」，但毛澤東南下就是要看各地武鬥情形，武漢正在大武鬥，深合他意，所以保了陳再道。

王力曾任《紅旗》雜誌副總編輯及中共中央對外聯絡部副部長，能夠進入中央文革小組，自以為獲得毛澤東和江青的重視，所以從武漢回北京後，為報復被軍隊毆打侮辱之仇，在《紅旗》雜誌發表了一篇〈揪軍內一小撮〉社論，造成各地軍隊被圍攻。引起毛不滿，在雜誌上批示：「毒草」「亂軍」「還我長城」。

此外，王力到處煽風點火，鼓吹造反。八月七日到外語學院鼓動造反派奪外交部的權，奪陳毅（外交部長）的權。他說：「打倒劉、鄧、陳的口號為什麼不能喊？」他指著一個造反派頭頭說：「二十九歲的人為什麼不能當外交部長？」第二天外交部副部長姬鵬飛、喬冠華就被奪了權，被紅衛兵押至王府井大街賣「批陳（毅）戰報」。

八月二十二日紅衛兵放火燒了英國駐北京代辦處（註：香港左派華人因受文化大革命的激勵，在香港爆發大規模反英示威、罷工，並與港英當局發生暴力衝突。包括新華社記者在內之新聞工作者被港英當局逮捕，中共外交部向英政府抗議，要求四十八小時內釋放被捕記者。但逾時未獲英政府和港英當局滿意回應，引發北京紅衛兵報復，發生火燒英國代辦處事件）。周恩來看事態嚴重，託代總參謀長楊成武回上海時向毛澤東彙報（楊隨毛南巡），並帶去王力在外語學院「八・七講話」資料。毛澤東不滿王力講話，批下「大大毒草」四個字。

因為這三件事情，毛澤東決定打倒王力，並遷怒到關鋒（曾任《紅旗》雜誌編委）、戚本禹二人。毛對楊成武說：「王、關、戚是破壞文化大革命的，不是好人，你只向總理一人報告，把他們抓起來。要總理負責處理。」又說：「先抓王力、關鋒，把他們分割一下，看戚本禹有無轉變。」

楊成武回北京向周恩來報告後，周指示他去向林彪彙報毛的決定。楊說：「在上海，主席特意交代，讓我只單獨向您一人彙報。並讓我轉告你，這件事讓您一個人單獨處理。」周恩來不想一人擔責任，就說：「這樣大的問題，事先不讓林彪副主席知道不好。回去對主席講時，說是我讓你向林彪副主席通報的。」楊遂飛去北戴河報告林彪及請示，林彪聽後「只是微微地點了個頭」，楊問有無指示，林彪說：「沒有了！」

江青知悉後，感到恐慌，認為「現在的權都由總理掌了，會議由他主持，由他向主席彙報，主席指示也要由他傳達。」於是指派姚文元去上海，「摸摸主席的底」。姚文元很快從上海回來，報告江青：「主席說，這回一定要追究責任。」

江青決定爭取主導權，於八月三十日親自召開批判會議，邀周恩來參加，責令王力、關鋒二人自我檢討。最後江青宣布：「根據主席批示，王力、關鋒從今天起請假檢討。」王、關二人遂即被捕關押，罪名包括煽動造反派數十萬人包圍中南海、反黨亂軍、在外交部製造事端等。

戚本禹未能從王力、關鋒打倒事件中得到教訓，反而自認曾擔任過毛澤東、江青秘書，受到信任，而為所欲為。他為迎合江青想鬥爭周恩來心理，積極蒐集周恩來的黑材料。後來北京出現了一個「五•一六兵團」，專門攻擊周恩來，在天安門張貼攻擊周恩來的大標語。毛澤東這時已決定不將周恩來併入劉、鄧一起批鬥，戚本禹的莽撞，終於引火自焚，他於一九六八年一月，被以「反對中央文革，分裂黨中央，是劉、鄧派到中央文革內部的小爬蟲。」被「實行隔離審查」關押起來。

打倒王、關、戚後，康生說：「王、關、戚是劉、鄧的小爬蟲，現在發現了是個大好事，我們中央文革的威信更高了。從現在開始，對王、關、戚的批判要提小爬蟲，充分揭露他們和劉、鄧、陶勾結，鑽進文革內部，破壞中央文革的行為。」王等三人是批鬥劉少奇、鄧小平、陶鑄等的急先鋒，現在也被打倒關押，也是罪有應得，他們唯一想不到的，竟然是成了走資派劉、鄧、陶的同黨，而且只是「小爬蟲」。

毛澤東在一九六七年先打倒陶鑄，接著反擊「二月逆流」，在鬥爭劉少奇高潮時，同時打壓了「中央文革」小組，關押了王力等三人，又將劉、鄧區別處理，目的只有一個；保證徹底打倒劉少奇。

周恩來處理王、關、戚問題的技巧，充分表現了他的老謀深算，先通知林彪，再讓江青自行處理，打倒王、關、戚。周恩來八面玲瓏，誰也沒有得罪，又執行了毛澤東指示。此所以窮其一生，毛澤東都無法打倒他。

從這個事件看，更證明毛澤東未真正把林彪當作接班人。據楊成武回憶說：「林雖是副統帥，但常委碰頭會、軍委、國務院、國防、外交、經貿等等，都是周恩來管，具體事沒給林彪權。」林彪在擔任國防部長之後，就曾經說過：「我這個國防部長，有一大半是總理替我當的。」

《晚年周恩來》一書也說：「毛澤東沒有真想把權交給林彪，選擇林彪作為接班人，是為了打倒劉少奇的權宜之計。」「毛澤東在文革中的不少重要決策，林彪都被蒙在鼓裡，只是在事後才打了招呼，以致林彪對毛的意圖不甚瞭解，不知文革運動怎麼搞法。見各級領導人像走馬燈似的垮台，而作為副統帥的林彪，卻對運動的前景茫然無底，處境著實難堪。」又說：林彪「索性順水推舟，繼續稱病不出，當甩手的二掌櫃，對運動中的大小事情能推就推，能躲就躲，從不主動表態，用他自己的話說是『大事不麻煩，小事不干擾』，葉群則把它總結為『三不主義』，即『不負責、不建言、不得罪』。這樣既可免遭毛澤東的猜忌，又可落得超脫，在政治上不負責任。」但是「林彪又煞費苦心地營造自己在政治上『緊跟』毛主席的形象，以掩飾他在政治上的消極態度。」

張雲生回憶說：「他（指林彪）的『接班人』角色卻形同虛設，沒起什麼作用。」

「九‧一三事件」後，擔任審查「林彪專案組」重要成員的紀登奎回憶說：「中央無論討論什麼問題，都聽不到這位副統帥的意見。毛主席的意見很多，各方面的問題都能聽到他的指示。可是這位副統帥，中央討論工業，沒有他的意見；討論農業，沒有他的意見；討論財貿，還是沒有他的意見；討論政治問題，比如整黨，也沒有他的意見。」「後來我到軍隊工作以後，發現還是這樣；中央和軍委無論討論戰備、訓練、科研、軍工，還是討論軍隊的政治工作，都沒有這位副統帥的指示，聽不到他的任何意見。」紀登奎當面向林彪彙報軍隊工作，提出軍隊副職太多，形成冗員的問題。林彪聽完後只說了一句話：「就是啊，那怎麼辦呢？」

《陶鑄在文化大革命中》一書作者權延赤在書中寫道：「老帥裡頭敢頂主席的只有兩個人，一個是彭德懷，一個就是林彪。」林彪「當上接班人之後就不再當面頂撞毛主席了。當接班人之前，他總是正襟危坐於毛澤東面前，力陳己見，有不同看法敢講出來也敢堅持。特別是在戰爭年代，談正事沒見他笑過。可是毛主席不在場時，他又全力維護毛主席和毛主席的意見。可以說是『當面敢頂撞，背後喊萬歲；私下敢說不，公眾場合又全力維護』。當上接班人後，林彪變了，當面再不頂撞，甚至謙卑地笑。」

林彪不想當接班人，而是毛澤東強加給他的，他知道「伴君如伴虎」，不但「好景不長」，而且很難「善終」。以林彪和劉少奇相比，林彪所獲授權實在小的可憐，更不如周恩來。雖然林彪在名義上是黨內二把手，毛澤東利用他掌軍權，但未給予相等的指揮權。林彪自己就很感慨「調動一個連隊的權力都沒有！」但最後還是誣陷他「篡黨篡軍奪權」。

林彪在出任接班人之後，特意表現他「淡泊明志」，希望以低調，換得「明哲保身」，因此並不介意有沒有獲得實質權力，而且在毛澤東和劉少奇的路線鬥爭中，林彪隱藏起他同情劉少奇的憐憫之心，堅定的站在毛澤東一邊，但也只限於口頭狠批劉少奇。他這種「愚忠」，在八屆十二中全會，讓他陷入更深的政治旋渦。

一九六九年「九大」時，毛、林二人之間開始有了矛盾，林彪對毛之獨裁，發動文化大革命不滿，漸有反擊，毛澤東也日益加深對林彪的仇視。這種情形就像一九五九年的廬山會議，彭德懷挑戰毛澤東的「個人崇拜」，劉少奇帶頭上陣，從理論上反覆論證馬列主義不能沒有領袖的「個人權威」，把毛澤東的「個人崇拜」推上一個高峰。但是到一九六二年「七千人大會」時，劉少奇意識到搞「個人崇拜」的危害，開始挑戰毛澤東的絕對的權威，觸及毛之禁忌，付出了生命的代價。林彪只擔任接班人五年，就被迫出逃墜機而亡，命運比劉少奇更悽慘。不過比起終身不敢反對毛澤東的周恩來，和在毛死後才敢反毛的鄧小平，未來史家評價林彪時，恐怕要高於周、鄧二人。

一九六八年十月之中共八屆十二中全會，除通過「關於叛徒、內奸、工賊劉少奇罪行審查報告」外，還通過新修的黨章草案，明確地寫進林彪是毛澤東的「親密戰友和接班人」。事前毛澤東對草案作了多次修改、批示。康生在大會說：「這是百年大計，是關係到我黨、我國今後的命運，關係到我國革命和世界革命的大事。」並提到林彪很謙虛，曾要求刪去提到他的那一段，「這是會上公認的，是當之無愧的。」

林彪明顯感到很不安，完全溢於言表。他在會上公開表態：「這次黨章上把我的名字寫上，我很不安，很不安。我認為黨章是大事，把我寫上是不稱的，不相稱的。這個問題曾向中央提過，但是沒有得到解決，但是我還保留，組織上服從，但是我還保留這個意見。」在不到八十字裡，他講了「很不安」、「不稱的」、「保留」各有兩次，「但是」三次，充分表現出他的惶恐。

正如權延赤所說，在公開場合，林彪是全力維護毛澤東政策。他在大會盛讚「文化大革命」。他說：人類自古以來有四次「文化大革命」，「第一次是希臘、羅馬的古典文化，影響世界二〇〇〇年」，「但同我們這次比較起來，是小巫見大巫，沒什麼了不起的」；「第二次是資產階級的意大利的文化，到了十四、五世紀，以文藝復興進入了繁榮時代」；「第三次是馬克思主義，是人類思想大革命」，「無產階級登上政治舞台」；而「中國的文化大革命是世界有史以來最大的一次革命，不僅是七億人口的大革命，而且是流傳到幾十億人口，流傳到全世界，都有影響。」

但是江青認為林彪講法有問題，加了許多批語，請林彪閱轉毛澤東。林彪一看，大罵江青「算什麼東西」，「我聽見女人聲音就討厭！恨不得斃了她！」後來江青來找林彪說明，又發生了衝突。

林彪與江青間之衝突，除了這次外，還有一九六七年二月叫葉群趕走江青，和一九六六年初，二人為召開文藝工作座談會發生爭執，差點打起來，一共三次，也是造成毛澤東對林彪不滿諸多原因之一。

一九六九年初春，江青從釣魚台的十一號樓搬到十號樓居住（毛澤東住中南海，毛、江二人早已分居），林彪和葉群於次日親自登門祝賀喬遷。林彪夫婦剛離開，江青即交代秘書楊銀祿，很嚴肅地說：「記住，從今天起，我和毛家灣（林彪住所）的來去電話，你都要做詳細紀錄，並妥善保存好，留作證據。」「九‧一三事件」後，毛澤東在黨內讚譽江青「反林有功」，就是指這件事情。

文革初期，林彪由於對毛澤東發動文化大革命的戰略部署不瞭解，也不理解，又不便直接問毛澤東。因此指示葉群通過江青摸清毛澤東的真實意圖。為了避免林彪在不清楚狀況下，犯了大錯，葉群還規定秘書，凡有關「文革」大事，必須先由她到釣魚台摸準毛的意圖和「中央文革」小組觀點後，再向林彪彙報。

葉群是林彪與外界接觸的重要窗口，在文革期間，她是「林辦」主任，所以一切向林彪請示、請見等等，均必須經過葉群安排。葉群為了保護林彪，有時甚至阻斷林彪與外界的接觸。一九六六年六月中旬，總政主任蕭華因不堪被軍中造反派的批鬥，請見林彪或葉群。葉群指示秘書對蕭華謊稱林彪有汗（林怕出汗，有汗表示生病了），不能見客，她則不在。蕭華於是請「林辦」秘書轉報林、葉二人，希望能讓他不參加這種不講道理的鬥爭會，好抓好總政工作；並希望葉群能抽空接見。葉群聽完秘書報告後說：「我不管」，亦不接見，並禁止秘書向林彪報告蕭華請見和請求事項。葉群就怕林彪像保葉劍英一樣，出面保蕭華，得罪江青。

六月十七日，中共第一顆氫彈試爆成功。將近深夜，周恩來送來關於氫彈試驗成功新聞公報稿，請林彪審批。周恩來並電話請「林辦」轉告林彪：「消息已報主席知道，主席同意正式發個新聞公報，但公報稿寫好後，得知主席已休息了。外電根據美國原子能委員會偵聽得到的情報，已對我熱核試驗有了初步反應；我新聞公報發表儘量早一點，對我更有利些。建議由林副主席審閱後即正式由新華社公佈。」「發佈後還可補報主席，但等主席起床後再發，就有些晚了。」

周恩來身為國務院總理，不敢批文，推給林彪批發，轉嫁責任。葉群當然不同意，她堅決反對由林彪核批，並親自給周恩來打電話說林彪「一貫維護主席的最高權威」，「還是送主席最高審定為合適」。公報硬生生被推遲到次日上午毛澤東起床親批後才發布。

毛澤東在一九七一年八月南巡決定要鬥爭林彪時，就對葉群擔任「林辦」主任極度不滿。他說：「我一向不贊成自己老婆當自己工作單位辦公室主任。林彪那裡，是葉群當辦公室主任。……向林彪請示問題，都要經過她。」

葉群知道林彪不喜歡江青，有些關於江青的信息，她會對林彪封鎖。一九六八年三月，由陳伯達執筆，中央文革小組全體成員（未含江青）聯名致信毛澤東和林彪，大意是：紅衛兵在上海圖書館一本一九三七年出版之雜誌中，發現江青在當年以藝名「藍蘋」發表的〈我的一封公開信〉，表現了江青在三十年代，就敢向迫害、壓迫、摧殘她的國民黨反動派反擊，不愧是一位無產階級革命家，我們要好好學習江青同志的革命精神。毛澤東已先看過信，並批示：「我就是從此認識江青性格的。」葉群找來「林辦」保密室人員李根清模仿林彪筆跡「批示」：「向無產階級革命家江青同志學習、致敬！」隨後將信退回陳伯達，沒讓林彪看這封信。

陳伯達拍江青「馬屁」是有原因的，因為他在一九六六年底時，曾經當眾斥責江青：「我瞧不起妳！妳聽清楚了嗎？我瞧不起妳！不是毛澤東，誰會把妳放在眼裡！烏鴉！」到了一九六七、六八年，江青權力不斷膨脹，已有多位文革小組成員被鬥，陳伯達感到害怕，為求苟全，百般討好江青，同時也向林彪靠攏，不過最終仍未逃過被鬥倒命運。

即使是被視為江青同夥的康生，握有江青曾投靠國民黨的「叛徒」證據，也不敢拿出來向毛澤東揭發，直到病入膏肓，奄奄一息之時，才向周恩來、鄧小平透露。周、鄧也投鼠忌器，不敢吭聲，怕遭致橫禍。

葉群對林彪的「封鎖」，甚至擴大到一度阻止林彪父女會面。同是一九六八年的事，這年夏秋期間，林彪在北戴河療養，想知道外面情況和瞭解葉群在幹些什麼？林立衡、林立果姐弟不敢違逆，簡單說了一些，並透露葉群正在為林立衡物色「駙馬」，弄得外界印象不好。林彪聽了很生氣，命令秘書轉告葉群這段時間不得去見他，葉群怪罪林立衡告狀，毒打了林立衡。林立衡憤而自殺未果，葉群禁止任何人將此事報告林彪，又為了防止林彪看到女兒傷勢，還想盡辦法，阻止父女二人見面。林彪至死都不知道發生過此事。

林彪儘管對江青有反感，但基於對毛澤東的愚忠，他在許多場合，仍然表態支持江青。例如林彪對江青用他的名義召開「文藝座談會」及發「紀要」，他雖然有意見，還是默認了；又如他對江青利用蒯大富鬥爭劉少奇、王光美夫婦，認為「實際是反黨」。但在江青主導歡迎王力、謝富治的百萬人大會之天安門城樓上，他對蒯大富等紅衛兵頭頭說：在軍隊問題上「要大作文章」。這是因為「七・二〇事件」，江青指責是部隊內極少數別有用心的煽動者進行的。蒯大富馬上請示王力「大作文章」之底牌，王力一一檢查共軍老將領，最後認為徐向前（徐是陳再道老長官）有問題。蒯大富當夜提出「打倒徐向前」口號，徐平白的被鬥。

林彪兒子林立果就曾背後批評林彪的「愚忠」。即使在毛澤東一九七一年南巡，聯合各地軍頭及地方諸侯，準備要鬥爭林彪時，林彪還說：「中國沒有毛主席不行，主席可以負於我，但我不能負於毛澤東。」林彪的內心矛盾，實在難以令人想像。如果林彪真的對毛澤東「愚忠」到不論是非地步，他又怎會在一九六六年寫信密圖與國府聯繫呢？我們只能說林彪內心充滿了矛盾，對毛在「忠」與「逆」之間，猶豫不決，無法做出抉擇。

09 武鬥奪權

毛謀張春橋接班江青奪軍權

「九・一三事件」之後，中共指控林彪陰謀「策劃奪權」罪證之一是他在一九六七年一月二十三日的一篇講話。據中共最高人民檢察院特別檢察廳「起訴書」說：林彪在當日講話中提到「無論上層、中層、下層都要奪。有的早奪，有的遲奪。」「或者上面奪，或者下面奪，或者上下結合奪。」以證明林彪早就圖謀奪權。

所謂「奪權」說，事實上是毛澤東的主張，首先在一九六七年一月二日提出。上海工人造反派頭頭王洪文即於一月六日衝進上海市委，奪取了上海市委和市人民政府的權，自行宣布不再承認陳丕顯、曹荻秋為上海市委書記和上海市長。並把曹荻秋綁在消防車雲梯上遊街示眾，同時被鬥的包括有許多地方幹部、學者、教授等，造反派稱之為「一月革命」。

不久，造反派又在市郊安亭臥軌，阻斷了滬寧鐵路運輸。上海市委書記陳丕顯和市長曹荻秋（中共中央尚未免去二人職務）堅決反對工人造反派的非法行動，國務院和鐵道部也指責造反派阻斷鐵路是犯罪行為。

「中央文革」派張春橋赴上海，勸說臥軌的造反派回工廠。張春橋到了安亭後，工人造反派完全不聽勸導，態度強硬，堅持中央必須批准他們成立「上海工人造反總司令部」，否則臥軌到底。

張春橋向上海市委轉達造反派要求，遭陳丕顯、曹荻秋嚴辭拒絕。張春橋於是想發電向北京請示，被市委機要室和共軍駐滬各部隊婉拒代發電報。張春橋決定不再發電請示，逕自來個「先斬後奏」，直接同意了造反派在上海成立「上海市工人造反總司令部」，解決了安亭臥軌事件。

張春橋擅自作主的作法，獲得了毛澤東大加讚賞，派張春橋再赴上海，代表中央祝賀「造反總司令部」之成立。陳丕顯因此被打成「走資派」，被王洪文鬥得東躲西藏。陳丕顯與譚震林是在新四軍時的「親密戰友」，陳丕顯被鬥，引起譚之憤怒，成為「二月逆流」事件中，抨擊江青的「黑幹將」，並上書毛、林指控江青和「中央文革」的小組。

一月十五日，紅衛兵在北京召開「抓革命、促生產，徹底粉碎資產階級反動路線的新反撲誓師大會」，以祝賀「上海市工人造反總司令部」的成立，周恩來和陳伯達在會上講話，堅持反對造反派在各地的「接管風」。陳伯達甚至說「接管風」是走資派的「新花樣」，群眾組織只宜派代表監督黨政等各單位，不能奪權。

當天下午「誓師大會」剛結束，毛澤東已獲知周、陳講話內容，非常不滿，立即召集開會，批評陳伯達說：「就是要奪權，就是要向一小撮走資本主義道路當權派手裡奪權。」然後又寫了一篇〈無產階級革命派聯合起來〉評論員文章，於十六日在《紅旗》雜誌發表，高度讚揚上海的奪權，並宣達毛自己的指示：「從黨內一小撮走資本主義道路當權派手裡奪權，是在無產階級專政條件下，一個階級推翻一個階級的革命，即無產階級消滅資產階級的革命。」號召全國造反派全面奪黨權、政權、財權。

同日，毛澤東就批准了王洪文的造反派「奪舊市委、舊人委的權」。二十二日，《人民日報》再發表毛澤東審定之社論：「無產階級革命派大聯合，奪走資本主義道路當權派的權」大大誇獎「奪權好得很！就是好得很！」張春橋當天在上海說：「無產階級文化大革命自始至終就是奪權，從基層到中央，黨權、政權、財權、文權以及其他權」，「我們對所有權都要奪。」這當然是毛澤東的意思。

毛澤東提出「奪權」號召，中共中央沒有任何人敢反對。一月二十一日，周恩來在中央軍委會議上傳達說：「關於奪權，報紙上說『奪』走資本主義道路當權派和堅持資產階級反動路線的頑固分子的權。……能不能奪？現在看來不能仔細分，應奪來再說，不能形而上學，否則受到限制。奪來後，是什麼性質的當權派，在運動後期再判斷。」周恩來不敢違背毛澤東的專橫，又不知什麼權該奪或不該奪，只好說不顧一切，什麼權都奪，這豈是國務院總理治國之道，比劉少奇都不如。

毛澤東一月二日、十六日、二十二日三次公開號召「奪權」，均在林彪發言之前。周恩來講奪權，也比林彪早兩天。事實周、林二人都是遵從毛澤東指示傳達奪權。中共硬將林彪的「奪權」講話，栽贓為「策劃奪權」陰謀罪證，完全顛倒是非。

據王力回憶說：「周總理傳達的毛主席這段話，後果很嚴重。」「在紅衛兵造反派奪權過程有催化作用」。林彪隨後才講「奪權」，卻成了他的罪證。

「奪權」的嚴重後果，是全國大亂，各地造反派紅衛兵紛紛吹起「踢開黨委鬧革命」和「徹底砸爛舊、公、檢、法」歪風。「文化大革命」十年動亂中，讓這些無法無天的紅衛兵，無所不用其極的篡奪了全國二十九個省市自治區黨委的領導權，喊出「炮打九級司令部」口號，煽動紅衛兵奪取從中央到地方九個層級（中央、中央局、省、市、地、縣、公社、大隊、生產隊）各級機關的權力，使中共各級組織長期處於癱瘓狀態。全國的公安、檢察、法院被砸爛，陷於癱瘓，或半癱瘓。

大批的黨員被誣為「叛徒」、「特務」、「死不改悔的走資派」被清除出黨；那些「頭上長角、身上長刺」的造反派頭頭卻被當作「新血」吸收入黨。甚至未入黨的紅衛兵也當上了「支部書記」、「黨委」等領導職務，配有座車，進住官舍（有的還是花園洋房）。誘使野心勃勃的造反派頭頭，瘋狂的投入奪權鬥爭，每一派都想盡辦法奪權，相互對立，演變成奪權反奪權，此起彼落，一再重現。為了奪權，不惜展開了全面內戰，初時木棍鐵棒，後來動用了槍械、手榴彈，乃至大砲。

王洪文在上海的「奪權」，並把市長曹荻秋以下大批市委、市府的「當權派」幹部捆綁遊街示眾，啟發了毛澤東新的鬥爭手段。因為「打倒劉少奇」固然是他主要目標，但是他還要打倒整個「七千人大會」上讓他受辱的那批全國各級主要領導幹部，和他們的同夥。要鬥倒這麼龐大數量的全國「走資派」幹部，以「上海經驗」推展到全國，就可輕而易舉達成。

所以毛澤東選擇堅決支持王洪文的上海「奪權」，和張春橋的「先斬後奏」擅自主張的作法，張、王二人從此在中共政壇快速崛起。張春橋首先受到毛澤東的重用，兩次向林彪提到由張春橋作為林彪的接班人。但在「九屆二中全會」，群起不點名要求揪鬥張春橋後，毛澤東轉而屬意王洪文接班。因此在「林彪事件」後，調王洪文進入中央，出任中央政治局常委，又擔任黨的副主席，成為「四人幫」主要成員之一。

毛澤東在培植張春橋時，兩次暗示林彪接受張春橋接班的情形，是這樣：

一次是在天安門城樓上，毛澤東問林彪：「你打算讓誰接你的班？」林彪說：「還沒想過。」毛當即說：「我看張春橋可以。」林彪未吭一聲，不置可否。這次談話，有天安門工作人員聽到證實。毛澤東表面上是為張春橋安排出路，也有可能在試探林彪，如林彪答說已考慮過將來誰接他的班，就會讓毛澤東起疑林彪有提前「奪權」接班企圖。因此回答「還沒想過」是最讓毛放心的說法。毛遂推荐張春橋，林彪並不喜歡張春橋，在毛面前不作表態，是聰明作法。

另一次大約是一九七〇年，在第四屆人大會議之前，毛主持會議研究相關事宜，會後在人民大會堂，毛澤東問林彪：「你當上國家主席，誰當總理？」林彪反問毛澤東：「你認為誰合適？」毛說：「小張（指張春橋）」。林彪氣得掉頭就走。

這一次談話，林彪告訴了葉群和林立果母子，林立果告訴了空軍某領導幹部（林立果時任空軍作戰部副部長）。不過此說有破綻。因為毛澤東在一九七〇年三月時，表明不再設國家主席。雖然林彪、周恩來均主張要設國家主席，都建議請毛澤東兼任。毛十分不悅說：要設就由你們當。他個人堅決反對設國家主席。所以，毛在此時不太可能問林彪：「你當上國家主席」之類的話。而且林彪當時他也已表明他不適擔任國家主席和副主席，他不可能在毛面前表態接任國家主席，和誰接任總理事宜。更何況周恩來是「萬年總理」，除毛之外，誰也撼動不了。因此，林立果向外透露毛澤東要張春橋接任總理，應是想要藉軍中幹部普遍對張春橋有反感心態，而編造之故事，企圖推動反張活動。

張春橋十分善於察言觀色，也瞭解毛澤東的叛逆性格，對「標新立異」有特殊喜好，而不喜「隨大流」。毛因為是搞「秋收暴動」，靠群眾造反起家，所以一生愛搞群眾運動，文化大革命就是顯著例子。張春橋觀察到毛澤東總嫌全國亂得不夠的心態，摸透了毛澤東政治運動野心，因此他敢冒「先斬後奏」之險，擅自同意王洪文成立「上海工人造反總司令部」，得到了毛的賞識。

一九六六年五月二十八日，「中央文革」小組名單公布時，林彪指著副組長張春橋和組員姚文元兩人名字，向秘書說：「他們的名字沒聽過！」這話是事實，因為張、姚二人是在一九六五年才在江青秘密組織下，撰寫〈評新篇歷史劇『海瑞罷官』〉一文，受到毛澤東之重視。到一九六六年五月，毛澤東展開鬥爭彭真、陸定一、羅瑞卿、楊尚昆四人，改組「中央文革小組」，張、姚二人才突然冒出來。所以，林彪對張春橋、姚文元只因一篇文章，坐直昇機升天，大不以為然。

張春橋也自恃得寵，並觀察到毛澤東非真心安排林彪接班，也不把林彪看在眼裡。據上海市革委會的幹部回憶，不管林彪在北京有多麼重要的講話，張春橋從未在上海市革委會親自傳達過林彪的講話內容。上海市從來沒有張貼過「向林副主席學習！致敬！」的標語，從來沒有呼喊過「祝林副主席身體健康！永遠健康！」的口號。

後來被列為「林彪集團」成員之一的總後勤部長邱會作，於一九六七年一月二十五日，被上海第二軍醫大學造反派「紅縱」進京揪鬥，把邱會作鬥得死去活來，經林彪指示葉群前往營救，才保住邱會作一命。此後，邱會作對「紅縱」嚴懲不貸。張春橋不懼林彪之不悅，出面保護「紅縱」，並安排「紅縱」人員返滬就業，讓林彪和邱會作極為不滿。

一九六八年三月，毛澤東決定揪鬥楊成武、余立全、傅崇碧三位軍頭，張春橋赴上海在市幹部大會上傳達關於「楊、余、傅事件」內容時，將「打倒傅崇碧」口號，竟然直覺喊成「打倒邱會作！」與會之上海市幹部也跟著喊。所幸他沒有忘情地喊出「打倒林彪！」

張春橋的驕縱，確實是激怒了各軍頭。一九六七年一月上旬，張春橋先斬後奏同意成立「上海市工人造反派總司令部」後不久，一月二十七日深夜，以上海復旦大學「紅革會」為首的保皇派，衝進上海市委黨校，揪走張春橋死黨徐景賢，要挖出張的材料，引起張的恐慌，指示上海警備區派部隊鎮壓「紅革會」，救出徐景賢。

上海警備區請示南京軍區，雖然張春橋也未把南京軍區司令員許世友放在眼裡，並且在文革初期，任由所支持的造反派揪鬥許世文，許曾躲到大別山裡不出，所以許世文對張春橋既無好感又充滿仇視，但因毛澤東曾有文件指示部隊「支左」，南京軍區只好含糊其詞回覆上海警備區：「是左派你們就支持。」上海警備區不想得罪當紅的張春橋，只得派部隊鎮壓了「紅革會」。

此舉激起上海保皇派眾怒，於次（二十八）日在全市爆發「炮打張春橋」的大行動。林彪聞訊後，對上海警備區行動不悅的說：「不要介入地方的派性鬥爭！」透露了他對張春橋「先斬後奏」，和張對上海警備區的指使之不滿。

同為「林彪集團」成員之一的南京軍區空軍政委江騰蛟，於一九六八年三月利用駐滬空軍「軍管」上海市文化系統機會，清查上海圖書館徐家匯藏書樓舊書報，找出早年張春橋以筆名「狄克」撰文攻擊魯迅的「背叛革命」確鑿證據。林彪指示江騰蛟以一式兩份方式上報，林彪一份送呈毛澤東，一份批給陳伯達、康生、江青。陳伯達等中央文革小組成員不敢表態，等待毛澤東的批示。

由於張春橋曾是代總參謀長楊成武之舊屬，這時張正在上海傳達毛澤東對「楊、余、傅事件」指示，因此群眾組織懷疑張春橋是「楊、余、傅」的「黑後台」。一向是張春橋掌控的上海「文匯報」，首先發難，散發傳單，掀起「打倒張春橋」行動。張春橋看來勢洶洶，無法抵擋，求救於江青。江青不願失去一個得力助手，向毛澤東請示要不要保張？毛考慮到目前能夠協助他推動文革的「中央文革」幹部所剩無幾，而張春橋又是最得力的打手，因此有心保張。他指示江青：「讓林彪派人去上海處理。」江青大喜，即刻傳達。林彪只得派吳法憲赴上海，照江青等所擬指示，以「張春橋仍然是中央文化革命小組副組長」保住了張春橋。張春橋對毛澤東不計較他的歷史問題，反過來保護他免於被鬥被打倒，感恩戴德，更加賣力，為了毛、江，極盡犬馬之勞。

共軍軍頭對張春橋之不滿，在毛澤東所謂的「二月逆流」會議中，就充分表現出來。葉劍英在會議上質問張春橋：「上海奪權，改名為上海公社，這樣大的問題，涉及到國家體制，不經政治局討論，就擅自改變名稱，又是想幹什麼？」

譚震林則指著張春橋說：「陳丕顯同志從小參加革命，是個紅小鬼，他有什麼問題？」「什麼群眾，老是群眾、群眾，還有黨的領導哩！不要黨的領導，一天到晚，老是群眾自己解放自己，這是什麼？這是形而上學。你們的目的，就是要把老幹部一個一個打光，四十年的老革命，落得家破人亡，妻離子散。蒯大富，是個什麼東西？是個反革命！」「這一次，是黨的歷史上鬥爭最殘酷的一次，超過歷史上任何一次。」

毛澤東也深知林彪和軍頭對張春橋存有很大意見。但是毛澤東必須依靠江青和張春橋等帶頭組織造反派來擁護、實踐、推動文化大革命；而江、張這些文革新貴既不得黨心軍心民心，又不足以與劉少奇、鄧小平之「資產階級司令」抗衡，毛又必須依賴林彪的軍權支持。毛澤東曾煞費苦心，調和林、張關係。

最顯著的例子，是一九六六年年底總政治部編印之《毛主席語錄》再版，毛澤東指示由張春橋撰寫〈再版前言〉，大量引用林彪「政變經」和吹捧毛的「天才論」、「活學活用」毛思想等言論，經毛修飾定稿後，以林彪名義發表。

可惜毛枉費心機，到一九七〇年八月，中共九屆二中全會，林彪不點名攻擊張春橋「反毛」，引起毛之不滿，拋出一張大字報「我的一點意見」，揪出陳伯達來鬥爭，並命令林彪的幹部黃永勝、吳法憲、李作鵬、邱會作，還包括葉群檢討，林彪完全敗下陣來。一九七一年，毛南巡期間，甚至說：「他們名為反張春橋，實際上反我。」

一九六七年一月，南京軍區請示：造反派要在合肥召開十五萬至二十萬人大會，要軍區派部隊到會場警衛，否則就是不支持文革。毛澤東批示：「林彪同志：應派軍隊支持左派廣大群眾。」「以後凡是真正革命左派要求軍隊支持、援助，都應該這樣做。所謂不介入，是假的，早已介入了。」林彪看了批示，在旁邊批註：「完全同意主席的方針，全軍必須堅決支持左派廣大群眾。」毛澤東遂即批發「關於人民解放軍堅決支持革命左派群眾的決定」一紙命令。其中兩條更為武鬥擴大舖了路：「積極支持廣大革命左派群眾的奪權鬥爭。凡是真正的無產階級左派要求軍隊去援助他們，軍隊都應當派部隊積極支持他們。」「堅決鎮壓反對無產階級革命左派的反革命分子、反革命組織，如果他們動武，軍隊應當堅決還擊。」也因此一命令的頒發，共軍開始了「三支兩軍」，所謂「支左、支工（業）、支農（業），搞軍管、搞軍訓」工作。

毛澤東同時取消了林彪指示軍隊不介入地方文化大革命的命令。所以一月二十八日，林彪對上海警備區鎮壓保皇派「紅革會」時所說的「不要介入地方的派性鬥爭。」失去了效力。

但因軍隊對「造反派」強烈的不滿，在執行「支左」命令時，常故意將「保皇派」劃為「左派」，一屁股坐到了「保皇派」一邊，將保皇派當作左派支持，結果形成各地支左部隊和造反派間的對立。二月九日，毛澤東批示：「關於支持真正左派廣大群眾問題，現在出現許多搞錯了的事，支持不是左派而是右派，陷於被動。」

為了軍隊的不「支左」實「支右」的作法，造反派採取任意揪鬥軍隊領導幹部的方式報復，如總後勤部部長邱會作、南京軍區司令員許世友之被鬥，以及各軍區領導多人被造反派揪走批鬥等情形。因此有徐向前向林彪建議：「軍隊要穩定」的建議，和一月二十八日的第一次「軍委八條命令」，經毛澤東批准照發的情事。其中有幾條規定，事實上就是在鎮壓造反派。如：「不允許用對待敵人的方式來處理人民內部矛盾；不允許無命令自由抓人；不允許任意抄家、封門；不允許體罰和變相體罰，例如：戴高帽、掛黑牌、遊街、罰跪等等。認真提倡文鬥，堅決反對武鬥。」「對於衝擊軍事領導機關問題，……今後一律不許衝擊。」「軍隊內戰備系統和保密系統，不准衝擊，不准串連。」

「軍委八條」下達後，二月下旬，發生青海省軍區對被造反派奪權的青海日報社，強行實行「軍管」，與佔據報社的造反派發生衝突，開槍鎮壓，打死打傷造反派三百餘人，抓了一萬餘人。軍委副主席葉劍英接報後回電：「你們打的對！打的好！」青海西寧則誤傳係「林副主席來電」嘉勉，林彪聞知後「一笑了事」。但後來青海事件變成「反革命事件」和「反革命政變」。省軍區司令員趙永夫幾乎「掉腦袋」。

這時又發生毛澤東反擊「二月逆流」事件，林彪不希望軍隊成為第二個「資產階級司令部」，不得不再提出一個「軍委十條」，將對待造反派和保皇派的態度來個一百八十度的調頭。於四月六日經毛澤東同意批發「中央軍委十條命令」，規定：對群眾組織，都不准開槍；不准隨意捕人，更不准大批捕人；不准任意把群眾組織宣布為反動組織，加以取締；更不准把革命組織宣布為反革命組織；要防止趙永夫式的反革命分子或思想很右的人來主持支左工作。

「十條命令」下達，部隊支左行動才不得已調整過來，由鎮壓造反派改為支持造反派。但就在四月份，毛澤東親自支持了空軍「保皇派」。

據林辦秘書張雲生回憶：「四月中旬，毛澤東秘書徐業夫到毛家灣，傳達『一組』（毛澤東代號）的話：空軍政治部文工團舞蹈隊幾個女演員，經常去中南海陪主席跳舞，因保吳法憲和余立金（空軍政委）被說成『老保』，遭到孤立，要求『一組』作主。『一組』指示她們與葉群談談。」

葉群於是在京西賓館接見了劉素媛（註：劉女從五〇年代末開始到中南海陪毛澤東跳舞）等三個女演員。劉素媛告訴葉群：「主席說，他也是保吳法憲的。」又說：「她們想排節目，爭取在毛主席『在延安文藝座談會上的講話』發表二十五週年慶時演出，請葉主任（葉群為林辦主任）支持」。葉群表示：「我支持，林彪同志也一定支持。」

另據毛澤東私人醫生李志綏回憶說：文革開始後，中南海仍為他每星期舉辦兩次舞會。有次江青從上海回來，也參加了舞會。一九六六年八月底，江青不讓毛澤東再搞舞會。毛告訴李志綏說：「這下我做了和尚。」但是，外面的文化大革命如火如荼地進行，毛依然故我，過著帝王般優哉游哉的生活。毛許多女友在文革時遇上困難，多來尋求毛的保護。空軍政治部文工團的劉（素媛）和另外陪她來的兩個女團員見毛澤東，哭訴說文工團中分了兩派，一派是造反的，另一派是「保皇」的，劉素媛三人屬於後者。造反派在文工團奪權後，就將三人趕出宿舍。她們已經在街上轉了三天。毛說：「他們不要你們，我要你們。他們說你們是保皇派，你們保的是我嘛，我就是那個『皇』嘛。」毛指示葉群替劉及另兩個女孩平反。葉不但照辦，還找來空軍司令吳法憲，任命劉為空政文工團革命委員會主任。劉在短時間內便成為紅極一時的人物。自此後，劉和另外兩個女孩在中南海進進出出，常常一住下來就有五天十天。一九六九年劉素媛懷孕生下男孩，葉群很高興說：「主席生了幾個兒子，死的死，病的病。這下可好了，有這個男孩可以傳宗接代了。」李志綏說：「事實上，毛早已喪失生育能力。」

空政文工團的著名劇作家丁一三在《十年浩劫》一書也描述毛澤東接見三位女演員談話。毛說：「我就是皇，你們就是我的保皇派，有什麼不好？」三人破涕為笑，吵嚷說：「我們是毛主席的保皇派，這是毛主席親自封我們的！」「我們要成立無產階級革命派。」毛說：「無產階級還不止，又是革命派。我望風而逃，我只當無產階級。」

林彪說毛澤東一句話抵一萬句，果然不假。空軍司令吳法憲如同奉了聖旨，全力支持劉素媛三人成立「無產階級革命派」，大力宣傳「無革派」是真正革命派。林彪兒子林立果（剛在四月加入空軍，派任空軍黨委辦公室秘書）與空軍黨委辦副主任周宇馳、第一處處長于新野（二人後來成了林立果「聯合艦隊」核心成員）三人執筆寫成〈敢『保』敢『革』〉一文，文章觀點與當時以革命造反為第一的形勢相左。葉群估計得不到「中央文革」小組的認同，私下告訴陳伯達這是「最高最新指示」。陳伯達奉命唯謹，以「紅尖兵」筆名在《人民日報》發表，讓老造反派大吃一驚，追問背景，陳伯達笑而不答。

稍後，海軍和總後也分別支持原來的保皇派成立「無產階級革命派」。並在林彪指示下，三軍的「無革派」實行大聯合，成為「三軍無產階級革命派」，簡稱「三無派」或「老三軍」。

為了紀念毛澤東「在延安文藝座談會上的講話」發表二十五週年，陸海空三軍文藝團體預定在五月二十三日聯合演出。因老造反派還弄不清楚「三無派」背景，拒絕聯合演出。林彪決定在「中央文革」小組成立一週年的（一九六七年）五月十三日，由首都「三無派」先行紀念演出，獲得江青默許。

老造反派不知底細，揚言「老保敢翻天，砸它稀巴爛！」林彪乃指示吳法憲、李作鵬、邱會作預作準備，堅決還擊。當晚，蒯大富率領清華大學「井岡山」、北二大「東方紅」暨解放軍藝術學院「星火燎原」為首的「首都三軍革命造反派」（稱新三軍）等紅衛兵組織衝擊會場，發生大規模武鬥，雙方受傷的達五十多人。蒯大富吃了大虧，向江青告狀，江青說：「不管！」

次日，葉群代表林彪帶領海、空軍、二砲等單位領導人赴醫院慰問「三無派」受傷人員，贈送毛像章和語錄本。同日，在海軍直屬機關群眾大會上，「三無派」受傷之文工團團員上台控訴，點名受到總政主任蕭華打壓。這可能是六月中旬蕭華被鬥，求見林彪與葉群，為葉群指示秘書擋駕不見，也不准向林彪報告，和林彪後來同意鬥爭蕭華原因之一。

在這期間，濟南軍區和山東省軍區也在支左工作中發生支持保守派打擊革命派情事。毛澤東為此在報告上批示：「同樣情況在全軍內，在許多同志身上都存在。」但還自我安慰說：「當然不是多數。」這時在全國各地的武鬥情況嚴重，尤其是民兵的武器、彈藥，被紅衛兵以各種手段奪取，使各地武鬥不斷升級。

林彪眼看情況失控，特地指示中央軍委於六月二日下發「關於民兵武器管理的規定」。文件透露了紅衛兵奪取民兵武器的情況：「有的單位的民兵武器，被壞人盜竊；有的單位群眾組織查封或接管了民兵武器；甚至個別專職武裝幹部，嚴重失職，違反規定，擅自將民兵武器交給群眾組織。這些問題，必須嚴格防止，切實糾正。」因此文件規定：「只准文鬥，不准武鬥。任何人動用民兵武器進行武鬥，都是犯罪的行為，是絕對不允許的。」

從這份文件和六月初，林彪在聽取秘書彙報各地武鬥情形時，自言自語說：「文化大革命，變成武化大革命嘍！」看得出林彪對文革發展充滿憂心。

六月六日，毛澤東終於勉強同意，發出制止武鬥的「通令」。從「通令」禁止事項，可以一窺當時「武鬥」情形之嚴重。通令說：任何團體和個人「都不准抓人，都不准私設公堂和變相地私設公堂。」「都不准搶奪、竊取和破壞。」「都不准侵佔，不准砸搶，不准用任何藉口進行破壞。」「嚴禁武鬥，嚴禁行兇打人，嚴禁在本單位和到外單位打群架，嚴禁搶奪個人所有的財物。」「不准任何團體和個人，進行搜查和抄家。」但是禁令歸禁令，各地武鬥仍照常進行，到了七、八月更進入高潮。之所以如此，是毛澤東不但不反對武鬥，反而鼓勵武鬥。

這時，毛澤東鬥爭劉少奇已進入高潮，剩下的就是造反派對劉少奇人身的揪鬥了。七月十三日，毛提出要到長沙、武漢去看看。林彪說：「武漢的武鬥嚴重，安全沒有保障。」毛仍執意去。毛在當天還說：「南京街上鬧得很厲害，我越看越高興，鬧得三派那麼多人。反對內戰，反對武鬥！這很好嘛！」毛澤東所說：「反對內戰，反對武鬥」是指別人「反對」，不是他，在他看來「武鬥」「這很好嘛！」

七月十四日，毛澤東到武漢後又說：「我看湖南、江西九江、南昌、廬山、贛州經過大武鬥，形勢大好，陣線也分明了。」顯然他的南下除了讓出北京，任由江青等鬥爭劉少奇外，並到南方看看各地武鬥情形，完全是站在欣賞角度。無視無辜被打死打傷的學生、幹部，乃至百姓。

七月中旬，毛澤東到武漢，住進「東湖賓館」。毛南巡第一站選在武漢，應該與四月武漢曾發生一次大規模武鬥有關。那一次武鬥，屍橫遍地，血流成河。武鬥雙方傷亡數百人之多，並傷及一些過路無辜百姓。

毛澤東先到武漢，就是要看武鬥是否達到他心目中的要求。所以，毛澤東在武漢聽到劉少奇被紅衛兵揪鬥被囚禁時，說不贊成「那樣」揪鬥，「勢必造成武鬥」，全是違心之論。他不但在當晚說要把工人和學生武裝起來，甚至對武漢「七・二〇事件」，紅衛兵幾乎直接衝擊到他，他竟然未發雷霆之怒，追查相關人員責任，還保了武漢軍區司令陳再道。

這時武漢兩派武鬥正激烈，一派屬於「造反派」的「工人總部」，一派是軍區支持的保皇派組織「百萬雄師」。七月十八日，王力抵武漢，處理兩派間的鬥爭。王力一下火車，即宣布「工人總部」為革命組織。另一派「百萬雄師」即刻便成了反革命組織，激怒了「百萬雄師」上百萬工人群眾。

二十日，「百萬雄師」探知王力住在「東湖賓館」內，但不知毛澤東亦在賓館內。於是「百萬雄師」聯合軍區「保皇派」武裝戰士闖入「東湖賓館」抓走王力，回到軍區大院毆鬥了王力。同行的謝富治急向毛報告，在毛指示下，由軍區政委鍾漢華設法把王力救出。「保皇派」敢在毛澤東眼皮下抓走中央文革人員，本是極大罪過，但毛並不認為武漢軍區有兵變企圖。這與他南下目的看武鬥有關，而武漢兩派在此時武鬥不止，正合他意，使他「龍」心大悅，既未當場發脾氣要辦人，也未立即離開武漢。

但是江青卻認為是軍區司令員陳再道要謀害毛澤東搞兵變，打電話向林彪哭訴，請林彪保護毛之生命安全。當日，林彪與周恩來即開會討論因應，請周（周曾陪同毛南下，安排毛遊長江事宜，剛返北京）即飛武漢處理。林彪另寫了一封信，送江青看過同意也簽名後，派邱會作隨後攜飛武漢，面交毛澤東。信中稱武漢形勢不好，危及毛之安全，建議及早轉移，毛澤東這才離開武漢轉往上海。

據隨同毛澤東南巡的代總參謀長楊成武回憶：二十二日在上海接周恩來從武漢打來電話，建議楊成武回北京後把陳再道等人保護起來，以免受傷害。當天下午，林彪主持中央會議，周恩來趕回參加，將「七・二〇事件」定性為「嚴重的政治事件」和「反革命暴亂」，陳再道、鍾漢華等人是「罪魁禍首」。

二十六日，毛澤東致電武漢軍區黨委，仍稱陳再道為「同志」，等於表示對「七・二〇事件」不介意，因而保了陳再道。毛澤東的「保陳」，也說明他對「中央文革」小組，更可能是對王力的不滿，所以「保陳」後不久就鬥爭了王力等人。一九七八年十一月，中共中央為「七・二〇事件」平反，還了陳再道等清白。

江青在「七・二〇事件」後，為貫徹毛澤東「武裝左派」指示，產生了「以暴制暴」的想法，她在七月二十二日接見河南鄭州市一個造反派時，公開提出了「文攻武衛」口號。二十三日，上海《文匯報》即發表〈文攻武衛〉專文，全國一片譁然。在江青鼓動下，全國各地瘋狂搶奪軍隊武器。武鬥雙方不僅用上了衝鋒槍、機關槍，甚至用上了迫擊砲、火箭筒，有些地方還將汽車改造成裝甲車用於武鬥。

「七・二〇事件」後，毛澤東更急於讓江青插手軍隊，奪取軍權。就在七月二十三日這一天，《林彪工作札記》寫道：「我林彪還能睜著眼，就絕不能讓婆娘插手軍隊。亂了，失控了，派軍隊到地方、到學校，是『Ｂ５２』的主意。鼓勵造反派打倒軍內走資本主義道路當權派，是『Ｂ５２』指使婆娘煽風點火的。軍內走什麼資本主義道路？衝擊軍事機關、衝擊軍區，是對著誰來衝的？謝富治說：婆娘想在軍委辦、總政治部掛個職。我問：誰的主意？我不信主席有這樣安排。我問了總理：『怎麼回事？』總理說：『聽了也當作一風吹。』」這時，林彪已知道毛澤東對軍隊支左不力不滿，所謂「對著誰來衝」，就是衝著他來的。

據汪東興回憶說：「毛澤東授意謝富治向林彪提議，安插江青在軍委或總政治部掛個副主任職務。」毛澤東不親口指示，而透過第三者授意，就是希望林彪能體察「上意」，主動安排安置。毛澤東這種作法，很明顯要江青進入軍中奪權。奪誰權？當然是奪林彪的權。如果奪權成功，因江青軍中職務，是林彪安置，而非毛澤東指派，毛可避嫌，一切推到是林彪失去軍心所致。周恩來也看出毛澤東的陰謀，要林彪當作「一風吹」，風過無痕，沒有毛之批示或當面指示，就沒有安排。所以在「九・一三事件」之前，江青一夥始終未能在軍隊中奪得領導權。

七月下旬，毛澤東在上海，看林彪給他的信中提到「當前問題仍然是兩派對立，武鬥升級；特別是少數群眾組織搶奪部隊槍支的事，已在南方五省發生，情況比較嚴重，因此急需採取一些嚴厲措施。」毛看後批示：「對於群眾搶槍的事，不必看得過於嚴重。所謂群眾搶槍，有些地方實際上是部隊向他們支持的一派發槍。因此，對此事的處理似可不急，待時機成熟後再去從容解決。」

毛澤東在七月二十八日甚至說：「這一年來發生了天翻地覆的變化。雖然有點亂，這裏亂，那裏亂，沒有什麼關係。像武漢就是很好的事，矛盾暴露出來，就好解決。」毛這時的心態，是惟恐天下不亂。林彪為迎合毛澤東，公開場所也說：「亂不要緊，亂然後才能治。」

據王力回憶：毛澤東不同意林彪來信關於各地紅衛兵奪槍的處理意見，毛認為奪槍問題不嚴重。他在八月四日致江青一封密函說：「奪槍問題並不嚴重，百分之九十以上的槍是在許多有右傾思想的軍區、軍分區、人武部手裏，一部份流入老保組織，左派得的不過百分之一、二、三而已。此事宜重新計劃。」「應大量武裝左派，例如一個省武裝左派五萬枝槍，全國也不過一百多萬枝槍。」「如此則左派聲勢大振，右派氣焰就可壓下去了。」

但嚴重的是，毛澤東對形勢的估計完全錯了。王力說：「他認定百分之七十五以上的部隊幹部是支持右派的。因此當前文化大革命中的一個主要問題就是武裝左派。又說另一個主要問題是群眾專政。」所謂「群眾專政」，就是紅衛兵造反有理，打、砸、搶均屬合理。

八月五日，林彪主持軍委會議，以廣東奪槍問題嚴重，主張起草一個嚴禁奪槍通告。江青出示毛澤東八月四日的信，王力也建議不能與毛說法抵觸而作罷。

「七．二〇事件」造成武漢軍區司令員陳再道、政委鍾漢華下台。林彪於八月九日接見新任司令員曾恩玉、政委劉豐時，說了幾句發人省思的話，事實就是林彪在毛澤東淫威下的苟全作法。他說：「要想在文化大革命中不垮台，辦法有三條：第一，緊緊掌握底下的情況。第二，緊跟毛主席、黨中央、向毛主席、中央、中央文革小組請示報告。第三，要以擁護還是反對無產階級文化大革命、擁護還是反對毛主席來作為劃分左右派的根據。堅決站在毛主席、站在左派一邊。」

比對林彪與賀龍談話內容，顯然林彪是勸告賀龍，要避免被鬥，就看他是否擁「毛」，而非賀龍所誤解是否支持「林」而定。

毛澤東批評部隊軍分區以上幹部四分之三支持右派，實際就是認為軍隊已不可靠，代表著對林彪的信任降低，已埋下了他在後來準備鬥爭打倒林彪的導火線。所以他要搞「第二武裝」，並寫信告訴江青要「大量武裝左派」和實行「群眾專政」兩大主張。而這種重大決策，毛完全不與林彪，或周恩來商量，八月五日會議，江青如果不拿出來毛澤東密信，林、周還不知道毛的「武裝左派」政策。

依據毛澤東「不斷鬥爭」論，打倒劉少奇，再鬥爭林彪，是合於他的不斷鬥爭論哲學。再看看毛澤東南巡時於七月十五日對王力說「如果林彪身體不行了的話，還是要鄧小平出來」。王力回憶說：「我知道，當時主席已經對林彪不滿意，流露出想用鄧小平換林彪的意思。」

也就在八月四日，毛澤東寫信給江青主張「武裝左派」的同一天，張春橋、王洪文指揮上海「工總司」武力進攻上海柴油機廠群眾組織「聯司」，進行了血腥鎮壓。這時毛澤東就在上海，沒有毛的首肯與支持，以張、王之流，敢在毛的眼底下這樣膽大妄為嗎？

林彪已感覺到毛澤東對軍隊的不信任。在八月一次政治局會議上，江青提出要調軍隊負責幹部和大批團以上幹部，建立龐大的中央專案組機構。林彪感到不可思議，很幽默地說：「從南看到北，從北看到南，從東看到西，從西看到東，軍區以上的軍隊幹部沒有幾個人站得住。」林的意思是：在江青的眼中軍區以上幹部，沒有一個是靠得住的。因會議紀錄均須送毛澤東審閱，毛一定看出林彪內心的想法。

林彪內心在此時之痛苦與矛盾可說達到了極點，他一方面不滿「文革」發展成武鬥，一方面又在江青提出「文攻武衛」口號後半個多月，於八月九日公開表態支持「文攻武衛」付出的「代價是最小最小最小，勝利是最大最大最大」。

但是林彪仍忍不住於八月中旬，再次上書毛澤東表示對全國武鬥極度擔憂，主張禁止「武鬥」。毛澤東批示：「問題並不嚴重」，私下則譏諷林彪「窮緊張」。對於毛澤東主張給造反派發槍，使造反派進一步得勢，掀起全國大規模武鬥。林彪只有無奈又痛心疾首地說：「文革變成了武革了。」

毛澤東對林彪的不滿意，或不信任，還有一個例子可以看出來。八月十七日，周恩來和「中央文革」小組指示，由吳法憲、葉群、邱會作、張秀川組成「中央軍委辦事組」，由吳法憲負責，任務為負責軍隊駐京各機關、部隊文革的工作，監督總政機關的文革運動不要出偏差。但是到九月二十三日，毛澤東指示改由楊成武當組長，大陸學者專家說這是毛澤東對林彪的「滲沙子」策略，以稀釋林彪影響力。林彪也無奈地打電話給周恩來說：「吳法憲不當組長可以，但要當第一副組長，而且要當副總參謀長。」林彪也有些意氣用事了。

另據楊成武回憶，在陪同毛澤東南巡視察期間，毛曾提到長征時，在「遵義會議後不久，林彪曾寫信給中央，要求他和三人軍事小組下台，由彭德懷出任軍事總指揮。所以才召開了會理會議，批判了林彪，保證了黨內、軍內的穩定，並進一步肯定了北上的方針。」此外，在上海虹橋賓館，有一天，毛澤東非常煩躁地針對「祝林副主席身體健康、永遠健康！」表達強烈不滿地說：「什麼永遠健康，難道還有不死的人嗎？」指示楊成武報告周恩來，「不要宣傳個人，否則將來要吃大虧，要犯錯誤。」

毛澤東對林彪一再反對「武鬥」，也不對毛已經明示張春橋可作林彪接班人的提議表態，以及軍隊明支左實支右等等情事日漸不滿。到在一九六七年毛澤東對林彪的信任，已經降溫，並有讓林彪下台，或者打倒的想法，幾乎可以確定。

這時全國各地出現衝擊軍事機關，搶奪武器裝備事件，層出不窮。毛澤東有時亦覺事態嚴重。但為了貫徹自己「武裝左派」主張的政策，他於八月二十五日批發〈關於開展擁軍愛民運動的號召〉之文件。文件表面上說：「關於武裝革命群眾，必須在條件成熟的地方，由當地人民解放軍弄清情況，通過協商，報告中央批准，然後有計劃、有步驟地實施。」實際未放棄由部隊將武器發給左派群眾的主張。

毛澤東「武裝左派」政策的後果，是給已經在全國不斷升高的「武鬥」，火上加油。許多造反派組織有恃無恐，對「擁軍愛民」指令置之不理，依然直接進入軍隊營區搶槍。據總參統計上報被搶之部隊和民兵槍枝，多達五百多萬枝。當時共軍總兵力也不過這個數字，等於說幾乎所有手持武器都被紅衛兵奪去武鬥了。但是毛澤東不承認這個數字。

所以在一九六七年，全國各地爆發大規模武鬥的七、八、九等三個月，毛澤東始終給予高度評價，他說：「七、八、九三個月，形勢發展很快，全國無產階級文化大革命形勢大好，不是小好。整個形勢比以往任何時候都好。」

楊成武回憶說：「當時各地的軍隊負責同志對這種搶槍和武鬥局面甚為痛心，在見到毛澤東時，紛紛向他訴苦，希望他下令制止搶槍和武鬥。」可是毛的態度卻是：「打一打也好，將來一旦有了戰爭，有經驗了，不會慌。」「全國搶了三十多萬枝槍，我看不多。民兵就有三百五十多萬枝槍。」

成都軍區司令員梁興初向毛報告說：重慶的武鬥，雙方打了一萬多發炮彈。毛聽後說：「好！這是個訓練，是一次很好的戰備演習。拿了槍砲，不打不過癮。」一個國家領導人不為國計民生著想，反而視民為草芥，利用人民相互屠殺，以逞個人私慾，恐怕只有共產國家才有，而以毛澤東為烈。

武鬥的擴大，已到失控程度，毛澤東似乎也感到嚴重，已不是「形勢大好」。因此，也不敢狂妄認為是「窮緊張」。對林彪等建議「不准搶槍」文件，不得不讓步，統統批發。如九月四日，林彪送來「關於不准搶奪人民解放軍武器、裝備和各種軍用物質的命令」，毛澤東不加任何意見批示「照辦」。

這份文件透露當時搶奪部隊的嚴重性。文件禁示之事項，就是當時群眾衝擊軍隊的內容。「命令」說：不許以任何藉口搶奪人民解放軍武器、彈藥、裝備、車輛、器材、物質；不許搶奪軍火倉庫；不許攔截火車；軍隊院校、文體單位及開展「四大」的單位，不准搶奪武器等；軍隊不經中央批准，絕不許將武器、……發給任何組織、個人；已經搶奪的軍隊的武器……應一律封存，限期歸還。

九月十三日，毛又批發「關於嚴禁搶奪國家物質商品、衝擊庫倉，確保國家財產安全的通知」，二十三日再發「關於外地串連學生和在京上訪人員，立即返回原單位緊急通知」和「關於取締私設電台、廣播電台、報話機的命令」。光看這些文件名稱已可瞭解，全中國大陸紅衛兵已無視公權力之存在，搞得天下大亂情形。

這段期間，若非林彪一再提出禁止「武鬥」，和建議下發這些文件，中國大陸極有可能陷入無政府狀態，甚至覆亡。毛澤東表面上說：「要文鬥，不要武鬥」，對林彪在九月提出「禁止搶槍」等禁令雖然批示「照辦」，是他怕背負未制止武鬥之責，實則他內心根本主張武鬥不停。

從一九七〇年十二月十八日他接見美國記者斯諾談話，就顯露出他對武鬥的欣賞和贊許態度。他對斯諾說：「一九六五年，我就叫你找我嘛。你早找到，我就早讓你看中國的文化大革命，看全面內戰。」「到處打，分兩派，每一個工廠分兩派，每一個學校分兩派。每一個省分兩派，每一個縣分兩派，每一個部也這樣，外交部就分兩派。你不搞這個東西也不行，一是有反革命，二是有走資派。外交部就鬧得一塌糊塗。有一個半月失去了掌握，這個權掌握在反革命手裡。」「一九六七年七月和八月兩個月不行了，天下大亂了。這一來，就好了，他就暴露了。不然誰知道啊！」

文革中武鬥，真正起始時間是一九六六年年底，在一九六七、六八年達到高潮，造成無以計數的大陸人民死傷。在紅衛兵內鬥事件中，最具典型的是一九六八年四月二十三日至七月二十七日的清華大學「井崗山兵團總部」和分裂出來的「四一四東方紅戰團」的百日大武鬥。毛澤東放任兩派武鬥，直到雙方死傷太重，才由軍隊攻進清華大學，結束了兩派武鬥。但是武鬥直到粉碎「四人幫」時的一九七六年的十月間，仍在大陸許多地區持續著。

一九六二年，毛澤東推動「大躍進」，造成三年大飢荒，劉少奇推出「三自一包」，挽救了中共，但換來了被鬥倒的厄運。一九六七年林彪反「武鬥」，反對向部隊「奪槍」，使大陸免於陷於更大動亂。林彪為毛澤東惹的禍擦了屁股，但卻得罪了毛澤東。毛澤東對林彪的不滿情緒漸浮表面。

在九月二十四日，周恩來去毛澤東處討論中共召開「九大」會議的部署，談到「接班人」問題時，毛仍然說：「當然是林彪」。顯然周恩來已感覺到毛澤東對林彪的不滿而有此問。回首一九六四年，毛澤東已下決心打倒劉少奇，並且在十二月政治局舉行的全國會議上，毛、劉二人因「四清運動」發生衝突後，毛澤東仍在年底召開之三屆「人大」會議前，周恩來去請示是否由劉續任國家主席時，毛澤東說：「當然是劉少奇」。兩相比較，如出一轍。因為，惟有保住不滿對象的原有職位，才能夠發起鬥爭，一鼓作氣打倒。如讓對象先垮台，就喪失了鬥爭條件。

毛澤東對林彪的嫌隙，在武漢之行時，最為明顯。在劉少奇還沒有被徹底打倒前，毛澤東必須維持與林彪的「親密」假相，對林彪的不滿，強忍心中未曾外露。

在一九六六年八月三十一日，林彪與毛澤東同在天安門第二次接見紅衛兵時講話說：「我代表我們偉大的導師、偉大的領袖、偉大的統帥、偉大的舵手毛主席（後稱為「四個偉大」），向各地來的同學問好，向大家問好！」毛澤東欣然接受。一九六七年五一勞動節，各報刊出毛澤東著戎裝的照片，照片下面是林彪題詞：「偉大的導師、偉大的領袖、偉大的統帥、偉大的舵手，毛主席萬歲！萬歲！萬萬歲！」落款為「林彪一九六七年五一節」。六月二十八日，林彪指示：各軍事機關「建造大型的毛主席全身塑像。」毛澤東雖不贊成，但未阻止。此後各地毛的塑像紛紛樹立，一律有林彪的「四個偉大」題詞。

一九六七年七月，毛澤東在武漢。一天，翻閱報紙，反覆出現「四個偉大」林彪的題詞，毛突然對在場之代總參謀長楊成武等人說：「誰封我四個官啊？」這時毛澤東在全國黨政軍民中已具有絕對權力，如同神般，他的心態已完全不同過去，林彪的「題詞」變得出奇刺眼，在毛感覺就好像是：我毛澤東的威信全靠你林彪撐起來的。在「七千人大會」時期，毛犯了路線性錯誤，在全國幹部和人民前成了眾矢之的，那時他需要林彪推動對他「個人崇拜」，以撐住他的地位，保住他的尊嚴，所以深獲毛澤東的讚譽。但此一時彼一時，林彪以為這一招永遠有效，這就犯了大錯、大忌。

在毛澤東的心目中，他之所以有今天的地位，完全是自己努力掙來的，既非天授，更非「人」授。林彪在各地為毛澤東的塑像題字，在報章雜誌上刊出毛照的「偉大」也要由林彪題字，似乎林彪地位更高於毛，須靠林彪鞏固、授與。因此在毛地位重新鞏固後，林彪討好吹捧毛的作為，反而引起反感討嫌。

回顧一九五五年，中共實行軍銜制時，群議要授與毛澤東「大元帥」軍銜。毛澤東不接授，其奧妙即在此。此後在一九六九年中共討論預定召開之「九大」會議議題時，毛澤東指示不再設置「國家主席」，林彪建議一國不可無國家元首，請保留「國家主席」一職，並請毛續任國家主席。這是林彪對毛的「帝王思想」瞭解不夠，毛澤東豈可能重新在劉少奇之後再接任「國家主席」，何況劉的國家主席職位是「毛授」。毛再任國家主席，不就等於他過去數年地位不如劉少奇，更落人指其係為奪取國家主席之職位而鬥倒劉少奇惡名。林彪的不智，果然在「九‧一三事件」後清算林彪歷史罪狀時，「設國家主席」議題便成了林彪篡國奪權「實際上是自己想當國家主席」的罪證。

毛澤東曾說：「我們的權力是誰給的？是工人階級給的，是貧下中農給的。」意思是他的權力來自群眾，而非來自林彪、周恩來等中共高幹。毛澤東即然是「無產階級司令部」總司令，代表工農階級。所以中共自建政之後，毛澤東可以授銜、授階，但他不能「被授」。中國自古以來，法家談帝王術時，都強調「唯名與器不可以假人」。毛就是這樣一個可以「自稱為帝」，不可「被封為王」的梟雄。林彪的吹捧過了頭，好事也成了壞事。毛澤東不設法把他打倒，就不可能平息他心中的怒火。

10 不寄信任
毛鬥軍隊高層削弱林彪軍權

一九六七年是毛澤東發動文化大革命，打倒劉少奇和爆發武鬥最高潮的一年。毛澤東自七月中旬南巡起，繼打倒賀龍後，開始流露出對軍中「支左」實「支右」和對林彪之不滿。隨即展開對軍中高層領導幹部的鬥爭，首當其衝的是總政治部主任蕭華。

一月，江青獲得毛澤東同意要撤掉蕭華總政主任職務，並開會批判蕭華。但在批蕭之際，毛澤東突然變卦又保了蕭華，林彪也表態對蕭華的信任。使蕭華暫時避開了被打倒危機，林彪並為了「保蕭」，甚至不惜與江青發生激烈衝突，從他住所攆走江青。林彪對這位四野的老部下，可謂愛護有加。

然而，在毛澤東反擊「二月逆流」之後，蕭華的立場突然來了一個一八〇度的轉變，完全站在「造反派」一邊去，與「中央文革」小組保持同一步調。他可能認為只要與中央文革小組站在同一立場，可以避免犯錯被鬥。所以，他對空軍成立「無產階級革命派」，到擴大成為「三軍無產階級革命派」，都表現得很冷漠，也反對「三無派」五月十三日的演出。

「五・一三（武鬥）事件」後，受傷的海軍文工團團員公開點名蕭華打壓「三無派」。蕭華可能不知道，毛澤東在接見空政文工團三位女演員時，三位女演員已先告了他的狀，毛澤東還說蕭華是「扶不起的ｘｘ」（三女說沒聽清楚這兩字，可能是「天子」或是「才子」）。註定了他仍逃不過被打倒命運。不到一個月，六月九日，林彪邀江青、陳伯達觀看「三無派」重新演出。江青在接見演員時，突然表示：代表毛澤東宣布：批判總政主任蕭華。所以六月中旬，蕭華要見林彪被葉群擋駕，就是怕林彪一衝動又保了蕭華，得罪毛、江二人。

毛澤東貪色，同意空政三位女演員成立屬於「保皇派」的「無產階級革命派」。林彪妥善運用抵制「中央文革」小組，蕭華都表現的不熱衷，也引起了林彪的反感。

據毛澤東女兒蕭力（毛、江親生女兒，本名李訥，時任職「解放軍報」，共酋為保護子女，在工作單位都用化名。林彪兒子林立果在空軍就用「李果」之名）回憶：七月二十五日在天安門廣場舉行「歡迎謝富治、王力回到北京大會」上，林彪私下問蕭力：「你們的組織叫什麼名字？」蕭答：「叫造反突擊隊。」林說：「對，要造反（另一說是「要戰鬥」），要突擊，要徹底砸爛總政閻王殿！」林彪在天安門城樓上還對蒯大富、韓愛晶等紅衛兵頭頭表示：在軍隊問題上「要大作文章」。

蒯大富請示王力「大作文章」的意思。王力剛在武漢被武漢軍區司令員陳再道支持之「保皇派」毆鬥，心中氣未消，以陳再道是徐向前的老部屬，認定徐是陳的「黑後台」，暗示徐向前有問題。蒯大富乃在清華大學造反派「井崗山」總部，提出「打倒徐向前」口號。

如將林彪對蕭力和對蒯、韓講話放在一起分析，林彪在軍隊問題上「要大作文章」，應該是「要徹底砸爛總政閻王殿」，而徐向前是遭王力挾怨報復，遭池魚之殃。

早在一月上旬，江青要鬥蕭華，林彪說蕭華是總政主任，要拿掉他必須經過毛澤東的批准。毛在一月十九日同意後又反悔，以致鬥蕭未成功，但是六月九日，江青代表毛澤東宣布批鬥蕭華，林彪並無行動，直到七月二十五日才表態「要徹底砸爛總政閻王殿」，顯然林彪在觀望，等確定是出自毛澤東的意圖後才開口。但是林彪未說「打倒蕭華」，也不在任何會議或群眾大會上宣布，而私下告訴蕭力一人，原因何在？

據王力回憶，「武漢『七‧二〇事件』後，康生傳達毛澤東指示，『同意』不點名王任重（武漢軍區第一政委）、陳再道之名，用『武漢地區黨內軍內一小撮走資派』的提法。」開始批鬥軍中領導幹部。王力又說：「七‧二〇事件以後處理問題的方針，主要是那個『黨內軍內一小撮』的提法。」林彪對康生素無好感，但對他傳達毛澤東的指示，卻不能置之不理，但又不知康生傳達「批鬥黨內軍內一小撮」是否屬實，才會不公開直接宣達鬥爭蕭華。

據《林彪與文化大革命》一書所附〈林彪年譜〉記載，林彪與蕭力講話時，提到了「主席指示」四個字。所以，告訴蕭力有個好處，她會自行向江青查證是否出自毛的意思，不致出錯，而毛澤東保了王任重、陳再道，又要批判「黨內軍內一小撮走資派」，「總政」主任蕭華就成了代罪羔羊。

其實「軍內一小撮走資派」是總政副主任關鋒在一九六七年初提出來。關鋒是在「中央文革」小組打倒總政副主任劉志堅後，由文革小組推薦接任劉的位置。關鋒在未被毛點名打倒前是「中央文革」小組紅人和幹將。江青安排關鋒進入總政，就是為打倒蕭華奪權而來。因此，「七‧二〇事件」後，毛澤東決心加速軍中奪權。打倒蕭華，便成了主要的目標。

林彪不提「打倒蕭華」，而說「砸爛總政閻王殿」，一個可能就是毛澤東指示，一個可能是林彪對毛澤東一定要打倒蕭華不滿，乾脆連同關鋒也一併打倒，但是又不能點名關鋒，於是籠統說「砸爛總政閻王殿」。

林彪告訴蕭力「徹底砸爛總政閻王殿」之後，蕭華當天即被捕被鬥。證明毛澤東當時指示是「打倒蕭華」，關鋒是八月份，楊成武傳達毛指示後才被捕鬥爭。八月，造反派衝進總政大院，把標語貼得滿院滿牆。

八月一日，《紅旗》雜誌發表社論，提出「揪軍中一小撮」的口號。相信是配合批鬥蕭華和砸爛總政而寫。但是毛澤東在看過這篇文章後，竟批評這篇文章為「大毒草」。這是因為「揪軍中一小撮」一詞是關鋒所提出，這時毛已決定打倒關鋒，當然不能支持關的論點。然而「九・一三事件」後，中共在「批林批孔」運動中，這個口號便嫁禍到林彪頭上，成為林彪打擊軍中異己和篡黨奪權陰謀的罪證。

到了十月上旬，蕭華和關鋒二人均已被打倒，總政也成立「鬥批籌備處」。蕭力覺得「砸爛總政」不夠徹底，她又向總政「鬥批籌備處」傳達林彪「要徹底砸爛總政閻王殿」的指示。第二天，籌備處在總政召開的大會又作了傳達。蕭力為何要這樣做。答案很清楚，貫徹她父母毛、江的意旨，而抬著林彪之名執行。

林彪在七月二十五日說：「要徹底砸爛總政閻王殿」，是與蕭力個人談話時提及，未公開宣布，迄無中共官方紀錄可資佐證。但確因林彪開口後，蕭華才正式被批鬥打倒，林彪也從未否認講過這句話，以當時的時空背景，應該是事實。林彪不公開宣布鬥爭蕭華，而透過同在總政工作（「解放軍報」屬總政治部）之蕭力傳達，表明鬥爭蕭華非其本意，而是執行毛澤東指示。同時，蕭力也會向毛、江報告鬥爭蕭華情形，證明林彪已確實執行毛澤東的指示。這是林彪聰明之處。總政被砸爛後，江青和中央文革小組仍然批評「總政軍管小組」執行不力，而且「太右」！經過林彪和葉群一再解釋澄清，砸爛總政運動才過關。

一九六七年十二月，軍中造反派製作了一份「關於反革命修正主義分子蕭華的罪行和處理意見的報告」，羅列蕭華「六大罪狀」。對於「總政閻王殿」的問題，所栽之罪名為：「總政治部長期被彭德懷、黃克誠（廬山會議後被打為彭德懷同黨）、譚政（曾任總政主任，一九六〇年被鬥降調）、羅瑞卿、蕭華所把持，經過他們苦心經營，變成了水潑不入、針插不進的資產階級獨立王國，一個劉、鄧設在我軍的黑店。」

蕭華被秘密關押起來之後，「失蹤」了七年。囚禁期間，被殘酷虐待。譚政這時任福建省排名第五之副省長，上述文件提出後，譚政被造反派捆綁押返北京被鬥，與彭德懷、黃克誠等關押一起，共被監禁八年，一九七五年獲釋。

中共到今天仍說，蕭華是林彪與江青聯手迫害。蕭華十二歲加入共青團，十四歲入共黨並參加紅軍，即受到毛澤東賞識，指示好好培養，「長征」時已出任師政委。抗戰勝利後，任遼東軍區司令員兼政委，追隨林彪，並升任林彪四野的副政委，一九五五年授階上將，時年僅三十九歲，為毛澤東所信任的老部屬，如果不是毛澤東首肯，不論林彪或江青，都無法動搖蕭華地位。軍中造反派所提出的「蕭華罪行」報告，當時即上報毛澤東。毛如不同意，只要表示一點異議，蕭華馬上可以無事。毛未這樣做，正足以證明打倒蕭華就是他的意思。

一九六九年蕭妻王新蘭因長期不知蕭華下落，寫信給毛澤東。毛批示「請中央政治局討論」，不了了之。林彪墜機死亡之後，蕭華仍未獲釋。直到一九七四年，中共建政二十五週年慶前夕，毛澤東突然在觀禮人員名單上添上蕭華、劉志堅二人名字，二人隨即獲釋。說明蕭、劉二人命運始終操縱在毛澤東一人手上。蕭華後來在一九七七年復出工作，一九八五年病故，得年六十九歲。

蕭華被打倒後，主任懸缺，毛澤東想派張春橋擔任，林彪「軟頂」拖著。後來，林彪推薦共軍十二軍軍長李德生接任，毛也只得同意。這就是林彪所說：「我林彪還能睜著眼，就絕不能讓婆娘插手軍隊。」

砸爛總政後，毛澤東對軍隊領導幹部的清算並未停止。一九六八年三月，毛澤東點名打倒代總參謀長楊成武、空軍政委余立金、北京衛戍區司令員傅崇碧。即所謂「打倒楊、余、傅事件」。但是林彪始終背了排除異己，打倒楊等三人罪名。

楊成武是林彪任「紅一軍團」軍團長（一九三二——一九三六）時之紅一師師長，寫過一篇重要文章〈林軍團長教我如何當師長〉，曾有很長一段時間，這篇文章作為共軍軍史教材。在文革初期，到毛家灣林彪住所彙報工作之共軍領導幹部，都必須先與「林辦」聯繫，經林彪同意後、才能前往；林彪當時規定只有楊成武一人可以不經事先報告隨時去。當時都認為楊可能是林彪國防部長之接班人，可見林、楊二人關係之密切。

中共說林彪因不滿聶榮臻，而楊又是聶「華北兵團」之老部下，因而要打倒楊成武。這種罪名與事實不符。因為林彪任紅一軍團長時，聶榮臻是軍團政委；平型關大捷時，林彪是一一五師長，聶榮臻是副師長，後升為政委，楊成武為該師獨立團團長；一九四八年平津戰役時，聶榮臻參與了林彪的指揮作戰工作，並向林彪提出和平佔領北平的意見，二人在歷史上合作融洽愉快，未見衝突。一九六七年二月被毛澤東定為「二月逆流」反黨集團成員被鬥，與林彪根本無關，林彪不可能因而遷怒楊成武。

毛澤東打倒羅瑞卿之後，楊成武由副總參謀長出任「代總參謀長」，深受林彪信任。後來，總參根據林彪「五・一八講話」，撰寫了〈兩個大樹特樹〉專文，由陳伯達親審定稿，並向林彪建議以楊成武名義發表。林、陳二人有意藉這篇文章劃清楊成武與羅瑞卿在兩條路線上鬥爭的界限，希望楊能夠早日真除總參謀長。但是毛澤東決定打倒楊成武後，這篇文章成了「毒草」。毛指示林彪親自批判這篇文章的兩個重點，即「大樹特樹」和「絕對權威」，等於要林彪自打耳光，其實毛在警告林彪：要小心啊！

一九六七年七月，毛澤東在鬥爭劉少奇的部署完成後，決定到武漢、長沙去看看武鬥，指定楊成武隨同視察，並負責毛的安全警衛，和擔任毛與周恩來間的聯繫工作。毛澤東當時有意拉攏楊成武為心腹，並分化林彪與楊之間的關係，所以毛在南巡中說了一些批評林彪的話，而且在傳達鬥爭王力、關鋒、戚本禹指示時，還只准報告周恩來一人，不要告訴林彪，毛之居心很明顯。

楊成武則恃寵而驕，回北京後，在軍中搞「紅太陽」大型圖片展覽，大肆頌毛，力捧江青。在圖展中，除毛、林外，竟然有江青大幅單獨照片，反而沒有周恩來照片。總參寫作班子所寫的〈兩個大樹特樹〉文章也是這個時候寫的，楊的女兒楊易並參與了修稿。所以楊成武非常樂意用他的名義發表，但在《人民日報》刊出時，竟登在第二版，楊為此還把戚本禹找來大罵：「你太混蛋了！」

但是楊成武並沒有因毛之挑撥而對林彪有二心。有一事可以說明此一事實。一九六七年十月，楊成武已返回北京總參上班之後，湖南省有人向林彪檢舉，說有人在調查葉群的歷史。林彪寫信給楊成武和吳法憲，請他們幫助調查背後的「黑手」。楊、吳二人均派得力幹部負責調查。如果林彪不是對楊成武的信任，和楊成武對林彪的忠心，林彪不會把這種「私事」，而且可能成為被鬥材料的事委託楊成武去辦。十月二十四日，林彪與周恩來等接見湖南省革委會籌備小組成員時說：「湖南突出的問題，是極右派的活動，其後台有國民黨，有壞人在後面策劃。因此，要發動群眾，將壞人揪出來。」可能導因於此。

毛澤東在南巡途中，對楊成武近身的考核，並不滿意。所以回北京後，未給予真除總參謀長，仍維持「代」總參謀長，這時他已「代」了一年多。不過，毛澤東還是多次說：「我看楊成武是忠於我的！」似乎言不由衷。但是這句話，使楊成武被鬥後，一直認為是林彪要打倒他。他說因毛澤東的這句話「林彪就看不過去嘛！」

還有一件事，可能產生了林、楊之間的矛盾。一九六八年三月初，在楊成武被毛澤東點名批鬥前不久，林彪找楊成武，說有人寫信誣告葉群是假黨員、是國民黨。請楊能為葉群寫個證明材料，澄清她沒有問題。楊成武說他與葉群認識很晚，要寫這樣的證明很難。婉拒了林彪，「引起林彪不悅」。

三月十九日下午，葉群赴釣魚台「中央文革」小組開會，回來後指示其子林立果和林辦秘書張雲生去醫院探視臥病的楊成武。據張雲生回憶：「實際是探聽楊的動靜。」顯示葉群已在「中央文革」小組聽到對楊成武不利消息。果其然，葉群自當天晚上起到二十二日連續四日開會。張雲生回憶：「葉群接連四天不著家，參加一項內容絕密的『緊急會議』。林彪託病缺席。葉群有時回來和林彪碰碰面，對會議的情況則守口如瓶。後來我才知道，這次由毛主席親自主持的『碰頭會』，主要內容是解決所謂『楊、余、傅』的問題。」《周恩來年譜》一書也證明這幾天「中央在主席那裡接連開了四次會」。

張雲生回憶：「二十一日深夜，葉群從（人民）大會堂打來電話：『我正在一組（指毛澤東）這裡開會，會議已決定對楊成武採取必要的措施。』」「葉群硬要張雲生馬上去找丁超（楊之友人），把前些天葉群送他的衣服要回來，因為丁、楊兩家關係很好，現在楊家出事了，這套衣服放在丁家不太好。」

從這些資料可以證明，鬥爭楊成武是出於毛澤東個人本意，林彪事先不知情，毛澤東親自連續多日主持四次會議決定鬥爭楊、余、傅三人，林彪根本託病未與會，就是不想背負楊等三人被鬥之黑鍋。但是毛澤東早就看穿林彪逃避心理，最後指示林彪宣布批鬥楊等三人決定。二十二日毛澤東發布「關於撤銷楊成武、余立金、傅崇碧職務的命令」，開宗明義寫著「根據毛主席、林副主席的決定」，就是要林彪跳進黃河也洗不清鬥爭楊等三人罪名。

在毛澤東召開四日會議決定鬥倒楊成武三人之前，林彪完全不知道毛澤東要點名打倒楊成武。據張雲生回憶：此前的一天，楊成武來毛家灣見林彪，談話後半截，葉群出來，叫張雲生進去作紀錄，林彪對楊說：「你要十分注意北京這裡的動向，如果在我們眼皮底下出了亂子，那可就成了天大的笑話。」「對於徐帥，我看可以放心，他沒有野心。」「我不放心的是李先念，他看似老實，實際上不見得。」「要加強軍委辦事組的工作，這地方不能出事。」楊成武還建議吸收某某人參加軍委辦事組，林彪說：「再看一看，不要急。」張雲生特別註明說：「我引這段談話，是想說明林彪和楊成武的關係並非一般，所以說楊成武反林彪，或者說林彪想整垮楊成武，都是缺乏根據的。」

二十二日，中共發布之命令內容如下：「根據毛主席、林副主席的決定：一、楊成武犯有極嚴重的錯誤，決定撤銷其中國人民解放軍代總參謀長職務，並撤銷其中央軍委常委、中央軍委副秘書長、總參謀部第一書記職務；二、余立金犯有極嚴重錯誤，又是叛徒，決定撤銷其空軍政治委員、空軍黨委第二書記職務；三、傅崇碧犯有嚴重錯誤，決定撤銷其北京衛戍司令員職務。」

同日又發布：「林彪提名，經毛澤東批准」調廣州軍區司令員黃永勝出任「總參謀長」、「中央軍委辦事組組長」和任命溫玉成為副總參謀長兼北京衛戍司令員。黃永勝在「九‧一三事件」後成為「林彪集團」成員之一。因此有人說林彪為提拔黃永勝而打倒楊成武，這是無稽之談。黃永勝固然也是林彪老部屬，但與林彪的關係，遠不如楊成武。

毛澤東先鬥蕭華，再鬥楊成武，有削弱林彪羽翼之意，亦即毛後來所說「挖牆角」的策略。毛澤東決意打倒空軍政委余立金，還曾指示由周恩來先在二十二日凌晨一時約談空軍司令員吳法憲，告知此事。但是直到二十四日下午，周恩來、陳伯達、康生、汪東興四人才奉毛澤東指示，向林彪通報會議情況，就處理楊成武等人的問題徵詢林彪的意見。這怎能稱之「徵詢意見」，在毛澤東已經作出決定，和楊成武等三人撤職令已打印妥之後前來「徵詢」，不過是強迫林彪接受，承認為事實。尤其甚者，還要林彪來宣達撤職令。

也由於此一因素，黃永勝和溫玉成之人事命令，是否真的是林彪「提名」，令人存疑。至少現在已知溫玉成是江青提名，毛澤東同意。江青交給他一項秘密任務，藉副總參謀長身份，就近監視黃永勝。但因溫玉成執行不力，使江青十分不滿，溫玉成因而被降調成都軍區任副司令員。溫玉成誤以為係受黃永勝陷害，要求見江青控訴黃永勝。江青拒接他電話，亦不接見。黃永勝才據實告訴溫玉成，是江青將他打倒，經林彪向毛說情後，改為降調，算作處罰。溫玉成氣得大罵江青「這個女人不是人」。

就在周恩來等人向林彪通報時，中央辦公廳來電話，傳達毛澤東指示要林彪等人都去人民大會堂開「碰頭會」。周恩來就在「林辦」處，打電話通知劉伯承、徐向前、聶榮臻、葉劍英在晚上二十一時前到人民大會堂參加重要幹部大會。

毛澤東在「碰頭會」上指示林彪宣達楊成武等三人撤職令，還要講三個問題：反對宗派主義、反對兩面派，和「相對」與「絕對」的辯證法。

在當天晚上，共軍各總部、國防科委、國防工辦、各軍兵種、駐京各軍事院校、北京軍區部隊所屬各單位團以上黨員幹部、各軍區在京參加三支兩軍的幹部一萬多人，在「幾個小時前」就在人民大會堂集合。晚上廿一時三十分由林彪宣布楊成武等罪狀。這一切布局，都是毛澤東主導，事先已部置，林彪不但是傀儡，而且是被綁上架的鴨子，任憑毛澤東擺布。

但是，中共宣傳資料卻說，三月二十二日凌晨毛澤東主持的會議，林彪與會，中途通知吳法憲出席。毛澤東對吳法憲說：「你同楊成武的問題，我都知道，你是對的，楊成武是錯的。」這是因為楊成武女兒與一位已婚空軍幹部發生婚外情，楊、吳二人處理方式發生分歧，毛才有此說。至於余立金的問題，毛澤東說：「許世友（南京軍區司令員）的材料早就送來我這裡了，說余立金是個叛徒，既然是這樣，那就逮捕起來，予以審查吧。」江青又提出傅崇碧與楊成武關係密切，傅長期以來都在楊直接指揮下工作，況且還有衝闖釣魚台的事實，為了防範，最好也動一動。在毛澤東同意下，「楊、余、傅事件」於是成立。毛澤東又問林彪：「誰來當這個總長呢？」林彪推薦廣州軍區司令員黃永勝任第一副總參謀長，代總參謀長。毛澤東還問黃永勝「哪裡來的？」林彪說：「黃永勝是武漢警衛團的一個班長，秋收暴動後，就跟你上了井岡山。」毛說：「那就不要這個代字了，就叫黃永勝當總長吧！」

中共宣傳的資料，有許多不符事實。現有資料確證：（一）自三月十九日至二十二日，毛澤東親自主持「楊、余、傅」問題會議共四次，早已有結論，不可能到二十二日凌晨會議才作決定；（二）將余立金、傅崇碧二人與楊成武掛勾一併鬥爭，豈是許世友一封檢舉余立金材料，和江青不滿傅崇碧一句話，就草率定案；（三）黃永勝時任廣州軍區司令員，毛澤東竟然不清楚其背景，還問「從哪裡來的？」黃永勝出身國軍前武漢警衛團，當中共「八一暴動」前，警衛團從武漢擬前往南昌響應暴動，行至半途，因無法及時趕到南昌「起義」，又不能返武漢，在不知何去何從時，遇到毛澤東的秋收暴動的部隊，便跟隨毛上了井岡山。毛不可能不知這段歷史。這些都是在文革後，為了幫毛澤東脫「罪」，加深林彪和四人幫罪行，所捏造的。

林彪在三月二十四日晚，奉毛澤東指示講話。據張雲生說林彪是「東拉西扯，語無倫次，漏洞百出，這可能是他臨陣磨槍，更可能是他言不由衷，逢場作戲。」那麼林彪是怎麼說的呢？摘重點如次：

「最近我們黨的生活中間，又出現了新的問題，發生了新的矛盾，發生了階級鬥爭中間新的情況，這個問題雖然沒有像劉少奇、鄧小平、陶鑄、彭、羅、陸、楊那麼大，但是比一般其他問題要大一些，所以主席說就是這樣一個不大又不很小的問題。

「最近從空軍裏面發生楊成武同余立金勾結，要篡奪空軍的領導權，要打倒吳法憲。楊成武同傅崇碧勾結要打倒謝富治。楊成武的個人野心還想排擠許世友、排擠韓先楚，排擠黃永勝，以及與他的地位不相上下的人。

「中央在主席那裏最近接連開會，開了四次會，主席親自主持的。會議決定撤銷楊成武的代總參謀長職務。要把余立金逮捕起來，法辦！撤銷北京的衛戍司令傅崇碧的職務。決定由黃永勝同志當總參謀長；決定由溫玉成當副總參謀長兼北京的衛戍司令。

「楊成武他只相信他一小撮的人，同他關係密切的人，而不相信別人。他只用他那一夥人，而其他就採取排擠的態度。如果照他的那一套啊，那我們就要把吳法憲拿掉，就把謝富治拿掉，把許世友拿掉，韓先楚拿掉。逐漸發展起來與他相同地位的這些人，黃永勝、陳錫聯、楊得志都會被排擠的。所以我們選擇了不能採取他的作法。第一，他是不對的；第二，他是少數。而其他是多數，其他的是對的。所以權衡兩個方面，我們採取不是打倒別人，就把他打倒的作法。

「我們要注意兩點：一點要注意不要因為反楊成武，而變成反楊成武底下的一切人，認識他的人，同他工作過和擁護他的人。第二點，就是過去在總參或在總參以外，被楊成武反對過的，他們有自己的帳。當時反對他們，批判他們，是做得對的，是黨領導的，黨批准的，中央批准的。

「再一個就是楊成武政治品質很壞，是一個兩面三刀的人，是一個正如毛主席所說的『陽奉陰違，口是心非，當面說的好聽，背後又在搗鬼。』他，大家知道，以為他是反羅瑞卿的，實際上是羅瑞卿分子。他參加了反對彭真的鬥爭，但實際上他是擁護彭真的。

「譬如說傅崇碧前一個時期，帶著幾輛汽車全副武裝衝進文革的地點去抓人，這個事情本來是楊成武的命令，擅自給傅崇碧的指示，但是楊成武不承認，傅崇碧作這個事情是不對的，但是楊成武在這個方面表現了他這種不承認作壞了的事情。

「他也反對賀龍在空軍罷官奪權，可是他自己哪？就在空軍罷官奪權。他就拉余立金來奪權，把同余立金關係拉得很火熱，……目的就是要把吳法憲打倒。他在空軍裏面就搞偵察，對吳法憲的一舉一動……他都偵察。甚至於中央文革同志的行動，總理的行動。

「他同王、關、戚勾結在一起，很多王、關、戚的壞事情是有他的份的，他才是真正的一個後台。他對毛主席不忠誠的，對中央文革不忠誠的。並且用這種特務手段來偵察毛主席的行動，偵察江青的行動。

「去年夏天，主席要他去北戴河同我談談王、關問題，因為我當時身體有點不好，在北戴河住著，可是不肯去，是經過主席再三催促才去的。所以你別看他表面上擁護主席，實際上不是那麼回事。

「表面上他是擁護江青同志的，但實際上他是對江青同志不滿的。他同戚本禹這些人早在去年春天，他們就搞江青同志的黑材料，實際上成立專案來迫害江青同志。

「在八屆十一中全會後不久，楊成武就想把代總長的『代』字把它去掉，他很不舒服這個『代』字，而主席和中央早就看出他並不是一個恰當的人選。現在看來是主席看對了，是不行的。

「表面上看來他是不要名的，可是他爭名爭得厲害。譬如說最近不久到上海去搞了一些材料，不歸他署名的，他沒出力的，他也把他的名字拿來寫上。還有那個什麼〈大樹特樹、絕對權威〉那篇文章，他拼命主動要登，後來登了《人民日報》第二版上，他很不滿意。那個第一版上當天登的是什麼呢？是毛主席的教育指示，他認為他的文章應當登在毛主席的前面，要佔第一版。

「這是這兩天在幾個會議中間，我零零碎碎聽到一些，不全，也不準確，事實上還有很多事實沒有揭出來。」

接著，林彪照毛澤東指示批判了〈大樹特樹，絕對權威〉文章的錯誤。然後總結說：「我的講話，材料很零碎，東聽一點，西聽一點，不準確、不全，也沒有很好的整理，也是信口開河，是把中央的決定告訴大家，知道是一回什麼事。」

到了二十五日凌晨的一時三十五分，林彪與周恩來講完話後，一直在後台「偷聽」的毛澤東走上主席台，接受全場起立，高呼萬歲。毛澤東的出場，等於明確表達是他主導決定打倒楊、余、傅三人的。但是到一九七三年十二月二十一日，他在軍委會議上說：「楊、余、傅事件弄錯了，這都是林彪搞的，我聽了一面之詞，所以犯了錯誤，向同志們作自我批評。」在「九‧一三事件」後，他對他主導的打倒賀龍事件，不是也說了同樣的話。毛澤東自己犯了罪，總是要找別人來背過。

林彪在批鬥「楊、余、傅事件」會上講話，很技巧說明鬥爭楊成武三人，不是他的意思，是毛澤東親自主持了四次會議決定的，並強調他指控楊成武的罪狀，完全是「東聽一點，西聽一點，不準確、不全」，而且是「信口開河」。對一些楊成武的罪狀，他明知不是事實，也昧著良心照說不誤。可見林彪所具共產黨員特質，鬥爭不手軟，栽贓不臉紅，再親信的幹部，一旦犯錯，無不急著劃清界限。楊成武七年後獲釋，把林彪詆毀的一無是處，也是罪有應得；至於余立金，林彪幾乎沒有具體罪狀指控，更強烈暗示傅崇碧是中央文革小組要批鬥的。

不過，這裡有一個爭議點，就是林彪說：「這兩天在幾個會議中間，我零零碎碎聽到一些，不全，也不準確。」代表著他曾參加了毛澤東主持討論楊、余、傅的會議，這與《林彪年譜》和《林彪日記》記載資料不符。事實如何呢？一個就是《年譜》和《日記》錯誤。果真如此，林彪確實出席了會議，他應該對楊等三人「罪狀」敘述的很完整。雖然對楊成武的指控較多，但雜亂無章，多屬硬拗。對余、傅二人則講不出所以然來。

據曾在林辦工作過的官偉勛回憶：事後林立衡從外地回到北京，去問林彪：「楊成武有什麼問題？為什麼打倒他？」林彪回答：「是啊，楊成武有什麼問題？」林立衡說：「是你發表的講話，下邊都傳達了，你怎麼會不知道楊成武是什麼問題？」林彪說「是啊，我講了些什麼來？把葉群叫來，楊成武到底有什麼問題，讓她講講！」林立衡就對秘書們講：「你們看，這就是我們的副統帥，他自己講的話，拿掉了楊、余、傅，他還說他不知道楊成武是什麼問題。」

從林彪父女講話內容分析，可以確定林彪沒有出席毛澤東主持的四次會議。他之所以說曾出席會議是表示對毛澤東決定的支持，如果說他未與會，他知道會引起毛的猜疑，認為他不肯背書，後果嚴重。所以應該是葉群每次開會回來，「零零碎碎」告訴林彪的一些內容，在毛澤東臨時指示他上台講話，只好就葉群告訴他的零星資料加以發揮，也因此，他才會告訴他女兒：「把葉群叫來」，「讓她講講」，「楊成武有什麼問題」。

林彪雖然狠狠的批判楊成武一番，不過他也不希望擴大化，所以他說：「不要因反楊成武，而變成反楊成武底下的一切人……等。」也許這樣，「楊、余、傅」事件牽連範圍比較小。

余立金又怎會涉入楊成武事件呢？原來七月毛澤東南巡視察文革情況時，周恩來指定楊成武、謝富治、余立金三人陪同南下。在七月二十二日，毛曾單獨與楊、余二人談話，在談話中批評了林彪的「四個偉大」，並且說「不要宣傳個人，否則將來要吃大虧。」然後要兩人八月一日中共建軍節前夕回北京，向周恩來報告毛澤東幾次談話的重要內容。

這就透露了一個信息，毛澤東在打倒劉少奇後，南巡除看「文化大革命」的武鬥，是否已達到他的要求目標外，另有一個目的，極可能是要貫徹他的「不斷鬥爭」論，進行鬥爭或撤換林彪之部署，爭取各地方諸侯支持。因此在武漢、上海開始在楊成武、余立金面前批評林彪，表明對林彪的不滿。甚至對王力說：「如果林彪身體不行的話，還是要鄧小平出來。」以毛澤東城府之深，心機之重，他這些講話，都有他的陰謀詭計。更何況以他當時已「神化」的地位，他的一言一語，都如同「聖旨」一般！幾乎到了說出，無人不敢不遵行。

但是，他在武漢遇到「七・二〇事件」，而且發現全國武鬥加劇。因此合理懷疑，毛澤東在此時感覺到，目前暫時還不能把林彪拉下馬來，還必須依賴林彪掌握軍隊，維持軍隊穩定，防止武鬥一旦完全失控時，能夠「護駕」和維護社會秩序，這比什麼都重要。為此，毛澤東改變計畫，決定繼續「留用」林彪。但是批評林彪和撤換林彪的話已對少數幹部說出口，毛怕這些話傳出去，引起林彪的反彈和防範，起了二心，反對毛不利。在權衡利害後，他勢必犧牲王力、楊成武、余立金等人。所以先鬥了王力、關鋒、戚本禹三人，毛澤東可能早就對關、戚二人不滿，趁此機會一併打倒。

在鬥倒王力等人後，毛澤東再拿楊成武、余立金開刀，至於傅崇碧則是得罪了江青，謝富治，在江青要求下合併打倒。毛澤東所謂的鬥爭，實際上是「撤職」加「囚禁」，這樣毛澤東所有批評林彪和撤換林彪的「秘密」，就被「保護」起來了。

余立金被鬥，到今天仍然說是被空軍司令員吳法憲所害。原因是一九六七年四月，余立金對吳法憲在空軍黨委常委會議發言中使用了「以毛主席為首，林副主席為副的黨中央」的提法，表示：「這樣提法，中央從沒有用過。」「搞不好要犯錯誤的。」被吳法憲告到林彪、葉群那裏。其次，余立金隨毛澤東南巡回北京後，吳法憲來打聽毛澤東沿途談話內容，被余立金拒絕。因這兩件事，余立金得罪了吳法憲，遭到了報復，但是這些都跟「奪權」無關。

據《林彪與文化大革命》一書引述〈楊余傅蒙難記〉文章中對吳、余關係有這樣一段描述：「兩天前晚上，吳法憲曾打電話請余立金到他家客廳裏（註：吳、余二人同住空軍大院），向他交底：『空軍的事情，你要多管。我在那邊（指軍委辦事組）忙得很哩。有些事情，你不用請示我，該怎麼辦就怎麼辦。』余立金同志是個組織觀念極強的人，他回答說：『你是第一書記，應該報告你，一定報告，這不能含糊。』吳法憲做出很認真的樣子說：『你該做的，就做主吧！不必請示。』」

所以說吳法憲擔心余立金要奪空軍大權，林彪趁機打倒余立金，純屬子虛烏有的事。至於毛澤東對吳法憲說：「你同楊成武的問題，我都知道，你是對的，楊成武是錯的。」係指楊成武的女兒楊易與余立金已婚的秘書單士叢發生婚外情，被單妻發現，告到黨辦。吳法憲認為單畢竟已有妻室，楊易係受害人，堅持要處分單。沒想到，楊成武竟然要單離婚娶其女兒。吳法憲堅持處理原則，余立金則被楊成武逼得去與單溝通。這件事情就被栽贓成了楊成武與余立金勾結，要奪空軍的領導權。

這個案件，因有黨委介入調查，毛澤東早就知道，不必再由吳法憲上告。毛澤東也說的很清楚，告余立金是「叛徒、特務」的人是許世友，也與吳法憲無關。怪只怪，吳法憲後來成了「林彪集團」一分子，中共要為余立金平反，吳法憲當然要揹黑鍋。

在余立金被捕後，其妻陸力行稍後被捕，兩人均囚禁秦城監獄，但互不知被關何處，余立金直到一九七二年四月底，子女奉准首次來探視時，才知陸力行也被捕關在同一監獄。中共漠視人權，唯有「喪心病狂」四個字可以形容。

余立金被打倒，空軍機關造反派還印發「大野心家、大陰謀家、大叛徒、反革命修正主義分子余立金反革命罪行材料」，羅織四大罪狀，還真是強加之罪。這四大罪名，如下：

一、一九五六年，余立金在南京空軍幹部會上胡說：「蘇共二十大提出反對個人崇拜問題對國際共運是一個重大貢獻。個人崇拜在我們黨內也是有影響的」等等，攻擊我們偉大領袖毛主席。（註：因一九五四年毛澤東提出今後不再用「毛澤東思想」

一詞，一九五六年二月，赫魯曉夫批判了史大林的個人崇拜。因此鄧小平據此於一九五六年九月中共「八大」會議中提出「反對個人崇拜」議題，建議修改黨章，取消了「毛澤東思想」五個字。余立金不過依據中央論調發言，何罪之有，而且毛澤東直到一九五八年才再說，個人崇拜很重要。）

二、一九六七年十一月三十日，余立金在北京經空軍黨委轉報中央文革的一份報告上，將「一定要把大權集中到毛主席和他親密戰友林副主席手中」的話後半部份刪掉了，蓄意反對林副主席（其實，林彪本人就曾下令反對將他名字與毛澤東併列，以免遭禍）。

三、余立金在一份材料中，將「建議把一貫最堅決，最忠實執行毛主席革命路線的，在無產階級文化大革命中建有卓越功勛的江青同志，選進中央最高領導機關」這一段話全部砍掉，用心在於仇視和反對江青同志。

四、一九六二年，劉少奇在「七千人大會」上，拋出所謂「三分天災、七分人禍」的黑報告，余立金竭力擁護，得意忘形地說：「劉主席的話很有道理，使人聽起來口服心服。」可見余立金在歷史上一貫執行劉少奇右傾機會主義路線，反對毛主席革命路線。

本書之所以把余立金「四大罪狀」列出，希望讓讀者看看，在毛澤東時代，他要鬥爭幹部，全憑個人喜惡和意旨，隨心所欲，任意批鬥，罪名事後再行羅織。打倒劉少奇之後，中共也在一九六七年五月印發了「打倒劉少奇——反革命劉少奇的一生」多達二十四頁的文件，醜化劉少奇的一生。

更可笑的是，一九六八年十二月，中共中央專案組對中國科學院經濟研究所研究員周慈敖刑求逼供，製造了一個「中國（馬列）共產黨」假案，誣陷朱德是該黨「總書記」，陳毅為「副書記兼國防部長」，劉伯承、賀龍、徐向前、葉劍英、楊成武、余立金等十幾人為「委員」，甚至說與國民黨有勾結。此後，楊成武、余立金經常莫名其妙的被押解出去挨批挨鬥。所幸，毛澤東沒有採信，否則又不知有多少人會人頭落地。

林彪說：「楊成武同傅崇碧勾結要打倒謝富治」。這是照毛澤東裁定之罪名傳達，事實上也是栽贓。傅崇碧當時任北京軍區副司令兼北京衛戍區司令員，主要任務是保衛中共中央，如同「保衛部長」。傅崇碧雖然是林彪部下，但因任務特殊，基本上直接受毛澤東和周恩來指揮，林彪和楊成武反而不能干預傅之工作。傅崇碧之所以得罪中央文革小組，起因於兩件事。

第一件事，是在文革初期，於一九六六年八月二十五日，來自東北的造反派，到北京京西賓館要揪鬥東北局第一書記宋任窮。周恩來指示傅崇碧派警衛部隊前往救回宋任窮。次日，周恩來再指示傅崇碧說：「在北京的各省市自治區負責同志一定要保護好，不能讓人揪走。現在他們住的地方不安全了，你要想辦法把他們轉移到一個秘密、安全的地方。」於是傅迅速將這些老幹部，秘密的一次轉移到北京「東高地」營區保護起來。

中央文革小組在老幹部「失蹤」後，一天晚上，緊急召叫傅崇碧到釣魚台「中央文革」辦公室，周恩來也在座。陳伯達首先發難問：「你到底把那些人藏到哪裏去了？」傅崇碧故作糊塗，一口咬定：「不知道。」江青也拍桌質問，周恩來則一語不發。正在此時，毛澤東辦公室來電話，要傅即刻去中南海見毛，解了周、傅之困。

毛澤東先瞭解市面上還有無批判朱德大字報。傅崇碧說還有。毛說：「這不好，朱毛不能分開，沒有豬（朱），哪有毛。」接著，毛說想瞭解一下北京情況。傅崇碧乘機將周恩來指示將在京各省市委書記和老幹部秘密保護起來情形如實報告。毛說：「總理做得好，你們也做得好。」「你不要怕，（中央文革）追問你就說我叫辦的。」傅崇碧退出來，又被中央文革小組叫去，質問：「誰指使轉移那些老傢伙的？」傅崇碧有恃無恐說：「是主席！不信，你去問。」江青等文革小組成員只得不再追問。

由於毛澤東的指示，北京砲轟朱德的大字報減少了，朱德在文革浩劫中總算被保了下來。但是傅崇碧不但得罪了中央文革小組，恐怕毛澤東內心對傅保護這些在京老幹部，阻礙他報「七千人大會」之仇，可能也產生不滿，種下鬥倒傅崇碧之恨。

第二件事，是一九六八年三月初，魯迅遺孀許廣平寫信給毛澤東，說收藏在魯迅博物館的魯迅書信手稿不見了。毛指示傅崇碧認真查找。傅根據線索，連夜到秦城監獄，提審戚本禹。戚供稱是江青指派他去魯迅博物館拿取，現放在「中央文革」小組。傅崇碧先行通報「中央文革」小組後，帶了幾個軍幹開車前往，到釣魚台門口，又獲得文革小組工作人員同意開車（兩部車）進入。

但因江青不知情，見傅崇碧帶了人來，勃然大怒，吼叫：「傅崇碧，你要幹什麼？到這裡抓人？這是中央文革所在地，誰讓你們來的？」傅解釋來找魯迅書信手稿，「就在中央文革的保密室裏。」果然在保密室裡找出四個木箱，裝滿魯迅手稿。

傅崇碧一行走後，江青立刻召集「中央文革」小組和軍委辦事組成員，哭訴傅崇碧的「罪行」。然後，把楊成武找來，江青先發制人，指責楊成武：「你們這樣幹，簡直無法無天，中央文革都敢衝，過幾天還不知要衝哪裡？要批傅崇碧！」楊說：「我不知道，他是衛戍司令，釣魚台是可以進的啊！」江青不管，說：「你是代總長，就是要你負責。」這就是楊成武勾結傅崇碧來由。事後，江青甚至捏造說傅崇碧的秘書用裝有手槍的皮包打了她的腰，而且傅帶來的第二輛車「最低限度有挺機槍」等，這便成了「武裝衝擊中央文革」。

當時謝富治是公安部長，亦是中央文革小組紅人。傅崇碧奉令調查魯迅手稿，本應屬於公安工作，正好給栽贓為

「要打倒謝富治」。而且傅崇碧本人亦直接得罪了謝富治。同樣在三月，「中央文革」小組指示謝富治派人抓葉劍英、鄧小平的孩子。謝富治很狡猾，不敢揹這個黑鍋，於是要傅崇碧去執行抓人。傅表示：「這需要先給葉帥打個電話。」謝富治堅決不同意，傅崇碧於是拒絕抓人。謝富治只得由公安部派人去抓，結果撲空，怪罪傅崇碧。

就因為這兩件事情，在毛澤東主持會議討論批鬥楊成武、余立金問題時，江青等一夥堅持要一併鬥爭傅崇碧，毛竟然同意，還定下了莫須有的罪名。這兩件事都跟林彪無關，所以傅崇碧一九七四年獲釋後，沒有說過一句是林彪陷害他的話。反而是江青見到傅崇碧，假惺惺地說：「你出來的事，是我跟主席講的。」傅說：「我感謝黨，感謝毛主席。」不說感謝江青，江青氣得把臉一扭走開。

毛澤東處理這件事上，並不遵重林彪。傅崇碧撤職令是三月二十二日核發，二十四日下午，周恩來等奉毛指示前來林彪處通報及徵詢意見。但是在前一（二十三）日夜，卻先要林彪在不明究理情形下，當面向傅崇碧傳達「調令」（非撤職令），任命傅為瀋陽軍區第一副司令。隨即安排專機送傅崇碧赴任。專機到達瀋陽，傅一下機即遭關押。

毛澤東為什麼要以「調職」方式，誘騙傅崇碧到瀋陽後扣押。係因傅崇碧是北京衛戍區司令，對駐京畿的部隊有指揮權，毛和中央文革小組害怕傅如知道要被撤職批鬥，調動部隊反抗，後果堪虞。所以由謝富治（謝兼任衛戍區政委）打電話給傅，假稱林彪、周恩來、「中央文革」小組接見衛戍區團以上幹部。傅信以為真，認為是「政治榮譽」，欣然前往，被騙「離職」，即刻由瀋陽軍區司令員陳錫聯「陪同」上機，飛往瀋陽，下機後立即被逮捕囚禁。

按照毛澤東鬥爭哲學，不鬥則已，鬥則要把對象徹底鬥臭鬥爛，永世不得翻身。三月二十七日，周恩來與中央文革小組成員在「首都工人體育場」召開十萬軍民「徹底粉碎『二月逆流』新反撲，奪取文化大革命全面勝利誓師大會」。周恩來宣讀處理「楊、余、傅」事件的命令，並作長篇講話。嚴厲批判三人「山頭主義、宗派主義的錯誤」，和「資產階級野心家，兩面派的錯誤」，「反對毛主席、反對毛澤東思想的錯誤」等「極其嚴重的錯誤」。還歌頌江青的「奮鬥的生平」。並且四呼「毛主席萬壽無疆」，三呼「祝林副主席身體健康，永遠健康。」

從此「楊、余、傅」的罪名增加了一條：「為二月逆流翻案」。這種無限上綱，栽贓罪名，實在令人恐怖。

毛澤東在決定鬥倒「楊、余、傅」三人後，乘勝追擊。三月二十八日，毛澤東、林彪、周恩來接見黃永勝、吳法憲、溫玉成等。毛澤東說：「今後中央軍委辦事組由林副主席直接管（註：楊成武原是軍委辦組長）。中央軍委就是辦事組，中央軍委常委可以不開會了。」毛澤東這句話終於透露了，楊成武三人罪名為什麼會上升到「為二月逆流翻案」，是因為中央軍委中的老帥在毛眼中都是所謂「二月逆流」成員。毛澤東不敢一桿子一次打倒這些老帥，怕引起反擊，後果毛未必承受得起。乃採取一石二鳥之計，藉「楊、余、傅事件」提升到與「二月逆流」掛勾，以壓制這些老帥不敢再反「文化大革命」。並乘機取消中央軍委常委會議，阻止老帥聚會，議論對毛個人和對文革不利情事。

至此，毛澤東對為什麼打倒楊成武三人，又找到了新理由。他說：「過去我們兩個（毛與林彪）處在第二線，讓他們去搞，他們也不彙報，搞封鎖，實行隔離，隔離不反省。」他在鬥爭劉少奇時也說：「我處在第二線，別的同志處在第一線……出了相當多獨立國。」為了站回第一線，乘機把中央軍委常委會議的權力完全奪來。

毛澤東對「二月逆流」的恐懼，從一九六八年十月二十六日中共「八屆十二中全會」第二次會議上，林彪奉毛澤東指示講話內容中可以完全看出。林彪說：「主席原定在一九六七年三、四月見眉目的這種打算（指結束文革），由於『二月逆流』的出現，這一個戰略部署受到了嚴重的干擾。主席在二月十八日召見，對於『二月逆流』提出了批評。中央碰頭會也多次批判了『二月逆流』。」「這次八屆十二中全會又嚴肅地清算了，批判『二月逆流』。」「『二月逆流』是對於文化大革命一個很大的衝擊。他們是『右』的方面的代表。但是，他們這個『右』，必然在走到過份的時候，就走向引起了極『左』，就會導致極『左』的這種抬頭。王、關、戚就是這一種極『左』的反黨、反毛主席路線抬頭的代表。他們用極『左』的這種思潮，大搞形『左』實『右』的做法。」「一九六七年一月到四月，六個省市革委會成立了。從四月到九月，由於『二月逆流』造成的惡果和極『左』的思潮的這種干擾，就使預定可以成立的革委會都把時間推遲下去了。」

林彪墜機死後，「二月逆流」又突然變的不可怕了，這時因為林彪死後沒人為他掌軍權，他必須回過頭來再討好這些老帥。一九七一年十一月十四日，林彪死後兩個月又一天，毛澤東親自為「二月逆流」平反。他說：「『二月逆流』是什麼性質？是他們對付林彪、陳伯達、王、關、戚。那個王、關、戚，『五・一六』，要打倒一切，包括總理、老帥。老帥們就有氣嘛，發點牢騷。他們是在黨的會議上，是公開的，大鬧懷仁堂嘛！缺點是有的。你們吵一下也是可以的。同我講就好了。」毛澤東的話，就讓被他指為「二月逆流」的譚震林、陳毅、葉劍英、李富春、李先念、徐向前、聶榮臻等人獲得了平反。

到了一九七二年一月初，毛澤東對周恩來、葉劍英說：「『二月逆流』經過時間的考驗，根本沒有這個事。不要再講『二月逆流』了。」但是沒有隔幾天，一月十日，毛澤東出席陳毅追悼會時又說：「二月逆流」的性質是「陳毅和老同志對付林彪和王、關、戚的。」並將「二月逆流」改為「二月抗爭」給予高度評價。

毛澤東之善變和狡辯，真是莫此為甚。所謂「二月逆流」是針對江青與文化大革命的。林彪私下表明支持老帥的作法。事實是毛澤東的不滿，定性為「二月逆流」，逼這些老帥停職檢查，現在回過頭來，又「高度評價」為「二月抗爭」。包括周恩來在內的老幹部恐怕是欲哭無淚。

聶榮臻不滿楊成武被鬥，據他回憶：他於四月十六日跑到林彪處質問：「楊成武究竟有什麼問題，為什麼要把他打倒？」林彪支支吾吾說：「楊成武不到我這裡來。」聶說：「他不到這裡來，你是副主席嘛，打個電話他不就來了！」事實上，林彪至死恐怕都不很清楚毛澤東為什麼要打倒楊成武。

毛澤東說：「楊、余、傅事件弄錯了，這都是林彪搞的。」既然如此，在一九七一年「九・一三事件」後，楊成武三人就應該平反釋放。但是沒有，直到一九七三年十二月，毛澤東才說弄錯了，他聽了林彪一面之詞，他也犯了錯。然而仍然沒有獲釋。又隔了快一年，於一九七四年中共建政二十五週年前夕，才獲得釋放，並參加九月三十日晚之「國慶招待會」。一九七九年才徹底平反，這時毛已經死了。

什麼是「五一六」？這是文化大革命時期是一個大冤案，當時稱之為「清查五一六」運動。

本書前曾提到「中央文革」成員戚本禹在被鬥前，為迎合江青有意鬥爭周恩來的意圖，蒐集周恩來的黑材料。一九六六年在北京出現了一個以「炮打周恩來為目標」的極左學生組織，叫「首都紅衛兵五一六兵團」。一九六七年九月，發表之姚文元所撰〈評陶鑄的兩本書〉一文，毛澤東添加一段文字，公開提出批判「五一六兵團」為反革命組織：「這個反動組織，不敢公開見人，幾個月來在北京藏在地下，他們的成員和領袖，大部份現在還不清楚，他們只在夜深人靜時派人出來貼傳單、寫標語。對這類人物，廣大群眾正在調查研究，不久就可以弄明白。」

因此便形成了一場全國範圍內的「清查五一六運動」，罪名也提高到把該組織的「鬥爭矛頭」說是「指向無產階級司令部、指向新生紅色政權革命委員會、指向人民解放軍」（簡稱為「三指向」）。因清查的時間甚長，也使打擊面不斷擴大。

中共官方資料說林彪在一九七〇年一月二十四日，曾在人民大會堂號召：「不吃飯、不睡覺，」也要把「五一六」徹底搞出來。不過，據《林彪日記》記載，林彪與葉群於一九六九年十月十六日「按中央安排，戰備疏散到蘇州。」其後林彪就在蘇州養病，一九七〇年元月期間無公開活動，直到四月二十六日才飛返北京。

11 毛林分歧

九大爆抓革命與促生產之爭

毛澤東在一九六七年夏天打倒劉少奇之後，已對林彪產生不滿，並有撤換林彪之意。但迫於文革的發展，特別是武鬥的情形嚴重，超乎其意料，不得不持續拉攏林彪，掌握軍權，以免動搖他的權力地位。

最足以說明毛澤東對武鬥失控憂慮的心態，是一九六八年七月二十八日，針對他放縱北京各大學兩派學生武鬥，造成重大傷亡後，又緊急接見首都紅衛兵「五大領袖」（北京大學聶元梓、清華大學蒯大富、北京師範大學譚厚蘭、北京航空學院韓愛晶、北京地質學院王大賓），嚴厲斥責各大學中的兩派「武鬥」。陪同的有林彪、周恩來、「中央文革」小組和中央軍委辦事組一大票人員。

毛說的話很重，他說：「（清華）武鬥搞了這麼長時間，謝富治……講了話都不算數。」「我們官僚嘛！你們可以開除我出黨嘛！又說我是黑手。」「你們可不要以為我們這些人有什麼了不起，有我們這些人在就行，不在天就掉下來了。」「就是把我、林彪以及在座的都消滅掉，全國人民滅不掉。總不能把全國消滅掉，不能把人民都消滅。」

在一九六七年夏，毛澤東一方面指示要武裝左派群眾，又對林彪上書要求制止武鬥，譏諷林彪「窮緊張」。另方面在林彪多次提出「禁止奪槍」「禁止武鬥」的命令文稿時，他仍照批發。說明毛澤東內心極度的矛盾，他希望透過「大亂達到大治」，又恐因「大亂」失去政權。這就是他在對林彪不滿，又必須緊抓住林彪不放的矛盾心態。也就是這種心態，讓林彪能夠苟延殘喘到一九七一年九月，才被迫逃亡，墜機而亡。

毛澤東的矛盾思想，恐怕周恩來最為清楚。一九六六年八月中共八屆十一中全會，毛澤東欽定林彪為接班人，到一九六七年九月，才不過稍過一年，中共策劃在一九六九年召開「九大」會議。這個月二十四日，周恩來到毛澤東處，請示「九大」接班人時，毛說：「接班人當然是林彪。」毛澤東不怕林彪能造什麼反，即使林彪是孫悟空，有七十二變功夫，也逃不過他如來掌心。周恩來如果不是瞭解毛澤東對林彪已有所不滿，也不會在林彪才出任接班人一年就有此問。

中共確定要在一九六九年召開「九大」之後，依慣例會先發徵詢意見通報，指定由康生、姚文元負責起草「中央關於徵詢對召開『九大』的意見通報」稿，經「中央文革」小組討論修改後，在一九六七年十一月十日由周恩來、和中央文革小組的陳伯達、江青、康生四人送到毛澤東處審閱。毛刪去文字中「大樹特樹」和「『九大』要大力宣傳林副主席是毛主席的親密戰友『和好學生』」一句中的「和好學生」

共八個字。然後批示「請林彪同志閱」。這段經毛澤東刪改後的文字是「許多同志建議，『九大』要大力宣傳林副主席是毛主席的親密戰友，是毛主席的接班人，並寫入『九大』的報告和決議中，進一步提高林副主席的崇高威望。」

康生是鬥爭高手，在毛澤東面前幾乎不犯政治上的錯誤。從延安「整風運動」到「文化大革命」都是毛澤東鬥爭異己，製造冤假錯案最重要的打手。他最能認識毛澤東獨裁殘暴心態，他敢於在「徵詢意見通報」中加入「大力宣傳林副主席」「提高林副主席崇高威望」等文字，絕對出於毛澤東的授意。否則，周恩來也不敢同意，江青更會反對。比對同（一九六七）年七月間，毛澤東批評林彪「不要宣傳個人，否則將來要吃大虧，要犯錯誤。」的話，毛就是要把林彪高高舉起，重重摔下。

林彪在十一月二十五日，口授秘書以電話回報毛澤東辦公室說：「他主張把第二頁第三段（即前述毛刪改後的文字）全文刪去，或者改為輕淡一些為好。他認為，原文對他評價太高。」毛澤東當天批示：「刪去不好，也不必改寫。」

林彪不應該畫蛇添足加了一句「改為輕淡一些」，這表示他不反對他的「大力宣傳」，也不「堅持」全文要刪去。因此，毛澤東的批示只得是「不刪不改」。並警惕到林彪真有接班打算，而非林彪平時表現對接班「意興闌珊」的樣子。毛澤東在八屆十二中全會後，本該結束文化大革命而不結束原因之一，有可能是因對林彪不放心，認為只要文革不結束，他煽動起來群眾「造反」情緒，隨時都可加以運用，鬥倒林彪。

事後，林彪應該也發現自己「畫蛇添足」造成的困境。他在同（一九六七）年十二月十三日寫了一封信給軍中各單位，他說：「我曾向《解放軍報》、《人民日報》負責同志多次談過宣傳內容問題，就是要在一切場合和宣傳的各種方式，都應突出對毛主席的宣傳，對毛主席思想和毛主席革命路線的宣傳，而不是要宣傳我。」因此他提出了他的「六不」（詳第六章）。

林彪的信雖是寫給全「軍」的，但在信文中先提到《解放軍報》和《人民日報》，表示全國、全黨都要照「六不」辦。這六個「不」，明顯是針對「九大」徵詢意見提到「進一步提高林副主席的崇高威望」，希望不要宣傳他而來，也暗示他已知道毛澤東背後批評他的話。在一九六七年七月，在毛澤東面前聽毛批評林彪的楊成武、余立金二人，就在一九六八年三月，被毛澤東點名批鬥關押，這種時「序」的巧合，不排除楊、余的被打倒，就是毛澤東看到林彪的信透露之信息，懷疑是楊、余二人洩露。

一九六八年十月十三日到三十一日，中共召開八屆十二中全會。通過中共「新黨章」修正案，明確寫進「林彪同志是毛澤東同志的親密戰友和接班人。」會前，毛澤東對黨章草案作了多次修改、批示定稿。林彪曾再次請求把黨章中提到他的部份刪除，毛未接受。康生在會上說：「林彪同志是毛主席的接班人，這是會上公認的，是當之無愧的。」

這次會議正式對打倒劉少奇作出結論，全會通過「關於叛徒、內奸、工賊劉少奇罪行的審查報告」，宣布「把劉少奇永遠開除出黨，撤銷其黨內外的一切職務。」劉少奇在一九四四年，因毛澤東的提名，他在中共中央的地位，一下子從政治局候補委員竄升到排名第二位的政治局委員，成了接班人。一九四五年，劉少奇提出「毛澤東思想」一詞，開始鼓吹對毛的「個人崇拜」。毛澤東也把劉著作的《論共產黨員修養》一書列為黨員必讀教材，以為回報。至少在中共建政前後一段時間兩人合作良好。一九六二年，英國蒙哥馬利將軍訪問北京，曾問毛澤東，誰是他的接班人。毛說是劉少奇，劉之後是周恩來。

中共取得政權以前，在許多會場的主席台上或重要會議上，朱、毛的畫像一直是併列懸掛。但是中共建政後不久，討論在天安門城樓上掛像的問題，劉少奇說：「毛澤東是我全黨、全軍和全國人民的最高領袖，應該只掛毛主席一人的像。而且今後在其他地方也應當只掛毛主席一人的畫像。」劉表面上是吹捧毛澤東，實著是為鞏固他個人的接班人地位。如果繼續掛朱、毛二人畫像，他只能永遠做實質老三。朱德此時已淡泊名利，未表異議，於是定案。毛澤東此後處於獨尊地位，劉少奇要負相當的責任。

劉少奇對毛澤東竭盡忠誠，不謹當面唯唯諾諾，畢恭畢敬，背後也是全力維護毛的形象。毛的機要秘書葉子龍曾因故被毛訓斥，葉子龍不滿背後發牢騷：「搞煩了我，把他（指毛）那些醜事（指玩女人）全都抖出去！」劉少奇知道後警告他說：「你要是敢在外面亂說，就把你當成瘋子抓起來。」

但是在「三面紅旗」、「四清運動」造成三年困難時期，劉少奇對毛澤東的極左政策，開始有抵制情緒，而在農村實行「三自一包」措施，特別是「七千人大會」使毛感到地位不穩。史大林死後，赫魯曉夫一九五六年徹底否定史大林的「鞭屍」行為，和一九六四年十月，蘇共第二號人物勃列日涅夫將赫魯曉夫趕下台，都促使毛澤東加深了對劉少奇的疑慮，決心將他鬥倒，而且要鬥臭鬥爛，永世不得翻身。毛澤東至此全都做到了。

周恩來深知毛澤東帝王獨夫心態，因此甘居第三位。劉少奇喪失接班地位後，按毛澤東一九六二年所言，周恩來應該成為接班人，他卻推薦了林彪，把林彪送上了註定要被毛澤東鬥爭的下場。但是毛澤東永遠想不到，在他死後四年，一九八○年中共十一屆五中全會中，鄧小平就為劉少奇徹底平反。毛澤東毀掉了劉少奇的軀體，最終劉反而在中共歷史上流下了「芳名」，評價幾乎高過毛澤東。

林彪對劉少奇一生的浮沉，瞭解的不會比周恩來少。所以他生前私下批評毛澤東「功為己，過為人」。「五・七一工程紀要」說：「他（指毛）是一個懷疑狂、虐待狂，他整人的哲學是一不做、二不休，他每整一個人都要把這個人置於死地而方休，一旦得罪就得罪到底，而且把全部壞事嫁禍於別人。」應該也是林彪對林立果所說的話，這些都足以證明林彪確實不想當接班人，可能也預想到未來下場的悽慘。

劉少奇被打倒前，握有實權，也有接班野心。林彪成為接班人，實際上毛澤東給予他的實權遠不及劉少奇，林彪亦樂於託病少管事，所以在八屆十二中全會，他被明確寫入黨章為接班人後，在會上講話時做了三點表態：

一、「整個兩年多的工作，主要是毛澤東領導，具體執行主要是『中央文革』，特別起作用的是江青、總理、陳伯達、康生和中央文革小組成員。」林彪把江青列在周恩來和「中央文革」小組組長陳伯達之前，就有突出江青地位，討好毛、江二人之意。

二、林彪說他「沒做多少事，並不是故意偷懶，而是身體不好，不能做多少事情。對實際情況瞭解的不多，工作也做得不多。」林彪講這句話，是表示他的謙卑，沒有野心，甚至不適任。但是聽在毛澤東耳裡，等於是在黨內公開指責毛澤東用人不當，選錯接班人。毛對林彪講話，未作反應。這時他還要利用林彪，自然會容忍下來。

三、林彪認為「黨章是大事，把他的名字寫上，很不相稱，他感到很不安。」毛澤東要把林彪接班地位列入黨章，絕非出於真心，極可能是認為林彪已自楊成武那兒知道他批評他的話，怕林彪起二心，才特意將其接班地位納入黨章，以穩定林彪。在毛澤東心目中，將來取消林彪接班地位，修改黨章就行了。至於楊成武有無將毛的批評告訴林彪，無資料可以佐證，但楊成武確實洩露給聶榮臻知道，聶有無告知林彪不詳。毛決心要打倒關押楊成武，相信與楊洩密有關。

林彪雖然想討好江青，但是江青不領情。反而對林彪在會議上講人類自古以來有四次「文化大革命運動」，第一次是希臘羅馬的古典文化，第二次是資產階級的意大利的文化，第三次是馬克思主義的人類思想大革命，第四次中共的「文化大革命」。江青批評這樣講有問題，還寫了許多評語送給林彪看，氣的林彪大罵「江青算什麼東西！」並發生了衝突。

全會並通過決定一九六九年四月召開中國共產黨第九屆全國代表大會。在這次會議上毛澤東與林彪第一次出現重大分歧。分歧的關鍵在於林彪以為毛澤東會在一九六八年到一九六九年間，結束「文化大革命」，事實上毛澤東根本不想停止「文革」，又不明確表態，因而「九大」前，在撰寫「政治報告」時，兩人間發生了「發展生產」或「繼續文革」的矛盾。

分歧的起因，是毛澤東自一九六七年五月之後，多次談到文化大革命的戰略部署是：「一年發動，二年看眉目，三年收尾。」林彪很天真的認為文革是一九六六年「發動」，一九六七年「看眉目」，這一年「資產階級當權派」已全部打倒，所以一九六八年是「收尾」年。

而且「輿論」也顯示林彪看法正確。一九六八年元旦「兩報一刊」（人民日報、解放軍報和紅旗雜誌）社論的題目是「迎接無產階級文化大革命的全面勝利」。到九月七日，大陸各省市的「革委會」已經全部成立，當天「兩報一刊」的社論題目是「無產階級文化大革命的全面勝利萬歲」，標題從「迎接」變成了歡呼「萬歲」，表示「文化大革命」的任務已經達成。由於「兩報一刊」社論，均係毛澤東與「中央文革」小組所控制主導，標題之變動，均在宣示了毛澤東的政策方向。其後，十月召開的八屆十二中全會，毛又明確宣示：「現在，這個波瀾壯闊的無產階級文化大革命，已經取得了偉大的決定性勝利。」因此，林彪判斷八屆十二中全會的召開，代表文革的結束。一九六九年「九大」的召開，標誌中共今後將全力發展經濟。

林彪記取了許多劉少奇被打倒的經驗教訓，儘量避免重蹈錯誤。但是林彪忽略了劉少奇的「發展經濟，發展生產力」曾多次被毛澤東批判，這種「唯生產力論」更成為劉少奇被鬥的修正主義罪證之一。這也不能怪林彪，一九四五年五月中共「七大」會議上，林彪就理直氣壯提出：「共產黨的產字，就是大力發展生產，不努力發展生產就不配當共產黨員。」在他的觀念中，「革命時期」如文化大革命期間，雖以政治掛帥，但也不能放鬆生產；「非革命時期」（指文革結束後）固然仍要政治，但應集中精力優先搞好經濟建設。

一九六六年五月二日，總後勤部曾提出一份〈關於進一步搞好部隊農副業生產報告〉，林彪送毛澤東批閱。毛於五月七日寫了一信給林彪，希望由軍隊做起，未來把全國各行各業都辦成亦工亦農、允文允武的革命化大學校。在這樣的學校裡，要學政治、軍事、文化；從事農副業生產；辦一些中小工廠，生產自己所需的若干產品；還要從事群眾工作，鬥爭資產階級。此即所謂的「五・七指示」。

據《大動亂的年代》一書作者王年一說：「毛澤東在『五・七指示』裡勾勒出他所嚮往、憧憬的社會……大體上是軍事共產主義的模式。」「他通過『五・七指示』向全黨全軍全國宣布了他建設『新世界』的綱領。」「五・七指示」發表，正是文革爆發前夕，這封信給林彪的啟示，即文革結束後，發展工農，搞好生產，兼顧政治、軍事，戮力建立毛的理想「新世界」，就不違背毛的旨意。

據葉群一九六一年至一九六四年的《工作手冊》，就記錄林彪關於生產提高生活水平的談話：「一切最根（本）問題還是為了生活，（歷唯之根）。」（「歷唯」指歷史唯物主義）「把照顧群眾生活衣食住行（目前、長遠）問題，放在一切一切的首要地位。」「離開物質無精神！」

從一九六六年起到一九六七年，全國學生、工人都參加文化大革命，忙於奪權鬥爭，造成學校停課、工廠停工、農業停滯。林彪十分憂慮，於一九六七年春對「三支兩軍」部隊領導幹部說：「生產是不能放鬆的，生產放鬆了，會發生非常大的危險，會轉過來破壞革命。」「總的方向還是抓革命、促生產。」但是林彪對文化大革命破壞的全國農工生產，欲救乏力，充滿無奈，而急於等待毛澤東及早結束文革，以利發展生產。

八屆十二中全會確定「九大政治報告」由林彪召集，陳伯達、張春橋、姚文元起草，該份報告將由林彪在「九大」

上報告。一九六九年二月下旬，林彪約了陳伯達三人到他毛家灣住所，商談起草事宜。三人出來，張春橋、姚文元對陳伯達說：「你就先動筆吧，需要我們時，就隨時找。」據張雲生回憶說：「從談話的和諧氣氛看，這次商談過程是順利的。」

陳伯達秘書回憶說：「林委託他們三個代勞，報告內容由陳考慮，林彪就不多過問了。」「陳伯達回辦公室後，很快擬了一個題綱，題目是『為把我國建設成為強大的社會主義國家而奮鬥』，下列了幾個小題目。」陳伯達對他的兩位秘書說，不管「上海那兩個」（指張、姚），「他們和我想的不一樣」。陳伯達決定自己寫，並講了他對起草「九大」報告的主題設想：「運動不能再搞了，現在主要的任務應該是抓生產了，就是說，經過了一場政治上的大革命，必須要掀起生產上的大躍進。」

陳伯達在動筆之前，又專程前往毛家灣見林彪，二人做了深入的探討，林彪提了一些指導意見。所以題綱雖是陳伯達所擬，但體現了林彪「結束文革，發展生產」（促生產）的思想。陳伯達在寫出第一部份後，先送「中央文革」小組開會審查，張春橋、姚文元不看全文，就毫不留情的批判陳伯達的文章，是劉少奇式「鼓吹唯生產力論」，徹底予以否定。

「中央文革」小組又藉陳伯達寫的太慢，和「政治報告」應談大事為由，不向林彪請示，逕由康生召集，張春橋、姚文元執筆，另起爐灶撰稿。相信這是出自毛澤東的意思，否則以林彪副主席及接班人地位，他指示陳伯達撰稿及擬稿方向，以及陳伯達的中央文革小組組長職位，江青等四人何敢如此。應是毛澤東獲知陳伯達撰稿重點在「發展生產」後，指示江青等「文革幫」另行組稿。

張、姚二人以一個星期時間，就提出了草稿，標題是「無產階級專政下繼續革命論」（抓革命）。陳伯達不服，也趕寫出初稿。但是「中央文革」小組只討論張春橋、姚文元的草稿，拒審陳稿。毛澤東在三月下旬對張、姚之稿先後做了四次修改後定稿。

陳伯達氣得諷刺張、姚稿件：「運動就是一切，目的是沒有的。」陳伯達決定將自己所撰初稿自行呈報毛澤東。毛根本不開封，當然更不看，直接在信封上批「退陳伯達同志」。陳伯達傷心的大哭。

張、姚所寫「政治報告」之所以受到毛澤東重視的原因，是張春橋洞悉毛澤東內心想法，在打倒劉少奇後，必須總結他與劉少奇間兩條路線鬥爭的結果。張春橋抓住了這點，他在報告中把中共黨的全部歷史歸結為兩條路線鬥爭的歷史，也就是無產階級與資產階級間的鬥爭。強烈抨擊「叛徒、內奸、工賊劉少奇的資產階級司令部」，極力歌頌「文化大革命」的成就。強調整個社會主義歷史階段，始終存在著「階級、階級矛盾和階級鬥爭」，階級鬥爭必須「年年講、月月講、天天講」，以此作為黨的「基本路線」，和黨的「鬥、批、改」任務。

張春橋還對國際形勢作了不切實際的評估，誇大帝國主義發動世界大戰的危險性，主張要準備打仗。這一部分係針對當年三月珍寶島中蘇武裝衝突而寫，過於高估蘇聯的軍事威脅。但卻迎合了毛澤東反對蘇聯修正主義，和成為共黨國際領袖的野心。陳伯達想藉「九大」政治報告，以結束文化大革命，發展生產，與毛澤東想法南轅北轍，毛澤東不但不看他的稿件，後來還鬥爭了陳伯達。

林彪對毛澤東每次修改過的張、姚稿件，送給他看時，只准秘書報告毛的批示，不准講張、姚稿件內容。林彪指示秘書給他再準備一份資料，預備在宣讀張、姚「政治報告」後，他再作一個口頭發言。他說：「我向來不習慣唸別人寫的現成稿子，而只願自己順口講。因此，我想搞個平行作業，即準備一個正式發表用的稿子，又準備一個講話的條子。」最後，林彪又決定暫時放棄講話，他對秘書自嘲說「沒到講話時候。」判斷林彪原擬準備的一份文件，和口頭講話參考字條的內容，是建議結束文化大革命，發展生產，後見時機不對，才放棄提出。

林彪對張、姚稿件之不認同，在三月三十一日，「九大」召開的前一日，表現的最明顯。這天周恩來把毛四修過後稿件批送林彪審定。林彪一字不看，直接在封頁上寫「呈主席審批。」周恩來於中午來電話催問，知道林彪又批轉毛澤東，十分著急說：「前天在主席那裏開會，主席講他已親自修改幾次，不再看了，請林彪同志最後定稿。這個事，葉群同志是知道的，為什麼又送給主席呢？」

一九六九年四月一日，毛澤東主持中共第九次全國代表大會開幕，提議林彪擔任大會主席團主席。林彪驚恐萬分，連連擺手說「不可！不可！」，立即提請毛澤東任主席團主席，並站起來帶頭舉手高呼「毛主席萬歲」，於是大會一致通過由毛擔任主席團主席，林彪為副主席，周恩來為秘書長。

「九大」開幕式後，即由林彪作「政治報告」，因林彪事先對張、姚稿件一字未看，所以唸稿時結結巴巴，有氣無力。據汪東興回憶說：「由於林彪對『九大』的政治報告改用張春橋、姚文元起草的稿子不滿，在『九大』上，他只是照著稿子唸了一篇，敷衍了事。」散會後，江青私下批評林彪報告得不好，林彪聽到後說：「多唸錯一些才好！」毛澤東也感覺到林彪的情緒，在「九・一三事件」後，他對兩人關係說：「從九大時就破壞！」

林彪情緒性的作法，一方面固然是對毛澤東否決他與陳伯達議定「九大」政治報告主題不滿；另方面是對毛澤東不肯結束文革，反而繼續推動文革下去，置國計民生不顧而感到憂慮。因而有故作忽視張、姚稿件的情緒反應。林彪這一次表現非常反常，與他平日的「甩手二掌櫃」作法不同，更違背葉群在《工作手冊》中記錄林彪常講的話：「閉目養神，照上面辦，不置可否。」和「三不主義：不負責、不建言、不得罪。」他在臥床左側牆上，掛著自書條幅：「匹夫見辱，拔劍而起，挺身而鬥，此不足為勇也。驟然臨之而不驚，無故加之而不怒。」他雖然沒有「拔劍而起」，但已「驚」而「怒」，多少有點「挺身而鬥」了。

四月十四日，毛澤東主持全體會議，經江青提議，通過「中國共產黨章程（草案）」第一章「總綱」，正式寫入「林彪同志一貫高舉毛澤東思想偉大紅旗，最忠誠、最堅定地執行和捍衛毛澤東同志的無產階級革命路線，林彪同志是毛澤東同志的親密戰友和接班人。」事實這是八屆十二中全會通過，送「九大」追認的文字。林彪在會前仍感到不安，曾向周恩來表達不妥。

據三月二十一日《林彪工作札記》寫道：「總理送來黨章草案定稿，把我列為毛的親密戰友和接班人，寫入總綱。我心不安，向總理提出：『是否不妥？誰提出的？主席意見呢？』總理告知：『是主席親自提議的，有指示。既然定了黨的副主席，當然是接主席的班，名正言順。』我還是建議徵求其他同志的意見。婆娘來電恭賀我是主席惟一接班人，又表示在任何情況下捍衛我、保衛我的一套！話的主題還是要求安排她在軍隊擔任高職。」

從江青會前電話林彪祝賀，及大會上由江青提議情形來看，毛澤東顯然希望林彪「感恩圖報」，讓江青插手軍隊。江青一介女流，沒有帶兵經驗，亦未作過戰，要奪的是軍中政治權力，也就是黨在軍中的權力。毛澤東一向主張「黨指揮槍」，掌握了軍隊政治權力，就等於掌握了軍權。但是林彪鐵了心，根本不予理會。

毛澤東自一九六七年夏天起，就對林彪不滿，而迄無鬥爭或撤換林彪動作，並在一九六八年八屆十二中全會修改黨章，和一九六九年「九大」在黨章「總綱」中正式納入林彪為親密戰友和接班人地位，除了前述分析，毛澤東仍須依賴林彪掌握軍隊穩定局勢外，另一個重要原因是三月二日起，中蘇在東北黑龍江珍寶島，連續爆發邊界武裝衝突，毛澤東在這時更需要林彪負責軍隊工作。穩定林彪，便成了毛的重要政治考量。

就在「九大」會議上，周恩來為了率先「大力宣傳」提升林彪的「崇高威望」，竟然違背歷史，說：「林彪同志是南昌起義失敗後率領一部份起義部隊走上井岡山，接受毛主席領導的一位光榮代表。」

嚇得林彪趕緊打斷周恩來的發言，說：「總理的講話，我事先不知道。」「我個人很慚愧，在我年輕的時候，很早在井岡山同毛主席會合，那時年紀輕，並不知道很多事情，就是跟毛主席就是了。」「我那時候就認為應該擁護毛主席，歸根到底毛主席他很高明，我僅僅只有這麼一點覺悟，並不像總理說的那麼高瞻遠矚，全面的認識，沒有達到那個水準……我整個思想水準可以說是很低很低的，不像總理說的那麼高，後來在工作中略為有些成績，那也是在毛主席的英明領導下取得的。」「沒有毛主席就沒有我這個人。」「我個人的作用是微小、很微小、很微小的。」

《周恩來年譜》說：林彪「還當場哭了起來」，大概林彪不願給周恩來太難看，因此對周誇大他與毛澤東在井岡山會師一說，未做明確否認，成為爾後最遭人詬病的一段糗事。

一九七一年八月，張春橋發現湖南韶山毛澤東故居陳列館有一幅油畫，題名「遵義會議放光芒」，彩繪林彪、周恩來分別站在毛的左右。張春橋指責不符歷史實際，並得知邱會作曾在畫前照相留念。張春橋說：「這就對了，這幅畫倒真成了一面他們的旗幟，更應該撤了。」

此外，周恩來能夠在「九大」篡改歷史，說出毛、林井岡山會師謊言，但同在一九七一年八月，新聞機構準備對外發表一張有毛澤東、林彪在一起，題名為「遵義會議」的油畫。周恩來批示：「這是違反歷史事實，應予否定。」從張、周二人同月份內的反映，證明毛澤東在這年八月南巡之前，已讓周恩來、張春橋知悉，他準備鬥爭林彪了。

「九大」選舉毛澤東欽定的中央委員，毛獲得一五一〇票的全票，周恩來少一票，林彪少兩票。林彪為表示不敢與毛澤東平起平坐，他和葉群兩人沒有投自己的票，所以少兩票。以此判斷，周恩來也可能未投自己票，故少一票。「九大」共選出一七〇名中央委員和一〇九名候補中央委員。在這二七九人中，八屆中委、候補中委續任的只有五十三人，佔九屆中委、候補中委總數的百分之十九，許多功勳彪炳的建「政」功臣被打倒，大量造反派頭頭湧入中央委員會。

江青與葉群也都當選為中央委員。在籌備「九大」期間，葉群就活動想擠進中央政治局，林彪不同意，勸她說「你當辦公室主任把秘書管好就行了，妳要當政治局委員，把江青往哪裡擺？」又說：「女人不能當政，女人當政，國家就要亂。」林彪說的對，葉群有野心，後來果然害得林彪父子和她一起慘死外蒙；江青進入政治局後，更是肆無忌憚，膽大妄為。

在投票時，葉群唆使與會軍幹，如黃永勝、邱會作、吳法憲、李作鵬等人，不投江青的票。江青未能全票當選，深感受辱，鬧著要清查何人未投她票，被毛澤東嚴厲制止，但也讓毛澤東警覺，有人反對江青，實則對他不滿。而張春橋也安排一些人不投葉群、吳法憲等人的票，同樣引起葉、吳之不滿。

毛澤東很清楚江青想當中央委員，也有意藉以培養江青，但恐遭人詬病，所以將葉群一併列入中央委員候選名單，這是林彪所無法阻止的。當然在毛的欽定下，二人都順利當選。四月二十八日，中共召開九屆一中全會，宣布以毛澤東為主席、林彪為副主席的新中央政治局誕生，江青、葉群都進了政治局，但二人未當上常委。

九屆一中全會權力分配，毛澤東給予林彪「集團」和「文革幫」的權力分配：林彪「集團」只有林彪一席常委，五位政治局委員（黃永勝、吳法憲、葉群、李作鵬、邱會作）；給予「文革幫」二個常委（陳伯達、康生），三位政治局委員（江青、張春橋、姚文元）。表面上是林彪這邊多一席，實際「文革幫」加毛澤東本人也是六席，並佔了常委三席。毛澤東這一安排，已有意要挑起毛、林之間的鬥爭。但是這時，陳伯達已默默地站到林彪一邊去了，而張春橋則想把陳伯達拉下常委寶座，他才有機會上去。據姚文元在一九八〇年受審時說：「九大之後已經看出江青和張春橋的權力慾太強，除了爭權，幾乎對其他一切興趣不大。」

江青和葉群二人如願當選中央委員又進入政治局，這是中共有史以來首次出現這種情形，二人又分別是第一和第二夫人，在文革中真是炙手可熱，縱使有人不滿，也無人敢吭一聲。

但是江青為了排名問題，曾鬧過情緒。五月，江青看到外交部送來一份文件上，中央領導人排名按筆劃排列，葉群的「葉」簡體字「叶」只有五劃，「江」有六劃，故江青排名在葉群之後。江青勃然大怒說：「這是別有用心的人故意這樣搞的……葉群的名字列在我的名字之前，是很不正常的，她的歷史貢獻和影響力怎麼能和我相比，沒有法比嘛！」她即去找林彪，林彪也覺不妥。從此，中共任何文件，只要有政治局委員名單，江青名字永遠排在葉群之前。葉群個人也不敢與江青爭排名。

葉群自進入政治局後，林彪一再告誡：「此時此刻更要挾著尾巴做人。」一九六九年十月十九日，林彪還書贈葉群：「悠悠萬事，唯此為大，克己復禮。」藉此要葉群謙虛謹慎，不要逾越常規，嚴格約束自己。二十三日葉群照抄一遍回贈林彪，以示相互勉勵。

陳伯達雖是「中央文革」小組組長，但「九大」籌備期間，他已感覺到被完全架空，也覺醒不能再放縱江青等人助紂為虐。在「九大」會議期間，他多次和黃永勝密商研究如何能讓毛澤東裁撤「中央文革小組」，削弱江青、康生、張春橋、姚文元之權力。

黃永勝任廣州軍區司令員時，因廣東省委書記陶鑄調往中央，升任排名第四的中共領導人，黃永勝「跟人不跟線」，完全傾向擁護陶鑄的保皇派。陶鑄被打倒後，黃永勝改採「支左不支派」、「兩派大聯合」騎牆作法，「明支革派，暗渡保派」，惹得江青十分不滿。一九六八年夏，黃永勝出任總參謀長後，一位記者寫信給江青，檢舉廣州軍區表面上「支左不支派」，實際上是壓制造反派，支持保守派。江青在信上批文，直指黃永勝是「廣州軍區」的「黑後台」，將信送林彪，林彪不予處理。所以黃永勝對江青十分反感。陳、黃二人因此一拍即合，但終究推動不了。林彪亦看出陳、江二人矛盾，他告誡陳伯達：「不要聽江青的！」

一九七〇年五月十七日晚，江青把軍系政治局委員黃永勝、吳法憲、李作鵬、邱會作和「中央文革」系的姚文元邀集到釣魚台聚會，示好拉攏，江青當天很高興講了三個重點：一是極盡的自我吹噓；二是極力貶低周恩來、康生、陳伯達。江青之所以批三人，是因為三人是常委，不壓低三人，無法彰顯她這個委員分量；三是延安時期毛澤東追求她的經過，透露許多毛的「隱私」。

據吳法憲回憶，江青說：「破壞毛澤東和賀子珍（毛前妻）婚姻的不是她，是另有其人……後來是毛澤東主動追她，而不是她追毛澤東。……江青說她爬山涉水留下了婦科病，毛澤東不管她的病……到蘇聯治病動了手術之後，沒有性生活要求了，主席就對我疏遠了。」這是一九九九年《中華兒女》雜誌採訪關在秦城監獄的吳法憲的談話，關鍵部份都用了點點省略掉，表明江青透露毛澤東的隱私更多，也有因內容不雅而略去。《周恩來年譜》提到，江青還說「黃永勝等人搞軍黨論」。

黃、吳、李、邱四人對江青議論毛澤東都驚呆了，不敢吭聲。離開釣魚台，四人商量，決定直奔毛家灣，向林彪報告。林彪指江青說毛澤東追她是謊言，是「她追主席」，指示四人連夜向周恩來、毛澤東彙報。結果由黃、吳先向周恩來彙報，周恩來聽後苦笑一下，什麼也沒說。黃、吳又去向毛澤東彙報，但只報告了江青自吹自擂和貶低別人部份，對毛、江私生活方面則未提及。毛聽後，沉默片刻，對黃等四人說：「你們不要理她，也不要去對別人講，我也不說你們到我這兒來告她的狀，不然，她是要整你們的呀！」事後毛澤東也沒有批評江青。

中共九屆一中全會改選中央軍委會，毛澤東仍任主席，副主席排列很有趣，是這樣公布：「副主席林彪、副主席劉伯承、陳毅、徐向前、聶榮臻、葉劍英。」目的在突出林彪地位高於其他副主席；中央軍委辦事組組長黃永勝，副組長吳法憲。

軍委名單中，被毛澤東批評為「二月逆流」的老帥，仍擔任副主席，足見毛對這些在軍中有強大影響力的老帥，還是有所顧忌，不敢一竿子打倒。過去鬥爭彭德懷、賀龍這些老帥，都是以各個擊破方式打倒。一群老帥，毛澤東只好批評批評，不敢全面鬥倒。而且這時中蘇爆發的「珍寶島武裝衝突」，毛澤東還須這些老帥為之出謀策劃備戰事宜。

在十大元帥中，已打倒彭、賀二人，死亡羅榮桓一人，未列入軍委名單只有朱德一人。朱德在文革中，幾乎被戚本禹唆使紅衛兵揪鬥，是毛澤東表態「朱德還是要保的」，才沒被鬥。但在「二月逆流」中，朱德仍受到批判。他有一句話，道盡對毛澤東路線鬥爭的不滿，他說：「個個都打倒了，個個都是走資派，就都不是走資派了。」

周恩來吹捧林彪與毛澤東井岡山會師後，到了五月，他再作解釋：「林彪同志在南昌起義失敗後，帶領部隊上井岡山，一直在毛澤東身邊戰鬥。所以我說南昌起義的光榮代表應該是林彪同志。」

朱德自始都不做任何反駁。同（一九六九）年十月一日，朱德兒媳趙力平從外地到北京探視朱德，問道：「過去我們學黨史，講的是毛主席和您在井岡山會師。現在有人卻說是林彪，這是怎麼回事？」朱德說「歷史就是歷史，這是誰也改變不了的。」趙力平仍說：「可是已經改了，不是書上都改了嗎？」朱德生氣說：「那不叫歷史！」

據毛澤東私人醫生李志綏的回憶，對「九大」有這樣的形容：「毛要扭轉『八大』路線的目標終於實現。『九大』是毛十三年來，進行政治鬥爭的結果。百分之八十的前中央委員被撤職，新委員大多是江青或林彪的黨羽……。中國在他們的領導下前途渺茫。」

中共「八大」是在一九五六年召開，「九大」一九六九年召開，中間相隔了十三年。

「八大」提出在「中國進行社會主義建設應該遵循的科學社會主義路線」十項政策，其中第一項是「關於資產階級與無產階級的矛盾已經解決，今後的主要任務是發展生產力的問題」。第二項「關於反對急躁冒進，堅持綜合平衡穩步前進的經濟建設方針」；第十項「關於反對個人崇拜的問題」。這三項政策一直是毛澤東心中最大的痛，而且在「八大」的黨綱中，又取消了「毛澤東思想」的提法。

雖然「八大」是毛澤東親自主持，並通過「科學社會主義路線」，可是毛朝思暮想要扭轉「八大」決定的路線。所以在十三年間，毛不達目的，絕不召開「九大」會議。為此，十三年間他發動的運動有「反右鬥爭」、「大躍進（三面紅旗）」、「反右傾機會主義」、「社會主義（四清）教育運動」，最終爆發「無產階級文化大革命」，徹底打垮劉少奇的「資產階級司令部」。並在「九大」通過的「政治報告」，將「無產階級專政下繼續革命」的理論作為社會主義革命的指導思想和「文化大革命」的理論依據肯定下來。毛澤東的鬥爭性和韌性，確實不容輕視。

毛澤東在九屆一中全會上說：「有些外國人、新聞記者說：我們這個黨在重建。現在我們自己也提出這個口號，叫整黨建黨。」毛澤東提到「整黨」，這表示仍會有新的鬥爭運動開展。

雖然在「九大」政治路線之爭，林彪敗下陣來，不過他不死心。不久，鐵道兵召開「活學活用代表大會」，請林彪「題詞」。林彪說過不再題詞，便給了一個口頭指示：「各行各業都努力把自己的事情完成好就是政治！」這是變相的鼓勵生產，等於對抗「九大」的「繼續革命」路線。並且三

次上書毛澤東和中央政治局，要求儘快總結結束文化大革命，恢復社會秩序，集中精力投入經濟建設，毛澤東均不置理。

12 中蘇衝突

林彪一號令成篡黨奪權證據

一九六九年三月，中蘇邊境的珍寶島發生武裝衝突，震驚世界。珍寶島位於東北烏蘇里江河道上，屬黑龍江省虎林縣。三月二日，中共邊防軍兩個巡邏組在珍寶島執行例行巡邏任務，遭遇蘇聯邊防軍越界挑釁。中共軍自知兵力薄弱，主動向島內後撤，蘇軍則從兩側逼進，開槍打死打傷中共軍多名，中共邊防分隊增援還擊，擊退蘇軍。三月十五日，蘇軍出動坦克、裝甲車再次從島北側入侵珍寶島，與中共軍發生激烈戰鬥。至三月十七日，經三次武裝衝突後，蘇軍撤退。

張春橋、姚文元所撰「九大」政治報告，指控帝國主義要發動世界大戰的危險性，即從此一事件延伸而來。所以「九大」也通過號召全黨、全軍、全國「要準備打仗」。

珍寶島事件爆發後，中共先後於三月二日和二十二日，由毛澤東主持會議討論中蘇邊境衝突問題，林彪和被毛澤東批鬥為「二月逆流」的老帥陳毅、葉劍英、徐向前、聶榮臻也都通知與會。毛澤東重申「要準備打仗」。

據張雲生回憶：「林彪對珍寶島發生的事情，從始至終都缺乏興趣。我向他轉報有關情況，他只是聽聽而已。」「對毛澤東的準備打仗，林彪仍無任何響應。」「即使大量情報資料顯示，蘇聯在中共『九大』前在中國北部邊境陳兵百萬，擺出『大兵壓境』態勢。以及蘇聯高層中的『鷹派』極力主張乘中共文革導致內亂之機，採取先發制人的突襲，摧毀中共羅布泊核實驗基地和主要戰略城市，如北京、天津、上海和哈爾濱、長春、瀋陽等地。甚至主張以核武一舉擊毀中共剛建立的核能力。並且蘇聯派了一位名叫『路易斯』的間諜赴台，與國民黨聯繫，說服國軍配合蘇軍突擊反攻大陸等等。」「林彪聽得很認真，但無所表示。這大概就是他性格中的獨特而又神秘之處。他似乎胸有成竹，輕易不露聲色。」

張雲生對林彪的觀察很正確，後來林彪在防蘇軍的突襲備戰和調度，都表現的十分認真積極，但也惹禍上身，成為「九・一三事件」後篡黨奪權罪證之一。

珍寶島事件爆發後，蘇聯部長會議主席（即總理）柯西金從兩軍衝突態勢分析，認為共軍部隊的部署重點不在邊界一線，而係縱深配備。如與中共開戰，勢必深入中國，終將是一場曠日持久的戰爭。而蘇聯的戰略重點在歐洲，與中共作戰，將削弱蘇聯與美國抗衡力量。

柯西金在獲得蘇共總書記勃列日涅夫同意下，決定透過五十年代，中蘇共在北京和莫斯科間架設的「友誼電話線路」（即「熱線電話」）與周恩來直接通話，設法消弭爆發進一步衝突之危機。

三月二十九日晚，柯西金透過華語翻譯員，電話撥到北京電話局，總機接線員是一位女話務員，接電話後聽說是莫斯科電話，蘇聯總理柯西金要和周恩來通電話。女話務員「愛國心」乍起，怒斥對方：「他是修正主義分子，是叛徒！他有什麼資格和我們周總理通電話。」毫不客氣就把電話切斷。這是毛澤東反蘇修教育的成果，這麼重要關係到兩國軍事衝突與總理級間電話，一位基層話務員，竟然也高掛意識形態，以柯西金被毛澤東批判為蘇修叛徒集團領袖之一，敢於不經請示，不顧外交禮節，不但回罵還斷然切斷電話，只有政治掛帥的中共政權下，才會發生。

「友誼電話線路」不通，蘇聯即通過駐北京使館，向中共外交部抗議北京總機話務員的「無禮」，並請轉達柯西金想與周恩來直接通話的願望。而中共外交部蘇聯東歐司也官僚十足，認為蘇聯方面想與中國方面談什麼，應先通過正式外交途徑提出後再議。等於否決了柯、周直接通話的請求。

這些情況都被共軍總參三部電訊偵收單位監聽到，反映到毛澤東、周恩來處，引起了重視。毛澤東批示：「準備談判。」周恩來則對北京電話局女話務員行為，認非故意，不忍苛責，只批示：「精神可嘉，做法欠妥」。林彪在聽張雲生報告此一趣聞後，「只是微微一笑」。

毛澤東則在最後修飾「九大」政治報告時，把報告中點名批評蘇聯「以勃列日涅夫、柯西金為頭子的現代修正主義判徒集團」中的「柯西金」名字劃掉，以示區別對待。

中蘇關係惡化，固然起自一九五九年和一九六〇年間，毛澤東與赫魯曉夫鬧翻，但是中蘇邊界之爭，卻是起自滿清時期。

蘇聯（現為俄羅斯）所佔領的黑龍江以北和烏蘇里江以東一百多萬平方公里的土地，在歷史上原屬中國的領土。滿清初年，俄國越過烏拉山向東擴張入侵中國領土。當時滿清政府在這個地區，築有尼布楚等城市，並駐守軍隊。清聖祖派兵攻俄，俄軍大敗，請降並定境界。雙方簽定「尼布楚條約」，劃定以外興安嶺及額爾古納河為界，俄國承認黑龍江以北、烏蘇里江以東之土地屬於中國領土。

滿清政府到了晚期，政治腐敗，國力衰退。俄軍捲土重來，自一八五〇年秋起，沙俄騎兵頻頻入侵，清政府軟弱無能，無力驅逐，又逢國內有太平天國之亂，和英法聯軍入侵之禍，俄國乘機脅迫，向清廷提出重定界址之交涉。清政府被迫於一八五八年與俄國訂約於瑷琿城。滿清同意以黑龍江直至松花江海口為中俄國界。於是黑龍江以北直至外興安嶺，和烏蘇里江以東之地，盡屬歸俄。

列寧十月革命成功以後，曾於一九二〇年九月二十七日在第一屆蘇維埃人民代表大會上宣布：「沙皇政府在中國的政策是一種犯罪的政策，現在我代表蘇維埃政府鄭重宣布，以前俄國歷屆政府同中國訂立的一切條約全部無效，放棄以前奪取中國的一切領土和中國境內的一切俄國租界，並將沙皇政府和俄國資產階級殘暴地從中國奪取的一切，都無償地永久地歸還中國。」

就是列寧這句話，在民初袁世凱稱帝失敗，中國陷於軍閥割據的局面，而孫中山先生的革命又面臨空前挫折，知識分子正徬徨不知中國何去何從之際，突然聽到列寧這句廢棄沙皇時代與滿清政府簽訂不平等條約，和歸還中國固有領土。因而覺得中國非以俄為師不可，於是共產思想迅速在知識界傳播開來，一九二一年七月，中國共產黨就在上海成立，禍害中國近百年。但是，列寧的承諾也一直從來沒有兌現過。

中蘇交惡後，中共曾提出與蘇聯政府進行邊界談判，建議維持邊界現狀。但蘇聯不承認「璦琿條約」為不平等條約，並稱沙皇時期，中俄未勘定劃分烏蘇里江和黑龍江兩江河面上的水界。蘇聯認為應將國界推到靠近中國之江邊，珍寶島亦應屬於蘇聯所有。中共以該島位於烏蘇里江主航道中心線靠中國一側，兩國雖未勘定江面國界，但應依國際慣例，以河中心線為國界，故中共堅持珍寶島屬於中國領土，不可能撥歸蘇聯。這就是珍寶島爆發武裝衝突的原因。

六月十三日，蘇聯發表一份聲明，堅持沙皇時期強佔中國的領土「歷來屬於蘇聯的」，黑龍江流域是「俄國移民開發的，歷來屬於俄國」。又稱中國的北方邊界是「以長城為標誌的」，因為「中國漢族以外的少數民族都不是中國人」等等。蘇聯企圖很明顯，目的在分化中國各民族間感情，製造民族間之矛盾衝突，有利仿效其控制外蒙方式，進一步在中國東北，和西北新疆地區分別扶植滿族與回族政權，擴大其勢力，並形成中蘇邊界緩衝區。

中國西北與蘇聯交界，主要在新疆，北與哈薩克，南與吉爾吉斯的接壤地區。北疆塔城專區邊界，水草豐盛，原是兩國牧民放牧，彼此過界，習以為常的區域。自中共與蘇聯交惡後，蘇聯邊防軍用大馬力拖拉機在邊界上犁出一條寬十多米的鬆土帶，防止新疆邊民越界牧放，違者開槍驅離。因此，雙方邊防部隊常有武裝對峙行為。

這（一九六九）年八月十三日上午，中共塔城軍分區邊防巡邏分隊二十八人於裕民縣（塔城市南方）鐵列克地區邊界執行例行巡邏。突遭蘇軍邊防軍三百餘人，在多輛裝甲車掩護之下襲擊，蘇軍並出動數架武裝直升機投擲燃燒彈，中共軍二十八人全部陣亡。

消息傳到北京，毛澤東、周恩來均感震驚。林彪這時正在北戴河避暑，八月下旬，林彪又偕妻子、兒女上井崗山遊覽。張雲生在〈實話實說『一號令』〉一文中回憶說：「他（指林彪）對中蘇之間正在醞釀著的深刻危機，並不怎麼憂慮。他是指揮打仗的『大手筆』，對於邊境上一場武裝衝突死幾十個人，在他看來不值得大驚小怪。」

林彪這次上井崗山，還在九月於《人民日報》上發表〈西江月・重上井崗山〉詩詞：「繁茂三灣竹樹，蒼茫五哨雲煙。井崗山搏鬥憶當年，喚起人間巨變。紅日光彌宇宙，戰旗湧作重洋。工農億萬志昂揚，誓把頑敵埋葬。四十年前舊地，萬千往事縈懷。英雄烈士起蒿萊，生死艱難度外。志壯堅信馬列，豈疑星火燎原。輝煌勝利開顏，鬥志不容稍減。」

蘇聯邊防部隊在一九六九年三到八月五個半月裡，分在東西邊界主動挑釁，製造「珍寶島」和「塔城」兩事件，係針對毛澤東所導發的「文化大革命」所造成的全國動亂局面，測試中共戰備實況。事實上共軍在繁重的「三支兩軍」任務下，消耗了共軍大量的力量，使戰備工作陷於空前的衰弱。

毛澤東也感覺事態嚴重，在周恩來建議下，於八月二十八日簽發了一份「中共中央命令」，要求「邊疆各省、市、自治區和人民解放軍駐邊疆部隊的全體指戰員，充分做好反侵略戰爭的準備。大敵當前，共同對敵，堅守崗位，執行命令」。這項「命令」還針對造成國內動亂的造反派紅衛兵的「現行反革命活動」，指示解放軍採取堅決措施，予以制止，甚至給予堅決鎮壓。終於使三年多來，大陸陷於無政府狀態的社會秩序，稍有好轉，軍隊逐步從內亂中脫身，加強戰備整備。中共同時並成立全國人民防空領導小組，由周恩來任組長。

由於中蘇邊界緊張關係急劇升溫，九月份中共全面進行戰爭準備。九月七日，《空軍報》以整版篇幅刊登毛澤東語錄：「準備對付可能的突然事變，使黨和革命不在可能的突然事變中，遭受出乎意料的損失。」該報同時發表短評〈要準備應付突然襲擊〉，並登出戰備教育資料，包括「德國對波蘭的突然襲擊」、「德國襲擊蘇聯」、「日本偷襲珍珠港」、「蘇聯突然襲擊捷克斯洛伐克」和「以色列對阿拉伯國家的襲擊」等報導。

其中「蘇聯突然襲擊捷克斯洛伐克」，是林彪最擔心也認為最有可能是蘇聯對北京採取的突擊手段。就在前一（一九六八）年八月一天晚上，蘇聯為懲罰企圖擺脫蘇聯控制的捷克共黨政府，派遣一架軍用運輸機飛臨捷克首都布拉格上空，以機械故障，要求布拉克機場准予緊急降落。由於捷克當時仍是蘇聯傀儡國，自然不敢拒絕，於是開放機場夜航導航燈，讓蘇聯軍機安全降落。但是機門打開下來的是七十多名武裝蘇軍特種部隊的突擊隊員，迅即佔領了機場。隨即有數百架蘇軍飛機降落，大量蘇軍湧入，侵佔了整個捷克國家。捷共主席杜布切克被逮捕押解莫斯科，罪名為不服從蘇共的指揮。

九月十七日，毛澤東在事前審核預定當日在《人民日報》刊登的「慶祝中華人民共和國成立二十週年口號」內增加一條：「全世界人民團結起來，反對任何帝國主義、社會帝國主義發動的侵略戰爭！特別是要反對以原子彈為武器的侵略戰爭！如果這種戰爭發生，全世界人民就應以革命戰爭消滅侵略戰爭，從現在起就要有所準備！」

毛澤東之所以提出「反對以原子彈為武器的侵略戰爭」，是因為八月底美國「華盛頓郵報」刊登一則新聞：「蘇聯欲對中國做外科手術的核打擊」，內容稱：「據可靠消息：蘇聯政府打算以中程巡航導彈，對中國所有重要軍事基地——酒泉、西昌導彈發射基地及北京、長春、鞍山等重要工業城市進行外科手術的核打擊，一勞永逸消除中國的威脅。」中共無法判斷新聞正確性，但決定「寧可信其有，不可信其無。」因此「存在著很大蘇聯對我們搞突擊的可能性，我們必須立足打核戰爭。」

毛澤東接受此一說法，並說：「我還是那句老話，原子彈是紙老虎，沒有什麼可怕的。我的辦法是兩條：一是來而不往非禮也，你想扔，我也準備扔，看誰能嚇住誰；二是深挖洞，廣積糧，不稱霸。」

毛澤東這時正在看《明史》。元朝末年，朱元璋從軍反元，逐漸自成一軍。當時其他反元義軍領袖，紛紛自立為王，朱元璋亦想稱王。謀士獻策，勸朱元璋勿急於稱王，保持低調，避免形成被攻擊目標，而應加高強固城牆，鞏固據地，並增加生產，廣積糧草，再徐圖發展。朱接納建議，最後終於統一天下稱帝，是為明太祖。朱元璋的「高築牆、廣積糧、緩稱王」的策略，被毛澤東引用就成了對付蘇聯可能核攻擊的「深挖洞、廣積糧、不稱霸」的戰略。

張雲生回憶說：「林彪看到蘇聯的核威脅，但並不把他看得多麼嚴重。」「對正在變化著的外部世界，他由於長期脫離實際，幾乎處於漠然無知的狀態。但他在外敵面前，從來不缺少自信。」但是「在對國際風雲變幻的觀察上，林彪遠不如周恩來那樣敏銳和機智，更難以做到像毛澤東那樣審時度勢，當機立斷。」

九月二十五日至二十七日，軍委辦事組召開全軍作戰會議，研究加強東北、華北、西北「三北」地區戰備問題。會議一說由黃永勝主持，但張雲生說是林彪親自主持，會議結束後，毛、林、周接見全體與會人員。林彪指示：「全軍當前的中心任務就是加強戰備，用準備打仗的觀點觀察一切、檢查一切、落實一切。」林彪所講的「一個觀點，三個一切」，即成了指導部隊戰備工作的綱領。

在九月間，中共進行了兩次「核試驗」，警告蘇聯：「你有核武，我也有核武」，「你扔我也扔」。

在中共加強戰備期間，蘇聯總理柯西金仍持續設法尋找與周恩來對話機會。九月四日，柯西金獲知周恩來赴北越向九月二日過世的越共主席胡志明遺體致哀，臨時取消一切國內行程，即刻專機飛赴河內，希望能與周恩來會面討論兩國邊界問題。

周恩來不想有這種無準備，又未經毛澤東核准的會晤，故在柯西金飛抵河內前，已先行飛返北京。柯西金不死心，透過中共駐北越使館向北京表達，希望在飛返莫斯科時，取道北京，與周恩來會晤。由於中共外交部的延誤，等毛澤東看到公文核准時，已是兩天之後。

柯西金不耐久候，也已飛離河內，抵達蘇聯塔吉克共和國首府杜尚別時，才獲知消息。柯西金又繞道蘇聯遠東地區的伊爾庫茨克，九月十一日飛抵北京，與周恩來在南苑機場貴賓室晤談了一百分鐘。雙方達成協議，暫維持邊界現狀，盡力防止武裝衝突。雙方同意另舉行一次副外長級的談判，進一步解決邊界問題上的分歧。

柯西金與周恩來達成之初步協議，並未影響到中共的戰備整備進行。而林彪對柯、周的協議，據張雲生說：「林彪聽後毫無反應。給我的感覺是，他根本不相信蘇聯人的那套外交辭令，甚至懷疑柯西金是在帶著鴿派的假面具，是想重溫一年前蘇聯士兵侵佔捷克斯洛伐克的舊夢。」

為了加強北京之防禦，林彪向毛澤東建議獲得同意，將駐江蘇無錫的第二十七軍主力緊急調赴張家口地區，與原駐軍第六十五軍合力阻擋蘇軍自外蒙的可能入侵行動。

九月三十日，中共「國慶」前夕，林彪乘車去西郊機場巡視後回到毛家灣，連夜召集軍委辦事組黃永勝、吳法憲、李作鵬、邱會作和總參分管作戰之副總參謀長閻仲川開會。林彪說：「這個仗看來八成是打不起來，但要作八成可能打起來的準備。明天就是『國慶日』，在節日舉行大型群眾集會，在人們正歡歡樂樂的時候，說不定戰爭就打響了。」

林彪召開會議的目的，是因為他巡視西郊機場時，看到軍機「一排排地在那裏擺著，似乎沒有一點應付意外的準備。」他說：「如果敵人趁我們過節，對我們來個突然襲擊怎麼辦？蘇聯設在外蒙的空軍基地，距北京只有幾百公里，飛機用不上一個小時就到了。如果打導彈，只要幾分鐘。」「這不行，也很危險。因此，要立即採取措施，改變這種等著挨打的狀況。」他特別強調：「關鍵是十月一日、二日、三日，一日又是關鍵中的關鍵，只要在這關鍵的幾天裏不出什麼事，問題就不大了。」

在林彪的指示下，當天深夜，北京附近的幾個機場的作戰飛機，除留下少數作戰值班之戰機外，其餘全部轉場到外地機場；並在機場跑道，設置路障，防止蘇聯空軍機降突擊。

到了深夜，林彪指示侍衛長李文普打電話給周恩來，說為了防止因敵人轟炸使水庫決堤，他主張把京郊幾個大型水庫——十三陵水庫、官廳水庫和密雲水庫的水，放掉大部份。周恩來在電話裏當即表示反對。因為這些水庫的水，不可能一夜放掉，即使連放幾天也放不完。更嚴重的是，水庫水傾瀉而下，將使附近幾十個縣，甚至下游更多的地區遭到水淹，林彪這才作罷。

十月一日，在天安門城樓上，林彪代表毛澤東、中共中央講話。實際是宣讀毛審定的稿子，關於戰備部份還把美國牽扯進去。內容如下：「美帝國主義、社會帝國主義為了擺脫內外交困的處境，他們互相勾結，互相爭奪，實行擴軍備戰，並且妄圖策劃對我國的侵略戰爭，公然對我們進行核訛詐。」「我們的立場是：人不犯我，我不犯人，人若犯我，我必犯人。全國人民要提高警惕，加強戰備，隨時準備殲滅一切敢於來犯的敵人。」「我們警告美帝國主義、社會帝國主義……如果你們硬要把戰爭強加在中國人民頭上，我們就堅決奉陪到底！我國遼闊的土地，到處都將是你們的墳墓！」「全世界人民團結起來，反對任何帝國主義、社會帝國主義發動的侵略戰爭，特別要反對以原子彈為武器的侵略戰爭！如果這種戰爭發生，全世界人民就應以革命戰爭消滅侵略戰爭，從現在起就要有所準備。」

當天遊行隊伍高呼的主要口號之一是「提高警惕，保衛祖國，要準備打仗。」

毛澤東之所以把美國牽進去，是他認為只有在美國默認或支持下，蘇聯才敢對中國大陸發動侵略戰爭或核攻擊，希望藉此促使美國設法阻止蘇聯的入侵或核攻擊。這是因為美國尼克森總統在不久前的八月十四日，也就是「塔城事件」

後第二天在美國發表講話稱：「如果聽任中國在一場中蘇戰爭中被摧毀，那是不符合美國國家利益的。」毛澤東因此決定採取以美制蘇策略，減輕蘇聯威脅。

十月五日，基於戰備需要，林彪在吳法憲、閻仲川等人陪同下，偕葉群、林立衡、林立果及隨行近百人，分乘兩架「子爵號」專機，從空中視察北京附近的五台山、雁門關、張家口、宣化、八達嶺一帶地形，並降落張家口分批接見第六十五、二十七軍和空軍師以上領導幹部。

此行，林彪對西北方面的防務，感到放心。但是蘇聯真正的威脅仍來自空中襲擊，與核攻擊。張雲生回憶說：「林彪聽講國際動向，特別是蘇聯軍方面動向的興趣，比過去明顯增加。」

根據九月十一日，周恩來與柯西金達成之協議，雙方政府隨後商定，從十月二十日起，在北京舉行「邊界談判」。由雙方外交部副部長負責主談。中共希望這次談判能緩和中共與蘇聯關係，特別是緩和邊界緊張局面。但也擔心蘇方以此為掩護向中國發動大規模的突然襲擊，重演一九六八年突襲捷克首都布拉格的行動，不可不加戒備。

於是，毛澤東在十月中旬召開的會議上說：「中央領導同志都集中在北京不好，一顆原子彈就會死很多人，應該分散些，一些老同志可以疏散到外地。」毛澤東這段話，不但是害怕蘇聯的核武攻擊，更主要是針對二十日，蘇聯談判代表團乘飛機來北京，為防備蘇聯利用談判為幌子，掩運突擊部隊突然襲擊或投擲核武器，決定戰備疏散。

林彪《工作札記》十月十七日記載：「會議發生爭議，氣氛很緊張。『Ｂ５２』突然離題提出國際形勢有可能突然惡化：蘇修要宣佈開戰、美帝準備入侵、蔣介石部署反攻大陸、印度要侵佔西藏。到會的都給突發性幽靈所勾劃出最新情報愣住，都提出了疑問，等著總理、我的態度。我還是不想表態，被『Ｂ５２』點了名，就說了：『蔣介石反攻大陸還要老闆（指美國）點頭，加大擾亂、挑釁，會的。另一個因素看，我們局勢能穩定下來，正常了，諒不敢大的軍事挑釁。蘇修宣佈開戰，還得有個藉口。美帝入侵，至少近期不可能，他越戰陷得很深。』三個老帥（指朱德、劉伯承、葉劍英）也認同我的分析。『Ｂ５２』當即發怒：『看來我和親密戰友不夠親密了，我又變成了少數。我以黨主席提議，民主表決。同意我的意見請舉手，反對的不舉手。』通過了。一個老帥（指葉劍英）改變立場，四人（朱、林、劉、另加陳伯達）未舉手。」

從林彪這段《工作札記》紀錄，突顯毛澤東之強勢，不容任何人反對。林彪唱反調，毛懷恨在心，所以「九・一三事件」後，對林彪以國防部長身分在防蘇聯突擊行動中下達的戰備令，就藉口未事先向毛報告，擅自下令，是林彪陰謀篡黨奪權，武裝政變的預演。其實，當時毛澤東儘管高調呼籲備戰，但內心還另有其他目的。據《爭鳴雜誌》分析：「毛澤東當年搞出『戰備緊急動員』，是企圖借此凝聚全黨全國力量，擺脫文革困境，把國人目光轉移到『反對外國侵略』上。」林彪未看出這點，所以犯了大錯。

林彪依照毛澤東戰略疏散指示隨即召開中央政治局會議。林彪說：「歷史上沙俄就貪得無厭，是中國的主要威脅，必須立足最嚴重的情況做好戰備工作。」周恩來提出落實意見，康生也說事不宜遲。尚在討論中，江青忽然鬧場說：「有人破壞革命樣板戲。」林彪知道會已開不下去，當機立斷，宣布散會。

「九・一三事件」後，這個毛澤東的防蘇聯突擊的戰略疏散，卻栽贓成了林彪迫使劉少奇、朱德、鄧小平、陶鑄等等老同志遷出北京，掃除其篡黨奪權障礙的罪證。朱德在接獲疏散「緊急指示」時說：「這裏有鬼啊！現在毫無戰爭跡象啊，醉翁之意不在酒。」朱德指責對象可能包括毛、林、周三人都在內。

十月十四日，毛澤東前往武漢，林彪十六日到蘇州。為了疏散「老同志」，周恩來在十月十七日晚，藉「老同志」們觀看新落成的「首都體育館」體育表演之機，分批會見這些老的中央領導人，傳達毛澤東和中央政治局關於疏散的決定，並宣布「主席指定了每個人的去處」。要求大家於十月二十日前離開北京。周恩來宣達後，朱德、董必武等人疏散廣東，葉劍英去湖南，陳雲、王震等人前往江西，聶榮臻、陳毅等人前往河北，徐向前等人前往河南。已被打倒的劉少奇、鄧小平、陶鑄等也分別被疏散到河南、江西、安徽等地。

周恩來則受命留守北京，軍委會辦事組成員進駐郊外西山既定指揮所。

十月十八日下午五時許，林彪在蘇州指示秘書張雲生紀錄其口授命令。他說：「蘇聯代表團將於十月二十日前來北京，對此應提高警惕。為了防止蘇聯利用談判作煙幕對我進行突然襲擊。全軍各部隊應立即疏散；要保證通信聯絡的暢通；各種重要裝備、設施和目標要注意隱蔽和偽裝；要加強作戰值班；要抓緊武器、彈藥的生產；二砲部隊要做好發射的準備。」一共下達上述六項戰備命令。然後指示以電話傳達給北京總參謀長黃永勝。

張雲生依照過去林彪的習慣，問林彪是否先壓半天再發。林彪這種「寧慢勿錯」的經驗，是讓個人匆促間的決定，有個緩衝時間再考慮，免因一時思慮不周發生錯誤，還來得及修正或取消。因此，林彪同意壓幾個小時，並先送葉群看看。葉群看後，又與林彪研究作了些微修改。

葉群指示再壓兩小時，由她負責「向主席那裏報告」。兩小時後，張雲生看林彪、葉群均無新指示，認為無變化，即以電話聯絡黃永勝傳達林彪的戰備指示。並以「首長（指林彪）給黃永勝去電話」作標題做成電話紀錄，將原件存檔。

張雲生回憶說：「按葉群平時一貫注意突出主席心態，她打這個電話（指將「六條」報告在武漢的毛澤東）的時間不會比我晚。」

當晚二十時，黃永勝在西山指揮所，召集軍委辦事組成員開會，對主管作戰之總副參謀長閻仲川說：「林副主席有幾點指示，你記一記，給部隊傳達一下！」但是黃永勝只記下林彪指示的大意，在口授閻仲川時，講得不連貫，也乏條理，還加了他個人的解釋與補充。閻仲川也分不清楚那些是林彪指示原意，那些是黃永勝的話。閻仲川回到作戰值班室，又找來一名值班參謀，口授一份電話傳達稿，參謀將記錄稿整理好送閻仲川修改後，閻想了想說：「這是我們『前指』開設後發出的第一份首長指示，就從一號編起，叫『第一號令』吧！」時間是十八日晚二十一時卅分。

這就是「一號令」來源。閻仲川指派參謀將擬稿送黃永勝審批。參謀去後回報，黃的秘書說總參謀長已服安眠藥就寢。閻仲川知黃永勝用藥量大，不易叫醒他。因距蘇聯代表團乘飛機抵北京時間只剩十餘小時（註：中蘇副部長級之邊界談判，定二十日起舉行，蘇聯代表團預定於十九日抵達）。閻於是果斷決定，立即向各有關單位傳達。閻仲川傳達的命令，與林彪口授內容，有相當出入。全文如下：

「林副主席指示（第一個號令）

一九六九年十月十八日二十一時半

一、近兩天來，美帝、蘇修等有許多異常情況，蘇修所謂談判代表團預定明（十九）日來京，我們必須百倍警惕，防止蘇修搞欺騙，尤其十九、二十日應特別注意。

二、各軍區，特別是『三北』各軍區對重武器，如坦克、飛機、大砲要立即疏散隱蔽。

三、沿海各軍區也應加強戒備，防止美帝、蘇修可能突然襲擊，不要麻痺大意。

四、迅速抓緊佈置反坦克兵器的生產，如四〇火箭筒、反坦克炮等（包括無後座力炮和八五反坦克炮）。

五、立即組織精幹的指揮班子，進入戰時指揮位置。

六、各級要加強首長值班，及時掌握情況。執行情況，迅速報告。」

閻仲川同時將「一號令」電話回報「林辦」。檔案紀錄「林辦」收到時間為二十一時四十四分。

這份「林副主席指示（第一個號令）」的標題，在毛澤東獨夫多疑猜忌的眼裏，不啻有被架空之感覺。所以「九．一三事件」後，「一號令」便成了林彪「反革命武裝政變的預演」和「迫害老幹部的動員令」，受到連篇累牘的「批判」。甚至說林彪「背著毛主席發出的『一號令』」，一九七一年閻仲川被押審查時，審問人員告訴閻：「總理親自問主席：林彪在發布『一號號令』之前，是否曾向主席作過報告？主席說我不知道什麼『一號號令』啊！」

葉群在十八日電話報告毛澤東辦公室時，當然不會有什麼「號令」之編號，但是事實證明毛澤東看過閻仲川所發的「一號令」。毛之所以否認，是要落實林彪擅發命令的罪證。一九七一年十二月七日，中共中央印發的「粉碎林陳（陳指陳伯達）反黨集團反革命政變的鬥爭」（材料之一）說：「一九六九年十月十八日，林彪乘毛主席不在北京，擅自發布所謂『林副主席第一個號令』，調動全軍進入戰備狀態，這樣的大事，竟不請示毛主席、黨中央，實際上是一次篡黨奪權的預演。」

中共在從林彪住處搜出的林彪口授紀錄，卻不是張雲生十月十八日的紀錄原稿，而是「林辦」工作人員李根清的謄抄稿，紀錄日期是十月十七日，兩者有一日落差。李根清解釋說：在「一號令」發布後數月，他清理張雲生自蘇州帶回北京之電話紀錄稿時，看到這份「緊急指示」稿，覺得很重要，也很珍貴，而原稿字跡比較潦草，便謄抄了一遍存檔。他不敢保證謄抄稿沒有錯誤，但清楚記得，將原稿附在謄抄稿後面。

張雲生則肯定：「林彪作指示和我向黃永勝傳達指示，都發生在同一天，都是十月十八日的事。」「林彪是要求傳達他的指示，一般情況下要壓一壓，免得傳達急了出現紕漏。但是這份緊急指示不可能積壓那麼長時間，我敢肯定，這份指示在我手裡不超過兩小時。」

令張雲生不理解的是，中共中央在一九七二年七月二日印發之第二十四號文件，再次公布林彪「罪證」時，不採用他原記錄稿，卻用了李根清的謄抄件。文件說：「一九六九年十月十七日，林彪背著毛主席、黨中央，藉口『加強戰備，防止敵人突然襲擊』，擅自發布『緊急指示』，調動全軍進入緊急戰備狀態。十月十八日，由黃永勝以『林副主席第一個號令』正式下達。號令下達的第二天，林彪採取『電話記錄』形式向毛主席報告。毛主席即指示：『燒掉』。林彪、黃永勝等慌了手腳，為了掩蓋罪行，竟造謠說，毛主席說：『很好，燒掉。』這是林彪篡黨奪權的一次預演。」

這段文字透露了中共欲強加在林彪身上的罪證有三：

一、採用謄抄件而不用張雲生原稿，可將林彪的緊急指示提前一日到十七日，而「一號令」是十八日晚上發出，以證明林彪有充裕時間請示毛澤東，而沒有做。

二、毛澤東在「一號令」發出後的次（十九）日，林彪才向毛澤東報告，證明林彪「擅自發布」命令，調動全軍進入戰備。

三、藉十九日才看到林彪的「報告」，以否認林彪十八日的「電話記錄」報告。

據毛澤東的中央辦公廳主任汪東興在一九九七年，由他人捉刀，出版的《毛澤東與林彪反革命集團的鬥爭》一書中說：「十月十九日，林彪採用電話記錄方式，（將『一號號令』）以急件傳閱報告毛主席。他們先交周恩來總理閱。周總理閱後批示：請主席閱。我拿此急件送到主席住處，給主席看。毛主席看後，一臉不高興的樣子，對我說：『燒掉』。我以為主席是讓我拿去燒了，還沒等我反應過來，主席自己拿起火柴一劃，把傳閱件點著，給燒了。接著，他又拿起傳閱件的信封又要燒……。」「林彪和黃永勝等人知道此事，慌了手腳，下令撤銷了這個命令。」「看得出來，毛主席對林彪這個號令很反感，但是當時不便說什麼，特別是當著我的面不好講林彪的不是。」

汪東興的回憶，存在幾個破綻：

一、毛澤東當時戰備疏散在武漢，周恩來奉命留守北京。林彪給毛澤東的「電話記錄」的「急件」，不可能先送在北京的周恩來批示後再送毛澤東閱。更何況此時林彪是副主席，職位高於周恩來，更無經周轉報毛之可能。

二、林彪口授張雲生的「戰備指示」，內容沒有不妥，是一個身為國防部長應有作為，毛澤東看到後，不可能有所不滿。毛澤東之不悅，只有看到「林副主席指示（第一個號令）」，這個十分刺眼的標題，感覺被架空，才會氣的說：「燒掉！」所以毛澤東十九日看到的應該是「一號令」，而且是周恩來從地方行政系統從下而上反映才獲知，再報告毛澤東的林彪「一號令」，這就符合了汪東興的說法。周恩來說毛澤東「我不知道什麼『一號令』啊！」兩人之間至少有一人說謊。

三、閻仲川在發出「一號令」之後，覺得對負有特殊任務的部隊，如二炮、總參二、三部，以及各機關、業務部門亦須要給予具體指示。於是又下達了給二炮部隊的「第二個號令」；給總參二、三部的「第三個號令」；給各總部、各兵種、國防工辦、國防科委的「第四個號令」，但這些命令未冠上「林副主席指示」，「九・一三」之後都沒被追究，證明毛澤東的不悅，完全是衝著「林副主席指示」六個字而來。

四、「一號令」下達後，因各軍區領導人又兼任所在省革委會主任，於是又向省革委會作了傳達，省革委會中的紅衛兵組織頭頭連夜將「一號令」內容寫成大字報貼上大街。各地方行政系統又層層上報，到達了中共中央、國務院，周恩來知道後大感震驚，於十九日把黃永勝等軍委辦事組成員找去，詢問林彪指示情形，特別提出為何要把林彪指示稱為「一號號令」。及為何將林彪指示向地方傳達，造成不應有的混亂。黃永勝答不出來，被周恩來批評了幾句。周恩來明顯地同樣的對「林副主席指示」幾個字極為敏感。這種嚴重錯誤的事情，周恩來不可能隱瞞毛澤東，所以汪東興說：「周恩來批示，請主席閱。」應該指的就是這一件，毛澤東當然會不高興。

五、汪東興說：林彪和黃永勝知道毛澤東不高興，並燒掉「電話記錄」後，「慌了手腳」「下令撤銷了這個命令」，與事實不符。這個命令不但未取消，且一直貫徹執行著，直到一九七〇年四月廿四日，才在中央軍委發出「關於部隊疏散的指示」，允許疏散的部隊和重型裝備逐次返回營區，才算結束。

六、毛澤東講「燒掉」時，只有汪東興在場，而葉群很快就知道了。二十日，葉群飛回北京參加黃永勝主持的在京的各軍事單位負責人會議，黃永勝對編號為「一號令」的原因作了說明。葉群插話說：「我們偉大領袖毛主席的保密觀念才強哪。他老人家聽了我們報去的林彪同志關於加強戰備意見之後，便說：『很好，燒掉。』」葉群敢如此說法，必有根據，但與汪東興的回憶不同：第一種情況是汪東興在回覆葉群電話的時間，應該已是十九日，且在毛澤東看過「一號令」之後。但汪東興沒有說明毛看到是葉群十八日電話報告紀錄，或是「一號令」，而且汪東興對葉群隱瞞了毛澤東的不悅，自行加了「很好」二字，所以葉群認為毛已看過她的電話紀錄，照實引述；第二種情況是葉群在十八日晚上已看到閻仲川回報的「一號令」內容，因時間已晚，沒給林彪看。次日，接到汪東興回電，知道毛對「一號令」不悅後，未再將「一號令」出示林彪，也隱瞞了毛之不滿。葉群可能害怕林彪生氣被責備，甚至把事情弄得更不可收拾。尤其「一號令」內容與林彪口授命令頗有出入，以林彪低調個性，必有所反應，但在《林彪日記》一書內，並沒有資料顯示林彪曾看過「一號令」，可以說明此點。她在會議上說，毛表示「很好，燒掉。」可能是設法淡化並解決爭議。

軍委辦事組發布林彪的「第一個號令」，在閻仲川擬妥後，未經黃永勝核准，考量蘇聯代表團在十幾個小時內即將抵達北京，為爭取戰備整備時間，斷然下達命令，這種應急作為，絕無錯誤。而黃永勝怠忽職責，不等命令擬妥核批和下達，即行服藥就寢，則不可原諒。

據「百度百科」網站黃永勝資料說：「黃永勝在漫長的軍事生涯中，一天政治主管都沒當過。」所以他沒有政治敏感度，忽略了毛、周可能的反感。閻仲川亦是一個軍人，私毫不懂政治，而用了林副主席指示第一個號令這樣敏感的字眼。毛澤東事後看過，未下令撤銷，也等於接受此一作法之正當性。

在「九・一三事件」後，毛澤東先來個否認，再接著承認，但只提「一號令」，不提「二、三、四號令」，很明顯毛澤東要否認的是十八日在「一號令」發布前，葉群以電話報告的林彪口授的戰備六條「緊急指示」，只有否定了這個，才能證明林彪背著他，擅自發布戰備命令，調動部隊進入緊急狀況，為「篡黨奪權創造條件」。

吳法憲回憶錄說：「『九大』後，林彪名正言順成了接班人，他根本沒有必要搞政變，防止蘇聯突然襲擊是毛、周的三令五申，戰備疏散是預防蘇聯實施『外科手術』式的核打擊，傷害聚集在北京黨和國家領導人，在毛、周以政治局名義下達疏散令後，才有林彪的『一號命令』——疏散華北、東北、西北的坦克、飛機、大炮，當時毛澤東並無異議，不能因為林彪死了，就把他的功勞變成犯罪。」

一九七一年九月二十四日，林彪墜機後十一天，閻仲川被隔離審查，周恩來、葉劍英、李先念等希望閻「認清形勢，與林彪、黃永勝劃清界限，積極的揭發他們的罪惡活動。」

閻仲川自認與林彪、黃永勝完全是正常工作關係，也沒有發現林、黃有什麼異常活動，對專案組提出問題均一一澄清，以致專案組問不出什麼疑點。但閻仲川仍被關押了七年六個月，直到一九七八年四月，四人幫垮台一年半之後，才被解除監管。再三年，才對他提出「審查結論」，但結論隻字不提「一號令」，而說他犯了其他錯誤，隨即離職退休。

目前有爭議是林彪究竟在十八日，是否確曾由葉群以電話通報毛澤東的中央辦公廳。中共官方始終否認有過報告，八〇年代後，中共改變作法，採取迴避方式，既不否認，也不承認。而「林辦」的幾位秘書都表示，像這種向全軍發布緊急戰備指示之類大事，林彪（透過葉群）是會報告的。

據《超級審判》一書作者，共軍軍事檢察院前副檢察長圖們和作家蕭思科在書中提到：中共「決策者」原曾想把「一號令」問題作為林彪罪狀寫進起訴書，但感到證據不足，還有其他一些問題，也缺乏定案的充分證據，特別是缺少過硬的書證。於是調集了十四名來自軍隊「要害部門」的幹部（多數為師級幹部），進入中南海，查閱中央核心機密檔案，從中尋找證據。

對查證的具體結果，該書未予透露，只籠統地說「決策者們」最後一致認為包括「一號令」在內的幾個問題「定罪理由不充分」，因而決定「不列入起訴書內容」。以中共慣於捏造證據，強入人罪的司法體系，尚且不敢將「一號令」強行寫入起訴書，足以證明林彪的「緊急指示」在下達給黃永勝總參謀長前，已經報告毛澤東，並獲得同意。

據查閱中央核心機密檔案專案組的成員中，有人事後向閻仲川透露，他們查到了林彪向毛澤東報告的記錄。

「一號令」發出後，共軍部隊特別是「三北」地區部隊進入一級戰備狀態，蘇軍隨後不久，也相繼進入同樣的戒備。

十月十九日，林彪指示張雲生與北京總參作戰部保持電話聯繫，改變平時在中午十二時以前就午休習慣，堅持要秘書隨時進入他房間報告蘇聯代表團專機行程，如從伊爾庫茨克起飛，經過外蒙首府烏蘭巴托、飛越中蒙邊境小鎮二連、飛經張家口、抵達北京東郊機場等等，林彪都不厭其煩，認真聽取報告。直到中午過後，確定蘇聯飛機降落，只有蘇聯代表團「在庫茲涅佐夫的率領下，已經從飛機上走下來。我外交部官員上前迎接，情況正常。」林彪才放心休息。

危機解除後，林彪對聽取戰備報告，漸失興趣。一個月後，戰爭爆發跡象越來越少，形勢亦趨和緩。這時北方已進入冬季，戰備部隊疏散有的野營在外，或住在戰備工事裡，逐漸出現一些問題，上百萬部隊挨冷受凍。各軍區來電反映遭遇的實際困難。林彪表示不解：「部隊可以回營了。他們為什麼還要繼續疏散呢？」他認為部隊的戰備疏散之權由中央軍委掌握，何時收兵回營屬於各軍區權責，或由軍委辦事組發個通知就行了。

但是林彪下的命令，他不說結束戰備疏散，誰敢擅作主張。於是林彪指示張雲生通知黃永勝研究解除疏散。他說：「我看部隊可以停止疏散了。」但是葉群反對，她說：「首長（指林彪）不能發這樣的指示。疏散出去沒風險，過早收回來就有是非。如果現在就把部隊收回來，一旦戰爭爆發，這個責任誰來負？」

因葉群的介入使得上百萬部隊在野外受夠了苦，直到一九七〇年四月才解決。張雲生說：「在關鍵性問題上，葉群在林彪面前當大半個家，這次又是這樣。」

葉群的擔憂，也不是沒有道理。在北京舉行雙方外交部副部長級的邊界談判，由於彼此的認知和立場差距甚大，蘇方甚至否認中蘇邊界存在著爭議地區，因此從談判開始就陷入僵局。雙方爭議無法解決，邊界衝突的危機，仍然存在。葉群的堅持，可能是基於此一情勢而來。

此後，中蘇邊界談判，斷斷續續，持續了近九年，最終仍未達成任何協議。一九七八年七月之後，就無限期休會。但至少，中蘇邊界未再發生重大的武裝衝突。林彪的「一號令」調動部隊進入戰備狀況，不可否認的已向蘇聯表明了中共有防止蘇軍突襲準備，及不惜一戰決心，達到警告蘇聯勿輕啟戰端之目的。

不過，珍寶島事件的發生，卻意外的促成了中共與美國關係的解凍。美國總統尼克森在中蘇珍寶島武裝衝突後，認為毛澤東的「打倒美帝、打倒蘇修」的雙打方針，必將修正為以蘇聯為主要敵人的方針。在八月十三日，新疆塔城又爆發武裝衝突後，尼克森在次日發表講話：「蘇聯是更具有侵略性的一方，如果聽任中國在一場中蘇戰爭中被摧毀，那是不符美國國家利益的。」

到一九七〇年十二月十八日，毛澤東向美國作家斯諾，明確表明願意與尼克森總統會面談話。他說：「他（指尼克森）早就到處寫信說要派代表來，我們沒發表，守秘密呀。他對於波蘭華沙那個會談（註：一九五五年四月，周恩來出席在印尼萬隆舉行之第一屆「亞非會議」，提出「和平共處」五原則和「和平解放台灣」政策後，中共與美國自當年八月起至一九七〇年止進行之大使級「華沙會談」，討論「台灣問題」）不感興趣，要當面談。所以，我說如果尼克松（中共譯名）願意來，我願意和他談。」

斯諾這次訪問北京，毛澤東曾指示林彪先行接見，林彪就是不見。他說：「斯諾是熟人，在延安見過，接見他，他問這問那，又不好不回答。一回答，許多問題不好表態。」他的謹慎，表露無遺。

毛澤東表態後，尼克森的國家安全事務助理季辛吉經巴基斯坦政府的安排，於一九七一年七月九至十一日在巴國裝病，秘密訪問北京，雙方發表共同「公告」，宣布中共「邀請尼克森總統於一九七二年五月以前的適當時間訪問中國」，「謀求兩國關係的正常化，並就雙方關心的問題交換意見。」

一九七二年二月二十一日，尼克森總統正式訪問北京，打開了中共與美國關係發展之路。毛澤東對尼克森說：「我們國內有人反對和你們談判，這個人現在見上帝去了。」指的就是林彪，據吳法憲回憶錄說：在整個中美關係轉變的過程中，林彪除了同意毛澤東意見外，並未說過其他的話。事實上，林彪不但未曾反對，還表示要和尼克森見面談話。

自一九六七年，毛澤東向楊成武、余立金表達對林彪的不滿後，到一九六九年毛對林彪的感覺更升高到有敵意。

毛澤東的「私人醫生」李志綏說：「全中國此時處於備戰狀態。毛計劃和美國緩和緊張關係。毛對他的『接班人和親密戰友』林彪越形不滿。九大結束後不久，我在一趟南巡中，第一次察覺毛對林的敵意。」

李志綏所指的是一九六九年四月「九大」後，毛澤東於五月南巡，先後到武漢、杭州、南昌。在各處所住招待所的女服務員全部換上軍裝。在他臥房咫尺之外，也都是軍人巡哨。這是文革砸爛一切後，在毛指示下，各機構實施「軍管」的現象。毛對招待所裏換成清一色的軍人，很懷疑這種作法的動機。毛知道軍人會向上級如實報告他的活動。毛痛恨被「監視」，他要這些軍人撤走。李志綏說：「我認為毛對軍人的敵意，來自於他對林彪日益坐大的不滿。我將這話告訴了汪東興。」「但他不相信毛、林兩人關係已漸漸出了裂痕。」

一九六九年十一月一樁小事，使李志綏更加肯定毛對林彪持有嚴重敵意。這時毛澤東因戰備疏散至武漢，十一月中旬，天氣已經冷了，毛不准開暖氣，認為室溫低，正是鍛鍊身體耐寒的好機會。但是李志綏根據為毛治病經驗，不開暖氣，毛一定會感冒。毛的中央辦公廳主任汪東興因病回北京治療，副主任張耀祠怕負責任，打電話給葉群，請葉群轉告林彪。林彪也建議要開暖氣，張耀祠於是將林彪的建議向毛澤東報告，毛一語不發，等張耀祠走後，毛對李志綏說：「什麼事都向人家報告。人家放個屁，拿來當成聖旨。」李志綏特別註明這個「人家」指的就是林彪和葉群。李說：「從這句話，明顯看出毛對林已經有了明顯裂痕。」毛仍禁止開暖氣，十一月底，毛感冒了，併發支氣管炎，才同意開暖氣。

林彪雖然多次禁止出版他的語錄，但在「九大」之後，仍出現了一本林彪語錄，書名叫《林副主席指示》，摘錄林彪多年來的重要談話，和他所有歌頌毛澤東的言論，如「突出政治」、「四個第一」、「三八作風」、「四好連隊運動」等等。林彪為求自保，在崇毛運動中，遠超過早年劉少奇對毛的吹捧，在中共政治人物中，無出其右，並發展成為「崇毛學」。

同樣也是在「九大」之後，另外出現了一本把《毛語錄》和《林彪語錄》合輯印行的《毛澤東思想勝利萬歲》一書。更是犯了毛澤東的大忌，毛從來不能容忍任何人與他平起平坐。這些都是加深毛澤東對林彪敵意的因素。

林彪對毛澤東的不滿，未因「九大」將其接班地位寫入黨章而有所改變。這年冬天，林彪在蘇州寫了一幅條幅，暗諷毛澤東。內容為：「王者莫高周文，伯者莫高齊桓，皆待賢人而成名。今天下賢者豈特古人乎？患在人主不驕故也。」（周文指周文王，創建西周王朝，禮賢下士，廣羅人才，使「天下三分，其二歸周」；齊桓指齊桓公，任管仲為相，九合諸侯，一匡天下，遂成霸業。）這個條幅後來掛在林彪臥室，他自比為賢者，諷毛澤東驕而不尊重賢者。

文革爆發後，天下大亂，毛澤東依靠林彪穩住了軍隊，又依賴軍隊收拾局面，軍方自然坐大，所以參加「九大」的代表，和新的政治局成員，軍人都過半數，林彪再如何作用手掌櫃，威望仍然隨之升高。李志綏在一九六九年十月感覺毛澤東的敵意來自「林彪日益坐大」，指的就是林彪掌握了「軍委辦事組」的「四大金剛」，這四大金剛是總參謀長黃永勝，空軍司令員吳法憲，海軍第一政委李作鵬，和總後勤部部長邱會作。也就是說，除了二砲、總政外，所有陸、海、空軍力量均在林彪「集團」手裡。

原先毛澤東認為「中央文革」小組五人，中央軍委辦事組五人（含葉群）進入政治局，具有平衡作用。但是沒想到，中央文革小組組長陳伯達在「九大」前因「政治報告」主題之爭，也一屁股坐到林彪這一邊來，使林彪「集團」勢力加大。

到一九七〇年九屆二中全會時，終於爆發林彪「集團」與「文革幫」間之鬥爭。在毛澤東支持「文革幫」之下，林彪敗下陣來，毛澤東隨即拿陳伯達開刀，並點名黃、吳、李、邱和葉群五人反省寫書面檢討。矛頭實際指向了林彪，林彪從此身陷險境。

13 首次交鋒——九屆二中全會鬥爭毛勝林敗

「文化大革命」開始後，中共的「憲法」形同廢紙。一九六八年十月，中共八屆十二中全會通過撤銷劉少奇「黨內外一切職務」，而非經過「人大」會議，劉少奇被非法罷黜「國家主席」職位，此後需要國家主席出席的外交場合，均由董必武以「國家副主席」身份「代主席」出現。

劉少奇死後，所遺留的「國家主席」，依法應由董必武繼任。但毛澤東不作處理，在他心中「朕即黨國」，黨大於一切，黨高於國家，有無國家主席，無關重要。直到一九六九年八月，由於四屆「人大」已延宕年餘，面臨需要召開局面，因此改選國家主席議題跟著浮上枱面。毛澤東才在政治局會議上，對國家主席問題表達了「三點個人意見」：一、國家應該有個頭，國家主席還是要設的；二、他自己不當國家主席，只當黨的主席；三、國家主席在政治局常委中產生。他的第三點意見，大家很自然連想到是指林彪。

但是毛澤東是善變的，到十一月，他在政治局會議中，修正了上述第三點意見。他說國家主席不一定在常委中產生，最好是一老一少配，並舉薦董必武和紀登奎。又說也可以由兩個年輕人擔任，如紀登奎和汪東興。毛澤東的說法等於否決了林彪出任國家主席，顯然他不想再犯劉少奇模式的錯誤。林彪也無意出任國家主席，在以後國家主席問題上，他始終建議由毛澤東兼任國家主席，並認為自己連國家副主席也不適任。

在這兩次會議上，林彪都沒有表達任何意見。而毛澤東的「意見」，兩次會議都經政治局委員無異議一致通過。但是三個月後，毛澤東又再次變卦，完全推翻了他自己要設國家主席的意見，堅持不設國家主席，一意孤行，以個人意志，強加於黨，且毫不讓步。徹底違背「九大」通過的「新黨章」規定「個人服從組織，少數服從多數」的「民主集中制」原則。而且到了一九七一年，他南巡開始布局鬥爭林彪時，設「國家主席」問題反而成了林彪的罪狀。

一九七〇年三月七日，周恩來把由康生負責的「修改憲法起草小組」（成員包括張春橋、吳法憲、李作鵬、紀登奎四人）初擬的「草案提要」送給在長沙的毛澤東，同時附有一信，提到新憲法中保留「國家主席」這一章，仍建議毛澤東兼任國家主席，強調這是政治局委員一致的意見。周恩來並沒有把「提要」送給在蘇州療養的林彪，所以林彪完全不知周恩來和起草小組建議毛澤東出任國家主席一事。

毛澤東看過周恩來的信和「提要」後說：「憲法中不要寫國家主席這一章，我也不當國家主席。」

三月八日，汪東興自長沙飛抵北京，在周恩來主持的政治局會議上，傳達毛澤東「不設國家主席，也不當國家主席」的指示。但是毛澤東並沒有堅持他的意見，他還要汪東興傳達：「你們看要不要設，要設你們設。」如果要設「國家主席，讓董老（指董必武）當，或者陳永貴當。」（陳永貴是大躍進期間，「農業學大寨」的楷模，陳時任大寨村的支部書記，「九大」被選為中央委員。）

因此，毛澤東真正否決的應該是「他不當國家主席」，如果「要設國家主席，就由別人當」。會議又一致「擁護」通過毛澤東的意見。

這時周恩來或毛澤東都沒有把各自的意見向林彪通報。但是據《林彪日記》一書記載：三月九日，葉群給黃永勝、吳法憲打電話說：「林副主席贊成設國家主席」。據此判斷，黃永勝和吳法憲曾私下通報「林辦」有關毛澤東不設國家主席意見，林彪知悉後透過葉群回覆黃、吳二人。因毛、周二人未徵詢林彪意見，林彪也不主動向二人反映其建議。

中央政治局於三月十六日通過「關於修改憲法問題的請示」，送長沙請毛澤東核示。毛這一次的批示就堅定的不設國家主席，將他上次「要設國家主席，就由他人當的」這部份意見，又否決了。

周恩來在接獲毛澤東指示後，自三月十七日起連續四天，召開中共中央工作會議，討論召開四屆人大和修改憲法的問題。與會多數人對毛澤東的「不設國家主席」的建議，發生了激烈爭論，有人贊成（主要是江青、張春橋等人）毛的意見，也有人仍希望毛澤東重新擔任國家主席。

周恩來一方面向長沙的毛澤東彙報會議情形，亦坦率向毛表達自己的態度傾向於設國家主席，並由毛澤東擔任此職。另方面首次請與會的葉群回蘇州，向林彪通報會議情形。據汪東興回憶：「林彪讓秘書給毛主席的秘書打電話說：『林副主席建議，毛主席當國家主席。』毛主席則讓秘書回電話：『問候林彪同志好！』」這一句問候，實際是毛澤東否決了林彪的建議。

毛澤東主張四屆人大修憲不再設國家主席，他個人也不當國家主席，從來不說理由。林彪、周恩來認為應設國家主席，是基於法理，一個國家不可以無元首，即使這個國家元首，仍得聽命於中共黨的主席，但至少對外代表國家，而黨主席不具此功能。林、周二人實在是不瞭解毛澤東內心的矛盾。

毛澤東內心的掙扎，是他記取鬥爭劉少奇的經驗，不願因保留國家主席，再出現另一個劉少奇，或者是赫魯曉夫式的人物。那他勢必再發動一次政治鬥爭運動，重蹈文革動盪不安局面。其次讓他不敢設國家主席的原因，是他害怕反而被新的國家主席鬥倒了。他這一心態，可以從「九•一三事件」後，批評林彪：「急於當國家主席，要分裂黨，急於奪權。」的一句話，證明他內心的恐懼。第三個原因是如果他回鍋當國家主席，會造成國際非共國家誤解，認為他過去的地位比劉少奇低，才會繼劉少奇出任國家主席，摧毀掉他發動文化大革命的冠冕堂皇的理由，把「無產階級」與「資產階級」間的意識型態鬥爭，變成為奪取國家主席權位之爭，影響他的國際地位。最重要的是他想當共黨國際領袖，一個國家主席職位豈在他眼裡。

林彪於四月十一日深夜十一時三十分，指示秘書打電話給中共中央政治局，傳達他的意見：「一、關於這次『人大』國家主席的問題，林彪同志仍然建議由毛主席兼任。這樣做對黨內、黨外、國內、國外人民的心理狀態適合。否則，不適合人民心理狀態。二、關於副主席問題，林彪同志認為可設可不設，可多設可少設，關係都不大。三、林彪同志認為，他自己不宜擔任副主席的職務。」林彪的意見同時也報給了在長沙的毛澤東。

自三月二十日至四月十一日，毛澤東對周恩來彙報中央工作會議討論和周個人意見，有何批示，不詳，至少林彪不清楚。而且林彪三月間（判斷為下旬）的建議，毛只回覆問好，雖帶有否決之意，但並未明確表態。在這種情形下，林彪絕對不敢輕易表達同意毛澤東不當國家主席的意見，否則可能背負「反毛」滔天大罪。

這是有原因的：在一九五九年四月「二屆人大」時，某「民主人士」（即尾巴黨派人士）對毛澤東辭去國家主席，由劉少奇接任時，盛讚毛是「當代的堯舜，中國之華盛頓！」他以為拍對了馬屁，事實上堯、舜、華盛頓都是把權位讓出來，毛澤東只讓一個傀儡位子，未交出大權。所以他等於在罵毛澤東虛假，犯了大忌，結果被冠上「反動分子」罪名慘遭鬥爭。而劉少奇在「二屆人大」前，對毛澤東請辭「國家主席」未勸進挽留，反而表示同意，被毛視為有「二心」。

林彪對這些歷史教訓，印象深刻，即使對毛澤東不當「國家主席」，換任何人當，林彪也不會有任何意見，避免因表態不當，犯下大錯。因此，林彪自三月二十日起，經過長達二十多天的審慎思考之後，才提出前述三點意見，以為四平八穩，最後仍被毛澤東稱之謂「反黨政治綱領」，強加「急於想當國家主席」的罪名。

周恩來本人傾向設國家主席，和由毛澤東擔任此一職位，接到林彪「三點意見」後，如獲知音，即於次（十二）日召開中央政治局會議，討論林彪意見。多數政治局委員也都贊同擁護林彪提議，僅有江青、張春橋、姚文元三人反對，周恩來不表示意見。會後，毛澤東審閱政治局會議紀錄時批示：「我不能再做此事，此議不妥。」

林彪的三點意見，是立足在設「國家主席」的前題下，「建議仍由毛澤東兼任」，並未涉及應不應設「國家主席」議題。四月十二日的政治局會議，也是討論贊成「毛澤東仍兼任國家主席」。毛澤東的批示「我不能再做此事」，明顯是指「我不能再做國家主席」，所以才說：「此議不妥」。由此推論，三月二十日，周恩來向毛澤東表態他傾向於設「國家主席，並由毛擔任此職」，毛澤東批覆可能也不明確，給人一種毛已默認周之建議的想法。林彪到四月十一日的提議，不但在表明他「勸進」「擁戴」誠意，而且以自己連「國家副主席」也不宜，明示無野心，以免引起毛之猜忌。

如果說林彪之表態，最後仍逃不過被栽罪名，而認為他的提議「多此一舉」，以毛澤東善鬥個性，不表態「勸進」，也是會被扣上「反毛」政治罪名。在當時的政治氣氛下，林彪的表態比不表態好。但是林彪這一表態，後來被視為否定毛澤東三月七日的指示。事實上，政治局多數委員在周恩來帶頭下自始即主張設國家主席。林彪只是順應大家意見「勸進」，避免落後形勢和犯忌而已。

《周恩來傳》說：「這是文化大革命以來，毛澤東和林彪第一次在重要問題上各執己見。」這一見解是不瞭解林彪作為毛澤東的接班人為難之處，他是不得已而為之。此後，林彪未再主動提過「勸進」毛澤東兼任國家主席的意見。

四月下旬，毛澤東親自主持政治局會議，第三次提出他不當國家主席，也不設國家主席意見。毛澤東還以《三國演義》的典故，表明他的堅持。他說：「孫權勸曹操當皇帝。曹操說：孫權是要把他放在火上烤。我勸你們不要把我當曹操，你們也不要當孫權。」

四月二十六日，毛澤東在張春橋、馬天水（上海市委書記）、王維國（上海空四軍政委）陪同下，乘專列去蘇州探視林彪，說明林彪未出席毛主持的政治局會議。

毛澤東在他的專列上接見了林彪、葉群夫婦。毛問林彪怎樣才能防止出「修正主義」。林彪回答：「還是要靠黃（永勝）、吳（法憲）、李（作鵬）、邱（會作）這些從小『跟著毛主席幹革命的人』」，「防止小資產階級掌權」。毛問林彪「總理年齡大了，對周恩來的接班人有什麼考慮？」然後話鋒一轉，問林彪：「我年紀大了，你身體也不好，你以後準備把班交給誰？」林彪不吭聲。毛又追問：「你看小張（指張春橋）怎麼樣？」林彪的答覆有兩種說法：一種說法是林彪「不知如何回答才好」；另一種說法是林彪回答：「還是要用跟你上井岡山的紅小鬼」。不管林彪那一種說法，他都沒有接受毛澤東對張春橋接班的安排，後果是十分嚴重的。

林彪素來不喜歡張春橋，尤其在「九大」後，對張春橋更是不滿。毛澤東提議張春橋作為林彪的接班人，林彪不太可能接受。幾天後，林彪就以具體行動，間接表達拒絕之意。自總政主任蕭華被打倒後，毛澤東就想由張春橋接任蕭華遺缺，林彪一直「軟頂」拖著。就在這時新的總政治部重組完成，林彪於四月三十日推薦共軍第十二軍軍長李德生接任總政主任，毛澤東也批准了。

林彪不接受張春橋，毛澤東怒在心裡，也是毛澤東在一九七一年決心要鬥倒林彪的原因之一。毛澤東認為只有張春橋接班，才能避免中共中央出現「修正主義」和赫魯曉夫之類人物，保證他死後，不會被鞭屍否定，並保證文化大革命，持續推動下去。

毛澤東於四月二十六日找林彪談話，沒有資料顯示曾談到與「國家主席」有關的任何問題。直到七月十七日，中共正式成立「中央修憲起草委員會」（高於修憲起草小組），由毛澤東任主任，林彪任副主任。

當天中午，軍委辦事組向林彪彙報有關憲法中如保留國家主席一章，而毛仍不肯當國家主席時，是否由林彪接任問題。林彪明確表示：「我不當國家主席，這不合適。毛主席應當國家主席，這是很合理的。中國是個大國，如果沒有象徵性的國家元首來代表就不太合適了。毛主席應是國家主席的唯一候選人。當然主席年齡大了，不適於出訪外國，我們可以設幾位副主席代表主席出訪。我身體不行不宜當副主席。我無法出席公眾活動或去國外訪問。總之，毛主席應當國家主席。」軍委辦事組成員後來都被打成了「林彪集團」，屬於林彪的幹部，林彪對他們講的話，當是他內心的真心話，而且這些話即不上報，也不外傳，林彪不需要講假話，可以證明林彪態度之一貫。

在九屆二中全會召開之前五個月，亦即四至八月間，林彪「集團」與江青、張春橋之間，展開了一些微妙的權力鬥爭，而在全會時爆發。

先是四月底，王維國與張春橋在陪同毛澤東到蘇州探望林彪後去北京參加空軍黨委會議。黃永勝、汪東興特別找王維國談話。汪東興說：「張春橋是反軍的。」王維國回上海後與張春橋，開始保持距離。

五月十七日，江青私自召集姚文元、黃永勝、吳法憲、李作鵬、邱會作、謝富治等開會，即前文曾提到的江青大肆批評周恩來「在亂中看不清方向，作不出決策。」「康生實際經驗少，陳伯達是書呆子」等，並吹虛自己是很成熟的領導幹部，可以掌握國家的全般領導。會後，黃、吳、李、邱四人向林彪報告，在林彪指示下又向周恩來、毛澤東彙報江青要抓軍權。

十九日，林彪接見總政新任主任李德生和新組成的領導班子，有毛、江女兒蕭力在內。林彪說：「我這個人是搞軍事的，一向分工抓軍事工作。但是，我的興趣是搞政治，搞無產階級政治。我搞軍事是鬥爭的需要，其實我年輕的時候就愛搞政治，對政治有興趣。」又說：「我在江蘇跟許世友同志說，偏偏要找一個軍事幹部來總政治部當主任。軍事幹部中有許多不僅懂軍事，也懂政治，他們打過仗，不脫離實際，我偏偏找一個軍事幹部管政治，找個『丘八』管秀才。毛主席信任老粗，我也信任老粗。我說這些人粗中有細。」葉群插話說：「毛主席很贊成林彪同志這句話。」林彪不著痕跡，不點名方式，表明反對張春橋接長總政，確保軍權要掌握在軍幹手上。所以他強調他與李德生雖然都是軍幹，但都懂政治，而他更愛搞政治，毛澤東也贊同他的意見等等。這些話，也是說給蕭力聽的，藉蕭力之口傳到毛、江耳裡。

七月二十七日，周恩來主持中央政治局會議，討論修改「八一建軍節」社論稿，有一段文字是「偉大領袖毛主席親自締造和領導的、『毛主席和』林彪副主席直接指揮的中國人民解放軍」，其中『毛主席和』四字應否刪除或保留，陳伯達與張春橋發生了爭執。陳伯達認為文字前段已說明軍隊是毛澤東「領導的」，再提毛澤東和林彪直接指揮，語法上重複應照過去一貫提法，刪去『毛主席和』這四個字。張春橋則反對，主張不應刪改。康生支持陳伯達意見，認為加了這四個字的「新提法」不易譯成外文。周恩來不願裁決，就把雙方意見併同原稿，送毛澤東審閱。毛澤東說：「這類應景文章，既然已經政治局修改過，我就不看了。」並讓汪東興圈掉『毛主席和』四個字。林彪自始至終，不知道此事。

一年後，毛澤東於一九七一年八月南巡時，突然說：「還有人民解放軍是我締造和領導的，林彪親自指揮的，締造就不能指揮嗎？」毛澤東這句話等於指責林彪要剝奪毛澤東對軍隊的指揮權，目的在篡奪軍權。兼以他還指控林彪「急著想當國家主席」。在毛澤東內心，已定下林彪陰謀篡黨篡軍奪取政權的大罪了。

八月十三日，距中共召開九屆二中全會只剩十天。康生主持中央修改憲法起草小組會議，討論修改憲法草案稿。張春橋則和吳法憲就草案稿中有關毛澤東「天才論」提法發生激烈爭執。張春橋以毛澤東在一次會見外賓時，談到「天才地、創造性地發展馬列主義是諷刺」為據，主張刪掉稿中「毛澤東思想是全國一切工作的指導方針」和「天才地、創造性地、全面地」等用詞。吳法憲則提出「要防止有人利用毛主席的偉大謙虛貶低毛澤東思想」。會後，吳到陳伯達處詳談了與張春橋爭論情況，並透過黃永勝向林彪、周恩來報告此事。林彪得知後，說：「吳胖子放炮放得好！」

從張春橋在「修憲小組」會議中，先反對設置國家主席，繼而與陳伯達爭論保留「毛澤東和林彪直接指揮」軍隊，到這次要求刪除「天才地」等文字之言行來看，張春橋係直接接受毛澤東密命，在「修憲小組」裏執行毛的指示。

「天才論」的緣起，是林彪在一九五九年八月軍委擴大會議上先提出「毛澤東同志全面地、創造性地發展了馬克思列寧主義」。一九六六年五月十八日講「政變經」時，再在原話前面添加了「天才地」三個字。張春橋代筆所寫林彪在《毛主席語錄》再版前言，就採用了「天才地」三個副詞。毛澤東審稿時完全接受，還寫入八屆十一中全會公報中。

但是到八屆十二中全會和九大時，這三個副詞在毛澤東定稿時由毛自行刪掉了，毛澤東這個無聲小動作，已透露對林彪的不滿正在加溫。毛澤東在鬥倒彭德懷、劉少奇之後，毛澤東已不必再依賴林彪的造神行動，推動對他個人的崇拜了，更不願在他的頭上再有任何林彪所加的冠詞。這些都讓他覺得他的偉大，是林彪所給與的。

相信林彪已感覺到毛澤東對他的改變，也可以肯定張春橋反對將「天才地」三個副詞寫入「修憲草案稿」中，是針對他而來。所以他在九屆二中全會上，公開重提「天才論」，把「反對毛澤東是天才」的「反毛」罪名加在張春橋頭上，形成中共全黨一致聲討張春橋「反毛」罪行。若非毛澤東出面制止，張春橋幾乎抵擋不住。

這五項微妙的鬥爭活動，顯示林彪已從甩手掌櫃中，慢慢甦醒回來，對毛澤東不再唯命是從，逐漸露出敢於對毛的獨裁表示異議，而且這些鬥爭累積的怨氣，在「九屆二中全會」中開始宣洩出來。

周恩來和康生負責的「修憲起草小組」，雖然在毛澤東不斷的反對下，仍然不放棄設「國家主席」，希望毛澤東能夠接受，並接任此職位。七月中旬，毛澤東得知「修憲小組」仍堅持提出此項意見時，第四次表達不同意當國家主席。他說：「設國家主席，那是形式，不要因人設事。」七月十八日，周恩來在「修憲小組」會議上，才略為轉變態度說：「可以考慮不設國家主席、副主席。」

從三月到七月，在長達五個月中，真正與毛澤東在設置「國家主席」和「毛澤東兼任國家主席」兩大問題上抗衡的是周恩來與康生而非林彪。為了這個議題，和「天才論」，無形中促成一股以林彪、周恩來為核心甚至連康生也可算在內的反江青、張春橋的勢力。但是因為毛澤東支持的是江、張這股力量，而周恩來善於見風轉舵，態度改變很快，一旦發現態勢不利時，都能夠迅速轉變立場，保持中立，避免捲入旋渦。康生亦復如此，一見毛澤東生氣，馬上緊跟江青以避禍。

中共九屆二中全會，毛澤東選擇在廬山舉行。上次廬山會議，毛澤東鬥倒了彭德懷。這次廬山會議，也爆發了毛澤東與林彪間的政治路線和思想路線的鬥爭，而被毛澤東定為中共歷史上第十次路線鬥爭。但這次倒霉的是陳伯達，被毛澤東點名批判，立即被打倒。

毛澤東依慣例於九屆二中全會召開前，先於八月二十日召開中央政治局常委會議，商定二中全會會期、日程等事宜。

周恩來、康生、陳伯達再次建議：根據群眾的願望和要求，應實現黨的主席和國家主席一元化，即在形式上有一個國家元首。周恩來說：「如果設國家主席，今後接見外國使節等外交禮儀活動可以由國家主席授權。」康生說：「設國家主席，這是全黨全國人民的希望，我們在起草憲法修改草案時也這麼希望，但又不敢違反主席關於不設國家主席的意見。處在這一矛盾中，我們感到壓力很大。」陳伯達說：「如果這次毛澤東再擔任國家主席，將對全國人民是一個極大的振奮和鼓舞。」林彪也附和了他們的建議。

毛澤東仍然堅持他不設國家主席，不當國家主席的意見。他說：「設國家主席，那是形式，我提議修改憲法就是考慮到不要國家主席。如果你們願意要國家主席，你們要好了，反正我不做這個主席。」

中共中央政治局常務委員就是毛、林、周、康、陳五人，當中四人贊成設國家主席，並請毛澤東擔任此一職務。毛澤東雖只一票，卻能無視中共黨的組織紀律，完全推翻。而且在第一、二次政治局會議針對此議題指示中，都說要保留國家主席，並非他所說修憲是為了取消國家主席。

一九七〇年八月二十三日下午，中共九屆二中全會開幕，毛澤東主持。周恩來宣布議程後，究竟是誰接著發言，現有兩個版本，一說是林彪搶先講話。另一說法是先由康生報告修改憲法問題，再由林彪致詞。《毛澤東全傳》一書說：是林彪搶在康生前要講話，「出乎毛澤東意料之外」。

據陳伯達回憶說：大會開幕前林彪與毛澤東單獨在一個房間裡進行了「時間並不很短」的談話，會議因此推遲了四十五分鐘。會後，陳伯達特地問過林彪，他的講話是否得到毛澤東的同意。林彪說，「他的講話是毛主席知道的。」

另在《陳伯達傳》一書中記載：在林彪講話前，毛澤東還具體問了林彪準備講什麼。林彪說：「聽吳法憲講，在討論憲法修改草案時發生了爭論，張春橋不贊成寫上國家機構要以毛澤東思想為指針，還說赫魯曉夫天才地創造了馬列主義等等，我想講這個問題」。毛澤東聽了說：「這不是張的意見，是江青的意思，是江青在背後搗的鬼。你可以講，但不要點張的名字。」

從上述資料，透露了幾點信息：

一、林彪是在會前即要求講話，而不是在開幕式上臨時提出，汪東興回憶錄也證明了此點。但搶在康生之前講話，確出乎毛之意料。

二、毛澤東已感覺到林彪要「發難」，因此，會前就明確要知道林彪究竟要講什麼。

三、因毛、林談話「時間並不很短」，說明毛澤東不希望林彪藉批評張春橋在修憲會議中的言論，發起鬥爭張春橋行動，影響到毛的戰略布局，因此花了不少時間說服林彪，而將責任推到江青身上，以保護張春橋。因為張在憲改會議中的發言，代表的就是毛的意見。

四、毛澤東已準備繼鬥爭劉少奇後發起新一波的鬥爭林彪行動，所以他即沒有同意也沒有阻止林彪講話，只要求要林彪不要點名張春橋。林彪因而才說他的講話，毛澤東是知道的。在毛澤東鬥爭哲學中，這叫「引蛇出洞」。林彪終於掉了進去。

綜觀林彪的講話全文，中間沒有提及「國家主席」問題，只提了「無產階級專政元首」。林彪確實表現對毛澤東的尊重。但是後來許多中共文件引述的是林彪說的是「國家元首」，以肯定林彪想說的是毛澤東當「國家主席」。完全不符事實。

林彪在講話進入正題前，先以大量言語吹捧毛澤東的偉大英明，然後說：「我們說毛主席是天才，我還是堅持這個觀點。」「世界上是有創造的，不但是社會科學的發展方面，是有創造的；自然科學方面，你看那個時期沒有創造？毛主席的學說就是科學，解放人類的科學，解放無產階級的科學。毛主席對馬列主義是有創造的。他在新的歷史條件下，當然比馬克思、恩格斯、列寧、史大林有新的發展，怎能夠說沒有發展？」「沒有發展的觀點，是形而上學的觀點。」「是不正確的思想。」「是反馬列主義的。」「如何說沒有發展呢？毛主席不是都回答了這些問題嗎？不是用無產階級的宇宙觀回答了這些問題嗎？」「毛主席的天才，他的學問，他的實際經驗，不斷的發展出新的東西來。……不能說毛主席對馬列主義沒有發展。」

林彪確實沒有點名張春橋批判，但是與會代表，很快就知道林彪矛頭指向張春橋。據汪東興回憶說：林彪講完後，毛澤東叫周恩來講，周說不講了，毛的「語氣中流露出不悅的情緒」。

關於另一說法，林彪在康生後發言，並肯定康生的主張，設立國家主席。經詳細檢閱林彪發言全文，他隻字未提及康生和國家主席字眼，證明他確在康生之前發言。而康生發言，則先表示對林彪的講話「完全同意，完全擁護」，證明他是在林彪之後發言，而且他對張春橋同樣感到不滿，趁機落井下石，報復張春橋在「修憲起草小組」中不合作態度。然後他說：在要「毛澤東當國家主席，林彪當國家副主席」的問題上，「所有意見都是一致的」。又說：「如果是主席不當（國家）主席，那麼請林副主席當（國家）主席。如果是主席、林副主席都不當的時候，那麼（國家）主席這一章就不設了。」

康生一生善於投機，曾促成毛、江婚姻，文革開始後，成了江青迫害幹部主要策劃人，許多冤假錯案都是康生點名誣陷，致死致殘者不計其數。他為何在「國家主席」問題上，一再違背毛澤東意旨，不斷提出，令人匪夷所思。「九・一三事件」後，他沒有被納入林彪「集團」，並且在一九七五年十二月十六日死後，被冠上「無產階級革命家」稱號，安葬八寶山「革命公墓」。

康生在死前，已經醒悟，揭發江青、張春橋歷史上都是叛徒，並提出證人、證據。但未能動搖江、張地位。中共直到一九七八年十二月十一屆三中全會，才批判了康生，開除黨籍，骨灰遷出八寶山公墓，變成「資產階級野心家、陰謀家、反革命兩面派」。因此，不得不讓人懷疑，康生歷次提出設「國家主席」問題，根本就是毛澤東陰謀，讓人以為他是迫於無奈，是因林想當「國家主席」所授意，以陷害林彪。

在當晚的會議上，吳法憲提議：全會各小組應該學習林彪在開幕式上講話。汪東興提議可以再聽一遍講話錄音。周恩來請示毛澤東，毛澤東同意重播。後又有人建議把林彪講話稿印發給大家，獲得全體贊成。周恩來請汪東興請示毛澤東，毛說：「他們都同意印發，我沒有意見，你就印發吧。」還囑咐講話稿要林彪審定後發。汪東興派人去林彪處拿講話稿，林彪說沒有講稿。廿八日大會才根據錄音整理出來，確定林彪事前未準備講稿。

到一九七一年八月，毛澤東怒氣終於爆發，他說：「林彪同志那個講話，沒有同我商量，也沒有給我看。」林彪曾向周恩來解釋說：這些講話「見到主席我也講過，後台講的話，搬到前台去講。」「講稿本來沒有，廬山幾天都沒有睡好，昏昏盹盹講了。」

二十四日分組討論，各分組發言一致擁護林彪講話。陳伯達、葉群、吳法憲、李作鵬、邱會作、汪東興分別在各組都表態支持康生建議，贊成設國家主席。

陳伯達在華北組說：「現在竟然有人胡說『毛澤東同志天才地、創造性地、全面地繼承、捍衛和發展了馬克思列寧主義，把馬克思列寧主義提高到一個嶄新的階段』這些話是一種諷刺。有人利用毛主席的謙虛，妄圖貶低毛澤東思想。」

汪東興也在華北組說：「在憲法恢復『國家主席』一章，毛主席當國家主席，林副主席當國家副主席。這是中央辦公廳機關的願望，是八三四一部隊的願望，也是我個人的願望。」「我完全擁護林副主席昨天的講話」，「我們黨內還有這樣的野心家，這是沒有劉少奇的劉少奇路線，是劉少奇反動路線的代理人。」「有的人不僅不要毛主席當國家主席，連毛主席思想都不要。用毛澤東思想武裝起來的人民，可以識破這些壞蛋。」

葉群在中南組說：「林彪同志在很多會議上都講了毛主席是最偉大的天才……難道這些話要收回嗎？堅決不收回，刀擱在脖子上也不收回。」

由於葉群是林彪夫人，陳伯達和汪東興又都是毛澤東身邊紅人，因此三人的發言如同重磅炸彈，使那些長期遭受張春橋等「上海幫」迫害的老幹部，受到極大鼓舞，特別是瞭解林彪講話指向就是張春橋時，更是群情激憤，踴躍發言，矛頭全都對準張春橋。

連非林彪系統的陳毅、許世友等也站出來，討伐張春橋。陳毅說：「誰要否定毛澤東是天才，他堅決不同意。」

福州軍區司令員韓先楚，認為林彪又回復當年在東北的「林總」了，是一個敢講真話的務實之人。

甚至有人認為文革即將結束，更支持要揪鬥「上海幫」一夥。當天，「部份」中央委員和候補中央委員代表各省、市、自治區聯名寫信給毛澤東、林彪，表態擁護毛澤東當國家主席。按當時，毛澤東已神格化，所謂「部份」，其實是「絕大多數」，誰敢不表態「擁戴」，就代表政治上犯錯。

九屆二中全會只召開了兩天，已演變成了「批判張春橋大會」，和全面倒地「忤逆」毛澤東不設國家主席，不擔任國家主席的意見。這遠超過毛、林、周的想像，在毛澤東的眼裡，這一定是林彪計劃性，有目的的操縱會議，也代表林彪深得黨心，毛澤東那能容忍這種事發生。特別是有人說「把人揪出來」，揪人就是揪鬥張春橋，毛澤東一直想提拔張春橋接替林彪為接班人。林彪講話雖未點名張春橋，但會議矛頭已指向張了，毛認為反張就是反他。所以毛澤東在林彪事件後，他對華國鋒說了實話：「林彪反對張春橋是假，反對我才是真。」

但是「把人揪出來」是誰說的呢？陳伯達回憶說：「不是我說的。……如果我的記憶不錯，好像是汪東興說的。」汪東興回憶也說：「當時，我的情緒比較激動，……說了一些不該說的話。」汪東興身為中央辦公廳主任，是最接近毛澤東的人之一，曾多次傳達毛澤東的指示，因此他說出來的話，常讓人以為代表毛的意思。

在二十四日各小組發言中，都未對「設國家主席」問題發生爭議，一致建議請毛澤東出任國家主席。讓毛澤東難以容忍，決定要反撲，尤其是他看到華北組第六號簡報有這樣一段話：「特別是知道了我們黨內，竟有人妄圖否認偉大領袖毛主席是當代最偉大的天才，……應該揪出來示眾，應該開除黨籍，應該鬥倒鬥臭，應該千刀萬剮，全黨共誅之，全國共討之。」特別是二十五日上午，江青一看要揪鬥張春橋，急忙帶著張春橋、姚文元去見毛澤東哭訴告狀，說林彪一夥要打倒張春橋，就是要否定毛澤東所發動的文化大革命。觸動了毛的敏感神經，不能不出手保張，立即阻止會議繼續討論林彪講話。

吳法憲回憶錄說：「二中期間，幾乎一邊倒地同意林彪的講話，要修憲設國家主席，使張春橋、姚文元很孤立，竟跑去毛處，跪下抱住毛大腿，哭濕了毛的褲子，求毛支持，最後毛澤東一言定局，設國家主席免談，要批判陳伯達，指吳法憲等人是『軍事俱樂部。』要吳等檢討。」

二十五日下午，毛澤東找林彪單獨談話。他說：「對張春橋、姚文元燒一燒可以，但不要燒焦，現在要降溫了，壓縮一下空氣。」還表示：「紂之不善，不如是之甚也。」意思是說張春橋雖不好，但也不是那麼壞啊！他安撫林彪說：「張春橋這個人再看他兩年，兩年後我不幹了，交給你處理。」又說：「兩年以後我就不幹了，把班交給你，由你主持工作。」

毛澤東的低姿態，初看，這一次毛、林交手，似乎林彪佔了優勢，那就錯了。這次會議對毛澤東來說，就如同上一次廬山會議，彭德懷突然發難，毛澤東當場就把彭德懷鬥倒。但是這時林彪已是黨的副主席，和黨章明定接班人，不易一下子打倒。而林彪這次講話，也一如「七千人大會」，獲得絕大多數代表支持，群起攻擊張春橋，矛頭實指向毛澤東，毛只得暫時忍耐，待機反擊。

然而，林彪的權力基礎，終究不如劉少奇根深蒂固，毛澤東不需要布局多年，再行報復。於是毛澤東在穩住林彪後，決定先拿陳伯達開刀，他立即召開政治局擴大會議，宣布三件事：「一、立即休會，停止討論林彪在開幕式上的講話；二、收回華北組六號簡報；三、不要揪人。陳伯達在華北組發言是違背『九大』方針的。」並要陳伯達檢討。毛澤東在這次會議上說：「設國家主席的問題不要再提了。要我早點死，就讓我當國家主席，誰堅持設，誰就去當，反正我不當！」他轉過臉來對林彪說：「我勸你也別當國家主席。誰堅持，誰去當！」這句話，說的很重，表達他對林彪的不諒解。

「九・一三事件」後，中共用以證明毛澤東說林彪「急於當國家主席，要分裂黨、急於奪權」，唯一的證據是吳法憲被捕後，在獄中口供。他說葉群曾說：「不設國家主席，林彪往那裡擺？」而黃永勝、李作鵬、邱會作都堅決否認聽過葉群講過這句話。

吳法憲在獲釋後在回憶錄《歲月艱難》一書中說：「『不設國家主席，林彪同志哪裡擺？』這句話是一九七〇年八月十九日，汪東興在廬山對江西省革委會主任程世清講的，絕不可栽贓在葉群身上。」後來程世清向吳轉述汪東興的話。程世清也堅決否認聽過葉群講過，和向吳法憲轉述過這句話。吳法憲回憶說：「他是在紀登奎等人領導的專案組逼迫下被迫做的偽證。」由於汪東興亦是林彪專案組負責人之一，吳法憲只有被迫吞下這一苦果。

吳法憲在回憶錄中還說：「林彪地位的上升，同毛主席的賞識和一手提拔分不開的。毛主席親自點名，使林彪成為中共中央第一副主席，還決定在黨章中明確寫上『林彪同志是毛主席的親密戰友和接班人』，這一切都不是林彪奪權得來的，而是毛主席親自選擇和安排的。」「林彪已是中共中央副主席，中央軍委第一副主席和黨章上法定的接班人，他還有必要冒著和毛澤東對抗的風險，拿著實權去爭國家主席這個排名遠遠在後面的虛權嗎？」吳法憲說：在他與林彪接觸中感到林說：「十億人大國沒有一個元首，名不正言不順」是「出自內心，也合乎情理」，林沒有「急於搶當國家主席」的想法。吳認為國家主席是虛職，又要拋頭露面，林彪根本不要去爭。

據李志綏回憶說：「後來汪（東興）跟我說，上廬山以前，葉群同他打招呼，要主張設國家主席，『否則沒有林彪位置了』。」「汪東興告訴我，一九七〇年八月上廬山以前，他們（指葉群、黃永勝、吳法憲、李作鵬、邱會作和陳伯達）就已商量好，要主張設立國家主席，並要在會議的各分組發言中首先表態，用以左右全會的代表們發言。」「陳（伯達）事先與林彪商量好，由陳編選馬克思、列寧和毛的一些講天才的語錄，經林彪審定的『天才論』的材料，陳在小組會上宣講。」「一旦恢復國家主席，而毛又不出任，在這種情況下，只有林彪為唯一可能人選。這便是林的如意算盤。林彪這下犯了和劉少奇一樣的政治錯誤——以為中國可以有兩個主席。在毛眼裡，想和他齊頭並立，是犯上作亂。」「汪在華北組會上，吹捧林彪，主張設立國家主席。毛發了大脾氣，說汪是林彪一夥的，把汪臭罵一頓。……汪在家裡寫檢討，閉門思過，把葉群找他談話全告訴了毛。」

汪東興告訴李志綏的話，真實性如何？我們來檢驗一下：

一、毛澤東在批判陳伯達和華北組六號簡報後，葉群曾要林彪保護汪東興，因此汪東興事前可能與葉群就揭批張春橋一事有共識。

二、根據汪東興回憶錄所記載他給毛澤東的檢討報告，只提到受陳伯達的欺騙利用，及指控陳伯達利用林彪講話，把「天才」的語錄交其打印五份，汪則打印二十份，並無提及葉群同他「打招呼」一事。

三、「天才論」與「設國家主席」應是兩件事，「天才論」的目標，是為批判張春橋，林彪與陳伯達在這方面是「有志一同」，但未必是事先已「商量好」。「設國家主席」議題，並非林彪關心的事，亦非林彪在會議中提出。

四、中共在「九．一三」之後，急著要找出林彪想當國家主席證據，如果葉群確曾跟汪東興提及此事，只要汪東興出面證實即可，也不必逼迫吳法憲作「偽證」。從九屆二中全會既有資料中顯示，只有康生一個人在會上提到如果毛澤東不當國家主席，就由林彪當國家主席。毛澤東說林彪想當國家主席，絕不是想當然，而是特意栽贓。

毛澤東害怕林彪在廬山搞軍事政變，為防不測，又跟鬥爭劉少奇之前一樣，他約見了南京軍區司令員許世友，毛澤東把手放在許世友手上說：「你摸摸，我的手是涼的（意思是我沒有發燒，不是跟你胡說。）你們讓我多活幾年多好啊，還讓我當主席啊！我只能當導演，不能當演員。你回去做做工作，不要選（讓）我做國家主席。」表面上是說不當國家主席，實際是暗示許世友要「勤王」保護他。

八月二十六、二十七日，周恩來、康生連續同吳法憲、李作鵬、邱會作談話，並要吳法憲作檢討。二十七日，周恩來又分別同林彪、陳伯達談話，批評了陳伯達。由周恩來兩天不停地與林彪等人談話，批評陳伯達，要吳法憲檢討，很明顯是出於毛澤東之指示。

葉群看出問題嚴重性，於二十七日下午「求見」江青，江青考慮了一會，才決定見她。兩人談了半小時左右，告別時，葉群說：「江青同志今天見了我，使我很受感動，我一輩子忘不了。」江青送走葉群後，立即到毛澤東處，報告與葉群見面情形。毛指責她：「在關鍵時刻，頭腦要清醒」，「屁股別坐錯了位置。」

八月二十五日，毛澤東先以低姿態見林彪，隨即高姿態宣布停止討論林彪的講話，以林彪的敏銳，對毛先恭後倨態度，自然瞭解事情沒完沒了。葉群也知道後果之嚴重，她去看江青，雖不知道兩人談的是什麼，但從告別時說話阿諛程度，絕對是解釋及尋求諒解。而江青隨即向毛澤東報告，和毛澤東對江青的指責，已說明毛澤東這時已決定要鬥爭林彪，而江青亦已瞭解，陳伯達被鬥只是序幕而已。

林彪在八月二十八日指示吳法憲：「你沒有錯，不要作檢討。」

陳伯達二十四日在華北組發言，是有備而來。他在會上宣讀了他整理的恩格斯、列寧、毛澤東和林彪講述「天才」的語錄材料，其中引用林彪語錄共有七、八條。等於把林彪看得比毛澤東還重要，不論他事前是否知道林彪要揭批張春橋，但至少他個人有意在九屆二中全會上，針對自「九大」以來所受張春橋的怨氣，一吐不快。陳伯達引述林彪語錄最多，一是因為他早知林彪對張春橋之不滿，一是本來林彪在「毛的天才」方面講話最多。

因此，毛澤東就從此篇語錄材料下手批判陳伯達。八月三十一日毛澤東在陳編的「語錄材料」上寫了「我的一點意見」批判陳伯達。內容要點如次：

一、這個材料是陳伯達同志搞的，欺騙了不少同志。第一，這裡沒有馬克思的話（註：陳在報告時已表明未蒐列馬克思的話）。第二，只找了恩格斯一句話。……第三，找了列寧的有五條。（原文原有「陳伯達摘引林彪的話多至七、八條，如獲至寶。」後在印發時，刪去了這段話。）

二、我跟陳伯達這位天才理論家之間，共事三十多年，在一些重大問題上就從來沒有配合過，更不要說很好的配合。

三、舉三次廬山會議為例。第一次，他跑到彭德懷那裏去了；第二次，討論工業七十條，據他自己說，上山幾天就下山了，……這一次，他可配合得很好了，採取突然襲擊，煽風點火，唯恐天下不亂，大有炸平廬山，停止地球轉動之勢。我這些話無非是形容我們的天才理論家的心（是什麼心我不知道，大概是良心吧，可絕不是野心）的廣大而已。至於無產階級的天下是否會亂，廬山能否炸平，地球是否停轉，我看大概不會吧。

四、關於我的話，肯定幫不了他多少忙。我是說主要不是由於人們的天才，而是由於人們的社會實踐。

五、我同林彪同志交換過意見，我們兩人一致認為，這個歷史家和哲學家爭論不休的問題，即通常所說的，是英雄創造歷史，還是奴隸們創造歷史……我們只能站在馬列主義的立場上，而決不能跟陳伯達的謠言和詭辯混在一起。同時我們兩人還認為，這個馬克思主義的認識論問題，我們自己還要繼續研究……。

六、希望同志同我們一道採取這種態度，團結起來，爭取更大的勝利，不要上了號稱懂得馬克思，而實際上根本不懂馬克思那樣一些人的當。

毛澤東這篇〈我的一點意見〉，用辭之重，決定了陳伯達被打倒命運。但是真正的矛頭是指向林彪。因為林彪在八月二十三日發言時，說「我要講點意見」，毛發表〈我的一點意見〉顯然是針對「講點意見」而來。

陳伯達九月六日全會閉幕當天，就被「隔離審查」。毛澤東批評陳伯達「這一次，他可『配合』得很好了」，已指明是林彪煽風點火，然後又把林彪拖下水，說與林彪兩人對這個「爭論不休的問題」，也就是「天才論」，絕不能跟陳伯達「混在一起」，「還要繼續研究」。既區割了陳、林二人，也利用林彪否定他自己八月二十三日的講話。

毛澤東擅長意識形態鬥爭，這一次又展現了他的高超政治鬥爭手段。林彪也是咎由自取，在過去十年，毛澤東就靠著林彪吹捧的「天才論」壓服了中共全黨和全國人民。形成了罪在全黨，唯有毛澤東一人是完人，毫無道理地打倒和整死了無數的忠心耿耿的各級幹部。打倒劉少奇後，毛澤東又再次有計劃地利用批判「天才論」，準備置林彪於死地，拋屍荒野。

吳法憲的回憶，對陳伯達被鬥一案，寫道：「毛主席自己也忘了，他兩次出訪蘇聯都是陳伯達陪同的，在毛、劉鬥爭中，毛主席也是幾次借助於陳伯達，四清中的『二十三條』、文革的『五・一六通知』等，都是毛主席委託陳伯達搞的。毛主席還親自點名陳伯達任中央文革組長，而正是這個中央文革後來在黨內代替了中央常委辦公室。是毛主席把權力交給了陳伯達，陳伯達也是為毛主席立了大功的。但一有了不同意見，一有了錯誤，就說人家『三十年沒有很好地合作』。既然是這樣，那為什麼要把陳伯達一直留在身邊，而且一直提到中央常委成為黨內第四號人物呢？這是怎麼共事呢？一有了意見，就算總賬，算老賬，一得罪就得罪到底把人打入十八層地獄。對彭德懷、劉少奇都是如此。真是伴君如伴虎，讓人心寒哪！」

吳法憲是當時「中央憲改起草小組」成員之一，近身觀察毛澤東鬥爭陳伯達，真是一針見血。

毛澤東寫好「我的一點意見」後，特意叫周恩來、康生於次日拿稿給林彪看，林彪只有表示同意的分。而且毛澤東還指示林彪於九月二日召集葉群、陳伯達、吳法憲、李作鵬、邱會作開會，聽他們檢討。毛澤東不放心，派汪東興前來參加，一則也要作檢討，一則監視林彪主持檢討是否確實。林彪說：「今天找你們開個會，你們在會上（指在分組討論會上）為什麼要在同一時間發言？為什麼都引用了同樣的語錄？你們要坦白，要交代。」汪東興則批判了陳伯達。

從林彪提出的兩點疑問，證明陳伯達在會前曾將他整理的語錄材料分給吳、葉、李、邱四人。林彪顯然不知情，但已有所懷疑。可笑的是康生全力主張「設國家主席」，汪東興說「把人揪出來」，要批鬥張春橋，二人反而都成了批陳幹將。

後來，汪東興未再被林彪通知參與檢討會，毛澤東對汪說：「不要你了，說明你不是那個圈子裡的人。」所以汪東興在此次會議中未因「犯錯」被打倒。這時毛澤東已完全把林彪「集團」視為「異己」。

據張雲生回憶：九月初，林立果（以軍委辦事組宋秘書名義隨同林彪、葉群上了廬山）從廬山打來電話，幸災樂禍地告訴他：葉群在廬山煽風點火惹了一場亂子，陳伯達帶頭跳出來，被毛澤東抓住，已經挨批了，葉群和李作鵬、吳法憲、邱會作、汪東興都作了檢討。林立果說：「主任（指葉群）今後再也神氣不起來了。」並說，他為此高興，但代價太大，連首長（指林彪）的聲望也受到損失。葉群煽風點火的事「首長不知道，但也不能說首長沒有一點責任。由於主任惹了亂子，首長還在會上做了幾句自我批評。最後主席保了首長。現在是集中批陳，但陳的後台是主任。」

所謂葉群煽風點火，是指八月二十三日，林彪在會上講話結束散會後，在回住所路上，葉群對陳伯達、吳法憲、李作鵬、邱會作和汪東興說：「你們要在各組帶頭發言，如果你們不發言，首長（林彪）講話就沒有根據了。」吳法憲在晚上會議就提出應以三天時間討論林彪講話，汪東興建議重播林彪講話。次日，葉群又提醒黃永勝等人發言要帶著淚光。

林立果是林彪、葉群夫婦之子，他的現場報告當然是最真實的，證明林彪並不知葉群的「煽風點火」和陳伯達、吳法憲等會在他開幕式上的講話後，於分組會議上發言要直接揭鬥張春橋等人。但說葉群煽動陳伯達發言，應是言過其實。這時陳伯達地位在中共中央排名第四，葉群只是中央委員，不可能指揮得動陳伯達。只能說雙方有共同鬥爭對象，一拍即合。

在鄧榕所寫《父親鄧小平『文革』十年記》中，對這次會議有這樣的描述：「開始，是林彪拋出一個講話，暗藏要設國家主席之意。林彪的黨羽隨之四處鼓譟遊說，宣傳他們的主張。接著，就是江青等人出面，到毛澤東處告狀，『反映』林彪集團的異常動向。最後，是由毛澤東親自主持召開政治局常委擴大會。會上，林彪的黨羽受到嚴厲批評，陰謀宣告失敗。」

這時，鄧小平已被打倒，下放江西，廬山雖也在江西，但他已沒資格參加廬山會議。鄧榕當時還很年輕，不可能知道會議情形，當然是根據乃父鄧小平所告記述。鄧小平復出時，已是「九・一三」之後，自然聽不到廬山會議真實的一面。但這一錯誤認知，可能也是鄧小平在處理林彪事件上，規定永不能為林彪翻案原因之一。

九月四日晚上，毛澤東找林彪談話，內容不詳。不過據汪東興回憶，毛澤東在二中全會後告訴他說：「我們中央軍委辦事組內有幾位同志也上當了……連林彪也受他們的騙，據說他要寫信給我，葉群和他們不讓寫。我勸林彪應該好好想一想，表個態嘛！今天未想通，待想通後表態也可以。」這些話，可能就是這天說的。

第二天（五日）晚上，林彪偕葉群去看望江青，表態道歉，雙方氣氛也很融洽，江青說：「謝謝林副主席。這次，本來夫子（指陳伯達）與小張（春橋）、小姚（文元）有矛盾，他們文人相輕，利用我們。我們是親密戰友，今後我要進一步緊跟林副主席，做林副主席的小學生。」中共幹部慣於肉麻當有趣，林彪、江青也不例外。

六日晚上，葉群在林彪指示下帶著黃永勝、吳法憲、李作鵬、邱會作四人到江青住處，向江青和張春橋道歉，說上了陳伯達的當。江青毫不留情的斥責，除黃永勝一聲不吭外，其餘幾人都唯唯諾諾。一九八〇年「大審」時，一次在特別法庭上，黃、江二人的「被告席」左右毗鄰，黃永勝還押後大罵江青：「大流氓！大壞蛋！」可見對江青恨意之深。

九月六日閉幕式，林彪致詞時說：「這個會議整個進程中間都是毛主席親自指導的。會議過程中間出現的問題，主席很敏銳地發現了，順利解決了。這個會，可能成一個團結的會，還是個分裂的會？經過主席的這種指導，依然變成了一個團結的會，勝利的會。」相反的，這次會議，導致了毛、林的分裂鬥爭。

前文已提到在九屆一中全會改選中共中央領導人時，毛澤東的權力分配是政治委員中，「文革幫」擁有陳、康、江、張、姚五人，林彪系統有黃、吳、葉、李、邱五人，表面上是平均分配，互相制衡。但具有實權的則是中央政治局常委，而常委中，軍系只有林彪一人，「文革幫」有陳、康二人，如把毛澤東算進去，文革幫勢力遠大於林彪的軍系。然而在「九大」前，陳伯達已悄悄站到林彪一邊去了。到九屆二中全會前，陳伯達與張春橋發生爭執後，已完全加入林彪系統。這一變化，徹底破壞了毛澤東原有權力分配的平衡，使林彪勢力大增，在常委會議上已有兩票能與毛、康抗衡，周恩來如立場有猶豫，更不利毛澤東。

其次在政治局委員中兩派力量也從五比五，變成六比四，林系大於文革幫。林彪勢力之膨脹，使毛澤東更感不安，必須削弱林的力量，所以先拿陳伯達開刀，勢所必然，削去了陳常委資格，仍可維持毛在常委會中的優勢。

陳伯達晚年透露，離開廬山後，他曾數次打電話給中央辦公廳，請求見毛澤東當面認錯檢討，誠懇接受毛澤東的批評，都被毛澤東嚴辭拒絕。一九七一年，毛澤東決心要鬥林彪時，林彪也是多次請見毛澤東，毛亦不見。

自林彪從一九六六年八屆十一中全會出任的接班人後，

一向以毛澤東的意志為意志，亦步亦趨。即使在「九大」，毛澤東撤換林彪指導陳伯達撰寫之「政治報告」，林彪亦隱忍不發。所以林彪在此次廬山會議上，公然站出來掀起批鬥張春橋聲浪，正如毛澤東事後所說：「名為反張春橋，實為反我。」對毛衝擊甚大，尤其他一直有心培植張春橋作為林彪接班人，林彪此一反擊，使他整個人事和戰略部署破局。毛澤東知道，他一旦百年後，林彪必然打倒張春橋一批人，也會包括江青在內。毛澤東也知道，林彪批判張春橋，就是想結束文化大革命。

一九七六年六月十五日，毛澤東在病情加劇時說：「我一生幹了兩件事，一是與蔣介石鬥了那麼幾十年，把他趕到那麼幾個海島上去了！……打進北京，總算進了紫禁城。對這事持異議的人不多，只有那麼幾個人，在我耳邊嘰嘰喳喳，無非是讓我及早收回那幾個島罷了。另一件事你們都知道，就是發動文化大革命。這事擁護的人不多，反對的人不少。這兩件事沒有完，這筆遺產得交給下一代，怎麼交？和平交不成，就動盪中交，搞不好就血雨腥風了，你們怎麼辦？只有天知道。」

毛澤東臨死前遺言，係對華國鋒、王洪文、張春橋、江青、姚文元、汪東興等人所講，除去台灣問題不關本書主題不談外，毛澤東視文化大革命為生命中兩件大事之一，深深知道文革不得人心，他死後江青等「四人幫」不會好下場。二十五日江青帶張春橋、姚文元向毛澤東哭訴時，就是抓住了毛的痛處，說林彪鬥張春橋，就是要否定文革，激怒了毛澤東。其實即使江青等三人沒去告狀，從會前，毛澤東不阻止林彪批判張春橋，只要求不要點名，足以看出毛澤東心裡已有準備要向林彪伸出魔手。以毛澤東鬥爭手段之狠，不可能放過林彪。

林彪過去對毛澤東唯命是從，是以為文革會很快結束，就可以建設國家，但是「九大」時，他已瞭解毛澤東無意結束文革。從此，我們看出他對毛澤東的態度開始改變，不再唯唯諾諾，敢於提意見。九屆二中全會，他有意以張春橋為切入口，掀起鬥爭張春橋聲浪，只要能先打倒毛澤東的文革打手張春橋、姚文元一夥，江青失去依賴，毛澤東失去打手，就可促使毛澤東最終放棄文化大革命。

據陳毅之子透露：陳毅接獲開會（九屆二中全會）通知後，曾打電話給汪東興，請其向毛澤東請示，他們這些老傢伙要不要在會上檢討？汪東興未經請示，便明確回答：「這回檢討的不是你們，另有別人。」據此判斷，林彪事前已與汪東興溝通過要揭鬥張春橋，並獲得汪東興的支持，所以汪在華北組發言才會那麼激烈。

康生後來形容廬山會議是「吳法憲造謠，汪東興點火，陳伯達起鬨，陳毅跳出來。」所謂吳法憲「造謠」，係指他散播張春橋「反毛」，而汪東興的「點火」，亦顯示了他參與了林彪揭鬥張春橋計劃。康生的話，也說明了陳伯達只是趁機批張，被毛拿來祭旗。

另一個可以證明汪東興參與林彪計劃證據是，八月二十七日，毛澤東又召集常委會批陳，林彪乘車前往開會，葉群突然慌忙乘車追趕林彪坐車，幾乎發生翻車事故。葉群追上林彪後，鄭重提醒林要保護汪東興。所以，汪東興在九屆二中全會中，雖作了檢討，但未動搖其地位。

可惜林彪對毛澤東畏懼過深，毛一發火，他就嚇得退縮，還急急劃清與陳伯達的界限。他應該知道既已發難，就無退路。毛澤東批鬥陳伯達不過是開場，矛頭早已指向他。他也應該預想到，毛澤東要鬥他，他必敗無疑。他如果瞭解該點，狠下心來，堅持批鬥張春橋下去。以當時與會代表之人心趨向，毛澤東未必能阻止得了。就如「七千人大會」時一樣，在眾志成城下，毛澤東只得摸摸鼻子，作了自我檢討，再想法反撲報復。

毛澤東雖然「鬥」志高昂，這年也七十七歲了，距他一九七六年過世，只剩六年，即使想徹底打倒林彪，恐怕也是時不我與。林彪如果堅決揭鬥張春橋到底，他是有這個力量的（因除毛、江、張、姚四人外，幾乎全支持林彪），極可能換得了結束文革浩劫的成果，挽救全民脫離水深火熱的悲慘日子。林彪全家也不必折戟沙漠，迄今背負叛逃投敵，不能平反的命運。當然，毛澤東是不會放過林彪的。林彪唯一比劉少奇強的，他有軍權（至少有原四野力量），這時情勢也不同於彭德懷被鬥時期，林彪有放手一搏條件，只因為懼毛成疾，不敢為之。

據未公開的《姚文元日記》透露，毛澤東稱九屆二中全會批張風波為「八月逆流」，就是對林彪尚有顧忌，暫時只把矛頭對準陳伯達，不搞擴大化，以免逼反林彪。毛澤東還需要部署，能控制全局才會下手。

據林彪秘書張雲生的回憶說：「林彪在廬山會議之後，已知毛澤東遲早要對他下毒手，他採取了完全不合作態度，不檢討、不工作，一副看你老毛如何來對付我的態度。」林彪的消極作為，也被毛看穿，自廬山會議之後，毛澤東即對林彪步步進逼，寸步不讓，一方面發動「批陳整風」運動，一方面逼迫葉群、黃永勝、吳法憲、李作鵬、邱會作等人作檢查，不放過各人，同時也要林彪檢查。林彪堅持不作檢討（另有一說：林彪硬頂了三個月，仍然認錯作了檢查，但經查證非事實）。

林彪兒子林立果也看出事已危急！想到與其束手待斃，不如全力一拼，搞出了「五七一工程紀要」，企圖暗殺毛澤東。但是孺子太嫩，成事不足，敗事有餘，逼得林彪舉家逃亡，摔死外蒙。

林彪在九屆二中全會掀起的風波，後來被毛澤東定性為「反革命政變」，並把「設國家主席」和「毛澤東天才論」兩個意見，作為反革命政變的「政治」和「理論」綱領。

14 批陳整風

毛南巡陰謀布局圖鬥爭林彪

在一九七〇年廬山九屆二中全會上，毛澤東丟出「我的一點意見」後，陳伯達即刻成了過街老鼠，陷於被全面圍剿困境。開會期間，陳伯達求見毛澤東解釋，並認錯。毛寬宏大量接見了一次，談話氣氛很輕鬆。陳伯達向毛澤東作了自我檢查，說自己宣傳「天才論」是錯誤的；主張設國家主席，也錯了。自己沒有聽主席的話，犯了大錯誤。自己一定認真檢查。

毛澤東當面對陳伯達作了一些批評，並說：「你看你把會議搞成這個樣子，下一步怎麼辦？」陳說：「我下農村去。」毛這時已不可能放過陳伯達，當然不會答應他去農村。不過毛澤東對陳伯達與「九大」後林彪關係拉近很不滿意，他想先讓陳伯達與林彪劃清界限，所以他指示陳伯達和江青、康生等人好好談談，接受他們批評，和他們「團結起來」。毛澤東還讓秘書打電話向康生傳達他的指示，令康生通知江青。

第二天，陳伯達硬著頭皮去見江青，被江青冷嘲熱諷一番。然後帶陳伯達去康生處，張春橋、姚文元已在座。四人輪番批評陳伯達。張春橋說：陳伯達「一貫反對毛主席，就是在文化大革命中還鼓吹『唯生產力論』，現在又鼓吹『天才論』，是正牌唯心主義者。」江青說：陳伯達「從來就不聽毛主席的，過去跟王明、劉少奇、鄧小平反對毛主席。」康生一向喜歡從人的歷史中發掘問題，進行批判鬥爭，所以他的重點則在追問陳伯達的歷史問題。姚文元說陳伯達「搶宣傳理論的權，是別有用心。」陳伯達一律忍下來，還作了自我檢查，表示要寫一個書面檢查，交給全體中央委員，請大家批評。康生懷有惡意，熱心表示他可幫助陳伯達寫檢查，陳同意了。康生代寫之檢查報告十分刻薄，刻意把陳的問題說的十分嚴重，甚至毛澤東、周恩來看後，都認為不妥，修改了才下發。

不過，江青和康生都不想放過陳伯達，又搞了一個陳伯達歷史和現實問題的材料，指責陳伯達在歷史上，歷來就是叛徒、國民黨的特務、托派，一貫跟隨王明、劉少奇反共。毛澤東隨即發起了「批陳整風」運動。此後，毛澤東完全拒見陳伯達。

汪東興為了自救，寫了一份書面檢查報告，並作了三次公開檢討，承認在廬山會議時，上了陳伯達的當，受了陳伯達的蠱惑，犯了錯誤，並揭發陳伯達的錯誤。毛澤東看了很高興，批示送林彪看。並要周恩來、康生召集黃永勝、吳法憲、李作鵬、邱會作四人宣讀汪的書面檢查和傳達毛的指示，毛希望他們也寫書面檢討報告，揭批陳伯達，並和陳伯達劃清界限。林彪只得同意周、康二人約談黃永勝四人。

這時已明顯看出毛、周、康等人，把黃永勝四人定性為「林彪集團」成員。汪東興回憶說：毛澤東問他：「你說他們（指吳、葉、李、邱——不包括黃永勝）在各組一起動作、煽動，他們幾個，還有黃永勝報名要發言（會議期間，黃永勝留守北京，但他準備了書面發言稿），都用了（天才論）語錄，……這當中好像有點名堂？」「他們在北京是否在陳伯達處商量過？」「懷疑他們都在二十四日下午發言，是統一部署的。」

葉群的小聰明，以為大家統一發言，可以達到揪批張春橋目的，正給多疑的毛澤東把軍委辦事組成員與陳伯達掛鉤在一起，掀起中共第十次路線鬥爭機會。鬥爭對毛澤東來說，已是生命的一部份，有鬥爭，毛才感覺到有生存價值。

據「林辦」秘書張雲生回憶：「我在林彪身邊工作了四年多，因為要『講文件』，差不多天天都能見他一面，所以可以說，我對文革中的林彪並不缺乏瞭解。」「文化大革命開始後，他把軍委的日常工作委託給了軍委秘書長葉劍英。葉帥『靠邊站』後，軍內上層一時群龍無首，虧得有個楊成武、吳法憲為正副組長的『軍委辦事組』照應日常軍務，林彪則對他們的活動很少過問。『軍委辦事組』改組後，黃永勝取代了楊成武。這個以林彪的『老部下』組成的清一色『辦事』班子，叫人一看就感到有『搞山頭』之嫌。但那是毛主席欽定的，林又是毛可以信賴的『接班人』，因此這個『清一色』倒可成為抵擋一切……的一道屏障。林彪在名義上是『副統帥』，實際上卻是靠『抓兩頭』；上頭靠毛主席掌舵，下面靠有個可以辦事的工作班子擋擋軍內日常事務。」

「文革」期間，林彪與「軍委辦事組」成員的關係，張雲生的回憶是這樣：「軍委辦事組自一九六七年夏成立，到一九六八年三月改組，再到『九大』後正式成形，直到一九七〇年十月，我調離『林辦』，我沒見到一次林彪接見軍委辦事組全體成員，沒有聽到他對軍委辦事組的全面工作給予一次像樣的指示。」「從一九六七年到一九七〇年，林彪在住地毛家灣的會客廳，只召見軍委辦事組的黃、吳、李、邱四員大將一次，談的僅僅是怕蘇聯趁我國慶對北京實施突然襲擊的事，而且只有二十多分鐘。」「黃永勝任軍委辦事組組長和總參謀長前後，林彪只見他兩次。」「吳法憲可算林彪的親信，但自從軍委辦事組改組後，林彪在住地從未單獨接見過他。」「林彪與李作鵬並無『私交』。我在『林辦』任職四年，只是在一九六六年九月海軍內部出現紛爭，林彪偏向了『高舉』、『突出』、『有幹勁』的李（作鵬）、王（宏坤）、張（秀川），因而在大會堂接見過一次李作鵬夫婦。從那以後，林彪與李作鵬再無單獨接觸。」「邱會作在文革期間，從沒有得到單獨面見林彪的機會。」

張雲生的回憶，特別強調黃、吳、李、邱的職位都是毛澤東欽定的，證明並不是林彪重用私人。從林彪提拔毫無淵源的李德生出任總政主任，可見他沒有「搞山頭」意圖。毛澤東欽定林彪老部屬出任陸（總參）、海、空軍和總後領導人，也許當初，毛確實信任林彪，所以挑選了黃永勝等四人，好幫助林彪處理軍務。但也不排除，毛澤東一開始，就有意「塑造」林彪「搞山頭」的野心，以利爾後林彪一旦不合他意時，能夠隨時藉此鬥爭林彪。「九・一三」事件後，黃永勝四人首先遭受逮捕審查，不難說明此一疑點。不論林彪對毛澤東安排黃等四人職位是否曾有過懷疑，但林彪確實刻意避免與黃永勝四人過分接近。而前任代總參謀長楊成武，和總政主任蕭華也都是林彪老部下，毛澤東根本無視林彪的存在，無情地把他們鬥倒，林彪自然是寒天飲冰水，點滴在心頭。

有人說葉群也是軍委辦事組成員之一，林彪是透過葉群掌握「軍委辦」。張雲生回憶也談到了這一問題，他說：「這話只說了一半，葉群做壞事，林彪確實有責任。但葉群打著林彪的招牌，在外邊胡作非為，林彪並不全部知情。他從葉群嘴裡聽到一些，又是經葉群用花言巧語偽裝了的。『林辦』的工作人員直接受葉群控制，眼見處於病態的林彪受葉群擺布，但無能為力。」「事實上，葉群雖為『軍委辦』成員，但她幾乎從不參加軍委辦事組的會議。」

葉群只是個「軍人眷屬」，沒當過一天兵，不懂軍事，她參加軍委辦事組會議，根本講不上話。毛澤東當初安排葉群進入軍委辦事組，是因為林彪表示身體不好，不能多負責任，毛澤東因而指示可由葉群代表林彪出席，將軍委辦事組開會情形報告林彪，讓林彪隨時掌握日常軍務，不致脫節。但林彪不希望葉群干預軍務，甚少同意葉群出席會議，而葉群真正感興趣的是中央政治局會議，特別是中央文革小組參與的政治局會議，因為那裡面可以聽到毛澤東的重要指示和鬥爭信息，這些也是林彪長期與外界隔離，陷於「自閉」情形下，所必須依賴葉群去瞭解的。

葉群和吳法憲二人，終於抵不過毛澤東的步步進逼，於十月中旬先提出書面檢討。毛澤東在葉群的報告上批示：「愛吹不愛批，愛聽小道消息，經不起風浪。……『九大』勝利（了），當上了中央委員，不得了了，要上天了。把『九大』路線拋到九霄雲外，反『九大』的陳伯達路線在一些同志中占了上風了。……不提『九大』，不提黨章，也不聽我的話。陳伯達一吹，就上勁。中央軍委辦事組好些同志都是如此，黨的政策是懲前毖後，治病救人，除了陳伯達待審查外，凡上當者都適用。」

毛澤東對林彪的夫人批示，如此不留餘地，不顧情面，實際是批給林彪看的。毛澤東最後表示這一次放過葉群和黃永勝等人，其實只是欲擒故縱的策略，依毛的個性，是不會放過他們的。正如毛澤東為了保張春橋，先穩住林彪，當面向林彪許諾準備兩年後交班，張春橋屆時交由林彪處理。回顧毛澤東要批鬥彭德懷前，還安慰彭德懷說：「也許真理在你那邊」。毛澤東在完成批鬥劉少奇部署時，也說：「誰人要打倒你們啊！我是不要打倒你們。」林彪這時必然如坐針氈，後悔當初輕易「騎上去」了。

吳法憲在檢討報告上承認：陳伯達在八月廿三日晚上十二時前後，找他和李作鵬、邱會作，談到過關於「天才」

方面的問題，「上了大壞蛋陳伯達的當」。毛澤東在吳的報告上批示：「辦事組各同志（除個別同志如李德生外）忘記了九大通過的黨章、林彪同志的報告，又找什麼天才問題，不過是一個藉口。」「由幾個人發難，企圖欺騙二百多個中央委員，有黨以來沒有見過。」「反潮流是馬列主義的一個原則，在廬山我的態度就是一次反潮流。……中央委員會嚴重的鬥爭，有鬥爭是正常。」

拿毛澤東對葉群、吳法憲二人報告批語比較，毛對葉群的批評，是把責任推給陳伯達，表示葉群上了陳伯達的當，所以只批鬥陳，保了其他人。但在吳法憲報告批示，顯然不相信「上了陳伯達的當」的話，而提出「由幾個人發難」，指明是陳伯達與吳、李、邱等人密商「發難」。又說「有鬥爭是正常」的，暗示這件事還未結束，鬥爭還在後面。

在毛澤東批示次日，周恩來、康生就啣命來到林彪處，將毛對葉、吳批語交林彪、葉群夫婦過目，並傳達毛澤東意見，同林彪商量，進一步約黃永勝四人談話等問題，林彪仍然是表示「完全同意」。

由於林彪個人不肯檢討，於是毛澤東持續進逼。毛澤東於十一月六日，以中共中央名義下發「關於成立中央組織宣傳組的決定」。組長為康生，組員有江青、張春橋、姚文元、人民日報、紅旗雜誌、新華總社、中央廣播事業局、光明日報、中央編譯局，以及中央劃歸該組管轄之單位的工作。毛澤東這一步具有重要意義，在部署鬥爭林彪的布局中，先掌握組織與輿論戰線，斷掉林彪可能篡黨奪權之一臂（林彪在「政變經」講話時曾說：搞政變，有兩個東西必須抓，一個是宣傳機關，抓筆桿子；另一個是軍隊，抓槍桿子。）

其次，毛澤東將中央組織與宣傳大權完全交給康生、江青、張春橋、姚文元四人，並取代「中央文革」小組功能，權力更大於「中央文革」小組。而康生因健康不佳，及對江青等人跋扈的不滿，在「九・一三」之後，稱病不出，大權全都落在江青手中。林彪表面上雖握有軍權，實際上握有的是「虛權」，因為真正的軍委主席仍是毛澤東，部隊調動大權，毛從沒有授與林彪過。所以毛澤東成立中央組織宣傳組，等同宣告林彪已是「籠中鳥、甕中鼈」。

「中央組織宣傳組」在十一月六日成立，次日毛澤東就印發「我的一點意見」批示：「請林再閱」，逐次將與林彪間的分歧攤牌。十七日又以中共中央名義發出「關於傳達陳伯達反黨問題的指示」，進一步推動全黨「批陳整風」運動。

這份文件主要是批判陳伯達的「階級鬥爭熄滅論」、「唯生產力論」、「唯心主義先驗論」。毛澤東選擇這三個題目批判陳伯達，意有所指。按理，陳伯達在九屆二中全會分組發言，與「階級鬥爭」毫無關連。毛澤東能夠無限上綱，只有一個目的：資產階級仍然存在中共黨內，打倒劉少奇的資產階級司令部後，新的「資產階級司令部」又冒出來了，黨內路線鬥爭仍未了；批判「唯生產力論」，表面上是批評陳伯達在「九大」前所撰政治報告，事實毛澤東看都未看，就批退了陳伯達。而林彪自中共建政前迄今，就主張發展「生產力」，所以批「唯生產力論」，實為批林彪；批「唯心主義先驗論」，雖然以陳伯達所整理的「天才語錄」為批判對象，但大家都知道，矛頭指的是林彪八月二十三日講話內容。這份文件最後還提出：凡瞭解陳伯達的情況和問題的同志，要進行檢舉和揭發，將揭發材料送中央，並號召全黨全軍加強「批陳整風」運動。表示了這一鬥爭運動，沒有止境。

林彪已瞭解自己的處境岌岌可危，於是他在十二月初主動寫信給毛澤東說：「我深感在路線上、思想上跟不上主席的教導，不能適應革命形勢的發展。」「不適合再作主席的接班人，請主席酌定。」林彪在毛澤東一九六六年八月欽定為接班人的八屆十一中全會上，就曾表示：「我意料到要出錯誤的……有時也免不了要犯錯誤，跟不上主席思想。怎麼辦？……我還隨時準備交班給更合適的同志。」現在真的是驗證了，不過是四年之間，林彪在毛澤東眼中已犯了篡黨篡軍奪權大錯。但是在毛澤東內心已決定鬥倒林彪的時候，認錯請辭已挽回不了厄運。

一九六七年，劉少奇已知大禍臨頭，真心誠意請辭國家主席，毛澤東認為「認錯請辭」，就是承認有罪，更肯定他在路線鬥爭上一向正確。同時，毛也認為「主動請辭」是在博取黨內的同情，目的在與他對抗。所以他沒有同意劉少奇請辭，保留其職位，才有利他可以徹底打倒劉少奇。

同樣，毛澤東也沒有同意林彪辭職，他在林彪「辭呈」上批示：「此議不妥。黨章的規定、黨的決定，我不能違反。你我在路線上，在大是大非的原則問題上，還是基本一致的。」這個批示，已不帶絲毫「同志感情」，雖然毛說在路線上兩人「還是基本一致的」，只是在穩住林彪，但挑明在其他方面，二人已有分歧。而且說「黨章的規定，黨的決定，我不能違反。」等於暗示下一次黨的全會，就是清算鬥爭之時。林彪從此對自己政治前途感到悲觀。

接著，毛澤東於十二月二十二日，以莫須有的罪名撤除在九屆二中全會時，在華北組主持會議的北京軍區第一政委李雪峰和軍區司令員鄭維山職位。「九・一三」後，二人被當作林彪「集團」的大將，遭到長期迫害。毛澤東之所以這樣做，是因為毛視李、鄭二人為林彪的「牆腳」，二人又手握北京軍區軍權，如果發生兵變，就直接威脅京畿。毛澤東要鬥倒林彪，首先要防範北京遭受軍事政變的威脅，因此在掌握組織與思想戰線後，對林彪「集團」的進一步「挖牆腳」工作。

但是，毛澤東為了隱密其企圖，不願太過明顯是針對林彪而來，他先於十二月十六日，對北京軍區三十八軍「檢舉陳伯達反黨罪行」報告上批示：「請林、周、康討論一次」，並「建議北京軍區黨委開會討論一次，……討論為何聽任陳伯達亂跑亂說，他在北京軍區沒有職務，中央也沒有委任他解決北京軍區所屬的軍政問題，是何原因陳伯達成了北京軍區及華北地區的太上皇？林彪說他不便找三十八軍的人談話了。北京軍區對陳伯達問題沒有集中開過會，只在各省各軍傳達，因此沒有很好打通消息。」將責任推卸給林彪，並指示周恩來藉召開「揭發批判陳伯達罪行」的「華北會議」，嚴厲批判李雪峰、鄭維山二人，即予關押審查，讓李德生兼任軍區司令員，謝富治、紀登奎分任第一、第二政委，接管了北京軍區。這個會議直開到一九七一年一月二十四日才結束。

林彪知道「華北會議」是針對他而來，在「華北會議」後，打電話給中共中央辦公廳汪東興，請求「主席如有時間，想見見主席。」毛澤東一律不給答覆。

毛澤東仍覺只撤銷李雪峰、鄭維山二人職位，仍不夠安全，進一步決定改組以黃、吳、葉、李、邱為主的「軍委辦事組」，將紀登奎、張才千（南京軍區副司令員）等人，均加入「軍委辦」，表明了對林彪的不信任。這時已是十二月下旬，毛對林彪鬥爭的部署正在加緊進行。

毛澤東後來在一九七一年八月南巡時，洋洋得意的說：「廬山會議以後，我採取了三項辦法：一個是甩石頭，一個是摻沙子，一個挖牆腳。批了陳伯達搞的那個騙了不少人的材料，批發了三十八軍的報告和濟南軍區反驕破滿的報告（指：一九七一年一月八日對濟南軍區學習貫徹毛澤東「軍隊要謹慎」指示情況報告批示），還有軍委開了那麼長的座談會，根本不批陳，我在一個文件上加了批語。我的辦法，就是拿這些石頭，加上批語，讓大家討論，這是甩石頭。土太板結了就不透氣，摻一點沙子就透氣了。軍委辦事組摻了李德生、紀登奎。還少，準備叫李先念參加，考慮再增加一些人，這是摻沙子。改組北京軍區，這叫挖牆腳。」

林彪當然瞭解毛澤東這些針對他的鬥爭策略，相信他也想到後果。歷史上林彪有多次與毛分歧紀錄，如「長征」途中寫信給中央質疑毛澤東的軍事領導問題，被毛批評是個「娃娃，懂什麼！」；全面武裝叛亂時期，有過「攻不攻打錦州」爭議；中共建政後，曾被懷疑支持過「高、饒集團」等等，毛澤東都放過了他，沒有把他打倒，並把他提拔為接班人，那是因為林彪未威脅到他的地位，但這一次情況完全不同了，毛認為雙方已出現了意識型態和權位之爭，這就不是一件可容忍的小事。

「九大」政治報告，出現的路線分歧，林彪雖未表現出不滿，但毛澤東已看出他內心的憤恨。所以，「九．一三」後，中共批鬥林彪時，主動「揭露」毛、林「分歧」始自九大。而九屆二中全會，林彪的一篇講話，掀起的「天才論」和「批張」行動，雖未點名批判何人，但人人都知道指的是張春橋，而張的後台是毛澤東，並引起所有黨代表的共鳴，代表了大家對文化大革命和中央文革小組成員的不滿。這種獲得全體黨代表的「一致擁護」的情形，正如「七千人大會」指責大躍進失敗的矛頭一致指向毛澤東，突顯了劉少奇、鄧小平的施政獲得黨心、民心一樣。因此，林彪此舉被毛澤東視為是林彪的反擊，是對他「絕對權威」的嚴重挑戰，決心不再容忍，勢必去之而後快，所以打倒林彪便成了他唯一的選擇。

但是，林彪在中共黨內的聲望、權力基礎等，都不能與劉少奇相提並論。「七千人大會」是毛澤東敗下陣來，「九屆二中全會」是林彪敗下陣來。因此，毛澤東不必像鬥爭劉少奇，需花費很長的時間布局、部署。他對林彪的鬥爭，顯然輕鬆多了。從廬山會議結束後，毛澤東就積極進行布局，除了「三板斧」外，他還史無前例的先向國際拋出此一信息。

十二月十八日，毛再次接見美國作家斯諾，暗示中共內部又將出現政治鬥爭。毛澤東對他的私人醫生李志綏說：「斯諾這個人，看來是美國中央情報局的，讓他知道點中國的內幕，有好處。」所以他想藉斯諾讓美國中情局知道，中共內部政治鬥爭十分緊張，以測試美國反應。毛對斯諾說：「喊我萬歲的人有三種。第一種是真心喊，這種人不多。第二種是隨大流，這種人最多。第三種嘴上喊萬歲，心裏希望我早死，這種人很少，可能有那麼幾個。」又說：「什麼四個偉大，討嫌！總有一天要統統去掉。」這「四個偉大」是林彪所提出，內容為「偉大的導師、偉大的領袖、偉大的統帥、偉大的舵手毛主席萬歲！」所以毛的講話，直指林彪就是「第三種人」。

但是毛又告訴斯諾，他們二人談話「不供發表」，並且要斯諾向美國總統尼克森傳達一個信息：「他如果想到北京來，你就捎個信，叫他偷偷地，不要公開，坐上一架飛機就可以來嘛！談不成也可以，談得成也可以嘛！」後來季辛吉秘密訪問北京，則是毛澤東透過巴基斯坦政府轉交美國一封給尼克森總統的信，尋求改善雙方關係。尼克森同意派季辛吉為特使，先行密訪北京，為尼克森正式訪問作準備。

所以中共與美國關係的發展並非斯諾促成，毛澤東也並不在乎斯諾有無此能力，重點在利用斯諾向美國中情局傳達中共內部鬥爭信息，同時他藉與斯諾談話後，中共整理出來的紀錄，傳閱林彪，以達到警告目的。林彪月初的請辭，毛澤東已知自己居於絕對的「上風」，只要步步進逼就行了。

稍後〈毛澤東會見斯諾談話〉紀錄，中共中央以「中發（一九七〇）三十九號」文件下發全黨，為他即將鬥爭林彪舖路，埋下伏筆。當初林彪提出「四個偉大」時，毛澤東接受「甘之如飴」。如今打倒了劉少奇，毛澤東認為他的偉大，不能是「林授」，要打倒林彪，必須先推翻林彪製造對毛個人崇拜時，所加諸之帽子，因此毫不客氣的「棄如敝屣」。

一九七一年一月九日，中央軍委召開「批陳整風」座談會與「華北會議」同時進行，毛澤東審閱會議紀錄時，發現黃永勝「既不真正批判陳伯達，又不做自我檢查」，對黃永勝等人的態度極為不滿。為此，又於一月二十六日，以中共中央名義再發出「反黨分子陳伯達的罪行材料」，深化批鬥陳伯達，增加對黃永勝等人的政治壓力。

在毛澤東節節進逼下，林彪心灰意冷，於二月十二日稱病，攜葉群、林立果等到蘇州「療養」。據林彪侍衛長李文普的回憶：「九屆二中全會以後，林彪曾讓新調來的秘書王煥禮代寫過檢查。林曾要求面見毛澤東談一談，但是毛長時間不作答覆。林彪個性很強，從不服軟。兩人之間的關係發生了急劇的變化。此後不願住在北京，經常住在蘇州、北戴河。」

毛澤東一貫鬥爭手法，在決定打倒某人之後，拒絕面談，不聽申訴、不聽解釋。當初，總參謀長羅瑞卿被鬥時，要求與毛澤東當面報告解釋，被周恩來阻止，這是周恩來知道毛不可能接見羅，亦不會聽解釋。羅有口難辯，含恨跳樓，自殺未死，罪再加一條。林彪當年也不見羅瑞卿，和稍後被鬥的總政主任蕭華，這時也嚐到了同樣的滋味。而在「九．一三」之後，毛澤東反而假惺惺的說：「對林還是要保……他們不找我，我去找他們。」真是漫天大謊。

毛澤東對「華北會議」和「軍委座談會」兩個會議召開情形，都不滿意。他在二月十九批示：「開展批陳整風運動時，重點在批陳，其次才是整風。不要學『軍委座談會』，開了一個月，還根本不批陳。更不要學習華北會議前期，批陳不痛不癢。」華北會議是周恩來主持，等於把周恩來也批評了。

中共中央軍委辦事組於二月二十日寫了一個批陳不力的檢討報告送毛澤東閱，毛作了措辭嚴厲的批示「你們幾個同志，在批陳問題上為什麼老是被動，不推一下，就動不起來。」「為什麼老是認識不足？……原因何在？應當研究。」汪東興說：「毛主席對黃永勝等人不做自我檢查，不認真批陳是抓住不放的。」這份批示，毛澤東只批給「周、康閱」而沒有提到林彪，進一步架空林彪。

黃永勝、李作鵬、邱會作三人，自九屆二中全會後，遲遲不肯檢討認錯，毛澤東對此十分不滿。從葉群、吳法憲先後已做了自我檢查，證明林彪未操縱他們。但是到了毛澤東二月二十日的重語批示後，黃、李、邱三人終於頂不住，於三月交出了書面檢討。

由於毛在二月十九日的批示，並沒有給在蘇州的林彪看。因此，黃等三人的檢討，並非林彪授意所寫。毛澤東再次勝利，對三人認錯，表面上還是採取了歡迎的態度，他在黃永勝的三月二十一日檢討報告批示：「黃永勝、邱會作、李作鵬三同志的檢討都看了，我認為寫得都好。」又批：「陳伯達早期就是一個國民黨分子，混入黨內以後，又在一九三一年被捕叛變，成了特務……他反黨亂軍，挑動武鬥，挑動軍委辦事組幹部及華北、軍區幹部，都是由此而來。」毛澤東這一批示很重，把批判陳伯達已上升到分裂黨、分裂軍的敵我矛盾，而且將「武鬥」責任推到陳伯達身上。因此，鬥爭林彪的格局，已不可能低於此了。

黃永勝三人的檢討報告和毛澤東的批示，由周恩來於三月二十六日派專人送往北戴河（林彪偕妻兒女已自蘇州返北戴河）給林彪看。三月底，周恩來親率新改組之中央軍委辦事組成員赴北戴河，向林彪彙報「批陳整風」會議情況和毛澤東歷次對「批陳」的批示、談話，以及擬召開中央批陳整風彙報會議的安排等。林彪表示：「完全擁護毛主席自廬山會議以來一系列指示和工作部署，對黃、李、邱三人的檢討很高興，並要求吳法憲、葉群重寫一次書面檢討。」並說：「沒想到陳伯達問題那麼嚴重，這次把陳伯達揪出來，是很大的勝利。」

林彪的萎縮和無奈，從他的談話中完全顯現出來。他既然無力與毛澤東鬥，就不要在九屆二中全會發表批張春橋言論，反而是自掘墳墓。毛澤東的權力無限擴張和極端集中，如果不是先有劉少奇，後有林彪，和周恩來貫穿其間的縱容，毛澤東又何至於狂妄如此，都可說是咎由自取。

林彪提拔李德生出任總政主任，對李有知遇之恩。但是李德生不但成為毛澤東鬥爭林彪「摻沙子」的要角，而且反過來作了毛澤東的打手，直到「九・一三」都是如此。李德生這時已完全站到毛澤東一邊去。三月二十日，「解放軍報」在頭版頭條新聞標題是：「在偉大領袖毛主席和黨中央的親切關懷下，中國共產黨北京市第四次代表大會隆重開幕」。按過去慣例，必須在「毛主席」之後加上「林副主席」，而這次在標題上卻沒出現，只在新聞內容中提到了林副主席。敏感的人已判斷林彪地位不穩。像這種新聞標題，敢於不提林彪，非得有李德生之指示不可。在毛澤東的高壓領導下，此類劃清界限，落井下石的情況，司空見慣，不足為奇。

葉群和吳法憲照林彪指示，在四月上旬又再寫了一次檢討報告。毛澤東有一個批示給周恩來：「吳法憲、葉群二同志重寫過的自我批評，我已看過，可以了。請連同黃、李、邱三同志的自我批評，向政治局會議報告，作適當處理。」毛澤東果然善於鬥爭，在他進逼之下，黃、吳、葉、李、邱五人提出檢討報告後，毛即指示周恩來將五人自我批評，提報政治局會議，只是第一步。第二步就是併入預定四月十五日召開的「批陳整風」彙報會議一併批判，爾後再逐步升高批鬥層次。

周恩來這時立場，一方面極力討好毛澤東，充當毛的打手，一方面儘量不得罪林彪。在毛澤東核准「批陳整風」彙報會議安排請示報告之後，周恩來將該報告送北戴河，請林彪審閱。林彪一反過去親筆批示或加簽習慣，逕行指示秘書代筆寫上：「完全同意主席批示和會議安排。」並註明「遵囑代寫」，表達不滿，並且稱病不參加四月十五日開始召開的「批陳整風」會議。

據當時擔任中央警衛局副局長的張耀祠回憶：周恩來曾對李德生說：「主席要林彪出來參加一下即將召開的批陳整風彙報會，目的是給他（指林彪）一個台階下。」但是林彪拗得不得了，就是不參加會議，即使在四月十九日回到北京，周恩來次日寫信給林彪，及送來「批陳整風」彙報會材料和毛澤東批示，希望林彪能出席會議講幾句話，林彪不表態，亦不出席。

「批陳整風」彙報會議，自四月十五日召開，至二十九日結束，整整開了半個月，這次會議共有中央、地方和部隊的負責人共九十九人參加，又稱「九九人的會議」。會中一面倒的批判陳伯達的「反黨罪行」。周恩來則批評了軍委辦事組黃、吳、葉、李、邱五人政治上的「方向、路線錯誤」和組織上的「宗派主義錯誤」，但性質還是人民內部問題，同反共分子陳伯達的問題性質，根本不同。

林彪在會議期間，曾特意對黃、吳、李、邱四人說：「根據我的看法，你們沒錯，你們檢討，我不怪你們，也不會生氣。但我不會檢討。」這說明了林彪為何堅持不與會，就是不願檢討。也證明林彪未曾交代他的秘書王煥禮代寫過檢討。

周恩來雖力守中立，並有意調和毛、林之間的矛盾。他在四月二十四日呈報毛、林：「會議希望主席、林副主席能見大家一次，如能給大家講幾句話更好。不過大家又說：不要因此要求，干擾主席、林副主席五一節在天安門上觀看焰火。」毛澤東在這段話旁批示：「我這幾天不出門。」毛拒絕到會場，是因為他知道林彪未參加會議，當然也不可能聽到林彪自我檢討，達不到他的目的。所以他沒有婉轉批示不到會講話原因，而直接批「這幾天不出門」非常強硬語句，透露他的不悅。

五月一日晚間，林彪經周恩來催促，才勉強姍姍來遲，到天安門觀看五一勞動節焰火晚會。毛澤東裝著一直與柬埔寨西哈努親王說話，對林彪視而不見，冷淡至極。林彪到場後也不與毛澤東握手和講話，僅坐幾分鐘，便不辭而別，逕自回府。

林彪在毛澤東面前遲到早退，過去未曾有過。在場的人都感覺到氣氛不對。以往，葉群都安排林彪到天安門的行程，一定比毛澤東早到天安門幾分鐘，等候毛的到來，再跟在毛身後陪同登上天安門，絕不可搶在毛之前先走。林彪也一直按照葉群的要求和安排去做，這一次林彪公然無視毛的存在，使雙方已不好的關係，更加惡化。

林彪在這次事情後，可能也感到自己做得過分，又數次打電話給中央辦公廳，請安排見毛澤東，都未獲得回覆。

這時，江青在釣魚台十七號樓精心佈置了一間照相室，邀請林彪、葉群前去照相。林彪正值心情沮喪之際，想通過江青去見毛澤東。江青邀他去照相，以為可見到毛澤東，走得匆忙，連鬍子也沒有刮，但是毛澤東根本不知道這件事，林彪當然不可能見到毛澤東。

照相前，江青要帶林彪去刮鬍子，林彪說：「年齡大，有鬍子沒有關係。」葉群勸他：「江青同志親自給你照相，不刮鬍子不好，刮了顯得年輕，精神煥發。」江青也勸：「你是黨的副主席，解放軍的副統帥，照的相應有領袖氣派。」林彪借江青秘書的刮鬍刀刮乾淨了鬍子。照相時，江青突然提出要求林彪把帽子摘掉，林彪把帽子扔給工作人員。江青又提出要林彪捧著《毛澤東選集》做出看書樣子，林彪也照做。

照片洗出來後，江青交給《人民畫報》和《解放軍畫報》在一九七一年第七、八期的「八・一合刊」的封面上刊出，標題為「孜孜不倦」，攝影者署名「峻嶺」。新華社為此發了新聞稿說：「這張照片把林副主席無限忠於毛主席的深厚無產階級感情，生動形象地展現在人們面前，給了人們巨大的激勵和鼓舞。」

林彪以為邀約拍照、登照和新華社新聞，都代表了毛澤東善意表態，覺得心中一塊石落了下來。據林立衡回憶：一九七一年夏季，當毛澤東和林彪關係日益惡化時，林彪曾對家人說：「毛澤東打倒天下人，也不會打倒我！」林彪天真的想法，與當年陶鑄在毛澤東要打倒劉、鄧時，毛說：「八大政治報告……不能叫他們兩個（指劉、鄧）負責。」

陶鑄興奮地說：「毛主席講話了，對少奇和小平同志還是保護的。」「保劉、鄧，我是對的。」如出一轍。結果，陶鑄比劉、鄧還先被打倒。林彪也不可能逃得過被鬥厄運。

美國總統尼克森特使季辛吉係於一九七一年七月九日秘密抵北京，與周恩來密談至深夜。毛澤東於當夜凌晨約談周恩來和參與此案作業的總參情報部副部長熊向暉。熊向暉曾於一九三七年奉中共指示滲透入國軍胡宗南部，受到胡宗南賞識，自一九三九年出任胡之侍從武官兼機要秘書，一九四七年三月將胡宗南將進攻陝北作戰計畫密送延安，致使中共中央安全撤出延安，挽救中共免於被國軍消滅。被周恩來譽為中共在國統區地下工作之「後三傑」之一，毛澤東更誇獎為「一人頂幾個師的力量」。同年，胡宗南又送熊赴美留學深造，一九四九年中共取得政權後，熊自美返北京出任要職。

毛澤東在聽取周、季談話內容後，故意問熊向暉：「那個參謀總長叫什麼名字啊？」熊回答：「總參謀長是黃永勝。」毛輕蔑地說：「噢！是他啊！他在總參批陳整風小結會上說了些什麼？」熊簡單報告後，毛問：「你嗅出什麼沒有？」接著就說：「黃、吳、葉、李、邱在廬山跟著陳伯達搗鬼！」毛又問熊有無看過中央下發黃等五人檢討報告和他的批示文件，熊說沒有。毛對黃扣發此一文件，不向下傳達十分惱怒，他說：「他們檢討是假的，黃永勝他們在搞陰謀，廬山的事還沒有完，還根本沒有解決。這個當中有鬼，他們還有後台。有的人讓自己的老婆當自己的辦公室主任，這不是共產黨的作風。」這是毛澤東首次在內部正式把鬥爭矛頭指向林彪。

從毛澤東藉故約談熊向暉，是因為事前接到總參三部部長的信，檢舉黃永勝扣發文件，不讓總參下面部級幹部知悉黃等五人檢討等情況。所以談話時故意把「總參謀長」說成「參謀總長」，問是何人，突顯他對黃永勝等軍委辦事組五人之不滿與輕蔑。他對黃永勝與他硬頂，更進一步對林彪不滿，就直接把矛頭指向林彪，也為八月「南巡」聯絡地方諸侯反林舖了路。

毛澤東對葉群的反感，在南巡途中，更是直接點名說：「我一向不贊成自己老婆當自己工作單位的辦公室主任。林彪那裡，是葉群當辦公室主任。」「向林彪請示問題都要經過她。」還提到對黃永勝妻子項輝芳也是黃辦公室主任的不滿。

八月十六日，周恩來、張春橋、紀登奎、黃永勝四人奉毛澤東指示，赴北戴河向林彪彙報中共預定召開九屆三中全會和四屆「人大」的準備工作情況，並徵求林彪的意見。林彪夫婦誤以為是續江青邀約照相一連串毛澤東示好態度，心中十分高興，熱情接待周恩來四人，並要招待吃飯。周、紀、黃三人都接受，唯獨張春橋堅持婉拒吃飯，周恩來等只好也不吃。四人辭行時，黃永勝趁與葉群握別機會，悄悄在葉群手中留下一張小字條，寫著「毛離京」三個字。

這次毛澤東離開北京，未事先向林彪「打招呼」，周恩來四人前來彙報也隻字不提，而張春橋又拒絕吃飯。林彪預感到，毛澤東有重要的事隱瞞著他，並且對他不利。

一九七一年八月十五日，毛澤東離北京南巡。據汪東興回憶：「毛主席這次南巡目的，是他認為黨的九屆二中全會上暴露的問題還沒有完全解決，要在黨內進一步揭露和批判林彪及其一夥的陰謀活動，強調黨內團結，防止分裂，通過同沿途的負責同志打招呼，以幫助林彪及其一夥的真正認識和改正錯誤。可是林彪及其一夥沒有按毛主席的期望去做，錯誤地估計形勢，終於走向反面，走上自我毀滅的道路。」中共官方黨史學界的說法是：「毛澤東察覺林彪集團的不尋常跡象，所以南巡招呼，揭露林彪一夥。」似乎都太過牽強，而是毛難熬技癢又要搞鬥爭。

毛澤東此行先後到達南昌、長沙、南京、杭州、上海等五地，約談的地方諸侯，有武漢軍區政委兼湖北省委負責人劉豐、河南省委第一書記劉建勛、河南省軍區司令員王新、湖南省委書記的華國鋒、湖南省軍區政委卜占亞、廣州軍區政委劉興元、廣州軍區司令員丁盛、廣西軍區區委負責人韋國清、南京軍區兼江蘇省負責人許世友、福州軍區兼福建省負責人韓先楚、江西省負責人程世清、浙江省軍區政委南萍、浙江省軍區司令員熊應堂、杭州空五軍政委陳勵耘、上海市委書記王洪文等十五人，九月十二日北返北京，先在西南郊豐台站停留，約談了總政主任兼北京軍區司令員李德生、北京市委第二書記吳德、北京軍區第三政委紀登奎、北京衛戍區司令員吳忠等四人，全程共計約談了十九人，談話十三次。除東北軍區外，從北至南之北京、武漢、南京、福州、廣州等五大軍區負責人均分別談話，逼迫表態，完全達到孤立「林彪集團」目的。

毛澤東談話，基本上是從中共黨的五十年歷史，歷經九次路線鬥爭，都未能成功分裂黨，把廬山九屆二中全會劃列為第十次的路線鬥爭；又從「國際歌」和「三大紀律、八項注意」談到團結的重要。毛的意思，簡單說就是團結一致鬥爭林彪。

毛澤東南巡談話很多，歸納起來，有下列重點：

一、林彪同志那個講話，沒有同我商量，也沒有給我看。我同林彪同志談過，他有些話說的不妥嘛。比如他說：全世界幾百年、中國幾千年才出現一個天才，不符合事實嘛。馬克思、恩格斯是同時代的人，到列寧、史大林一百年都不到，怎麼能說幾百年才出一個呢？中國歷史上還有陳勝、吳廣，有洪秀全、孫中山呢！這不符實際。

二、這次廬山會議，搞突然襲擊，地下活動，是有計劃、有組織、有綱領的。綱領就是「天才」、設國家主席。發難不是一天半，而是（八月）二十三、二十四、二十五叁天，是否定九屆二中全會的三項議程，要改成討論天才和要設國家主席問題。如果你們有理，你可以堅持，為什麼那股妖風颳了三天就不颳了呢？為什麼要收那麼快呢？他們名為反對張春橋，實際是反我。說反天才，就是反我（一九六七年，毛澤東為反「二月逆流」，就公然說過：「誰反對中央文革，誰就是反對我。」這次如出一轍。）是我把天才劃掉，是我提出不設國家主席。廬山這件事還沒完，還沒有解決，還沒有總結。廬山這一次鬥爭，同前九次不同。前九次都作了結論，這次要保護林副主席，沒有作結論，他當然要負一些責任，我看他呀，那些人幫了他的倒忙。那些人也不和我通氣。

三、有人看到我年紀老了，快要上天了，他們急於想當國家主席，要分裂黨，急於奪權。這次廬山會議是兩個司令部的鬥爭。

四、陳伯達也是反黨陰謀集團的人。九屆二中全會上印發反映華北組討論情況的六號簡報，是一個反革命簡報。是有人搗鬼，有人在搞陰謀詭計，不搞光明正大；不搞團結，是搞分裂。起先那麼大勇氣，大有炸平廬山，停止地球轉動之勢。可是過了幾天之後，又趕忙收回呢？他們發稱天才的語錄，不給李德生同志發。他們幾位（指黃永勝、吳法憲、李作鵬、邱會作）是井崗山山頭一方面軍的。一次當著他們的面，我說李德生你好蠢呀，不是一個山頭的，寶貝如何能給你呢？會上唸的稱天才的語錄，事先也沒有談過，也不知是那本書、那一頁的，是說假話嘛。真正從井崗山下來的只有黃永勝一個人，吳法憲、李作鵬、邱會作都不是，他們是在瑞金以後參加革命的。

五、軍隊開始是聶榮臻管的，以後是彭德懷管，後頭是林彪管。但他身體不好，也管不了那麼多，羅瑞卿、楊成武也不聽他的，我幫忙也不夠。現在的幾位大將（指黃、吳、李、邱四人），我也不熟悉，不了解，同他們單獨談得不多，集體談得也不多。黃永勝現在思想狀況怎樣，也不清楚。我看黃永勝這個人政治不怎麼強，是有頭無腦。他檢討最沒有勇氣，怕得要死。過去我沒管，現在我要管軍隊的事，我不相信軍隊要造反，你調動軍隊來搞壞事，聽你的？我找黃永勝他們談了話，當面批評了黃。他們都閉口不講林彪的問題。五個人（含葉群）在批陳整風匯報會上的檢討，承認在政治上是方向、路線錯誤，組織上宗派主義的。但是他們檢討裡面是吞吞吐吐，因而使人懷疑他們能否改好。（汪東興插話說：「這幾位的檢討，均非出於自願，是毛主席要我以他名義，一個一個催著他們把檢討書交來的。」）

六、林彪兩次打電話、寫信都被他們阻止了（汪東興回憶：毛澤東是指「九屆二中全會前，林彪曾經有兩次想要打電話、寫信給毛主席，但是都被葉群和黃永勝阻止了。」）不要把自己的老婆當自己工作單位的辦公室主任、秘書。林彪那裡，是葉群當辦公室主任。做工作要靠自己動手，親自看，親自批。不要靠秘書，不要把秘書搞那麼大的權。

七、我犯了個錯誤，勝利以後，軍隊的事情我管得不多。我要管軍隊了。締造人民解放軍，領導我們軍隊的人，就不能指揮嗎？我就不相信，你黃永勝能指揮解放軍？鄭維山能指揮解放軍？華北八個軍，就有五個軍反對他們。

八、廬山會議之後，我採取了三項辦法，一個是甩石頭，一個是摻沙子，一個是挖牆腳（內容略）。

九、九屆二中全會上犯了錯誤的人，前途有兩個，一個是可能改，一個是可能不改。犯了大的原則的錯誤，犯了路線、方向錯誤，為首的，改也難。對這些人怎麼辦？還是教育的方針，就是「懲前毖後，治病救人」。有的可能救過來，有的也可能救不過來。對路線問題、原則問題，我是抓住不放的。重大原則問題，我是不讓的。

十、現在有的同志（指林彪）對有些問題還認識不到嘛，那就等待，而且耐心地等待。認識一點就寫出來，以便改正錯誤。犯了錯誤，也不認識，也不去想辦法認識，在那裡頂著，這個不好。可能不僅會使錯誤不能被認識出來，而會加深的，甚至把錯誤當作包袱的。犯錯誤的包袱，常常是越揹越重。

十一、培養接班人的問題，我說我們都是六十歲以上的人了，要培養六十歲以下的、三十歲以上的人

（註：林彪這年六十四歲）。

十二、總之，就是路線問題、山頭問題、團結問題，我是程咬金的三板斧。我是到處講，回北京以後，或者一個一個的，或者三個四個的，還要再找他們談談，他們不找我，我去找他們。

十三、不要公開講這次廬山會議，因為中央還沒有做結論。你們只要說九次路線鬥爭就可以了。這是說現在的路線鬥爭還有些問題，不要像我給你們說的這一套。我們現在在下邊（指在南方），也不公開批評，批陳整風，我們還叫他批修整風。

此外，毛澤東還不點名批評了林彪的兒子林立果。他說：「比如說『超天才』對二十幾歲的人就捧得這樣高，這沒什麼好處，實際上是害了他。」「有人說我是天才，我是讀了六年土學堂，七年洋學堂，我算什麼天才呢？青年人，哪有那麼多天才？」林立果這年二十五歲，被吳法憲任命為空軍司令部作戰部副部長和黨委辦公室副主任。吳法憲把林立果當作林彪的代表，吹捧林立果為「超天才」。

毛澤東南巡講話重點，對陳伯達批評不多，反而是對林彪、葉群夫婦，和黃永勝等四人批評的多，而且話都講的很重，特別對幾位與黃永勝、吳法憲關係較密切的地方諸侯，更是嚴詞逼迫表態。

在長沙時，毛澤東當著各方負責人的面，對廣州軍區司令員丁盛、政委劉興元說：「你們和黃永勝的關係那麼深，黃永勝倒了怎麼得了呀？」

在杭州時，對空五軍政委陳勵耘說：「聽說吳法憲找你們談了，說不是有八個人嘛？其中有你一個，還有上海那個王什麼（指空四軍第一政委王維國），還有福建的那個叫什

麼？是不是就是那幾個人。你們空軍就八個中央委員嘛。」陳勵耘立刻緊張起來，慌忙解釋：「在廬山，吳法憲找我布置空中警戒……上山前都不知道他們這些事。」毛說：「空軍有，海軍有沒有？他們是不是內部有通知呀？」

在毛澤東專列離開上海時，王維國站在車門口，被王洪文（兩人均兼上海革委會副主任）拉上車，與毛澤東在車廂門口握了一下手。毛對王維國很冷淡，連話都沒有講。

綜觀毛澤東自九屆二中全會以來之作法，鬥爭陳伯達只是序幕。毛澤東原想先逼迫林彪低頭認錯，就可以順勢取消林彪的接班人地位，由張春橋接班。無奈林彪就是不認錯，而且堅持了一年，更不肯寫檢討報告。林彪的硬頂，破壞了毛的計劃，並傷及了毛澤東的威信。從毛澤東的南巡講話，可以歸結出，他認為林彪羽翼已豐，自認手中握有軍權，因而想先謀奪國家主席職位，最後再奪取黨權。所謂批評張春橋的「反天才」論，是掀起反毛奪權的陰謀詭計起步。而林彪的軍權，是靠軍委辦事組黃、吳、李、邱四大將掌握，葉群則是林彪在軍委辦的代理人。

所以，毛澤東的南巡，聯絡地方諸侯，逼使表態支持毛，並與林彪劃清界限，都是為了即將召開的九屆三中全會上批鬥林彪「集團」作準備。林彪即使在九月十三日沒有出逃墜機慘死，在三中全會後的下場，勢將飽受精神上與肉體上殘酷的鬥爭，以林彪多病的身體，怎堪折磨，恐怕會死的很慘。

毛澤東在長沙時兩次不點名批評空軍吹捧林立果為「超天才」時，並無證據顯示毛已知悉林立果陰謀搞「五七一工程紀要」及暗殺他的計劃。但是汪東興回憶錄說：「在杭州期間，毛主席已經察覺和瞭解到林彪一夥陰謀活動的部份新的情況。」「九月十日，毛主席決定離開杭州」，「下午四點，毛主席乘坐專列匆匆由杭州出發。」事實上，這些都看不出毛澤東在杭州已有所警覺，而匆促間採取的突然行動。

毛澤東離開武昌、長沙、南昌等地，都是臨時決定的，所以離開杭州，並無特殊之處。總計毛澤東在武昌停留十一天、長沙四天、南昌二天，在杭州停留了八天，時間已夠長。途經上海時，還花了十五個小時耐心等待許世友前來見面，又與許和王洪文談了一個多小時，才離開上海。專列在南京停留十五分鐘，沒見南京地區領導人。此後，毛澤東專列則一路不停向北京開。過濟南時，指示汪東興通知李德生、紀登奎、吳德、吳忠到豐台車站等候，亦無詭異之處。專列抵豐台車站，毛澤東與李德生四人談話時間約兩個鐘頭，汪東興也在場。毛澤東先問李德生訪問阿爾巴尼亞和羅馬尼亞情況，又談了美國在韓、越戰失敗情形。仍未顯現毛澤東有任何警惕林彪「陰謀行動」跡象，甚至提出對「軍委辦事組」加強「摻沙子」行動，他說：「以後還要從各大軍區調一些人來參加軍委辦事組工作。北京軍區也要從各軍區調一些人，把那個山頭主義的窩子搗爛。」

唯一特殊的是毛澤東單獨交代李德生一個任務，從三十八軍調一個師到南口（位於北京西北方三十多公里處），李德生後來回憶說：「這是一個極重要的軍事部署，毛對林彪一夥可能要搞武裝政變的最壞的情況都估計到了。」這只是預防措施，看不出與林立果的「五七一工程紀要」行動有關。

毛澤東為何不直接返回北京，而要先停留豐台車站，並約見李德生四人呢？是因為他在南方時，已特意透過廣州軍區老四野人員將他南巡談話內容洩露給林彪知悉。而對北京軍區的部署，是他南巡布局鬥爭林彪陰謀的最後一環，他不可能讓林彪「集團」知道他與李德生四人見面，而驚覺做出不利他的行動。所以選擇在豐台約談李德生四人，部置妥北京反林力量後，再進入北京。

但是，毛澤東確實是提前返北京，按過去慣例，應該是九月二十五日左右才會北返。連周恩來都覺得奇怪。然而毛澤東晚上返中南海後，未再見任何人，也未做任何部署，早早休息。周恩來當天睡到下午五時才起床，八時在人民大會堂召開會議，討論四屆人大會議的「政府工作報告」。一切都未顯示毛澤東已覺察林立果暗殺陰謀行動。

當晚葉群、林立果硬逼林彪一起搭乘飛機逃亡，應該是出於事敗「心虛」，和瞭解到毛澤東已決心打倒林彪，確定難逃毛的魔掌，只得孤注一擲。

毛澤東南巡講話，還故意要求保密，沿途約見各地方諸侯，都一再交代不可外洩談話內容。但是八月二十八日與三十日，毛澤東與廣州軍區負責人劉興元、丁盛談話兩次，二人返廣州後，毛澤東兩次指示汪東興電話通知劉、丁二人向廣州軍區師以上幹部傳達毛在長沙談話內容。毛認為廣州軍區多屬林彪原四野部隊，一定會有人向林彪反映，毛的目的不但在打草驚蛇，還要引蛇出洞。

果然廣州軍區空軍參謀長顧同舟告知了林立果親信空軍司令部黨委辦公室副主任周宇馳，九月六日，周宇馳攜帶毛南巡講話資料到北戴河見了林彪、葉群、林立果。

同日，李作鵬陪同外賓（朝鮮軍事代表團團長，朝軍總參謀長吳振宇）到武漢訪問時，武漢軍區政委劉豐把毛澤東談話內容密告李作鵬。李返北京後，報告了黃永勝，並將毛澤東南巡講話歸納為三點：廬山的問題沒有完；上綱比以前更高；矛頭指向林彪。黃用保密電話轉告了葉群。

中共國防大學文革史研究學者王年一教授說：「毛澤東在北京時，沒有同林彪講，也沒有在中央談過，卻到處講要搞掉林彪。」毛澤東這種以黨主席身份到地方上，向各地諸侯煽風點火，比「文革」前夕在南方巡視，策劃打倒劉少奇，更激烈更嚴重。

林彪知悉後，怎不嚇破膽。光從顧同舟、劉豐將毛澤東南巡講話內容，透過第三者向林彪反映，可以看得出，當時各地方領導對毛澤東不滿者不在少數。極有可能在九月二日之前，林彪就已知悉毛講話內容。因為當天下午，林彪對侍衛長李文普說：「北戴河的房子不要蓋了，反正我活不了幾天啦！」

一九六六年，毛澤東南巡，是為了打倒黨內「最大的走資本主義道路的當權派」劉少奇，在掌握穩操勝券後回到北京，劉少奇頓感進退失據，束手無策，只得坐以待斃。毛澤東在鬥爭時，從來就是蠻不講理，無限上綱，亂扣帽子，以力服人。一九七一年的這次南巡，對林彪之批判，遠勝於一九六六在南方對劉少奇之批評。而且毛澤東在南下前，在北京已先採取了三板斧（即甩石頭、挖牆腳、摻沙子），削弱了林彪實力，南巡又逼迫各地諸侯表態效忠及支持倒林鬥爭。在二十八天行程中，與華國鋒、劉豐、許世友談話各三次，其他人員各兩次，只有王洪文和北京軍區的李德生四人共五人是一次，顯見毛澤東勢在鬥倒林彪。

這時，中共已預定十月一日建政「國慶」日前後召開九屆三中全會。毛澤東要在此次會議中打倒林彪，還必須有一些後續部署，所以他必須提早回到北京準備。林彪在獲知毛澤東北返後，必然也如同當年劉少奇，知道大禍臨頭，又在葉群、林立果「五七一工程」失敗後，被逼的與其束手就擒，不如出走，尚有一線生機，只是天不假年，墜機結束一生悲劇。從這幾點看，毛澤東從杭州出發一路奔馳返回北京，就不足為奇。

林立衡在乃父林彪乘機逃亡墜機而亡後，曾痛心說：「縱觀五千年中國史，無論夏商周秦漢，還是三晉南北隋，唐宋元明清，大凡君臣無猜，乃國泰民安，基業堅如磐石；反之，君臣互忌，江山必毀於旦夕。唉，中國啊中國，你何時才能結束這種封建桎梏，真正走向民主啊！」

林立衡忽略了，凡是從民間「起義」一統天下之帝王，如劉邦、朱元璋在稱帝後，無不殘殺功臣，並未危及江山。毛澤東熟讀歷史，深諳帝王學，為了鞏固個人權力與獨夫地位，從中共建政後，先後打倒了高崗、饒漱石、彭德懷、彭真、陶鑄、劉少奇、乃至林彪，無不經過精心策劃，何曾動搖了中共政權。

即使林彪死後，毛澤東還想鬥爭周恩來，並且已著手進行，從「批林整風」發展到「批林批孔（子）」，一九七四年，毛澤東指示說：「現在到了批周公的時候了。」所謂「批周公」實則含沙射影批周恩來，從一九七三年起，毛澤東健康越來越差，周恩來也檢查出罹患膀胱癌，毛說：「既然是癌，那就無法可治了，何必再檢查治療，給病人增加精神上和肉體上之痛苦。」汪東興對李志綏說：「在毛心目中，只有毛一個人不能死，誰死了也無關大局。」毛澤東擔心先周而死，周恩來勢必打倒江青等人，結束文革。所以藉「批周公」，及鬥爭周恩來，加重周病情，逼周先走一步。後來周恩來在醫生建議下想動手術，但毛已講話在前，也不敢開刀。幾乎拖了近兩年，一九七四年六月才動手術。

但在這段時間內周恩來多次遭到毛澤東批評，江青之「四人幫」趁機對周恩來大加撻伐。甚至，周恩來因年邁臥病住進醫院，四人幫竟然用擔架將周恩來抬到會場接受鬥爭，連張春橋都不忍心，在背後說太過份了。而周恩來忍功了得，每次鬥爭他的場合一定出席，對他批鬥，從不辯解，而且反覆自我檢討認錯，甚至高喊「向江青同志學習」。

中共「批周公」同時為秦始皇「平反」，江青在批鬥郭沫若時說：「主席說秦始皇是一個厚今薄古的專家。他說：『秦始皇算什麼？他只坑了四百六十個儒，就是儒生啊！儒家，我們坑的比他多。我們在鎮反運動中鎮壓了幾十萬反革命，我看有四萬六千個反革命的知識分子就坑掉了。我跟民主人士辯論過，你罵我們是秦始皇，是獨裁者，我們一概承認。』」一九七四年十二月四日，《人民日報》發表〈悖革命暴力者昌，悖反革命暴力者亡〉一文，公開為秦始皇辯護，其實是為毛澤東辯護。

這時期，中共同時又發表了〈法家人物介紹：呂后〉和〈古代傑出女政治家：武則天〉兩篇文章，似乎有安排江青接班趨勢。毛澤東顯然從九屆二中全會和批林批周運動中，發現中共高層領導人中，除「文革幫」外，都反對張春橋，因此一反過去培植張春橋為接班人的計畫，似乎有意轉而扶植江青接班。如果毛岸英不在韓戰死去，接班人就有可能是毛岸英。但是，最後毛澤東仍然衡量勢不可為，臨終前知道「四人幫」已失人心，既沒有給江青，也沒給王洪文，而是給華國鋒。

周恩來於一九七六年一月八日因癌擴散死亡，一月下旬，毛親自點名由華國鋒接掌國務院，四月出任中共中央副主席。到九月，毛澤東病危時，江青仍極少關心毛之病情，汪東興說：「這不奇怪。江青認為阻礙她取得最高權力的人，就是主席。」毛澤東終於在九月九日死亡。他生前所作種種安排仍無法保護江青等「四人幫」，也無法讓文革繼續下去，印證了人算不如天算。

林彪育有二女一子。長女林曉霖，是林彪在抗日戰爭期間赴蘇療傷時期與前妻劉新民（又名張梅）所生。林彪傷癒返延安前，與劉女離婚，曉霖隨母留蘇。中共建政後，曉霖自蘇回到林彪身邊，父女感情甚篤。但難容於後母葉群，將曉霖遠送東北讀書。文革開始後，林彪為保護曉霖，把她送去西北沙漠一個尖端武器試驗基地從軍，並由葉群口授秘書發表一份「林彪聲明」，斷絕父女關係。林曉霖現已退役，定居北京，對乃父並無恨意。

次女林立衡為林彪與葉群於一九四四年所生，小名豆豆，文革期間擔任《空軍報》副總編輯。她與母親葉群關係緊張。一九八八年她曾向羅瑞卿的女兒羅點點說：「父親是好人，而母親才是壞人！」在葉群嚴苛管教下，林立衡曾在二十歲、二十四歲兩次自殺，葉群有一次毒打女兒成傷，為防林彪知道，曾設法阻止父女見面，並禁止秘書向林彪報告。

獨子林立果，小名老虎，一九四五年生，在北大物理系就讀時，正逢文革爆發，學校停課，葉群見他無所事事，於一九六七年四月送他參軍，由空軍司令員吳法憲任命為空軍黨委辦公室秘書，同年七月加入共產黨。一九六九年十月十七日，在父母庇蔭下，出任空司黨委辦公室副主任兼作戰部副部長（後者為增設，幾乎不到班），故空軍有人批評他是「一年兵，二年黨，三年副部長，四年太上皇」，所謂「四年太上皇」，就是林立果在空軍組織「聯合艦隊」，搞「五七一工程紀要」，企圖發動政變，奪取政權。

林彪非常疼愛林立衡、林立果姊弟二人，經常帶在身邊出巡或旅遊。如一九六九年八月，林彪曾偕葉群和這一對姊弟上井崗山，住了幾天；十月，為防範蘇聯的突襲，林彪率領高階軍幹乘坐專機視察五台山、雁門關、八達嶺等地時，特意帶著葉群和兒女同行，指示飛機繞到抗戰期間讓其聲名大噪的山西平型關戰場上空巡視一圈；一九七〇年八月，中共九屆二中全會時，林立果以軍委辦事組秘書名義陪同父母上廬山。

為了林立果，林彪曾在一九七〇年五月二日在家中接見與林立果共事的空軍司令部黨委辦公室副主任周宇馳、劉沛豐和空軍副參謀長王飛等人暨家屬，並合影留念。空軍司令部還成立以林立果為核心之「調研小組」，周、劉、王均為成員。林立果後來就以這批人為核心建立「聯合艦隊」。林彪還曾在一九六九年二月二十六日致信周宇馳、劉沛豐說：「這兩年老虎在你們幫助下，能力上已有進步，今後你們可讓老虎多單獨行動，以便鍛練他的獨立工作能力。此致，敬禮，並感謝你們過去對他的幫助。」

一九七〇年七月，葉群為進一步培養林立果，準備安排林立果在空軍幹部大會上作學習毛澤東著作的「講用報告」，事前先在「林辦」黨支部預講，講得很糟，被葉群斥責。事後，林立果背著葉群，口無遮攔地在「林辦」秘書面前批評母親。七月底，林立果在「空司」作講用報告，林彪知道後誇獎有加，說：「思想像我的，語言像我的，連聲音也像我的。」處處都可看出林彪夫婦對林立果之溺愛。吳法憲為奉承林彪還賦予林立果「兩個一切」特權，即可以「指揮空軍一切，調動空軍一切」，事實上這是口惠，而未給予實權。

一九七〇年中共「九屆二中全會」後，在毛澤東指示下，周恩來於十二月二十二日至次年一月二十四日，召開「華北會議」，揭批陳伯達罪行。一月九日，又指示中央軍委召開「批陳整風」座談會。毛澤東對兩次會議都不滿意，批示：「重點在批陳」，箭頭實指林彪。

據汪東興回憶說：「一九七〇年十月，以林立果為首組成了『聯合艦隊』」，「一九七一年二月，林彪、葉群和林立果在蘇州密謀後，派林立果到上海召集『聯合艦隊』的主要成員周宇馳、于新野（空司黨委辦公室副處長），以及空軍七三四一部隊（即空四軍）政治部副處長李偉信，從三月二十一日至二十四日，制定了反革命武裝政變計畫『五七一工程紀要』。」「三月三十一日，林立果召集江騰蛟（南京軍區空軍政委）、王維國（上海空四軍政委）、陳勵耘（杭州空五軍政委）和周建平（南京軍區空軍副司令員）秘密開會，指定南京以周建平為頭，上海以王維國為頭，杭州以陳勵耘為頭，江騰蛟『進行三點聯繫，配合、協同作戰』。」後者即所謂「三國四方會議」。

汪東興這段話內容，與事實有相當出入：

一、「聯合艦隊」係由「調研小組」改名，非新組成。

據《中共黨史講話》第二十一講：「一九六九年十月，吳法憲等人根據林彪的意見，任命林立果為空軍司令部（黨委）辦公室副主任兼作戰部副部長。……在這之前，經吳法憲批准，在空司辦公室成立了以林立果為組長的『調研小組』，搜集情報，秘密聯繫，作為林立果進行陰謀活動的工具。翌年秋，林立果把『調研小組』定名為『聯合艦隊』，在北京、上海、廣州、北戴河建立多處秘密據點。」與汪東興所說一九七〇年十月「成立」「聯合艦隊」，時間吻合，但不是「成立」，而是林立果將原「調研小組」命名為「聯合艦隊」，取材自日本影片「山本五十六」所指揮之艦隊名稱命名。

這個時間正是中共九屆二中全會結束之後，毛澤東發起「批陳整風」運動，逼迫中央軍委辦事組「五大將」（含葉群）檢討，鬥爭矛頭實際集中在林彪身上。林立果發覺其父林彪地位岌岌可危，正步上劉少奇後塵，意圖以「調研小組」為基礎，運用空軍之力量，鞏固林彪接班地位。

二、無證據顯示林彪指示林立果密謀叛變。

一九七一年二月十二日，林立果陪同林彪、葉群赴蘇州。林彪夫婦何時離開蘇州不詳。根據《林彪日記》記載：「二月間林彪長住蘇州、北戴河」，所以林彪、葉群夫婦至遲在二月底以前應已回到北戴河。三月二十六日，周恩來曾派專人將毛澤東三月二十四日對黃永勝、邱會作，和李作鵬三人檢討報告暨批示送北戴河給林彪看，證明林彪三月間均在北戴河。

《中共黨史講話》說：「一九七一年二月，林彪、葉群、林立果在蘇州密謀之後。三月二十一日，林立果、周宇馳、于新野在上海秘密據點分析形勢，研究林彪的『接班』問題，認為『和平接班』為最好，但必須做好『武裝起義』的準備。商定寫個計畫，林立果命名為『五七一工程』計畫（「五七一」為武裝起義諧音）。二十二日至二十四日，于新野執筆草擬了『五七一工程紀要』。」從時間上比對，林立果在上海召開「聯合艦隊」會議時，林彪夫婦已不在蘇州。如果林彪確曾有指示密謀叛變，不會允許林立果拖延到三月下旬才進行，也不必專程跑到上海，在北京策劃即可。

「九一三」之後，指控林立果召開這次會議和策訂武裝起義計畫的唯一證人是李偉信。他在審訊時交代：一九七一年三月十八日，林立果到上海。二十一日，「開始他們三人商量，後來叫我也去了。反革命分子林立果說『目前各地區實力來看，首長講話，還是有一定作用。這件事與首長談過。首長叫先搞個計畫。』」「對於林彪接班問題，認為有三種可能：一是和平過渡，二是被人搶班，三是提前接班。如果提前接班，就要『直接陷害毛主席』，辦法是『把主席軟禁起來談判，也可以把主席害了，再嫁禍於人。』」林立果結論時說「爭取和平過渡，但是做好武裝起義準備。」於是，林立果夥同周宇馳、于新野等人於三月二十一日至二十四日起草了「五七一工程紀要」但是李偉信說他沒有看過「紀要」內容。

李偉信的供詞證明：「五七一工程紀要」是林立果、周宇馳、于新野三人所研擬，並無上海地區空軍人員參與，而三人工作地點都在北京，同時出現在上海，顯然是因公出差來此，沿途談論時局，對林彪面臨的接班危局感到憂心，臨時起意密謀叛變，除李偉信稍有介入，略有所知外，並無其他「聯合艦隊」人員參與，且從「五七一工程紀要」內容粗糙，缺乏具體規劃等，足以說明僅是林立果與兩名親信間的天真想法。

在「九·一三」之前數日，林立果密謀意圖殺害毛澤東時，卻完全拿不出一點具體計劃，亦未付諸任何行動，就放棄了。而且，李偉信是在隨周宇馳、于新野乘直升機逃亡未成功，周宇馳下令集體自殺時，李因怕死對空開了一槍，偽裝已自殺，然後自首者，他的供詞可信度，令人存疑。

三、除李偉信外無人知道「五七一工程紀要」。

李偉信說「『五七一工程紀要』是林立果與陳勵耘研究的框架，由于新野所寫。」還說：「黃、吳、李、邱四大將，江騰蛟、王維國、周建平等人都知道『五七一工程紀要』。」據曾參與「三國四方會議」的周建平表示不知道有什麼政變計劃，更沒有什麼謀害毛澤東的計劃，只是研究如何對付張春橋。

據中共軍事作家張聶爾於一九九九年所寫《風雲『九・一三』》一書透露：「他對參加會議的『三國四方』當事人作了嚴肅認真的核對，與會者都承認確有『三國四方會議』的戲謔說法，但研究的內容只有一個：『抓好部隊工作』，『如何對付張春橋』。對『五七一工程』既沒有一句明言也沒有一點暗示。至於『謀害毛主席』的語言，絕對不可能出現。」中共中央文件，指控這次會議為「對執行反革命政變計畫作組織上的準備和分工」，完全不符事實。

王維國、陳勵耘在「九・一三」之後審查時，也都否認知悉和看到過「五七一工程紀要」。

陳勵耘在獲釋後透露，他不認為「三國四方會議」是個會議，只是被邀去見面閒聊而已，時間是三月二十八日晚上，在上海岳陽路少年科技站，在座的人有林立果、江騰蛟、王維國、陳勵耘，到次日早上二時，再找來周建平。因有人提到九屆二中全會，林立果說：「現在軍隊的日子不好過，黃總長（永勝）他們的日子也不好過。現在的鬥爭是爭奪接班人的鬥爭，將來主席百年之後，就是江青、張春橋這些人來接班。」江騰蛟一拍大腿說：「就是奪權也輪不到他們，還有林副主席呢！」林立果說：「奪權有兩種形式，一是武裝形式，一是和平形式，我們採取的是和平形式。」

快分手時，江騰蛟忽然說：「今天我們開『三國四方會議』」，並解釋：「周是南空、陳是五軍、王是四軍、我們（指林立果、江騰蛟）也是一方嘛。」林立果就說：「周副司令來了，就負責南京吧。王政委就負責上海，陳政委就負責杭州吧。還有你們的老政委（指江），他是總負責的。」陳勵耘表示他根本不知林立果是什麼意思，還以為是同上海張春橋鬥爭的問題，沒想到其他。當時已凌晨三時多，每個人都累的很，所以陳、周、王三人都沒有吭聲或作任何表示。陳勵耘堅決否認當時有任何人提到「五七一工程」，和「陰謀反對毛主席」。

陳勵耘的說明，證實「聯合艦隊」上海會議與「三國四方會議」是兩個不同性質的會議，前者討論了「武裝起義」問題，後者顯然是林立果為拉攏江、陳、周、王等人，邀約見面談談，趁機溝通反江、張觀念，三人亦未想到嚴重性，而且林立果未曾提過有任何林彪指示。

「九・一三」後，中共首次對內部高層透露林彪「叛逃」事實，是一九七一年九月十八日發出的「中共中央關於林彪叛國出逃的通知」。「通知」說：從周宇馳等駕逃未成功的「直升飛機上查獲林彪投敵時盜竊的我黨我軍大批絕密文件、膠捲、錄音帶，並有大量外幣。」未提及查獲文件中有「五七一工程紀要」文件，在林彪數處住所搜查亦未有發現。直到同年十一月十四日「中共中央關於印發反革命政變綱領『五七一工程紀要』的通知」才第一次提到「從林彪的兒子林立果在北京空軍學院的秘密據點裡，查獲了林彪一夥制定的反革命政變綱領『五七一工程紀要』」，「查獲」的經過情形，也是匪夷所思。

林立果在空軍學院將軍樓的「秘密據點」，在「九・一三」後，中共未立即派人搜查。當天下午空院管理處副處長王蘭義把每天要送去「據點」的報紙用石塊壓在門口台階上。次日下午再去送報紙，看見昨日的報紙仍在原地未動。九月十五日黃昏，王蘭義又送報紙，還是跟昨日情形一樣。他決定進去看看，發現屋內亂糟糟，盡是燒過的文件灰燼。王蘭義覺得這些人已匆忙離開，可能不再回來。於是回到工作單位報告，並找了兩人同去檢查房間，發現在餐桌上有一本紅色拉鏈本，記述了一些事情。

三人商量一下，撥電話先找于新野，再找程洪珍（空司黨委辦秘書），均不在。最後找到劉世英（空司黨委辦副主任），劉說等他們（指于、洪等人）回來再說吧。十六日，王蘭義決定把這本子拿出來，交給處長張帆，最後由王蘭義拿回家存放。

九月十七日，中共中央派人搜查「秘密據點」。十月六日李德生（「九・一三」後代表中共中央坐鎮空軍）傳達中央文件關於林彪叛國通知，張帆於次日凌晨二時，將拉鏈本上交空院政委殷古風並寫了一份材料。八日再附上王蘭義一份揭發材料上繳空軍政委王輝球，九日李德生將本子送周恩來處理。這本本子所記就是「五七一工程紀要」，後經李偉信、程洪珍、劉世英辯識，和比對于新野筆跡，認為這是于新野原稿，共有二十四頁，但缺第八頁。

從「五七一工程紀要」發現的經過，有幾個疑點：

一、李偉信知悉「空軍學院」這個「秘密據點」，他與周宇馳、于新野三個人就是從此據點出逃。所以他在九月十三日自首後，應該會先供出此一據點和「五七一工程紀要」。但是中共到九月十七日才搜查空院「秘密據點」，且無所獲，亦未向管理處查詢有無任何異狀和發現，若非張帆、王蘭義十月初交出私藏之紅色拉鏈本，中共仍不知有武裝起義計畫。故有人懷疑「五七一工程紀要」係中共偽造。

二、「秘密據點」規定勤務士兵須在晚上無人後打掃，但在十三、十四兩日晚上據點內部已無人，勤務人員亦未進入打掃，是勤務人員偷懶，或是另有隱情？

三、王蘭義於十五日晚上發現林立果的空院據點人去樓空，滿屋灰燼，曾向單位報告，為何單位不予重視查證；十六日王蘭義發現紅色拉鏈本，交給張帆，二人均非文盲，當然知道這本子所記為陰謀政變資料，竟不上交，還由王蘭義存放家中。在文革期間極端恐怖的政治鬥爭氣氛下，張、王二人怎麼敢私藏這本本子，直到二十二天後，才覺得事態嚴重，交出本子，令人難以置信。

四、中共到十七日，根據空軍作戰部部長魯珉自首的口供，才知悉此一秘密據點，派人搜查。張帆、王蘭義二人無視搜查，仍密而不宣原因不外有二：一是根本沒有這本拉鏈本，而是中共製造的假案；一是張帆、王蘭義二人也是對毛澤東和文革不滿人士，對林彪或林立果「聯合艦隊」成員，產生了同情，因而一致同意密藏起這本本子，最後又怕惹禍上身，交了出來。但是王蘭義曾清理現場，中共在搜查無所獲後，按理應該會傳訊彼等，為何未傳訊，或是二人不吐實？

五、李偉信說：「五七一工程紀要」正文在北戴河林彪處所。但九月十二日，林彪倉促出走時，根本來不及帶走或焚燬任何文件。「九•一三」之後，中共搜查林宅，亦無所獲；九月十三日凌晨，周宇馳、于新野離開空軍學院「秘密據點」時，把重要文件不是焚毀，就是帶走，為何獨留「五七一工程紀要」不帶走？而李偉信又是最後一個離開者，這本有醒目紅色外殼的本子放在桌上，他為何沒有注意到？在所有與林彪出走案有關之中共人員，只有李偉信一個人說有「五七一工程紀要」，但他「沒有看過」。而且中共證實江騰蛟、王維國、陳勵耘、周建平等人都不知有「五七一工程紀要」，即使列為林彪「集團」四大將的黃永勝、吳法憲、李作鵬、邱會作等人，在關押審查時，對「紀要」也一無所知。更令人對「五七一工程紀要」真實性存疑。

如果照中共所指控係林彪夫婦與林立果密謀屬實，以林彪的智慧與細心，以及豐富軍事經驗，要發動一場軍事政變，並謀殺毛澤東，怎可能不爭取黃永勝等四大將參與，並擬出具體可行計畫？反而任由林立果與「聯合艦隊」成員周宇馳、于新野等三人，既乏軍事知識，又無軍事實務的黨務人員，就能密謀策劃，幻想發動政變，何啻緣木求魚。此既不合林彪個性，而且迄今沒有直接證據，證明林彪曾有指示或參與規劃。

我們姑且認為「五七一工程紀要」屬實，就來看看其內容如何。

「五七一工程紀要」既然稱之為「紀要」，至少說明尚未達計畫階段，而是一份「要點紀錄」，紀錄了林立果三人的一些政變構想，雖然列有一些自以為是的「實施要點」，卻幾乎沒有實現條件。

「紀要」共分九個項目：

第一個項目是「可能性」。

先分析了當前形勢：「九二一（指九屆二中全會）後，政局不穩，統治集團內部矛盾尖銳，右派勢力抬頭。」「一場政治危機正在醞釀；奪權正在進行；對方目標在改變接班人；中國正在進行一場逐漸地和平演變式的政變；政變正朝著有利於筆桿子，而不利於槍桿子的方向發展。因此，我們要以暴力革命的突變來阻止和平演變式的反革命漸變。反之，如果我們不用『五七一』工程阻止和平演變，一旦他們得逞，不知有多少人頭落地?中國革命不知要推遲多少年。」

從這個簡單的「開場白」，可瞭解在九屆二中全會後，林立果等人確認毛澤東要發起一場和平演變式的政變，以張春橋（筆桿子）取代林彪（槍桿子）為接班人。因此，他們想以武裝起義式的「政變」阻止毛式和平演變的「政變」，不讓毛澤東得逞，否則林彪被打倒，勢將牽連一片無辜者被鬥被殺。

「可能性」中也介紹了「我方力量」，更是空洞的自我陶醉。內容重點說：「在全國只有我們這支力量正在崛起，蒸蒸日上，朝氣勃勃。革命的領導權落在誰的頭上，未來政權就落在誰的頭上。取得了革命領導權，就取得了未來的政權。革命領導權歷史性地落在我們艦隊頭上。」「和國外『五七一工程』相比，我們的準備和力量比他們充分得多，成功的把握性大得多。和十月革命相比，我們比當時蘇維埃力量也不算小。」「地理迴旋餘地大，空軍機動力強。比較起來，空軍搞『五七一』比較容易得到全國政權，軍區搞地方割據。兩種可能性：奪取全國政權；割據局面。」

林立果應該明白他的「聯合艦隊」就是那麼幾個人，力量十分有限，竟然狂妄到自詡能夠與蘇共「十月革命」相比較，即使林立果真的認為吳法憲賦予他的「兩個一切」（指揮空軍一切，調動空軍一切），就可動用空軍一切力量，發動政變，奪取政權，實在是太過無知。

從「紀要」幻想僅以空軍力量發動政變，已足以說明「五七一工程紀要」是林立果的「聯合艦隊」的天真想法，如果是林彪主謀，他不可能如此自不量力，勢必也包括陸、海軍力量在內。

第二個項目是：「必要性、必然性」。

要點有：「『B－52』好景不長，急不可待地要在近幾年內安排後事。對我們不放心。如其束手被擒，不如破釜沈舟。在政治上後發制人，軍事行動上先發制人。」「筆桿子托派集團正在任意篡改、歪曲馬列主義，為他們私利服務。」「他們的繼續革命論……首當其衝的是軍隊和與他們持不同意見的人。」「當然我們不否定他（指毛）在統一中國的歷史作用，正因為如此，我們在歷史上曾給過他應有的地位和支持。但是現在他濫用中國人民給予的信任和地位，歷史地走向反面。實際上他已成了當代的秦始皇，為了向中國人民負責，向中國歷史負責，我們的等待和忍耐是有限度的!他不是一個真正的馬列主義者，而是一個行孔孟之道，借馬列主義之皮，執秦始皇之法的中國歷史上最大的封建暴君。」

這個項目，說明政變的對象是毛澤東和「文革幫」。在「九・一三」之後，毛澤東發起鬥爭林彪運動是「批林批孔」。孔子又未得罪毛澤東，為何要「批孔」，又與林彪何關?原來是林彪「崇儒」，生前愛引用儒家言論寫條幅，而且「五七一工程紀要」把毛澤東和儒家劃上了等號，毛為了自辯他不是孔子信徒，而是個「馬列主義者」，以鞏固他的黨主席，和爭取共黨國際領袖地位，所以必須「批孔」，與儒家劃清界限。到一九七四年，毛澤東又進一步開始為秦始皇「平反」，實者是為自己辯護。

第三個項目是：「基本條件」。又分成四個子項：

有利條件：要點有「獨裁者越來越不得人心，統治集團內部很不穩定，爭權奪利，勾心鬥角，幾乎白熱化。」「軍隊受壓，軍心不穩，高級中上層幹部不服不滿，並且握有兵權。」「一小撮秀才仗勢橫行霸道，四面樹敵，頭腦發脹，對自己估計過高。」「黨內長期鬥爭和文化大革命中被排斥和打擊的高級幹部敢怒不敢言。」「中蘇對立，整蘇聯，我們行動會得到蘇聯支持。」

最重要的條件：「我們有首長（指林彪）威信名望、權力和聯合艦隊的力量。」

自然條件：「國土遼闊，迴旋餘地大，加之空軍機動性強，有利於突襲、串聯、轉移、甚至於撤退。」

困難：「我們力量準備還不足」。「群眾對B－52的個人迷信很深。B－52深居簡出，行動詭秘，戒備森嚴，給我們行動帶來一定困難」。

本項把歷次政治鬥爭運動中被衝擊之黨、政、軍高幹列為「有利條件」，雖然這些高幹不滿毛澤東或「文革幫」，但在毛澤東的長期淫威懾服下，都不敢有反抗之心。如果由林彪出面，登高帶領政變，這些高幹是否敢響應，仍存疑問。九屆二中全會，林彪已經首先發難，不點名批評張春橋，當即獲得高幹們之呼應，但是毛澤東龍顏一怒，個個龜縮回去，連林彪都不敢跳了。這些高幹還敢再造次嗎？

光憑林立果和他的聯合艦隊少數幾個人，想要調動空軍的力量造反？本身就是大疑問。即使勉強能夠調動空軍力量搞政變，那些老帥老將，以及黨政軍高幹，對這些聲望不足，缺乏實力的「毛頭小孩」，給予支持的可能性，微乎其微。林立果如果將「紀要」出示林彪，其結果必然是否定和制止。相信林彪至死都不知有此「紀要」。

「五一七工程紀要」提到「我們行動會得到蘇聯支持」，中共為了落實林彪勾結蘇聯的罪證，曾揑造了一個莫須有的人「吳宗漢」，說是擔任林彪與蘇聯間聯繫的中間人。並說「吳宗漢」是化名，顯然在避免有心人士追查，戳破謊言。

據一位參與「林彪專案組保密組」的成員，化名「姚明理」或「趙研極」所寫的《林彪的陰謀與死亡》一書，有一章專談此案，內容略為：「吳宗漢一九五九年被蘇聯吸收為間諜，回國後向總參情報部和總政治部自首（吳非軍人，不向公安部自首，就令人奇怪）。總參情報部決定將吳宗漢轉為『反間諜』，以對付蘇聯情報機構。後來任務又停止，直到一九七一年某天，有兩位軍人找他，指示他必須與蘇聯情報機構重新接觸。同年八月二十四日（毛澤東已南巡），公安部反間諜小組調查報告說：吳宗漢與蘇聯進行秘密談判的命令，是總參謀長黃永勝和總參情報部所下達。公安部判斷，林彪一定和此事有關，『在毛試著對美國展開笑臉的同時，林彪卻故意向蘇聯伸手。』公安部的『軍事管制委員會』負責人李震（公安部副部長）曾受林彪提攜，為保護林彪，於是將調查吳案的『反間諜』小組成員五人逮捕下獄。其中一人事前將案情寫下，交給李震副手于桑（亦公安部副部長），于桑報告了公安部長謝富治和周恩來。周恩來指示于桑，除謝和周外，不要再讓任何人知曉。所以毛澤東不知此事。」

中共編造此一故事，破綻甚多，大概也想到缺乏足夠證據，所以在林彪的起訴書中，沒有將這段故事編進去。李震後來精神崩潰，自殺身亡，有人懷疑他因拒絕參加捏造林彪勾結蘇聯的故事被害，而于桑參與了，保全了性命與職位。

但是林立果的「工程紀要」認為政變會獲得蘇聯支持，也是不懂國際政治，幼稚的想法。不論在政變前、發起政變初期，或結束時，與蘇聯取得秘密聯繫尋求支持，蘇聯基於國際政治現實考量，都不可能給予任何承諾。即使政變成功，確定毛澤東無力反撲，蘇聯仍會先觀望，再表態。

林彪一生對蘇不信任，從他逃亡前哽咽說：「至少我還是個民族主義者！」和飛機逃抵外蒙與蘇聯國界時折返後，才發生墜機事件，大陸學者專家都認為此足以證明林彪不願逃亡蘇聯。林彪墜機後，蘇聯曾派專家赴現場勘查，過了一段時日才驚覺是林彪座機墜毀，更說明林彪，或者林立果等，均未曾與蘇聯有過任何秘密接觸和談判。

第四個項目是「時機」。

「紀要」說：「敵我雙方騎虎難下。目前表面上的暫時平衡維持不久，矛盾的平衡是暫時的、相對的，不平衡是絕對的。是一場你死我活鬥爭！只要他們上台，我們就要下台，進監獄。或者我們把他們吃掉，或者他們把我們吃掉。」提出的「時機」，則分成戰略和戰術兩種：

「戰略時機」有二：「一種我們準備好了，能吃掉他們的時候」；「一種是發現敵人張開嘴要把我們吃掉的時候，我們受到嚴重危險的時候。這時不管準備或沒準備好，也要破斧沉舟。」

「戰術時機和手段」，提出了四個方式：「B－52在我手中，敵主力艦（指中共中央首要，即江青、張春橋等人）均在我手心之中，屬於自投羅網式。」「利用上層集會，一網打盡。」「先斬爪牙，造成既成事實，逼迫B－52就範，逼宮形式。」「利用特種手段，如毒氣、細菌武器、轟炸、五四三（一種從蘇聯購進之地對空飛彈之代號）、車禍、暗殺、綁架、城市游擊小分隊。」

但是，在廣州軍區空軍參謀長顧同舟九月六日密告周宇馳關於毛澤東南巡批判林彪講話內容時，已經是到了「敵人張開嘴要吃掉人的時候」，林立果等聯合艦隊成員採取的「破釜沈舟」方式，是暗殺毛澤東，但討論五天，非但沒有結果，更未付諸任何行動，最後是「駕機逃亡」，走向死亡。然而在《林彪的陰謀與死亡》一書為了栽贓，對林立果等人謀殺毛澤東的各種方案行動竟然都有細緻具體的描述，如臨現場，並在毛澤東驚覺下一一逃過。

第五個項目是「基本力量和可借用力量」。

基本力量：包括聯合艦隊和各分艦隊（上海、北京、廣州）。王（維國）、陳（勵耘）、江（騰蛟）掌握空四、空五軍（骨幹）。民航，和三個師（九、十八、三十四）、一個坦克師。

借用力量：國內有二十軍、三十八軍。黃（永勝）軍委辦事組。國防科委。廣州、成都、武漢、江蘇、濟南、福州、新疆、西安（指軍區或省軍區）。國外，則是蘇聯（秘密談判），借蘇聯力量箝制國內外各種力量。蘇以暫時核保護傘。

本項目從所列「基本力量」，應該已有足夠力量發起政變。但是，這只是林立果等人的想當然，以為除自己的聯合艦隊的少數幾個人外，其他「基本力量」都會義不容辭，自動自發地參與他的行動。事實是王維國、陳勵耘等人都完全不知有「五七一工程紀要」，而且林立果也未曾與這些「基本力量」作過意圖溝通。

至於借用力量中之三十八軍，已被毛澤東挖牆腳，撤換了軍長，該軍只會效忠於毛，不會支持林立果。而各大軍區和省軍區，在毛南巡時，也無不對毛澤東表態效忠。而所謂與蘇聯進行「秘密談判」，前文已說明不可能，也未付諸行動。總而言之，「紀要」所列各種力量，不過是「紙上談兵」，空中樓閣而已。

此外，「軍委辦事組」是林彪最能掌握的力量，卻列為「借用力量」，證明「五七一工程紀要」絕非林彪指示林立果所擬「政變」計畫，否則「軍委辦事組」應該列入「基本力量」，但是四大將無一人知道此一「紀要」。

第六項目是「動員群眾的口號綱領」。其中對國內口號七個，對國際口號四個。稍具意義的是下列四個：

「打倒當代的秦始皇B－52！推翻扛著社會主義招牌的封建王朝，建立一個真正的屬於無產階級和勞動人民的社會主義國家。」

「用『民富國強』代替『國富民窮』，使人民安居樂業，豐衣足食，政治上、經濟上，得到真正解放。」

「用真正馬列主義作為我們指導思想，建設真正的社會主義，代替B－52的封建專制的社會主義，即社會封建主義。」

「全國武裝力量要服從統率（帥）部的集中統一指揮，嚴厲鎮壓反革命叛亂，和一切破壞行動。」

「我們對外政策是堅持和平共處五項原則，承認既有的與各國的外交關係，保護使館人員的安全。」

「紀要」提出的口號，仍然一如毛澤東，假借馬列主義之名以愚民。不提放棄馬列的社會主義，人民如何相信可以做到「民富國強」。而當時人民最厭惡的是「文化大革命」，口號沒有一句是「反對」或「停止」文革口號；黨、政、軍高幹最不滿的是「中央文革」小組成員，不提反對文革小組，和逮捕江青、張春橋一幫人。如何能夠獲得黨、軍幹部和全國人民支持。在提口號、鼓動群眾方面，林立果等人遠遠不如毛澤東歷次鬥爭運動所擬口號，具有煽動性、挑撥性。他們只能算是不及格的政治鬥爭初級運動員。

第七項目是「實施要點」，分為三個階段。

第一、準備階段：包括⑴計畫。⑵力量和指揮班子、江、王、陳。設兩套警衛處：公開：李松亭（註：上海空四軍警衛處處長）；秘密：上海小組負責，新華一村（註：林立果等在上海住處）教導隊。南空直屬師工作（十師），周建平負責。爭取二十軍（江、王、陳）。⑶物質準備：武器：領、自造。通訊器材（包括○一二工程——指林立果主持設計的一種收發報機）。⑷情報保障。

第二、實施階段：一個先聯後斬，上面串聯好，然後奇襲。一個先斬後聯。一個上下同時進行。一定要把張春橋抓到，然後立即運用一切輿論工具，公布他的叛徒罪行。總的兩條：一是奇襲，二是一旦進行開始，堅持到底。

第三、鞏固陣地，擴大戰果，奪取全部政權。⑴軍事上固守。⑵政治上採取進攻。⑶組織上擴大，迅速擴軍，四方串聯。

「紀要」的三個實施階段，到九月十二日之前，沒有一樣實施。而且林立果除了這份「紀要」外，別無任何具體計畫，而且所提江騰蛟、王維國、陳勵耘、周建平、李松亭五人，在中共審訊時，均證實對「五七一工程」一無所知。完全是林立果等人單方面「一廂情願」作法，事前未溝通，事後也未告知。

第八個項目是「政策和策略」。本項用了頗多文字抨擊毛澤東。雖非「主題」，但值得一閱，可以瞭解毛澤東的一些鬥爭策略：

「他們所謂打擊一小撮，不過是每次集中火力打擊一批，各個擊破。他們今天利用這個打擊那個；明天利用那個打擊這個。今天一小撮，明天一小撮，加起來就一大批。

「他利用封建帝王的統治權術，不僅挑動幹部鬥幹部、群眾鬥群眾，而且挑動軍隊鬥軍隊、黨員鬥黨員，是中國武鬥的最大宣導者。

「他們製造矛盾，製造分裂，以達到他們分而治之，各個擊破，鞏固維持他們的統治地位的目的。

「他知道同時向所有人進攻，那等於自取滅亡，所以他每個時期，都拉一股力量，打另一股力量。今天拉那個打這個，明天拉這個打那個。今天甜言蜜語對那些拉的人，明天就加以莫須有的罪名，置於死地；今天是他的座上客，明天就成了他的階下囚。從幾十年歷史看，究竟有哪一個人開始被他捧起來的人，到後來不曾被判處政治上的死刑？有哪一股政治力量能與他共事始終？

「他過去的秘書，自殺的自殺，關押的關押，他為數不多的親密戰友和身邊親信，也被他送進大牢，甚至連他的親生兒子也被他逼瘋。

「他是一個懷疑狂、虐待狂，他整人哲學是一不做、二不休。他每整一個人都要把這個人置於死地而方休，一旦得罪就得罪到底，而且把全部壞事嫁禍於別人。戳穿了說，在他手下一個個走馬燈式垮台的人物，其實都是他的替罪羔羊。

「過去，對B－52宣傳，有的出於歷史需要，有的是顧全民族統一團結大局；有的是出於抵禦外敵；有的出於他的法西斯的壓力之下；有的是不瞭解他的內情。」

「紀要」針對毛澤東的鬥爭手段，提出的因應策略是「對於這些同志，我們都給予歷史唯物主義的分析，予以諒解和保護。對過去B－52以莫須有罪名加以迫害的人，一律給予政治上的解放。」這裡所說「這些同志」，看全文好像指的是被毛澤東鬥爭打倒的人，但又說「予以諒解和保護」，應該也包括被毛澤東拉過去幫毛鬥爭別人的人。

而林立果真正提出的「政策」是：「解放一大片，保護一大片。」策略只有兩點：「打著B－52旗號，打擊B－52力量，團結一切可能團結的人，緩和群眾的輿論。」「聯合一切可以聯合的力量，解放大多數，集中打擊B－52及其一小撮獨裁者。」這兩個策略，基本上是矛盾的，因為「打著B－52旗號」，就是仍要暫時維持毛澤東地位，藉他的名號，去打垮毛的周邊力量，孤立了毛，才有機會回過頭來打倒毛。「紀要」將兩者併列，同時進行，不合邏輯，不利實施。

第九個項目是「保密紀律」。

規定「紀要」屬「特級絕密」，堅決做到一切行動聽指揮，發揮「江田島」精神（註：江田島為日本海軍學校所在地，「江田島」精神即「武士道精神」），不成功便成仁。洩密者、失敗者、動搖者、背叛者，嚴厲制裁。

「五七一工程紀要」，到一九七二年一月十二日中共以「中發（一九七二）四號」文件，頒發給黨、政、軍高層，要求中共高幹「逐條逐段批判林彪的這個反革命綱領」。所謂「逐條逐段」，就是要把「紀要」中批評毛澤東個人，損及他威信的部份，要求大家批駁，重新肯定毛澤東的正確，和他鬥爭他人的合法性。照毛澤東的鬥爭哲學，這就是他的「陽謀」。所以他不怕公布「五七一工程紀要」，公布反而可以彰顯他的「大氣度」，和「證明」林立果等的批評是錯誤的，藉「逐條逐段」批判，又可重塑他的威信，也是他常說的：「以鬥爭促進團結」。

在汪東興回憶錄中，對林彪和林立果暗殺毛澤東的行動，是這樣說：「九月七日林彪指示林立果向『聯合艦隊』下達『一級戰備』命令。九月八日，林彪寫下手令：『盼照立果、宇馳同志傳達的命令辦』。」

事實真相如何，最好從九月六日起，毛澤東、林彪夫婦、林立果的「聯合艦隊」每日的活動日程，來加以判斷，則更明確：

九月六日：

毛澤東為了「引蛇出洞」，指示廣州軍區對軍區內師以上幹部傳達他南巡講話後，廣州軍區空軍參謀長顧同舟將毛談話內容密告周宇馳。周於六日帶著毛批判林彪的講話資料到北戴河見林彪、葉群、林立果。

九月七日：

據林立果未婚妻張寧回憶：上午，林立衡、張青霖（林立衡男友，廣州軍區總醫院外科大夫，「九・一三」後三年二人結婚）、張寧（南京軍區文工團舞蹈演員。兩張均係葉群為立衡，立果姊弟二人物色挑選的對象）三人在葉群安排下由專機送到北戴河。林彪見了三人很高興，拍起雙手，連連點頭說：「滿意，我很滿意！一個老紅軍的女兒，一個勞動人民的兒子，很好。」侍衛長李文普說：「這一天是首長到北戴河以後，說話最多的一天，最高興的一天。你們來了，讓他見見，比吃什麼藥都靈。」下午，張寧找林立衡不著，據說被林立果找去了。晚餐時，立衡氣色很差，吃幾口就停筷，吞了一大把藥。

張寧回憶說：「多年以後，林立衡和我劫後重逢，才親口向我講述了九月七日下午情況。」

下午三點前，林立果與林立衡單獨談話。林立果說：「自從廬山會議以後，一組（毛澤東代號）揪住主任（指葉群）不放，幾次檢討通不過，現在又趁首長到北戴河休養，跑到南方巡視，到處公開接見講話、放風，最終目的是要打倒首長。首長身體差，一旦有什麼事，怎麼吃得消？劉少奇、彭德懷的例子擺著。首長又不肯服個軟、認個錯。一組已經擺開陣勢，絕不會放過首長。與其等死，不如孤注一擲，做一次拚搏！」「形勢對首長非常不利，坐著等死不如主動出擊，說不定有一線希望，我想再看看形勢發展，實在不行就跟一組硬幹，或者到廣州另立中央，再不行就上山打游擊。」

林立衡覺得林立果的念頭很危險，勸說：「千萬別什麼事都聽主任的，她說話不準，又愛在首長面前說謊，你不能頭腦不冷靜，給首長造成錯覺。」立果根本聽不進去。原本姊弟兩人感情很好，共同抗衡葉群，但現在林立果與葉群越走越近，對林立衡有不少保留。

林立衡問：「首長的態度怎麼樣？你知道嗎？」林立果說：「首長還不知道，事情沒考慮成熟前，不能跟他說。」立衡警告乃弟：「你可不能幫著主任欺騙首長！什麼事不經首長點頭，誰也不准輕舉妄動。」立果回嘴：「依妳辦法，坐著等死啊！」林立衡一再規勸均無效。當時林立衡未向林彪反映，一是林彪健康差，禁不起刺激，一是林彪一生氣追查起來，葉群母子不承認，林立衡反而成了挑撥說謊者。

據林立衡自己的回憶：九月七日，林立果、周宇馳把她找去。林立果說：「現在情況很緊急。昨天晚上，主任（葉群）就提出逃到國外去。首長（林彪）開始沒同意，後來被主任逼得同意。他們要我立即調飛機，我藉口來不及，推遲一天。今天早上，把周宇馳從北京招來商量，說服了首長，暫時不走。首長抱著老周，哭著說：『我們一家老小都交給你了』。現在就看我們的了。」林立衡愕然，惶恐地望著周宇馳，周證實真的。

李作鵬在刑滿獲釋後說：「林彪從各種渠道得知毛澤東南巡講話的全部內容之後，擺在他面前有三條路：一是像高崗那樣，自殺；二是像劉少奇，坐以待斃，含恨而死；三是逃亡。林彪在主客觀諸因素的作用下，最後選擇了『走為上策』。」雖然，林彪最終確實選擇了逃亡，墜機而死，但「逃亡」絕不是林彪最早的想法。不過，李作鵬的話證實了一點，中共高幹面對被毛澤東鬥爭時，沒有人敢反抗，林彪的心態就是如此，完全認命。

林立果說林彪在九月六日晚同意逃亡，並有周宇馳證實，應非事實。因為：

一、林彪此時如已同意逃亡，以他軍人個性，和指揮大軍作戰的豐沛經驗，他會當機立斷，指示機宜，積極籌劃，而非任由林立果稍後於八日單獨赴北京處理，拖延到十二日晚上，一事無成溜返北戴河，逼得林彪倉皇出逃。而且在這段期間，林彪沒有問過此事，也無異常現象，完全看不出有任何出逃準備。林立果七日，把周宇馳找來，真正目的應該是私自告訴周計劃暗殺毛澤東，和搞軍事政變，要周先在北京預作準備。

二、十二日下午，毛澤東突然提前回到北京，林立果以為事機敗露，連夜急返北戴河，葉群驚慌下，乞求林彪外逃。內勤人員偷聽到葉群說：「去廣州怎麼樣？」又說：「就是香港也行嘛！」林彪這時，知道林立果闖了大禍，累及父母，已無法收拾，倉促出逃。

三、葉群知道林彪對兒女十分疼愛，特意在次（七）日上午，將林立衡暨男友張青霖、兒子女友張寧三人接來北戴河與林彪見面，林彪連聲誇好，並留他們在北戴河住。八日，林立果藉故牙疾要回北京治療，林彪不贊成，要林立果留在北戴河醫治，除顯示他正在享受兒女親情的溫暖外，也證明林彪已有被鬥、被關、被殺的心理準備。十一日他又對葉群說：「反正活不多久了」，一是「坐牢」，二是「從容就義」，更可證明他此一心態。

四、林彪自知鬥不過毛澤東，但從劉少奇、陶鑄等文革被鬥的中央和軍隊領導幹部經驗，至多牽連妻子，兒女尚能倖免，仍可苟活下來的事實，他業已認命。不作掙扎。

五、以林彪身分地位，和臨危不亂將帥之風，他不致於對毫無實力的周宇馳說出：「一家大小都交給你了」之類有失風範的話。從十一日葉群打給王飛的「抽鞭子」電話內容，有相同的言語，這句話可能是葉群說的。

從張寧和林立衡回憶，和上述分析，可說明兩件事實：

一、「跟一組硬幹」和「南巡廣州，另立中央」，林立果承認是他的主張，瞞著林彪。

二、葉群同意逃亡，她知道她在九屆二中全會惹了大禍，不逃不行。相信她與林立果六日曾勸林彪外逃，未為林彪接受。林立果因而有與其坐以待斃，不如拼死一搏的想法。

林立衡顯然也不相信林彪同意逃亡國外。當晚，她分別找林彪的警衛參謀劉吉純和侍衛長李文普，以及照顧林彪的兩位衛生員陳占照、張恒昌談話。林立衡要李文普要防止有人在林彪身上用藥，一定要確保林彪神智清醒和人身安全。

周宇馳於當天乘直升機回北京，將毛澤東南巡講話紀錄給江騰蛟看，並說：「現在看起來要對我們下手了。我們還是先下手為強。毛澤東正在杭州，很快回北京過國慶，路過上海時可以動手。我們不動手，將來別人上了台，我們這些人都完，你首先完。」江騰蛟同意親自赴上海執行，認為「杭州現在是最好的時候，毛主席九月二十五日前不會回來。」周宇馳就催促江「要去趕快去。」事實上江騰蛟根本沒去上海。周宇馳的級職遠低於江騰蛟，不可能指揮得動江，因此江騰蛟被捕後的這段口供極可能是在中共施壓下被迫所作的「假口供」。

汪東興和中共官方資料都說林彪在七日這天對「聯合艦隊」下達「一級戰備」命令，應該是從這個「口供」延伸而來。但是當天下午，林立果親口向林立衡說，林彪不知情。如果，林彪在七日確有下達「一級戰備」命令，林立果就必須馬上離開北戴河，赴北京傳達指示，他不但沒有，而且在八日還須欺騙林彪才去了北京。正足以證明汪東興和中共「揭發」資料的不實。

這天上午，約九時五十分，葉群曾叫秘書通知北京秘書，將俄華字典、英華字典，俄語和英語會話交林立衡來時一併帶來北戴河；晚上約九時半，總參二部一位參謀仍照平日一樣為葉群講課，葉群拿出世界地圖問蒙古有那些城市，中蘇、中蒙邊境蘇軍部署情形。證實這時她一心一意想外逃，並開始作準備。

九月八日：

上午六時，林彪仍照往常乘車到海邊「轉車」，約二十分鐘返回。

九時，周宇馳在北京，以「國慶加強戰備」理由，請空軍航行局局長尚登峨，弄一份蘇聯航班地圖，尚某則請航行局繪製一份北京－烏蘭巴托－伊爾庫茨克的航線圖，交給周宇馳。

據江青秘書楊銀祿回憶：八日，葉群從北戴河給江青打電話，格外熱情地說：「林彪同志問候江青同志，請江青同志保重。林彪今天給江青同志送去幾個大西瓜，請江青同志嚐嚐。」江青看了電話記錄後，立即叫秘書回電話說：「請林副主席放心，我現在身體還好，感謝林副主席的關心，也請林副主席保重身體。」葉群打電話給江青，當然是想從江青那兒探聽消息，事實江青也不知道毛澤東南巡講話內容（毛於九月十日在上海與王洪文等談話，至中午才結束，王如要密報江青，須等到下午才有時間反映），從江青很快就回電，葉群判斷江青並無所知。所以爾後未再聯繫。

林立衡回憶：八日上午，林立果找林立衡，談了他的三個方案，上策刺殺毛澤東，中策南去廣州，下策北去蘇聯。林立衡問：「首長也知道暗殺主席的事嗎？」林立果說：「他也同意。」

張寧回憶：八日與葉群見面，葉群對安排她與林立果的婚事，也說：「我跟首長說過了，他也同意。」張寧特別註明：「這是她（葉群）的口頭禪，在此話掩護下，她曾欺騙秘書幹了不少魚目混珠的事情。」「林辦」工作人員都知道，不但是葉群，還有林立果也經常打著林彪旗號以「首長指示」「首長同意」在「聯合艦隊」發號施令。在「五七一工程」策劃時，他也假借黃永勝名義進行欺騙。他說「五七一」已與黃商量過，獲得黃、吳、李、邱他們同意。

以林彪的格局，如果他真敢反抗毛澤東，採取的上策，決不是暗殺毛澤東，而是發動軍事政變。雖然毛澤東在九屆二中全會後，採取「甩石頭」、「摻沙子」、「挖牆腳」等三板斧措施，認為已削弱林彪軍權。但是黃永勝、吳法憲、李作鵬、邱會作四大將仍握有不少實權，這四人對毛澤東、「文革幫」和文化大革命都有不同程度的不滿。他們也都深知：如果毛澤東一旦展開鬥爭林彪，亦絕不會放過他們四人。所以，林彪真有謀反之意，召集四人，說服他們共同發動軍事政變機率，幾乎是百分之百，並會獲得部份老帥之支持。屆時挾持毛澤東，逼迫提前交班，逮捕江青、張春橋一夥，比暗殺毛澤東一途，遠要光明正大，亦減少動亂。

林彪不會謀殺毛澤東，最主要原因，是出於歷史感情包袱，自一九二八年林彪隨朱德上井崗山以後，數十年追隨毛澤東，儘管知道毛澤東胸襟狹窄，多疑善變，但在感情上仍割捨不去，長期臣服在毛澤東淫威下。這種情形，不止林彪一人，包括中共所有高幹在內，無不懼毛。人人知道在政治鬥爭上，不是毛的對手，所以毛只要一發怒，中共高層個個兩腿發軟，萎縮不前，還必須昧著良心自我檢討認錯，以及出賣同志，換取毛之寬恕。更遑論反抗，或意圖不軌。即使借給林彪十個膽子，他也不敢這樣做。

八日下午，葉群找張寧陪她去看林彪，說：「你陪我去看看首長，近來他身體不好。可別對外人說啊，首長的身體狀況是國家機密，讓敵人知道了可要大做文章啦！」「首長喜歡你，過幾天到大連去，你也陪首長去，把首長身體搞好，『十‧一』好上天安門講話呀！」到了林彪辦公室，林彪自始至終不理睬葉群，只問張寧生活情形，和芭蕾舞與古典舞的區別。出來後，葉群說：「首長身體不好，我也不敢多勞累他。」

二人回到葉群辦公室，葉群把林立果找來，但對林立果很冷淡。張寧回憶說：「我成了她手裡一張控制林立果的籌碼。這母子倆虛虛實實，相互掣肘。」林立衡的乾媽王淑媛（中共派到林彪家中的服務員，夫與女兒均早死，林彪特別把林立衡給她做乾女兒，並說「將來養你的老。」迄今這對乾母女感情仍甚篤。）曾說：「葉群沒介入政治以前，是個溫文爾雅的主婦，自從介入政治就完全變了。變得像潑婦不可理喻，對自己的丈夫兒女都不好。」

葉群午休後，林立果突然對張寧說：「今晚我回北京。」「我四天就回來。……我看牙齒，順便辦點事。最近中央鬥爭激烈尖銳，主任的政治地位可能會下降。我回去瞭解一下情況。」又說：「萬一北京被占領了，你留在家裡（指張寧在北京住處）的那些東西不要可不可以？」張寧被嚇住，問：「毛主席知道嗎？」林立果猶豫一下說：「知道一點。」張寧說：「只要主席知道了，任何人想搞政變都不會成功的！」林立果神情大變。不久，林彪找林立果去，約十分鐘左右回來，對張寧說：「萬一……出了事……我不連累你……你什麼都不要說，聽我的話。」「跟你說的事不要對一般工作人員說，他們什麼都不知道。主任問你什麼，你也不要告訴她。」葉群起床後，對張寧說：「你回去吧。立果今晚回北京，你得給他一點準備時間，我還有事交代他。」

這天林立果向林彪說當晚回北京是為了看牙病，林彪問他為什麼不可以在北戴河看醫生。林立果出來後，交代李文普：「如果首長問起，就說我還在北戴河，千萬不要告訴首長：我走了。」李也確實按著林立果的意思，騙了林彪，但將實情告訴了林立衡。李文普的回憶，也說葉群要求他以同樣說法騙林彪。

晚上十九點多，林立衡找林立果談了二十多分鐘。林立衡想阻止林立果回北京。但任憑說破了嘴，林立果不為所動。葉群在屋外令司機不斷按喇叭催促，林立果匆匆出去上車赴機場飛北京。

但是據張寧回憶，葉群送林立果走前，還是向林彪告別，都對林彪說回北京看牙齒。李文普也回憶說：「到了晚上，林立果從北京打電話，說已安全到達北京，要我報告首長，我馬上報告林彪、葉群，林彪點頭說：好！」林立衡後來說：「以往日的經驗，他們口徑一致，說明一定是串謀好了欺騙首長。光是葉群一個人並不可怕，如果立果也跟主任在一起，事情就嚴重了。」

葉群是否知悉林立果的陰謀，可試從下面幾個角度來分析：

一、林立果明知林立衡會反對，仍然把他的上、中、下三個策略告知了姊姊，但是他會告訴母親嗎？林立果知道葉群在九屆二中全會犯了「錯誤」，毛澤東絕不會放過她，下場不會比林彪好，劉少奇妻子王光美就是一個例子。所以葉群在九月六日就主張外逃，而且她比林彪還怕毛澤東，林彪有時跟毛嘔氣，或與江青衝突，她都盡全力勸阻林彪，甚至不惜下跪求林彪，深怕得罪毛、江二人。尤其葉群不是個有大智慧的人，膽子也小。如果她知悉林立果要暗殺毛澤東和搞政變，獲得她同意的機率極低。因為這是死罪，葉群必會嚇得全力阻止，也會堅持不讓林立果去北京。因此，判斷林立果不會據實告訴葉群，所以他才會告訴張寧：「主任問妳什麼，你也不要告訴她。」比較可信是，林立果會利用葉群急於外逃心理，以赴北京安排外逃事宜，讓母親認為他有必要去一趟北京。林立果又為何會告訴姊姊呢？可能是特意讓林立衡知情，如果他在北京暗殺計劃成功，或者是出了事，至少有姊姊知悉，能夠告知父母。他也瞭解林立衡個性，不會向林彪或葉群查證，而洩漏他去北京的陰謀。

二、葉群怕林彪，在林彪面前像個小媳婦。據張寧說：「每遇林彪情緒不好時，最焦急害怕的就數葉群，因為多數事情都是她惹起的。」「唯有葉群，背著他幹的事偶被察覺，或某件事意見分歧不聽他的話，林彪生氣，輕則大罵，或動粗武教；重則禁止葉群見他。遇上後種情況，葉群就像『打入冷宮的娘娘』（秘書語），想見林彪一面，還得請示李處長（文普），如果林彪仍不想見，李處長也無法調解。碰到這種情況，全『林辦』的人都高興，上至林立衡姊弟，下至大小人等心裡都有默契：葉群少去見林彪，工作人員日子也就清靜得多。」江青在策劃鬥爭總政副主任劉志堅，或主任蕭華會上，葉群都不敢擅自作主表達意見，還須請示林彪。所以如果葉群知悉林立果謀反計畫，她深知意圖與毛澤東鬥爭，無異與虎謀皮，豈是林立果所能做到。她不但會阻止林立果去北京，也絕不敢隱瞞林彪，而且自九月六日以後，葉群沒有恐慌行動表現，林彪作息也正常無異。

三、儘管葉群會狐假虎威，假傳林彪「聖旨」。但是在這生死攸關的緊要時刻，她沒有假借林彪「命令」，指示黃、李、吳、邱四大將協助林立果暗殺毛澤東及發動政變。中共事後也證實，葉群在這一段期間跟四大將的電話聯繫，除查問毛澤東南巡講話，和北京政治情況外，並未涉及陰謀殺毛和政變相關事情。

四、許多學者專家認為葉群知道林立果的陰謀企圖，基本上多是從林立衡的觀點而來。林立衡長期對母親不滿，認為葉群什麼壞事都做得出來，所以認定林立果行為是出於葉群的教唆。林立衡是「九・一三事件」受害當事人之一，不可忽視她對母親和弟弟的瞭解。特別是八日葉群協助林立果欺騙林彪去北京一事，當然會讓人相信葉群知道林立果的秘密。但是從葉群在九月七日叫留守北京秘書送來俄、英語字典，和查詢蒙、蘇邊境事宜，透露她一心想逃亡。多半林立果向她表示的是去北京做一些出逃國外的準備，獲得她的同意。

五、在林彪出逃前幾天，張寧都待在林彪家中，她以一個旁觀者，看到林彪對葉群的不理不睬，和這個家庭中夫妻、父母與子女，以及姐弟間的矛盾與冷淡。從她的回憶中敘述的觀感研判，如果當時林彪、葉群和林立果密商暗殺毛澤東，和發動政變，家庭成員間關係就不會如此緊繃。葉群在這個時候，亦不會安排林立衡、張青霖、張寧三人來北戴河凝事。從一九六九年十月在預防蘇軍突襲戰備中，林彪親自督導全程，還帶全家一同視導戰備準備，並在蘇聯談判代表團於十月十九日到達當天，掌握蘇聯專機飛行時程細節，絲毫不放鬆。這足以說明林彪如指示林立果任何反毛行動，他絕對會密集與林立果研商具體作為，並催促林立果儘速返北京執行，不須拖到八日晚上，林立果還須假借醫牙前往北京，與葉群聯合起來欺騙林彪。

六、唯一不利葉群的證據，是她九月十一日曾打給王飛（空軍司令部副參謀長）所謂「抽鞭子」電話，但是這通電話的真實性，仍存有疑點，無法據以判斷林立果在赴北京之前有無告知葉群有關他的殺毛等陰謀。比較可能的是林立果避重就輕，讓葉群誤解他一切作為，都係為了安排逃亡。而林立果認為林彪在他這個年紀（二十六歲）已出任軍長，次年出任軍團長，他也想學習乃父，做出一番大事業。但此一時，彼一時，他雖是初生之犢不畏虎，自以為以「聯合艦隊」力量，就有能力執行暗殺和謀叛等行動，成就大事業，實在是自不量力。相信他也曾衡量過，如果不能成功，以為以他的力量，還可以安排逃亡，保全家人，事實這也是妄想。

林彪的「九、八」手令：「盼照立果、宇馳的命令辦」字條迄今無法證明是真或假，因為八日林立果去北京是為了看牙病，林彪何需寫這張手令？

假設手令是真件，最大的可能是，林彪想林立果既然要去北京治牙，毛澤東南巡批判他的談話內容又是周宇馳帶來，因此指示林立果聯繫周宇馳繼續瞭解毛澤東動態和其他對其不利談話資訊。林彪以為毛澤東會在九月下旬，也就是「十・一國慶」前數日才會回北京，林彪還需要多瞭解毛澤東後續講話內容與行程，判斷毛之意圖。林立果可能乘此機會，藉口沒有林彪命令，恐難取信被毛約談的地方諸侯或相關人員提供信息，要求林彪寫下這張字條，因此才有這張目的不明確的命令。而林立果真實目的是藉此「假傳聖旨」，遂行其陰謀。

如說林彪因懼毛太深，不敢發動政變，只敢支持林立果「聯合艦隊」採取下下策暗殺毛澤東，以他的軍事經驗和處事謹慎態度，他至少會召集「聯合艦隊」核心成員，聽取暗殺計劃，研究具體措施，給予細緻指導；或叫林立果往返北戴河報告策進細節，並給予指示，督促執行。絕不致發生像林立果赴北京空談了五天，毛澤東已自杭州迅速北返抵達北京，林立果等仍只有空想，未付諸任何一項行動。尤其在當時，毛澤東已被神化的情形下，暗殺毛澤東的行動，最不易獲得支持，而是最具危險性，林彪絕不會不智地採取這種規劃。

「九、八手令」，爭議不斷的原因。其中之一是「手令」起頭用了一個「盼」字，是個祈使詞，無強迫或強求之意，後面又加了「命令」兩字強制語，語句前後矛盾。以林彪一個沙場老將，具有豐富的領導統御經驗，和公文處理能力，在面臨生死存亡關鍵時刻，不應該也不會寫出這種不明確又矛盾的「手令」。「九・一三事件」之後，中共調查發現，林立果向空軍副參謀長胡萍傳達的是：「準備八架飛機備用」，周宇馳向空軍作戰部部長魯珉傳達的是「暗殺」。

「手令」真偽的另一個爭議是：江騰蛟、魯珉、胡萍三個人在「九・一三事件」後，對「手令」提出不同看法，除魯珉是周宇馳出示者外，江、胡二人是從林立果那兒看到。

中共查獲的「九、八手令」是周宇馳外逃失敗自殺前撕碎紙片拼接還原的字條。魯珉承認看到周宇馳出示的是這一張「手令」，但他說：「我從來沒見過林彪的字，只見過牆上林彪的題詞『大海航行靠舵手』，那個手令到底是誰寫的我哪知道。」因此懷疑「手令」的可靠性。

胡萍不能肯定是否這一張，但指稱這個「手令」是假的。江騰蛟在獄中兩次聲明看到的絕非這一張，因為字體不一樣。

難道林彪寫了兩張「手令」，那麼字體為何會有不同？中共學者專家認為不可能，因為「既不符合常規，更不符合林彪一貫的謹慎作風。」

據林辦秘書們說：「為了減輕林彪親手批示文件的負擔，葉群特意培養了一位專門摹仿林彪字體的人，已到了惟妙惟肖，足以亂真的地步，在林彪生前已經代簽過許多文件。」因此，有人判斷，「九、八手令」十之八九是背著林彪，由摹仿者（如「林辦」秘書李根清）偽造了兩份，林立果和周宇馳各持一份，這種可能性也許有，所以江騰蛟和魯珉二人所看到的手令不是同一張。不過既然一式兩份，文字又不多，要仿造也應該差別不致很大。也許造了一份後，隔了一些時間又再偽造一份，才有所不同。

另據中共公布材料，林立果於八日晚二十一時四十八分自北戴河搭機飛抵北京。下機後見到周宇馳、胡萍，即出示林彪「手令」，證明林立果只帶了一份手令。然後連夜召集會議，參加的有王飛、江騰蛟、李偉信、劉沛豐、劉世英（空司黨委辦副主任）、程洪珍（空司黨委辦秘書）。林立果在會上傳達「手令」，並討論謀殺毛事宜。因此，林立果出示胡萍和江騰蛟的林彪「手令」應該是同一份。

由周宇馳於十一日出示魯珉的「手令」，果真如江騰蛟所說不是同一份，至少這一份是偽造的。在那時代，中共還十分落後，尚不可能有影印機複製，唯一的方法，就是找筆跡接近者偽造。林立果當時指示江騰蛟儘速赴上海，指揮殺毛計劃。江騰蛟直到九月十三日，未曾離京南下，他可能不相信手令是真的。

林立果八日晚上抵達北京時，已接近二十二時，連夜召集王飛等人，商討謀殺計劃，一直討論到第二天凌晨，仍然沒有結論。

汪東興說：九月八日晚上，毛澤東在杭州獲得新的信息：「杭州有人在裝備飛機」和「有人指責毛主席的專列停在杭州筧橋機場支線『礙事』，妨礙他們走路。這種情況，過去是從來沒有的。」毛澤東「感到防止林彪一夥人的不測行為」，「及時採取措施，對付林彪一夥的陰謀」，於是下令將列車轉駛紹興（毛仍留在杭州），停在杭州至寧波的一條支線上。

當夜，毛澤東專列轉移是事實，而林立果這時才召開會議研究暗殺計畫，毫無結果亦無行動。毛之所以轉移專列，實出於他的多疑和善於製造神秘，讓人高深莫測。汪東興暗示毛澤東已知林彪有危害他的陰謀，硬牽扯一起，不過在吹捧毛之睿智，加重林彪罪愆。

中共揭發材料說：浙江中共空五軍政委陳勵耘在被捕後交代：八日于新野乘飛機抵上海，再轉赴杭州找陳勵耘布置任務，要陳在杭州、上海、南京之間謀害毛澤東。陳勵耘提出杭州沒有可靠的飛行員，于新野答應回去向領導彙報，派一個飛行員來。後來決定派空軍作戰部部長魯珉來。陳說：「那就好，那就幹！」還說：「用飛機轟炸專列的辦法是可靠的。」

但是陳勵耘在獲釋後說：「我們空五軍有伊爾——十殲擊機五、六十架，老得一塌糊塗。為了戰備，決定改裝，加強火力。我就說：『飛到筧橋來，讓我們看看吧。』一看不錯，就準備從京畿附近兩個師各調一個團到筧橋（修飛機）。居然有人把這個部署，說成是為了轟炸主席的專列。」對魯珉前來杭州駕機轟炸專列一事，陳勵耘反復說明並無此事。但是陳勵耘承認：「他們（指審查小組）總說我不老實，向我施加壓力，一定要我承認參加一個什麼『計劃』（指五七一工程）。我被逼得沒辦法，就順了他們的啟發，編了個假供。」陳勵耘在被關十年後，於一九八二年中共發給他一張「免予起訴決定書」，予以釋放，也證明了他獲釋後所說的都是事實。

九月九日：

林立果仍留在北京。

中共指控，葉群自七日起連續數日密切與黃永勝、李作鵬進行電話聯繫，八日又交林立果一封葉群署名給黃永勝密封信的大袋子帶北京，其中還有一封林彪親筆信說：「永勝同志：很惦念你，望你任何時候都要樂觀，保護身體，有事時可同王飛同志面洽。林彪。」信末未寫時間。中共指控此信是讓王飛傳達「反革命政變」。

後來證實，葉群的密封件，由王飛於十日上午送交黃永勝，內只有一把刮髮刀，並無林彪信件。

林彪給黃永勝的信是中共在周宇馳自殺前撕碎的紙片中拼湊起來發現的。中共又說此信是九月十日所寫交給空司黨委辦副主任劉沛豐帶去北京，讓他帶給王飛轉交黃永勝，但是劉把信交給了周宇馳，周也未轉給王飛，黃永勝更不可能看到。

一九八〇年公審時，法庭也認定黃永勝沒有看過這封信。周宇馳顯然沒把此信看得很重要，因此未交給王飛，也不送去給黃永勝，已足以說明這封信，與「暗殺毛澤東」和「反革命政變」無關。

至於林彪寫信給黃永勝，要他「有事時可同王飛面洽」，是什麼意思呢？這與「九、八手令」中「盼照立果、宇馳命令辦」一樣語意不明。據中共資料說葉群在那幾天，幾乎天天都跟黃永勝通電話。黃更是林彪的親信，有什麼需要他人轉達呢？而且，王飛與林彪並不接近，在那幾天，也未到過北戴河與林彪見過面。以王飛職務，只是空司副參謀長，與總參謀長地位相距懸殊，透過王飛傳達指示，幾無可能。

更令人難以置信的是，林彪致黃永勝的信，如果真的是「傳達反革命政變」，為何不交林立果親自轉送，不就可當面傳達林彪指示，讓黃永勝參與「反革命政變」行動，但是這封信不但未交給林立果，而是交給周宇馳。林彪的信件，有誰敢壓下來，而不趕快轉送。周宇馳非但未送去給黃永勝，還帶著逃亡，事敗再撕毀，可以肯定說這封信如同「九、八手令」，同屬偽造，還沒有機會用，就出事了。所以公審時，中共也承認黃永勝等四大將都不知道林彪有謀反和出逃計劃。

另據「林辦」秘書說：「自林彪到北戴河以後，林彪從未親自接聽北京方面的任何一個電話，也沒有打電話給北京方面任何一個人。」如果林彪果真要發動「軍事政變」，他即使不接聽或撥出電話，至少也會召集黃永勝等人前來北戴河，先進行說服，再共商政變事宜。

十二日晚，林彪出逃前，林立果對林彪說：「到這時候，你還不把黃、吳、李、邱都交給我。」已說明林彪自始至終，均無殺毛和發動政變之意圖。因此，葉群與黃永勝等人之電話聯繫，是因為六日黃永勝根據李作鵬報告，反映毛澤東南巡講話內容後，向彼等打聽後續情形。如九月十日，葉群就在電話中問吳法憲，毛澤東目前情況，吳法憲將毛澤東在杭州同陳勵耘等人談話內容告知葉群。後來，審判法庭證實，葉群主要是向四大將瞭解毛澤東南巡的講話，以及北京的政治動向。

汪東興回憶：九日，于新野在上海當著王維國的面說：

「我們這次用飛機轟炸，除飛機上有武器外，還要再加配高射機關槍，這個機關槍可以掃射火車上跑下來的人。」下午，王維國同于新野又看過一次地形，他們決定就在上海「謀害毛主席。」之後，于新野飛回北京向林立果彙報。汪東興對于新野南下與王維國、陳勵耘聯繫，都是確定以轟炸毛澤東專列為最優先的暗殺手段。事後中共承認王、陳二人均不知暗殺計劃。

最荒唐是汪東興在「回憶錄」上，列出的「聯合艦隊」準備謀害毛澤東的八種辦法，充滿了矛盾，和不合理之處。他所說林立果的謀殺手段有八種，優先順序如次：

第一種辦法：如果毛的專列停在上海虹橋機場專用線上，由負責南線指揮的江騰蛟指揮炸專用線旁飛機場的油庫，或者讓油庫燃燒。這時由王維國以救火名義帶著「教導隊」（指聯合艦隊在上海培植之部隊，事實上無此部隊）衝上火車，趁亂先殺汪東興，然後殺害或綁架毛澤東。

第二種辦法：第一種失敗後採用。趁毛澤東專列通過碩放橋（位於蘇州到無錫之間）時，炸掉鐵路橋和專列，製造第二個「皇姑屯事件」。然後宣布是壞人搞的。

第三種辦法：如果炸橋不成，就用火焰噴射器在路上朝火車噴射，很快就會車毀人亡。王維國、周宇馳等人也到鐵路沿線看過地形。準備從外地調來火焰噴射部隊。由於毛澤東提前北返，沒來得及調動部隊。經查證，在這幾天，周宇馳根本未曾南下。

第四種辦法：用四〇火箭筒（打坦克用）和高射砲平射毛澤東專列。

第五種辦法：由王維國利用毛澤東接見的機會，開槍殺害毛澤東。事實是王維國只在毛澤東專列經過上海時，才由王洪文拉上火車，在眾目睽睽下與毛澤東握了一下手，根本無執行槍殺任務可能。更不合理的是，只有在上海無法執行槍殺任務後，林立果等人，才會考慮在毛的專列離滬，途經碩放橋時炸橋。汪東興將炸橋列為第二優先手段，上海槍殺列為第五個選擇，邏輯上大有問題。

第六種辦法：利用中央開會的機會，對毛澤東下毒手。這應該是後面第七、八種辦法也行不通後，才會使用，現竟然列在前面。

第七種辦法：用飛機上的機關砲、警衛營的步槍、機關槍打毛澤東專列，把車打停後，欺騙戰士說上火車去抓兇手，凡活著的都幹掉。

第八種辦法：要陳勵耘用改裝的伊爾——十飛機轟炸毛之專列。

汪東興說這八種辦法是根據「聯合艦隊」成員供述，和調查得知。這八種辦法，最優先的辦法是炸油庫。不成，然後炸橋、火焰噴射器燒火車。而汪東興原先強調的「最優先」辦法——轟炸反列為第八種最後才會採取的辦法。尤其第六種辦法，能夠參與毛澤東主持的中央會議的只有林彪和四大將等人，「聯合艦隊」成員沒有條件與會「下毒手」。所以中共列出這八種暗殺手段，編織者多，為的是要「證明」林彪謀反而已。

九月十四日，空司作戰部長魯珉向李德生自首。他是十一日晚上才被通知參加「聯合艦隊」秘密會議，首次聽到謀害毛澤東的計劃。他說：「他們的方案是：趁毛主席在外地巡視的機會，在上海由空四軍政委王維國，利用毛主席接見時下手行刺。此計不成，讓『聯合艦隊』用火焰噴射器、四〇火箭筒、一〇〇高射砲平射，打毛主席的專列。如果這個計劃還不成功，第三個方案是在蘇州碩放橋埋放炸藥，炸毀專列。實在不行，第四個方案是用轟炸機炸毀毛主席的專列。」而轟炸專列的任務，就由魯珉（飛行員出身，抗美援朝空戰英雄）擔任。魯珉的「口供」也充滿矛盾，因為在地面以火砲攻擊毛之專列失敗後，已不可能有時間在碩放橋埋置炸藥炸毀專列，相信也是「假口供」。

汪東興所列林立果暗殺毛澤東的八種辦法，雖然涵蓋了魯珉所說之三個方案，但秩序完全不同。至於中共揭發材料，指控林立果上海謀殺手段，又有不同：先由江騰蛟赴上海「打頭陣，爭取在上海搞掉」；不成，由魯珉負責對「碩放橋」第二次的攻擊炸橋，製造第二個皇姑屯事件；再不成，由陳勵耘派伊爾——十轟炸。

關於汪東興所說的第三種辦法：調動火焰噴射部隊進行火攻專列，據中共調查說：曾擔任林彪秘書，當時任駐河南一二七師政委的關光烈，被林立果約至北京，由周宇馳到車站接到北京西郊機場的秘密據點，參加林立果召開的策劃謀害毛澤東的「黑令」（中共稱呼）。「九．一三」後，李德生親審關光烈。關說：「他們要我調防化連來，我說：不要說一個連，就是調一個班到北京也進不來。」李德生承認關光烈說法屬實，因為中共規定，非經軍委命令，不得擅調部隊進北京。

但是中共指控的卻是，林立果要關光烈把「火焰噴射連」調到上海去，聽江騰蛟的指揮，並指示由飛機運送去上海。江騰蛟建議魯珉負責執行。這兩種說法的差異在，林立果究竟是要關光烈調火焰噴射部隊進北京還是去上海。到北京可能就不是暗殺行動，而是襲擊釣魚台；如去上海則可直接自河南空運前往，不必進入北京。至於魯珉的口供則無此說法。

汪東興又提到，林立果要王飛負責指揮北線工作，計劃把在京的周恩來、朱德、葉劍英、聶榮臻、徐向前、劉伯承等人害死，也包括江青、張春橋、姚文元等人。因北京上空禁飛，王飛主張用坦克車衝進中南海、釣魚台，也有人提議用飛彈。並勘察了兩處的地形。「聯合艦隊」都是空軍人員，不可能調動得了陸軍坦克部隊，中共的指控，真的是無的放矢。

較為可信的說法是林立果指示：「等上海打響後，北京由王飛率領空直警衛營攻打釣魚台。」目的在消滅常年居住此處的江青一夥。根據「聯合艦隊」成員程洪珍九月十五日自首交出的工作筆記，記載：九日早晨，周宇馳交代他描繪北京釣魚台地圖。他繪好後交給周宇馳。這張地圖，後來在于新野的保險箱裡找到，證明攻打釣魚台計劃比較可信。

但是空軍司令部警衛營沒有司令員吳法憲命令，不能調動，而中共規定北京城外部隊均不允許帶武器進北京，如何攻擊釣魚台？即使能夠勉強帶武器進入北京，而釣魚台本身駐有武裝警衛部隊，勢必爆發戰鬥，成功機率，殊難預料。並且，在衝突時，不能迅速佔領釣魚台，江青一夥應有充裕時間先行逃走。

王飛自知無調動部隊權力，就說：「要是吳司令下命令就好辦。」林立果也不敢去找吳法憲。而且，空直警衛營的責任是保護空軍機關，吳法憲未必有充足理由，能夠調動並指揮攻打釣魚台。

因此林立果、周宇馳偽造了一份林彪給黃永勝的信，要他「有事時可同王飛同志面洽」，企圖假傳林彪命令，由黃永勝以總參謀長職權指示釣魚台警衛部隊直接逮捕江青等「文革幫」人員，或調動部隊攻打釣魚台。但因沒有機會使用，或自知破綻很大不敢用，所以一直放在周宇馳身上，在逃亡失敗後撕毀。

此外，林立果指示空軍副參謀長胡萍調飛機「南逃廣州，另立中央」，也說不能讓吳法憲知道。從這兩件事，林立果都背著吳法憲進行，更證明他隱瞞林彪的事實。

中共指控，林彪「怕單靠『聯合艦隊』這幾個人沒有把握，怕他們經驗不夠。林彪要指揮一個大『艦隊』。他通過葉群把黃永勝、吳法憲、李作鵬、邱會作都調動起來了。」意圖栽贓林彪，但在一九八〇中共大審時，法庭證實葉群在與四大將聯繫時，未曾要求四大將參與林立果行動。

九日上午，葉群要秘書通知北京秘書，把有關中美關係文件送來。

同日，周宇馳在北京，透過關係搞了一份東北、華北、西北地區雷達探測圖。晚上，周宇馳請空司情報技偵處副處長王永金（小艦隊成員）搞一份導航用的周邊國家電台頻率表。十一日再叫王永金，弄一份週圍各國對華廣播頻率表。顯示林立果確實在積極作逃亡準備。

九月十日：

午飯後，毛澤東突然下令將專列調回杭州，並說：「馬上走，不要通知陳勵耘他們。」但在汪東興建議下，還是通知了陳勵耘等浙江地方各負責人前來，毛又再次談了「廬山這件事，還沒有完，還不徹底，還沒有總結。」以及透露種種對林彪的不滿。約十六時，專列才從杭州出發，十八時十分開進上海，停在虹橋機場附近吳家花園支線上。

汪東興的回憶有前後自相矛盾的說法：「在離開杭州去上海的時候，我們沒有通知其他的人送，而陳勵耘卻來了。陳勵耘到了車站後，不敢同毛主席握手，也不敢接近主席，當時神情很不自然。」如果毛澤東當時已知陳勵耘要暗殺他，以毛的個性，必然會即刻在杭州逮捕陳勵耘。

陳勵耘的回憶完全駁斥了汪東興的說法：「我坐引導車，走在最前面……引導主席車隊進一號門，我先進月台，關照警衛處副處長王英傑把主席座車一直引到車廂門口，我在門口送主席。主席上車時，我上前同主席握手。主席很親切地同我握手。主席上車後，汪東興、張耀祠還站在車廂門下月台上。汪招呼我過去，問：老陳，還有什麼事嗎？我們要走了。我上去同他們握手，祝他們一路平安。」「總而言之，沒有一點不正常。有人竟說我企圖帶槍接近毛主席，當時還緊張得面孔發白，手發抖，幸虧汪東興發現，把我手抓住。又說我佈置警衛處的人，在紅房子頂上安裝機關槍。真不知是那個的胡思亂想。」

毛澤東專列離開杭州前，汪東興通知上海王洪文，要王轉知許世友（人在南京）趕快到上海，說毛要見他們。專列抵達上海，只見到王洪文一人，王說許世友下鄉了，聯絡不到。毛澤東決定等許世友到了再一起談話。許世友直到次（十一）日上午才趕到上海見毛。

這天北戴河的活動情形：

根據《林彪『九·一三』事件始末》一書說：上午七時五十八分，劉沛豐帶著北京市地圖和許多文件，乘飛機到北戴河。上午十時半，葉群找劉沛豐到她的辦公室，一直密談到中午十二時。接著又同林彪進行了密談。

李文普的回憶則是：劉沛豐是中午抵達北戴河，見了葉群，密談約二十分鐘。午飯也不吃，又急急忙忙坐飛機走了。帶走或帶來什麼，李文普都不清楚，他是林彪侍衛長，他的話應該比較正確。

張寧的回憶錄中，沒有紀錄劉沛豐到北戴河情形，也許她不知情。她談到：下午，林立衡、張青霖和她三人去山海關、秦皇島遊玩。林立衡買一個機械玩具兵送林彪。近十七時，林立衡三人走進葉群辦公室，葉群拿著一份文件正要去林彪辦公室，是中央送來的美國尼克森總統訪問中共行程。葉群領著三人走進林彪辦公室，林彪見到三人，臉上綻出笑容。林立衡把機械玩具兵上足發條，小兵做起動作，林彪微笑看著很開心。葉群問他：「感覺好些嗎？」林彪置若罔聞，面無表情，連玩的興緻都沒了。

張寧說：林彪自從到北戴河後，就拒絕過問一切中央的事務，只注意尼克森訪華問題，並幾次提到「我要見尼克森」。秘書們也說：「這是罕見的事，因為林彪最厭煩見外賓。羅馬尼亞總統齊奧塞斯庫訪北京時，毛澤東兩次指示林彪與他一起接見，林彪託病不出。葉群下跪求林彪，哭說利害，林彪才勉強接受陪同毛澤東接見齊奧塞斯庫。」

劉沛豐因非中共中央或外交部人員，所以由他傳遞尼克森訪華行程，可能性甚微。他來北戴河目的，如果談「暗殺毛澤東」和「反革命政變」，絕對不是與葉群談二十分鐘就可結束，而且葉群也沒這個能力可與之談這種大事，勢必需要林彪出面，事實是林彪未見他，可能根本不知劉沛豐來北戴河。中共說他攜回林彪致黃永勝的「反革命政變」字條，證明子虛烏有。有資料說：劉沛豐是向葉群報告：毛澤東在杭州與陳勵耘等人談話內容，這個可能性還比較大（十日，葉群、吳法憲在電話中即談論此事）。

有一個證據，可以說明劉沛豐此行不是報告執行「政變」情況。十日下午，林立果、周宇馳、江騰蛟、王飛等人仍然拿不出一個真正可行的政變方案。林立果決定取消殺毛計劃。他說：「那就先不搞吧！我給北戴河打個電話，反正搞不搞還得我這個前線司令來確定。這次就算一次思想拉練吧！不過得絕對保密。」這就是說，在劉沛豐去北戴河之前，林立果他們還不知道如何暗殺毛澤東。

林立果從八日晚上回北京，就密集與他的「聯合艦隊」成員研究暗殺毛的事宜，已經快四十小時，仍無結果。中共一直指控是林彪指使林立果陰謀殺毛，如果真的出自林彪決定，林立果絕不敢擅自作主取消，也不敢中途停止不幹，更不敢拖延四十小時，還提不出辦法。

十日上午，周宇馳要空司作戰部部長魯珉把福建、江西、廣東、廣西的一、二、三級機場的位置、長度、寬度拿個單子給他。魯珉這時還不知暗殺計劃，而周宇馳級職亦低於魯，魯珉不可能聽他的。

九月十一日：

上午，上海：

毛澤東在專列上與許世友、王洪文談了兩個小時。中午時，汪東興送許、王二人下車，看到王維國在休息室。王洪文把他拉上車，與毛澤東在車廂門口握了一下手。汪東興說：「毛對王維國很冷淡，連話都沒有講。」送走三人後，毛澤東立即下令說：「我們走！」並不准通知任何人。十三時十二分，專列出發。

這時，王洪文正請許世友、王維國吃飯，王洪文得知毛的專列已出發，把許世友一個人拉到房外，密告了許，未向其他人透露，包括王維國在內。當晚二十二時，林立果獲知毛澤東已離滬北上，說是王維國打的電話，也許王維國是在當天稍晚得知毛離開消息。

許世友藉故提前離席飛南京等毛的專列。十八時三十五分，毛澤東專列抵達南京，停車十五分鐘，未見許世友和任何人。專列隨即出發，到蚌埠車站是二十一時四十五分，停車五分鐘。十二日零時十分到徐州，停車十分鐘，繼續北上。

北戴河：

上午十時多，葉群找張寧陪她去看林彪，說：「去看看首長，他老一個人坐著寂寞，你去陪陪他吧！」林彪當天對葉群態度忽熱忽冷。葉群要張寧說兩句英語給林彪聽，張寧用英語說了「毛主席萬歲，祝林副主席身體永遠健康。」林彪啞笑，低聲說：「人吃五穀雜糧，哪裡來永遠健康。」葉群趁機叫張寧回去，說跟林彪還有些事。葉群與林彪談話時間應該不很長，因為稍後她就找了李文普。

李文普回憶：「上午十一時左右，葉群叫我給毛家灣（北京住所）打電話，要家裡把副軍長以上幹部名冊，和全軍部隊部署情況登記表拿來，說『首長要準備研究一下戰備問題』。這一天，葉群試探性地向我講了一下想去廣州。我當時回答說：『現在天氣這樣熱，去廣州幹什麼？』葉群沒深說。現在看來，她是為南逃廣州，分裂中央做準備。」

李文普是林彪最親信的貼身幹部，張寧都說：林彪對李文普的信任，超過葉群。林彪隨時可找李文普要軍幹資料，何以會透過葉群傳達，頗不尋常。以李文普對林彪的瞭解，他說葉群為南逃廣州，分裂中央，而不說林彪。說明李文普不認為是林彪要另立中央。

中共揭發資料說：十一日上午十一時許，周宇馳打電話給王飛說「葉主任給林立果打電話，發火了，你趕快來研究。」稍後，林立果也來電話說：「主任還要給你電話」。「現在勢在必行，不能再猶豫了。」王飛放下話筒，葉群電話即到。這通電話，即所謂「抽鞭子」電話，督促繼續執行殺毛計畫。

葉群對王飛說：「林副主席對你很信任。託你們辦的事要抓緊。我們全家的身家性命都託給你們了。……聽說你有很大的顧慮，總是想『抽梯子』。怕什麼？就是死也是烈士嘛！我們是為了革命利益嘛！形勢逼人，不能不這樣搞嘛！林副主席歷來說一句算一句，不考慮成熟，不會要你們辦的。……你們忙活了這幾天，現在就是不搞也好不了。人家也不會饒過你們的，你們也脫不了。」「有困難想辦法克服嘛！哪有不困難的事？你們想想辦法嘛！還有人幫助你們呢。江騰蛟那裡是千載難逢的好時機，他（指毛）到了我們根據地裡了，不要坐失良機，要當機立斷。」

林立果在十日下午說，他會將停止暗殺行動報告北戴河。如果暗殺行動出自林彪指使，或獲得葉群支持，林立果未經請示，絕不敢擅自作主自行決定取消。即使他已作了決定，這種重大事情改變，至遲不會超過當晚，就會打這通電話。但是十日晚上北戴河沒有任何異樣，證明林立果未打電話，也說明殺毛是他個人意圖。

葉群打電話給林立果「發火」，又撥電話給王飛「抽鞭子」，又如何解讀呢？

先從葉群講話中，有三句話內容彼此矛盾：

第一句是「我們全家的性命都託給你們了」，與林立果九月七日告訴林立衡的林彪對周宇馳所說「我們一家老小都交給你了」，如出一轍，因此這兩句話如都屬實，應是葉群一人所說。而且這種為苟全性命的「小我」的話，與殺毛奪取政權的革命行動的「大我」，放在一道，極為突兀。比對七日林立果對林立衡說「林彪同意外逃」的話，葉群如打了這通電話，對王飛說這句話的意義，應該與「逃亡」有關。

第二句是「怕什麼？就是死也是烈士嘛！」照中共說法這是督促執行殺毛計劃。王飛答覆葉群是「我馬上去找他們研究，盡力去辦。」似乎很勉強。據程洪珍的工作筆記記載：十一日，林立果、王飛、江騰蛟、于新野曾經偷偷到釣魚台周圍實地看了地形。這句話還比較符合了林立果所說：「等上海打響後，北京由王飛率領空直警衛營攻打釣魚台。」然而林立果在前一日已下令取消暗殺行動，攻打釣魚台需動員地面部隊，困難度更高。葉群不可能不知道，這絕非「聯合艦隊」能力所及，因此葉群在此時是否會打這通「抽鞭子」的電話，令人懷疑。尤其葉群要王飛做烈士，保全她全家人性命，更是情何以堪，如何叫人賣命？

第三句話是「江騰蛟那裡是千載難逢的好時機，他已到了我們根據地裡了，不要坐失良機，要當機立斷。」但是江騰蛟此時人根本就在北京，未下上海，與上海王維國或杭州陳勵耘，也無任何溝通，葉群真正要「抽鞭子」的對象應該是江，而非王飛。更何況江騰蛟級職不低於王飛，更不可能要王飛去指揮江騰蛟。

如果「抽鞭子」電話屬實，代表葉群至少在十一日這天已知林立果的暗殺和政變陰謀。但是從上述三句話之間的矛盾，令人懷疑中共所謂葉群「抽鞭子」的話，是利用十一日葉群與林立果，或王飛間曾通電話，加以設計揑造的內容。在「九・一三」後，中共亦曾揑造過葉群與黃永勝之間曖昧電話紀錄，並稱是林立果密錄，要挾乃母。

這天中午，林彪與葉群有一次南轅北轍談話。據曾參與林彪案審判工作之蕭思科在所著《特別審判——林彪、江青反革命集團受審實錄》一書中說：「九月十一日十二時三十分鐘，林彪找葉群。內勤聽到葉群對林彪說：『沒想到小小的立果活動面那麼大！』……林彪說：『反正活不多久了，死也死在這裡。一是坐牢，二是從容就義。』」透露了林、葉二人想法的不同。

從十一日上午及中午，北戴河活動情形，有幾件事值予重視：

一、十一時左右，葉群叫李文普向北京「林辦」要副軍級以上幹部名冊，和軍隊部署情況表。

二、葉群向李文普講想去廣州。

三、上午，葉群曾與林立果、王飛打電話。

四、十二時三十分時，葉群告訴林彪說：「沒想到小小的立果活動面那麼大」。

五、林彪說：「反正活不多久了，死也死在這裡，一是坐牢，二是從容就義。」

從這五點內容，可以看出林彪與葉群心態迥異。林彪極為消極，已準備接受毛澤東的殘酷鬥爭，不在乎生死。葉群則充滿希望，企圖逃亡廣州，也相信林立果做得到，才會誇獎林立果「活動面大」。這是另一個證明，葉群沒有打「抽鞭子」這通悲觀，生死都要交付他人手中的電話。但是，葉群是否幻想「南下廣州，另立中央」呢？

也許，林立果在十日停止殺毛行動後，決定採取「中策」即「南下廣州，另立中央」，但是這事絕非憑他的「聯合艦隊」能力所能執行，必須獲得林彪、葉群的支持協助，所以他可能在十一日上午電話告訴了葉群，並要葉群蒐集重要軍幹名冊和軍隊部署資料。葉群的想法可能很單純，逃到南方，遠離毛澤東魔掌就安全了，「另立中央」也保住了林彪的地位。顯然被林彪堅拒了，因此他說：「死也死在這裡」。

據張寧回憶說：「聽知情人說過，林彪被寫進黨章定為毛澤東接班人以後，曾獨自坐在辦公室裡流淚。」這樣看來，林彪從被毛澤東欽定為接班人之後，就已預料到他的下場如何。從他「坐牢」和「從容就義」兩句話，不難窺視他內心，知道毛澤東鬥爭他的結果不是被關就是被殺，完全一種認命的心理，未帶絲毫反抗意思。

「九・一三」後，中共卻拿林彪所說這兩句話，來證明林彪是在「謀殺毛澤東行動失敗後」的恐懼心態，是不合邏輯的，因為暗殺毛失敗的後果，只有「從容就義」的下場，林彪不會說：「坐牢」。如果林彪確曾指示林立果暗殺毛澤東，林立果無力執行，因知情者已眾，勢必無法保密，林彪應該會支持「南下廣州、另立中央」，而不會說「死也要死在這裡」。

一九六六年，林彪被逼當上接班人時，又看到陶鑄面臨被鬥，可能曾有過這種想法。如果這年十一月一日兩人聯名密函屬實，這就是為何來信原因之一。當時國府回信，他極可能完全不知，現在時空因素完全不同以往，因此他放棄了反抗，決定面對鬥爭，捨身就義。

十一日下午和晚上，北京「聯合艦隊」又再次召開會議，仍然研討暗殺毛澤東方式。林立果不是在十日已經決定取消暗殺行動，為何又再開會討論呢？也許林立果不想放棄最後一搏機會，或許葉群真的有打所謂「抽鞭子」的電話。但是這通電話，極有可能是林立果欺騙了乃母，利用葉群撥電話請王飛支持林立果，「九、一三」之後，被中共栽贓為「抽鞭子」電話。這種手法與「九、八手令」的疑點，極為近似。

魯珉自首後說：「九月十一日下午，林立果、周宇馳、江騰蛟、王飛等幾個人在西郊機場策劃在南方謀害毛澤東。後來我參加了。」「十一日晚參加小艦隊會議，研究如何在碩放大橋下安放炸藥炸專列。林立果出去接了一個上海的電話後回來宣布剛才研究的計劃一律作廢。電話內容可能是毛專列已離開上海，情況變了，原來的計劃不行了。」

林立果接電話時間，大約是晚上二十二時左右，由王維國撥來的。這時，毛澤東的專列，應該是已接近蚌埠車站，遠離上海、南京了，林立果計劃在上海暗殺毛澤東的計劃，當然無一可以採行。

李偉信的口供說：林立果他們得知毛澤東已離開上海，殺毛計劃已經實際上流產後，他目睹「他們開會的房門打開著……裡邊還有林立果、周宇馳、劉沛豐、于新野四人，室內氣氛異常……，林立果流著淚說：『首長交給我的任務沒有完成，首長連生命都交給我了，我拿什麼去見首長。』周宇馳說：『現在難過也沒用，也沒有其他辦法，只有等到國慶節那天，首長託病不去，我駕直升機去撞天安門！』于新野、劉沛豐、李偉信都先後表示願與周同去。林立果不同意。」李偉信「目睹」林立果等失望無助情況時，江騰蛟、王飛、魯珉不在，應該是已先行離去，而劉沛豐何時來開會，未查到資料。

林立果要謀殺毛澤東的想法，應該是在九月六日或七日與周宇馳研究決定的。八日晚間，回到北京，連夜召集「聯合艦隊」成員討論，才提出各種謀殺手段方案。八日晚，毛澤東決定將專列開離杭州，於九日凌晨轉移到紹興的一條支線上。有人說，毛澤東已獲得密報，林彪要密謀殺害他。顯然不可能，汪東興也承認「當時，毛澤東還不知道林彪那個手令，也不知道林彪一夥進行武裝政變的計劃。」雖然于新野八日來到上海、杭州，事後也證明上海王維國、杭州陳勵耘完全不知暗殺計劃。

但是從九月六日，毛澤東刻意指示廣州軍區對軍區內宣達其南巡講話內容，就已判斷林彪一、兩日內就會知道，這是毛澤東「引蛇出洞」的策略。他九日凌晨，先將專列轉移，十日中午，即想不通知任何人立即出發轉往上海。在汪東興建議下，只得匆匆約見陳勵耘、南萍等人後，於下午十五時三十五分離開杭州，十八時十分到上海。為了等許世友，直到十一日下午十三時十二分才離開上海，兼程北上。這些顯然都是出於他政治鬥爭經驗，為了防範林彪知悉即將被鬥後，對他採取不利行動的防範措施。

林立果直到十日下午，仍討論不出採取何種暗殺手段，宣布暫停進行時，正是毛澤東離開杭州北上上海的時候。由於林立果的暗殺行動，幾乎都在上海，或上海到蘇州的路上進行。毛澤東果有密報有關林立果暗殺計劃，毛澤東絕不會自投羅網，並在上海停留達十九個小時。十一日林立果下午和晚間重啟討論暗殺手段時，毛澤東專列早已從安徽省進入徐州地區了。汪東興說：「那時的形勢是極其危險的，但毛主席並沒有把他知道的危機情況全部告訴我，他老人家沒有作聲，他沉著地待機而動。」是屬於事後諸葛亮的說法。

九月十二日（星期日）：

上午，林彪叫李文普收拾一下東西，準備去大連。四天前（八日），葉群也告訴張寧：「過幾天到大連去，你也陪首長去。」

這天，黃永勝在家休息，吳法憲在機關打乒乓球，李作鵬全家去逛公園，邱會作在西山看電影，他們全無異狀。

白天，林立果、周宇馳、于新野、王飛、李偉信等到空軍學院據點策劃「南逃廣州，另立中央」計劃。決定次（十三）日上午行動。

據中共揭發資料說：王飛與于新野根據周宇馳「指示」研究南逃廣州人員名單和行動。二人列出南逃人員名單，分別開列隨同黃永勝、吳法憲、李作鵬、邱作會上飛機的分組名單、通知各人登機的方法、赴機場車輛的安排、集中地點等。王飛還以「首長打靶」名義，派人到警衛營騙取五九式手槍三十枝、子彈二千多發，衝鋒槍兩枝、子彈二百發。王飛計劃在人員集中後，由他進行簡單「動員」後發槍。

魯珉自首後交代：「林立果交代的任務，背後當然是林彪。十二日下午，林彪、林立果得知毛澤東回到北京，他們在南方謀害毛澤東的陰謀落空，決定南逃廣州，另立中央。由林立果、周宇馳布置。當晚九時多，由王飛、于新野等人召集開會，確定十三日清晨，護送林彪、黃、吳、葉、李、邱南逃，擬定了飛機和二十多個隨行人員分組名單。」

這個會，魯珉參加了，並列入分組名單。會議中間王飛出去接了一個電話，回來又宣布剛才講的全作廢。但是魯珉又自相矛盾的說：他回到家中，越想越怕，由其擔任醫生的妻子想出一個裝「重病號」辦法，她用食塩水幫魯珉揉眼睛，揉得眼睛通紅，馬上以急診住進醫院。十三日清晨，他得知原先約定的車輛沒有開出，也沒有人通知他到西郊機場。

雖然現有資料顯示「聯合艦隊」成員開會研究「南逃廣

州，另立中央」的時間有些錯亂，但內容基本相符。不過，令人起疑的是，南逃名單，未經請示林彪及徵詢四大將意見，是如何擬出的？而且除了林彪外，包括葉群在內，是沒人指揮得動黃、吳、李、邱四大將。即使時至今日，也沒有證據顯示毛澤東已知暗殺計劃，否則他抵達北京前，就會下令逮捕相關人員。光從周恩來說：「魯珉的揭發交代太重要了。」就可以證明這點。

一九八一年一月，中共最高人民法院特別法庭判決書說：「林彪反革命集團的謀殺計劃失敗後，林彪隨即準備帶領黃永勝、吳法憲、李作鵬、邱會作等人南逃到他當時準備作為政變根據地的廣州，圖謀另立中央政府，分裂國家。」但是在法庭上，庭訊江騰蛟、胡萍結果，證明「不僅說明胡萍聽到的所謂林彪要去廣州的事，是林立果、周宇馳告訴他的。而且胡、江兩人都證實，吳法憲其實連調動飛機也不知情，更不用說『南逃廣州，另立中央』了。」此外要在廣州另立中央，沒有廣州軍區領導人的支持，也不可能。中共事後查證廣州軍區負責人劉興元、丁盛二人亦完全不知情。

毛澤東專列，十二日零時十分抵徐州，停車十分鐘。晨五時到濟南，停車五十分鐘。汪東興撥電話給中央辦公廳，指示通知李德生、紀登奎、吳德、吳忠到豐台等待毛澤東要與他們談話（李德生回憶說是汪之副手張耀祠從天津打電話傳達的）。七時四十分，專列抵德州（位於魯冀兩省交界），停留二十分鐘。十一時十五分到天津西站，停車十五分鐘。下午十三時十分，專列抵達豐台站停車。

毛澤東在專列上與李德生四人談話，批判了林彪，表示黑手不只陳伯達一個，還有黑手。一直談到十五時多才結束，十六時五分專列到北京站。

汪東興說：「過去毛澤東從來沒有白天到北京站下過車，這次是例外。」應該說是毛故意的，先秘密在豐台與李德生見面，然後公開回北京，他可能要林彪知道他已回北京了，直接給林彪施加壓力，但不讓林彪知道他在北京已完成防範「軍變」部署。

毛澤東下火車後，乘坐汽車回中南海。因從離開杭州到回到北京，毛已三天沒有好好休息（毛睡眠有障礙），就睡覺了。

汪東興打電話給周恩來，周感到詫異，問：「怎麼不聲不響就回來了。」

有大陸學者懷疑，九月十二日下午毛澤東曾指使汪東興給林彪打電話，透露毛突然回京的信息，目的是「打草驚蛇」，逼林彪「狗急跳牆」。林彪果然掉入陷阱，被迫只剩下兩條路可走，一是坐以待斃，一是倉皇出逃。李作鵬在刑滿獲釋後公開說：「毛澤東把林彪逼上了絕路，不逃肯定是死路，逃還有一線生的希望。林彪最後出逃，完全在情理之中。」

王維國的兒子在審訊時稱：他父親要他於十二日上午乘飛機到北京向林立果通報情況，說「主席認為黃、吳、葉、李、邱都是人民內部矛盾，好好檢查就行了。他們和陳伯達不同，陳是不讓他檢討了。」下午十六時半，林立果仍在北京聽取王維國兒子彙報，王之子未提及毛澤東專列北返情況，林立果並不知這時正是毛澤東已抵北京回到中南海時刻。

李文普回憶：「下午，我在平台上乘涼，林立衡突然對我說：『林立果盡幹壞事，要害主席，他們還要去廣州。萬一不行，就讓首長去香港，你不能讓首長上飛機。』」李文普表示不相信，原因一是林彪告訴他的是去大連，沒說去廣州；二是林立衡和葉群感情不好，過去曾為「選夫」事，林立衡不從自殺，被乾媽王淑媛及時發現，送醫搶救回來；三是林立衡、林立果也有矛盾，感情平淡。四是林立衡為何不報告林彪，制止上飛機。李文普問林立衡有什麼證據？林立衡也不說。所以李文普說：「我有什麼理由不讓首長上飛機？如果他要上，我強行阻止，不讓他上，能行嗎？」

晚上，林立衡又找李文普，再次講不能讓林彪上飛機。從林立衡下午和晚上兩次找李文普，要求阻止林彪上飛機。林彪或葉群（因林彪不接電話，葉群如不告訴林彪，林就不知）應該已知毛澤東回到北京。因林立衡下午找李文普後，李曾外出辦事。回到「林辦」後，得知林立衡又找了「林辦」其他人員溝通，顯然事態嚴重。所以林彪或葉群極可能是在毛停留豐台站時就已獲知。但是整個下午，林彪或葉群均無異狀，林立衡是如何得知即將要南逃的事，是個疑點。李文普說：「晚飯前，林彪也沒說要走。」

林立衡回憶也說：「開始，李文普並不相信我說的林立果要帶首長去廣州，萬一不行就讓首長去香港以及林立果要害毛主席的事兒。後來他也感到事情有些不對頭，向我說了葉群和林立果瞞著林彪所幹的一些事。」

下午十七時三十分前後，葉群通知李文普說：到大連的時間已定，明天早上六、七點走。

但在此之前，約十七時左右，葉群當著林彪面，為林立衡與張青霖舉辦（訂）婚禮。據李文普回憶：晚飯前「葉群領著林立衡、張青霖到林彪面前說：『張青霖求婚，豆豆（即林立衡）同意了，今天晚上就舉辦一個訂婚儀式。』林彪說：『很好嘛！祝賀你們訂婚啦！』葉群把我叫進客廳，給林彪、葉群、林立衡、張青霖照了合照；又強拉著林立衡、張青霖接吻，拍了照，又讓女兒、女婿出去同工作人員一起合影留念。晚飯後，在九十六號樓（林彪、葉群所住的樓房）走廊裡放映香港電影『甜甜蜜蜜』。這時林立果正從北京乘飛機返回山海關機場。機場打電話問是誰來，秘書們都不知道。葉群告訴我：『豆豆今晚訂婚，立果聽說後很高興，坐飛機趕回來祝賀。』」

張寧的回憶則有些出入。她於十二日傍晚，見林立果的車衝過林間小路直駛九十六號樓。她寫道：「內勤們說：林立果到達九十六號樓以後，並沒有去林彪那裡，而是直奔葉群辦公室，兩人談了一陣，立即傳林立衡和張青霖上去。林立衡和張青霖到達後，葉群叫他們舉行訂婚儀式。立衡和青霖意識到葉群突發奇招的背後，一定隱藏著重大行動，當場便表態拒絕。葉群不妥協，硬拉住他倆到林彪辦公室，對林彪說：『豆豆年紀大啦（註：二十七歲），戀愛也談成熟啦，她和青霖今天訂婚。你看，立果也趕回來祝賀，我們都老了，看著孩子們訂婚，也高興高興。』林彪微笑地看著立衡和青霖。葉群既編且導，指揮立衡和青霖向做父母的三鞠躬，又向被傳來參加訂婚儀式的秘書內勤們致謝，拍了照片，林立果還獻了花。一場臨時拼湊的鬧劇約半小時結束。三方人員：葉群、林立果；立衡、青霖；工作人員，都各懷沉重心思離開林彪辦公室。」

李文普和張寧回憶不同的是：林立果何時回到北戴河？不過在張寧回憶中又說：「約九點半，葉群領著林立果從林彪辦公室出來，迎面走向我們，林立果捧著一束塑料花，面無表情地站在葉群身側。葉群笑咪咪地向大家宣布『今晚立衡和青霖訂婚，立果專程從北京趕回來祝賀吶，還送花，立衡過來接花哪！』證明林立果是在立衡訂婚之後晚上二十一時左右回來。中共揭發資料，指林立果是晚上十九時乘坐三叉戟二五六號飛機起飛，晚上二十一時左右到達九十六號樓。是在葉群逼林立衡、張青霖定婚之後才回到家中，並送了一束花給姊姊，表示祝賀。

因為林立果的回來，林立衡的告密，爆發了舉世震驚的「九・一三林彪逃亡墜機事件」。

17 被毛逼逃

林彪出走折戟外蒙含恨冤死

一九七一年九月十二日晚上北戴河發生林彪偕妻兒出走。到底林彪是為何決定倉促逃亡，或是被葉群母子挾持上車，迄今仍存極大爭議，我們就所能獲得之資料，嘗試分析事實。

據林彪內勤和秘書說：「這一天（十二日），似乎沒看出林彪有什麼反常。只見葉群出出進進，不管葉群說話還是不說話，林彪連眼睛都不睜。當晚八時，葉群又要散步，又要打乒乓球。但沒打幾回合，就突然沉下臉，說不打了，回去！誰也不理。葉群經常發無名火，身邊工作人員也不敢多問。」

晚上二十時過後，林立果和劉沛豐乘飛機在山海關機場降落後，機場人員打電話報告「林辦」。林彪、林立衡和所有工作人員都不知道林立果要回來，只有葉群一人知道，但亦不能肯定林立果什麼時候會回到山海關，以致沒有事先通知派車去接。林立果下機後，由機場派吉普車送他回北戴河。

葉群告訴李文普說：「林立果聽說姊姊林立衡訂婚，很高興趕回來祝賀。」李文普即刻派劉吉純（警衛科長）陪司機開車去接。半路上遇到林立果、劉沛豐所乘的機場吉普車，林、劉換乘來車回到北戴河。

林立果之趕回北戴河，不是因乃姊訂婚，而是在北京聽說毛澤東回京了，他在下午十八時前後告訴周宇馳說：「情況緊急，我們要立即轉移，趕緊研究轉移的行動計劃。」林立果之所以這麼緊張，顯示他作賊心虛，以為事機洩漏。

在林立果回來之前，葉群把負責照顧林彪生活的內勤人員都趕去看電影，關起門來與林彪密談。林立衡去房門口偷聽，裡邊談話聲音很低聽不清。二十一時左右，林立果回來，立即鑽進林彪臥室，三人一起密談。

張寧回憶：「據兩個內勤說：晚上葉群和林立果不斷往林彪處跑，有時圍著林彪嘀嘀咕咕，有時站在林彪身旁一句話不說，而林彪始終不開口。內勤張恒昌、陳占照在門縫上聽到葉群斷斷續續的話說：『不行，去廣州怎麼樣？』但始終聽不到林彪說話。」

林立衡逼著張恒昌去門外偷聽和陳占照以送茶為名進入林彪臥室。張恒昌回來告訴林立衡說：「在衛生間裡，隔著門隱約聽到裡邊兩句話，一句是葉群說的：『就是香港也行嘛！』一句是林立果說的：『到這時候，你還不把黃、吳、李、邱都交給我。』」

空軍副參謀長王飛這時正在北京召開南逃廣州和分組搭機問題，會議中途接了一通電話，然後宣布行動「全作廢」。這通電話應該是林立果所撥打，並與張恒昌所聽到的

「還不把黃、吳、李、邱都交給我」這句話應有密切關係，可以判斷林彪反對「南下廣州，另立中央」，或逃往香港，所以拒絕林立果聯繫黃等四人安排南逃事宜，林立果只得通知王飛取消行動。

不一會兒，陳占照端著茶盤從林彪臥室側門出來告訴林立衡：「我剛進去的時候，聽到首長哭著說：『我至死是民族主義者。』聽到這句，就被立果發現我了，立果推我（出來）的時候，首長回頭望了一眼，我看見首長正淌著眼淚。」

張寧所寫〈『九・一三』事件前夕在林彪家〉一文也證實此事，她說：「我感到情況異常，起身走出放映室，剛出大門，就聽到林立衡對林彪的內勤小陳、小張說『你們無論如何也要偷聽到首長和林立果談話的內容。』」「小陳一閃身走進通往林彪客廳的走廊。大約過了兩三分鐘左右，小陳手中托著一隻茶水盤返回了，見了林立衡就說：『首長正在淌淚呢！』『我端了茶水進去時，葉主任和副部長蹲在首長的腳前，說話聲音很輕，聽不清楚。我見首長一面流淚，一面說……好像說，說什麼民族主義者……。副部長發覺我，把我推出來，後面的話沒聽見。』」

林彪泣訴「民族主義者」，不論有無「我至死是」或「我至少是」等類的前置語，都可理解林彪是在說自己。從林立果告訴林立衡的下策「北去蘇聯」，判斷林彪並不接受這個叛逃異國的建議，其內心的痛苦可想而知。因為逃蘇就坐實「投敵叛國」，以他的民族氣節，豈甘一生功勛毀於一舉。所以座機飛至蒙蘇兩國邊界又折返南飛，應是林彪不願逃亡蘇聯的原因。既然不願逃蘇，更不可能向外蒙尋求政治庇護，他已有寧被毛鬥死而不再逃的決心。

不過，李文普不認為有張寧所說林彪哭泣的事，甚至批評為「荒唐」。他說：「林彪是久經沙場統帥過百萬大軍的黨中央副主席，不是嗚咽哭泣求兒子老婆放過他的那種人。他從不喝茶，他不打鈴，內勤公務員根本不敢進屋偷聽他和老婆兒子的談話。」

李文普是照林彪的生活習慣來判斷認為不可能，然而林立衡是「逼」陳占照送茶水進入內間，林彪雖不喝茶，送白開水也行，或送茶水給葉群母子，並不太反常。林彪在面臨攸關全家生死存亡之際，又極度傷心，英雄難免也有哽咽落淚之時，故不能否認林彪會流淚，更何況他說「至死是民族主義者」並非泣求妻兒放過他，在這種時候他那有心情管內勤未經許可擅自闖入送茶的事。而且林立衡也有相同回憶，如果她有私心為他父親造假，可以多編一些假話來騙世人，不必把他人扯進來，就說她自己聽到的就行。

張寧的回憶說，林立果從林彪辦公室出來，林立衡問林立果：「下面打算怎麼辦？」林立果說：「走，去大連，再不行就去廣州，到哪都行，看情況吧。」之後，林立衡和張青霖去警衛部隊值班室給中央打電話報警。但中央很久沒有回覆，據說是找不到周恩來。

林立衡說：「為了以防萬一，我決定去八三四一（即警衛部隊，為中共中央和國家主要領導人身邊的一支警衛）

部隊，講明情況，讓他們作好準備以對付緊急情況，並通過八三四一部隊與中央取得聯繫。」林立衡和劉吉純於二十一時多跑步到五十八號樓八三四一第二大隊隊部，找張宏（八三四一部隊副團長兼團司令部參謀長）、姜作壽副大隊長。

林立衡先說是李文普讓她來找他們，把林立果向她所說的話，和兩位內勤告訴她的情況告知張宏。林立衡並說：「九月七日，首長對我說是要去大連，葉群為了不讓首長去大連，就讓李文普和劉吉純騙首長，說大連的水，首長不能喝（註：林彪身體不好，最怕喝了不對的水瀉肚子）。九月八日林立果去北京是瞞著首長的。」她問張宏：「葉群、林立果要帶著首長逃走，先到廣州，然後再去香港，你看怎麼辦？」

李文普曾說他開始不相信林立衡所說葉群母子要挾持林彪南逃事，懷疑林立衡為何不報告林彪，就可制止林彪上飛機出逃。但在林立衡的回憶中，出現不同的說法，她向張宏說明時提到是「李文普、劉吉純和工作人員不讓我把林立果對我講的話告訴林彪。」張宏也說：「這些就不要向林副主席講了，我們都知道林副主席身體不好，免得驚動林副主席。這件事由我們來處理就行了。」林立衡不但提到李文普，還包括了「林辦」其他工作人員阻止她報告林彪，以證明她所說的正確無誤。

張宏表示劉吉純已經告訴了他，他相信林立衡所說情況。姜作壽也講了一些他所知道的林彪被葉群欺騙的事。林立衡就說：「雖然到明早還有一段時間，但要防止林立果他們提前行動。」並要求張宏立即採取措施，調動部隊包圍林立果、劉沛豐所住五十七號樓，和林彪、葉群的九十六號樓（林立衡、張青霖、張寧三人另住五十六號樓），必要時先把林立果、劉沛豐扣押起來。張宏說「現在的問題是要馬上請示中央。」但保證「一定會確保首長的安全」。

張宏稍後表示要用電話報告北京汪東興。晚上二十一時二十分時，先由姜作壽撥通電話給中央辦公廳副主任，中央警衛局局長兼中央警衛團團長張耀祠。

姜作壽後來在接受「中華兒女」雜誌訪談時說：十二日晚上吃過晚飯後不久，劉吉純陪同林立衡來找我說：「葉群、林立果要帶著首長逃走。他們先到廣州，然後去香港。」他聽了林立衡報告，驚異地問：「可靠嗎？」林立衡說：「可靠，葉群當面給我布置的，她讓我馬上回樓準備，讓我跟他們一起走啊。你看我該怎麼辦？」姜作壽問：「這事首長自己知道嗎？」林立衡說：「他們騙他，他哪裡知道！」姜作壽說要向張耀祠、汪東興報告，林立衡遲疑地問：「他們可靠嗎？」姜說：「靠得住，我不向他們報告，向誰報告呢？」林立衡又遲疑說：「不報告他們還不行？」最後還是同意了。於是姜立即向北京張耀祠作了報告。姜又請林立衡向張宏報告。姜作壽說：張宏也給北京張耀祠打了電話，張耀祠要張宏向林彪報告，但被姜作壽攔阻。姜說：「現在情況複雜，我們還不完全清楚，平日我們警衛從來沒有到過林彪家裡，現在林立果有槍，萬一你要回不來，我要不要找你？萬一我也回不來，部隊誰管。」因此，張宏沒去向林彪報告。

張宏打給張耀祠的電話是說：「據林豆豆講：林立果、葉群正在商量要挾持林彪逃跑，目的地是廣州。」張耀祠隨即報告汪東興。

不過張寧的回憶則說是林立衡、張青霖（應為劉吉純）二人去找姜作壽，由姜作壽撥電話給張耀祠。林立衡也在電話中告訴張耀祠：「首長要動，可能安全上有問題，請你馬上向中央報告。」又說：「葉主任和林立果有些反常，恐怕對首長安全不利，請中央制止首長行動。」張耀祠認為事關重大，要林立衡拿出證據，「沒有證據不可以亂講。」林立衡不想講，因為她對林彪態度沒摸清，說出去，會讓林彪陷於被動。她認為只要中央不讓林彪離開北戴河，葉群和林立果的計劃就不能得逞，所以沒向張耀祠說出真情，只催促向中央報告林彪不能動。張寧不是當事人，應該是事後聽林立衡所說，把劉吉純誤為張青霖。

汪東興回憶：「張耀祠說：『情況很緊急，林彪要走動，怎麼辦？』我馬上打電話找周總理。周總理當時正在人民大會堂福建廳開會，主持討論將在四屆全國人大會上作的『政府工作報告』的草稿。我將林立衡報告的情況向周總理報告後。周總理問：『報告可靠嗎？』我回答：『可靠。』周總理對我說：『你馬上打電話通知張宏，如果有新的情況，立即報告。』」「過一會兒，張宏又來電話報告說：『林立衡還報告，他聽接林立果的汽車司機講，林立果是乘專機從北京來的，這架專機現在就停在山海關機場。』」

汪東興把新情況又報告周恩來，周恩來安排他人主持繼續開會後，轉到人民大會堂東大廳的一個小房間，先把亦在大會堂參加開會討論「政府工作報告」草稿的吳法憲找來，問他知不知道有飛機飛北戴河？吳說不知道。周恩來即指示吳法憲去查證，並要飛機不准帶任何人，馬上飛回北京。

吳法憲向空司副參謀長胡萍瞭解情況後，傳達周恩來命令：「飛機不准帶任何人立即飛回北京。」胡萍謊稱飛機發動機油泵壞了，飛不回來。周恩來追查林彪專機的事，胡萍隨後告知周宇馳；周宇馳電話報告林立果。

汪東興也經過張宏向山海關機場查詢，確實有一架專機，機組人員均在休息，而山海關機場屬海軍管轄。

林立衡知道張宏報告中共中央後，與劉吉純回到九十六號樓，把情況告訴張青霖。這時葉群派人把林立衡找去，說：「明早六點出發去廣州。」要林立衡、張青霖、張寧三人準備行裝（姜作壽的回憶，則是葉群通知林立衡出發時間和準備行裝後，林立衡才找他和張宏）。

林立衡出來，叫張青霖在九十六號樓應付林立果，她與李文普、劉吉純到外邊院子裡商談。林立衡問李文普：「首長現在怎麼樣？」李說：「首長啥也不知道，同平常一樣，十一點就上床睡覺了。」

汪東興回憶說：晚上二十三時二十二分，周恩來親自打電話給葉群。周問葉群知不知道北戴河有專機，葉群先說不知道。稍為猶豫後改口說：「有，有一架專機，是我兒子坐著來的。是他父親說，如果明天天氣好的話，他要上天轉一轉。」周又問：「是不是要去別的地方？」葉群回答：「原來想去大連，這裡的天氣有些冷了。」周說：「晚上飛行不安全。」葉群說：「我們晚上不飛，等明天早上或上午天氣好了再飛。」周說：「別飛了，不安全。」「需要的話，我去北戴河看一看林彪同志。」葉群勸周恩來不要來，因為「你到北戴河來，林彪就緊張，林彪會更不安心。總之，總理不要來。」

周恩來後來告訴汪東興，他確實打算去北戴河，已經讓人準備飛機了。周恩來也告訴他身邊的人說：「這時他才斷定北戴河那裡確實有問題，林彪可能要跑。」

周恩來為防萬一，隨即派李德生到空軍司令部作戰值班室，坐鎮指揮。派楊德中（周之秘書）陪吳法憲去西郊機場查明情況。周恩來另打電話給李作鵬，命令他：這架飛機必須有周恩來、黃永勝、吳法憲、李作鵬四個人一起下命令，才能飛行。周恩來這個命令下的有點莫明所以，因為林彪職位高於周等四人，林彪下命令，其效力在周等之上，周的命令對林彪而言是無效。

然而，李德生的回憶，不同於汪東興。他說：葉群為掩蓋陰謀，故意於十二日晚二十三時二十二分給周恩來打電話，稱：「林副主席想動一動。」周恩來問：「是空中還是地面動？」葉答：「空中動，我們需要調幾架飛機。」周問：「妳們調了飛機沒有？」葉答：「沒有，首長要先向總理報告，再調飛機。」因為葉群這一個電話，「為周恩來證實林立衡報告的情況提供了依據」。

由於汪東興和李德生二人說法不同，因此形成了究竟是周恩來主動先打電話給葉群查問有無專機在山海關機場的「敲山震虎」說法，還是葉群先打電話找周恩來的「欲蓋彌彰」說法，何者正確？有大陸學者認為李德生當時是在周、葉通話現場所聽聞，是屬於「第一手資料」，而汪東興是根據別人（可能是周恩來，或在現場的第三人）事後提供。而且周恩來個性穩健，若因「敲山震虎」導致林彪出逃，周擔當不起責任。認為「欲蓋彌彰」符合葉群的政治小聰明手腕，所以葉群主動打電話一說，比較可信。

林立衡也證實此說，她回憶說：「周總理在一九七二年八月二十六日見到我時告訴我，葉群打電話說他們要請假去廣州。」

有學者懷疑，葉群在給周恩來撥打電話之前，可能接到他人警示電話，透露林立衡告密情事，引起了葉群的恐慌，這種可能性頗大。無論事實如何？可以確定是在周、葉二人通過電話後，引起周恩來的驚覺，和葉群的恐慌。在二十三時四十分，葉群即調動汽車準備出走。

從二十三時二十二分周、葉通話起，包括通話時間在內，至四十分止，僅十八分鐘間，林彪、葉群和林立果三人已經決定倉皇出逃，時間之緊迫，情況之慌亂，已經完全顧不到林立衡、張青霖、張寧等人，這種大難臨頭的驚慌，可想而知。

林立衡回憶：葉群的內勤來找李文普，說葉群找他，要他馬上去。李文普回來後說：「主任叫我立即安排去廣州！」

此時，張青霖也請人轉告林立衡，葉群正在找她，準備馬上出發。林立衡一聽急了，要李文普一定要守在林彪身邊，絕對保證不被弄上車。林立衡經過葉群房間走廊，遇到葉群，葉群要林立衡、張青霖、張寧三人馬上拿行李去機場，讓工作人員也一起走。

張寧回五十六號樓，整理好行李，跑去林立衡房間，沒見到人，只見她的旅行包和衣物散亂堆在床上。正不知該怎麼辦時，林立衡從外面回來，遞給張寧兩片安眠藥說：「計劃又改變了，今晚不走，妳先吃藥睡覺吧，什麼時候走再通知妳。」「立衡看著我吞下安眠藥，又替我放下蚊帳，出去把門關上，又聽到她把起居室的門也關上，突然，室內室外一片黑暗。後來才知道，張青霖把電源總閘拉掉，整個五十六號樓陷於黑暗中。」「九十六號樓。據內勤小張、小陳說，葉群母子走進林彪臥室，望著入睡的林彪，看了一會兒，又離開了。」

另據葉群內勤說，葉群母子從林彪那裡出來後，林立果大罵林立衡走漏消息，要甩掉她。葉群說：『不行啊！少了立衡，怎麼向首長交代？你去看看他們準備好沒有，帶他們一起走。』林立果氣呼呼地說：『不走，老子拿槍斃了她！』」

張寧在朦朧中，警覺到林立果衝進五十六號樓，撞開起居室門，右手提槍，向黑暗的屋內張望，未發現張寧，轉身離去。張寧說：「後來在中央專案組裡，中央組織部部長郭玉峰與我的一次談話中說：『你是不幸中的萬幸啊！如果時間來得及，讓林立果找到了你，溫都爾汗就多一具女屍嘍，死了就說不清嘍！』」

林立衡又去找張宏，請他立即命令部隊封鎖通往山海關機場道路。張宏滿口答應，卻在屋裡走來走去，欲言又止，然後忽然離開大隊部值班室不知去向。等他回來，仍然一聲不吭。林立衡要他打電話與李文普聯繫，也不肯打，背著手在屋內踱步思索。

林立衡回憶說：「就在這時，張青霖在五十六號樓接到林彪的衛生員小張（張恒昌）打給我的電話：『他們（指葉群、林立果）正在床上拽首長，首長馬上就要被拽走了！你們快，快呀！』」

張寧的回憶也說：「葉群接周恩來電話後，下令把林彪叫起來。」又說「葉群母子得知封鎖機場後馬上去叫起林彪，叫內勤給林彪穿好衣裳，叫李文普通知備車。」張青霖隨即直奔大隊部值班室（張青霖可能因此避開林立果前來找尋）說：「情況萬分火急！最多不超過十分鐘，上面的汽車就開跑了！部隊為什麼還沒行動？為什麼還不進行阻攔？」張宏仍默不作聲，一會兒出去了。

張宏先後兩次出去，仍作了一些預防措施，他派二大隊副大隊長于仁堂帶著六名士兵坐上兩輛吉普車先行出發去機場，想要控制飛機，不讓飛機起來。張宏指示，先與機場聯繫，並等中央指示後再處理。

張宏過了一會回來，當著林立衡面往北京掛電話，與張耀祠通話，報告最新情況。放下電話後，對林立衡說：「中央指示你們跟著上飛機，跟著走。」林立衡氣極說：「我這樣找你們，苦苦請求你們採取措施，你們就是不聽，李文普也調動不了你們的部隊，原來是這麼回事。」還問為什麼要跟著上飛機？張宏說：「這是中央指示。」林立衡於是表示：「我坐在這兒就是不走了。」張青霖指責說：「汽車馬上就開動了，如果被你們放跑了，黨和人民絕不會寬恕你們！要是你們不攔住，一切嚴重後果由你們負責！」張宏怒道：「請你們不要在這裡指揮！我們是聽中央！」

張寧的回憶也證實中共中央命令她和林立衡、張青霖跟林彪一起走。她說：「林立衡和張青霖跑去警衛部隊值班室給周恩來打電話報警，接電話的是另一個人，指示警衛部隊姜隊長命令林立衡、張青霖、張寧三人隨林彪、葉群一起上飛機。林立衡急得哭回來，安排張寧服安眠藥睡下又去打電話，周恩來仍未接電話。」

這時警衛中隊長蕭奇明暨一些警衛士兵提著槍，請示張宏：「還不下命令衝上去就來不及了，我們可衝上去了……下命令吧！副團長！」張宏不為所動，始終沒下命令。

從林立衡和張寧的回憶說明了，林彪座車何以能夠離開北戴河寓所，直奔山海關機場，並上機起飛逃亡之原因，是中共中央無意阻攔，還要林立衡、張青霖、張寧一起跟著走。這是誰下的指示？誰有這種權力？據汪東興回憶說：毛澤東是在林彪座機起飛後的十三日凌晨一時左右，才獲得周恩來報告林彪出逃事。那麼這個下達林立衡三人跟林彪一起走的人既然不是毛澤東，就只有周恩來了。

林彪內勤張恒昌回憶：晚上二十二時半，他和陳占照商量，準備讓林彪休息。這時葉群來到林彪客廳（即辦公室），同林彪說話。於是張、陳二人決定陳占照先去吃夜點，回來後再由張恒昌去吃，準備吃完夜餐再讓林彪休息。張恒昌還沒吃完餐點，陳占照打電話通知他馬上回去，這時大約二十三時半。林彪叫張恒昌通知葉群：空軍療養院的兩個護士（負責在九十六號樓照顧林彪）不帶了，讓人把她們送回去。張恒昌到葉群辦公室，劉沛豐在那裡，地上放著幾個皮包。葉群和林立果在屋子裡說話。劉沛豐攔住張恒昌，不准進去。張恒昌把林彪指示寫張字條，請劉轉知葉群。張恒昌回到內勤值班室，陳占照說：林彪馬上要走，叫趕快收拾東西。並要張恒昌報告林立衡，張找了一會，沒找到人。大約二十三時四十分到五十分左右，葉群和林立果、劉沛豐一起到林彪客廳裡，劉手裡提著三、四個皮包。

陳占照的回憶說：晚上二十三點左右，林彪打鈴，他進到客廳，林彪說：要找小張。陳占照於是去叫張恒昌。不一會，小張從林彪客廳出來，告訴陳：林彪馬上要走，要他去告訴葉群，去的時候不要帶空軍療養院的兩個護士。二十三點五十分左右，林立果、葉群、劉沛豐一起到林彪客廳。過了一會，葉群和林立果走出來。林彪又打鈴，對陳占照說：馬上去大連，不休息了，有些東西可以不帶，夠用就行了。過幾天再回來，回北京過國慶節。這時，劉沛豐站在客廳門口，一言不發，陳占照還看到沙發上放著三、四個黑色手提包。陳占照走出客廳，看見林立果和葉群像熱鍋上的螞蟻，葉群披頭散髮，林立果跑來跑去，忙著調車，十分著急的樣子。汽車調動出庫，林彪、葉群、林立果、劉沛豐一起出來，林彪走在最後面。走到內勤門口，林彪問：東西都裝車沒有？陳占照說沒裝車。林彪再沒說什麼，也沒停步，連帽子、大衣都沒帶，就鑽進了汽車。陳占照立即向五十八號樓（警衛部隊）打電話，正好林立衡在，陳告訴她：他們都跑了，什麼都沒帶。打完電話，陳占照從九十六號樓出來，就聽到五十八號樓附近響起了槍聲。

李文普的回憶：大約二十三點多鐘，葉群拉李文普到林彪臥室門外，叫李等著。她先進去和林彪說了幾句話，然後叫李文普進去，這時林彪早已從床上起來穿好衣服。林彪對李文普說：「今晚反正睡不著了，你準備一下，現在就走。」李說：「要等飛機再走。」葉群插話騙說：「一會兒吳法憲坐飛機來，我們就用那架飛機。」李文普當時懷疑為什麼不讓他調飛機，有些反常。葉群跟著李文普從林彪那裡出來，催促李快點調車，並說：「快點吧，什麼東西也別帶啦！有人要來抓首長，再不走就走不了啦！」李文普越發懷疑，就到值班室打電話給北京主管專機工作的胡萍說：「首長要馬上走，什麼也不帶，我覺得方向不明確，你知道去哪裡吧？」胡萍說：「你不要問了，不要問了，你不要再往北京打電話了！」即掛了電話。這時，林立果叫李文普到葉群辦公室，在門外等著。李在門外聽到林立果打電話給周宇馳說：「首長馬上就走，你們越快越好！」然後出來，催李快去調車。李文普回到秘書值班室打電話給張宏，告訴他：「首長馬上就走。」張問「怎麼回事？」林立果突走進來，把電話壓了。李文普拿了林彪常用的兩個皮包走到外邊。駕駛楊振剛把車開到車庫門口停下。林彪光著頭出來，和葉群、林立果、劉沛豐走到車旁。這是一輛三排座大紅旗防彈車，林彪第一個走進汽車坐在後排，葉群第二個走進汽車，坐在林彪身邊。他們坐定了，中間第二排才能放好。第三個上車的是林立果，他坐在第二排，在林彪前面。第四個上車的是劉沛豐，坐在葉群的前面。李文普最後上車，坐在前排司機旁邊，身後是林立果。車開動後，葉群對林彪說：「李文普和老楊對首長的階級感情很深。」李文普和楊振剛都沒說話。

張寧的回憶與李文普和陳占照不同，她說：「十一點左右，內勤服侍林彪吃了安眠藥睡下。這時李文普接到周恩來打給葉群電話，問起林彪健康和二五六專機事。葉群放下電話後，下令把林彪叫起來，車來後，李文普已坐上車位，葉群母子一邊一個架住林彪上了車。」

不過，儘管有不同，但從李文普說：「林彪早已從床上起來穿好衣服，」證明林彪確實是就寢以後，被葉群母子叫起上車。從周恩來、葉群是二十三時二十二分通電話，林彪在二十三時之後就寢應是正確的，雖然內勤張恒昌、陳占照回憶均未提及林彪已就寢和給林彪服安眠藥之事，但據李文普說：「他（林彪）睡眠不好，常吃安眠藥，有時一夜連吃三次。」所以十二日夜林彪服用安眠藥的可能性極高，不過，在短短一、二十分鐘左右，藥性即開始發作，效力恐怕還不致造成昏睡，因此林彪被叫起來後，應該還有意識，自己走去坐車的可能性較大。

姜作壽在林彪出門前，在九十六號樓前遇見林辦秘書宋德全。宋說：「看來今晚就要走了，小陳正在收拾行李呢。」姜作壽看到林彪房間亮著燈，往常晚上二十二時之後林彪就準備上床休息了。姜作壽馬上將這個新動向報告北京，北京指示：「林副主席上飛機，你們就跟上去。」姜作壽後來回憶：「我們商量，如果林彪要走，就由我帶六名戰士上飛機。如果不讓上，就以搬動行李為由，上去了，就不再下來。」不過姜作壽的構想，最後不能實現，因為林彪座車開出官邸，就爆發了開槍事件，姜作壽不可能再帶兵隨行到機場，以協助搬行李為掩飾上飛機了。

晚上二十三時四十分，在九十六號樓值勤的警衛戰士電話向大隊部報告：「現在他（指林彪）出了房門，向防空洞走去。現在，他在防空洞前上了紅旗車。現在，汽車開出去了。」張宏即電話向張耀祠報告：「他們已經調汽車。」

張耀祠回憶說這時還沒有報告毛澤東，中央還沒有指示，他只得交代張宏注意林彪他們走的方向。剛放下電話，張宏又來電話報告：「林彪他們出來了。劉沛豐手提四個皮包先上車，然後林立果、葉群，林彪最後上車。李文普上車後汽車開車了。」

本書不厭其詳，將九月十二日晚間，林彪偕葉群母子、劉沛豐登車前之相關當事人之回憶儘可能按前後時序予以併列，就是為了能夠從蛛絲馬跡，獲得一個較合理，並接近事實的推理。從這些資料中，不難發現當天晚上一切行動都是葉群在主導，林彪幾乎一切陷於被動。大致可以歸納出下列幾點：

一、葉群應該在林立果之前就已知道毛澤東已經回到北京的信息。毛澤東是十二日下午十六點五分到北京站，即乘坐汽車回中南海。此時，林立果正與王維國之子談話，過了十六點半仍未結束。估計林立果大約是十八時前後，撥電話給葉群，說兩小時後搭機回北戴河，如果他要告知葉群關於毛的行程，也只有這個時候。但是在下午十七時左右，葉群已當著林彪的面，為林立衡和張青霖舉辦訂婚禮。說明葉群已先行知道毛澤東提前北返，即將對她與林彪展開鬥爭，因而有先將兒女婚事辦妥，以了心事的想法。由於林立果仍在北京，於是先辦了林立衡訂婚，在她心中可能等林立果回來，再辦林立果與張寧婚事。當葉群硬逼林立衡、張青霖二人在林彪面前行禮時，對這種兒女終身大事，如此草率，林彪未加反對，表示他也知道毛澤東返回北京信息，瞭解厄運臨頭，但還存著即使被鬥，還不致禍及兒女心理。那麼，是誰透露毛澤東北返消息呢？毫無疑問是汪東興。在九屆二中全會時，汪東興與林彪是站在同一戰線，而且在毛澤東反擊後，葉群特別交代林彪要保護汪東興，證明在當時，反文革和反張春橋的立場，林、汪是一致的。毛澤東死後，汪東興率先捉拿「四人幫」，足以證明此點。更何況，毛澤東為「打草驚蛇」，也可能利用汪東興向林彪、葉群故意洩漏他南巡講話內容，和北返行程，逼林彪先有所行動，有利他打倒林彪的鬥爭。

二、九月七日林彪曾告訴林立衡「去大連」；八日葉群告訴張寧「過幾天到大連去」；十二日上午，林彪通知李文普「準備去大連」；晚上林立果答覆林立衡問話是「去大連」；二十三時二十二分，葉群回應周恩來查詢時也說「原先想去大連」；稍後，葉群叫醒林彪，林彪告訴內勤說：「馬上去大連」。在短短幾天和十二日一天內，共出現了六次「去大連」的說法，其中林彪親口說了三次，唯一可以解釋的是，林彪自九月六日獲知毛澤東即將鬥爭他之後，他的決定是先暫避到大連，思考一下步作法。但是，葉群與林立果母子共同想法是去廣州。九月十一日，葉群曾向李文普表示「想去廣州」；十二日下午，林立衡告訴李文普：「他們還要去廣州。萬一不行，就讓首長去香港。」晚上，林立果回答林立衡「再不行就去廣州」；內勤聽到葉群問林彪：「去廣州怎麼樣？」「就是香港也行嘛」；林立衡舉發時對姜作壽說：「他們先去廣州，然後香港」；晚上葉群在與周恩來通電話前，找到林立衡說：「明早六點出發去廣州」。歸納這些談話，九月十一日才首次出現去廣州的說法，葉群親口說了三次，林立果一次。林立衡舉發時說的兩次，應該是從母親、弟弟那兒聽到的。顯示林立果的想法是「南下廣州，另立中央」；葉群一心想逃，認為去大連不安全，因此想先去廣州，再逃香港。兩人想法，都被林彪拒絕。至於林立果所說「到哪都行」，主要指「北逃蘇聯」。

三、林彪對毛澤東即將展開對他的鬥爭，原有想法應該是先去大連，暫避風頭。他瞭解毛澤東要鬥他的時機是在九屆三中全會上，也自知鬥不過毛澤東，所以有坐牢或從容就義的想法。從種種跡象顯示，林彪在九月十二日黃昏前，他還不知道林立果曾圖謀暗殺毛澤東，和計劃「南下廣州，另立中央」，因此從九月六日起到九月十二日的白天，林彪均無任何異常跡象，反而關心美國總統尼克森預定訪問北京行程，還說一定要見尼克森。即使指示去大連，也表示停留數日就回北京參加「國慶」活動。這些舉動，都不像在搞陰謀活動。但是林立果於十二日晚上二十一時回來後，林府就透出不尋常的氣氛，相信林立果是到了這個時候才透露，企圖暗殺毛澤東行動失敗，力主「南下廣州，另立中央」，從林立果說：「到這時候，你還不把黃、吳、李、邱都交給我。」可證明林彪拒絕了提議。葉群一心想逃，所以才會說：「去廣州怎麼樣？」「就是到香港也行嘛！」。林立果母子再提「北逃蘇聯」，林彪亦無意接受，因而有「民族主義」的說法。即使到了晚上，除了葉群說：「明早六點出發去廣州」外，林彪只說過去大連，隻字未提去廣州。以林彪的地位，他不需要為去廣州或大連而欺騙部屬。

四、從林立衡、李文普、張寧三人回憶證明林彪在二十三時後已就寢，這就說明林彪不認為林立果的「暗殺」與「南逃」兩謀已洩露為毛澤東知悉。毛澤東在一九七一年十一月十四日接見中共中央召開的成都地區座談會成員時說：「林彪他們搞反革命活動，誰曉得，我就不知道嘛。」這話，毛澤東說過多次，證明林彪當時判斷正確。所以他所要應對的只是被毛澤東鬥爭打倒，被關被殺而已。毛澤東這種殘酷鬥爭，他早已見慣不怪，亦知逃不過，而有坦然面對心理。但是他的心情必然起伏不定，因此服安眠藥幫助入睡可能性極大。但是在未真正睡著前，知道周恩來與葉群通話內容、周恩來下令封鎖機場、命令專機飛返北京。又知道林立衡已向中共中央檢舉林立果陰謀行動後，林彪瞭解他已背負「暗殺毛澤東」和陰謀政變「南下廣州，另立中央」等殺頭滅族，滔天大罪，不是他與葉群二人所可抵擋，他們二人極溺愛林立果，要保護林立果，林彪即使有睡意，也被驚起半醒，這時他腦筋多少已受藥效影響，不是很清晰靈活，才會在倉促間內接受葉群母子建議即刻離開北戴河，並放棄林立衡。那麼是誰洩漏周恩來下令封鎖機場和命令專機返回，應該是胡萍，至於吳法憲呢？因他膽子小，可能性不大。那麼是誰透露林立衡向中共中央檢舉林立果陰謀的？只有汪東興知情，也唯有他有條件告知葉群。

五、林彪在最後關頭，應該是意識勉強算清醒情形下，可能由葉群、林立果母子扶持上車，所以才有爾後被誤為挾持林彪上車之說法。但確實是因葉群母子打著林彪旗號，胡作胡為，逼得林彪走頭無路，只得任由妻兒擺布。然而，林彪放縱葉群母子，不加嚴格管束，落此下場，自己也要負很大責任。如果追根究底，毛澤東南巡，聯絡地方諸侯，部署鬥爭打倒林彪，葉群也逃不過一併被鬥厄運，林立果心有不甘，為捍衛父母搞陰謀活動，罪魁禍首仍是毛澤東。大陸學者如王年一、高文謙就分別說：「『九・一三』事件是給逼出來的，甚至可以說是毛澤東製造出來的。」和毛澤東「把林彪逼上絕路」，都是極客觀的分析。

六、林立衡愛父怨母，姊弟關係本來不錯，因林立果進入空軍，受到母親葉群較多關注，也受到葉群作風影響，姊弟間開始有了矛盾。林立衡認為葉群、林立果母子聯手搞陰謀，欺騙林彪，不多思考，只為了保護父親單純的想法，就向中共中央檢舉，反而害了父母、弟弟。林立衡當時多思考一下，並且在九月七日，就直接向父親林彪反應，絕對可以阻止此一悲劇發生。當然，林彪與葉群二人仍不可能逃過毛澤東的整肅，下場也不會比劉少奇夫婦好。林立衡、林立果姊弟即使被牽連，甚至被關或下放，仍可保住生命。不過，林立果為了父母，不惜一搏，仍然值得同情。可惜的是臨陣之際，猶豫不決，不能果斷而行，坐失良機。暗殺毛澤東未能付諸行動，又在毫無基礎和條件下，妄想「南下廣州，另立中央」，完全是癡人說夢，異想天開，結果禍連父母，和一大群知情或不知情的無辜人士。林彪在九屆二中全會率先不點名批判張春橋，矛頭實指江青等「文革幫」。但在一九八〇年大審時，卻成了「林彪、江青反革命集團」，被指控在「『文化大革命』期間互相勾結，狼狽為奸，有預謀的誣陷、迫害黨和國家領導人、篡黨篡國，企圖推翻無產階級專政的政權」。林彪如在地下有知，勢難瞑目。

七、毛澤東在林彪上車出走前，未曾接到林彪逃亡報告。除了前述張耀祠的回憶也證明毛澤東是在林彪的專機起飛後，周恩來才趕去中南海報告。說明毛澤東自當天下午回到北京後，確實已經休息。而周恩來在十一日工作直到十二日上午十一時才睡，下午十七時左右起床，稍進餐後，即帶上文件包去人民大會堂準備晚上開會，一個人在東大廳翻閱文件，會議則從晚上二十時開始。從毛、周在十二日下午直到晚上林立衡正式舉發葉群、林立果陰謀之前，二人輕鬆自在，亦未曾碰面。大陸學者陳曉寧在所撰〈林彪『九・一三』事件若干熱點問題碎論〉中斷定：「毛澤東幾乎完全沒有林立果方面的政變情報」。陳曉寧的判斷，絕對正確。林彪在十二日晚上二十三時就寢前，事實就是這種想法，才會去睡。

八、據林立衡回憶：張宏在與張耀祠通電話報告林彪坐車再過十分鐘就要開走了，放下電話後傳達中央指示要林立衡等人跟著上飛機走。林立衡氣極，逼張宏向北京掛電話，然後接過電話呼喊幾聲均無回音，稍後只聽見軍委總機的話務員說：「是葉主任嗎？」林立衡佯聲嗯了一下，話務員說：「總理正在開會，馬上就來。」林立衡知道這是葉群在給周恩來打電話，接著，話筒裡聽到話務員不斷呼叫：「葉主任，葉主任……」，林立衡沒再吭聲，放下話筒，告訴張宏電話沒接通。又叫張宏與張耀祠接上電話，張宏報告張耀祠：「林立衡等不肯跟著上飛機」。林立衡一把奪過話筒告訴張耀祠目前情況，並強調「林彪是被欺騙的，不是要逃跑，現在情況萬分危急，請馬上下命令讓部隊進行攔截。」

張耀祠只是嗯！嗯！嗯！林立衡一再催促，張說要「再請示」。從時序分析，葉群與周恩來通話是二十三時二十二分的時候，二十三時三十分後張宏撥通交給林立衡的電話，是軍委總機誤會葉群再撥來電話，才會主動說：「是葉主任嗎？」張宏在林立衡逼問何人下達指示要她（他）們跟著林彪走和上飛機之下，直接撥電話到人民大會堂軍委總機找周恩來，接著再撥電話與張耀祠通話報告林立衡他們不肯走，張耀祠對林立衡要求不敢作決定，只說要再請示，強烈說明張耀祠傳達的「跟著上飛機」是周恩來的「指示」。

周恩來在黨內職務低於林彪，在無切確證據前，他確實不敢阻擾林彪離開北戴河，和乘坐飛機飛往國內任何地方。這時他已知道林彪要「南下廣州，再逃香港」，他何以不立即報告毛澤東呢？反而不經請示毛澤東，就指示要林立衡三人跟著林彪走。他為何這樣做呢？雖然空軍副參謀長胡萍欺騙吳法憲說飛機故障無法飛返北京，周恩來顯然知道是假話，所以下達了一個不切實際，須由他和黃永勝、吳法憲、李作鵬四人聯合下令才能起飛的命令，表示已盡責任。由於從山海關飛廣州航程較遠，飛機飛行時間長。周恩來有足夠的時間請示毛澤東，即可不背負協助林彪逃亡責任，而且仍有時間研究如何處理南逃專機，一個是派戰鬥機攔截逼降，把林彪一家送上法庭（文革時公檢法機關已完全砸爛，實際是送交紅衛兵公審），連根拔除；如果飛機逼降不成，則可擊落（用飛彈亦行），目的一樣，甚至可以讓毛澤東背上「剷除異己」比鬥爭劉少奇更重的罪名。

周恩來內心對毛澤東和文革的不滿，不下於林彪，而且周恩來對林彪文革初期，支持毛澤東，催化文革，亦是十分不滿。他一刀兩刃的可能性，不是沒有。而出乎周恩來意料的是，林彪專機竟是北飛，並未南往廣州，那是因為他不知道林彪已獲知林立衡檢舉告密了。有學者認為「看不出周恩來的行為有故意逼迫林彪出逃國外的跡象」，應是事實。

然而。周恩來有能力制止而不為，至少他有故意縱容林彪出走之嫌，當時香港尚未「回歸」，逃亡香港，也是出逃「境外」。如果林彪成功逃到香港，極可能轉往台灣，這就符合了他一九六六年密函設法與國府聯絡的目的。周恩來當然想到林彪自港赴台可能，但他非常清楚，林彪是逃不到廣州和香港的。

林彪上車出發時間，大約是十二日晚上二十三時五十分左右。汽車離開九十六號樓後，八三四一部隊的幹部從大隊部跑出來，警衛士兵示意停車，「大紅旗」車不理會直衝過去。中隊長蕭奇明舉槍自車後朝車連開兩槍，全打在後窗防彈玻璃上，留下兩個小小白點。林立衡的回憶是只開了一槍。

據李文普回憶：「車到五十六號樓時，我突然聽林彪問林立果：『伊爾庫茨克多遠？要飛多長時間？』林立果說：『不遠，很快就到。』汽車開到五十八號樓時，姜作壽（副）大隊長站在路邊揚手示意停車。葉群說：『八三四一部隊對首長不忠，衝！』楊振剛加快車速，過了五十八號樓。聽林彪說要去伊爾庫茨克，我才知道不是去大連，是要到蘇聯去。當時一聽去蘇聯的地方，腦子裡第一個反映就是叛逃，所以，在這一瞬間，我思想上產生了激烈的鬥爭。跟著跑，這不是當叛徒了嗎？我本能的大喊了一聲『停車！』楊振剛把車停下來，我立即開車門下車。葉群氣沖沖的說：『李文普，你想幹什麼？』我說：『你們究竟要到哪裡去？當叛徒我不去！』我轉身朝五十八號樓喊了一聲：「來人哪！」與此同時，我聽到了車門響聲和槍栓聲，林立果就向我開槍。……子彈從前胸擦向左臂。受傷後，我倒在路邊，先後聽到三輛車通過。」

林立衡的回憶：「就在這時，大隊部的哨兵跑進值班室報告：『一輛紅旗車已穿過五十六號樓至大隊部之間的公路，正從大隊部門前開過去！』在張宏仍然沒有下命令的情況下，蕭中隊長和值班室裡的其他幹部帶領戰士衝了出去，張青霖也要了一把手槍衝了出去，只剩下張宏和一位參謀待在室內。很快，我聽到距離很近的地方有一聲槍響，接著又是一聲槍響——後來聽說是蕭奇明中隊長在大隊部門口的哨位上用手槍朝汽車後面開了一槍，另一槍是李文普在離五十八號樓大隊部門口約三十米處從紅旗車上下來時槍走了火，李文普也因此受了傷。作為外科醫生，張青霖當著八三四一部隊衛生員的面親自為李文普包紮了左臂傷口。這期間我一直拿著話筒，沒有中斷與張耀祠的通話。請求他命令部隊從反方向阻攔，立即封鎖山海關機場！張耀祠：『那就讓部隊快追吧，我馬上再去請示。』張耀祠讓我把電話交給張宏。張宏接過話筒和張耀祠說了幾句，然後紮上腰帶便跑出去了。」「事後我問姜副大隊長：『我和你說得好好的，你怎麼沒帶部隊攔住呀？』姜副大隊長流著淚傷心地說：『副團長（指張宏）叫我上『先行車』了，我對不起林副主席。』姜副大隊長等人氣憤地告訴我，他們在『先行車』上一直等張副團長的命令，由於沒有接到命令，他們不但沒有進行阻攔，反給紅旗車讓了路，直到張宏的小車開來，才一起在後面趕紅旗車，但那時已追不上了。」

這是因為周恩來未曾下令攔阻，有意讓林彪出走。如果不是張耀祠一時情急，臨時逕自下令派部隊「快追吧」，張宏還不敢開車率隊隨後追林彪座車。但是中共的說法卻是指林彪出逃時不顧警衛部隊的攔阻硬闖，八三四一部隊按周恩來勸阻林彪不要上飛機的指示，先後組織了八輛車七十多人，由張宏帶領追林彪的座車。到達機場時，飛機已經起飛，明顯不符事實。

大陸許多學者針對李文普敘述林彪出逃經過情節，都論證他有作偽證之嫌。據《晚年周恩來》一書作者高文謙查證：「據知情人透露，九月十二日午夜，林彪在乘車駛往山海關機場途中，曾經命令隨車的警衛秘書李文普中途停車，但被葉群、林立果所攔阻，林立果為此開槍打傷了企圖執行命令的這位警衛秘書。」「據說李文普最初曾向上面反映了這一情況，但遭到專案組訓斥，隨即被單獨關押起來交代問題。迫於政治壓力，李後來只好改口，迴避了林彪曾下令中途停車這一情況，而把它說成是在聽到林彪問『到伊爾庫茨克有多遠』後，他本人要求停車，以換取保留他的黨籍、軍籍和不株連家人的寬大處理。」高先生是在多年後採訪「林彪專案組」負責人紀登奎獲知此一情況，當然可信。

張寧在高文發表前，她的回憶中就首先提出：「李文普是與紀登奎領導的專案組達成三項交換條件（即高文所說之三點）後，才指控林彪是自己主動出逃，目標蘇聯。」張寧為查證李文普是否偽證，曾向林彪貼身內勤和「林辦」秘書查詢，都認為李文普作偽證，是明擺著的事實，也同情他，不那樣說不行。李文普被逼不得已作出不利林彪的供詞，是在「九・一三事件」後半年供出。這樣重大的證據，他為什麼不在林彪出逃後即行交代，而在半年後才說，就足以說明事實如何，果然中共如獲至寶，把它當作林彪「叛逃蘇聯」最重要證據。

早在一九六九年十月十九日，林彪為防止蘇聯藉口談判邊界衝突問題派代表團赴北京之名掩飾，派部隊實施突然襲擊。當天取消午休，密切關注著蘇聯專機何時自蘇境伊爾庫茨克起飛，何時飛越中蘇邊界，何時飛越張家口，何時抵達北京。因此他對這一段飛行航程十分清楚，不需要再多問。但是，林彪在座車被駐衛警射擊後，知道事機敗露，中共中央已採取防堵措施。他下令停車，有兩種可能，一是他十分生氣，令李文普質詢士兵開槍原因，李文普趁機逃出車子；一是他可能不想拖累李文普，而下令停車，有意放李文普下車，但為葉群、林立果母子阻止，而引發槍擊事件。

除了林立衡說是李文普槍枝走火自傷外，張寧回憶也說：「李處長槍傷在胳膊上，由張青霖和八三四一部隊的醫生共同急救包紮。張青霖是外科手術室醫生，檢查傷口時發現槍傷是自傷。外勤警衛處長老劉會同八三四一姜隊長，以及其他保衛幹部再次驗傷，確定張青霖的診斷。」

張寧非現場看到，當然是聽來的，但激起了李文普憤怒，完全否認這種說法。他說：「事實是：林立果開槍把我打傷之後，叫楊振剛加快速度駛向機場，劉吉純和八三四一部隊二大隊的幹部戰士分乘幾輛車在後面追趕。我提著槍流著血走回到五十八號樓二大隊隊部，盧醫生馬上找了一個急救包給我包紮，十分鐘後就送我去軍區療養院作檢查治療。在大隊部裡的人有姜作壽（副）大隊長、林立衡、楊森和張青霖。姜（副）大隊長、楊森處長都能證明不是張青霖給我包紮的。林立衡關心的是林彪的行動，哪有什麼人給我檢查傷口，張青霖有什麼資格給我做『自傷』的診斷。」「在那裡（指軍區療養院）檢查，子彈穿透手臂，造成粉碎性骨折。醫生問我怎麼受的傷，我不好說林彪父子如何如何，因為這是重大機密，我們做這項工作不用誰教都知道的。所以，只好說是自己『槍走火』。」「中央一九七一年下發的第五十七號文件，一九七二年下發的四號文件，都明確說明林彪是打傷了跟隨他多年的警衛人員逃往機場強行起飛的。我在幾年監獄審查期，組織上從來沒有人問過這一槍是不是自傷。」

李文普受傷是事實，但在他敘述經過有五點疑問：

一是：他下車後，林立果就開槍，他受傷後倒地，汽車隨即快速開走。他左手臂粉碎性骨折，右手須支撐爬起來，他已無必要拔槍，他卻說提著槍流著血走回五十八號樓。反倒是張寧幫他說了一句話，說「李還擊了一槍」。然而他左手重傷，如何拉得動槍機滑套（他不可能使用左輪槍）呢？

二是：張青霖是外科手術軍醫，當時在現場，基於所有醫生本能，幫他檢查傷口，診斷、並包紮傷口，是極自然的事，怎麼是「有什麼資格給我做『自傷』診斷」，這反而是欲蓋彌彰。

三是：他到軍區療養院治療時，已經說了是「自己槍走火」。相信他在五十八號樓時也是這麼說，張青霖檢查包紮時也確定是「自傷」。而軍區療養院醫生也未懷疑不是自傷，極可能他的肌膚和衣服上留有近距離射擊槍口噴出之火藥痕跡。儘管事後李文普不惜以重話解釋？疑問終究存在。

四是：子彈從前胸擦向左臂，這符合右手開槍自我槍傷特徵。

五是：林立果有沒有開槍呢？確實有一槍打在車的右前門口的車壁上。據博訊新聞網二〇〇五年一月十七日報導：「鳳凰衛視在採訪參與墜機現場勘察的蘇方人員時，蘇方當事人說：蘇方察看了林彪座機人員全部武器，機上槍支毫無擊發痕跡。」所以李文普那一槍，會被懷疑自傷。

李文普是林彪最親信的貼身侍衛，林彪出逃，他要負的責任最重，因此編了一個不當叛徒、主動要求停車下車、以自傷方式謊稱被林立果開槍射傷故事，以求自保。坦白而言，在毛澤東的恐怖統治下，他採取這些措施都可原諒，但是在毛死，四人幫被捕，中共改革開放，政治氣氛遠較毛澤東時代寬鬆後，他應該講實話，就像吳法憲、陳勵耘等人一樣。

李文普對林立衡和張寧的回憶不滿。他為此撰寫專文批駁林、張的說法，據他在〈不得不說〉一文中說：「九・一三」事件後，他被接受審查，「因為我沒有像林立衡那樣及時向中央報告林彪、葉群要從北戴河逃跑的情況，被認為是參與了陰謀活動，犯有嚴重政治錯誤的幹部。」一九七五年，李文普被解除監護分配工作後，張青霖曾找他談林彪出逃之事，李文普告訴張青霖：「是他（林彪）自己第一個上車的，不是葉群、林立果把他架上車的。」「由於我在監護審查期間，如實說了我從林彪車上跳下來的原因是聽到林彪講『去伊爾庫茨克有多遠？』不願跟他逃去蘇聯才決心下車。這個事實說明林彪是自己要走，不是被葉群、林立果劫持。所以我就被林立衡一夥看成是：為林彪開脫翻案最大障礙，對我恨之入骨，各種各樣的造謠誹謗接踵而來。如說：我受傷的『那一槍是自己打的』，我是中央警衛局派在林彪身邊『窩點』的特務。主要企圖是逼我改口，不成就把我搞臭。」

前文已就林彪是自行登車，和李文普是否自傷作了分析。事實真相，除非中共公布林彪案調查全部資料，出現有利李文普的證據，否則永遠只是他一個人的「說法」，甚難取信於人。

林彪座車「大紅旗」車自北戴河開出後，雖比二大隊副大隊長于仁堂所率領的兩部吉普車晚走幾分鐘，但「大紅旗」車速度快，很快超過去，約於九月十三日零時十八分抵達機場。林立果對大門警衛說：「有人要害林副主席，你們趕快把大門鎖上。」然後，「大紅旗」車直開到二五六號三叉戟飛機前，飛機底下停著兩輛加油車，正為飛機加油。

目擊著說：「胖女人」（指葉群）大喊：「有人要害林副主席，油車快讓開，讓我們走。」很快飛機發動了，葉群等不及卡車載來登機梯子，就和「禿老頭」（指林彪）從駕駛艙的折疊便梯爬了上去。機門還沒關，飛機就滑向跑道。這時充電瓶車的連線插頭還沒拔，硬給扯斷。

于仁堂率領的兩輛吉普車抵達機場大門，警衛裝作聽不見喇叭聲，拒不開門。于仁堂命令卡車（不知如何出現的？）硬把鐵門撞開。于仁堂回憶：「我們的車開到離飛機一〇〇米地方，車一停下，我就往調度室跑，跑到半路，飛機已經發動，我先到調度室南門，門不開，又往東繞到後門。剛進門，看見一位海軍同志，我說快告訴調度室，這架飛機要控制，不能起飛。他隨即上樓去了，我又向飛機方向跑，跑了約三十米，看到飛機在滑行，快進跑道了。我又返回調度室，快到後門時，碰見機場參謀長佟玉春，我急急說：這架飛機情況不明，無論如何不能讓它起飛，你要採取緊急措施。佟參謀長說：我們剛才也接到了不能起飛的命令，可現在來不及了，飛機已經進跑道了。」

九月十三日零時三十二分，三叉戟機起飛，沒有打開翼光燈和機身上的閃光燈，很快淹沒在機場西南夜空中。

張宏所率領的追車車隊，途中被一列火車經過擋住，耽誤了時間，到達機場時，二五六號三叉戟飛機已經強行起飛了。

飛機上除林彪、葉群、林立果一家三口，和隨林立果來北戴河的劉沛豐、汽車駕駛楊振剛五人外，機組人員只有四人：機長潘景寅、主管機械師李平，特設機械師邰起良、機械師張延奎。二五六號三叉戟編制有九名機組人員，其他五人正在睡覺。接獲通知時，已來不及趕上飛機。這五人包括副駕駛、領航員、通信員、服務員，幸運逃過一劫。林彪駕駛楊振剛為何會上飛機，是個謎，因為從調車離開北戴河，到外蒙墜機，都無任何跡象顯示他有反抗，或許懾服於林立果的威脅，不敢不從；也許出於對林彪的愚忠，在林彪有難時，甘願追隨到底。

張宏在林彪飛機起飛後，立即在山海關機場打電話向汪東興報告。同時間，林立衡也打電話給汪東興說：「聽到飛機響了，好像上天了。」汪東興隨即打電話給周恩來報告，並說：「毛主席還不知道這件事。」二人約妥在中南海毛澤東處碰頭，汪叫張耀祠一同前去，協助接電話。

二五六號三叉戟機起飛後，原向西朝北京、大同飛行，西郊機場以為是回北京，下令準備接機。零時四十六分，飛到唐山北邊遷西縣上空，改向朝蒙古西部烏蘭巴托至蘇聯伊爾庫茨克的航線偏東一線飛行。事後有人認為飛機原是往廣州飛，到了空中，臨時轉向北。

這時周、汪二人正向毛澤東匯報林彪出走事。吳法憲從北京西郊機場來電話，說林彪專機已經起飛三十多分鐘。飛機正向北飛行，即將從張家口一帶出河北，進入內蒙古，請示，要不要派強擊機攔截。汪東興叫吳法憲不要離開電話，他要請示毛澤東再回覆。

毛澤東說：「林彪還是我們黨中央的副主席呀！天要下雨，娘要嫁人，不要阻攔，讓他飛吧！」汪東興回覆吳法憲，只告訴他：「不要派飛機阻攔」，其他的話未說。

根據周恩來指示，北京西郊機場不斷呼叫二五六號機駕駛潘景寅，要他飛回來，吳法憲也在電台呼叫，保證只要回來，一切好辦。但始終未獲回應。飛機續往西飛，再轉向朝北直飛。高度只有三〇〇〇米比高空飛耗油量增加許多。在出國境前，已在空中徘徊一個多小時。

正在空軍指揮所坐鎮的李德生與空軍參謀長梁樸研判，二五六號專機飛行情況異常，方向朝北，馬上就要出國境了。李德生電話向周恩來請示，要不要派機攔截。周把毛澤東指示告知李德生，並說：「林彪是黨中央副主席，把他打下來怎麼向全國人民交代！」然後指示查清飛機上油量，空軍指揮所查實，飛機油量未加滿，斷定飛不到外蒙首都烏蘭巴托。李德生也回報周恩來。

凌晨一點五十分，二五六號三叉戟機在中蒙邊界四一四界樁上空飛出國境線，進入外蒙古境內，並逐漸降低高度，直到溫都爾汗南，在雷達螢幕上消失。

周恩來這時仍在毛澤東處，即代表毛和黨中央下達全國禁空令。為防林彪出逃機密外洩，還特別規定：「從現在起，凡沒有偉大領袖毛主席、林副主席、周總理、黃總長、吳司令（即吳法憲）聯名簽署的命令，一架飛機都不准起飛。」並以技術原因，不接受國際航班來中國，也不起飛任何國內，和國際航班飛機。又派陸軍進駐全國所有的軍、民用機場，限令任何飛機不得起飛。同時下令全國軍隊進入一級備戰。按規定，戰備命令為軍委辦事組之職責，周恩來為避開黃永勝等四大將，直接以黨中央名義下達。

二五六號三叉戟機進入蒙古後，無論蒙軍或駐蒙蘇聯軍隊都沒有什麼反應，只有蒙古一個邊防站天亮後向邊防總隊報告，凌晨二時曾發現一飛行目標在中國二連浩特市以東進入蒙境。

據未及登機的副駕駛康庭梓繪製的「林彪出逃航線示意圖」（刊登於二〇〇一年二月號《中華兒女》雜誌），二五六號專機航線：先向西飛，然後沿著外蒙邊境線向北飛，到達蘇聯和蒙古邊境後，又折回向南，往中共邊境飛來，在南飛途中墜毀於溫都爾汗。

蘇聯官員也證實三叉戟墜毀時，正向中國方向飛行。

前文提到林彪極可能在晚二十三時曾服安眠藥，在登車與登機時，可能是自行或有人扶上車、上機，證明他意識基本上還算清醒，但飛機起飛後不久，就可能進入昏睡。由於李文普說他有時一夜要服三次安眠藥，服一次藥，效力約可維持二至三小時，依此推論，林彪上機後如昏睡過去，在十三日凌晨二時之後應該醒來。這時飛機已進入外蒙，由於出門時，他告訴李文普是去大連，但醒來後，發現飛往蘇聯，基於他的民族主義思想，不願叛國投敵，命令飛機折返。以林彪個性，葉群和林立果亦無法違抗，只得又飛返南下。從蘇方證明所有機上人員傷勢是墜機造成，且武器全無擊發，證明機組人員未曾反抗，除林彪外，無人敢下令折返中國。

一九九七年十一月二十三日，北京「環球時報」蒙古特派記者敖其爾採訪墜機現場，撰寫〈今日溫都爾汗〉一文說：「最早發現飛機墜毀的是拉哈瑪大娘，大娘原來住在離飛機墜毀地點近三公里處。提起『九．一三』事件，她搖搖頭說：『那是可怕的夜晚。』一陣『嗡嗡』的聲音把她驚醒。她急忙穿好衣服，出門一看，發現這難聽的聲音是空中傳來的。這時牛羊驚散，馬嘶狗叫。她仔細一看，從西南向北飛過來一架冒著大火的飛機，飛得相當低。在巴圖腦爾布蘇木上空，繞圖門山轉一圈後順著扎森山谷向西南方向飛行，聲音越來越大。大概不到二十分鐘在蘇布爾古盆地墜毀。」時間大約是凌晨二時三十分，蘇布爾古（《亞洲週刊》譯為蘇布拉嘎）盆地為蒙古共和國東南部很不起眼的小地方，距肯特省省會溫都爾汗七十公里。正確墜機地點在蒙古肯特省貝爾赫礦區以南十公里處，離中蒙邊界約三五〇公里。

中共空軍在十三日凌晨二時多也偵聽到蒙古人通話說：溫都爾汗有一架大型飛機失火掉下來。幾乎同一時間，「美國之音」就播出有中國民用客機英製三叉戟飛機在蒙古溫都爾汗上空失事，懷疑機上為中共高級幹部。隨後合眾社、路透社、塔斯社均報導中共武裝部隊一架噴氣飛機在蒙古上空墜毀，有九人死亡。

澳洲記者韓培德一九九三年採訪報導說：「如今蘇布拉嘎盆地早已恢復寧靜，夕陽下微風吹拂沙塵，只有散布四處的飛機殘片，還會令你想起那件驚撼世界的往事。附近小山崗上幾座面向東方的墳墓現在已是一排空穴。只有當地人還記得，裏面埋葬過林彪和他的妻子葉群、兒子林立果等人。」

韓培德找到前莫斯科第三醫學院院長、病理學家湯米林教授。當年他受蘇聯國家安全委員會的委託，前往蒙古鑑定林彪和葉群的屍體。他們把林彪屍體挖出來過兩次，以確保鑑定百分之百正確。

第一次是一九七一年十月中旬，已是墜機後五星期。他們把屍體全挖出檢驗，發現所有的傷痕都是墜機造成的。並把幾顆腦袋用大鍋煮，去掉皮肉與頭髮，把頭顱帶回莫斯科。湯米林比對林彪一九三八年到一九四一年在蘇治療槍傷留下的紀錄：牙齒、頭蓋骨形狀，檢驗都確定為林彪，尤其林彪頭蓋骨上一道子彈傷痕，與林彪不戴帽子的照片上可見的傷痕完全吻合；葉群的耳垂特徵、牙齒也與她過去在蘇醫療記錄相符。

第二次是十一月七日再來現場，比對林彪肺部和蘇聯醫療檔案林彪X光片。林彪因得過肺結核，肺上有一個像骨頭般的硬塊，與X光片同一位置。蘇聯專家離開後，蒙古當局決定將蘇聯專家留下的屍體殘餘部份火化後的骨灰，分裝在一個個小口袋裡，交給了中共駐蒙大使館轉回北京。

中共至今仍認定，林彪座機不是「墜毀」，而是「迫降」。原因燃料不足和沒有領航員，沒有能發現附近有可供降落的機場，最後決定在沙漠地帶「迫降」，而造成機毀人亡。對於墜機後飛機殘骸之機翼上有一個大洞，中共解釋說是迫降前油箱內的燃油未用燼，著地時起火爆炸造成的，與外界攻擊無關。中共堅持如此說法，首先考慮是不願背負是「中共飛彈擊落，剷除異己」罪名；其次是不敢指責蘇聯或蒙古有無用飛彈攻擊，避免事態擴大，暴露更多中共政治鬥爭內幕。

不過韓培德採訪後認為，林彪座機飛到蘇蒙邊界折返南下，在南返途中極有可能被蘇蒙方面的導彈擊中，爆炸起火，飛行員不得不在溫都爾汗地區緊急迫降。大陸不少學者都持此一看法。事實上也只有這種可能才能說明飛機在空中時何以已先起火再墜機。

據大陸作家民聲所著《毛澤東、鄧小平的重大過錯與決策失誤》一書，認為林彪座機墜毀係導因於飛行員反抗。理由有四：

一、日本共同社二〇〇六年九月十三日自烏蘭巴托獲得蒙古一份絕密文件「中國飛機在蒙古境內墜毀原因的確定文件」說：「調查人員一致認為，一定是飛機上的乘員之間發生了搏鬥。林彪及其支持者想逃去蘇聯，駕駛員則想返回中國。在現場發現的八枝手槍中，有一枝子彈已經上了膛。」

二、飛機起飛後，先是朝南偏西往廣州方向飛，然後繞了一個大彎才朝北飛，這個轉彎動作平時一、兩分鐘即可完成，但卻用了十幾分鐘，飛行高度低，速度慢，及機上通訊設備沒有打開。

三、林彪座車倉皇逃離北戴河，李文普不願叛逃，喊停車跳車，被槍傷，以及周宇馳騙走一架直升機北逃，飛行員陳修文抗拒北飛，迫降時被周宇馳槍殺，說明二五六號三叉戟專機駕駛潘景寅和三位機械師必然反抗拒逃蘇聯。

四、一九八〇年十一月十五日，鄧小平接見美國《基督教科學箴言報》總編費爾時說：「我個人判斷！這架飛機的飛行員發現問題後，經過搏鬥，飛機被迫降，但這個飛行員被打死了。」因這句話，潘景寅等四人獲得平反，而以「革命軍人病故」結案。

民聲的分析，具有相當說服力，但是有三點忽略了，一是飛機迫降前，在空中時已起火燃燒；二、八枝槍只有一支上膛，亦未擊發。林立果逼駕駛潘景寅北飛，形同劫機，槍枝上膛是很自然的事；而且潘景寅未打開通訊設備，其他槍枝未上膛，說明機上未爆發打鬥衝突情事。三是飛機確是迫降不成墜毀，而非在無人控制下「栽毀」，且中共官方分析機上人員都已作了迫降前之準備。

我們可試作以下的研判：林彪於晚上二十三時就寢時已服安眠藥，上機後不久昏睡過去，在次日凌晨二時進入蒙境後，逐漸清醒，知道飛機正向蘇聯飛去，他不願投蘇，也許也體諒機組人員不願赴蘇，於是下令折返，飛機在折返南下時，由於飛行高度低，或許遭受地面砲火射擊起火（筆者曾在二〇〇〇年代遊蒙，見到一九七一年任溫都爾汗蒙軍砲兵指揮官喬英頓・普魯夫道爾奇〔GHOINDON

PUREVDORJ），後曾升任參謀總長，他說他是第一個到達失事現場蒙軍，但拒絕透露詳情。不過已足以證明當地駐有砲兵）。林彪因此同意迫降，由於黑夜視線不良，及飛機已起火，迫降失敗，引起爆炸大火。如果不是林彪下令折返，光憑飛行組員拒飛蘇聯，強行折返，林立果必然會持槍脅迫機組人員，強逼潘景寅續飛蘇聯。而且也不可能只有一枝槍上膛，至少林立果、劉沛豐二人的槍都會上膛，一人控制駕駛，一人控制三名機械人員。

十三日凌晨一時多，周宇馳來到空軍學院小樓，對在小樓的于新野、李偉信二人說：「我們預計明天到廣州的計劃不行了，肯定沒有飛機了。立果同志給我打電話說，他們爭取走，叫我們也盡量多組織一些人走。現在只能用直升機跑了。」

三時二十二分，空軍指揮所接獲北京沙河機場報告：三時十五分起飛了一架直五型直升飛機，是空軍黨辦副主任周宇馳出示林彪手令（疑即「九、八手令」，或是周宇馳又另偽造的），由調度室准予直升機起飛，上機者還有秘書科副科長于新野和李偉信，以及正副駕駛共五人，飛機正向北飛。

李德生立即向周恩來報告了這一新的情況（但汪東興說是先向他報告，由他報告毛澤東和周恩來）。三時四十五分，周恩來回覆電話，說已經請示毛澤東，一定要把直升機迫降下來，否則就打下來，無論如何不能讓它飛走。

周恩來為了毛澤東的安全，堅持要毛到人民大會堂北京廳暫住，毛同意了。

在只有周恩來一人命令下，而非原先所必須有「五人聯署命令」才能起飛的規定，北京軍區空軍張家口機場迅速起飛了八架殲擊機（殲五甲），進行攔截。雖然殲擊機速度快，但因天空很黑，直升機未開夜航燈，地面物體都顯示在飛機雷達上，分辨不出何者為直升機，經過一番搜索，沒有找到目標。

清晨四時，地面雷達發現直升機從張家口以北轉彎，逐漸飛向北京德勝門（位於中南海之北）。周宇馳在絕望時曾說用直升機撞天安門。空軍司令部指示北京軍區空軍進入戰鬥準備，發現直升機即用高砲射擊，絕不能讓它飛到北京城區。直升機飛越清河（北京郊區地名，位於北京城北）後，突然轉向明十三陵，兩次想在西郊機場降落，都沒落地。黎明前，張家口和楊村機場各起飛一批殲擊機，進行空中搜索。據空軍估算按直升機續航時間，油料已不足飛出國境。

直升機正副駕駛陳修文、陳士印二人是被周宇馳以「有緊急任務，須去北戴河向林副主席彙報工作」為由，騙上飛機。又以「任務十分機密」，起飛後不許與調度室聯絡，周宇馳指示航向北飛，引起陳修文懷疑，偷偷打開無線電，聽到呼叫，命令飛回，並發現兩架超低空飛行之殲擊機，陳修文按下話紐，故意說油料不足，要下去加油。為周宇馳發現，關掉無線電，不准落地。他說：「國內有人要謀害林副主席，林副主席一家已經乘坐你們師的三叉戟飛機到烏蘭巴托了，我們要去那裡與林副主席會合。你們不要怕，出了國境就行。」並用五四式手槍頂住陳修文後腰。

從周宇馳的說法，判斷林立果在北戴河出逃前打給周的電話是「北逃蘇聯」。因周宇馳無法取得大型飛機，作長距離飛行，可能指示周等先逃至外蒙古，再轉蘇聯。證明葉群、林立果母子根本就想外逃蘇聯，趁林彪昏睡時，直接命令專機北飛。

天亮時，直升機已在空中盤旋了三個多小時，可以看見殲擊機在上空飛來飛去。陳修文乘周宇馳向外張望之機，將磁羅盤指針撥轉反向，藉躲避戰機攻擊為由，故意操縱直升機蛇行飛行，擾亂周宇馳方向感，實際飛機正朝北京飛。但經過張家口和宣化時，周宇馳看見地面密集燈火，知道受騙，命令飛回去。陳修文說油料不夠了，飛不出去。周宇馳遂命令「飛釣魚台」。

最後，直升機油盡在懷柔縣（北京市東北方）沙峪一塊空地準備降落。離地還有約二十米時，周宇馳開兩槍打死陳修文。由陳士印接手於六時四十七分降落在荒蕪的草地上。落地後周宇馳向陳士印開了一槍，正好他頭一偏未打中。陳士印將陳修文身上流出的血抹在臉上，躺在地上裝死，逃過一劫。

周宇馳、于新野、李偉信跳下飛機，往山上跑，未幾體力不支，跑不動了，三人商定自殺。周宇馳將身上的「九、八手令」和「林彪給黃永勝的信」撕碎。三人平躺高粱地裡，周宇馳喊道：「林彪萬歲！林立果萬歲！一、二、三！」三聲槍響後，周、于二人自殺死亡，李偉信怕死，朝空放了一槍，爬起來就跑，被趕到的民兵抓獲。周宇馳時年三十六歲。

九月十四日上午八時三十分，蒙古外交部通知中共駐烏蘭巴托大使館：一架中共噴氣式飛機在蒙古失事情形。並對中共軍用飛機侵入蒙古領土，提出口頭抗議。下午十四時二十分，中共使館通報北京外交部。

周恩來很快獲知相關情況，報告毛澤東。毛澤東聽了說：「這是最理想的結果！」李志綏的回憶也說：毛輕鬆地說了一句：「跑得好嘛。」周恩來說：「這樣的下場很好，解決了大問題。」這對毛澤東當然是最好的結局，林彪一死，他高興如何鞭屍，都無人敢反對，但卻牽連被捕的幹部達數千人之多，對他們而言，這是最壞的結局。

九月十八日，毛澤東限令黃永勝、吳法憲、李作鵬、邱會作等四人離職反省，十天內坦白交代。但是，黃永勝四人「在十天中既不揭發林彪的罪行，又不交代自己的問題，什麼都不坦白。」周恩來更向毛澤東報告：「黃永勝他們在拼命燒材料。」毛說：「是啊，那是在毀證據嘛。這些人在活動，這些傢伙是頑抗到底了。」四人隨即改為逮捕隔離嚴審。一九八一年公審時，黃、吳、李、邱四人無隻言片語證詞，證明林彪要政變。

「九・一三」上午，周恩來召開政治局會議，宣布林彪叛逃事件，並作了緊急戰備部署，佈置保衛北京，防止突發事件。中共三軍當天進入一級戰備，軍隊取消一切休假。同時禁空三天，不論軍航、民航一律停飛。一些外事活動也暫停。中共原定近期召開之「九屆三中全會」停開，四屆「人大」會議籌備工作中止，取消十月一日「國慶」天安門的集會、檢閱，和遊行活動。中共外交部於九月二十二日發表聲明，取消邀請外賓參加國慶活動。

面對「九・一三」事件的衝擊，毛澤東不得不就他自己欽定的親密接班人「叛國出逃」的問題，向全黨全軍有所交代，這一塊巨石壓得他透不過氣來。不過，毛澤東是個雄辯家，一生經過無數大風大浪。林彪事件固然給他很大的衝擊，但不可能擊倒他，他有種種理由可以辯解。即使他這時健康十分不好，腦力仍然很靈活，如何在此一事件中，把林彪打入十八層地獄，把一切罪責都推到林彪身上，卸除毛自己應負的責任，是他第一個選擇；其次，繼續鞏固自己的權力地位，絕不允許再有第二股力量起來反對他，亦即防範周恩來成為第二個林彪或劉少奇；同時，要重新攏絡被自己鬥倒的老帥老將，藉口都是林彪的錯，予以平反，以穩定軍隊高層因受林彪叛逃造成軍心不穩的影響，繼續維持對他的忠誠。毛澤東深信只要掌握了軍權，就掌握了黨和政。

因此，在「九・一三」之後四天，即九月十七日，周恩來將根據毛澤東指示撰妥的「中共中央關於林彪叛國出逃自取滅亡的通知」稿件，送毛審批，於次（十八）日以中發五十七號文件下發，將林彪定性為「倉皇出逃，狼狽投敵，叛黨叛國，自取滅亡。」

林彪「出逃」不管是否出於自願，或因安眠藥性發作，在無意識下，由葉群、林立果母子逕自指使飛機北飛。但是既已飛離「國境」，說他「出逃」是無法逃避的事實。但是飛機即未進入蘇聯境內，亦未向外蒙尋求政治庇護，認定為「投敵」，就不符事實。更何況飛機抵蘇蒙國界前，已折向南飛，也未向西飛往蒙古首都烏蘭巴托，極可能是要飛返中國境內，硬給林彪戴上「投敵」帽子，是強加罪名。

很明顯「通知」指責林彪「叛黨叛國」，是中共鬥爭無限上綱的一貫作法。林彪反的只是毛澤東和江青等一夥，以及「文化大革命」而已，他即不反「黨」也不反「國」，林彪反毛正因為他愛這一個國家。毛澤東也自知證據不足，要找出林彪「叛國投敵」罪證，費時半年，才以交換條件，誘導林彪侍衛長李文普偽證「林彪在出逃車上問：『到伊爾庫茨克有多遠？』」，證明林彪出逃目的是「叛逃投敵」。林彪「叛國」罪名因而確立。

大陸學者易嘉岩在所著〈林彪的出逃與『叛國』罪名〉一文中，就質疑：「林彪出逃時並未宣布其目的是哪裡（其實曾告訴李文普是大連，葉群說去廣州），更沒有發布任何文字或口頭的含有『背叛祖國』內容的聲明。」而在李文普作偽證前，「認定林彪『叛國』的唯一依據，只是他在未獲批准的情況下乘坐飛機逃出了中國國境。」易嘉岩認為「逃出國境」、「逃亡國外」不等同於「叛國」、「賣國」。他舉證：馬克思、列寧都曾「逃出國境」，流亡於國外；恩格斯在一八四八年歐洲革命風暴中，因參加巴登起義失敗，流亡瑞士；被中共尊為「中國革命先行者」的孫中山，也曾逃出國境，流亡海外；特別是二十世紀二十年代末和三十年代初，不少中共黨內精英由中共和共產國際安排逃往蘇聯。

易嘉岩還舉出兩個最具說服力的例子：「文革」時，著名音樂家馬思聰，不堪政治迫害，舉家逃亡美國（當時的中共頭號敵人），被定罪為「叛國投敵」；劉少奇的女兒劉濤（即寫了批判父親劉少奇和繼母王光美大字報之叛逆女兒）也在乃父被打倒後，企圖「偷越國境」逃往緬甸，被邊防軍抓獲，關進秦城監獄。「文革」結束後，馬思聰於一九八五年一月二十五日以「文革期間遭受極『左』路線殘酷迫害」而逃出國境流亡海外為由平反；劉濤也在同年以受到「四人幫」迫害，在走投無路之下出走的，不是出於對祖國的仇視，予以徹底平反。因此易嘉岩認為「在沒有發現林彪有『背叛祖國』、『勾結敵國』的事實證據之前，要定罪名，最多只能算是『偷越國境』罪。」

但是在文革結束後，林彪的罪名並未獲得平反。應該起因於鄧小平與林彪的私怨，鄧小平這時正下放江西南昌市郊新建縣拖拉機修配廠勞動，他聽到傳達林彪墜機死亡消息後，興奮的說了一句話：「林彪不亡，天理難容！」註定了林彪不得平反命運。

鄧小平甚至兩次寫信給中共中央和毛澤東：「堅決擁護中共中央粉碎林彪反革命集團政變陰謀的各項重要決策，憤怒聲討林彪的滔天罪行。」鄧小平向毛澤東揭發林彪五大罪狀：一、長征時搞秘密串聯，反對毛澤東為盡快擺脫國軍追擊圍堵採取之作戰方法，反對毛澤東的領導；二、抗美援朝時，反對毛澤東極端重要的政治決策，並且拒絕到朝鮮作戰；三、對劉伯承的批判，不是與人為善。（鄧、劉均為二野領導人）；四、羅榮桓因指責林彪宣傳毛思想中，只強調「老三篇」，把毛思想庸俗化，林彪從此對羅關係很壞；五、對賀龍的迫害。最後鄧小平說：「主席知道，林彪、陳伯達對我，是要置於死地而後快的。如果不是主席的保護，我不知道會變成什麼樣子？」

從這封信中可知道鄧小平在文革初被打倒，對林彪的懷恨有多深，他怎麼可能給林彪平反。最諷刺的是他信中說如果一旦林彪「他們完全掌握了黨和國家的最高權力，那不但我們的社會主義祖國會變到資本主義復辟，而且會使我們的祖國重新淪入半殖民地的地步。」這正是毛澤東最害怕的事，事實結果，鄧小平復出打倒華國鋒後，是他使資本主義在中國

「復辟」，但是中國大陸並沒有因此而淪為半殖民地。

九月十八日的「通知」還提到從周宇馳脅迫駕逃的直升機上「查獲林彪投敵時盜竊的我黨我軍大批絕密文件，膠捲、錄音帶，並有大量外幣。」實際上直升機上物品經拼接主要罪證有五件：一是林彪「九·八手令」；二是「林彪給黃永勝的信」；三是「小艦隊」的名單；四是原訂「南逃廣州，另立中央」搭乘飛機機號，各機搭機人員安排表；五是廣空參謀長顧同舟的毛澤東南巡談話要點等。

查獲的周宇馳文件中，沒有「五七一工程紀要」，「紀要」是事後在空院小艦隊秘密據點一片灰燼狼藉中，唯一好端端無損的放在茶几上，並且是二十多日後，才由「拾獲者」王蘭義繳出。因此，引起大陸學者懷疑「紀要」真實性，認為周宇馳能帶走大量重要文件，包括「手令」在內，對這一份最具份量之「歷史文獻」不可能不帶走，而且應該是首先考慮要帶走的。因此出現了「偽造說」、和「拼湊說」（認為原本是小艦隊各種不同會議上零星紀錄，剪貼拼湊而成）等兩種說法。

在「九·一三」後，被捕的「聯合艦隊」的成員，開始並無人提到有「紀要」這件事。直到發現「紀要」後，證明有「紀要」的唯一人證是畏死不敢自殺的李偉信的口供，但他也坦承沒有看過這份「紀要」，並說該文件存在林彪處，事實也非如此，更突顯他為求自救，可能配合中共指示說謊。其他，如「聯合艦隊」核心的「指揮班子」胡萍、王飛等人，也沒人知道這一份文件，尤其令人疑竇。

據《李德生回憶錄》透露：十月二十四日，中共中央決定將「林彪叛黨叛國事向廣大工農兵群眾傳達」，十一月十四日公布「五七一工程紀要」，這時已離「九·一三」事件兩個月了，即使從決定公布到正式公布，中間也相距二十日，中共為何拖延這麼久呢？顯然其中有一些不可為外人道的棘手問題。而且事實上，在其後相當長時間內並未向「廣大工農群眾」傳達。

在一九六九年十月擔任總參謀部副總參謀長的閻仲川，因簽發「林彪第一個號令」，也被打為「林彪集團」一分子，隔離審查。九月十三日上午十時左右，閻仲川和另外四位副總參謀長被周恩來召到人民大會堂。周恩來表情嚴肅「哼」了一聲說：「副統帥跑了！」然後直視閻仲川說：「閻仲川，林彪逃跑以前你聽到點什麼風聲沒有？」閻仲川搖搖頭回答：「沒有！」周恩來未再追問。

九月二十四日，閻仲川隨李先念率領之「中國黨政代表團」赴越南訪問，並計劃離團秘密考察南越「軍民抗美救國鬥爭情況」。但抵越後，即接獲通知，取消任務，限令於九月二十八日隨團回國。閻仲川返抵北京後，即在機場貴賓室內，周恩來對閻仲川說：「中央已經決定黃永勝離職反省。你是黃永勝的得力助手，你要好好揭發他的問題。」

閻仲川自此被隔離審查達七年六個月，審查期間不得與外界包括親屬有任何聯繫，囚處的玻璃窗都用黑紙糊上完全不透光。閻仲川大多數的問題，陸續被澄清，但在「一號令」問題上，長期過不了關。直到一九七八年四月，「四人幫」被捕之一年半後，才被解除監管，允許返家繼續審查。一九八二年，宣布對他審查的結論時，只籠統地指責他在總參和在廣州軍區工作期間，「支左」工作犯有錯誤，有的錯誤還是嚴重的。反而隻字不提「一號令」問題。其後閻仲川被強制離職退休，未予判刑，算是不幸中的大幸。但是多年的單獨關押，和多次被拖出接受總參幹部的批鬥大會，受盡屈辱迫害，這筆帳又怎麼算呢？

外蒙對中共軍機墜毀其境內，中共未能給予滿意答覆，頗為不滿，決定不再隱匿墜機事件，於九月二十九日下午五時半，由蒙古廣播電台在新聞節目中播出「關於中國飛機失事」的消息：「中華人民共和國噴氣式飛機一架，今年九月十三日凌晨一時五十分侵犯蒙古共和國領空，在深入我國領空飛行時，於二時三十分在肯特省依德爾默格，由於不明原因墜毀。在中國飛機墜毀的地方找到燒得殘缺不全的九人屍體、槍支、文件和物品，證明這架飛機是中華人民共和國空軍的飛機。」

次（三十）日，蒙古國防部外事處長私下問中共使館翻譯員：「林彪還活著嗎？」

日本政府根據法新社消息，認為飛機是被擊落的，死者之一為中共被罷黜的前國家主席劉少奇，劉少奇因企圖逃往國外未遂喪命。

十月一日，英國《衛報》駐香港記者報導：「這裡的分析家認為，從九月中旬以後，中國領導人中發生了重大問題，人們普遍排除了早些時候關於毛澤東患病或去世的推測，而贊成環繞副主席林彪和政治局其他委員的地位問題的一些說法。林彪一些年來身體一直不好，從六月以後沒有在公開場合露過面。林彪權威的削弱，都有必要使中國最高領導人重新排隊。軍事領導人最近幾週引人注目地沒有露面，這使許多分析家做出這樣的推測，那就是人民解放軍的領導人特別捲入了當前的這場危機」。

十一月十日，台灣的《中共研究》月刊「動態分析」，以林彪自六月三日在北平出現後，已有五個月未參加公開活動，及各種跡象顯示，斷定林彪已被整肅，甚至已經死亡。

這時期，中共除對外仍儘量封鎖林彪出走墜機死亡消息外，也積極穩定內部政治局勢，軍委辦事組因葉群死亡，黃永勝四人被逮捕隔離審查。毛澤東於十月三日下令撤銷軍委辦事組，另成立軍委辦公會議，由葉劍英主持，負責軍委日常工作，正式剷除了林彪在軍委會中的勢力。

同日，毛澤東核准中共中央成立清查「林（彪）、陳（伯達）反黨集團」問題的中央專案組，由周恩來、康生、江青、張春橋、姚文元、紀登奎、李德生、汪東興、吳德、吳忠十人組成。

毛澤東這時對林彪「一夥」的定性是「反黨集團」，罪名是「叛黨叛國」。但是到一九八〇年三月十九日，鄧小平主持審查「關於建國以來黨的若干問題的決議」題綱，他表達了不同意見：「過去常說十次路線鬥爭，現在應該怎麼看？彭德懷同志那一次不能算了。劉少奇同志這一次也不能算了。這就減去了兩次。林彪、江青是反革命集團。陳獨秀、還有瞿秋白同志、李立三同志這三個人，不是搞陰謀詭計的。羅章龍另立中央，分裂黨。張國燾是搞陰謀詭計的。高崗是搞陰謀詭計的。林彪、江青更不用說了。」

「決議」起草小組照鄧小平講話精神，修改題綱，撰寫本文，把林彪「一夥」改為「反革命集團」。「決議」文於一九八一年六月，經中共十一屆六中全會通過，林彪「一夥」也就從「反黨集團」正式定性變成了「反革命集團」，比毛澤東更進一步加以打壓。

在「決議」文仍在草擬期間，一九八〇年十一月，北京大審時，中共「最高人民檢察院特別檢察廳」就已先根據鄧小平的指示，在「起訴書」中將林彪等定罪為「反革命集團」，起訴書標題是「林彪、江青反革命集團推翻無產階級專政的政權案」。

雖然鄧小平已死多年，但是，只要鄧小平對當前中共政權影響力未減之下，幾乎不可能給林彪「集團」中無辜者平反，更何況是林彪本人。

一九七一年十月六日，中共中央再次對內發出「林彪集團罪行通知」，通報已經查明林彪等人企圖謀害毛澤東和另立中央兩項反革命陰謀。

「九・一三」事件後，林立衡亦被隔離於西山審查。當時，毛澤東還以為林彪是獲知他南巡講話，畏罪逃亡。等發現林立果曾想謀殺自己，並南逃廣州，另立中央後，對林立衡舉報林彪叛逃陰謀，起了疑心。據《毛澤東、鄧小平的重大過錯與決策失誤》一書寫道：「毛澤東的頭腦漸漸清醒過來，想起一件可疑的事：林豆豆（即林立衡）是林彪的親生女兒，從小就嬌生慣養，父女倆情深意厚。可如今豆豆對父親的感情怎麼還不如對領袖的忠誠之心？連林彪這個幾十年與自己同甘共苦，又是自己親手提拔起來的戰友，尚且對自己恨之入骨，他的女兒與自己非親非故，怎麼會為自己（毛）出賣父母呢？這其中必定有問題，她一定是林彪、葉群留下的『釘子』！」於是指示周恩來，將林立衡和張青霖進行隔離審查。

林立衡為抵制專案組的逼供，刻意大量交代林彪批評毛澤東的壞話（有部份是她不滿被關押而編造）。毛澤東看過林立衡交代資料後，更堅定自己的懷疑沒錯，認為林豆豆既然對我忠心，為何妳早知林彪背後說我壞話，不早來檢舉，到了這時才說，證明她仍有二心。

因毛的疑心，使林立衡的處境日益惡化，兩年中被折磨得體重只剩下三十多公斤，頭髮大量脫落，還掉了六顆牙齒。林立衡回憶說：「諸慧芬（中共空軍第一代女飛行員，林立衡專案組負責人）對我拍著桌子吼叫審訊，弄來一幫女連長，女指導員，圍著我天天批鬥。當時我跟她們頂得很厲害，她越兇我越不說。」在林立衡被整得死去活來時，決定給毛澤東寫信申冤。

林立衡的信，大約是一九七一年底或一九七二年初寫的。毛澤東壓了八個月，才交給周恩來處理。一九七二年八月，周恩來在人民大會堂接見林立衡，把拖延的責任攬到自己身上，說：「毛主席要我找妳談，我拖了八個月。不過，現在看來晚點兒也好，妳也是有錯誤嘛！」並宣布：「請示了毛主席，經過批准同意林立衡回空軍學院接受再教育。」九月，林立衡回到「空軍報」工作，也參與批判林彪大會，並發了言。

一九七四年「批林批孔」運動開始，林立衡再次被鬥，定性為「林彪留下的釘子」。她頂不住鬥爭，於二月一日吞下一瓶安眠藥自殺，被人發現送空軍醫院搶救。她緊咬牙關，拒絕洗胃，醫生不得已用擴張器強行將嘴撬開，把喉嚨都戳破了，才完成洗胃。醫生問她服的什麼藥，她拒絕回答，後來抽胃液化驗方知是安眠藥。江青獲知後，幸災樂禍說：「林彪的崽子想死，就讓她死吧，死了少一個禍害！」

林立衡自殺未死，又增加了「叛黨」罪名，長期關押在空軍招待所，窗戶用紙糊死，不見陽光。林立衡抗議，獲得的答覆是：「曬什麼太陽，毛澤東思想的光輝照耀著你。」夏天不准用蚊帳，只在房內灑化學殺蟲劑「敵敵畏」，不久林立衡渾身起尋麻疹，眼鼻口都腫得張不開，並開始全身潰爛。

看守中有人暗示林立衡：「趕快給毛主席寫信吧，這樣下去很危險。」於是，她一連給毛澤東寫了五封信。一九七四年七月三十一日，毛澤東知道林立衡重病纏身，在她的信上批示：「解除對林立衡的監護，允許她和張青霖來往……她和死黨分子有區別。」政治局決定讓她下放空軍軍墾農場勞動，空軍政治部也同意林立衡和張青霖結婚，夫妻二人一同下放。

一九七五年十月，鄧小平復出主持中央政治局工作，強迫林立衡脫離軍職，但恢復黨籍、「真名」（下放期間規定使用假名）、安排轉業。由鄧小平指定，林立衡、張青霖二人分發到河南鄭州汽車製造廠工作。林立衡任計劃生育革委會副主任，張青霖任廠醫。

一九七六年五月，「文革幫」掀起「反右傾翻案風」再次打倒鄧小平，林立衡因係鄧小平指派到廠工作，受到牽連，被貶為車間工人。直到毛澤東去世後五年，林立衡偷赴北京上訪，才經趙紫陽批准，於一九八七年調回北京，安排在中國社科院近代史研究所工作，改名「路漫」，張青霖分配到北京市衛生局。二〇〇二年林立衡退休。

林彪的出走，重重的打擊了毛澤東的威信和精神，在半個月內衰老許多，像變了一個人。李志綏回憶說：「林彪的策劃武裝政變和死亡，對毛無疑是一次巨大的精神打擊。」「在林彪的黨羽陸續被逮捕，毛的安全確定後，他又像一九五六年反右運動時那樣，一天到晚睡在床上，表情憂鬱。毛話變少了，無精打采，一下子蒼老了許多，步履遲緩，站起來的時候背駝得很明顯，睡眠更加紊亂。」

毛澤東的警衛隊長陳長江回憶也說：「毛澤東此時臉色蒼黃，一臉陰霾。看到衛士們，他也不像往日那樣主動說話，心情沉重。畢竟，如何向全黨全國交代林彪的問題已成為一塊巨石壓在毛澤東的心頭。」

在傳達林彪「集團」罪行過程中，事實上不斷的出現了各種「擁林」聲音。據網路〈林彪出逃，林立衡為何堅決不走〉一文說：「國家計委軍代表蘇靜向局級以上幹部傳達中共中央關於林彪叛國出逃的通知時，出乎意外地沒有遇到以往那種高呼口號，熱烈響應的場面，而是面對死一般的沉寂。良久，幹部中甚至還響起了哭泣聲。」「某野戰軍連隊傳達通知時，甚至有戰士當場憤怒地拉開槍栓，要打死台上那個『誣陷林副主席』的『壞蛋』。如此種種，無論是『哀莫大於心死』，還是拒絕承認現實，各種反應都傳遞著一個令人窒息的信息——毛澤東自己必須向全國有個檢查交代。」

毛澤東深知林彪是被他逼迫到極至，才會出逃。他雖在病中，在腦中思考如何挽回劣勢從未停過。在「九・一三事件」後不到一個月，他指示汪東興先行毀掉有關他與林彪間相關的歷史證物，一共焚燬了九十二件信件、照片、談話記錄、錄音等。在毛澤東一九七六年九月九日死後不久，十一月間汪東興經過華國鋒批准，又銷毀了有關林彪事件的檔案七十八件。一九八五年，中共中央對這兩次銷毀檔案事件作出這樣結論：「當時負責同志批准汪東興處理檔案是不負責任的；部份檔案是汪東興私自處理的，這是政治上的錯誤；有關檔案事件，不擴大範圍，不再追究。」從毛澤東、汪東興銷毀與林彪有關的歷史性檔案，數量不可謂不大，相信汪東興私自銷毀掉他與林彪間的相關文件、證物數量也不少。所有這些被毀掉的檔案等資料，可以確定是對林彪有利的，否則不會如此匆忙的予以處置掉，光這種情況就已足以證明林彪的無辜。

諷刺的是毛澤東在最痛苦無助的時候，聯合國給了他一個大大的擁抱，予以安慰。就在「九・一三」之後一個多月的十月二十五日，聯合國大會以七十六票對三十五票通過排擠中華民國退出聯合國，由中共取代入會。對比當時中共政局之混亂，這真是國際上最大的笑話與悲哀。毛澤東終於笑了，他說：「這是非洲黑人兄弟把我們抬進去的……我國今年有兩大勝利，一個是林彪倒台，另一個就是恢復聯大席位。」

毛澤東不願在林彪事件上認錯，但又不能不來個「自我批評」，否則難以善後。他採取兩個方式：

首先必須確定林彪有陰謀武裝政變企圖，事敗逃亡，而非他所逼走。於是他在這年十一月十四日，不顧「五七一工程紀要」內對他入木三分的批判，在利害權衡之下，取其輕者，決定公布：「中共中央關於印發反革命政治綱領『五七一工程紀要』的通知」，下發全黨指示逐條進行批判。

其次，他於同日接見參加成都地區座談會的人員時，間接向老帥老將等老幹部們認錯，爭取老幹部的支持，他的地位才能繼續鞏固。他指著與會的葉劍英向會場幹部說：「你們不要再講他『二月逆流』了，『二月逆流』是什麼性質？是他們對付林彪、陳伯達、王、關、戚。那個王、關、戚，『五一六』，要打倒一切，包括總理、老帥。老帥們就有氣嘛！發點牢騷。他們是在黨的會議上，公開的，大鬧懷仁堂嘛！缺點是有的。你們吵了一下也是可以的。同我來講好了。那時我也搞不清楚。……有些問題要好多年才搞清楚。問題搞清楚了，是林（彪）支持的，搞了一個什麼

『五一六』打倒一切。」

老帥大鬧懷仁堂，批評目標是江青等文革幫，被毛澤東批判為「二月逆流」，林彪私下曾表示支持，但現在在毛口中倒過來，把「二月逆流」一百八十度從「反江青」變成「反林」了，而且是林彪搞「五一六」逼出來的。

關於一九七〇年中共九屆二中全會廬山會議上，毛、林間的鬥爭，毛的新說法是：「『我的一點意見』當時沒有題目，撇開一些問題，中心是個（國家）主席問題，我就撇開，那個司令部（指林彪集團）要我當國家主席是假，林當主席、林接班是真。也有一些人是真心要當主席，和林彪不一樣。」

毛還特意提到一九六九年十月八屆十二中全會：「陳毅盡往自己身上潑髒水，我說你不要講了。楊勇是怎麼一回事？廖漢生為什麼要抓？楊勇這個事情是林彪支持搞的，林對我說過，事後又不承認。」毛澤東以這種方式，間接宣布了為文革前期被他批鬥的老幹部們平反，把錯全推到林彪身上。原北京軍區司令員楊勇、政委廖漢生也從關押中被釋放。

葉劍英也是瞭解毛澤東善變，因此他並沒有傳達毛澤東對「二月逆流」的「新解」。直到次（一九七二）年一月六日，毛澤東再次向周恩來、葉劍英明確表示：「『二月逆流』經過時間的考驗，根本沒有這個事，今後不要再講『二月逆流』了。請你們向陳毅傳達一下。」這一次是毛澤東自己直接認錯，並指示傳達。

陳毅這時已是癌症末期，癌細胞轉移到頭部，陷入昏迷。毛澤東可能獲得報告，才指示傳達給陳毅。葉劍英趕到陳毅病榻前，陳毅正處於彌留狀態，毫無意識。因此至死不知他的「老右」、「二月逆流黑幹將」的帽子已被毛摘除，可謂含恨而亡。

一月十日下午，在八寶山公墓舉行陳毅追悼會，宋慶齡請求參加，周恩來不敢同意，自己也不敢出席。毛澤東午飯後，想到他為了江青，在「二月逆流」時，與老帥們全鬧翻了，還說不惜要與林彪上山打游擊，現林彪已死，必須挽回老帥之心，於是不顧身患重病，雙腳浮腫，穿著睡衣，罩件大衣，冒著嚴寒，立即趕到八寶山參加追悼會，周恩來、宋慶齡等才敢到場。毛澤東說：「陳毅同志是一個好人，立了功勞的。」「要是林彪的陰謀搞成了，是要把我們這些老人都搞掉的。」毛澤東急急為「二月逆流」平反，希望在陳毅死前傳達他平反之指示不成，又不計個人重病親臨追悼會場，說明他急於從林彪出逃摔死對他威信造成之重創中脫身，和爭取老帥們之支持，是如何用盡心機。

更重要的是，毛澤東極力討好老帥，他內心深深害怕老帥們像林彪一樣，也站出來反對他。陳毅追悼會後，前代總參謀長楊成武、前空軍政委余立金、前北京衛戍司令傅崇碧三人隨即平反。毛說：「楊、余、傅都要翻案，這些人的問題，都是林彪搞的。」

羅瑞卿亦獲得平反，毛澤東說：「林彪說羅瑞卿搞突然襲擊。林彪對羅瑞卿還不是搞突然襲擊。在上海我聽了林彪的話，整了羅瑞卿。」

毛澤東對林彪的鞭屍，是一步緊一步。他在向老帥們表態認錯，攏絡老帥們同時，繼續批判林彪。一九七一年十二月十一日，由中共中央印發「粉碎林陳反黨集團反革命政變的鬥爭（材料之一）」：指控一九六九年十月十八日，林彪乘毛澤東不在北京，擅自發布所謂「林副主席指示第一個號令」，調動全軍進入戰備狀態，「這樣大事，竟不請示毛主席、黨中央，實際上是一次篡黨奪權的預演。」

毛澤東意猶未盡，到一九七二年七月二日，又再以中共中央第二十四號文件頒發「粉碎林彪反黨集團反革命政變的鬥爭（材料之三）」的通知，再次提到「一號令」問題，不過這次把林彪口授命令下達時間變成了十月十七日，提前了一日，而把十八日作為黃永勝以「林副主席第一個號令」下達日期；十九日才向毛澤東以「電話紀錄」報告。把林彪下令日期提前一日，報告時間延後一日的原因，是證明林彪確實是「背著毛主席、黨中央，擅自發布『緊急指示』。」過去，毛澤東不承認知道此事，事後資料顯示林彪確實有「電話紀錄報告」，證據對毛不利，不得不作了修正，以變更日期方式，誣賴林彪「先斬後奏」，預演「篡黨奪權」的「反革命政權」。

在中共一九七一年十二月十一日下發鬥爭林彪的「材料之一」後，毛澤東掀起了「批林整風運動」。先由中共中央召開老幹部座談會，一如過去鬥爭運動，懾於毛澤東淫威，老幹部們紛紛跳出來，痛批落水狗（更何況是個已摔死的對象），大量揭批林彪。

軍事科學院還先後編寫了「批判林彪資產階級軍事路線的若干問題」、「批判林彪的『六個戰術原則』」等材料，均由中共中央轉發下去。林彪過去帶兵作戰，幫助毛澤東取天下，從東北打到海南島，把國軍攆出大陸，退踞台灣的六個戰術原則（「一點兩面」、「三三制」、「四快一慢」、「四組一隊」、「三猛戰術」和「三種情況三種打法」）這時竟然也一文不值了。毛澤東的目的，就是要在思想上、政治上、軍事上徹底毀掉林彪歷史地位。在組織上，全面清查與「林彪集團」有關的人和事，務必斬草除根，絕不容許有再發芽機會。

一九七二年一月十三日，中共中央又以中發（一九七二）第四號文件頒發「粉碎林陳反黨集團反革命政變的鬥爭（材料之二）」的通知，重點在批判隨文下發的「五七一工程紀要」，而且要「逐條逐段地批判林彪的這個反革命綱領」，即使內容是實事求是批評了毛澤東，因係逐條逐段的批判，在沒人敢講真話之下，所有批毛的話，都成了錯誤，也證明了毛的正確。但這樣還不夠，還要各級領導人親自帶頭進行對林彪反黨集團的大批判。

繼聯合國排台納共後，美國也給毛澤東送上一份大禮。二月二十一日，尼克森總統訪問北京，與毛、周舉行會談，毛自稱是「世界上頭號共產黨人」，顯示他仍不忘記追求當共產世界的革命領袖。雙方在上海發表了《聯合公報》。

此外在美國與中共關係改善後，日本政府深恐落人之後，日相田中角榮急急於九月間訪問北京。九月二十九日發表「中日兩國政府聯合聲明」，宣布即日建立外交關係。毛澤東對田中說：「如果沒有日本侵華，也就沒有國共合作，我們就不能得到發展，也就沒有共產黨的勝利，更不會有今天的會談。」一語道盡中共「假抗日，真發展」的事實。

中共對林彪座機「二五六號三叉戟」飛機墜毀原因的調查，除了曾由駐烏蘭巴托中共大使館派員赴失事現場拍攝大量照片外，並無專業人員前往現地檢查飛機損毀和死者遺體受傷情形，只得根據照片加以分析鑑定。在一九七二年五月十九日終於提出「對林彪叛國外逃所乘三叉戟飛機墜毀原因的分析」，否定機上曾發生衝突槍戰。

「分析」透露：「現場九具屍體分成三堆，機頭是飛行員潘景寅和葉群；機尾是林立果、劉沛豐和汽車司機楊振剛；中間是林彪和三位機械師。」根據林彪過去儘量避免一家人同坐一架飛機習慣，研判迫降時，林彪一家三口，分座前、中、後，顯然心存僥倖，如未全死，或可保留一、二個家人。由此分析：三位機械師負責保護林彪；劉、楊二人保護林立果；葉群願意犧牲自己，不要保護，自願坐在副駕駛座。

中共空軍專家分析，飛機飛行高度一直維持三〇〇〇米低空，耗油量大，由於起飛前，未裝足油，估算迫降時存油只剩二・五噸。油料之不足，如繼續飛行，亦只能再飛二十多分鐘，飛行員通常不敢飛完用油再迫降。潘景寅選擇的降落地點，是一片較平坦的草地，的確適合迫降。專家們也確認飛機迫降方向是由北向南，從機上乘員都摘下手錶、脫去鞋子，證明是準備迫降。從地面滑痕表明飛機不是大角度撞地，機翼前開縫翼已打開，這是著陸前的人工操作動作，才能打開，摔撞都不可能打開。起落架沒放下，仍完整在機腹內，是野外迫降證明。但是三叉戟是下單翼飛機，不利於野外迫降，兩翼因安裝在機身下部，機翼和機身腹部均有較大油箱，因迫落時動作不準確，而且速度仍大，機尾先著地，形成跳躍，機腹和機翼同時著地時，右翼先折斷，然後左翼尖，機身藉慣性續往前衝，最後解體，機上乘員被甩出。在迫降後過程中，油箱破裂，造成大面積燃燒。如果空中爆炸，散布面會很大，碎片可能散落十公里以外。

對於飛機在空中有無先起火，則未加說明澄清。中共這一份「墜毀原因的分析」，便成了正式結論，當時也沒人敢提出質疑，但至少這分報告，證明了機上沒有發生槍擊和暴力事件，飛機是南返中國途中，也未向蒙方要求提供就近機場迫降。從林彪一家三口，分坐前中後三處，足以證明，飛機在墜毀前仍接受林彪指揮，林彪寧出意外，也不向蒙古求援，表明他無叛國之意。

在一九七二年，從五月二十日到六月下旬，中共中央在北京召開中央各部門和各省、市、自治區負責人共三百一十二人參加的「批林整風匯報會」，周恩來在會上講話，「敘述了與林彪集團的鬥爭經過，批判林彪等人」。

會議上，特別印發了毛澤東在一九六六年七月八日給江青的信。證明毛澤東早就對林彪感到不安，那為何要在同年八月六日，中共八屆十一中全會上提拔林彪作為黨的唯一副主席，確定為毛接班人地位呢？江青在一九八〇年受審時，和姚文元出獄後均承認這封信是「九・一三事件」後，為維護毛澤東威信偽造的。為突出毛澤東的睿智和先見之明，中共還安排政治局委員到各分組對這封信作了解釋。中共官方文件說：「這次會議比較系統地批判了林彪一夥。」

周恩來批林彪的同時，也開始設法扭轉文革「極左」趨勢。自毛澤東一月份參加陳毅追悼會，受到風寒，回中南海後不久，毛的肺部感染嚴重，心律也不整，診斷為肺心病，極度缺氧，一度休克。經過急救，毛澤東甦醒後，當著江青面對周恩來說：「我不行了，全靠你了。」這一次，毛被搶救回來，身體健康經適度調養，才勉強會晤尼克森。

周恩來抓住毛身體不佳，和專心鬥爭林彪之機會，藉批林彪是「極左」，努力糾正「左傾」錯誤，又按照毛澤東急於討好老幹部的心理，解放了一批老幹部，如陳雲、王震，和前述的一些老帥老將等，同時也抓緊經濟工作，竭力糾正一九六九年以來國民經濟的冒進，因而使一九七二年的工農業生產都有較大增長。這正是林彪在一九六九年中共九大前，試圖提出但被毛澤東否決的「為把我國建設成為強大社會主義國家而奮鬥」的「政治報告」。

一九七二年七月，周恩來指示撰寫了一篇〈對綜合大學理科教育革命的一些看法〉專文，希望糾正科研、教育中的「左的錯誤」，卻被《人民日報》拒絕刊登，而由《光明日報》發表。這篇文章引起張春橋、姚文元不滿，隨即指使《文匯報》予以抨擊。周恩來乾脆直接給《人民日報》下指示，《人民日報》不得不才在十月十四日刊登了三篇批判無政府主義「極左」思潮文章。又遭張、姚再指使《文匯報》加以批判反擊，二人並跑到《人民日報》社內開會批判「修正主義」和「右傾回潮」，反擊周恩來。

十二月五日，《人民日報》社內有人寫信給毛澤東，支持周恩來批判「極左」。毛閱信後對張春橋、姚文元說：「那封信我看不對。是極左？是極右、修正主義、分裂、陰謀詭計、叛黨叛國。」毛澤東的講話，等於直接否定周恩來的批「極左」，周恩來敗下陣來，此後就只准批「極右」，不准再批「極左」。這時，如果不是毛澤東正全力進行「批林整風」運動，心無旁騖，周恩來才得以暫時逃過被鬥被打倒厄運。

李志綏在《毛澤東私人醫生回憶錄》中說：「林彪死後，政治局勢日漸複雜。當時以江青、張春橋、王洪文、姚文元為一方，周恩來、葉劍英為一方，正在明爭暗鬥得不可開交。他們在林彪事件的看法上意見相左，涇渭分明。周恩來批林彪是極左，在工作上就要糾正文化革命中的極左作法。江青、張春橋等一再宣稱林是極右，周則是『右傾回潮』。毛在此事上支持江青。在一九七二年十二月十七日，毛在一次談話中說：『林彪是極右、修正主義、分裂、陰謀詭計、叛黨叛國。』」「毛自一九七二年初當著江青和周恩來的面交代交權後，似乎就對周疏遠了。他警覺到周似乎是個修正主義的右派。……同年十二月，毛又再度批評了周恩來。從此，江青等人不斷整周恩來，藉批林彪之機，發動了『批林批孔』，又進而『批林、批孔、批周』」

周恩來處境艱難，跟林彪在廬山會議後情況類似，要見毛澤東都困難，只有藉陪同外賓見毛的時機，在外賓離開後，乘機向毛匯報工作和請示。

一九七二年七月二日，中共中央中發二十四號文件印發鬥爭林彪的「材料之三」，內容是公布「林彪反黨集團反革命政變的罪證」，要求以「毛主席在外地巡視期間同沿途各地負責同志的談話紀要」為「武器」，深入進行「批林整風」運動。

「罪證」的前言，開宗明義說：「林彪反黨集團發動反革命政變的目的，是要分裂我們黨，用陰謀手段篡奪黨和國家的最高權力，否定九大路線，從根本上改變黨在目前社會主義歷史階段的基本組織和政策，顛覆無產階級專政，復辟資本主義，他們要把毛主席領導下，我黨我軍全國人民，親手打倒的地主資產階級，再扶植起來。在國內他們要聯合地、富、反、壞、右，實行地主買辦資產階級的法西斯專政；在國際上他們要投降蘇修社會帝國主義，聯蘇、聯美，反華反共。」這一段文字，比對當前中共自「改革開放」以來，實施的「名左實右」之政經政策，創造出傲人的經濟實力。毛澤東反像似在批判鄧小平以後中共各個領導人。林彪實際成了中共當今「改革開放」的「先行者」和最大功臣。

中共公布林彪的罪證分成三大部份：

第一部份：「林彪反黨集團在九屆二中全會期間，發動反革命政變的罪證」：「向黨發動了有計劃、有組織、有綱領的進攻。他們的反黨綱領，就是設國家主席，就是『天才』，就是反對『九大』路線，推翻九屆二中全會的三項議程，他們的罪惡目的，是妄圖分裂我黨我軍，向毛主席黨中央奪權，它的性質完全是一次被粉碎了的反革命政變。」

第二部份：「林彪反黨集團，準備發動反革命武裝政變的罪證」：「黨的九屆二中全會以後，林彪反黨集團不甘心自己的失敗，……炮製『五七一工程紀要』反革命政變綱領，他們成立了十分秘密的法西斯特務組織，製造輿論，訓練特務，收買幹部，從國外進口大批特務工具，設立地下活動據點，從各方面進行反革命武裝政變的準備。」中共文件在這一部份，列出的證據達二十項之多，竟然包括林彪的「第一個號令」和林彪「再上井崗山」一詩在內。

第三部份：「林彪反黨集團妄圖謀害偉大領袖毛主席，向黨中央發動反革命武裝政變和失敗後叛國投敵的罪證」：「在林彪直接指揮下，他們妄圖乘毛主席巡視南方的機會，謀害毛主席，並於同一時間在北京謀害中央政治局同志，陰謀篡奪黨和國家的最高權力。當這一反革命計劃破產後，林彪又陰謀攜帶黃永勝、吳法憲、葉群、李作鵬、邱會作等人南逃廣州，另立中央。毛主席的行動打亂了林彪反黨集團的部署，他蓄謀敗露末日已臨，帶著老婆兒子和幾個匪黨倉皇逃走，狼狽投敵，叛黨叛國。一九七一年九月十三日凌晨二時半，林彪等所乘外逃的二五六號三叉戟飛機，在蒙古境內溫都爾汗附近墜毀。林彪、葉群、林立果等全部燒死，成為死有餘辜的叛徒、賣國賊。」所列證據更多達二十六項，證據包括「九・八手令」、「給黃永勝的親筆信」等。

光看中共公布的林彪「反革命政變的罪證」，已顯示毛澤東已到窮極不擇手段地步，非把林彪鬥臭鬥爛，絕不罷手。在「九・一三」之後，隔離清查黃永勝、吳法憲、李作鵬、邱會作四人時，業已明知四人既不知道也未參與「五七一工程紀要」和「南下廣州、另立中央」計劃或行動，但要證明毛澤東在一九七一年八、九月份南巡期間「同沿途各地負責同志的談話」批判林彪、葉群和四大將的正確，突顯毛澤東的先見之明，黃永勝四人沒有罪也得要背負「反革命政變」之罪。

林彪出逃墜機死亡，中共雖然封鎖消息，但是在一九七一年十、十一月間，國際間已傳言林彪被整肅，甚至死亡消息。此後，毛澤東自己就曾經三次親口向外賓證實此事，最早一次是在一九七二年一月十日，陳毅追悼會上，他向柬埔寨西哈努克親王說：「我的親密戰友在去年九月十三日，坐了一架飛機要到蘇聯去，可是在蒙古的溫都爾汗摔死了。」接著又說：「我的這位親密戰友就是林彪，他反對我。」第二次是同年十二月二十九日，毛澤東在會見越南南方共和臨時政府（北越扶植之南越共黨組織）外交部長阮氏萍，談到「文化大革命」時說：「天下大亂啊！結果有一派人就掌握了權力，一下就把英國代表處燒掉了。這些壞人都是林彪之流，後台都是林彪。」第三次是一九七三年十一月二日，對來訪之澳大利亞總理特拉姆說：「一九七一年九月，林彪自已跑掉了。」

一九七三年五月，中共中央召開中央工作會議，確定中共「十大」於八月召開，和修改黨章的原則，重點在刪除林彪的接班地位。並根據毛澤東指示，會議宣布再釋放譚震林等十三名老幹部。毛並提拔上海王洪文、湖南華國鋒，和北京軍區吳德三人列席政治局會議和參加政治局工作。王洪文隨即參與張春橋、姚文元負責籌備「十大」會議文件的工作。

經過一年九個月的努力，毛澤東已再次鞏固了他的地位，穩定了情勢。周恩來企圖藉林彪事件，發動「批左運動」糾正文革錯誤，也在一九七二年年底壽終正寢。

七月十日，中共中央專案組提出「關於林彪反黨集團反革命罪行的審查報告」，建議中共中央：永遠開除林彪、葉群的黨籍，永遠開除陳伯達、黃永勝、吳法憲、李作鵬、邱會作等人的黨籍，撤銷他們的黨內外一切職務。這份報告幾經修改，直到八月二十日，以中發（一九七三）第三十四號文件頒發。選擇這個時間點，是為了配合八月二十四日召開之「十大」批林鬥爭。

林彪罪行「審查報告」共分三部份：

第一部份：現已查明：

(1)早在「九大」前後，林彪就招降納叛，結黨營私，夥同他的老婆葉群，勾結陳伯達、黃永勝、吳法憲、李作鵬、邱會作等人，結成以林彪為頭子的「資產階級司令部」，他還通過兒子林立果，秘密建立反革命特務組織小「聯合艦隊」。密謀發動反革命政變，妄圖推翻以毛主席為首的黨中央。

(2)在黨的九屆二中全會上，向黨發動的突然襲擊，是有預謀的。在林彪直接指揮下，陳、黃、吳、葉（群）、李、邱在會前和會中多次秘密開會，多方串聯，陰謀策劃，有計劃有組織有綱領地向黨進攻。它的性質是一次被粉碎了的反革命政變。

(3)九屆二中全會後，林彪集團立即秘密進行發動反革命武裝政變的準備。炮製了「五七一工程紀要」反革命政變綱領。他們的陰謀未能得逞，林彪又通過吳法憲私調飛機，要與黃、吳、葉、李、邱等人南逃廣州，另立中央。妄想造成所謂「南北朝」的局面。林彪還企圖勾結蘇修，對我實行南北夾擊。種種陰謀，都遭到徹底的破產。

(4)林彪反黨叛國，有歷史根源。林彪出身於大地主兼資本家家庭，入黨以後，資產階級世界觀沒有得到改造。中共還歷數他歷史上所犯之錯誤，共有十三次之多。其中包括「在抗日戰爭時期，林彪發表反黨文章，無恥吹捧蔣介石和國民黨」、「遼瀋戰役和平津戰役中，林彪一再抗拒毛主席的戰略方針和戰略部置」、「反對黨的總路線，要搞『包產到戶』」「破壞無產階級文化大革命」和「反對毛主席提出的『黨指揮槍，而絕不容許槍指揮黨』的原則，要從根本上篡改我軍的無產階級性質」。

第二部份：帝國主義特別是蘇修社會帝國主義，時時刻刻都在企圖顛覆我國的無產階級專政，林彪反黨集團作為國內外階級敵人的代表，迫不及待地跳出來。他們的罪惡目的，就是顛覆無產階級專政，復辟資本主義；妄圖把地主資產階級再扶植起來；實行地主買辦資產階級的法西斯專政；在國際上，聯合帝、修、反，反華反共反人民革命。在毛主席為首的黨領導下，粉碎林彪反黨集團，取得了黨的第十次路線鬥爭的偉大勝利。

第三部份：建議開除林彪等七人，另加李雪峯共八人黨籍，及撤銷還活著的陳伯達六人黨內外一切職務。中共冠予林彪、葉群、陳伯達的「帽子」各有不同：

林彪：資產階級野心家、陰謀家、反革命兩面派、叛徒、賣國賊。

葉群：混進黨內的階級異己分子、特務、叛徒、賣國賊。

陳伯達：國民黨反共分子、托派、叛徒、特務、修正主義分子。

毛澤東審定的這分「報告」，把林彪定罪為「極右」的資產階級，周恩來想藉林彪事件批「極左」，毛澤東自然不能接受。而葉群、陳伯達都被冠上「特務」帽子，是國民黨特務呢？還是蘇修或美帝特務？「報告」上沒說，大概是指國民黨特務，這是中共一貫栽贓手法。

八月二十四日至二十八日，中共召開第十次全國代表大會。周恩來作「政治報告」，披露毛、林矛盾爆發點是中共「九大」之前：「九大政治報告是毛主席親自主持起草的。

九大以前，林彪夥同陳伯達起草了一個政治報告。他們反對無產階級專政下的繼續革命，認為九大以後的主要任務是發展生產。」「林彪、陳伯達的這個政治報告，理所當然地被中央否定了。對毛主席主持起草的政治報告，林彪暗地支持陳伯達公開反對，被挫敗以後，才勉強接受了中央的政治路線。……但是，九大期間和大會以後，林彪不顧毛主席、黨中央對他的教育、抵制和挽救，繼續進行陰謀破壞。」

這份「政治報告」嚴重扭曲一九六九年「九大」的「政治報告」撰稿事實，當時是毛澤東指示林彪主持，由陳伯達擬稿。一九六八年毛澤東自己在八屆十二中全會上說：「文革大概到明（一九六九）年夏就差不多了」。所以陳伯達這時擬稿講「發展生產」並無錯誤，但是陳尚未完稿，毛澤東已從張春橋、姚文元處獲知陳伯達擬稿重點。而毛根本不想結束文革，就私自指示張、姚二人另行撰稿，由毛澤東定稿。陳伯達不服氣，完稿後送毛澤東閱，毛看都不看，原封退回。毛澤東這種出爾反爾，失信於人作法，究竟是誰在製造對立和矛盾，已經十分明顯。林彪、陳伯達主張「九大」後發展生產，在毛死和「四人幫」被打倒後，中共不就是朝這個方向發展，歷史已實實在在的證明林、陳二人的正確主張。

「十大」政治報告批評林彪「及其一小撮死黨是一個『語錄不離手，萬歲不離口，當面說好話，背後下毒手』的反革命集團。」至於「林彪集團」的「罪惡目的」則照抄前述「罪行的審查報告」第二部份，證明林彪所有的「罪行」和「罪名」都是毛澤東所親自定罪。

大會由王洪文負責作「修改黨章」報告，刪除「九大」黨章總綱中關於林彪地位的規定。二十九日發布「新聞公報」，宣布永遠開除林彪集團所有主要成員之黨籍，和陳伯達等六人黨內外一切職務。

鄧小平在林彪死後一年半，於一九七三年三月復出，並在「十大」當選為中央委員，因江青之阻撓，鄧小平未能進入政治局。十屆一中全會，毛澤東續任中央委員會主席，周恩來、王洪文、康生、葉劍英、李德生為副主席。

「十大」仍繼承了「九大」的「左傾」路線，江青集團在中央領導機構中取得更多的權力。江青、張春橋、姚文元、王洪文四人正式形成「四人幫」。王洪文甫於一九七二年九月由上海調中共中央工作，列席中央政治局會議、國務院會議、中央軍委會。到一九七三年八月「十大」會議，就負責作修改黨章的報告，是毛澤東放棄張春橋，有意培植的新「接班人」。

周恩來雖名列第一副主席，依周的「老三哲學」，他樂得有另一人充當他與毛澤東之間的緩衝，他早看出毛澤東想找一個年紀較輕，立場穩定可靠的接班人，所以王洪文就取代了張春橋，成為毛屬意的新對象。

但是在王洪文未被提升為「接班人」之前，周恩來仍然是第二把手，仍然必須面對毛澤東的直接鬥爭。毛澤東對周恩來的批鬥，終於在「十大」之後爆發。

事情的導因有二：一是前述毛澤東對周恩來在「批林整

風」運動中批「極左」的不滿；二是二月十五日至十九日，美國總統國家安全事務助理季辛吉訪問北京，談判雙方互設聯絡處問題。季辛吉向周恩來強調：美方要中共保證不以武力收復台灣。周恩來表示：「台灣問題是中國的內政，解決台灣問題有和平與非和平兩種可能性。當然我們願意和平解放台灣問題，但不能對美國做出不用非和平方式的保證。」毛澤東對周恩來這種說法不同意。

同（一九七三）年十一月十七日，毛澤東召開政治局會議批周，他說：「『極左』思潮少批一點吧！是極左？是極右、修正主義、分裂黨、陰謀詭計、叛黨叛國。」又說：「講台灣問題有兩種可能性是錯誤的，要打。」江青在會議上說：「這是第十一次路線鬥爭。」指責周恩來「迫不及待要當黨的主席。」周恩來被迫作了檢討，對周打擊極大。

毛澤東早在策劃鬥爭劉少奇時，就想一併把周恩來打倒，從林彪《工作札記》中，就已看得出來，毛東在反「二月逆流」期間，於一九六七年三月十八日，曾對林彪當面表達對周恩來的不滿。林彪說：「『Ｂ５２』問：總理對文化大革命，對新生事務的立場？我隨即說：『緊跟主席的』，有意留給『Ｂ５２』糾正的。『Ｂ５２』點點頭說：『能不能思考五分鐘，下結論？』我還是有意等著裝作思考。『Ｂ５２』抽了第二支煙一半，按捺不住道出：『總理思想上和劉是合拍的，組織上是看我的。總理中庸哲學，你和我也要學一點。』說著仰天大笑。」

正因周恩來善於見風轉舵，小心謹慎，不落入毛澤東的陷阱，在文革初期，沒有被毛澤東打倒。那時毛澤東還必須留著周恩來，負責國務院工作，和代替林彪因多病也不願多主持的中共中央事務。

但是當前「批林整風」運動還未結束，毛澤東不想節外生枝。他決定把批周問題暫時壓制下來，十二月九日，毛澤東對周恩來、王洪文二人批評江青：「有人講錯了兩句話。一個是講十一次路線鬥爭，不應該那麼講，實際也不是」；「一個是講總理迫不及待。他（指周恩來）不是迫不及待，她（指江青）自己才是迫不及待。」

事實上，毛澤東對周恩來的批評並未停止，在一九七三年十二月十二日至二十一日的中央政治局會議上，毛提出八大軍區司令員對調，和鄧小平參加軍委並任總參謀長的建議。會議的主要目的，仍然是繼續消除林彪在軍中的影響力，藉鄧小平對林彪的不滿，由鄧出任總參謀長，可以重塑軍隊對毛的忠誠。毛澤東並再次不點名批評周恩來：「我還可以打仗，要打就打。天下大亂，包括中國。我能吃飯，也能睡覺。所以要打，我最歡迎。準備打仗，內戰、外戰都來。」「仗打起來，就可分清誰是真正願意打的，誰是勾結外國人，希望自己作皇帝的。」「我同季辛吉講了差不多三個小時，其實只有一句話：當心北極熊要整你們美國。一整太平洋艦隊，二整歐洲，三整中東。」「對內團結大多數，不要搞陰謀詭計。要守紀律，要少數服從多數。對外要反對帝國主義、修正主義和反動派。要堅持原則，但又要有靈活性。」

從毛澤東這幾句話，看得出他對周恩來的不滿，指責周不敢打仗；指責周未認清美國應付蘇聯威脅都來不及，那有餘力可介入台灣問題；甚至暗示周恩來，不要勾結外力，要接受毛的團結，並要守紀律。毛說他還能打仗，他能吃能睡。事實他這時已八十歲，兩腿無力，走路十分困難。「十大」閉幕式時，他站不起來先行離開會場，代表們都不敢退席。周恩來機警的向與會代表說：「主席要目送代表們退場後，他再回去。」等代表們全離場後，毛才在人攙扶下，勉強走出會場。他哪有精力再打仗，不過是批判周恩來膽小。

最後毛澤東仍不忘批評林彪：「整賀龍、羅瑞卿、楊成武、余立金、傅崇碧都是林彪搞的。我是聽了林彪一面之辭，所以我犯了錯誤。」

一九七四年，又進入新一波「批林」高潮，把「批林」和「批孔」連在一起，成了「批林批孔」運動，並且為秦始皇平反，其實是毛澤東為自己獨裁作法辯護。

19 林彪崇儒

毛自比始皇批孔批周又揚秦

一九七三年八月中共「十大」後，毛澤東決定繼續「批林整風」。特別是「五七一工程紀要」批評他「不是一個真正的馬列主義者，而是一個行孔孟之道，藉馬列主義之皮，執秦始皇之法的中國歷史上最大的封建暴君。」「實際上他已成為當代的秦始皇。」他對批評他為秦始皇，能夠接受而且自覺就是秦始皇。毛澤東在一九七三年九月二十三日接見埃及副總統沙菲時說：「秦始皇是中國封建社會第一個有名的皇帝，我也是秦始皇。林彪罵我是秦始皇。中國歷來分兩派，一派講秦始皇好，一派講秦始皇壞。我贊成秦始皇，不贊成孔夫子。」所以毛澤東對批評他「不是馬列主義者」，而是「行孔孟之道」封建者，不能夠接受，這極大傷害了他爭取作為共產國際世界的領袖野心。甚至危及他擔任中共黨主席的地位。

而且，中共在搜查林彪各處住所時，發現林彪崇儒，家中懸掛林彪親筆書寫的一些條幅，多引用孔子言論，作為做人處事的座右銘。毛澤東認為林彪「和歷代行將滅亡的反動派一樣，尊孔反法，攻擊秦始皇，把孔孟之道作為陰謀篡黨奪權，復辟資本主義的反動思想武器。」因此決定「批林」的同時必須「批孔」。

毛澤東反對儒家思想，起於一九二〇年代，深受中共創始人陳獨秀和左翼作家魯迅等人的影響。陳獨秀在北京大學任教時，主編《新青年》雜誌，歌頌西方文化，抨擊中國文化。《林語堂傳》就提到陳獨秀「反對孔子學說特別激烈，他說：中華民族之任人魚肉，是由於喪失了強梁取進的精神與抵抗力，而這要歸咎於專制君主之流毒和孔子學說之為害。」林語堂另在一九四四年十二月在重慶中央大學演講「論東西文化與心理建設」時，就批評左翼文人，他說：「以前魯迅說中國書看得教人昏睡，外國書看了就抖擻精神。左派作家說：中國書有毒，三國、水滸忠孝節義的話都有毒，一味抹殺固有文化的理論，這種憤激之論，不能指為認識，只能稱為迎合青年心理。」毛澤東固然鬥爭過陳獨秀，但是對魯迅極為推崇，曾經禁止上海左翼作家圍攻魯迅。

其實早在「十大」之前，毛澤東已決定把「批林」與「批孔」聯繫起來。在一九七三年七月四日，毛澤東與張春橋、王洪文單獨談話時，說：「郭老（指郭沫若）在《十批判書》裡頭自稱人本主義，即人民本位主義，孔夫子也是人本主義，跟他一樣。郭老不僅是尊孔，而且是反法。尊孔反法，國民黨也是一樣啊！林彪也是一樣啊！我贊成郭老的歷史分期，奴隸制以春秋戰國之間為界。但是不能大罵秦始皇。」毛澤東一輩子說「為人民服務」，結果是反「人民本位主義」，而贊成秦始皇的「君主本位主義」（君本主義）。

因此，「批林」，又發展成了「批孔揚秦」。毛澤東也向張、王二人表達對周恩來的不滿，批評周所主管的外交工作：「大事不討論，小事天天送。此調不改動，勢必出修正。」周恩來因而被披上了修正主義外套。

此後，毛澤東多次提出要批判孔子，批「尊孔反法」。他認為：「法家主張中央集權，郡縣制，在歷史上一般說是向前進的，它是厚今薄古的。而儒家呢？他滿口仁義道德，一肚子男盜女娼，他是厚古薄今的，開倒車的。林彪是『尊孔反法』的。」八月五日，毛澤東口授七律一首，叫江青手記，傳達出去：

讀「封建論」——呈郭老：

勸君莫罵秦始皇，焚坑之事待商量。
祖龍雖死魂猶在，孔子名高實秕糠。
百代都行秦王法，十批不是好文章。
熟讀唐人封建論，莫從子厚返文王。

八月七日，《人民日報》發表毛澤東審定的專文：〈孔子——頑固地維護奴隸制的思想家〉，公開的批判儒家思想。九月二十三日，毛澤東接見埃及副總統時，就說出了：「我贊成秦始皇，不贊成孔夫子。」

為了要把「批孔」與「批林」運動聯繫在一起，在毛澤東指示下，一九七四年一月一日，《人民日報》、《紅旗》雜誌、《解放軍報》聯合發表「元旦獻詞」，強調：「要繼續開展對尊孔反法思想的批判」，「批孔是批林的一個組成部份」，從輿論開始為「批林批孔」運動進行造勢。

江青手記毛澤東的七律後，責成「北京大學」和「清華大學」兩校合組一個「大批判組」，由江青親自主持，匯編了一份「林彪與孔孟之道」批判文章。一九七四年一月十二日，由王洪文、江青聯名致函毛澤東，要求把這篇文章轉發全國。這本就是毛澤東的計劃，毛審定後，即交給中共中央於一月十八日以「一號文件」轉發全國，正式啟動「批林批孔」運動。孔子地下有知，恐怕也會生無名火，在他死去兩千五百多年之後，為歷代尊為至聖先師的聖人，他的排名竟然落在深受儒家思想影響的徒子徒孫林彪之後。「文革」後，中共又重新「尊孔」，林彪成了孔子數千年後最知名「學生」，也應入祀孔廟成為第七十三名弟子。

一九七四年一月下發的這份「一號文件」，批評林彪是「一個地地道道孔老二的信徒」，「這個政治騙子，不讀書，不看報，不看文件，是個什麼學問也沒有的大黨閥、大軍閥。由於他和孔孟的反動思想體系一致，都要復辟舊制度，開歷史倒車，他就指使一些人，到處收集孔孟的言論，東拼西湊，分類摘抄，搞了大量卡片，用它裝腔作勢，騙人唬人，製造反革命輿論，大搞陰謀活動，向無產階級猖狂進攻。」「從林彪的黑筆記、手書題詞和住宅裡的其他材料以及他的公開言論中，選編了《林彪與孔孟之道》，供批判用。」全文共有八個項目：

一、效法孔子「克己復禮」，妄圖復辟資本主義：批評「克己復禮」是孔子復辟奴隸制的反動綱領，林彪連寫四次「克己復禮」條幅，充分暴露他們迫不及待地顛覆無產階級專政的野心，把復辟資本主義作為萬事中最大的事。林彪為對抗毛澤東不設國家主席指示，以孔子「名不正，言不順」的反動說教為根據，妄圖篡奪黨權和國家的最高權力。

二、鼓吹「生而知之」的天才論，陰謀篡黨奪權：一九六二年林彪自書「天馬行空、獨往獨來」，掛在床頭正中央牆上。林彪自比天馬，以「至貴」、超人自居，妄圖實行獨裁統治，狼子野心，由來已久。林彪所書「王者莫高周文，伯者莫高齊桓，皆待賢人而成名。今天下賢者智能者豈特古之人乎？患在人者不驕故也。」是自比周文王、齊桓公，妄圖建立封建法西斯的王霸之業。

三、宣揚「上智下愚」的唯心史觀，惡毒誣蔑勞動人民：林彪說農民和工人想的是怎樣搞錢、怎樣搞米、油塩醬醋柴、妻子兒女，我們的思想和他們的思想有天壤之別。與論語「唯上智與下智不移」和「民可使由之，不可使知之」相同。

四、宣揚「德」、「仁義」、「忠恕」，攻擊無產階級專政：林彪在一九五八年五月八大二次會議上指責「秦始皇焚書坑儒」，暴露了林彪尊孔反法，藉咒罵秦始皇以攻擊無產階級專政的反動面目。一九六六年八月，林彪說：「漢朝廢百家，獨尊儒術，有個董仲舒，我希望大家當董仲舒。」董仲舒於漢武帝時，建言要想統一天下，就要有一種統一人民的思想，那就是孔孟之道，如三綱五常，仁義禮智信，禮義廉恥等。林彪把孔子的「仁」、「勇」、「智」說成是「團結」、「鬥爭」、「唯物論」，用儒家反動思想，冒充並篡改馬克思主義，作為他反黨反人民的思想武器。

五、販賣「中庸之道」，反對馬克思主義的鬥爭哲學：林彪用中庸之道，惡毒攻擊反修鬥爭，妄圖投降蘇修，把我國變為蘇修帝國主義的殖民地。林彪用中庸之道攻擊總路線、大躍進、人民公社「過分」、「過極」，破壞了個人的積極性。

六、用孔孟反動的處世哲學，結黨營私，大搞陰謀詭計：林彪自書條幅，掛在臥室內：「勉從虎穴暫棲身，說破英雄驚煞人。巧借聞雷來掩飾，隨機應變信如神。」林彪抄錄《三國演義》第二十一回的這首詩，把原文的「趨身」改為「棲身」，一字之改，不打自招地道出了他是睡在我們身旁的資產階級野心家、陰謀家。一九六三年，林彪親筆寫在《工作手冊》上：「豈可為了一區區小人，區區小事而耽誤自己終身大事。」和自書條幅：「匹夫見辱，拔劍而起，挺身而鬥，此不足為勇也。驟然臨之而不驚，無故加之而不怒。」告誡自己，為了實現其反革命狂妄野心，必須暫時「忍耐」。

七、鼓吹「勞心者治人，勞力者治於人」的剝削階級思想，攻擊「五．七」道路：「五七一工程紀要」中所寫「機關幹部被精簡，上五七幹校等於變相失業。」和「青年知識分子上山下鄉，等於變相勞改。」是「林彪對此進行惡毒攻擊，妄圖煽動群眾，破壞毛主席的偉大戰略部署。」

八、教子尊孔讀經，夢想建立林家世襲王朝：林彪一九六三年十一月十六日寫給林立果的條幅：「太史公曰：見善而怠，時至而疑，知非而處……道之所止也。強而弱，忍而剛……道之所起也。故義勝欲則昌，欲勝義則亡；敬勝怠則吉，怠勝敬則滅。」這是奴隸主頭子周文王臨死前對其子武王傳授統治經驗的遺囑。林彪親筆抄錄，作為教子經，掛在林立果辦公室正中牆上，夢想建立林家封建法西斯世襲王朝。

中共把「批林」與「批孔」莫名其妙的結合在一起，至少也應該從理論上思想上找出論點加以聯結批判，才能服人。但總觀「一號文件」全文，批判林彪引用儒家之言論，無不直接冠以各種罪名，既乏立論基礎，又乏客觀分析，全無說服力。而對孔孟言論，只引述與林彪過去所說、所寫涉及儒家之言論或文字相關之孔孟和相關之古代學者著作文字，再加以譯文而已，幾無批判，最多只是從馬列角度加以詮譯。如果這樣能夠稱之為「批孔」，實在是諷刺。

相信毛澤東事後也發現此點，緊接著在四天後，一月二十二日以中發「二號中共中央文件」頒發「關於學習討論中發（一九七四）一號文件時增加補充材料」的通知。這次增加了〈魯迅批判孔、孟之道的言論摘錄〉、〈五四以來反動派、地主資產階級學者尊孔復古言論輯錄〉、〈孔子——頑固維護奴隸制的思想家〉、〈孔子維護哪些奴隸制度？〉、〈孔子是『全民教育家』嗎？〉、〈對於孔子的批判和對於我（指作者馮友蘭）過去的尊孔思想的自我檢討批判〉、〈孔子中庸之道是反對社會變革的哲學〉和〈反動階級的『聖人』孔子〉等文章。同時為了「揚秦尊法」，一併附發了〈秦王朝建立過程中復辟與反復辟的鬥爭『兼論儒法論爭的社會基礎』〉、〈『封建論』的尊法反儒精神〉和〈兩漢時代唯物論反對唯心論先驗的鬥爭〉等三篇文章。這才使「批孔」稍具學術性。

因為「二號」文件的頒發，使江青的「四人幫」氣焰高漲。江青於一月二十四、二十五日在北京工人體育館召開萬人「批林批孔」動員大會。江青會前特意不告知周恩來，而自行以中央主要領導人姿態，操縱大會。江青、姚文元等在會上發表煽動性的講話，除了「批林批孔」外，還當眾點名攻擊自中央到地方，以及軍隊重要幹部，主要的矛頭則指向周恩來和一大批中央老幹部。

江青在大會上頤指氣使，三次點名叫高齡八十的中國科學院院長，著名文丑郭沫若站起來，接受她的批評：「郭老對待秦始皇，對待孔子那種態度，和林彪一樣。」「我們主席說秦始皇是一個厚今薄古的專家。」並宣讀毛澤東過去一段講詞：「秦始皇算什麼？他只坑了四百六十個儒，就是儒生啊！儒家，我們坑的比他多。我們在鎮反運動中鎮壓了幾十萬反革命，我看有四萬六千個反革命的知識分子就坑掉了。」「你罵我們是秦始皇，是獨裁者，我們一概承認，可惜的是他們說的不夠，往往還要我們加以補充。」

過去幾天，張春橋已先造訪郭沫若，指責郭沫若在抗日戰爭期間所寫的劇本和論著，是王明路線的產物，是反對毛主席，要郭沫若寫一篇文章「罵秦始皇的那個丞相」。所謂「罵秦始皇的那個丞相」指的是呂不韋（秦始皇尊為相國，稱仲父，因與太后通，畏罪自殺），其實要罵的是周恩來。郭沫若這次總算有點骨氣了，斷然拒絕，但仍寫了一首詩罵自己，作為「自己檢查」送呈毛澤東。毛澤東不滿意，改由江青於二月十日，親訪郭沫若，當面逼郭沫若再作檢查。郭沫若被江青折騰三個小時，身心俱疲，當晚住進醫院。周恩來看不下去，向毛澤東求情，毛也不為已甚，放了郭一馬。

在「批林批孔」動員大會前後，江青以個人名義給中共中央、國務院、三軍總部、各軍區領導機構寫信、送材料，鼓動開展「批林批孔」運動，煽動「點火放炮」、「奪權」，要揪鬥「孔老二的徒子徒孫」。批評總參、總政的領導人「右得不能再右了」，是「軍閥」等。還「勒令」總政《解放軍報》停止編發自己的文稿，只能編印新華社稿件，迫使《解放軍報》在連續一百七十八天內無一篇自己文稿發表，完全切斷了軍委通過《軍報》指導軍隊工作的渠道。

江青在動員大會後，又精心修改她在大會講話錄音，準備發放全國，批鬥周恩來，發起「第十一次路線鬥爭」，開展「第二次文化大革命」。

江青的行為，惹火了老帥們，葉劍英於一月三十日寫信給毛澤東，提出自己對「批林批孔」運動的看法。若在文革初期，葉劍英寫這封信，必然如彭德懷下場，引起毛澤東的震怒，招來被鬥被打倒命運。但此一時彼一時也，毛澤東已不敢再得罪老帥老幹部了，他經過長考後，在二月十五日在葉劍英信上批示：「現在，形而上學猖獗，片面性，批林批孔，又夾著走後門（註：指江青批周和第十一次路線鬥爭），有可能沖淡批林批孔。」毛雖把責任推給了江青，但也不得不扣住江青講話錄音帶，不准發出。

毛澤東儘管避免再得罪老幹部，但他無法改變自己的好鬥個性。林彪事件後，經過一年多的「批林整風」，他基本已挽回頹勢，開始對周恩來、葉劍英不滿。在一九七三年十二月的政治局會上，他就批評「政治局不議政，軍委不議軍」。把周、葉二人一次都批評了。

在一九七四年內，有一次毛的表孫姪女王海蓉（時任外交部司長）來看他。二人談到「批林批孔」運動時，王海蓉說：「我總覺得周總理……對文化大革命，卻是貌合神離。造反派在哪點火，他總到那裡去滅火；造反派要打倒哪個人，他也總是要去保那個人。他嘴裡也擁護文化大革命，但他在行動上又總是同文化大革命分庭抗禮的。」

毛澤東靜靜地聽著，不停吸煙，突然石破天驚的說：「現在是到了批周公的時候了！」王海蓉口袋裡藏著一個袖珍錄音機，把毛澤東的話全錄了下來。也只有她因係毛的孫姪女，才有膽量這樣做。換了別人給他膽子也不敢這樣做，被毛發覺的話，後果難以想像。

王海蓉偷錄毛澤東講話，明顯是江青指示有計畫的預謀作為。王海蓉回到外交部，組織造反派，開始反對周恩來，她不久由司長升為副部長，外交大權漸漸為她所掌控。江青乘機把「批林批孔」運動，擴大為「批林批孔批周」。

江青在一九七二年就想鬥周恩來，但當時時空條件不成熟，為毛澤東壓制下來。一九七三年八月「十大」，周恩來成為中共排名第二的領導人，毛澤東透露對周的不滿之後，從九月份起，江青的寫作班子開始批判呂不韋、霍光（霍去病之子，輔佐漢武帝、昭帝、宣帝，權傾內外，威震人主，宣帝時以謀反夷族）來影射周恩來，並罵田千秋（漢武帝和漢昭帝之丞相，昭帝時念其年邁，令得乘小車入宮，因號車丞相，後代乃以車為氏）是一個「相當圓滑的老官僚」，「善於擺平關係，模稜兩可，始終不表態，最後各方面都不得罪。」毛澤東並未再加制止，代表符合他的意思。

至今，中共仍將「批林批孔」加上「批周」，是「四人幫」歪曲毛澤東的指示，不符事實。在「四人幫」垮台後，王海蓉成了過街老鼠，外交部堅持要她交代奉誰指示「反周」？是否江青指使？在當時如將她劃為江青一夥，一九八○年的大審就會有她的一份。王海蓉拿出她密錄毛澤東「批周」講話錄音帶，中共只得不再追究。

周恩來自一九七四年一月已因癌症住進醫院，所以江青才會肆無忌憚藉開「批林批孔」動員大會，把矛頭指向批鬥周恩來。毛澤東在二月批示葉劍英的信，只是穩定老帥，害怕老帥造反。《毛澤東全傳》作著辛子陵對這時毛澤東心態的分析，可說入木三分：「毛澤東知道周恩來得了不治之症，自己也將極盡天年。但他擔心如果自己先死，樹大根深，在黨政軍民中極孚眾望的周恩來，只消一句話，就能把江青、王洪文、張春橋、姚文元推倒，把整個中國的事情翻過來，怎麼辦？既不能公開打倒周恩來，又不便施行人身迫害，於是，不斷地在精神上給他增加壓力，折磨他，消耗他，加重他的病情，讓他先走一步，就成了江青后黨陰毒的害人手段。」

這時周恩來的膀胱癌已很嚴重，尿中帶有大量的血，周和醫生都想儘早做手術，毛以癌是絕症，做手術徒增病人痛苦，而未同意，周也不敢違背毛指示。最後，周妻鄧穎超託人向毛求情，毛才勉強同意周恩來動手術，時已六月一日，延誤極久了。經過這些折磨，毛澤東果然做到了讓周恩來早他一步先走，周恩來是在毛死之前八個月於一九七六年一月八日去世。

但是毛澤東一定很後悔，未及時把葉劍英鬥倒，在毛於同年九月九日逝世後，葉劍英聯合華國鋒、汪東興並獲得老帥等老幹部之支持，於十月六日逮捕了「四人幫」。毛澤東一生精於算計，但天不從人願，最後仍然失算。毛澤東當時最害怕的是周恩來後他而死，否定了文化大革命，毛以為只要周先他而亡，就能保住江青等「四人幫」，也就保住了「文革」。毛澤東萬萬沒有想到葉劍英也會「造反」。

因此，可以肯定江青把「批林批孔」擴大到「批周」，實際是執行毛澤東的旨意。她在「北京大審」時說：「我是毛澤東的一條狗」，「毛澤東要她咬誰，她就咬誰」，是有所本的。林彪死後，毛澤東發起「批林」運動，連批兩年多，又突然轉為「批林批孔」，再發展為「批孔揚秦」，其實都是毛澤東有計畫的作為，一環扣一環，最終目標就是鬥爭周恩來。

江青在毛澤東授意「到了批周公的時候了」，即從「批林批孔」主題中，延伸出批「宰相儒」，大搞「影射史學」，連續在各報刊發表含沙射影批宰相的文章。

江青首先責由北大和清大所組成之「大批判組」，八易其稿，發表一篇〈孔丘其人〉文章，把孔子描繪成「七十一歲，重病在床」（周恩來七十五歲，也是臥病住院），「還拼命掙扎著爬起來搖搖晃晃地去朝見魯君」，是個「開歷史倒車的復辟狂」、「虛偽狡猾的政治騙子」、「不學無術的寄生蟲」、「到處碰壁的喪家狗」等不堪入目句子影射攻擊周恩來。

五月十七日續發表〈從『鄉黨』篇看孔老二〉一文，藉批孔子「極端虛偽奸詐，是一個可惡的政治騙子」、「他一聽國君召喚，急得不等架好車，動身就走。」「在國君面前，局促不安，舉止恭順」，來批評周恩來。

江青並指示「大批判組」要批「現代的儒」，她說：「如果沒有現代的『儒』，為什麼反孔老二？」她在天津一次談話中，更露骨地說：「這次運動的重點是批『黨內的大儒』」。國際上這時都看出江青的目標是指向周恩來。法國報紙說：中國「現代大儒」是周恩來。

康生也指使中央黨校杜撰了一篇〈柳下跖痛罵孔老二〉文章在《人民日報》發表。

有趣的是，毛澤東指示「批周公」，但出籠的文章卻都是批孔子。

不論是林彪，或者周恩來，甚至是毛澤東，在中共長期鬥爭歷史中，為求生存，都慣以兩面手法，應付各種政治運動。林彪和周恩來表面上都「熱烈」擁護、支持文化大革命，但背後都反對文化大革命。毛澤東在他發起的各次政治鬥爭中，也是表面笑臉迎人，表示不會對你怎麼樣，但笑裡藏刀，時機一成熟，一定心狠心辣，把鬥爭對象徹底打倒，永世不得翻身。

「四人幫」批周恩來批得十分激烈的時候，毛澤東又站出來「批江護周」。一九七四年七月十七日，在中央政治局會議上，毛澤東表面嚴肅的批評江青：「不要設兩個工廠，一個叫鋼鐵工廠，一個叫帽子工廠，動不動就給人戴大帽子」。並當眾宣布「她並不代表我，她代表她自己。」把鬥爭周恩來的責任，推得一乾二淨。

毛澤東還批評江青、王洪文、張春橋、姚文元四人：「你們要注意，不要搞成四人小宗派呢。」這就是「四人幫」名稱的來源。

毛澤東獨裁心態強，他說的話，若不遵行，後果十分嚴重。他指示不要搞「四人幫」，江青四人置若罔聞，毛也不追究，為何他對江青的「四人幫」如此放縱呢？擺明毛是故意放任江青執行他的鬥爭任務，指責江青，只是做給別人看的。七月十七日，毛澤東批評江青和四人幫後，一如鬥爭劉少奇、林彪前夕作法，隨即南巡。江青留在北京，繼續大張旗鼓，全力攻擊周恩來，毫不鬆手。

六月，周恩來癌症住院動手術，由鄧小平主持國務院工作。十月四日，毛澤東提議鄧小平任國務院第一副總理。大概林彪的出走死亡，對毛刺激很大，內心也知道文化大革命不得人心，所以在十月一日，毛指示於一九七五年初召開四屆「人大」會議，並傳達：「無產階級文化大革命，已經八年，現在，以安定為好。全黨全軍要團結。」似有結束「文化大革命」之意。

江青則想乘四屆「人大」召開機會奪權，能夠由「四人幫」負責「組閣」。因為四屆「人大」將對國務院進行改組，江青的計劃是在這次大會上由她做「政治報告」，把鄧小平排擠下去，由她出任總理，張春橋擔任國防部長掌軍權。

所以在十月十七日中央政治局會議上，江青提出「風慶輪」問題，指責國務院將「國造」之船隻「風慶輪」裝備外國儀器，是嚴重的「崇洋媚外」行為，並逼鄧小平表態，說：「你現在必須表明，你對批洋奴哲學是贊成還是反對？有人把美國的儀器都安到風慶輪去了，丟中國人的臉，這事你不知道？」鄧小平見江青無理取鬧，拍案而起，怒斥江青：「你是強加於人，一定要寫出贊成你的意見嗎？這樣政治局還能合作？」鄧小平拂袖而去，張春橋趁機說：「鄧小平又跳出來了！」

「風慶輪」是一艘由上海江南造船廠新造的萬噸級輪船，安裝了國外進口之儀器設備。在當時極「左」思想操弄下，國造船隻怎能裝備外國儀器？因此，有人向中共中央檢舉，由新華社寫了一篇「內參」，送政治局委員參閱。江青看到後藉題發揮，她在文件上批示：「有少數人崇洋媚外，買辦資產階級思想的人專了我們的政，這種洋奴思想，爬行哲學，不向它鬥爭可以嗎？」張春橋、王洪文、姚文元見江青表態，也紛紛跟進，把「風慶輪」事件說成是「路線鬥爭」。王洪文更把「風慶輪」副政委（由國務院所派）李國堂扣押在上海，發動「風慶輪」職工批鬥。

當晚，江青召集「四人幫」緊急會商，決定由王洪文於次（十八）日飛往長沙向毛澤東告御狀：「北京現在大有廬山會議味道。」「看來鄧小平還是以前那一套，造船不如買船，買船不如租船。我們四個猜測，鄧小平這麼大的情緒，可能與四屆人大醞釀總參謀長有關。」「總理好像忙得很，他住在醫院，還忙著找人談話，經常談到深夜，經常去總理那裡的有小平、劍英、先念諸同志……可能與四屆人大的人事安排有關係。江青、春橋、文元他們擔心得很，怕出事。」

毛澤東聽完後，反而一反過去作法，訓斥王洪文：「你回去要多找總理和劍英談，有意見當面談。」毛澤東之所以如此，依往例他在召開「人大」前，人事問題早已有腹案。王洪文前來告狀，只是旁生枝節，毛澤東自然不願見到。

王洪文返北京後，毛澤東又透過王海蓉轉告周恩來和王洪文：「總理（指周恩來）還是總理，四屆人大的籌備工作和人事安排問題要總理和王洪文一起管。建議鄧小平任黨的副主席、第一副總理、軍委副主席兼總參謀長。」毛澤東再次展現他的政治手腕，一方面表示，「四人幫」告狀，我聽到了，所以讓王洪文介入「四大」籌備和人事安排，同意「四人幫」制衡周恩來、鄧小平、葉劍英等之主導權；另方面則是藉以破滅了江青組閣，張春橋、王洪文奪取軍權的幻想；其次是加重鄧小平在黨、政、軍中的權力，有效制衡周恩來住院後，江青「四人幫」在黨、政、軍中權力的擴張。

毛澤東發起文化大革命，江青自始只是他運用鬥爭奪權的一粒棋子。毛澤東是否曾有意由江青接班，不得而知，但至少他未曾公開表示過，可以確定的是他在「九・一三事件」後曾考慮過由張春橋擔任總理，王洪文接任黨主席，但是江青以「四人幫」之首自居，在「文革」中，她的權力不斷膨脹，不甘臣服他人，接班野心日見彰顯。

毛澤東在指示王海蓉傳達他對四屆「人大」會議人事安排指示時，就批評江青野心說：「一個小小的風慶輪事件算什麼大事，……怎麼江青老糾纏個沒完沒了，還這麼鬧。她有野心，想組閣。」江青心有不甘，於十一月十二日寫信給毛澤東，推荐副總理、教育部長、人大副委員長人選，及「四人幫」所利用的一些爪牙列席政治局，作為「接班人」「培養」。

毛澤東很不高興，在來信上批示說：「不要多露面，不要批文件，不要由妳組閣（當後台老闆）。你積怨甚多，要團結多數。」

江青不死心，十九日再給毛澤東寫信訴苦說：自己自「九大」以來，基本上是個閒人，沒有分配什麼工作，要求給官做。毛澤東覆信說：「你的職務就是研究國內外動態，這已經是大任務。此事我對妳說了多次，不要說沒有工作。」

不久，江青託王海蓉帶口信給毛澤東，建議王洪文任「人大」副委員長。毛澤東說：「她想叫王洪文當委員長，她自己做黨的主席。」

十二月二十四日，周恩來帶病赴長沙向毛澤東匯報四屆「人大」籌備情形，毛指示王洪文一併來見。毛澤東當著周恩來面，指責王洪文：「不要搞四人幫」，「不要搞宗派，搞宗派要摔跤的」。又說：「江青有野心，不由她組閣。總理仍然是總理，四屆人大和人事安排由總理負責。」

這時期，江青的「四人幫」仍緊抓「批林批孔批周」運動，毫不放鬆，已經嚴重歪曲了中國的歷史，把「儒法鬥爭」作為中國歷史的主軸，任意誇大歷史上被詬病的帝王將相的「歷史功績」，隨意曲解或否定中國歷史、文化和歷代聖賢功過，大搞影射史學，甚至將「文革」後期辛苦逐漸恢復的學校正常教學秩序再度予以破壞，社會上又出現了各類造反組織，在「不為錯誤路線生產」、「寧長社會主義的草，不栽資本主義的苗」等口號下，再次出現了鬧派性、拉山頭、打內戰的局面，一些領導幹部重新被打倒。「批林批孔」包括「批周」運動在一九七四年，又衝擊了中共工、農業、交通運輸，和科學技術等各方面的工作，使整個國民經濟陷入嚴重的混亂狀態。

儘管毛澤東仍不放棄他的意識形態鬥爭，在他的「批孔揚秦」指示下，江青的「四人幫」並沒有因在權力鬥爭上的挫折而放鬆鬥爭力道，江青持續利用「儒法鬥爭」，一方面為自己「接班」造勢，另方面則積極藉「平反」秦始皇，為毛澤東在歷次政治鬥爭中濫殺無辜辯護。

一九七四年十二月四日，《四人幫》在《人民日報》發表〈恃革命暴力者昌，恃反革命暴力者亡〉一文，公開為秦始皇的暴戾、殘忍和濫殺作辯護。

同年《紅旗》雜誌，發表姚文元的〈研究儒法鬥爭的歷史經驗〉一文，文內把「西漢王朝的前期和中期所以能在反復辟鬥爭中取得勝利」，是因為漢高祖死後，「法家路線經歷了呂后、文、景、武、昭、宣六代基本上得到了堅持」。「由於在中央有了這樣比較連貫的法家領導集團，才保證法家路線得到堅持。」毛澤東原批評江青目的在「組閣」當總理，這時知道江青真正的目標是黨主席，要接他的位子。江青不但自居為「呂后」，還想當一代女皇「武則天」。

「四人幫」為此發表了兩篇文章：〈法家人物介紹：呂后〉、〈古代傑出女政治家武則天〉。讚譽呂后曾輔佐漢高祖定天下，高祖死後掌權，繼續推行法家路線；推崇武則天是「一個敢作敢為的革新政治家」。

毛澤東晚年雖然昏庸，幸而尚有一絲理智，未讓江青作為他的接班人。但是毛澤東對「四人幫」透過輿論為呂后、武則天造勢，弄得全國皆知江青想當「紅都女皇」，而毛澤東並未批評制止。或許，他私心也在觀望，江青如果真獲得全國「黨、政、軍、民」心，他仍樂於讓江青接班，如此更無畏死後被鞭屍清算。不過，毛澤東萬沒想到，他的一句「江青想做黨的主席」的話，「四人幫」被逮捕後，成為批判江青的重要依據。

在毛澤東、周恩來鬥爭過程中，周恩來不是一味挨打，在他一九七四年十二月下旬，抱病赴長沙見毛澤東時，就曾與毛單獨談話攤牌過。但是周恩來不是指責毛澤東，或為自己辯護，而是向毛檢舉江青、張春橋歷史上有嚴重的政治問題。周恩來為人謹慎，如果沒有確切證據，是不敢在毛面前攻訐江、張二人的。周恩來的迂迴策略很成功，毛澤東才會叫王洪文不要搞「宗派主義」，希望王洪文脫離「四人幫」，能與鄧小平合作共治，這有可能是在四屆人大前後，毛澤東思考由王洪文接班人的一步棋。不過毛澤東善變，爾後又再次打倒鄧小平，王洪文的接班也落空，反而由華國鋒竄升出來。

周恩來的反擊，固然有一定作用，但未必能完全改變毛澤東心意。一九七五年一月五日，毛澤東以中共中央第一號文件，任命鄧小平為中共中央軍委副主席兼總參謀長，王洪文和張春橋均進入中央軍委，擔任常委，張春橋並兼總政治部主任。毛澤東明知張春橋在歷史上曾是叛徒，仍然重用，掌管軍中政治，很明顯是以張春橋在軍中制衡掌總參的鄧小平。

一九七五年一月八日，中共召開十屆二中全會，鄧小平當選中共中央副主席，李德生除已被剝去總政主任一職外，在會中，又被免去黨的副主席職位，只因為他得罪了江青。事實上，毛澤東也不允許周恩來在中共中央勢力膨脹。

一月十三日至十七日，中共召開四屆「人大」會議，由周恩來作「政府工作報告」，重申一九六四年三屆「人大」提出的「把我國建設成為一個具有現代農業、現代工業、現代國防和現代科學技術的社會主義強國」的目標，實現了林彪在中共「九大」原擬報告的「唯生產力論」，也成了爾後鄧小平的「四個現代化」的基礎。

會議選舉朱德續任「人大」委員長，康生為二十二位副委員長之一。周恩來留任國務院總理，鄧小平、張春橋、華國鋒三人為副總理，另還有九位副總理。江青企圖由「四人幫」組閣幻想破滅，但毛澤東仍然提拔了康生和「四人幫」人員進入「人大」和國務院。

「批林整風」運動性質這時已經變質，成了「四人幫」攻擊周恩來、鄧小平的工具。由於四屆「人大」，江青的「四人幫」沒有爭到「組閣」的權位，亟思如何進一步批判周、鄧和「林彪事件」後一批恢復工作的老幹部，掃除接班障礙。

雖然像周恩來、鄧小平等留過學的一些老幹部，知識水準高，具有馬列主義理論基礎。但大多數長征老幹部，出身農民，文化不高，對馬列主義懂得不多，只是歷練足，政治經驗豐富，人脈豐沛，具雄厚政治實力。因此，「四人幫」決定藉「批林」來批「經驗主義」，由姚文元於三月發表〈論林彪反黨集團的社會基礎〉一文，認為現在「主要危險是經驗主義」，以抨擊黨內長征老幹部只具經驗，不足治國，並暗喻包括周恩來、鄧小平等人皆如此。

四月份，毛澤東覺得姚文元這篇文章批判力道不足，他在文上批示：「提法似應提反對修正主義，包括反對經驗主義和教條主義，二者都是修正馬列主義的，不要只提一項，放過另一項。我黨真懂馬列的不多。有些人自以為懂了，其實不大懂，自以為是，動不動就訓人，這也是不懂馬列的一種表現。」有人為毛澤東辯白，說毛的批示是對「四人幫」的不滿，其中教條主義罵的就是江青一夥。

毛澤東早在一九七三年七月，就影射周恩來是「修正主義」，那麼話中的「反對修正主義」不就是「反周」嗎？毛澤東在黨內緊抓詮釋馬列主義大權不放，因此有了毛澤東思想，也因此任何人談馬列主義，只要不合他意，就會被批評成為修正主義。毛澤東罵劉少奇，批陳伯達都是出於此一心態。但是姚文元藉批評林彪的「社會基礎」，來批判參與長征過來的老幹部無知、不懂馬列主義，僅靠「經驗」領導工作，事實這違背毛澤東一生對知識分子的不滿與觀感。

毛澤東曾說：「我歷來講，知識分子是最無知識的。……知識分子把尾巴一翹，比孫行者的尾巴還長。……知識分子翹起尾巴來，可不得了呀！『老子就是不算天下第一，也算是天下第二。』『工人農民算什麼呀！你們就是『阿斗』，又不認得幾個字。』但是，大局問題，不是知識分子決定的，最後是勞動者決定的，而且勞動者中最先進的部分，就是無產階級決定的。」又說：「老粗出人物」、「一些老粗能辦大事情」。

毛澤東生平最推崇的歷史人物，除了秦始皇外，就是漢高祖劉邦，和明太祖朱元璋，劉、朱二帝均以一介平民得天下，為「老粗」打天下當皇帝開了先例，所以毛澤東說：「可不要看不起老粗，知識分子是比較最沒有出息的」。

毛澤東自己就是知識分子，但是看他許多言論行動，與「老粗」無異。他既然批評了知識分子，在文革期間又把知識分子打為「臭老九」，支持非知識分子之工農群眾和「老粗」造反，現在又把長征老幹部的「經驗主義」視為「修正主義」，充分說明毛澤東內心的矛盾和多重人格，是非都由他決定，沒有公平正義和真理。

毛澤東的批示，實際有擴大「批周」的意思。但是到了五月三日，毛澤東又變卦了，他口授一份紀錄送交中央政治局會議，批評「四人幫」：「你們只恨經驗主義，不恨教條主義。二十八個半統治四年之久，打著共產國際的旗幟，嚇唬中國黨，凡不贊成的就要打。要搞馬列主義，不要搞修正主義，要團結，不要分裂；要光明正大，不要搞陰謀詭計。不要搞『四人幫』。叫你們不要搞了，為什麼照樣搞呀？」

毛澤東在一九七一年南巡部署鬥爭林彪時有類似的話，他批評林彪說：「要搞馬列主義，不要搞修正主義；要團結，不要分裂；要光明正大，不要搞陰謀詭計。」兩者一字不差，但是林彪被嚇得出逃而亡。反觀江青之「四人幫」，只在政治局會議上接受了幾次批評，四人作了書面檢討，就過了關。而葉群和黃、吳、李、邱四大將作了書面檢討，毛澤東仍不放過，緊追猛打，毫不手軟。道理很簡單，並不單純是因為江青是他的妻子，而是因為「四人幫」是他推動文化大革命，和鬥爭異己的打手，把「四人幫」打倒，他就一無所有，極可能被周恩來、鄧小平等鬥爭下來。事實證明，在毛死和「四人幫」被捕後，華國鋒撐不了多久也下台，鄧小平雖未如赫魯曉夫徹底鞭屍史大林，但鄧小平仍把毛澤東「三七開」成了「建國有功，治國有罪」，雖未鞭屍，但也掘了墳。

毛澤東所謂「二十八個半」，指的是「二十八個半布爾什維克」。一九二九年夏，莫斯科中山大學舉行學期總結大會。中心議題：「大學支部局（註：中共組織）的路線是否正確？」，發生了激烈爭辯，會議開了十天，沒有結果。最後就中大支部局的報告舉手表決，有二十八個人投票擁護支部局，另有一人舉手，但此人年齡小且觀念搖擺不定，被戲稱為「半個人」，而有「二十八個半」之說法。這「二十八個半」的領袖即王明，王明獲得中山大學校長米夫之支持，於一九三一年一月七日，在中共六屆四中全會上，強迫中共接受時年僅二十六歲的王明為實權領導人。王明將「二十八個半」人派往各蘇區，控制了從中央到各根據地的實權，王明並賦予極左路線，和生殺予奪大權。同年九月王明返莫斯科，任中共駐國際代表，仍遙控一切。中共中央則由共產國際指定「二十八個半」成員之一博古（秦邦憲）出任總書記，時博古也只有二十六、七歲。一九三五年，中共紅軍被國軍圍剿，長途逃竄抵貴州遵義。一月十五日，中共中央在遵義召開會議，王明的「國際派」被鬥交出黨政和軍事大權。所以毛澤東會說「二十八個半統治四年之久」。

康生就在這個時候，透過王海蓉向毛澤東檢舉江青、張春橋二人在三十年代都是叛徒，並有證人。周恩來的江、張二人為叛徒之資料，相信也是康生提供。毛澤東之所以對「批林批孔」發展到「批周」，未窮追猛打，實際也是怕周恩來掀出此事。周恩來見好就收，未乘機打倒「四人幫」，這可能與他厭倦政治鬥爭有關，據《鄧穎超日記》透露：一九七五年五月十日，周恩來對鄧穎超說：「我百思不解的是：鬥爭沒完沒了地搞下去，馬克思哲學是一部鬥爭哲學嗎？鬥誰？和誰鬥？」「怎麼會造成今天的局面？」又說：「主席至今沒有鬆口要批倒江青四個人。」因而放過了「四人幫」。

周恩來的姑息養奸，給了「四人幫」再次鬥爭鄧小平的機會，江青不斷透過毛澤東侄子毛遠新（毛澤民之子）向毛澤東灌輸：「鄧小平很少講文化大革命的成績，很少批判劉少奇的修正主義路線。」毛澤東漸漸對鄧小平起了疑心，開始有了批評鄧小平的言論。

「四人幫」又再次在「批林」的「批經驗主義」運動中，居於上風，發展成為「反鄧小平」運動。

一九七五年八月十四日，毛澤東對專門為其讀書（毛這時視力已退化，無法閱讀）的女教師，評論《水滸》一書。他說：「《水滸》只反貪官，不反皇帝。摒晁蓋於一百零八人之外。宋江投降，搞修正主義，把晁蓋的聚義廳改為忠義堂，讓人招安了。」等等，女教師把毛的講話整理成紀錄，中共中央辦公廳將它分送政治局和相關中央領導人。

王洪文因主管意識形態，見機向毛澤東建議，獲得同意，由《人民日報》、《紅旗》雜誌、《光明日報》，和北、清大的「大批判組」，連篇累牘地發表批評《水滸》的各種文章、社論等，在全國掀起新的評《水滸》高潮。矛頭逐漸指向周恩來、鄧小平。

八月下旬，江青召集會議說：「主席對《水滸》的批示有現實意義。評論《水滸》的要害是架空晁蓋，現在政治局有些人要架空主席。」九月她又結合「批林整風」運動，借題發揮：「我們黨內有十次路線錯誤，今後還會有的。」「現在我們批《水滸》，就是要看清宋江是如何排斥晁蓋，架空晁蓋的。……所以說，搞修正主義很容易。我每天是『聞雞起舞、枕戈待旦』嘛！大家提高警惕。」「現在有沒有人架空主席啊？我看是有的。」「黨內有溫和派，有左派。左派領袖就是鄙人。」

當然，江青不會忘記要繼續批評林彪，但內容風馬牛不相及，她說：「林彪就學馮玉祥啊！他（指林彪）是大盜竊犯、大貪污犯。說他怎麼艱苦啦、睡硬皮床啦、燒煤球啦；什麼一塊饃饃一次吃不完留著下次吃啦，才見鬼喲！」

江青講上述這些話時，鄧小平在座，她把毛澤東比作晁蓋，那麼在中共黨內有資格作宋江的，很明顯只有周恩來、鄧小平二人。江青在一九七二年「批林批孔」運動中，就試圖把毛澤東對周恩來在「批林」運動中主張批「極左」的不滿，和對「台灣問題」主張願以「和平」方式解決的提法是錯誤的批評：「不打他就不投降」，提升為「第十一次路線鬥爭」，並誣陷周恩來「迫不及待要當黨的主席」。雖被毛澤東壓制下來，但是江青在一九七五年八、九月份的講話，仍字字指向周恩來等人。此後，「四人幫」藉批《水滸》，大肆鼓噪「要聯繫實際」大批「黨內的投降派」。江青也以「左派領袖就是鄙人」暗示：打倒周恩來一派，她就是毛的接班人。不過，把批評林彪私生活勤儉刻苦，能夠連繫到批《水滸》，也是很了不起的事。

周恩來這時已是癌症末期，來日不多。「批林運動」開始後，他就知道自己極可能是下一個被鬥爭的對象，他反而變的比較有「骨氣」，不再像文革初期「唯命是從」，完全照毛澤東的意志辦事，不敢有任何個人意見。在林彪出逃墜機後，周恩來已深深醒悟，知道不設法結束文革不行，所以他藉「批林」而「批左」，可惜功敗垂成。周恩來再力促鄧小平復出，終於在一九七三年三月十日恢復鄧小平國務院副總理職務，得以協助他與「四人幫」的鬥爭。

但是周恩來知道「四人幫」代表著毛澤東，他也不是毛澤東鬥爭的對手。在一九七五年七月一日中、泰建交記者會後，有工作人員要求合照，周恩來同意，但語重心長的說：「我這是最後一次同你們合影。希望你們以後不要在我臉上打XX。」在文革期間，凡是被「打倒」者，與他合影過的人，為了劃清界限，都要在合影照片上被打倒者的臉上劃上大「X」。

江青集團藉毛澤東批《水滸》，肆意把矛頭指向周恩來。周恩來在生命盡頭，也一如林彪在「九大」之後，開始反擊，展現出他鬥爭的勇氣。一九七五年九月，江青大肆批「宋江」，實為「批周」時，周恩來採取的一些反擊的鬥爭手段：

一、他說：「具有五十多年光榮歷史的中國共產黨，是敢於鬥爭的！」表明他鬥爭的決心；

二、他對外賓（羅馬尼亞黨政代表）表示：「經過半個多世紀毛澤東思想培育的中國共產黨，是有許多有才幹、有能力的領導人的。現在，第一副總理已經全面負起責任來了。」陪同人員向外賓解釋：「這就是鄧小平同志。」幾天後，周恩來再次住院又進行一次大手術，向隨同政治局委員前來探視的張春橋說：「你和洪文同志要好好幫助小平同志工作。」

三、周恩來手術前，意識自己將不久人世，拿出一九七二年六月二十三在中共中央「批林整風」匯報會上所作「關於國民黨造謠誣蔑地登載所謂『伍豪啟事』問題的專題報告」稿，簽上自己的名字，並寫明「于進入手術室（前）、

一九七五、九、二十」，然後說：「我是忠於黨、忠於人民的！我不是投降派！」周妻鄧穎超要求在場的汪東興將「報告」和周恩來說的話報告毛澤東。

「伍豪」是周恩來於三十年代，在上海地下工作時之化名。一九三一年，中共中央在上海秘密機構被破獲，周恩來化裝商人逃亡江西蘇區，回到中共中央局工作。一九三二年二月上海「申報」等四家報紙刊登「伍豪等脫離共黨啟事」，這個啟事是國民黨中央組織部調查科的謀略作法。

「四人幫」查到這一則啟事，向毛澤東舉發周恩來歷史問題，毛澤東為此曾與周恩來談過此事，周恩來解釋他一九三二年已進入中央蘇區，以證明清白，為毛接受。周恩來想到毛澤東批《水滸》，罵投降派，估計他死後，江青可能會用「伍豪啟事」對他進行鞭屍，決定生前先取得毛澤東相信他不是宋江，也不是投降派，以維護他的名譽。

九月二十四日，鄧小平把江青批《水滸》的講話內容面報毛澤東。毛說：「放屁！文不對題，不要聽她的話。」鄧小平隨即打電話給江青，短暫「制止了」繼續藉「批水滸」批周、鄧二人。鄧小平在「四人幫」被捕後曾說：「『四人幫』把老幹部都叫『民主派』，說『民主派』必然是『走資派』，『走資派』必然是反革命。這是他們篡黨奪權的第一個綱領。第二個綱領，即把知識分子打成『臭老九』」「他們說宋江奪權把晁蓋架空，實際上他們首先是說周總理把毛主席架空，後來又說我把毛主席架空。這完全是『四人幫』自己製造的。」

毛澤東再次展現表裡不一手段，他表面上批評了江青，背裡仍表達對鄧小平的不滿。江青也沒有因鄧小平傳達毛澤東指示而停止對周恩來、鄧小平的攻訐，但因周恩來已病重，來日不多，故而將鬥爭目標逐漸轉移集中在鄧小平身上。

江青續透過毛遠新向毛澤東進讒言，批評鄧小平：「今（一九七五）年以來，在省（毛遠新時任遼寧省委書記）裡工作，感覺一股風，主要是對文化大革命。一、文化大革命怎麼看？主流、支流，十個指頭，三七開還是倒三七？肯定還是否定？二、批林批孔運動怎麼看？主流、支流，似乎遲群、小謝（全名謝靜宜，與遲群二人為北大和清大「大批判組」主要成員，一九七四年一月十八日中共中央一號文件頒發之「林彪與孔孟之道」即二人領導組稿）講了走後門（毛澤東前指責江青在批林批孔運動中，挾帶批周和發起第十一次路線鬥爭為「走後門」）的錯話干擾，就不講批林批孔成績了。口頭上也說兩句，但陰暗面講得一大堆。三、劉少奇、林彪的路線還需不需繼續批？劉少奇的路線似乎也不大提了。」「文化大革命中批判了劉少奇、林彪的路線，批判了十七年中各條戰線的修正主義路線，還應不應該堅持下去？」「我很注意小平同志的講話，我感到一個問題，他很少講文化大革命的成績，很少批判劉少奇的修正主義路線。……擔心中央，怕出反覆。」

毛澤東最怕有人否定文化大革命，和中共中央出現修正主義，毛遠新的話觸動了毛澤東最敏感的神經。加深了毛澤東對鄧小平的不滿，他認為鄧小平的態度：「一是對文化大革命不滿意；二是要算賬，算文化大革命的賬。」毛澤東於是指示鄧小平主持一項會議，以肯定文化大革命的決議，希望扭轉鄧小平的態度。但是鄧小平說：「我是桃花源中人，不知有漢，何論魏晉？」鄧小平表面是說他在文革初期已被打倒，未參與毛澤東的文革決策，不適宜主持。更深層的意義是陶淵明的「桃花源記」，所記述是一群「避秦」的人士隱居桃花源的故事。以暗諷毛澤東的文革政策的暴虐。毛澤東怎受得了，因此毛澤東決定發起「批鄧，反擊右傾翻案風」運動，批鬥鄧小平。

鄧小平自復出後，重點工作是把「生產搞上去」，將文化大革命和批劉、批林工作均擱置一旁。看在毛澤東眼裡，等於否定文革、否定第九、十兩次的路線鬥爭。因此，毛澤東對鄧小平的批評越來越多。到十月，毛遠新將毛澤東批評鄧小平的講話內容，整理成毛的書面「批示」，交給中共中央辦公廳。據李志綏回憶說：「這些批示只在高幹之間流傳，其中包含不少對鄧嚴厲的批評。」

十月三日，鄧穎超的日記記載周恩來說：「建國二十六年了，政治鬥爭一個接一個，這樣下去，把國家帶到災難境地。這還叫社會主義社會，還叫人民當家作主的人民共和國？我的一生還留著書生氣，失望走向歸宿。」可憐的是，周恩來一生不敢反毛，更不敢起而為民抗爭，心中再有不滿，仍處處迎合配合毛的鬥爭行動整人，才促成了毛澤東的無法無天，為所欲為。

到了十二月，周恩來顯然已瞭解毛澤東鬥爭鄧小平已勢在必行，十二月三日，他對鄧穎超說：「一場政治疾風暴雨要降臨，還要鬥，鬥到何日何時方休呢？共產黨哲學是一部鬥爭哲學嗎？社會主義現代化建設是靠鬥爭能建成嗎？」周恩來這時已是垂死之人，仍不敢反毛。十二月二十八日，他又說：「國家很不幸，建國二十六年，還有六億人口飯也吃不飽，只會高歌共產黨，頌揚領袖，這是共產黨敗筆。」

其實國家最不幸的，是中共出了一批能夠影響制衡毛澤東，而不去影響，不去制衡，反而阿諛曲從毛澤東，吹捧毛澤東，並充當毛澤東打手的中央領導人。

進入一九七六年周恩來知道來日已到，他在一月一日說：「不許放屁，內外樹敵，國家正陷於經濟危機，誰主沉浮？醒悟了的人民。」八日，周恩來癌症去世。周恩來在死前十個月，總算做了一件好事。一九七五年三月，他促成毛澤東釋放最後一批國民黨戰俘，其中包括文強在內。

在周恩來病危期間，毛拒絕探視。周死後，也拒絕致悼詞。周的死亡，也使鄧小平失去一層保護，毛澤東立即積極加快「批鄧」行動，一月底，他捨棄王洪文和張春橋，核定由華國鋒出任國務院代總理，主持中央日常工作，切斷由鄧小平出任總理機會。又宣布葉劍英「生病」，由瀋陽軍區司令員陳錫聯主持中央軍委工作，防阻軍隊有任何支持鄧小平行動。

二月二十五日，華國鋒代表中共中央在各省、市、自治區和各大軍區負責人會議上，指示「深入揭發批判鄧小平同志的修正主義路線。」「把反擊右傾翻案風的鬥爭開展起來。」「批鄧」在黨內正式公開了，保留了鄧的「同志」稱呼，表明了這是「內部矛盾」，也就是不會置鄧小平於死路。

周恩來的死，江青更急於藉「批林」、「批鄧」積極塑造自己接班資格。三月二日，江青擅自召開十一省、區會議，她說：「有人寫信給林彪說我是武則天，有人又說是呂后，我也不勝榮幸之至。呂后是沒有戴帽子的皇帝，實際上政權掌握在她手裡，她是執行法家路線的。武則天，一個女的，在封建社會當皇帝啊！同志們，不簡單啊！不簡單啊。……誹謗呂后，誹謗武則天，誹謗我，就是誹謗主席啊！」「鄧小平是謠言公司經理，他的謠言散布的很多。他是大漢奸……要共同對敵，就是對著鄧小平。」

毛澤東知道後，只用筆寫了「江青干涉太多了，單獨召開十一省談話。」但未對江青說話內容表示異議。三月二十五日，「四人幫」操縱的上海《文匯報》刊登一則報導：「走資派還在走，我們就要同他鬥」，其中有這樣一段話：「孔老二要『興滅國，繼絕世，舉逸民』，黨內那個走資派要把被打倒的至今不肯改悔走資派扶上台。」一箭雙鵰，把周恩來、鄧小平都戴上走資派的帽子，「不肯改悔的走資派」就成了鄧小平的「專有名詞」。

《文匯報》發表這篇報導後，引起上海和來自全國各地的群眾不滿，群聚「文匯報」報社門口，聲討該報，要「揪出文匯報黑後台」、「警惕赫魯曉夫式的人物上台」，上海市委認為這是「反革命暴亂」，動用民兵強制鎮壓下去。

南京出現「敬愛的楊開慧同志，我們永遠懷念你！」和「打倒張春橋」等大字標語。楊開慧為毛澤東第二任妻子，毛於一九二七年八月發動湖南農民秋收暴動，帶領部隊上井崗山後，楊開慧於一九三〇年十月在長沙遭政府逮捕，次月處決。楊開慧是毛一生眾多妻子之中最愛的女人，對毛的影響也最大。南京人民名為懷念楊開慧，實為暗諷毛澤東和江青二人。

自林彪一九七一年九月墜機而死後，不過數年間，大陸人民逐漸敢於站出來反對「四人幫」，不能不說是受到林彪的影響。大陸人民表面上是反對「四人幫」，其實就是反對毛澤東和「文化大革命」。之所以如此，是因為「九・一三」事件後，毛澤東為了掩飾他在廬山會議後，不斷批判林彪，逼得林彪出逃的事實，而不得不公布「五七一工程紀要」，供全國批判，並藉逐條批判，否定林彪，肯定自己。結果適得其反，成了啟蒙大陸人民反抗暴政最佳教材。

《中國共產黨的七十年》一書就承認：林彪一案「促使幹部和群眾從個人崇拜狂熱中覺醒，客觀上宣告文化大革命的理論和實踐的破產。」因此，在周恩來剛死，屍骨未寒之際，毛澤東就展開鞭屍周恩來，和發起「批鄧」的「反右傾翻案風」運動，更加滋長了林彪事件後，大陸人民不滿情緒。毛澤東不恤民情，偏偏選在此時，又發起批周鬥鄧運動，迅速演變成為人民發洩不滿憤怒情緒的爆炸點。

四月五日北京天安門廣場終於爆發了一場聲勢浩大，以悼念周恩來、擁護鄧小平、實現「四個現代化」、反對「四人幫」為主題的龐大群眾「四五運動」。據中共公安部公布，當天在天安門廣場，有四十八起是「惡毒攻擊主席、中央的」事件。廣場上張貼了數不盡的，發洩不滿的大小字報。

其中有一首詩詞，直接批評毛澤東：「中國已不是過去的中國，人民也不是愚不可及；秦皇的封建社會已一去不復返了，我們要的是真正的馬列主義！」

一首批江青的新詩：「某女士真瘋狂，妄想當女皇。給妳個鏡子照一照，看妳是個啥模樣！」

還有一首批江青、張春橋、姚文元的詩文：「黃埔江上有座橋，江橋腐朽已動搖。江橋搖（指江、張、姚三人），眼看要垮台，請指示，是拆還是燒？」

華國鋒主持的中央政治局會議，將天安門廣場群眾活動，定性為「反革命搞的事件」，向毛澤東建議「立即清理天安門廣場的花圈和標語，抓反革命。」由毛遠新將會議決議報告毛澤東。毛澤東聽後認為這是針對他親自發動和領導的文化大革命，也就是對他本人的不滿和抗議。同意當夜調兵鎮壓。毛還說了一句歪理的話；「君子動口也動手」。

四月七日，根據毛澤東指示，中央政治局任命華國鋒為中共中央委員會第一副主席、國務院總理（原為代總理），撤銷鄧小平「黨內外一切職務」。「四人幫」在會上原先堅決主張開除鄧小平黨籍，葉劍英堅持不同意，毛澤東怕激出變故，裁決「保留黨籍，以觀後效」。總算把鄧小平問題仍續局限在「內部矛盾」，沒變成「敵我矛盾」，否則鄧之性命難保。這是鄧小平在文革中第二次被打倒。

從「林彪事件」到天安門「四五運動」累積的中國人民的對政治的覺悟和對文革的不滿情緒，卻不是軍事鎮壓所可壓抑的，終於在半年後，為粉碎「四人幫」，埋下強大的社會力量。

一九七六年七月六日，朱德過世，終年九十歲。毛澤東又少了一個赫魯曉夫式的修正主義敵人

七月二十八日，唐山大地震，死亡二十四萬人，傷殘十六萬人。天怒人怨，已到極致。

九月九日，毛澤東逝世。十八日在天安門舉行追悼大會。辛子陵所撰《毛澤東全傳》對參加追悼大會的群眾有以下的描述：「就人民群眾中的大多數來說，對毛澤東敬畏多於愛戴，但敬畏不是為了祈福，而是為了免禍。文革初期最崇拜毛澤東的那些青年學生，那些紅衛兵小將們，南抄北打，東砸西殺，為毛澤東打倒了一大批政敵——各級『走資派』，當年許諾他們當革命接班人，後來才知道這個革命接班人的當法，不是到政府去做官，而是與廣大城市青年一起上山下鄉，接受貧下中農的再教育。這些青年人心中充滿了被利用、被愚弄、被欺騙的憤慨，『四·五』運動是他們覺醒的證明。天安門追悼會一結束，在返回的路上，大多數人有一種輕鬆之感，好像參加完了『十·一』遊行一樣。那感情同周恩來去世時是不可同日而語的，民心的向背由此可見。」

毛澤東過世後，「四人幫」認為只要打倒華國鋒，就可以取得政權，而忽略了老帥老將的影響力。主持軍委工作的

陳錫聯，因係葉劍英的老部屬，自動交還軍委大權。葉劍英即主動與華國鋒、汪東興聯合議定逮捕「四人幫」集團，並獲得一些老帥老將等老幹部支持。

十月六日晚上八時，華國鋒以召開中央政治局常委會議、研究審議《毛澤東選集》第五卷的清樣、研究毛澤東紀念堂的方案之名義，通知「四人幫」到中南海懷仁堂開會，一舉誘捕張春橋、王洪文、姚文元三人。同時派員到中南海逮捕江青和毛遠新。

「四人幫」被捕後，華國鋒提出要「繼續批鄧、反擊右傾翻案風」，而且要求中共黨員幹部要正確對待「文化大革命」。華國鋒在十月八日會議中說：「對『文化大革命』要充分肯定，解決『四人幫』的問題，不要算他們在『文化大革命』中的缺點、錯誤，他們的核心問題是陰謀篡黨奪權；解決『四人幫』的本身，也是『文化大革命』的勝利。」

華國鋒不願停止「批鄧」和結束「文革」原因是他急於確立和鞏固自己作為毛澤東接班人的合法地位和政治權威。一九七七年二月更公開提出「兩個凡是」主張（凡是毛澤東作出的決策，都要堅決維護；凡是毛澤東的指示，都始終不渝的遵循），以為他鞏固權位的理論依據。

但是老帥老將要求停止「批鄧」，恢復鄧小平工作呼聲則是不斷。鄧小平從未把華國鋒看在眼裡，他在四月十日給中共中央寫信批評「兩個凡是」主張，陳雲在九月二十八日也發表〈堅持實事求是的革命作風〉文章，抨擊「兩個凡是」。

在老幹部強大的壓力下，華國鋒只得在一九七七年七月，召開中共中央「十屆三中全會」，通過「關於恢復鄧小平同志領導職務的決議」，讓鄧小平復出，恢復鄧在打倒前的七個頭銜（中央委員、中央政治局委員、政治局常委、中央副主席、軍委副主席、國務院副總理、總參謀長）。會議還通過「四人幫」是一個「反革命陰謀集團」，永遠開除王洪文、張春橋、江青、姚文元的黨籍，撤消黨內外一切職務。

八月十二日至十八日，中共第十一次全國代表大會在北京舉行，正式宣告「文化大革命」結束，這正是林彪在「九大」前即亟謀追求的主張。林彪是「文革」中敢於公開質疑和反對「無產階級專政下繼續革命理論」的第一人，雖然在「九大」黨的路線鬥爭下，林彪敗下陣來，但林彪未放棄努力。「九大」後，他曾以具體行動，藉「口頭」指示：「各行各業都努力把自己的事情完成就是政治！」以對抗「九大」路線的「繼續革命」論。此後，林彪又先後於一九七〇年五月、十一月，和一九七一年六月，三次上書毛澤東和中共中央政治局，要求儘快總結、結束文化大革命，恢復社會正常秩序，集中精力投入經濟建設。毛澤東一概置之不理，所以毛澤東的八月南巡講話，批評林彪，部署鬥爭林彪，表面是「廬山會議」路線之爭，實際是毛對林彪反「文革」的不滿。

林彪的出走墜機而亡，對毛澤東的晚年，已不健康的身體造成極大的傷害，加速了毛的死亡。李志綏形容毛澤東「又像一九五六年反右運動時那樣，整天睡在床上，表情憂鬱，無精打采。」若非毛澤東的醫療隊的全力搶救，毛澤東在一九七二年初就應死亡，當時，周恩來的身體仍健，以他敢在林彪死後發起「反極左」鬥爭，必然會迅速將「四人幫」打倒，結束文化大革命。雖然毛澤東被救活，但也只拖到一九七六年九月，不過五年而已，毛澤東就去見馬克斯了。再一年不到，文革正式結束。

林彪以死，催促毛澤東「早死」，終於換得「文革」的結束。否則，毛澤東再多活幾年，「四人幫」繼續興風作浪，鄧小平再度復出機會也許就沒有了。如果，毛澤東將政權交給了「四人幫」，文革不能結束，大陸人民的痛苦將更加深，中共的結局就難以想像，林彪的功過，已是十分清楚。

一九七八年五月十一日，《光明日報》發表由胡耀邦主導以特約評論員名義撰寫的〈實踐是檢驗真理的唯一標準〉專文，發起對「兩個凡是」理論的錯誤之進攻。鄧小平此後，即以此一理論，一再批評「兩個凡是」，指責「兩個凡是」實際「損害毛澤東思想」，開展了鄧、華間的路線和奪權鬥爭。

「文革」結束前後，中共為大批在文革期間被鬥被害的幹部「冤、假、錯案」平反，唯獨不為林彪平反。一九七八年十一、十二月間，中共召開長達三十六天的中央工作會議，華國鋒仍繼續批林，仍引用毛生前批評林彪的話：「所謂『二月逆流』，完全是林彪一夥顛倒是非，蓄意誣陷，其目的是為了打倒當時反對他們的幾位老帥和副總理，進而打倒周總理和朱委員長。」「『三支兩軍』是中央決定的，總的責任由中央承擔。由於林彪、『四人幫』的干擾，加上情況複雜，有些同志犯這種性質的錯誤是難免的。」

華國鋒也為陶鑄平反，他說：「陶鑄同志也是我們黨的一位老黨員，在幾十年的工作中，對黨對人民是有貢獻的。經過複查，過去把他定為叛徒是不對的，應予平反。」

中共中央工作會議上，華國鋒的「兩個凡是」理論，被鄧小平的「實踐是檢驗真理唯一的標準」理論打壓下去，華國鋒被迫作了自我檢查，註定了下台命運。所以會議於十二月十五日結束後，中共即於十二月十八日至二十二日召開十一屆三中全會，再次批判「兩個凡是」的錯誤，提出「一個黨、一個國家，一個民族，如果一切從本體出發，思想僵化，那它就不能前進，它的生機就要停止了，就要亡黨亡國了。」會議並決定停止毛澤東的以「階級鬥爭為綱」，和「無產階級專政下繼續革命」的政策，正式否定了「文化大革命」。

自此，中共把毛澤東的思想明捧在手裡，實際束之高閣，以發展實現四個現代化為目標的「鄧小平路線」，形成了以「鄧小平為核心的第二代中共中央的領導集體」，華國鋒被完全架空。天下是鄧小平等老一輩的老「革命家」打下來的，豈容華國鋒這種後生晚輩坐天下。論鬥爭技巧，華國鋒又哪是鄧小平等老幹部之對手，他交出大權是遲早的事。

根據十一屆三中全會的「精神」，中共中央決定將「林彪反革命集團」和「江青反革命集團」（併稱為「兩案」）合併進行審理，並成立了「兩案審理小組」，由中央組織部部長胡耀邦擔任組長。經過九個月的研究，胡耀邦於一九七九年九月三日，向中央政治局常委提出「兩案」審理報告。鄧小平指示：「應該判刑的人中，罪惡很大，是要判無期徒刑的，判刑的多少，判幾個人，看罪行。黃、吳、李、邱，還有陳伯達可算一案。王、張、江、姚作為一案。把它作為篡黨奪權，陰謀政變的集團案子來處理。……按集團，起訴書把他們的罪行寫出來。……在於他們禍國殃民，陰謀政變，篡黨奪權。」鄧小平為「兩案」定性，成了一九八〇年大審的基調。

鄧小平不願為林彪平反，除了個人恩怨外，就是不能全般否定毛澤東。鄧小平為劉少奇和一大批老幹部平反了，已否定了毛澤東一次。但在林彪事件後，毛澤東親自為「二月逆流」，和一些老幹部如賀龍、陳毅等人平反，把責任都推林彪身上。因此，鄧小平如再為林彪平反，不啻是再次否定毛澤東，而且鄧小平亦無法對其曾說：「林彪不亡，天理難容」之話自圓其說。

鄧小平女兒毛毛在《我的父親鄧小平》一書，就提到鄧小平與十位元帥中，唯獨與林彪沒有來往。因此，犧牲林彪，分擔毛澤東自鬥爭彭德懷以來，歷次打倒中共高層幹部的責任，局限毛澤東只須承擔發動文革的過失，其他文革中的種種錯誤，統統拿林彪作替罪羔羊，就成了必然的政策。只要毛澤東不被全盤否定，中國共產黨就不會瓦解崩潰，中共掌握的政權就不會失去。在林彪一九七一年九月死後，文革的替罪羔羊就由「四人幫」接續承擔。因而「林彪反黨集團」要提升為「反革命集團」，並且與「江青反革命集團」連結，「兩案」併審，不但保了毛澤東，也保了中國共產黨，更保了鄧小平的政權，雖然這時華國鋒還是名義上的黨主席和國務院總理。

一九八〇年二月，中共十一屆五中全會，通過「關於為劉少奇同志平反的決議」，為受劉少奇問題株連的人和事，一律平反。同年五月十七日為劉少奇舉行追悼大會，與林彪身後所受待遇，真有天壤之別，但願有一天，中共也能實事求是為林彪和受牽連的人與事平反。

同年九月五屆「人大」三次會議上，華國鋒被迫辭去國務院總理，由趙紫陽接任。

九月廿八日，通過「關於成立最高人民檢查院特別檢察廳和最高人民法院特別法庭審判林彪、江青反革命集團案主犯的決定」。

十一月，中央政治局會議上，華國鋒遭到老帥和老幹部之圍剿，再被迫續請辭中央委員會主席（即黨主席）及軍委主席兩職。一九八一年六月，中共十一屆六中全會，正式通過華國鋒請辭案，並淪為中共黨內的空頭副主席，胡耀邦出任黨主席。鄧小平則出任軍委主席，正如毛澤東所說：「槍桿子出政權」，鄧小平掌握了軍權，也推翻了毛的「黨指揮槍」的政策，以軍權控制了中共黨、政大權，胡、趙二人雖貴為黨的主席和國務院總理，也不過是鄧小平的傀儡，和政策執行者。

「兩案」大審，於一九八〇年十一月二十日開庭，「特別檢察廳」廳長宣讀長達兩萬多字的「起訴書」，指控以林彪、江青為首的「反革命集團」，「在『文化大革命』中互相勾結，狼狽為奸，憑藉其地位和權力，施展陰謀詭計，利用合法的和非法的、公開的和秘密的，文的和武的各種手段，有預謀地誣陷、迫害黨和國家領導人，篡黨篡國，推翻無產階級專政的政權。」並列舉了「反革命集團」四大罪狀、四十八條罪行。所謂「四大罪狀」是：

一、誣陷、迫害黨和國家領導人，策劃推翻無產階級專政的政權。

二、迫害、鎮壓廣大幹部和群眾。

三、謀害毛澤東主席，策動反革命武裝政變。

四、策動上海武裝政變（本條專指控「四人幫」）。

「兩案」受審主犯共有十人，除「四人幫」的江青、張春橋、王洪文、姚文元四人外，「林彪集團」多達六人，包括陳伯達、黃永勝、吳法憲、李作鵬、邱會作、江騰蛟等人。

至於已死亡的六名主犯，「起訴書」說：「林彪、江青反革命集團主犯林彪、康生、謝富治、葉群、林立果、周宇馳已經死亡，依照『中華人民共和國刑事訴訟法』第十一條第五項的規定，不再追究刑事責任。」

一九八一年一月二十五日，中共判決：江青和張春橋均死刑，緩期二年執行；王洪文無期徒刑；姚文元有期徒刑二十年；相對「林彪集團」則較輕，陳伯達、黃永勝、江騰蛟各十八年；吳法憲、李作鵬各十七年；邱會作十六年。這說明了，中共審判的重心在「四人幫」，而「林彪集團」六人之判決均低於「四人幫」，則是不能違背毛澤東生前加諸彼等的罪名，和鄧小平審前的指示，所以一九八三年，黃、吳、李、邱、江五人均保外就醫。更給予人們認為鄧小平對林彪「集團」有挾怨報復之嫌，近二十年來，不斷有人為平反林彪而撰寫專文，即導因於此。

20 平反林彪

未來史家會給林彪公正評價

林彪出生於篤信孔孟儒學，崇尚詩書的農家，堂屋掛有孔子像。九歲入私塾，讀「四書」「五經」，深受儒家教育影響。十四歲起，受到堂兄林育英、林育南兄弟左傾思想感染，於十七歲加入共青團，次年轉為中共黨員，但對共產主義認知膚淺。十八歲入黃埔四期，是同期少數幾個公開共產黨員身分學生之一。據《林彪日記》記載：「林彪在黃埔軍校，多次聽過蔣介石演講，印象頗深。」和「林彪的記事本上，記錄了大量蔣介石講話的大要，並運用於帶兵和作戰中實踐。」林彪在黃埔受訓一年，於一九二六年十月畢業，分發葉挺獨立團任實習排長。所以林彪自九歲啟蒙到黃埔畢業止的讀書歲月共有十年，所受的教育，對他影響最深的，即：儒家學說、左傾思潮，和黃埔軍校的革命思想與軍事知識。這三者，左右了林彪的一生。

儒家思想與共產思想本是處於兩個絕對不同的領域。曾子說：「夫子之道，忠恕而已。」林彪愛題孔子所說的「克己復禮」四個字，省略了下面兩字「為仁」，但用意很明顯。他在他的「辭海」字典上，有許多批註，其中之一是：「以仁愛之心待人之忠，以寬宥原諒之恕，儒家思想。」所以他在給葉群所寫的條幅之一為：「恃德者昌，恃力者亡。以君子長者之道待天下，故曰忠恕之至也。」從林彪這些文字上，可以看出他所具儒家思想之深。這些文字，在毛澤東統治之共產中國裡，他是不敢公開發表的，只能在私有書籍和家中懸掛條幅上表露出個人的為政主張，發洩他對毛澤東違背儒家仁政之道的獨裁暴虐統治之不滿心態。如果林彪真能順利接班，他會實施仁政，不但是大陸人民之福，而且可能顛覆了共產中國。

反觀共產主義，則是一種極端主義，馬克斯在〈共產黨宣言〉中寫道：「至今一切社會的歷史都是階級鬥爭的歷史。」他說：「共產黨人不屑於隱瞞自己的觀點和意圖。……他們的目的只有用暴力推翻全部現存的社會制度才能達到。讓統治階級在共產主義革命面前發抖吧！」

馬克斯的歷史觀，被毛澤東充分運用於排除異己的政治鬥爭上。毛澤東一生只談鬥爭，毫不掩飾他與天、地、人「鬥爭」的樂趣，他把一切要打倒的對象，不是冠上資產階級，就是打成叛徒，然後編織為意識形態的鬥爭，將他的鬥爭予以合理化了，並要全國幹群接受，還要熱烈支持，否則也要被一併鬥爭。

毛澤東曾直接了當的說：「共產黨的哲學，就是鬥爭哲學。」「階級鬥爭，一些階級勝利了，一些階級消滅了，這就是歷史，這就是幾千年的文明史。」又說：「凡是反動的東西，你不打，他就不倒。這也和掃地一樣，掃帚不到，灰塵照例不會自己跑掉。」正如他說「從黨內一小撮走資本主義道路當權派手裡奪權，是在無產階級專政條件下，一個階級推翻一個階級的革命，即無產階級消滅資產階級的革命。」他把自己當作「無產階級」唯一的代表，任何對他權力地位構成威脅的人，都是「資產階級」，對劉少奇如此，對林彪亦復如此。

毛澤東博覽古籍，他雖然多次表示崇尚法家思想，但是他從不守法，法律和儒家觀念，都成了他鬥爭的工具，他批儒又自稱「和尚打傘」——無法（髮）無天，而他真正熟讀的是歷代「帝王學」，他把歷代開國君王屠殺功臣的鬥爭和「宮庭鬥爭」結合了馬克斯的「鬥爭」理論，便成了毛澤東個人的「鬥爭哲學」。毛澤東從不否認他對秦始皇、劉邦、朱元璋和曹操的認同。這些歷史上的梟雄奉行的都是「寧使我負天下，勿使天下人負我」，毛澤東在這方面，一點都不遜他的前輩。

毛澤東一生反儒家哲學，但是儒家思想曾被他運用來鬥爭王明。一九四二年，毛澤東為打倒王明留俄且受到蘇共承認的馬列主義理論家之地位，以樹立毛自己的思想與理論權威，曾發表〈實踐論〉一文，將儒家「知」與「行」的哲學觀融入馬列主義，標明馬列主義的中國化，打倒了王明外來的「本本主義」。因此，有人批評毛澤東把「馬列主義儒家化」，毛澤東並不以為意，還拿「實踐論」與列寧所作「帝國主義論」相比，以突顯毛澤東思想的地位。

因為毛澤東的學歷只讀到湖南第一師範畢業，他到北京大學擔任圖書館助理員，僅做了五個月便離開。原因呢？據《毛澤東評傳》作者韓作說：「唯一合理的解釋是在北大他覺得自己地位低微，不受尊重。」可能因而造成他對知識分子的不滿與反感，他在〈實踐論〉中，特別將「反智」主張加入了其思想。

文化大革命期間，毛指示人人必須熟讀〈實踐論〉，以鼓勵大家實踐「生產鬥爭、階級鬥爭和科學實踐」三大革命，從中直接取得經驗，而不必重視書本知識。所以，「反智主義」在文革時盛行開來，知識分子被打成「臭老九」，儒家思想變了形，一方面被毛利用為鬥爭工具，一方面又成了萬惡不赦的批判對象。「五七一工程紀要」中批評毛澤東「不是一個真正馬列主義者，而是一個行孔孟之道，借馬列主義之皮，執秦始皇之法的中國歷史上最大的封建暴君。」是有所本的，只是毛澤東不是「行」孔孟之道，而是「借」孔孟學說，「行」鬥爭異己之實。

林彪不擅鬥爭，又擺脫不了儒家思想對他的影響，長期在中共鬥爭的環境中生存，不得不學會了如何隱藏自己真實的一面，而特意表現出他也是一個積極的馬列信徒，勇於鬥爭。更可悲的是必須迎合毛澤東，把鬥爭的精力用在鬥爭同儕上。

其實這種情形，並非林彪一人如此，其他中共老一輩的所謂「革命家」，也都是中國傳統儒家教育之下成長，無不熟讀四書五經，當初因孫中山先生國民革命失敗，北洋軍閥主政，國家四分五裂，以為只有以俄為師，學習列寧式共產革命，中國才有希望，因而紛紛加入共產黨。沒想到，中共取得政權後，卻淪為毛澤東鬥爭的對象或者利用為鬥爭工具，還須昧著良心，揚棄中國傳統文化，批孔揚秦。彼等內心之矛盾與感受，勢必與林彪一樣，所以毛死，文革結束後，中共又開始尊孔揚儒了，馬列主義和毛思想，只剩下口號，和中共供桌上的牌位而已。

毛澤東說：「百家爭鳴，百花齊放。」卻不允許共產思想以外學說存在。只因為林彪尊儒，毛澤東就要批孔，反造就林彪在中國傳統文化歷史上佔有一席地位。

林彪自上井崗山，在與毛澤東長期相處期間，早已見識到毛澤東的多疑，和鬥爭之殘酷狠毒。他的覺醒，可能要追溯到一九三九年，他在蘇療傷期間，他大量閱讀了馬克思、恩格斯、列寧、史大林的著作，裡面充斥仇恨與鬥爭思想，與林彪所受儒家哲學迥異，勢必嚴重衝擊他的思想。正在這時，毛澤東在延安發起「整風運動」，狠鬥王明，牽連無辜達數萬人之多。與毛澤東在井崗山時，一手炮製的「AB團事件」如出一轍。其次林彪又看到史大林干預毛澤東鬥爭王明的行為，帝國主義本質絲毫不變，讓林彪一個民族主義者，當會思考共產主義與共產黨是否能救中國。從他一九四二年十月十三日在重慶對蔣介石所說：「經十幾年的變故，我根本思想仍在救國。」「凡屬中共黨員，皆未讀過很多的共產主義書籍，只是目擊中國現狀的不堪，激於義憤，心切雪恥救國才加入的。」可以說明他當時的思想已經轉變。

一九四三年一月，林彪自蘇返延安，停留西安期間，軍統局局長戴笠已奉蔣委員長指示禮待林彪，就有攏絡林彪之意。據軍統前輩談戴笠個性，他會設法爭取林彪工作，並先安排林彪同學文強前往拜會，以文強與林彪二人私誼，及文強又係毛澤東表弟，對毛的多疑猜忌，濫殺無辜的瞭解，應會對林彪有所影響。雖然其後林彪與戴笠會面，究竟有無工作意念溝通，並無具體資料可資證明。但是戴笠在林彪返延安後，即派文強駐西安。抗戰勝利，林彪被毛澤東派赴東北，文強也改派東北工作，並特予晉升中將，至少說明戴笠有爭取林彪之意圖。

能夠在《林彪日記》一書中找到的林彪與軍統人員會面資料，是一九四二年十月至一九四三年七月，林彪以毛澤東軍事代表身分駐重慶期間，曾與軍統戴笠、鄭介民、唐縱等多人見面，但都是公開宴會，並在周恩來監視下進行。《林氏三兄弟》一書也說：「幾個特務頭子商量來商量去，都認為林彪這樣的人物，沒有好的辦法，最後決定只有以黃埔校友和同學的名義，輪流請林彪吃幾次飯。蔣介石的陰謀，沒有得逞。」林彪在重慶的活動，都能夠紀錄在《林彪日記》一書中，證明他並無背著中共的隱密行動。周恩來是中共第一個赴蘇學習和建立中共秘密情報工作的締造者，在他監視下，林彪任何秘密行動，都不易瞞得過他。所以戴笠、林彪間如有秘密會晤，只有他自蘇返延安，停留西安期間有機會，在重慶，戴笠只能做做樣子，表現二人間無任何瓜葛。或許，二人之間並無任何工作關係。

鑒於劉少奇的被鬥，林彪在一九六六年中共八屆十一中全會被毛澤東硬逼上接班人職務之前，他已看出毛澤東要鬥爭打倒劉少奇、周恩來、鄧小平三人，內心非常不齒毛的作為，就在他出任接班人之前兩個月，即一九六六年五月二十六日的《林彪工作札記》中，林彪說毛澤東施陽謀外出南巡，指定劉少奇主持五月四日至二十六日的中央會議，由劉少奇親自除去「彭、羅、陸、楊」作為鬥爭劉少奇的第一步，再由劉少奇通過毛澤東發動文化大革命的「五・一六通知」政治鬥爭綱領文件，以「剷除劉、周、鄧，這是毛的陰謀。」當時劉少奇根本未想到毛澤東要打倒的是他，而林彪則已看出毛澤東的陽謀與陰謀交相運用要鬥爭的對象，雖然最後毛只打倒了劉、鄧二人，保留了周恩來。但是，林彪已警覺不能與毛澤東太接近，更不能威脅到毛的地位權力。

八月，林彪在八屆十一中全會前，預想到是一場鬥爭劉少奇和權力重組的大會，他不想淌渾水，請假躲到大連不出席會議。八月六日，林彪在大連讀《曹操》一書，對曹操當宰相後成「騎虎難下之勢」，眉批：「不要輕易騎上去」。林彪知道權力重組，他的排名可能提升，過於接近毛澤東，對他「不利」，所以執意不參加北京會議。但是毛澤東就在這一天宣布休會，堅持林彪來了再繼續開會。並指示周恩來打電話給林彪苦勸，又派空軍司令員吳法憲乘專機到大連接林彪。林彪不得已才隨專機飛北京，到達人民大會堂後，毛澤東立即告知林彪當「接班人」，林彪不接受，又寫報告懇辭，毛澤東毫不讓步。十四日林彪當選中央政治局常委，排名第二，緊跟在毛之後，正式成為接班人。林彪氣得把毛澤東所寫要他當接班人的字條撕成碎塊丟進痰盂裡。林彪健康不如毛澤東，毛要他出任接班人。林彪心知肚明，毛非出於真誠，只是要利用他而已。

根據同（一九六六）年十二月七日的《林彪工作札記》，林彪看出「毛已決意要除劉、鄧。」指出毛澤東當面是人，背後是鬼。事實證明毛澤東在公開會議上說，只要劉、鄧檢討檢討，很快就沒事情了；而背後告訴他的御用文革打手則是與劉、鄧之間是敵我矛盾，有我無你的鬥爭。後來又放了鄧小平一馬，但對劉少奇則緊迫不放，置之死地而後已。鄧小平怨林彪在文革中未放過他，可真是怪錯了人。但是林彪全力配合毛澤東鬥爭劉少奇、鄧小平，招怨是必然的，只是沒想到鄧小平對他的恨之深，已到無轉圜之地步。

從一九六六年五月到十二月的《林彪工作札記》，明顯透露出他對毛澤東鬥爭劉少奇、鄧小平的不滿，和他毫無意願出任毛的接班人。尤其陶鑄甫於五月份由毛澤東親自從廣東提拔到中央，八月成為中共中央排名在周恩來之後第四號領導人物，位子還未坐暖，九月份毛澤東就已對陶鑄不滿，準備鬥爭打倒陶鑄。林彪的感受自然是如坐針氈，想到自己亦只不過是毛澤東整肅異己的一粒棋子，早晚難逃被毛澤東鬥爭厄運。林彪、陶鑄二人私交甚篤，林妻葉群和陶妻曾志二人在延安女子大學工作時同住一起，兩家關係十分密切，因此林、陶二人在這年十一月一日聯名寫信，尋謀與國府聯繫，不是不可能。

不過，這時林彪地位，如日正當中，是毛澤東主要依賴掌握軍權，鬥爭「劉、鄧資產階級司令部」的工具。林彪何以甘冒危險與即將被鬥的陶鑄聯名來信聯繫國府，從林彪自一九六四年起留下的《工作札記》，紀錄各種他對毛澤東不滿和批評的文字，他都不怕一旦被搜出的嚴重後果。如果這封信是真的，他是有膽量寫的。另一個疑點是：陶鑄也是黃埔學生，亦可自己寫信尋求聯繫，為何要把正當紅的林彪扯入？這可能與林彪在抗戰期間，與蔣介石和戴笠之間曾經見面，或者曾有某種理念的溝通有關，林彪認為由他與陶鑄共同署名，必受蔣介石的重視。

寫信的目的，也許有三：一、陶鑄原任廣東省委書記、廣州軍區政委，且軍區部隊多為四野舊屬，林彪或許曾考慮到如因與陶鑄私誼受牽連，一併被鬥，他偕陶鑄南下廣州，聯絡國府，形成犄角，與毛對抗；二、安排陶鑄退路，藉陶鑄在廣州軍區黨政軍的關係，南下避禍，並逃港赴台，傳遞他的信息；三、林彪為自己爾後面臨危機時，預留一條去路。

可惜這封信輾轉到台時，陶鑄已經被鬥。林彪也未預料到陶鑄這麼快就被打倒拘禁，又等不到國府回信，失望之餘，只得放棄他的想法。蕭正儀持國府回信返回大陸時，已在陶鑄被關押一個月之後，當時大陸政治情況，一片腥風血雨，蕭正儀即使能與林彪會面，也不容易說服林彪冒險再寫信或派蕭再赴香港了。一九七一年九月，林立果謀殺毛澤東計劃未能執行，而策劃「南下廣州，另立中央」，除與黃永勝曾任廣州軍區司令員有關外，令人懷疑林彪曾向林立果透露過或者暗示過，他與蔣介石間之某種關係，林立果因而會選擇廣州，而非上海，另立中央反毛，目的在獲得台灣透過港澳支援，與北京對抗。

一九六四年當毛澤東南巡時，對劉少奇採取不點名的方式批判，讓多數人猜不透是指誰。劉少奇到一九六六年八屆十一中全會前，才恍然大悟毛澤東要鬥的是他。但是毛澤東於一九七一年八、九月南巡，就直接了當向地方諸侯「打招呼，揭露林彪一夥」，而且故意讓他的講話，傳到林彪耳裡。毛澤東說：「有人急於想當國家主席」，「設國家主席」是反黨政治綱領，「天才論」是反黨理論綱領，並將一九七〇年廬山會議說成是「兩個司令部的鬥爭」，箭箭射向林彪。

林彪深知論政治鬥爭，絕不是毛澤東的對手。搞軍事政變？林彪雖貴為軍委副主席、國防部長，下有黃、吳、李、邱四大將，但毛澤東聲勢正隆，且緊抓軍委主席一職和軍權不放，而且為防止林彪軍變，南巡之前已採取「甩石頭」、「摻沙子」、「挖牆角」等「三板斧」作法，削弱了林彪在北京的軍事實力，並在南巡時逼迫各地方軍頭表態「效忠」。林彪倉促之間想搞軍事政變，談何容易。林彪不甘願落得像劉少奇一樣的下場，他能做的，就是鋌而走險——出走。但林彪想出走的方向絕不是蘇聯。

林彪最早想去的地方，較可信的是大連。因為林彪在離開北戴河時，告知相關人員，都是說去大連。當時的目的可能是先暫避開北京（北戴河離北京只兩小時航程）毛澤東的魔手，到大連思考如何因應毛澤東的鬥爭。但在周恩來追查專機問題，又知悉親生女兒林立衡竟向中共中央告密，和他的侍衛長李文普跳車，發生開槍事件後，飛往大連已不可能。其次是飛往廣州，從飛機起飛後，開始朝北京方向飛，十幾分鐘後才轉向朝蒙古飛行。未上機的副駕駛康庭梓分析，一個可能是故意迷惑地面，一個可能是駕駛潘景寅以為飛廣州。

如果一九六六年十一月一日，林彪、陶鑄來信屬實，和葉群在出走當晚勸林彪「就是到香港也行嘛！」及林立果說：「到這時候，你還不把黃、吳、李、邱都交給我。」稍後，林立衡向警衛部隊負責人姜作壽、張宏檢舉也是「他們先到廣州，然後再去香港。」所以飛往廣州，也許是林彪登機時所同意的。

兩個原因，三叉戟飛機改變了航向：一是油料不足。以飛機上現有油料，不夠飛到廣州；二是林彪在晚上二十三時前後曾服安眠藥，飛機起飛後藥力發作，昏睡過去。葉群和林立果以油料不足以飛廣州，且飛行時間長，易為中共戰機攔截或飛彈擊落，因而擅改飛行方向，逕飛外蒙，以為只須短時間就能進入蒙境，即可獲得安全，再飛蘇聯尋求政治庇護。但是林彪在心理沉重壓力下，很快甦醒過來，飛機已接近蒙蘇邊境，林彪拒絕去蘇，命令折返，才有回航情形，判斷林彪這時心態，寧願被鬥而死，也不願作叛國賊。那麼林彪為何不指示飛機起飛後，直飛台灣呢？理由跟不能飛廣州是一樣的。

三叉戟專機最後還是因油料不足，在外蒙境內迫降失敗，機毀人亡，為「林彪事件」留下了千古謎團。

綜觀林彪一生，成也毛澤東，敗也毛澤東。在中共建政後初期，毛澤東對林彪確實寄予信任，即使林彪拒絕出任「抗美援朝」志願軍司令員，及涉入「高饒事件」，均未動搖毛澤東對林彪的信任。但是，自赫魯曉夫鞭屍史大林，和「三面紅旗」大躍進失敗後，毛澤東被迫檢討，從此懷疑劉少奇有意架空他，並圖謀篡黨奪權。兔死狗烹，自古已然，這時毛澤東帝王心態已日益彰顯，不再信任任何與他一起打拼天下的老幹部，猜忌這些老臣無不覬覦他的地位，所以鬥爭了一大票建政功臣。

林彪自「九大」，接班地位被納入「黨章」後註定命運多乖。在政治鬥爭上，「林彪事件」已被公認是毛澤東逼出來的。但是林彪也敗在他的妻子和兒女身上，林彪在出任軍委第一副主席和國防部長時，葉群級職還很低，在一九六四年毛澤東決定拉攏林彪鬥爭劉少奇時，為了攏絡林彪，並培植江青，特意拉拔葉群作陪襯，藉口關心葉群只是十四級幹部之身分說：「十四級？太低，太低！」指示提升；毛澤東要林彪擔任「接班人」時，林彪以病推託，毛澤東說：「一般會議可由葉群代表參加。」葉群竟然以一個中級幹部，列席中央政治局會議，洋洋得意，早已忘了身在虎穴。

毛為了擴增江青權力，到一九六九年中共「九大」時，又把江青、葉群一起選為中央政治局委員。葉群自此鑽進中共政治權力核心，林彪未加阻止，一錯；其後，林彪除不得已出席毛澤東主持的重大會議外，多數會議均由葉群代表出席，甚至包括許多毛澤東主持的會議。因此，葉群在會上發表的任何言論，不管是否出於林彪本意或是葉群擅自打著林彪名義越權的言行，他人一律以為是林彪意見，讓林彪背了許多黑鍋，二錯。

林彪非常愛他的一對兒女，接近林彪的人都知道他「重視兒子，喜歡女兒」。他對這一對兒女教育方法也不同，他用毛的語錄「不說假話辦不成大事」教兒子林立果；對女兒林立衡則給予儒家教育，他書寫給女兒的條幅，引用的是《論語》中的「君子坦蕩蕩，小人常戚戚」，希望女兒成為「君子」。林立衡曾寫過一篇〈爸爸教我怎樣寫文章〉，把林彪形容成一位德、智、才、藝俱佳的父親，可見他對父親的尊敬。但是林立衡與母親葉群，關係十分不好，兩度以自殺反抗母親的管教，又不敢告訴父親，壓抑在內心的鬱悶，最後形成對母親的憎恨和不信任。

從一九七一年九月七日起，她得知弟弟林立果企圖謀殺毛澤東時，認為絕對是葉群和林立果背著父親搞的陰謀，林彪肯定不知道此事，葉群母子這樣的作法，一定會害了林彪，並陷全家於萬劫不復險境。林立衡畢業於北京大學歷史系，竟未能記取歷史上開國皇帝，都誅殺功臣以鞏固帝位之教訓，天真的以為毛澤東不會對林彪有不利行動，也忘了劉少奇和彭德懷的殷鑑不遠。她至少應先密告父親林彪，反而錯誤的決定舉發葉群、林立果圖謀綁架林彪南逃。特別是九月十二日的檢舉，促使周恩來驚覺查詢專機問題，讓久經大風大浪的林彪竟然也沉不住氣，恐慌起來，倉促間不經仔細思考，匆匆離開北戴河，搭乘專機出走。

林彪匆促出走原因，不外：一、毛澤東已北返北京，根據鬥爭劉少奇經驗，勢將迅速展開對他的鬥爭，而且是一場他必敗，毛必置他於死地的鬥爭；二、因周恩來的電話查詢專機問題，且知悉林立衡向中共中央告密，林彪認為林立果謀殺毛澤東，和「南下廣州、另立中央」的「兩謀」已經曝露，這兩項任何一項都是死罪。而且他一向溺愛林立果，林立果謀反，正給予毛澤東鬥爭他更佳的藉口，他們父子已無活路。如果出走，或還有機會。林彪希望南下廣州，這時他已無「另立中央」打算，所以他從未與黃永勝等四大將有過任何「謀反」理念溝通，而由廣州轉赴香港，或投奔台灣，也許是他臨上機時的選項。但因安眠藥使他昏睡，陰錯陽差飛機取捷徑飛往蘇聯。林彪醒後，寧背反毛罪名，也不願承擔投俄後之叛國萬世臭名，毅然折返，惜天不從人願，半途墜機，命喪荒漠。

林彪雖躲過直接面對毛澤東的清算鬥爭，但個人仍未能逃過一死，妻兒亦一併陪葬，還被毛澤東冠上「叛國投敵」罪名，是幸是不幸？對林彪已亡故者而言，已無足重要。毛澤東一生鬥爭異己，從未失敗過，他最害怕死後被赫魯曉夫之類的後人鞭屍，林彪的出走死亡，已預告毛澤東難逃歷史的審判。果其然，毛死後被鄧小平以「三七開」評定他歷史功過，掘了他的墳，只欠鞭屍而已。

鄧小平雖拒絕給林彪平反，且在法律上定了性，任何希冀給予林彪平反，目前均無異緣木求魚。但是自文革結束後，即不斷有中外學者為林彪事件實事求是，探本清源，給予林彪正面的評價，將來歷史學家，相信也會給予正確的評價。

「九‧一三事件」中，另一個疑點，就是林彪最後放棄了林立衡，不堅持找到她，一併出走。當然，林立衡不願走，林立果找不到姊姊是原因之一。主要原因，恐怕還是林彪夫婦對林立衡向中共中央舉發之不諒解，震怒傷心之下，因而棄之不顧。這種被親人出賣，錐心泣血之痛，不難想像。林立衡想救父親，卻害死了父母弟弟，她內心之痛，也值予同情，這種結果也不是她所能預見和想見的。

自毛澤東鬥爭彭德懷起，歷次鬥爭行動中，林彪均起了推波助瀾，助紂為虐的作用。其實這是在中共長期政治氛圍下，懾於毛澤東的淫威，人人如此，豈只林彪一人。林彪自接掌國防部長以後，積極鼓吹對毛澤東的「個人崇拜」，後來更發展到了「造神」地步。他在軍委擴大會議上提出不必學習馬列主義基本理論，只要學習毛主席著作就行了，說這是「走捷徑」。又提出學「毛著」不必學全文，只要學「語錄」、背「警句」就行了。他說對毛澤東的指示「理解的要執行，不理解的也要執行」，完全到了「盲從」的程度。周恩來也迎合說是「普及毛澤東思想的創舉」。這個創舉，很快被推廣到全黨、全軍、全國，人人一本《毛主席語錄》的紅寶書，所謂：「語錄隨身帶，有空學起來」。毛澤東為推動「文化大革命」，鞏固自己的地位，也樂於接受，對林彪創作的「崇毛」「警句」，都給予高度評價。

但是《林彪工作札記》記錄林彪自一九六四年到一九七一年九月五日私下對毛澤東的不滿和批評，剝光了毛澤東神化的外衣。林彪為什麼會這樣內外不一，走向兩個極端呢？回首一九四二、三年林彪在重慶對蔣介石所說：「儘管我身在共產黨內，將來一定曉得我能為國家做什麼事。」難道他為實踐的諾言，因此把毛澤東高高捧起，讓毛忘其所以，為所欲為，搞到天怒人怨後，重重摔下，跌得粉身碎骨。果真如此，則林彪的確是做到了，他的出走與死亡，敲響了毛澤東的喪鐘，縮短了毛的壽命，改變了毛澤東原陰謀培植「四人幫」接班計畫，使「文化大革命」提前結束，拯救全國人民於水深火熱之中，毛澤東也被鄧小平「三七開」掘了墳。蔣介石在生前，聽說林彪墜機而亡後，黯然流淚，是否早已洞悉林彪的想法和作為而悲痛呢？

旅美著名民運人士胡平，在所發表的〈惜乎不中秦皇帝〉一文中寫道：「記得在林彪事件傳出後，我們那個朋友圈子裡都很興奮—『好啊，終於有人要幹掉毛澤東了！』其次是遺憾——『惜乎不中秦皇帝』。」林彪是中共建政後，第一個敢於反抗毛澤東的「國家領導人」，即使是一九五九年彭德懷的〈致主席信〉，也只是個「意見書」，還談不上反毛。胡平並說：「『五七一工程紀要』對毛的批判對文革的批判是大膽的、尖銳的、正確的。……在中共黨內，早就不乏有識之士對當初給林彪定下的罪名大不以為然了。」

海內外許多研究林彪事件的學者專家，都認為林彪不知道有「五七一工程紀要」，而是林立果和周宇馳、于新野幾個人搞的一份「紀要」，謀殺毛澤東的計畫也與林彪無關。雖然林立果給父母帶來了滔天大禍，但在歷史上的功過，也須從另一角度來評價。

中共將「五七一工程紀要」全文作中央文件下發，要求全國幹群逐條批判，毛澤東寄望藉批判證明「紀要」的錯誤與反革命。事實是適得其反，因為「紀要」說出了全國幹群敢怒而不敢說的話，人人表面上是嚴詞批判林彪，內心則是頻頻稱讚。中共官方書籍也承認，林彪一案「促使幹部和群眾從個人崇拜狂熱中覺醒，客觀上宣告文化大革命的理論和實踐的破產。」林立果企圖謀殺毛澤東，可惜未付諸行動，正如胡平所說：「惜乎不中秦皇帝」，但對一個自比為秦始皇的暴君毛澤東而言，林立果以初生之犢，敢於謀殺毛皇帝，又企圖另立中央，在歷史已留下千古不朽之名。有大陸學者讚譽林立果是「為民族爭氣」。

時至今日，海內外學者對林立果的評價，絕大多數是負面，認為他背著林彪，與母親葉群做了陰謀殺毛和「反革命」行為，拖累了林彪。其實這是對毛澤東鬥爭狠毒手段認識不足，毛澤東已南巡公開批判林彪，擺明了林彪的下場，不會低於劉少奇。林立果不甘心父親一生為毛鞠躬盡瘁，卻落得被鬥下場，而且肯定會株連全家，奮而拔劍而起，這是毛澤東逼反。秦末，陳勝、吳廣不就如此，影響所及，群雄併起，推翻了秦王朝。

至少，林立果的謀反、林彪的出逃，驚醒了大陸人民，也擊垮了毛澤東的精神和身體，提前去見馬克思，更打破了「四人幫」接班幻想，給予了爾後中共領導人結束文革，明確宣布不再搞群眾性政治鬥爭的機會，讓大陸人民從此脫離水深火熱的政治運動，並能順利推動改革開放，始得有今天的經濟成就。中共能不在功勞薄上記下林彪、林立果一筆嗎？

林立衡在毛澤東死亡，和「四人幫」倒台後，認為林彪平反的機會來了。周恩來妻子鄧穎超在一九七六年十月之後，曾委託河南省委書記和副書記在鄭州省委辦公室約見林立衡和張青霖。鄧穎超的作法，透露了周恩來對林彪的同情，在他生前應曾向鄧穎超表達過此意。但後來，鄧穎超就避著不見林立衡，顯然她對平反林彪無能為力。

楊尚昆在出任「國家主席」後，曾親口對林立衡說，希望在他有生之年看到林彪獲得平反昭雪，可惜楊尚昆至死未看到。

一九八〇年十月二十日，林立衡夫婦給最高人民檢察院檢察長寫了一封措詞激烈的長信，抗議把「林彪冤案」說成「反革命集團案」。信上說：「林彪沒有發動反革命政變、謀害毛澤東，但你們不僅把林彪冤案與江青反革命集團案相提並論，而且把林彪列為『反革命集團』之首，卻一筆勾銷了江青、康生一夥用法西斯手段蓄意製造林彪冤案這一最駭人聽聞的罪行，這不是違反了事實和混淆了是非嗎？根據我們掌握的大量事實，根本不存在所謂的林彪『反革命集團』的問題。」

林立衡的信，最後轉到共軍總政治部，總政「取證組」派了三人到鄭州找林立衡夫婦談話蒐證，持續了五天，令「取證組」訪談人員驚嚇不已，發現林立衡夫婦所提供資料與官方檔案完全不同。

「取證組」允許河南省委組織部派了「一會聽的人」來聽，同意林立衡夫婦「放開講」，不作任何限制。人人聽後都是「目瞪口呆」。張青霖總結說：「謊話重複一千篇就會變成事實。歷史常常這樣，人們習慣於對假的信以為真。何況九年來，『三人成虎』、『曾參殺人』之類的謊言每天重複千百次，又不斷有『新』的『內容』，由謊言編成的『九・一三事件』就可想而知了！」「取證組」無奈地說：「你們說得很實際，但說服了我們沒有用，你們要說服中央。」最後搬出葉劍英的指示，不能為林彪事件翻案，結論是：「這個案子我們搞不清楚，留給下一代。」

葉劍英說不能翻案，反過來說，就是應該可以翻案，但因政治干預，所以不允許翻案。

林立衡夫婦在中共軍方無法獲得協助，轉而給時任中共中央組織部的部長胡耀邦寫信說：「林彪冤案是中國最駭人聽聞的冤案，迷霧重重籠罩，是一九六五年以來最富有迷惑、最複雜的歷史案件。最高人民檢察院和最高人民法院在沒有全部聽取他們（指林立衡夫婦）的申訴材料之前，將很難避免對林彪冤案的錯判。」胡耀邦回信，約他們到北京面談，時間另告，但此後沒有下文。

在「兩案」預定一九八〇年十二月大審前，林立衡夫婦決定私闖北京。按規定他們要離開鄭州，都須事先報准，二人決心先走後報，留下一張字條，請工廠同仁等他們離鄭州後再上繳。

林立衡夫婦到北京後，只見到胡耀邦秘書，從秘書談話，二人明顯感到胡耀邦的為難。後來林立衡獲知胡耀邦和陶鑄妻子曾志均曾向鄧小平建議給「九・一三事件」平反，鄧小平婉轉對曾志說：「軍隊的事情你們不清楚。」但對胡耀邦則嚴厲的指責：「軍隊的事你不要插手。」並下了死命令，禁止給林彪翻案，強調要把林彪和江青兩案綁在一起。林彪生前有陶鑄這樣的好朋友，死後還能獲得陶妻曾志的仗義執言，也是值得，也證明林彪、陶鑄二人生前確實能夠彼此溝通理念。

胡耀邦為安撫林立衡夫婦，又派組織部幹審局局長代表他和林立衡夫婦見面，勸二人「要顧全大局，看遠一點，你們還年輕，主席（指毛澤東）這面旗幟還要舉，不能倒。孔子、三民主義、鄧小平的旗幟現在不能舉。」

張青霖嘗試找「鄧辦」，鄧小平秘書在電話裡說：「你們的事太大，不是一天兩天可以解決的。」拒絕了張青霖的要求。從幹審局局長談話，正如本書前述，林彪之不能平反，是鄧小平為平反劉少奇案，又不能否定毛澤東這面大旗，因此拿林彪當作替罪羔羊。

鄧小平復出為打倒華國鋒，曾提出「實事求是」，制定了「實踐是檢驗真理唯一標準」的理論，卻在林彪一案上，推翻自己說法，鄧小平其實與毛澤東在政治鬥爭之手段相差無幾，甚至有過之，毛澤東只說林彪「反黨」，鄧小平更上層樓，給林彪冠上「反革命」罪名，他藐視歷史事實，相信歷史會還給林彪一個公道。

林立衡夫婦雖到處碰壁，但未放棄為林彪的平反而努力，這也是她為彌補檢舉害死父母弟弟罪愆所應有作為，她曾「立下誓願，不要孩子，要用她後半生的全部生命為父親雪冤。」一九八九年「八九民運」之前，中共總書記趙紫陽尚未倒台，林立衡透過陶鑄妻曾志轉交趙紫陽一信。趙紫陽指示中共中央紀律檢查委員會「二辦」主任約談林立衡夫婦，表達對「九•一三事件」之關心，但是：「這件事不是一兩個人可以解決的，先把生活搞好，要有個小孩。」

「鄧辦」說「不是一天兩天可以解決的。」趙紫陽說：「不是一兩個人可以解決的。」實際就是「無解」。趙紫陽唯一能做的就是安排林立衡進入社科院近代史所，張青霖進入北京衛生局工作。趙紫陽表面上是安撫二人，更有可能是讓二人留在北京，可以就近繼續為平反林彪事件申訴。如果怕二人鬧事，又何必讓他們回北京。可惜林立衡現已自社科院退休，仍無力為之。

「八九民運」已過了二十多年，中共血腥鎮壓民運，屠殺無數無辜學生，也是鄧小平下令部隊進行的，儘管國內國際呼籲平反天安門事件聲音不斷，中共均置之不理，更何況是「林彪事件」。因為平反任何一案，都是否定鄧小平，以鄧小平生前死後的威望，遠勝於毛澤東，誰敢為林彪重起調查平反？「取證組」說交給下一代處理，亦是幻想。所幸海內外之大陸學者專家已興起一股研究「林彪事件」熱潮，紛紛為林彪被逼出逃事實澄清，已還給林彪清白，又何在乎一個獨裁體制平反與否，重點還在將來歷史學家總結中國近代史時，如何給予林彪事件公正公平的評斷。

有兩個值得注意的事實，中共多少已正視林彪的評價。一是二〇〇七年中共建軍八十週年，共軍博物館，卅年來首次陳列林彪戎裝照片，並正確按十大元帥秩序排列。展覽館處長也明確表示：「以後不再醜化林彪。」二是湖北省黃岡縣回龍山林家大灣林彪故居，已由民間修建為「林彪紀念館」，開放參觀。中共事前不加禁止，事後也未關館，表明了中共內部深知「林彪事件」的冤屈，只要不公開平反，其他均可以不予禁止。這也說明，近年來大陸一些學者和林彪老部屬為林彪平反所寫文章和書籍都能夠在大陸公開發表與出版原因。但是林彪被污名化，和妖魔化仍存在廣大幹群腦中，這種不公平的現象，仍須更多的學者專家努力澄清，還原歷史。

本書雖然從林彪、陶鑄一九六六年十一月一日聯名密函寫起，牽出抗戰期間林彪有無向蔣介石委員長表達對毛澤東不滿，和留在毛營，為國效力，並接受軍統局秘密聯繫等懸疑，皆無直接證據證明為事實，只能從歷史背景相關旁證來探討，其中頗多揣測，終難肯定。但對林彪一生歷史，則皆有根據，能夠確認林彪是一位民族主義和愛國主義者。他是在民初，軍閥割據，外侮欺凌，基於救國救民熱忱，在堂兄林育英、林育南引介下，加入共產黨，絕非緣於對馬列主義的信仰。他在抗戰初期負傷赴蘇療傷期間，對馬列主義已有所醒悟，也認清蘇共本質。回到延安，看到毛澤東的多疑猜忌嗜殺好鬥個性，已經覺悟。但是在中共全面叛亂時期，林彪已是過河卒子，看到國民黨節節敗退，他別無選擇，只有拼命向前。林彪從東北打到海南，是中共建政最大功臣之一。這又否定了他與國府間關係。

一九四九年，中共取得政權，林彪年僅四十二歲，正值壯年，他卻在抗美援朝前，選擇淡泊明志一途，藉病遠遁蘇聯養病，回國後仍鮮少介入政治，以求明哲保身，卻被毛澤東相中利用他先鬥彭德懷，再鬥劉少奇，和一批中共領導幹部。又被逼當上毛澤東接班人。他明知山中有虎，不想出任，仍被迫進了虎山。林彪非武松，悲慘的命運就此註定了。

林彪一生畏懼毛澤東，敢怒不言，反因懼而助紂為虐，直到過世前兩年，終於覺醒，為救蒼生，敢於抗拒毛澤東文革政策，並阻礙了毛培植「四人幫」的接班安排，但終究突破不了懼毛心障，聞毛怒而失神，全無拼死一搏勇氣。不如乃子老虎林立果有殺毛謀變之雄心壯志。林彪臨到盡頭，也不肯藉林立果「聯合艦隊」力量，和手上還有命運共同的「四大將」奮力反擊，是對毛的愚忠？如果是堅守「君要臣死，臣不敢不死」，那又何必落荒而走，冤死大漠。這不僅是個人悲哀，也為中國百餘年來動盪的歷史再添一頁悲劇。哀哉！

附錄一　林彪與陶鑄簡歷

一、林彪簡歷：

一九〇七年　十二月五日（清光緒三十三年十一月初二）生於湖北省黃岡縣（今名為黃州）回龍山林家大灣，取名祚大，字陽春，號育蓉。

一九一六年　入林家大灣大堂屋私塾，未及一年，私塾停辦，遂自學。

一九一七年　入黃家大灣私塾，讀「四書」「五經」，並背誦《古文觀止》中的文章。

一九一九年　入堂兄林育南回鄉創辦之「浚新學校」。

一九二〇年　八月「浚新學校」停辦，九月轉學漢口商業學校住讀。

一九二一年　二月「浚新學校」復校，重返該校讀書，並加入互助社（宗旨：追求階級鬥爭，實現勞農政治）。年底，「浚新學校」再次關閉，林彪轉學漢口「新民學校」。

一九二二年　三月考入武昌「共進中學」。夏，創辦「共進學生」半月刊。

一九二三年　一月，因家境困難，休學半年。經林育南推薦到武漢粵漢鐵路子弟小學教學。九月，重返「共進中學」讀書。

一九二四年　在「共進中學」加入「中國社會主義青年團」，任「共進中學」團支部書記。

一九二五年　經林育南介紹，轉為中國共產黨黨員。七月，中學畢業。

十月，在堂兄林育南、林育英（均共產黨員）鼓勵下，由中共黨員惲代英（黃埔軍校主任政治教官，共產黨員）、蕭楚女（共產黨員）介紹，赴廣州投考黃埔軍校，改名林彪，別號尤勇。

一九二六年　一月，接受黃埔軍校學兵訓練。三月八日，經甄試，升入第四期學生總隊，編在步兵科第二團第三連，為少數幾個公開之共黨黨員之一，任該連中共黨支部書記。班長為文強。

十月四日，黃埔四期因北伐戰爭提前畢業。

十二月，任國民革命軍第四軍葉挺（曾任孫中山警衛團營長，一九二四年加入共黨）獨立團三營七連見習排長。

一九二七年　二月，葉挺團升編為第十一軍二十五師，林彪任七十三團一營七連排長。三月，北伐戰爭開始。

五月，林彪升任七連連長。

八月一日，林彪連隊隨七十三團赴南昌參加「八一起義（暴動）」。

十月，南昌「起義」失敗殘部整編為一個縱隊；朱德為縱隊長，下設三個支隊（營），林彪任支隊長。

十一月下旬，縱隊投靠國軍第四十七師，改稱為該師第一四〇團，林彪改任營長。

一九二八年　一月，朱德率部脫離四十七師，北上湘南，參加湘南「起義」。

三月，部隊改編為「工農革命軍」第一師，林彪任一團一營營長。

四月二十八日，朱德率部與毛澤東部會合。

五月，朱、毛兩部合編為「工農革命軍」第四軍，林彪任二十八團一營營長。

十一月，林彪升任二十八團團長。

一九二九年　三月，紅四軍整編為三個縱隊，二十八團為第一縱隊，林彪任縱隊司令員。

一九三〇年　五、六月，中共將紅四、六、十二軍合編成第一軍團，林彪任該軍團第四軍軍長。

一九三一年　十一月當選蘇維埃中央革命軍事委員會委員。

一九三二年　三月，紅四、十五軍編為紅一軍團，林彪接替朱德升任為紅一軍團總指揮（又稱軍團長）。

一九三三年　八月，紅一軍團第十四師和四個獨立團正式組成「中央軍」，林彪任司令員。

十二月，取消「中央軍」番號，林彪仍任紅一軍團長。

一九三四年　一月，當選中華蘇維埃共和國中央執行委員會委員。

十月十七日，林彪紅一軍團任中共中央紅軍二萬五千里「長征」先頭部隊出發。

一九三五年　一月七日，紅一軍團第二師進佔遵義。

一月十五日至十七日，中共中央在遵義召開政治局會議，林彪即席發言，批評中央軍委的錯誤，並舉例證明毛澤東的戰略戰術正確。會議改組中央領導機構，張聞天為總書記，由朱德、周恩來指揮軍事，毛澤東為周恩來的「幫助者」。

五月上旬，林彪給中央軍委寫信，「建議毛、周、朱隨軍主持大計，請彭德懷任前敵指揮，迅速北進與四方面軍會合。」

五月十二日，中共召開「會理會議」，批評林彪。

十月十九日，林彪、毛澤東率第一縱隊到達陝西省保安縣吳起鎮，結束「長征」。

一九三六年　五月二十日，林彪任中共「抗日紅軍大學」校長。

十二月十二日，「西安事變」，張學良、楊虎成挾持蔣委員長，國軍停止勦共，並達成國共第二次合作。

一九三七年　一月，「紅軍大學」更名為「中國人民抗日軍事政治大學」（簡稱抗大），林彪任校長兼政治委員。

八月，中共成立中央革命軍事委員會，林彪任委員。

九月，紅軍改編為國民革命軍第八路軍，下轄第一一五、一二〇、一二九等三個師，林彪任一一五師師長，全師一萬五千人。

九月二十五日晨，林彪率一一五師於平型關伏擊日軍精銳第五師團第二十一旅團，大獲全勝。

一九三八年　三月二日凌晨，林彪路經山西隰縣以北千家莊附近，被閻錫山部第十九軍哨兵誤擊肺部，傷勢嚴重。

三月初，林彪重傷返延安，仍任抗大校長兼政委。

八月，林彪與陝西省米脂縣的女孩張梅（劉新民）結婚。

一九三九年　年初因林彪槍傷復發，健康惡化，偕妻子張梅經甘肅、新疆赴蘇聯莫斯科治療。中共中央委派林彪為中蘇兩黨聯絡員，並接任中共駐共產國際之代表。

一九四〇年　七月，在蘇聯共產國際刊物《共產國際》發表逾萬字長文〈中國人民三年民族解放戰爭〉。

一九四一年　五月，張梅生女兒林曉霖。

六月，史達林邀林彪參加蘇聯對德「衛國戰爭」，林彪發電請示，毛澤東迅速回電：「立即回國」。

七月，林彪同意與張梅離婚，張梅攜女留在蘇聯不返。

十二月二十九日，林彪乘坐蘇聯軍機抵新疆迪化（今烏魯木齊）。蔣介石通令沿途黨政軍一律不得留難，極力加以影響。並指示軍統局長戴笠：「以禮相待，護送到延安。」

一九四二年　一月十六日，林彪抵西安。毛澤東指示林彪在八路軍西安辦事處「多留幾天，以抗日將領名義開展統一戰線。」胡宗南親自宴請林彪。

一月三十一日，林彪與胡宗南長談。

二月十三日早上，林彪返抵延安，毛澤東親自迎接。

四月，林彪任中共中央黨校副校長，續任抗日軍政大學校長。

七月一日，林彪與葉群結婚。

九月十七日，林彪擔任毛澤東代表抵西安晤蔣介石，因蔣已返重慶，留話請林彪到重慶面談。次日，毛澤東電報指示：與西安各方關係疏通後赴重慶見蔣介石。
十月七日，林彪抵重慶。
十月十三日，林彪由張治中陪同見蔣介石。
十月，林彪分別接受鄭介民、戴笠等軍統人員宴請。
十二月十六日，蔣介石第二次召見林彪，張治中陪同。

一九四三年　六月七日，蔣介石召見林彪、周恩來。
七月十六日，周恩來、林彪返抵延安。

一九四四年　一月，林彪擔任中共中央黨校副校長。
八月三十一日，林彪女兒林立衡出生。

一九四五年　八月十五日，日本宣布無條件投降。
八月二十六日，中共派林彪為山東軍區司令員，但於赴任途中，二十九日，中共急電令林彪即赴冀魯豫軍區統一指揮隴海路及徐州戰役。
九月十九日，林彪任冀熱遼軍區司令員。
十月三十一日，中共成立東北人民自治軍，林彪任司令，暨東北局副書記。
十二月二十三日，林彪兒子林立果出生。

一九四六年　一月，東北人民自治軍改為東北民主聯軍，林彪任總司令兼政治委員。
六月，林彪任東北局書記，仍任東北民主聯軍總司令兼政委。

一九四七年　十二月，東北民主聯軍改稱東北人民解放軍，次月，再區分為東北軍區和東北野戰軍，林彪任東北軍區司令員兼政委，並任東北野戰軍司令員。

一九四八年　九月十二日，林彪指揮東北野戰軍發起「遼瀋戰役」，歷時五十二天，於十一月二日結束，佔領全東北。
十二月，林彪率部自喜峰口入關。

一九四九年　一月十五日，林彪部攻佔天津。
一月二十日，林彪與傅作義代表華北剿總副總司令鄧寶珊達成「和平解決北平的協定」。
一月三十一日，北平宣告「和平解放」，平津戰役結束。
三月，東北野戰軍，改稱第四野戰軍。林彪任司令員和前委書記，兵力九十餘萬，佔中共野戰軍總兵力三分之一強。
六月，中共中央任命林彪為華中局第一書記、華中軍區司令員。
七月，林彪率四野主力南下湖南，長沙綏靖公署主任程潛、陳明仁（國軍第一兵團司令官）叛變投共。
九月三十日，當選中華人民共和國中央人民政府委員。
十月，毛澤東任命林彪為中南軍政委員會主

席、中南行政委員會主席。同月，林彪任「人民革命軍事委員會」委員。

一九五〇年　一月一日，華中軍區改為中南軍區，林彪任司令員。

四月，中共撤銷林彪「第四野戰軍」番號，部隊改歸中南軍區指揮，林彪仍任中南軍區司令員。

五月，林彪所部「解放」海南島。

九月，林彪因病，婉拒出任「援朝志願軍」司令員。

十月，林彪偕葉群陪同周恩來赴莫斯科見史大林，討論蘇聯援助共軍援朝志願軍裝備，及出動空軍協助作戰事宜。十月十八日，周恩來返國，林彪夫婦留蘇治病。

一九五一年　六月，毛澤東電令林彪返國。

十月，林彪返回北京。

十一月五日，林彪增補為「人民革命軍事委員會」副主席，並接替周恩來，主持軍委工作。

一九五二年　一月，林彪上任僅三月餘病倒，毛澤東同意林彪休息，軍委日常工作包括朝鮮談判，仍由周恩來主持。

一九五四年　五月，台《中央日報》刊登「林彪已登鬼路」：林彪在朝鮮戰場負重傷，回國醫治無效死亡。林彪聽後淡淡一笑。

九月十日，中共成立國防委員會和國防部，林彪任國防委員會副主席。

一九五五年　林彪續在廣州、杭州、上海、青島等地休養。

九月二十三日，「人大」常委會通過授與林彪等十人元帥軍銜。九月二十七日，毛澤東授銜，林彪赴青島休養，未出席。

九月，當選中共第八屆中央委員會委員，排名第八。當選中央政治局委員，排名第七。

一九五八年　三月，中共八大二次會議，毛澤東倡議「多快好省地建設社會主義」的總路線，掀起「大躍進」高潮。林彪在會上未表示異議，私下認為毛「憑幻想胡來」。

四月，林彪當選國務院第二副總理，續任國防委員會副主席。

五月，林彪被增選為中央副主席、政治局常委。

一九五九年　四月，林彪任國務院副總理，並續任第二屆國防委員會副主席。

七月，毛澤東為鬥爭彭德懷，臨時決定召開中共八屆八中全會，於七月二十五日電召林彪立即上廬山。林彪到達後，毛澤東即與之長談，後又再談一次。八月一日林彪在會上激烈批鬥彭德懷。

九月十七日，中共任命林彪兼任國防部長。

二十六日，林彪任軍委第一副主席。

一九六〇年　十二月，林彪把毛澤東一九三九年對「抗大」題詞，歸結為「三八作風」，在軍中推廣，掀起軍隊捧毛之風。

一九六二年　一、二月「七千人大會」召開，批評矛頭指向毛澤東。

一月二十九日，林彪發言，脫稿講出：「由於我們沒有照著毛主席的指示、警告、思想去做。如果聽毛主席的話……今天的困難會要小得多。」毛澤東當即鼓掌叫好，且是唯一鼓掌者。

五月十八日，林彪在中共中央政治會議上發表「防止反革命政變」長篇講話，即著名之「政變經」。

一九六六年　八月，中共八屆十一中全會。四、五日兩日，毛兩次指示林彪與會，林彪均以病婉拒出席。六日，毛以休會方式逼林到場才開會，並請周恩來電話林彪進行說服及派空軍司令員吳法憲專機赴大連接林彪回北京。林彪到場，毛澤東即告要其擔任接班人，林彪懇辭，毛不接受。

八月八日，全會通過「關於無產階級文化大革命的決定」。

八月十二日，通過林彪為中共中央唯一的副主席，在政治局常委排名躍升至毛之後，位居第二名。林彪成為毛之第一位助手和接班人。

八月——十一月，林彪八次陪同毛澤東在天安門接見紅衛兵。

九月九日，美國《時代》雜誌以林彪為封面人物，當月毛澤東要林彪看《郭嘉傳》和《范曄傳》。

十月，毛澤東主持中共中央會議，批判「資產階級反動路線」。劉少奇、鄧小平被迫作了自我檢討。

十一月一日，疑似林彪與陶鑄聯名密函，託蕭正儀攜港，密謀與國府聯繫。

十二月三十一日，社會上出現「打倒劉鄧陶」的標語。陶鑄面臨被打倒的邊緣，林彪特地約見陶鑄，忠告「要被動被動再被動」。

一九六七年　一月二十日，中央軍委碰頭會在京西賓館舉行，與會人員嚴厲批評中央文革小組。會後林彪知悉，也對中央文革小組大表不滿，說「叫他們也來打倒我好了」。

一月，江青來訪，與林彪發生了爭執，林彪把江青大罵一頓，盛怒之下，掀翻了茶几。

二月十六日，中央軍委老帥與中央文革成員在懷仁堂中央政治局會上爆發激烈言論衝突。譚震林於次（十七）日寫信給林彪轉毛澤東，批評江青，並說「這個反我造定了」。

二月十八日，毛澤東把「大鬧京西賓館」和

「大鬧懷仁堂」併稱為「二月逆流」，批鬥了中央軍委老帥，林彪託病不出席。

四月，林彪兒子林立果參軍。空軍任命林立果為空軍黨委辦公室秘書。

一九六八年　三月，毛澤東接連四天開會，決定打倒「楊（成武）、余（立金）、傅（崇碧）」三人，林彪未與會。但二十四日卻要林彪宣達三人「撤職令」，和發表批鬥三人講話。

十月三十一日，中共八屆十二中全會通過「黨章」明確寫進：「林彪同志一貫高舉毛澤東思想偉大紅旗，最忠誠、最堅定地執行和捍衛毛澤東同志的無產階級革命路線。林彪同志是毛澤東同志的親密戰友和接班人。」

一九六九年　二、三月，毛澤東指示林彪召集陳伯達、張春橋、姚文元撰寫「九大」政治報告，決定由陳伯達撰寫〈為把我國建設成為強大的社會主義國家而奮鬥〉，但稍後毛又私下指示張、姚二人另撰寫〈無產階級專政下繼續革命論〉，埋下毛、林二人之分歧。

四月一日，「九大」召開，林彪宣讀「政治報告」，因不滿報告內容，特意事前不先看全文，唸得結結巴巴，有氣無力。江青提議，「九大」「黨章」明確寫上林彪作為毛澤東的接班人。（文字同八屆十二中全會通過「黨章」內容）

四月二十四日，江青、葉群當選為中央委員，一併進入政治局。

八、九月，為防止蘇聯突然襲擊，毛澤東、林彪指示加強戰備。

十月十六日，為防範蘇聯突擊，毛澤東指示中央領導同志疏散，林彪、葉群疏散至蘇州。

十月十八日，林彪口授戰備命令，經總參重撰後加上「林副主席指示（第一個號令）」下達。

十月十九日，林彪改變午休習慣，堅持等到蘇聯代表團從飛機上下來，未發生蘇聯突擊事件，才放心休息。

一九七〇年　八月，中共在廬山召開九屆二中全會，會前爆發「設國家主席」與否和「天才論」之爭議。

八月二十三日，林彪在開幕式上講話，不點名批判張春橋「否認毛澤東的天才」的錯誤，陳伯達趁機印發「天才語錄」矛頭指向張春橋，更有人提出「揪鬥反天才論者」。毛澤東認「名為反張春橋，實則反我」，決定鬥爭陳伯達，矛頭指向林彪。

九月，毛澤東發動「批陳整風」運動，指示葉群及四大將提書面檢討，並要林彪想通了，提出自我檢討。

一九七一年　八月十五日，毛澤東離京南巡，沿途召見各地黨政軍負責人談話，點名批判林彪，表示：「廬山這件事，還沒有完，還不徹底，還沒有總結。」毛澤東並突然提前於九月十二日返回北京。

九月十二日，晚上林彪偕葉群，兒子林立果等人搭乘三叉戟二五六號專機出走。

九月十三日，晨二時三十分，專機於外蒙溫都爾汗附近迫降未成功機毀人亡。

二、陶鑄簡歷：

一九〇八年　一月十六日，出生於湖南省祁陽縣石洞源榔樹村。陶鑄又名陶際華，號劍寒。

一九一八年　父及三叔被軍閥吳佩孚部殺害，陶鑄因家庭變故輟學，做了數年學徒、店員。

一九二四年　陶鑄考入衡陽湖南省立第三師範學校就讀。

一九二六年　入黃埔軍校五期，同年加入中共。

一九二七年　參加南昌「起義」，任葉挺部連長。後轉入國民革命軍第四軍警衛團，參加廣州「起義」。

一九二八年　春，陶鑄回湖南，任中共祁陽縣委軍事委員，曾在唐生智部從事兵運工作。

一九二九年　秋，任中共福建省委秘書長、書記，漳州特委書記，省委組織部部長，福州中心市委書記等職。

一九三〇年　五月，陶鑄親率中共黨員十二人突擊廈門監獄，劫走獄中四十餘名中共黨員。

一九三二年　與曾志結婚，後育有一女陶斯亮。

一九三三年　陶鑄調上海，任職中共中央機構。五月被政府逮捕，判處無期徒刑。

一九三七年　抗日戰爭爆發後，陶鑄於九月二十六日獲釋，派往武漢任中共湖北省委常委兼宣傳部長。

一九三八年　冬，赴鄂中地區，組織地方游擊武力，開闢中共鄂中游擊區。後與李先念組織之新四軍鄂豫挺進支隊會合，任支隊政委。

一九四〇年　陶鑄調往延安。

一九四三年　陶鑄任中共中央軍委秘書長、總政治部秘書長兼宣傳部部長。

一九四五年　陶鑄隨八路軍南下支隊南進，八月於途中，中共令轉赴東北。九月中旬抵瀋陽，先後任遼寧、遼吉、遼北省委書記。

一九四七年　八月，兼任東北民主聯軍第七縱隊政委。遼瀋戰役後，任瀋陽市委書記。

一九四九年　陶鑄任林彪東北野戰軍政治部副主任，進入山海關。

一月二十一日，任林彪平津前線司令部全權代表，進入北平市與華北剿總傅作義談判，次日發表「關於和平解決北平問題的協議」。

三月，任林彪「四野」政治部副主任。

五月，兼華中軍區政治副主任，中共中央華中局委員，負責武漢三鎮接管工作。

一九五一年　十月，中共建政後，陶鑄任「四野」兼中南軍區政治部主任、中共中央中南局常委、中南軍政委員會委員、中南軍區黨委常委。

一九五三年　二月，任中共廣西省委代理書記。十一月，任中共中央華南分局第四書記。

一九五五年　五月，陶鑄調華南分局代理書記兼廣東省人民政府代主席。七月，真除廣東省委書記、第一書記。同年，兼任廣州軍區第一政委、軍區黨委第一書記，並兼任廣東省省長、暨南大學校長、華南師範學院馬列主義教授。

一九五六年　九月，中共「八大」，陶鑄當選為中央委員。

一九六〇年　兼任中共中央中南局第一書記，領導中南五省工作。

一九六一年　連任廣東省委常委及第一書記。

一九六五年　一月，中共三屆「人大」，陶鑄被任命為國務院副總理，參與中央工作，分管宣傳和文教事務。

一九六六年　五月二十三日，調任中共中央書記處常務書記兼中宣部部長。八月，中共八屆十一中全會，陶鑄被毛澤東遴選為中央政治局委員、常委，排名第四。並兼中央文化大革命小組顧問。十二月六日，林彪主持政治局會議，「中央文革」小組發起突擊，指責陶鑄「以生產壓革命」。

一九六七年　一月四日，「中央文革」宣布陶鑄是「中國最大保皇派」，八日陶鑄被正式打倒囚禁。九月，毛澤東指示姚文元在《人民日報》發表〈評陶鑄的兩本書〉，誣陷陶鑄為「赫魯曉夫式的野心家」等。陶鑄知道後說是「置我於死地」。

一九六九年　陶鑄被囚後於一九六八年十月感覺身體不適，中共長期拒絕治療，半年後始允許就醫，但癌細胞已廣泛擴散。十月十八日，因預防蘇聯可能之突擊，陶鑄被疏散至安徽合肥。十一月三十日，含冤病逝。

一九七八年　十二月二十四日，中共十一屆三中全會，陶鑄獲得平反昭雪。

附錄二　「五七一工程」紀要

一、可能性

「九、二」（註：指中共九屆二中全會）後，政局不穩，統治集團內部矛盾尖銳，右派勢力抬頭，軍隊受壓。十多年來，國民經濟停滯不前。群眾和基層幹部、部隊中下幹部實際生活水平下降，不滿情緒日益增長，敢怒不敢言，甚至不敢怒不敢言。統治集團內部上層很腐敗，昏庸無能，眾叛親離。

(1)一場政治危機正在醞釀。

(2)奪權正在進行。

(3)對方目標在改變接班人。

(4)中國正在進行一場逐漸地和平演變式的政變。

(5)這種政變形式是「B五二」（註：指毛澤東）的慣用手法。

(6)他們故技重演。

(7)政變正朝著有利於筆桿子（註：指張春橋一夥），而不利於槍桿子方向發展。

(8)因此，我們要以暴力革命的突變來阻止和平演變式的反革命漸變。反之，如果我們不能以「五七一工程」阻止和平演變，一旦他們得逞，不知道有多少人頭落地？中國革命不知道要推遲多少年？

(9)一場新的奪權鬥爭勢不可免，我們不掌握革命領導權，領導權將落到別人頭上。

我方力量：

經過幾年準備，在組織上、在思想上、在軍事上的水平都有相當提高，具有一定的思想和物質基礎。

在全國只有我們這支力量正在崛起，蒸蒸日上，朝氣勃勃。

革命的領導權落到誰的頭上，未來政權就落到誰的頭上。

在中國未來這場政治革命中，我們「艦隊」（註：指林立果的「聯合艦隊」）採取什麼態度？

取得了革命領導權，就取得了未來的政權。革命領導權歷史地落在我們「艦隊」頭上。

和國外「五七一工程」相比，我們的準備和力量比他們充分得多，成功的把握性大得多。

和「十月革命」相比，我們比當時蘇維埃力量也不算小。

地理迴旋餘地大。

空軍機動能力強。

比較起來，空軍搞「五七一」比較容易得到全國政權；

軍區搞地方割據。

兩種可能性：奪取全國政權；割據局面。

二、必要性、必然性

「B五二」好景不長，急不可待地要在近幾年內安排後事。

對我們不放心。

如其束手被擒，不如破釜沉舟。

在政治上後發制人，軍事行動上先發制人。

我國社會主義制度正在受到嚴重威脅，筆桿子托派集團正在任意篡改歪曲馬列主義，為他們私利服務。

他們用假革命的詞藻代替馬列主義，用來欺騙和矇蔽中國人民的思想。

當前他們繼續革命論的實質是托洛茨基的不斷革命論。他們的革命對象，實際是中國人民，而首當其衝的是軍隊和與他們持不同意見的人。

他們的社會主義實質上是社會法西斯主義。他們把中國的國家機器變成一種互相殘殺，互相傾軋的絞肉機。把黨和國家的政治生活變成封建專制獨裁式的家長制生活。

當然我們不否定他（註：指毛澤東）在統一中國的歷史作用。正因為如此，我們在革命歷史上，曾給他應有的地位和支持。但是現在他濫用中國人民給予的信任和地位，歷史地走向反面，實際上他已成為當代的秦始皇。

為了向中國人民負責，向中國歷史負責，我們的等待和忍耐是有限度的。

他不是一個真正的馬列主義者，而是一個行孔孟之道，借馬列主義之皮，執秦始皇之法的中國歷史上最大的封建暴君。

三、基本條件：

國內政治矛盾激化，危機四伏。

獨裁者越來越不得人心，統治集團內部很不穩定，爭權奪利，勾心鬥角，幾乎白熱化。

軍隊受壓，軍心不穩，高級中上層幹部不服不滿，並且握有兵權。

一小撮秀才仗勢橫行霸道，四面樹敵，頭腦發脹，對自己估計過高。

黨內長期鬥爭和文化大革命中被排斥和打擊的高級幹部，敢怒不敢言。

農民生活缺吃少穿。

青年知識分子上山下鄉，等於變相勞改。

紅衛兵初期被欺被騙受利用，充當炮灰。後期被壓制變成替罪羊。

機關幹部被精簡，上「五七幹校」，等於變相失業。

工人（特別是青年工人）工資凍結，等於變相受剝削。

國外矛盾激化。中蘇對立，整蘇聯。我們行動會得到蘇聯支持。

最重要的條件：

我們有首長（註：指林彪）威信名望、權力和「聯合艦隊」的力量。

從自然條件上講：

國土遼闊，迴旋餘地大，加之空軍機動性強，有利於突襲、串聯、轉移、甚至於撤退。

困難：

目前我們的力量準備還不足。

群眾對「B－五二」個人迷信很深。

由於「B－五二」分而治之，軍內矛盾相當複雜，很難形成被我們掌握的統一力量。

「B－五二」深居簡出，行動神秘詭詐，戒備森嚴，給我們行動帶來一定困難。

四、時機

敵我雙方騎虎難下：

目前表面上的暫時平靜維持不久，矛盾的平衡是暫時的相對的，不平衡是絕對的。

是一場你死我活的鬥爭，只要他們上台，我們就要下台，進監獄。或者我們把他們吃掉，或者他們把我們吃掉。

戰略上兩種時機：

一種我們準備好了，能吃掉他們的時候。

一種是發現敵人張開嘴要把我們吃掉的時候，我們受到嚴重危險的時候；這時不管準備和沒準備好，也要破釜沉舟。

戰略上時機和手段：

「B－五二」在我手中，敵主力艦（註：指中共「中央文革小組」江青、張春橋等一夥）均在我手心之中。屬於自投羅網式。

利用上層集會，一網打盡。

先斬爪牙，造成既成事實，迫「B－五二」就範，逼宮形式。

利用特種手段：如毒氣、細菌武器、轟炸、「五四三」（註：指自蘇購進之地對空導彈）、車禍、暗殺、綁架、城市游擊小分隊。

五、基本力量和可借用力量

基本力量：

聯合艦隊和各分艦隊（上海、北京、廣州）。

王（維國）、陳（勵耘）、江（騰蛟）掌握空四、空五軍（骨幹力量）。

九師、十八師、二十一坦克師、民航（註：文革時民航由空軍接管）、三十四師。

借用力量：

國內：二十軍、三十八軍、黃（永勝）軍委辦事組、國防科委。

廣州、成都、武漢、江蘇、濟南、福州、新疆、西安（軍區）。

國外：蘇聯（秘密談判）。借蘇聯力量箝制國內外其他各種力量。蘇以暫時核保護傘。

美國（中美談判）。

六、動員群衆的口號、綱領

全軍指戰員團結起來！全黨團結起來！全國人民團結起來！

打倒當代的秦始皇「B－五二」！推翻扛著社會主義招牌的封建王朝，建立一個真正的屬於無產階級和勞動人民的社會主義國家！

對外：全世界真正的馬列主義團結起來！全世界無產階級和被壓迫民族團結起來！我們對外政策是堅持和平共處五項原則，承認既有與各國的外交關係，保護使館人員的安全。

用「民富國強」代替「國富民窮」，使人民安居樂業，豐衣足食，政治上、經濟上，得到真正解放。

用真正馬列主義，作為我們指導思想，建設真正的社會主義，代替「B－五二」的社會封建主義。

全國工人、農民、機關幹部、各行各業要嚴守崗位，努力生產，保護國家財產和檔案，遵守維護社會秩序。因此，各地區、各單位、各部門之間，不准串連。

全國武裝力量要服從統率（帥）部的集中統一指揮，嚴厲鎮壓反革命叛亂，和一切破壞行動。

七、實施要點

三個階段：

第一階段：準備階段

(1)計劃。(2)力量和指揮班子、江、王、陳。設兩套警衛處，公開：李松亭（註：上海空四軍警衛處長，但李對「五七一工程」一無所知）。秘密：上海小組負責、新華一村（註：林立果等在上海住處）教導隊。（空）四、五軍部隊訓練（地面），南空直屬師工作（十師），周建平（註：南京軍區空軍副司令員，對「五七一工程」一無所知）負責。爭取二十軍（江、王、陳）。(3)物質準備，武器：領、自造。通訊器材（包括〇一二工程——註：林立果主持設計的一種新發明之收發報機）、車輛掌握、倉庫地點、主要軍械庫。(4)情報保障：掌握三個環節：搜集、分析、上報。

第二階段：實施階段。

一個先聯後斬，上面串聯好，然後奇襲；一個先斬後聯；一個上下同時進行。

一定要把張（春橋）抓到，然後立即運用一切輿論工具，公布他的叛徒罪行。

總的兩條：一是奇襲；二是一旦開始，堅持到底。

第三階段：鞏固陣地，擴大戰果，奪取全部政權。

⑴軍事上固守。

盡力堅守上海，佔領電台、電信局、交通，把上海對外聯繫卡斷。

力爭南京方面中立，但做好防禦。

固守浙江、江西。

掌握空降、空運。

⑵政治上採取進攻。

上面攤牌。

掌握輿論工具，開展政治攻勢。

⑶組織上擴大。

迅速擴軍。

四方串聯。

八、政策和策略

打著「B－五二」旗號打擊「B－五二」力量，緩和群眾的輿論。

聯合一切可以聯合的力量，解放大多數，集中打擊「B－五二」及其一小撮獨裁者；解放一大片，保護一大片。

他們所謂打擊一小撮，不過是每次集中火力打擊一派，各個擊破。今天利用這個打擊那個，明天利用那個打擊這個。今天一小撮，明天一小撮，加起來就是一大批。

他利用封建帝王的統治權術，不僅挑動幹部鬥幹部，群眾鬥群眾，而且挑動軍隊鬥軍隊、黨員鬥黨員，是中國武鬥最大倡導者。

他們製造矛盾，製造分裂，以達到他們分而治之，各個擊破，鞏固維持他們統治地位的目的。

他們知道同時向所有人進攻，那等於自取滅亡，所以他每個時期都拉一股力量，打另一股力量，今天拉那個，打這個，明天拉這個打那個。

今天甜言蜜語對那些拉的人，明天就加以莫須有的罪名，置於死地。今天是他的座上客，明天就成了階下囚。

從幾十年的歷史看，有那一個人開始被他捧起來，到後來不曾被判處政治上的死刑？

有那一股政治力量能與他共事始終？他過去的秘書，自殺的自殺，關押的關押（註：指吳亮平、田家英、陳伯達、胡喬木等人）。

他為數不多的親密戰友和身邊親信，也被他送進大牢，甚至連他的親生兒子也被他逼瘋（註：指毛與楊開慧所生之子毛岸青）。

他是一個懷疑狂、虐待狂，他整人哲學，是一不作，二不休。他每整一個人，都要把這個人置於死地而方休，一旦得罪就得罪到底，而且把全部壞事嫁禍於別人。

戳穿了說，在他手下一個個像走馬燈式垮台的人物，其實都是他的替罪羔羊。

過去對「B－五二」宣傳，有的是出於歷史需要，有的是出於顧全民族統一團結大局，有的是出於抵禦外敵，有的是出於他的法西斯的壓力之下，有的人是不瞭解他的內情。

對於這些同志，我們都給予歷史唯物主義的分析，給以諒解和保護。對過去「B－五二」以莫須有罪名加以迫害的人，一律給予政治上的解放。

九、保密紀律

此工程屬特級絕密，不經批准，不准向任何人透露。堅決做到一切行動聽指揮，發揮「江田島」精神（註：江田島為日本海軍學校所在地，「江田島精神」即「武士道精神」），不成功便成仁。

洩密者、失責者、動搖者、背叛者，嚴厲制裁。

附錄三

中共中央中發（一九七三年）三十四號文件「關於林彪反黨集團反革命罪行的審查報告」

一九七三年八月二十日

關於林彪反黨集團反革命罪行的審查報告

一九七一年九月十三日，林彪反黨集團發動反革命政變的陰謀敗露後，林彪帶著葉群、林立果和幾個死黨，私乘飛機，叛黨叛國，倉皇逃命，投奔蘇修。他們所乘外逃的飛機，在蒙古境內溫都爾汗附近墜毀，林彪、葉群等成為死有餘辜的叛徒賣國賊。

在毛主席、黨中央的領導下，全黨全軍全國人民以極大的無產階級義憤，聲討了林彪，揭發批判了林彪反黨集團的罪行，開展了具有重大歷史意義的批林整風運動。經過廣大群眾的揭發和中央專案組的調查研究，查獲了林彪反黨集團的大量罪證。中央專案組編印的「粉碎林彪反黨集團反革命政變的鬥爭」材料之一、之二、之三，說明了以毛主席為首的無產階級司令部同以林彪為頭子的資產階級司令部的鬥爭經過。這些材料戳穿了林彪的偽裝和欺騙，徹底揭露了林彪搞修正主義、搞分裂、搞陰謀詭計的事實真相。這些材料提供了林彪反黨集團密謀發動反革命政變，妄圖謀害偉大領袖毛主席，顛覆無產階級專政，復辟資本主義的確鑿證據。它足以證明，林彪是長期隱藏在黨內的資產階級野心家、陰謀家、反革命兩面派，林彪反黨集團是一個叛黨叛國的反革命陰謀集團。

一

中央專案組根據已經調查核實的物證、人證，現已查明：

㈠早在『九大』前後，林彪就招降納叛、結黨營私，夥同他的老婆葉群，勾結陳伯達、黃永勝、吳法憲、李作鵬、邱會作等人，結成以林彪為頭子的資產階級司令部，他還通過他兒子林立果，秘密建立反革命特務組織小「聯合艦隊」。林彪反黨集團是國內地、富、反、壞、右和國際帝、修、反的代理人。它的骨幹分子，是一小撮混進黨內的叛徒、特務、托派份子，階級異己分子，蛻化變質分子，死不改悔的走資本主義道路的當權派以及新的反革命分子和右派分子。他們密謀發動反革命政變，妄圖推翻以毛主席為首的黨中央。

(二)在黨的九屆二中全會上，林彪反黨集團向黨發動的突然襲擊，是有預謀的。在林彪直接指揮下，陳伯達、黃永勝、吳法憲、葉群、李作鵬、邱會作在會前和會中多次秘密開會，多方串聯，陰謀策劃，有計劃有組織有綱領地向黨進攻。從一九七〇年八月廿三日林彪發表反黨講話，到八月二十五日上午林彪、陳伯達指使李雪峰炮製的反革命六號簡報出籠，他們專了兩天半的政。他們的反黨綱領，就是「設國家主席」，就是唯心主義的「天才論」，就是反對「九大」路線，推翻九屆二中全會的三項議程。林彪急於想當國家主席，要分裂黨，向毛主席、黨中央奪權。它的性質，是一次被粉碎了的反革命政變。

(三)黨的九屆二中全會以後，林彪反黨集團立即秘密進行發動反革命武裝政變的準備。他們炮製了「五七一工程紀要」反革命政變綱領，並從政治、軍事、組織、情報等各方面加緊進行反革命政變的陰謀活動。一九七一年九月八日，林彪下達了發動反革命武裝政變的手令。九月十日，林彪給黃永勝一封親筆密信。在林彪的直接指揮下，林彪死黨用窮兇極惡的手段，妄圖乘毛主席外出巡視的機會，在外地謀害毛主席，並策劃於同一時間，在北京謀害中央領導同志。他們的陰謀未能得逞。林彪又通過吳法憲私調飛機，要與黃永勝、吳法憲、葉群、李作鵬、邱會作等人一道，南逃廣州，另立中央，妄想造成所謂「南北朝」的局面。林彪還企圖勾結蘇修，對我實行南北夾擊。他們的種種陰謀，都遭到徹底的破產。

(四)林彪反黨叛國是有其歷史根源的。林彪出身於大地主兼資本家家庭，入黨以後，資產階級世界觀沒有得到改造。早在土地革命初期，林彪對中國革命前途悲觀失望。在中央蘇區第五次反「圍剿」期間，林彪追隨王明「左」傾機會主義路線，竭力宣揚「短促突擊」。遵義會議以後，在毛主席指揮紅軍從挫折走向勝利的緊急關頭，林彪夥同彭德懷要奪毛主席的權。紅軍到達陝北之初，林彪蠻橫地一再堅持要脫離紅軍主力部隊，獨自到陝南去「打游擊」，向黨鬧獨立性。在抗日戰爭時期，林彪發表反黨文章，無恥吹捧蔣介石和國民黨。在解放戰爭時期的遼瀋戰役和平津戰役中，林彪一再抗拒毛主席的戰略方針和戰略部署。林彪夥同劉少奇反對毛主席抗美援朝的英明決策，並且拒絕到朝鮮作戰。林彪是高饒反黨聯盟的幕後策劃者。在六十年代初我國遭受嚴重自然災害，赫魯曉夫叛徒集團掀起反華逆流的時候，林彪反對黨的總路線，要搞「包產到戶」，反對我黨揭露和批判蘇修，要跟蘇修妥協。林彪主持中央軍委日常工作期間，培植親信，打擊陷害革命幹部，竭力推行資產階級軍事路線。他提出「打倒帶槍的劉鄧路線」「揪軍內一小撮」等反黨亂軍的口號，打擊一大片，保護一小撮，破壞無產階級文化大革命。他妄圖篡奪毛主席的統帥地位，炮製人民解放軍的締造者不能指揮軍隊的謬論，狂妄地提出軍隊要由他「直接指揮」。他反對毛主席提出的「黨指揮槍，而絕不容許槍指揮黨」的原則，要從根本上篡改我軍的無產階級性質。

毛主席、黨中央對林彪歷史上所犯的錯誤，一貫採取「懲前毖後，治病救人」的方針，就是在黨的九屆二中全會以後，仍然對他進行了仁至義盡的教育和挽救，給他以悔過自新的機會。但是，林彪對黨一直玩弄反革命兩面派的手法，陽奉陰違，口是心非，欺騙黨，欺騙人民，最後終於自絕於黨，自絕於人民。

二

林彪反黨集團的出現，是國內外激烈階級鬥爭的尖銳表現。無產階級反對資產階級和一切剝削階級的政治大革命。這場大革命，首先取得了粉碎劉少奇叛徒集團的偉大勝利。但是，階級敵人並不甘心自己的失敗，他們還要作垂死的掙扎。帝國主義特別是蘇修社會帝國主義，時時刻刻都在企圖顛覆我國的無產階級專政。在這樣的形勢下，林彪反黨集團作為國內外階級敵人的代表，迫不及待的跳出來。他們為自己的階級本性所決定，非跳出來不可。他們的罪惡目的，就是要從根本上改變黨在整個社會主義歷史階段的基本路線和政策，顛覆無產階級專政，復辟資本主義。他們妄圖把毛主席領導下我黨我軍我國人民親手打倒的地主資產階級再扶植起來。在國內，他們要聯合地、富、反、壞、右，實行地主買辦資產階級的法西斯專政。在國際，他們要投降蘇修社會帝國主義，聯合帝、修、反，反華反共反人民革命。

但是，這不過是林彪及其一小撮死黨的癡心妄想。他們表面上極端狂妄，本質上極端虛弱。他們的陰謀，是見不得人的，因而成不了什麼氣候，無礙大局。他們的失敗，是必然的，是不可避免的。

我們黨是久經考驗的、偉大的、光榮的、正確的黨。在毛主席為首的黨中央的領導下，全黨全軍全國人民粉碎了林彪反黨集團，取得了黨的第十次路線鬥爭的偉大勝利。這是對國內外階級敵人最沉重的打擊，是無產階級文化大革命的偉大勝利，是毛主席無產階級革命路線的偉大勝利。

三

鑒於林彪反黨集團發動反革命政變，叛黨叛國，罪大惡極，中央專案組建議黨中央：

㈠永遠開除資產階級野心家、陰謀家、反革命兩面派、賣國賊林彪的黨籍。

㈡永遠開除林彪反黨集團主要成員、國民黨反共分子、托派、叛徒、特務、修正主義分子陳伯達的黨籍，撤銷其黨內外一切職務。

㈢永遠開除林彪反黨集團主要成員，混進黨內的階級異己分子、特務、叛徒、賣國賊葉群的黨籍。

㈣永遠開除林彪反黨集團主要成員黃永勝、吳法憲、李作鵬、邱會作、李雪峯的黨籍，撤銷他們黨內外一切職務。

㈤對參與林彪反革命政變的其他骨幹分子，由有關部門負責審查，按照黨的政策，區別情況，提出處理意見，報中央審批。

中央專案組　一九七三年七月十日

附錄四 中共中央「林彪與孔孟之道」文件

中共中央頒發「北京大學、清華大學選編的『林彪與孔孟之道』（材料之一）」的通知

毛主席批示：同意轉發

各省、市、自治區黨委、各大軍區、各省軍區、各野戰軍黨委、軍委各總部、各軍兵種黨部、中央和國務院機關各部委領導小組或黨的核心小組：

現將北京大學、清華大學選編的「林彪與孔孟之道」（材料之一）發給你們，供批林、批孔時的參考。

資產階級野心家、陰謀家、兩面派、叛徒、賣國賊林彪，是一個地地道道的孔老二的信徒。他和歷代行將滅亡的反動派一樣，尊孔反法，攻擊秦始皇，把孔孟之道作為陰謀篡黨奪權、復辟資本主義的反動思想武器。北京大學、清華大學選編的這個材料，對於繼續深入批林，批判林彪路線的極右實質，對於繼續開展對尊孔反法思想的批判，對於加強思想和政治路線方面的教育，會有很大的幫助。

這個材料的傳達方法，請你們按照中發（一九七二）三號文件的範圍，結合本地區、本單位的實際情況進行。傳達以前你們要首先學習討論，進行試點，訓練骨幹。

中共中央　一九七四年一月十八日

林彪與孔孟之道——（材料之一）（僅供批林批孔參考）

資產階級野心家，陰謀家、兩面派、叛徒、賣國賊林彪是一個地地道道的孔老二的信徒。他和歷代行將滅亡的反動派一樣，尊孔反法，攻擊秦始皇，把孔孟之道作為陰謀篡黨奪權，復辟資本主義的反動思想武器。

林彪這個政治騙子，不讀書，不看報，不看文件，是個什麼學問也沒有的大黨閥、大軍閥。由於他和孔孟的反動思想體系一致，都要復辟舊制度，開歷史倒車，他就指使一些人，到處收集孔孟的言論，東拼西湊，分類摘抄，搞了大量卡片，用它裝腔作勢，騙人唬人，製造反革命輿論，大搞陰謀活動，向無產階級猖狂進攻。

為了深入揭露和批判林彪反黨集團的罪行及其反革命修正主義路線的極右實質，我們從林彪的黑筆記、手書題詞和住宅裏的其他材料以及他的公開言論中，選編了「林彪與孔孟之道」，供批判用。這個材料選編得還不夠完善，注釋也不盡妥當，有待進一步研究。

我們將陸續選編此類材料。

北京大學　清華大學　一九七三年十二月

目錄

一、效法孔子「克己復禮」，妄圖復辟資本主義

㈠林彪

悠悠萬事，唯此為大，克己復禮，書贈葉群同志 育容，一九六九・十・十九日（條幅，林彪臥室）

註：育容即林彪。同日林彪還寫了內容相同的另一條幅贈葉群。

悠悠萬事，唯此為大，克己復禮，書贈育容同志 葉群於一九六九・十・二十三日（條幅，林彪臥室）

悠悠萬事，唯此為大，克己復禮，育容書贈宜敬，於蘇州一九七〇・元・一（條幅，林彪臥室）

註：宜敬即葉群。

按：「克己復禮」是孔子復辟奴隸制的反動綱領。林彪和葉群從一九六九年十月到一九七〇年一月，在不到三個月內，連續寫了以上四條。這充分暴露了他們迫不及待地顛覆無產階級專政的野心，把復辟資本主義作為萬事中最大的事。

對過去……以莫須有罪名加以迫害的人，一律給（予）政治上的解放。（「五七一工程」紀要）

要設國家主席，不設國家主席，國家沒有一個頭，名不正言不順。吳法憲交代林彪的話，轉引自中發（一九七二年二四號文件）

按：林彪對抗毛主席關於不設國家主席的多次指示，以孔子「名不正言不順」的反動說教為根據，頑固地堅持反黨政治綱領，妄圖篡奪黨和國家的最高權力。

㈡孔孟

克己復禮為仁。一日克己復禮，天下歸仁焉。（論語，顏淵）

譯文：克制自己，使自己的言行符合於周禮，這就是仁。一旦這樣做了，天下的人就會歸順你的統治了。

興滅國，繼絕世，舉逸民，……（論語，堯曰）

譯文：復興滅亡了的【奴隸制】國家，接續斷絕了【世襲地位】的【貴族】世家，起用沒落的【舊貴族】人士……

必也正名乎……名不正言不順，言不順則事不成……（論語，子路）

譯文：必須正名分！……名分不正，講起話來就不順當合理；說話不順當合理，事情就辦不成……

二、鼓吹「生而知之」的天才論，陰謀篡黨奪權

㈠林彪

天馬行空　獨往獨來　林彪贈葉群　六二・六・一（條幅，林彪臥室）

註：據（史記，大宛傳）記載，天馬是一種神馬。（莊子，在宥篇）有「獨往獨來」一語，原文是：「出入六合，遊乎九州，獨往獨來，是為獨有。獨有之人，是謂至貴。」

按：這是林彪手書，掛在他的床頭正中央牆上。林彪自比天馬，以「至貴」、超人自居，妄圖實行獨裁統治。值得注意的是，這件材料寫於一九六二年，可見林彪篡黨奪權的狼子野心由來已久。

天馬行空　猛志常在（陳伯達題詞冊，林彪臥室）

天馬橫空　知無涯（陳伯達題詞冊，林彪臥室）

革命領導權歷史地落在我們艦隊頭上。（「五七一工程」紀要）

王者莫高周文，伯者莫高齊桓，皆待賢人而成名。今天下賢者智能者豈特古之人乎？患在人者不驕故也。育容書於蘇州　六九仲冬（條幅，林彪臥室）

註：（見漢高書，祖本紀）十一年求賢詔。「驕」原文是「交」，兩個「莫高」後，原文都有「于」字。「患」字寫後又圈去。「漢書」原文的意思是：帝王沒有比周文王再高的，霸王沒有比齊桓公再高的，但是他們都是依靠賢人才成名的。現在天下有智能的賢人有的是，難道只有古代才有嗎？問題在於做人主的不去和他們結交。

按：林彪寫這段話，掛在他床頭右側牆上，他自己比周文、齊桓，把歷代統治者當「人主」的經驗作為座右銘，妄圖建立封建法西斯的王霸之業。

每臨大事有靜氣，不信今時無古賢。葉群同志存　伯達思屋（題詞，葉群辦公室）

退書

按：陳伯達吹捧葉群為今時之「古賢」，頌揚她幫助林彪搞反革命政變能沉住氣。

有些人不承認天才，這不是馬克斯主義。不能不承認天才。一九六六年五月十八日在中央政治局擴大會議上的講話。

我認為有兩方面：一方面有天生的問題，一方面有教育的問題。人才，人的智慧和能力，這是兩方面的結合。一九五九年九月十一日在軍委擴大會議上的講話。

溫文、豪放、理智，既受於天，且受於人。　書贈愛妻葉群　林彪　五、廿六（刻在硯盒上，葉群辦公室）

我的腦袋長的很好，和別人的不一樣，特別靈。有什麼辦法呢？爹媽給的麼。

這樣的天才，全世界幾百年，中國幾千年才出現一個。一九六六年九月十八日講話。

李杜詩篇萬古傳，至今已覺不新鮮。江山代有人才出，各領風騷數百年。（陳伯達題詞冊，林彪臥室）

註：見清代趙翼（論詩絕句）。李杜詩指唐代詩人李白、杜甫。

按：陳伯達藉這首詩惡毒攻擊馬克斯列寧主義、毛澤東思想已經過時，吹捧林彪是天才，為林彪搶班奪權製造根據。

㈡孔孟

如欲平治天下，當今之世，舍我其誰？（孟子，公孫丑下）

譯文：如果要平治天下，在當今這個時代，除了我還有誰呢？

天生德于予，桓魋其如予何？（論語，述而）

譯文：上天把治天下的聖德和使命賦予了我，桓魋（魋音頹，宋國司馬，管軍事行政的大官）能把我怎麼樣！

生而知之者，上也；學而知之者次也；困而學之，又其次也，困而不學，民斯為下矣。（論語，季氏）

譯文：生來就知道的人，是上等的；經過學習然後知道的人，是次一等的？遇到困難還學習的人，是再次一等的；遇到困難不學習，老百姓就是這樣下等的人。

太宰問于子貢曰：「夫子聖者與？何其多能也？」子貢曰：「固天縱之將聖，又多能也。」（論語，子罕）

譯文：太宰問子貢：「孔子是位聖人嗎？為什麼這樣多才多藝呢？」子貢說：「這本是上天讓他成為聖人，而且使他多才多藝。」（太宰，官名。據漢鄭玄注，這裏的太宰指吳國太宰伯嚭。嚭音痞。又據唐孔穎達注，是指吳國的還是宋國的太宰，不能確定。）

五百年必有王者興，其間必有名世者。（孟子。公孫丑下）

譯文：每過五百年一定會有英明的帝王出現，那中間一定有聞名於世的人產生出來。

三、宣揚「上智下愚」的唯心史觀，惡毒誣蔑勞動人民

㈠林彪

英雄和奴隸共同創造歷史　林彪一夥的黑話，轉引自中發（一九七二）四號文件

先知先覺是有的，否認先知先覺的存在，這是大錯誤。陳伯達：「三民主義概論」（一九四七年增訂版）

一燈能除千年暗，一智能滅千年愚（陳伯達題詞冊，林彪臥室）

漫漫思想界，長夜有明燈。賴此導人類，探討應無垠。錄譯詩（陳伯達題詞冊，林彪臥室）

註：垠音銀。無垠即無邊，無止境的意思。

老百姓天天不是在談抗日，在談共產黨這一套。他們談的是他們本身的事情，怎樣種田，年成好，每天怎樣做工流汗，怎樣做生意，整天男女大小全在這一套。……他們想他們生活那一套，我們想我們這一套。一九四五年五月在七大的發言。

你看中國人民見了面說，你吃了飯沒有？蒙古人見了面說，牲口好不好？這就是講生活問題。過了年見面說，「恭喜發財」，寫對字時，寫一個大「財」字「招財進寶」貼在門上。老百姓腦筋裏想的就是這些東西。一九四五年五月在七大的發言。

我們同志的腦筋不是普通農民的腦筋，也不是普通工人的腦筋。他們想的是怎樣搞錢，怎樣搞米，油鹽醬醋柴，妻子兒女。……我們的思想與他們的思想是有天壤之別。一九四五年五月在七大的發言。

理解的要執行，不理解的也要執行。一九六六年八月十三日在中央工作會議上的講話。

㈡孔孟

無君子莫治野人，無野人莫養君子。（孟子，滕文公上）

譯文：沒有統治者，就沒有人治理勞動人民，沒有勞動人民就沒有人供養統治者。

天之生此民也，使先知覺後知，使先覺覺後覺也。予，天民之先覺者也；予將以斯道覺斯民也。非予覺之，而誰也？（孟子，萬章上）

譯文：上天生育人，就是要先知先覺者來使後知後覺者有所覺悟。我呢，是天生的先知先覺者；我就要拿這個（堯舜之道）使現在的人有所覺悟。不是我使他們有所覺悟，又有誰呢？

天不生仲尼，萬古長如夜。（朱子語類，卷九十三）

譯文：自堯舜以下，若不生個孔子，後人去何處討分曉？

君子懷德，小人懷土；君子懷刑，小人懷惠。（論語，里仁）

譯文：統治者注重道德，勞動人民想的是種地的事；統治者關心維護法律制度，勞動人民想的是小恩小惠。

君子喻于義，小人喻于利。（論語，里仁）

譯文：統治者明白大義，勞動人民只知道小利。

唯上智與下愚不移。（論語，陽貨）

譯文：高貴的有智慧的人和卑賤的愚蠢的人是先天決定的，是不可改變的。

民可使由之，不可使知之。（論語，泰伯）

譯文：勞動人民只能供使喚，不能讓他們知道什麼道理。

四、宣揚「德」、「仁義」、「忠恕」，攻擊無產階級專政

㈠林彪

秦始皇焚書坑儒　轉引自中發（一九七二）四號文件。

按：在一九五八年五月八日黨的八大二次會議上，當毛主席講到「秦始皇是一個厚今薄古的專家」時，林彪的話指責秦始皇，說：「秦始皇焚書坑儒」，毛主席當即予以嚴厲駁斥。這裏便暴露了

林彪尊孔反法，借咒罵秦始皇以攻擊無產階級專政的反動面目。

漢朝廢百家，獨尊儒術，有個董仲舒，我希望，大家當董仲舒。一九六六年八月八日的講話。

林副主席號召我們做個革命的董仲舒，他是西漢人。秦始皇當皇帝後，主張愚昧政策，大搞焚書坑儒，使孔孟的學說吃不開了。這時董仲舒給皇帝講道理，要想永遠統一天下，就要有一種能統一人民的思想。這種思想只能是一種思想，那就是孔孟之道。如三綱五常，仁義禮智信，禮義廉恥。……由於他高舉孔孟之道，所以很快被人民接受了，一直傳到了幾千年。陳伯達一九六七年四月十三日的講話。

恃德者昌，恃力者亡。以君子長者之道待天下，故曰忠恕之至也。贈宜敬同志　育容　一九六九、十、一（條幅，林彪臥室）

註：「恃德者昌，恃力者亡」見《史記》卷六十八引《尚書》的話。意思是：依靠德行必然興旺，依靠暴力必然滅亡。「以君子長者之道待天下，故曰忠恕之至也」見蘇軾〈省試刑賞忠恕之至論〉。意思是：用君子長者的道理治理天下，這就是最忠厚的了。

按：正當億萬人民歡慶中華人民共和國成立二十週年之際，林彪卻躲在陰暗的角落裏用儒家的語言，惡毒攻擊革命暴力，妄圖顛覆無產階級專政，復辟資本主義。

忠孝節義是封建的，用其內容

………

仁——團

勇——鬥　不同的詞

智——唯物論，用歸納法吸其內容（林彪存用的卡片）

按：林彪鼓吹儒家的「忠孝節義」，把孔子的「仁」、「勇」、「智」說成是「團結」、「鬥爭」、「唯物論」，用儒家的反動思想，冒充篡改馬克斯主義，赤裸裸地繼承反動糟粕，作為他反黨反人民的思想武器。

關於中國的舊道德，如「忠孝節義」、「禮義廉恥」、「仁愛和平」……！這些東西，我們認為在新的歷史內容上可有其存在的價值。我們認為這些道德在現代可以成為美德。陳伯達〈論抗日文化統一戰線〉（一九三八年五月）

孔子認為具有智、仁、勇三種德性，才是完全的人格。陳伯達〈孔子的哲學思想〉（一九三九年四月）

以仁愛之心待人之忠，以寬宥原諒之恕，儒家的原理。（《辭海》三〇五八頁，字條上林彪的批語，林彪辦公室）

從來人們都把「己所不欲，勿施於人」看成極高的美德，其實還是限於一面；極高的美德，極高的「忠恕之道」，應該還進而是「己所不欲，勿施於人」，……這樣，我們就把儒家所代表的封建社會美德，轉變為極高的人類美德，而且在哲學上恰是由唯心論轉變為唯物論。陳伯達〈孔子的哲學思想〉（一九三九年四月）

㈠孔孟

秦……重禁文學，不得挾書，棄捐禮誼而惡聞之，其心欲盡滅先王之道。董仲舒：「政策」（漢書，〈董仲舒傳〉）

譯文：秦朝……嚴禁學術文化，不許挾帶書籍，拋棄禮義，連聽到禮義的話都厭惡，其用心是要把先王之道完全毀滅掉。

漢儒，惟董仲舒純粹，其學甚正，非諸人比。（朱子語類，卷一百三十七。）

譯文：漢朝的儒家，只有董仲舒（繼承孔孟之道）最純粹，他的思想（是儒家的）正統，別人沒法比。

以力服人者，非心服也，……以德服人者，中心悅而誠服也。（孟子，公孫丑上）

譯文：以力壓服人的，人家不會從心裏服從，……以德服人的，人家才會心悅誠服。

智、仁、勇三者天下之達德也。（中庸，二十章）

譯文：智、仁、勇這三樣是通行於天下的美德。

曾子曰：「夫子之道，忠恕而已矣」（論語，里仁）

譯文：曾子說：「孔夫子（貫徹始終）的道理，就是忠恕。」

子貢問曰：「有一言而可以終身行之者乎？」子曰：「其恕乎！己所不欲，勿施於人。」（論語，衛靈公）

譯文：子貢問：「有沒有一句話可以終身奉行的呢？」孔子答：「那就是恕吧！自己不想要，不要加給別人。」

五、販賣「中庸之道」，反對馬克斯主義的鬥爭哲學

㈡林彪

中庸之道……合理（林彪一九七〇年三月十三日口授，葉群親筆記在「一〇一談話」筆記本上）

凡事勿做絕了，做絕必即一點論，必有惡果，果大則現，果小、或其他力量能壓得住則不顯，（但大膽肯定必有惡果）

例

阿處某女政治局委員
對X罵絕了
對明鬥絕了（亂了套）　　絕對錯
對大公做絕

「才不可露盡，勢不可使盡」

（葉群親筆記在「工作手冊」《五》上，一九六一年至一九六四年之間）

註：阿女政治局委員指阿爾巴尼亞黨內修正主義分子貝利紹娃。X指赫魯曉夫。明指王明。大公指蘇修。

按：林彪用中庸之道惡毒攻擊反修鬥爭，妄圖投降蘇修，把我國變為蘇修帝國主義的殖民地。

個對集之相成作用

過集對個之相成作用，過分則轉化，而過極則相反結果相同。

而不過極則成。（當前積極性問題最大——乃大中之大積來於生活）

（葉群親筆記在「工作手冊」《五》上，一九六二年五月十五日）

按：林彪用中庸之道攻擊總路線、大躍進，人民公社「過分」、「過極」，破壞了個人積極性。

防止對立超過了限度，它就會破壞統一。（《辭海》四六一頁「反粒子」條上林彪的批語，林彪辦公室）

兩鬥皆仇，兩和皆友，一九六〇年十月二十日在軍委擴大會議上的講話。

本來目前，我們馬克斯列寧主義者——中國共產黨人所強調的並不是階級鬥爭；相反，我們是主張各階層的聯合，實行互助互讓。陳伯達：「關於馬克斯學說的若干辯證」（一九三九年五月）

(二)孔孟

中庸之為德也：其至矣乎！民鮮矣。（論語，雍也）

朱熹註：中者，無過無不及之名也。庸，平常也……

程子曰：「不偏之謂中，不易之謂庸。中者天下之正道，庸者天下之定理。」

譯文：中庸作為一種道德，該是最高的了！老百姓，缺少這種道德，已經很久了。

朱熹註：既不過度又沒有不及叫做中。庸，是任何時候都保持不偏不倚的態度。……程子說：「不偏就叫做中，不改變（常規）就叫做中庸。中是天下必須遵循的道，庸是天下永恆不變的理。」

仲尼不為已甚者。（孟子，離婁下）

譯文：孔子不做過分的事。

過猶不及。（論語，先進）

譯文：（辦事情）超過了（禮的規定）就像做不到「禮的規定」一樣。

有子曰：「禮之用，和為貴。」（論語，學而）

譯文：有子說：「禮的應用，以調和為貴。」

四海之內皆兄弟也。（論語，顏淵）

譯文：天下的人都是自己的兄弟嘛。

六、用孔孟反動的處世哲學，結黨營私，大搞陰謀詭計

(一)林彪

勉從虎穴暫棲身，說破英雄驚煞人。巧借聞雷來掩飾，隨機應變信如神。（條幅，林彪臥室）

按：林彪抄錄《三國演義》第二十一回的這首詩，把原文的「趨身」改為棲身，一字之改，不打自招地道出了他是睡在我們身旁的資產階級野心家、陰謀家。

韜諱　操之論英雄　胸有大志　腹有良謀　范蠡　（林彪一九七〇年三月十三日口授，葉群親筆記在「一〇一談話」記事本上）

註：「韜諱」，原文是「韜晦」，見《三國演義》第二十一回。原文是：「玄德也防曹操謀害，就下處後園種菜，親自流灌，以為韜晦之計。」「胸有大志，腹有良謀」也見《三國演義》第二十一回，原文是：「操曰『夫英雄者，胸懷大志，腹有良謀，有包藏宇宙之機，吞吐天地之志者也。』」范蠡（蠡音里）是春秋末年越王勾踐的謀臣，越滅吳以後，他離開了勾踐。

按：這件材料和上件材料一樣，充分暴露了林彪對無產階級司令部的刻骨仇恨，他妄圖用韜晦之計隱蔽其反革命真相，窺測方向伺機而動。

忍耐，大度的科學根據……

豈可為了一區區小人，區區小事而耽誤自己終身事。

（林彪親筆寫在一九六三年「工作手冊」《十上》）

匹夫見辱，拔劍而起，挺身而鬥，此不足為勇也。驟然臨之而不驚，無故加之而不怒。（條幅，林彪臥室）

註：見蘇軾「留侯論」，原載「應詔集」。蘇軾曾做「侍讀」，為皇帝講授統治術。《留侯論》中吹捧張良為「蓋世之才」，「能有所忍也，然後可以就大事」「驟」原文是「卒」，在「卒然臨之」前原文有「天下有大勇者」，在「無故加之而不怒」後原文有「此其所挾持者甚大，而其志甚遠也。」

這是林彪手書，掛在他床頭左側牆上。林彪自命為「蓋世之才」、「天下大勇者」，告誡自己，為了實現其反革命狂妄野心，必須暫時「忍耐」。誰不說假話，誰就得垮台，不說假話辦不成大事。

立場

- 三不
  - ①不干擾人之決心（免自己負責，免爭領導之嫌《不建言》）
  - ②不批評
  - ③不報壞消息（去影射之嫌）
- 三要
  - 要響應
  - 要表揚
  - 要報好消息

（葉群親筆記在「工作手冊」《五》上，一九六一年至一九六四年之間）

閉目養神　照上面辦　不置可否

三不主義
- 不負責
- 不建言
- 不得罪

書編三絕孔子讀易

面帶三分笑的精神

（葉群一九六三年親筆記在「工作手冊」《十上》）

按：以上兩件材料，充分暴露出林彪這個陰謀家、兩面派的醜惡嘴臉。

不成功便成仁（「五七一工程」紀要）

㈡孔孟

子曰：「……尺蠖之屈，以求伸也。龍蛇之蟄，以存身也。精義入神，以致用也。利用安身，以崇德也。」（易繫辭下）

譯文：孔子說：「尺蠖（蠖音穫）這類昆蟲彎曲它的身體，為的是向前伸展。龍蛇的冬眠，為的是保存自身。研究屈伸一類的道理達到入神的境界，為的是應用。用以屈求伸的辦法保全自身，為的是發揚（奴隸主的）道德理想。」

小不忍則亂大謀。（論語，衛靈公）

朱熹註：小不忍，如婦之仁，匹夫之勇，皆是。

譯文：小事上不能忍耐，諸如婦人的見識，匹夫的勇敢都是。

大人者，言不必信，行不必果……（孟子，離婁下）

譯文：大人物，說話不一定兌現，行動不一定能做到，……

好人之所惡，惡人之所好，是謂拂人之性，菑必逮夫身。（大學，十章）

譯文：喜好人家所厭惡的，厭惡人家所喜好的，就是違背人性，那災難就必然要臨頭了。

未見顏色而言謂之瞽。（論語，季氏）

譯文：「對上講話要察顏觀色」，不看臉色而貿然說話，就是瞎子。（瞽音古）

言人之不善，當如後患何？（孟子，離婁下）

譯文：「說人家不好的地方招來後患怎麼辦呢？」

志士仁人，無求生以害仁，有殺身以成仁。（論語，衛靈公）

譯文：有志之士，有德之人，不會貪生怕死以損害仁，只會貢獻出自己的生命以完成仁。

七、鼓吹「勞心者治人，勞力者治於人」的剝削階級思想，攻擊「五、七」道路

(一)林彪

機關幹部被精簡，上五七幹校等於變相失業。（「五七一工程」紀要）

青年知識分子上山下鄉，等於變相勞改（「五七一工程」紀要）

按：廣大幹部下放勞動，知識青年上山下鄉，這是反修，防修，培養無產階級革命事業接班人的根本措施。林彪對此進行惡毒攻擊，妄圖煽動群眾，破壞毛主席的偉大戰略部署。

(二)孔孟

勞心者治人，勞力者治於人，治於人者食人，治人者食於人，天下之通義也。（孟子，滕文公上）

譯文：腦力勞動者統治人，體力勞動者被人統治，被統治者養活別人，統治者靠人養活，這是天經地義的。

耕也，餒在其中矣，學也，祿在其中矣（論語，衛靈公）

譯文：種田嘛，免不了餓肚子；讀書嘛，就可以升官發財。

樊遲請學稼。子曰：「吾不如老農。」請學為圃。曰：「吾不如老圃」。樊遲出，子曰：「小人哉，樊遲也！上

好禮，則民莫敢不敬；上好義，則民莫敢不服；上好信，則民莫敢不情。夫如是，則四方之民襁負其子而至矣，焉用稼！」（論語，子路）

譯文：孔子的學生樊遲向他請教如何種田，他就說：「不知道，我不如農民。」又問如何種菜，他又說：「不知道，我不如種菜的。」樊遲出去以後，孔子罵道：「樊遲這傢伙是個沒出息的人！統治者如果重禮制，那麼老百姓就不敢不敬畏；統治者如果講仁義，那麼老百姓就不敢不服從；統治者如果講信用，那麼老百姓就不敢不說真情，四面八方的老百姓都會揹著兒女投奔前來，哪裏用得著自己去種莊稼呢！」

八、教子尊孔讀經，夢想建立林家世襲王朝

㈠林彪

太史公曰：見善而怠，時至而疑，知非而處……道之所止也。強而弱，忍而剛……道之所起也。故義勝欲則昌，欲勝義則亡；敬勝怠則吉，怠勝敬則滅。錄武經太公兵語贈虎兒　爸爸　一九六三、十一、十六（條幅，林立果辦公室）

註：見（武經七書）中（六韜　文韜。明傳）。「時至而疑」四字林彪寫了又劃去，并略去「文王寢疾」、「明傳子孫」、「柔而靜」、「恭而敬」等語。「明傳」原文是

文王寢疾，召太公望，太子發在側。曰：「嗚乎，天將棄予，周之社稷將以屬汝。今予欲師至道之言，以明傳子孫。」太公曰：「王何所問？」文王曰：「先聖之道其所起所止，可得聞乎？」太公曰：「見善而怠，時至而疑，知非而處，此三者，道之所止也。柔而靜，恭而敬，強而弱，忍而剛，此四者，道之所起也。故義勝欲則昌，欲勝義則亡；敬勝怠則吉，怠勝敬則滅。」

原文的意思是：周文王病危，召見姜太公呂望，太子姬發（即周武王）在旁。周文王說：「唉！老天爺要拋棄我啦，周朝的天下，將要託付給你啦。現在我將學習最高的道理，來明確地傳給子孫」。太公問：「王問的是什麼呢？」文王說：「是不是可以把先聖之道提倡哪些，說一說。」太公說：「遇到好事而怠慢，時機到了而猶豫，明知事情不對反而參與，這三點是先聖之道所禁止的。柔順而又沉靜，謙恭而又敬重，強毅而能卑弱，忍耐而能剛勁，這四點是先聖之道所提倡的。所以大義勝過私欲就昌盛，私欲勝過大義就滅亡，恭敬勝過怠慢就興旺，怠慢勝過恭敬就覆滅。」

按：這是奴隸主頭子周文王臨死前對其子武王傳授統治經驗的遺囑。林彪親筆抄錄，作為教子經，掛在林立果辦公室正中牆上，夢想建立林家封建法西斯世襲王朝。

學習書編三絕的治學精神　書贈虎兒　爸爸　六三、十、二十四（條幅，林立果辦公室）

君子坦蕩蕩，小人常戚戚　贈豆豆女兒　爸爸　一九六二、十一、十七（條幅，林立衡臥室）

笑一笑，十年少；愁一愁，白了頭。　書贈豆豆　爸爸
歡歡喜喜堅持到底　六三、十、廿四日　六八年四月加寫（條幅，林立衡臥室）

㈡孔孟

孔子……讀「經」，書編三絕（史記，孔子世家）

譯文：孔子（反覆）讀（易經），以致編聯竹簡的皮繩斷了多次。

君子坦蕩蕩，小人常戚戚。（論語，述而）

譯文：君子心胸寬敞，小人經常憂愁。

參考資料

一、台灣出版書刊：

01.《歷史見證人的實錄——蔣中正先生傳》一－三冊。蔣緯國著，青年日報社，一九九七年十月出版。

02.《毛澤東全傳》一－六卷。辛子陵著，書華文化事業有限公司，一九九三年十二月出版。

03.《毛澤東評傳》。韓作著，天元出版社，一九八七年十月出版。

04.《毛澤東私人醫生回憶錄》。李志綏著，時報文化出版企業有限公司，一九九五年四月十五日初版十刷。

05.《林彪的陰謀與死亡》。姚明理著，莫昭平、傅依萍合譯，時報文化出版事業有限公司，一九八二年六月十五日出版。

06.《林彪的老婆——葉群野史》。南枝著，鍾馗出版有限公司，一九八七年五月一日出版。

07.《統一戰線與國共鬥爭》。翁衍慶著，中共研究雜誌社，二〇〇六年二月出版。

08.《中共十大元帥、十大大將》。李人毅、古風著，靈活文化事業有限公司，二〇〇六年五月出版。

09.《我在蔣介石父子身邊的日子》。翁元口述，王丰記錄，書華出版事業有限公司，一九九四年一月出版。

10.《毛澤東與江青》。陳綏民著，新亞出版社，一九七六年八月出版。

11.《北京大審》。共黨問題研究叢書編輯委員會編輯，一九八一年四月出版。

12.《林語堂傳》。林太乙著，聯經出版事業公司，一九九〇年二月五版。

13.《中國共產黨簡史》。楊碧川著，一橋出版社，一九九七年四月出版。

14.《細說共產》。劉珍著，黎明文化事業股份有限公司，一九七二年六月出版。

15.《海天感舊錄》。喬家才著，中外圖書出版社，一九七五年三月出版。

16.《毛澤東思想和儒學》。金觀濤、劉青峰著，風雲時代出版股份有限公司，二〇〇六年五月出版。

17.《毛澤東的性格與命運》。韋政通著，立緒文化事業有限公司，二〇〇九年九月二版。

18.《毛澤東與文化大革命》。韋政通著，立緒文化事業有限公司，二〇〇九年二月二版。

19.《毛澤東、鄧小平的重大過錯與決策失誤》。民聲著，靈活文化事業有限公司，二〇一〇年三月出版。

20.《毛澤東語錄》。楊照導讀，東觀國際文化股份有限公司，二〇〇五年十一月初版七刷。

21.《軍統內幕》。沈醉著，新銳出版社，一九九四年九月出版。

22.《特工王戴笠》。楊者聖著，新銳出版社，一九九四年八月出版。

23.〈林彪的過去與現在〉。劉原深著，刊於《中共研究月刊》第一卷第一期，一九六七年一月三十一日出版。

24.〈林彪已被整肅〉。方君歸著，刊於《中共研究月刊》第五卷第十一期，一九七一年十一月十日出版。

25.〈林彪的被整肅及其引發的危機〉（社論）。刊於《中共研究月刊》第五卷第十二期，一九七一年十二月十日出版。

26.〈中共紅旗雜誌對林彪的批判〉。方君歸著，刊於《中共研究月刊》第五卷第十二期，一九七一年十二月十日出版。

27.〈林彪想當國家主席——毛、林權力鬥爭的實質〉（社論）。刊於《中共研究月刊》第六卷第二期，一九七二年二月十日出版。

28.〈從「林彪粉身碎骨，死黨紛紛落網」說起〉（社論）刊於《中共研究月刊》第六卷第六期，一九七二年六月十日出版。

29.〈對林彪集團「政變綱領」的研析〉。冀鵬著，刊於《中共研究月刊》第六卷第六期，一九七二年六月十日出版。

30.〈中共文化大革命重要文件彙編〉（增訂本）。《中共研究》雜誌社編印。

31.〈海峽兩岸間諜大戰——林彪事件歷史疑案〉。施嘉雲著：〈你沒有聽過的幾則間諜故事（林彪、陶鑄密函）〉刊於《新新聞》八十六期，一九八八年十月三十一日——十一月六日。

二、大陸出版書刊：

01.《歷史的見證——「文革」的終結》。薛慶超著，北京人民出版社，二〇〇八年十一月出版。

02.《我的父親鄧小平》。毛毛著，中央文獻出版社，一九九三年八月出版。

03.《中華人民共和國演義》上、中、下卷。張濤之著，作家出版社，一九九五年九月一版二刷。

04.《黃埔袍澤恩怨錄》。程舒偉、鄭瑞峰著，吉林人民出版社，一九九九年一月出版。

05.《軍統》。沈醉、康澤等著，中國文史出版社，二〇〇九年四月二版。

06.《雪白血紅》。張正隆著，解放軍出版社，一九八九年八月出版。

07.《打倒劉少奇——反革命劉少奇的一生》。井崗山戰鬥兵團翻印，一九六七年五月。

08.《共和國四十年大事述評》。翟作君、劉德軍、朱彥敏主編，檔案出版社出版。

09.《中華人民共和國大事記》。新華出版社出版。

10.《中共黨史講話》。解放軍政治學院出版社出版。

11.《中共黨史講義（社會主義革命和建設時期）》，中國人民大學出版社出版。

12.《黨和國家重大決策的歷程（第四卷）》。

三、海外出版書刊：

01.《林彪日記》上、下冊。李德、舒雲編著，明鏡出版社，二〇〇九年十一月二版。

02.《重審林彪罪案》上、下冊。丁凱文主編，明鏡出版社，二〇〇五年十一月四版。

03.《林彪與文化大革命》。吳潤生著，明鏡出版社，二〇〇六年五月二版。

04.《歷史塵埃》。高伐林著，明鏡出版社，二〇〇六年七月出版。

05.《國共間諜戰七十年》。鄭義編撰，夏菲爾出版有限公司，二〇〇一年十月出版。

06.《中共情報首長》。鄭義著，夏菲爾國際出版公司，一九九九年五月出版。

07.《共產黨宣言》。左濤譯，三聯書店（香港）有限公司，二〇〇五年九月出版。

08.〈林彪秘辛大公開〉。刊於《亞洲週刊》第八卷第六期，一九九四年二月六日出版。

09. Solved:The Mystery of Lin Biao's Death, By Peter Hannam, Asiaweek, February 2, 1994。

10. Solving a Chinese Puzzle··Lin Biao's final days and death,after two

decades of intrigue, By Peter Hannam, U.S.News &World Report, January 31, 1994。

11.〈中共高幹戰將欲投奔台灣，林彪、陶鑄密函國府想投誠——國共間諜戰史內幕大揭秘〉。刊於美國中文《紐約新聞報》一九八八年十一月二十一日頭版。

12.〈林彪日記剝光神壇上的毛澤東〉。刊於美國中文《人民報》，二〇〇六年八月十九日頭版。

13.〈鄧穎超日記檔案啟封，周恩來臨終自責〉，羅冰著，《爭鳴》雜誌，二〇〇六年五月號。

14.〈林彪日記檔案揭秘〉，羅冰著，《爭鳴》雜誌，二〇〇六年八月號。

四、網路資料：

01.〈林彪〉，維基百科，自由的百科全書。

02.〈毛澤東接班人變化起因：林彪上劉少奇下〉，讀書頻道，新浪網。

03.〈墜機後眾將帥如何談林彪〉，軍事頻道，中華網。

04.〈林氏三兄弟〉，文化讀書頻道，新浪網。

05.〈揭開中國政治之謎：林彪生命中的最後一週〉，中國網。

06.〈陶鑄〉，維基百科，自由的百科全書。

07.〈陶鑄〉，百度百科。

08.〈陶鑄是怎樣成為『第四號人物』的〉，水母網。

09.〈非常歲月中的陶鑄〉，人民網。

10.〈溫相：閒聊陶鑄〉（轉載），百度空間。

11.〈實事求是話陶鑄：毛澤東為何叫他不要再檢討了〉，鳳凰網。

12.〈非常歲月中的陶鑄〉（3），人民網。

13.〈陶鑄：如煙往事俱忘卻，心底無私天自寬〉，星島環球網。

14.〈陶鑄之死內幕〉，天涯社區。

15.〈文強〉，百度百科。

16.〈林立衡〉，百度百科。

17.〈林立衡：八三四一部隊故意不阻止林彪出逃〉，星島環球網。

18.〈林彪出逃，林立衡為何堅決不走？〉，百度空間。

19.〈來自林彪女兒林立衡的報告〉，人民網。

20.〈林彪夫婦最後出逃前在做什麼，女兒林立衡向中央報告消息〉，南通網。

21.〈林立衡談林彪〉，萬千資源網。

22.〈林立衡九一三後寫給中央的材料〉，中國老年網。

23.〈林立果〉，維基百科，自由的百科全書。

24.〈解密：林立果和他的聯合艦隊覆滅記〉，燕趙都市網。

25.〈林彪「功是功，過是過」，女兒終於卸下包袱〉，中國評論網。

26.〈林立果的「高參」周宇馳的悲慘結局〉，人民網。

27.〈林立果的「五七一工程」〉，大洋網。

28.〈謀殺毛澤東：林立果「五七一工程」真相〉，雅虎文化。

29.〈虎子林立果〉，百度空間。

30.〈揭密林彪之子林立果「選妃」內幕〉，中國網。

31.〈張寧：自己寫自己〉，天涯在線書庫。

32.〈親歷林彪墜機事件〉（七），我的鏈接綜合信息網。

33.〈晚年陳伯達〉，天磨著，中國大陝北網。

34.〈陳伯達為何被毛澤東突然拋棄？〉，金汕著，新浪網。

35.〈陳伯達〉，百度百科。

36.〈江青與陳伯達之間的恩怨〉，理論頻道，新華網。

37.〈黃永勝〉，百度百科。

38.〈揭密：「中南王」黃永勝〉，吳東峰著，人民網。

39.〈吳法憲回憶：林彪差點斃了江青〉，央視網。

40.〈吳法憲臨終大罵毛澤東〉，鄭義著，自由聖火論壇。

41.〈吳法憲〉，百度百科。

42.〈吳法憲突破崇毛禁錮〉，金鐘著，開放雜誌。

43.〈吳法憲浮沉錄〉，霞飛著，人民網。

44.〈讀「吳法憲回憶錄」〉，冷熱著，中國選舉與治理網。
45.〈吳法憲：林彪如果是毛主席兒子就好了〉，騰訊網。
46.〈李作鵬〉，百度百科。
47.〈林彪『四大金剛』李作鵬：不講林彪壞話〉，環渤海新聞網。
48.〈邱會作〉，百度百科。
49.〈訪原空五軍政委陳勵耘〉，許寅著，六十年代網。
50.〈林彪衛士長李文普：林彪事件真相〉，人過五十網。
51.〈史學：評林彪事件之七，查清李文普那一槍〉，博訊新聞網。
52.〈汪東興〉，百度百科。
53.〈毛澤東與林彪反革命集團的鬥爭〉，汪東興著，新浪網。
54.〈李德生審理林彪集團企圖謀殺毛澤東陰謀〉，天水在線。
55.〈中國共產黨第九屆中央委員會第二次全體會議〉，維基百科，自由的百科全書。
56.〈「五七一工程紀要」涉嫌偽造〉，舒雲著，和訊博客。
57.〈撲朔迷離：「五七一工程紀要」發現辨析〉，一點零的博客，加加堂。
58.〈「九一三林彪出走事件」研究述評〉，朱華著，中華網論壇。
59.〈賀龍〉，維基百科，自由的百科全書。
60.〈賀龍〉，百度百科。
61.〈賀龍與林彪結怨始末〉，文化與交流網。
62.〈賀龍、林彪結怨始末〉，中國評論網。
63.〈開國元勛蒙難：毛澤東為何不保賀龍〉，唐山環渤新聞網。
64.〈賀龍「攤牌」令林彪不寒而慄〉，顧永忠著，中國共產黨新聞網。
65.〈中共中央為賀龍同志徹底平反的決定〉，維基文庫，自由的圖書館。
66.〈薄一波〉，維基百科，自由的百科全書。
67.〈薄一波〉，百度百科。
68.〈薄一波：國民黨判了死刑卻不敢殺的大才子〉，雅虎文化。
69.〈空軍政委余立金在「文化大革命」中〉，葉介甫著，人民網。
70.〈楊成武〉，百度百科。
71.〈告訴你一個真實的楊成武〉，百度空間。
72.〈楊成武上將在總參謀部的歲月〉，新華網。
73.〈傅崇碧〉，百度百科。
74.〈毛澤東與衛戍司令傅崇碧〉，易儉如著，老友雜誌社。
75.〈蕭華〉，維基百科，自由的百科全書。
76.〈原總政治部主任蕭華『文革』中失蹤七年之謎〉，洪濤著，新華澳報。
77.〈張才千〉，百度百科。
78.〈紀登奎〉，維基百科，自由的百科全書。
79.〈劉少奇〉，維基百科，自由的百科全書。
80.〈毛澤東左整劉少奇右逼死高崗〉，張戎著，人民報。
81.〈毛澤東向劉少奇推荐的幾本書〉，中國文明網。
82.〈劉少奇批彭羅陸楊（一九六六）〉，星島環球網。
83.〈一九六七年周恩來為何會贊同中央文革打倒劉少奇〉，陳揚勇著，西陸網。
84.〈高魁元〉，維基百科，自由的百科全書。

血歷史　PC0209

新銳文創
INDEPENDENT & UNIQUE

林彪的忠與逆
——九一三事件重探

作　　者	翁衍慶
責任編輯	鄭伊庭
圖文排版	王思敏
封面設計	王嵩賀
出版策劃	新銳文創
發 行 人	宋政坤
法律顧問	毛國樑　律師
製作發行	秀威資訊科技股份有限公司 114 台北市內湖區瑞光路76巷65號1樓 電話：+886-2-2796-3638　傳真：+886-2-2796-1377 服務信箱：service@showwe.com.tw http://www.showwe.com.tw
郵政劃撥	19563868　戶名：秀威資訊科技股份有限公司
展售門市	國家書店【松江門市】 104 台北市中山區松江路209號1樓 電話：+886-2-2518-0207　傳真：+886-2-2518-0778
網路訂購	秀威網路書店：http://www.bodbooks.com.tw 國家網路書店：http://www.govbooks.com.tw
出版日期	2012年7月　初版
定　　價	640元

國家圖書館出版品預行編目

林彪的忠與逆：九一三事件重探 / 翁衍慶著. -- 一版. --
臺北市：新鋭文創, 2012.07
面； 公分. --（血歷史；PC0209）
BOD版
ISBN 978-986-6094-93-4（平裝）

1. 林彪 2. 傳記 3. 政治鬥爭 4. 中國史

628.75 101010764

讀者回函卡

感謝您購買本書，為提升服務品質，請填妥以下資料，將讀者回函卡直接寄回或傳真本公司，收到您的寶貴意見後，我們會收藏記錄及檢討，謝謝！如您需要了解本公司最新出版書目、購書優惠或企劃活動，歡迎您上網查詢或下載相關資料：http:// www.showwe.com.tw

您購買的書名：________________________________

出生日期：________年________月________日

學歷：□高中（含）以下　□大專　□研究所（含）以上

職業：□製造業　□金融業　□資訊業　□軍警　□傳播業　□自由業

□服務業　□公務員　□教職　□學生　□家管　□其它_____

購書地點：□網路書店　□實體書店　□書展　□郵購　□贈閱　□其他

您從何得知本書的消息？

□網路書店　□實體書店　□網路搜尋　□電子報　□書訊　□雜誌

□傳播媒體　□親友推薦　□網站推薦　□部落格　□其他__________

您對本書的評價：（請填代號　1.非常滿意　2.滿意　3.尚可　4.再改進）

封面設計____　版面編排____　內容____　文／譯筆____　價格____

讀完書後您覺得：

□很有收穫　□有收穫　□收穫不多　□沒收穫

對我們的建議：________________________________

____

____

____

請貼
郵票

11466
台北市內湖區瑞光路 76 巷 65 號 1 樓
秀威資訊科技股份有限公司 收
BOD 數位出版事業部

（請沿線對折寄回，謝謝！）

姓　　名：＿＿＿＿＿＿＿＿　年齡：＿＿＿＿　性別：□女　□男

郵遞區號：□□□□□

地　　址：＿＿＿＿＿＿＿＿＿＿＿＿＿＿＿＿

聯絡電話：(日)＿＿＿＿＿＿＿＿(夜)＿＿＿＿＿＿＿＿

E-mail：＿＿＿＿＿＿＿＿＿＿＿＿＿＿＿＿